法學叢書

# 行政法基本研究 Ⅰ

金重權 著

法文社

# Basic Studies of Administrative Law Ⅰ

Kim, Jung-Kwon
Professor of Law
College of Law, Chung-Ang University

2008
Bobmun Sa
Paju Bookcity, Korea

# 머 리 말

## Ⅰ.

이 책은 그 동안 행정법통론과 행정작용법론의 분야에서 발표한 拙稿(연구논문, 판례평석, 번역논문)를 나름의 체계로 集成한 것이다. 1980년 서울의 봄에 대학에 들어와 90년대 초엽까지의 대학원생활을 거쳐 1995년에 교수로 학자생활을 시작할 때, 전체 연구기간을 3분하여 나름의 연구계획을 세웠다. 관성적 이해와 화석화된 사고를 최대한 경계하면서, 구체적으로 매 단계를 마감할 때마다 의미로운 단행본으로 중간점검을 하고자 하였다. 하지만 淺學菲才로, 게으름으로 실천에 옮기지 못한 채 지금에 이르렀다. 부족한 식견에서 보건대, 지금 행정법학은 종전과 다른 환경에 놓여 있다. IMF 체제 이후 사적 영역의 확대와 그에 따른 공공영역의 축소는 그것이 바람직하지 않더라도 엄연한 시대경향이며, FTA 체제의 등장으로 내외국법의 경계 또한 허물어질 것이다. 그리고 모든 행정법적 쟁점이 잠재적인 헌법적 쟁점에 해당하긴 하지만, 민주화 이후 헌법재판이 매우 활성화되어 행정법의 적용우위마저 어색하게 여겨질 지경이다. 이런 내외의 환경변화로 전통적인 행정법학은 이미 많은 부분에서 난맥상을 노정하고 있다. 비판의 바람이 자유로이 불지 않으면 더 이상 앞으로 나아갈 수 없다는 점에서, 기왕의 패러다임에 관한 성찰이 절실히 요구된다. 이런 급박한 상황을 외면한 채 이제껏 발표한 글을 그저 쌓아만 놓는다면, 개인적으로 더 이상의 진화를 기대하기 어려울 것 같다는 절박감과 아울러 이른바 제3세대의 학자로서 세대적 책무를 다하지 못한다는 자책감을 동시에 느꼈다. 그리하여 어떤 식으로는 그 동안 두서없이 진개한 사고의 片鱗을 나름의 방향성에서 정리하고자 하였다. 「行政法基本硏究Ⅰ」은 다름 아닌 지난 흔적을 되새기고, 새로운 출발을 다짐하기 위한 것이다.

## Ⅱ.

행정법통론과 행정작용법론의 분야에서 그 동안 발표한 총 23편의 졸고를 아래와 같이 체계화하였다.

참여정부에선 신행정수도이전을 포함한 국정운영 전반이 거의 예외없이 법적인 쟁점, 특히 대부분 헌법적 논쟁의 대상이 되곤 하였다. '정치의 사법화'나 '사법의 과잉'일 수 있는 이런 현상을 두고서, 일부에선 참여정부의 혁신드라이브에 대한 효과적인 방어기저로 법치국가원리가 동원되고 있다는 지적도 하지만, 과거정부와는 달리 참여정부 스스로 이제껏 암묵적 금기로 여겼던 틀 자체를 정면으로 문제 삼아 공론의 장으로 이끌기도 하였다. "참여정부에서의 법치주의의 발전"에선, 참여정부의 출범이후에 나타난 여러 입법과 판결을 중심으로 하여, 법치주의의 실현모습을 특히 형식적 측면에서 검토함으로써, 그것의 구체화라는 행정법 본연의 임무를 새롭게 자리매김하고자 하였다. 특히 실질적 법치국가를 형식적 법치국가에 대비시키지 않고, 법의 실질적 요소와 형식적 요소를 합일시킨 국가로 설정한 다음, 논의를 전개하였다.

행정조직법의 改革과 관련한 組織私的化(민간화, 시장화)와 공사협력(관계)에 직면하여, 사법형식의 행정의 문제는 더 이상 주변부적 테제가 아니다. 작용법차원을 넘어, 행정조직법은 물론 公·私法 관계에도 拔本的 변화가 일어났다. "사법형식의 행정(사법적 행정)의 공법적·사법적 구속에 관한 소고"에선, 公·私法의 맞물림 현상을 논의하기 위한 전초적 논의를 하였다.

"공의무, 특히 철거의무 및 이행강제금납부의무의 승계에 관한 고찰"에선, 공법상 의무의 승계가능성(이전가능성)과 승계요건을 사례에 견주어 검토하였다. 아울러 물적 행정행위와 이른바 대물적 행정행위에 대해 나름의 체계정합성을 구축하고자 하였다.

대부분의 행정법문헌이 제3자에 대한 행정개입청구권의 허용성과 실현가능성에 관해서 추호의 의문을 제기하지 않는 반면, 판례는 개입수권규정이 제3자를 위해서 동원될 수 없다는 기조를 견지하여 입장을 완전히 달리 한다. 판례가 비록 새만금판결을 통해서 기왕의 입장과 거리가 있는 접근을 하긴 했지만, 그것은 拔本的인 자기부정이 아닌 일회적인 自己逸脫에 불과하였다. 판례의 기조가 바뀌지 않는 한, 의무이행소송의 도입의 효과는 절반에 그칠 것이다. "건축법상 진압적 개입수단을 통한 인인보호에 관한 소고"와 "행정개입청구권의 인정과 관련한 법적 문제점에 관한 소고"에선, 이런 문제점을 論究하였다.

행정상의 신고제를 허가제에 대비시켜 전적으로 환영의 대상으로 보는 것은 피상적 이해에 불과하다. 신고제는 그 자체가 행정법학으로선 새로운 어려움, 즉 '新苦'이다. 따라서 "건축법상의 건축신고의 문제점에 관한 소고"와 "행정법상의 신고와 관련한 판례의 문제점에 관한 소고"에선, 기왕의 신고유형을 대신하는 신고유형을 정립하고, 이를 바탕으로 신고제를 국가개입메카니즘 전체에서 체계적으로 자리매김하고자 하였다.

일찍이 Ossenbühl은 공법적 견지에서 적용·준용(지시), 특히 동적 적용·준용(지시)의 의문점을 민주주의원리, 법치국가원리, 연방주의원리, 권력분립의 원리, 그리고 법률공포의 요청과 관련시켜서 자세히 고찰하였다. 이를 계기로 독일에서도 그것의 공법적 문제점을 인식하기 시작하였다. "다른 법규범의 적용·준용(지시)의 공법적 문제점에 관한 소고"에선, Ossenbühl의 입장인 민주주의극대론적, 법형식론적 관점과 독일의 다수 입장인 법현실론적 관점을 비교·검토함으로써 우리 입법상황에 알맞은 시사점을 찾고자 하였다.

행정의 법적 작용형식은 일종의 여러 門이다. 행정의 다양성으로 인해 개관할 수 없고 無定型한 행정활동으로선, 이 문들을 지나서 법의 질서세계로 들어선다. 따라서 법적으로 정연하고 법적 판단을 가능케 하는 행정작용형식을 전개하고 鑄造하는 것은, 법치국가에서 행정법학과 행정실무가 지닌 두드러진 특징이자, 지속적인 임무이다. 따라서 "행정의 작용형식의 체계에 관한 소고"에선, 위법효과의 유형에서 비롯된 기존의 작용형식체계를 論究하였다.

재량은 그것의 본질에 비추어 행정법학이 부단히 고심해야 할 테제의 하나이다. 행정재량의 축소(수축)는 행정청의 不作爲와 관련하여 行政介入請求權과 국가배상을 검토하면서 자주 거론되곤 하지만, 그것의 본질·요건·효과 등에 관해서 아직 만족스럽게 다루어지지 않고 있다. "행정재량의 축소에 관한 고찰"에선, 독일에서의 논의현황을 전반적으로 검토함으로써 동 법리의 바른 이해를 모색하였다.

행정이 행정목적을 달성하기 위해 허가제·특허제·신고제·인가제 등을 빈번히 사용함에도 불구하고, 그것들이 전제하고 있는 금지의 유형에 대해선 별로 논의되고 있지 않다. 오늘날 융합과 통합은 같은 영역 안에서 뿐만 아니라, 전혀 이질적인 영역 간에서도 빈번하게 행해지고 있다. 따라서 제도적 오해로 인해 非可逆的인 결과가 빚어지곤 한다. "행정법상의 금지와 그것의 해제에 관한 소고"에선, 국가개입의 전제가 되는 금지유형을 규명하여 행정규제의 바른 모습을 정립하고자 하였다.

월경적, 경계적 존재가 우리의 일상에선 늘 논쟁의 중심에 서는 것과는 달리, 일종의 월경적, 경계적 법제도인 私權形成的 行政行爲는 그 동안 주목을 받지 못하였다. "사권형성적 행정행위와 그 폐지의 문제점에 관한 소고"와 "행정법상 인가의 인정여부와 관련한 문제점에 관한 소고"에선, 公·私法의 맞물림 현상의 한 양태로서 사권형성적 행정행위를 論究하였다.

분류체계의 요체는 그것의 질서정연성과 그것에 대한 공감이다. 공감이 담보되지 않을 때 기존의 분류체계는 자칫 '프로크루스테스의 침대'로 전락할 우려가 있다.

“이른바 준법률행위적(준권리설정행위적) 행정행위와의 결별에 관한 소고”에선, 행정법문헌상의 통념화된 행정행위의 분류체계인, ‘법률행위적 행정행위’와 ‘준법률행위적 행정행위’를 근본적으로 타파하려고 시도하였다. 아울러 이런 기조를 견지하면서, “통보처분의 독립된 인정여부에 관한 소고”에선, 독립된 행정행위로서의 ”通報處分“의 인정근거를 적극적으로 모색하였다.

법학에서 의제라 함은 실제로 존재하지 않는 사안을 인정하도록 법률상으로 확정되어 있는 것을 의미하며, 어떠한 상황의 발생과 더불어 행정행위가 발해진 것으로 간주된다는 식으로, 법률이 행정행위의 발급을 결정주체의 의사와 무관한 상황의 발생으로 대체하는 경우에 그 행정행위는 의제적 행정행위가 된다. “의제적 행정행위에 관한 소고”에선, 아직 생소한 의제적 행정행위의 본질 및 그와 관련한 절차법적, 쟁송법적 문제점을 論究하였다.

“산업화에는 늦었지만, 정보화에는 앞서 가자”라는 의제가 운위되던 때가 90년대 초엽인 걸 생각하면, 지금은 실로 전자정부의 시대이다. 전자정부시대에 상응하게 行政法의 體系를 형성하는 것이 現下의 과제이다. “자동적 행정행위(컴퓨터 행정행위)에 관한 소고”에선, 자동적 행정행위(컴퓨터행정행위, 행정자동처분)에 관한 일련의 연구의 연장에서, 그것의 실체적 문제점(가령 자동적 행정행위의 효력과 흠 및 그것의 폐지 등)은 물론, 법학적 전문가 시스템의 도입에 따른 문제점(그것에 의한 행정결정의 처분성 여부와 합헌성 여부)을 다루었다.

附款의 許容性 물음과 관련한 공방이 거의 30년을 경과하였지만, 판례의 태도는 전혀 변함이 없고, 문헌상의 논의 역시 ‘마이웨이 식’으로 전개되는 모습이다. 이젠 문제제기와 비판을 넘어 그에 따른 행정법도그마틱의 정립을 모색하여야 한다. “행정행위의 부관의 허용성 문제에 관한 소고”에선, 부관의 허용성 물음을 수권근거의 차원에서 접근하여 해결방안을 강구하였다

행정규칙의 법적, 실제적 중요성과 그 법적 성질간에는 엄청난 괴리와 모순이 존재한다. 여기서 분업적 법정립과 법정립피라미드를 어떻게 포착하고 구조적으로 다루어야 할지, 아울러 행정규칙의 (대외적) 구속효 물음을 어떻게 대처해야 할지, 행정법도그마틱으로선 늘 곤혹스러울 따름이다. 특히 최근 우리의 판례와 행정실무상의 중대한 변화로 인하여, 기왕의 行政規則論의 패러다임은 어떤 식으로든 변화하지 않으면 아니 될 곤경에 봉착하였다. “민주적 법치국가에서 의회와 행정의 공관적 법정립에 따른 법제처의 역할에 관한 소고”에선, 권력구조에시 우리와 독일이 근본적으로 다른 점을 출발점으로 삼아, 기왕의 行政規則論이 터 잡은 독일식의 엄격한 위임독트린에서 벗어나기 위한 모색을 하였다.

‘두밀분교통폐합조례사건’(대법원 1996.9.20. 선고 95누7994·95누8003판결)은 이제까지 의례적 논의에 머물렀던 ‘조치적(이른바 처분적) 명령(조례)’의 존재를 처음으로 시인하였고, 이런 논증을 서울행정법원 제1부 2005.9.1. 선고 2004구합5911판결은 시행규칙까지 적용하였다. 근 10년 만에 조치적 명령이 행정작용형식의 하나로 자리를 잡은 셈이다. 이를 두고서 법원이 전향적으로 처분성확대를 도모하였다고 호평할 수도 있지만, 현행의 공법질서 특히 규범체계로선 심각한 난맥상에 처하게 되었다. “조치적 명령 내지 개별사건규율적 명령에 대한 권리보호에 관한 소고”에선, 입법자의 의도(법형식)를 도외시하고 오로지 실질만으로 접근하는 법원의 태도의 문제점을 지적하였다. 아울러 그다지 논의가 없는 組織行爲에 관해서 독일의 예에 의거하여 論究하였다.

독일 행정절차법은 (공법계약으로서의) 행정계약에 관하여 명문의 규정이 있다. 우리의 경우 특별히 규정하지 않는 한, 행정계약 그 자체는 전적으로 도그마틱에 맡겨져 있다. 이런 상황에서 ‘불완전 교환계약’이자, ‘종속적 계약’으로서의 행정계약은 그저 문헌상으로만 주장될 뿐이다. 그러나 이상의 계약을 인정하는 데 이론적 난관은 없다. 그저 낯설음과 외면의 문제이다. “송유관이설협약의 법적 성질에 관한 소고”에선, 송유관이설협약과 관련한 판례의 문제점을 검토하면서, 앞으로의 연구대상을 설정하였다.

‘만두파동’, ‘牛脂사건’과 ‘포르말린골뱅이사건’을 통해서 국가의 정보행위 특히 명단공개(공표)가 갖는 파괴력이 확인되었다. 그에 비례하여 법치국가원리상의 중대한 물음이 던져진다. 국가적 정보행위 문제가 행정법의 유행주제를 거쳐 법학적 終末氷堆石처럼 교과서에서 다루어지고 있을 정도로 관심이 수그러진 독일과는 달리, 우리의 경우 근자에 관심이 고조되고 있다. “고권적 형성수단으로서의 정보(역)”는 국가적 정보활동과 관련한 법적 문제점에 관한 관심을 제고하기 위한 노력의 일환이다.

대법원 2003.9.23. 선고 2001두10936판결을 통해서 예외적일 망정 국토이용계획변경신청권의 존재가 인정된 것은, 일종의 진보이고 호평을 받을 만하다. 그러나 사전결정으로서의 적정통보의 본질에 관한 이해의 결여와, 강한 설득력이 담보되지 않는 결과도지석 논증에 따른 취약점 말고도, 당해계획의 처분성을 전제로 한 ‘철회적 접근’이 전혀 모색되고 있지 않은 점에서, 대상판결의 의의는 한정적일 수밖에 없다. “국토이용계획변경신청권의 예외적 인정의 문제점에 관한 소고”에선, 이상의 문제인식을 중심으로 나름의 해결방안을 강구하였다.

시차가 있어 다소간 다를 수밖에 없는 그간의 연구결과를 集成하는 것이 자칫 부조화된 모자이크를 빚을 수 있거니와, 무엇보다도 구슬도 되지 않을 글을 책으로 엮는다고 해서 별반 다르지 않아 단순한 모음에 그칠 우려가 있다. 개인적인 진화의 흔적을 자기만족적으로 확인하는 데 그치지 않도록, 기왕의 글을 묶는 데에 있어 몇 가지 점을 유의하였다. 먼저 학문적 관심의 편식이 있긴 하지만, 나름의 체계를 갖추고자 하였다. 그리고 원래의 발표논문을 중심으로 하되, 시차를 감안하여, 그것에 약간의 가감을 하였고, 나아가 追論을 통해 그 동안의 進化를 적극 반영하였다. 다만 자칫 쟁점이 모호해질 수 있기에, 개별논제의 참고문헌은 발표 당시의 것을 그대로 유지하되, 발표 이후에 나온 관련 문헌을 追記하였다. 혹시나 오해를 빚는다면 깊은 혜량을 빕니다.

책을 출간하는 데, 논문에 비할 수 없는 중압감이 강하게 든다. 학문적 논쟁에서 뒤로 물리거나 자신을 감출 방도가 묘연하고, 자신의 속살이 햇살에 드러난 것처럼 불편하기도 하다. 비록 지금의 나를 완전히 부정하거나 초월하기 힘들고 그것을 기대하기도 어렵지만, 스스로 硬化되지 않도록 노력할 것이다. 강호제현의 가차없는 叱正을 바랍니다.

## Ⅲ.

애초 학자의 길을 생각하지도 않아 그에 대해 준비를 전혀 하지 않았고, 더군다나 행정법학과는 우연한(그러나 매우 소중한) 만남에서 인연을 맺어서인지, 갈수록 행정법이 어렵게 여겨지고 공부할 것이 너무나 많다. 펜으로나마 눌린 자를 쳐들고 굽은 것을 펴기를 제대로 하는지 항상 의문을 갖는다. 우리네 자신이 충분히 반영된 행정법학의 구조식을 찾지 못한 채 지적 방황으로 학문적 삶이 끝날지 모른다는 불길한 예감도 든다. 학문적 자신감이 생기기는커녕 학문적 무력감만 증대되어, 뒤늦은 후회를 종종 하곤 한다. 하지만 이미 들어선 이 길을 지금에 와서 되돌리기에는 너무 늦었기도 하거니와, 솔직히 그럴 용기도 없다. 자전거를 처음 배울 때, 넘어지지 않으려면 열심히 달리는 수밖에 없다. 이처럼, 현재의 부끄러움을 잊기 위해서라도 그저 스스로를 행정법의 기본에 맞춰서 부단히 단련할 뿐이다.

著者가 된다는 것이 부끄럽고 부담스러울 따름이지만, 개인적으로는 커다란 영광이다. 돌이켜 보면, 미욱한 구석이 태반인데도 불구하고, 이 자리에 오기까지 어느 곳에서나 정말 많은 분들의 도움을 받았다. 개인적으로 매우 운이 좋았음을 절감하며, 법학과 행정법학에 입문한 때부터 학문적으로 도움을 주신 분들께 이 자리에서 감사를 드리고 싶다. 먼저 金南辰 선생님께서는 행정법학에 입문한 신출내기 대학원생 때부터 지금까지 늘 학문적 자극과 격려로 이끌어 주신다. 기왕의 접근에서 벗어나 항상 日新又日新의 자세로 행정법학을 대하도록 가르쳐 주신 점에 깊이 감사를 드린다. 대학원에서 영미행정법을 통해 또 다른 문제인식에 눈을 뜨게 하여 주신 李尙圭 선생님께도 그 가르침에 깊이 감사를 드린다. 그리고 지금의 나의 원형을 결정적으로 만들어 주신 고려대학교 법과대학의 여러 선생님들께도 깊이 감사를 드린다. 또한 학교생활에서 동료교수로서 많은 도움을 주셨던, 그리고 주시는 충북대학교 법과대학과 중앙대학교 법과대학의 여러 선생님들께도 깊이 감사를 드린다. 특히 好學의 자세를 잃지 않도록, 이 책의 題字를 써 주신 權寧卨 선생님께 깊이 감사를 드린다. 그리고 새삼 여기서 존함을 올리지 않더라도, 도움을 주신 많은 분들을 늘 마음에 새기며, 그 기대를 저버리지 않을 것을 다짐한다.

끝으로 이 책은 분단의 역사수레바퀴로 인해 굴절된 인생의 道程 끝에 낯선 저 남단에 흔적을 남기신 선친께 바치는 작은 보답이다.

2008년 5월

눈앞에서 흐르는 한강수를 바라보면서

金 重 權

# 차 례

## 제 1 편 行政法通論

## 제 2 편 行政作用法論-行政行爲論

# 제 3 편 行政作用法論-行政立法論 등

# 제 1 편 行政法通論

# 제 1 장

# 參與政府에서의 法治主義의 發展: 行政法的 評價와 展望



## Ⅰ. 처음에 –"法治國家原理의 具體化"로서의 行政法 –

대한민국에서 6월은 남다른 의미를 갖는다. 우리 근대사에서 5월과 10월은 그 속칭과는 달리 우리네 마음과 가슴을 무겁게 한다. 그렇지만 6월은 이중적이다. 한편으론 5월처럼 한스러움을 느끼게 하면서도, 다른 한편으론 우리를 가슴 벅차게도 한다: 6·25사변(남북전쟁), 6월 민주항쟁, 6·15남북공동선언. 가정적으로 이상의 일련의 역사에 '민주적 법치주의'의 존재를 대입할 것 같으면, 그것의 침탈의 위기, 그 본연의 회복, 그것의 확대의 시발(?)로 여겨질 법하다. 사법살인이란 법치국가원리를 근본적으로 불신하는 섬뜩한 용어가 시사하듯이, 질곡의 최근대사에서 법과 합리성을 지향하는 법치주의(법치국가원리)는 그 본연이 종종 훼손됨으로써, 마치 정당성 없는 공권력의 강제력을 담보하는 제도적 장치로 여겨지기도 하였다. 이제 87년 체제가 20여년을 지속되어 오면서, 우리 나름의 법치주의가 실현되어 왔다. 법치국가원리의 제자리 잡기가 그동안의 성과인 셈이다.[1]

민주공화국의 건국이후, 심지어 6월 민주항쟁 이후에도 다소의 부침은 있었지만, 우리 사회의 지반의 대강은 불변하여 내려왔다. 그러나 2002년 한일 월드컵이 있은 그 해 대통령선거에서 승리하여 출범한 참여정부는, 기왕의 주류세력의 교체를 바탕

1) 반면 외생변수에 따른 법치국가의 변모에 관해선 이계수, 신자유주의의 세계화와 법치국가의 위기, 현대공법학의 과제(청담 최송화 교수 화갑기념논문집), 2002, 954면 이하 참조.

으로 하면서, 출범당시부터 지금까지 국가와 사회 전역에 코페르니쿠스적 대전환을 가져다주었다. 신행정수도이전 건, 대통령탄핵 건, 이라크파병 건, 국가기관의 지방이전 건, 헌법재판소장임명파동 건, 방사능폐기물처리장 건, 새만금/천성산재판 건, 군전시작전권이양 건, 사법개혁 건, 한미 FTA 건. 그런데 이들을 포함한 국정운영 전반이 거의 예외 없이 법적인 쟁점, 특히 대부분 헌법적 논쟁의 대상이 되곤 하였다. '정치의 사법화'나 '사법의 과잉'일 수 있는 이런 현상을 두고서, 일부에선 참여정부의 혁신드라이브에 대한 효과적인 방어기저로 법치국가원리가 동원되고 있다는 지적도 하지만, 과거정부와는 달리 참여정부 스스로 이제껏 암묵적인 금기로 여겨졌던 틀 자체를 정면으로 문제 삼아 공론의 장으로 이끌기도 하였다. 아쉽게도, 서로 인정하면서 성찰을 전제로 이성을 주고받기보다는, 서로에 대한 극단적인 부정을 저변에 두고서 법을 내세운 날선 공방을 전개하였다. 그리하여 공법학으로선 항시 매우 정치적인 물음에 응대하지 않으면 아니 될 곤경에 처하곤 하였다.

'국민이 즉, 대통령이다'라는 표어가 상징하듯이, 참여정부에서 국정운영의 추동력은 '참여민주주의'에 있다.[2] 그리하여 이미 공법학회 제131회 정기학술대회(2006. 10.14.)에서 "참여민주주의의 공법적 결산"을 주제로 심도 있는 논의가 전개되었다.[3] 오늘날 민주적 법치국가원리에 비추어 민주주의와 법치주의는 분리되어 존재하는 것이 아니라, 하나의 합일체를 이룬다. 법치주의를 주제로 한 논의 역시 민주주의적 논의와 상당 부분 겹칠 수밖에 없다. 그런데 전자와 관련해서, 행정법(학)은 그것의 구체적 발현모습에 초점을 두는 반면, 헌법(학)은 그것을 지향점이자 목표로서 설정한다. 당연히 헌법의 경우엔 민주주의적 논의가 그 저류에 강하게 흐른다. 모든 쟁점사항이 공법적인, 특히 헌법적인 것이 되어 버린 참여정부에선. 가히 특히 헌법(재판)의 전성시대라 여겨질 정도이다. 그리하여 자칫 법치주의를 내세워 그것의 구체화를 헌법이 담당하는 양, 지금 헌법의 여타 법 특히 행정법에 대한 적용상의 우위까지도 은연중에 도모될 수도 있다. 이에 참여정부의 출범 이후에 나타난 여러 입법과 판결을 중심으로 하여, 법치주의의 실현모습을 특히 형식적 측면에서 검토함으로써, 그것의 구체화라는 행정법 본연의 임무를 새롭게 자리매김하고자 한다.[4]

---

2) 이는 출범에 즈음에서 제시한 참여정부의 원리에서 잘 나타나 있다: "노무현 정부의 탄생은 이러한 왜곡에 대항하는 원칙이 승리하고 국민주권이 실질화되는 국민승리 시대의 도래를 의미한다. 이제 우리 사회는 소수의 세력이 국민을 분열시켜 권력과 자원을 독점하는 특권의 시대를 마감하고, 국민이 대통령으로서 스스로의 이익을 실현하는 '실질적 민주주의의 시대'를 맞이하게 된 것이다".

3) 이계수, "참여민주주의의 이상과 현실-헌법이론적 진단-"; 이기우, "참여민주주의의 공법적 실험과 그 공과"; 김광수, "참여민주주의의 행정법적 대차대조표"; 김승환, "참여민주주의의 공법적 지평, 희망은 있는가".

4) 본고가 발표된 공법학회 제137회 학술발표회에선 '헌법적 측면에서의 법치주의 발전'(송기춘 교수)에 대해서도 논의가 되었기에, 본고는 가능한 헌법적 쟁점을 피하면서 논의를 전개하였다. 그리하여 가능한 헌법문헌을 적시하지 않았음을 밝혀둔다.

## Ⅱ. 法治主義(法治國家原理)의 基本理念과 具體化의 問題

### 1. 法治主義(法治國家原理)의 基本理念[5]

본시 법치국가 개념은, 독일에서 18세기에서 19세기로 넘어가는 전환기에 국가를 제한하는 프로그램으로서 성립하였다.[6] 하지만 그 이념과 여러 제도는, 독일과 유럽에서의 법발전의 기층으로 소급하며, 국가가 법을 통해서 보장하는 평화질서(Friedensordnung)를 그 목표로 한다. 법치국가의 실현이 헌법상의 기본이념으로 됨으로써,[7] 그것의 이념과 여러 제도는 하나의 규범적 헌법결단으로 합쳐진다. 이로 인해, 국가와 사회는 특수한 질서매개체로서의 법의 수단과 규준으로써 생활을 형성할 의무를 진다. 따라서 법치국가는 국가적 방어로 국한하지 않고, 다음과 같은 이중적 임무를 지닌다.[8] 즉, 국가권력을 상대로 해서는 물론 개인 상호간의 관계에서도, "인간존엄성, 자유, 정의와 법적 안정성"을 보장하기 위하여, 국가활동을 제한하는 것과 아울러 동일하게 그것을 보장하는 것이다. 결국 법은 국가의 장명영약(생명수, Lebenselxier)에 해당하며, 법적 정당성은 모든 국가활동의 전제가 된다.

법치국가사상에서 칸트의 영향을 지대하게 받은 독일에선, 합리성이 법치국가적 활동의 지도원칙(Leitmaxime)이다. 보다 자세히 말하자면, 입법과 법률집행의 가치합리적인 불변성 및 목적합리적인 정연성이 그에 해당한다.[9] 법치국가는 법과 합리성을 통해서, 자신의 활동을 사전엔(ex ante) 예상가능하게, 사후엔(ex post) 통제가능하게 만든다. 그런 식으로 규율되어 있을 때, 법치국가는 억제(제어)된 개입권력일 뿐만 아니라, 개인에게 유리한 보호권력 즉, 개인적 인간존엄성, 자유, 재산권 그리고

---

5) 여기서 법률의 지배와 법의 지배를 대비시켜, 전자를 형식적 법치주의로, 후자를 실질적 법치주의로 단순화하는 도식에서 벗어나야 한다. 나아가 영미적 법의 지배를 실질적 법치주의로 등치시킬 때 유의할 점이 있다. 유럽과 대비하여 특히 미국의 경우엔, 공익목적의 달성에 있어서 국가에 대한 강한 불신이 지배하고 기업가층의 사적 주도권을 앞세우며, 행정의 법구속은 물론 사법적 통제 역시 강하지 않는 반면에, 사인 또는 사적 단체의 행정에 대한 참여의 정도가 강하다. 당연히 적법절차의 보장에 초점이 모아진다. 기본적으로 미국류의 법치주의는 강자(산업계, 이익단체)의 약자(개개의 시민)에 대한 장치로서 가동하는 것은 아닌지 검토가 필요하다. 왜냐하면 포획이론이 보여주듯이, 행정청의 결정이 정치과정과 밀접히 연관되어 있어, 과연 행정청이 공공복리의 중립적 관리자의 역할을 수행할 수 있을지 의문스럽기 때문이다. 독일형 법치주의와 대비된, 미국형 법치주의의 이상의 문제점에 관해선 김남진, 법률의 지배와 법의 지배, 고시연구 1997.4., 47면 이하 참조.

6) 근대, 서양고대로마와 한국에서의 법치주의의 전개에 관해선, 김도균/최병조/최종고, 법치주의의 기초, 2005, 참조.

7) 헌법재판소 1992.4.28. 90헌바24결정 등.

8) Vgl. Schmidt-Aßmann, Der Rechtsstaat, in:HStR, Bd. Ⅰ, 1995, §24 Rn.2.

9) 특히 Hesse, Grundzüge des Verfassungsrechts der Bundesrepublik Deutschland, 20.Aufl., 1995, Rn.190; Sobota, Das Rechtsstaat, 1997, S.64f.; Breuer, Konkretisierungen des Rechtsstaats- und Demokratigebotes, Festgabe 50 BVerwG, 2003, S.223(228).

주관적 권리에 관한 보증인이기도 하다.

법치국가개념의 도그마적 내용(본질)은 간단한 정의상의 토대에 고정될 순 없다. 오히려 그것은 여러 다른 구조와 일관성하에 있는 층들로 구성되어 있으며, 이들을 연역추론함에 있어서, 헌법본문이 가장 중요한 인식원이긴 하나, 유일한 것은 아니다. 헌법상으로 확실한 영역이 아닌 경우엔, 법치국가적 상태(Rechtsstaatlichkeit)는 개별법적인 결정(규정)을 통해서 완성될 뿐더러, 전통/의미의 상관관계로부터 구체화되면서 명료하게 된다. 그래서 독일 연방헌법재판소도 다음과 같이 판시하였다: "헌법상으로 일부에서만 상세히 형태가 부여되어 있는 법치국가원리가, 세세히 분명하게 결정된 명령과 금지를 결코 담고 있지 않다; 사물적 소여(여건)에 맞춰 구체화가 필요하다; 하지만 이때 법치국가와 법치국가적 상태의 근간적 요소(기본권보장과 권력분립)가 전체적으로 변함없이 견지되어야 한다."[10] 실로 법치국가(원리)의 구성은 개념으로부터, 실정법상의 개별적 보장의 도그마틱을 거쳐, 원리로 진행된다.[11]

## 2. 法治主義(法治國家原理)의 具體化의 問題

한편 법치국가원리의 이해와 관련해서, 그것이 헌법의 개별적 보장을 위한 집합적 표현에 지나지 않는지, 또는 독립된 도그마틱적 내용(본질)을 지닌 원리(Prinzip)로서 존재하는지 물음이 제기된다. 이는 법치국가를 총괄평가적으로 이해할 것인지 아니면 통합적으로 이해할 것인지의 물음에 해당하는데, 이에 대해선 일찍이 Kunig가 자세히 논구하였다. 그의 철저한 분석에 의하면, 판결과 문헌상으로 법치국가원리와의 연계는 (언급되는 것을)묶는 의의, 기껏해야 확인하는 의의만을 지니고, 해결책은 상응하는 맥락에서 구체적인 규정으로부터 도출된다고 한다:"법치국가원리의 내용과 규범적 본질은 점점 우리에게 녹아내렸다, 해서 이러한 점은 대부분의 헌법해석자의 사고에 존재한다." 그리하여 그는, 모든 법치국가적 문제제기에 대해선 문제에 근접한 규범을 통해서 답해질 수 있으며, 배후적 원리인 법치국가원리를 원용하는 것은 방법론적으로 허용되지 않는다고 주장한다. 법치국가원리로써 고립되게 논증하는 방식은 "파멸"(reiche Ernte)을 가져다 준다고 확인하였다.[12] 독일의 경우, 헌법적인 원칙과 결론도출로써 행한, 도를 넘은, 인플레이된 확대논증으로 인해, 상반된 법적 견해와 애매한 판결이 출현하였다. 그리하여 종종 헌법적, 행정법적 결정의 결과를 거의 예측할 수가 없으며, 그 법적 불안정성이 법치주의와 민주주의 원칙

10) BVerfGE 65, 283(290).
11) Schmidt-Aßmann, Der Rechtsstaat, §24 Rn. 1.
12) Kunig, Das Rechtsstaat, 1986, S.89ff., 109f., 457ff.

이 강구되는 경우에 매우 극대화된다고 여겨졌다. 이런 상황을 배경으로, Kunig가 일반적인 법치국가원리에 대한 회의를 논증한 것이다.

이에 대해서 Schmidt-Aβmann은, 우선 결론이 문제에 근접한 헌법적 언명으로부터 얻어질 수 있는 한, 이런 방도를 취해야 한다고 지적한다. 그리고 법치국가원리와의 연계는 일종의 단축형을 이용한 것에 지나지 않으며, 그 자체로서 허용되긴 하나, 자세한 논증에서 판독되어야 한다고 지적한다. 하지만 발생하는 모든 물음이 Kunig의 방식으로 해결될 순 없다고 하면서, 그 예로 조직법과 절차법, 규범공포와 법치국가적 능률을 든다.13)

그리고 Breuer 역시 강력한 반론을 편다. 그는 만약 Kunig의 설명이 맞을 것 같으면, 법치주의의 구체화에 대한 광범한 추구 자체가 잘못일 뿐더러, 무용하게 될 것이라고 지적한다. 그리고 국가현실의 요해결적 규율/결정의 문제점에 주의를 기울이면, 곧바로 Kunig의 주장이 너무 성급한 것으로 판명된다고 한다. 그래서 "법치국가적 이념범주의 복잡한 문제점들은 파편적 고립적인 방식이 아니라, 전적으로 상관관계/공동협력에서만 슬기롭게 파악될 수 있다. 법치국가원리의 개개의 요소(예: 국가조직법적 권한귀속(정렬)과 권력분립의 힘의 균형, 일반적인 법률유보의 범위, 법관이나 행정청의 규범통제의 양식(유형), 사법보장의 종류와 방법, 사법절차와 행정절차에 대한 강제적인 최소한의 요청, 자유와 재산권에 대한 개입에 관한 규범적 명확성의, 필요성의, 비례성의, 신뢰보호의, 법적 안정성의 의무적 요청 등)는 문제의 장소(Problemtopoi)인 동시에 동 원리의 계발필요적 요소로서 상호 관련이 된다. 이에 따라 이들 제요소를 상호 조응시키고 균형을 맞추는 것이 필요한 즉, 이때 법치주의가 이들 제요소를 의미롭게 만드는, 구속하는, 전체적으로 영향을 미치는 효소(Ferments)의 기능을 수행한다. 그것의 부정은 헌법적인 일방성, 과장됨, 부조화, 흠결과 능률부전의 위험을 야기한다. 여기서 헌법해석자로선, 법학적 파편을 고립된 법치국가적 요소의 형성으로 마음대로 한다든지, 법치국가의 의미를 올바로 파악하지 못한다든지, 그것의 본질을 곡해한다든지 할 위험에 빠진다."고 지적한다.14)

Kunig의 주장과는 달리 일반적인 법치국가원리의 존재이유를 긍정할 때, 그것의 구체화와 관련하여 헌법과 행정법의 관계가 새삼 문제된다. 과거 1959년에 독일연방행정법원장인 Fritz Werner는 행정법을 "구체화된 헌법"으로 표현하였다.15) 당시 그로선, 헌법적 물음에 대한 외면과 더불어, 정치적 회피와 과도한 사실성에 대한 헌법의 취약성을 시대정신의 장애물로 여겼다. 그러나 우리의 현재의 문제상황 전반을

13) Schmidt-Aβmann, Der Rechtsstaat, §24 Rn.7, 8.

14) ders., a.a.O., S.223(226).

15) ders., DVBl. 1959, 527ff.

보건데, 두드러진 특징은, 헌법적 물음과의 적조함이 아니라, 정반대 즉, 헌법과 그것의 원리에 대한 조약한 치유기대감이라 하겠다. 헌법적 원리에 의거한 인플레된 논증의 배후에는, 종종 절제되지 않는 만족감(Euphorie)이 존재한다. 가령 국민투표부의와 같은 지극히 정책적(정치적) 결정에 대해서 행정재량론(특히 행정재량의 축소)을 대입하여 논증하듯이, 과장과 의문스런 강변이 자명하게 등장하곤 하였다. 법치국가원리의 구체화를 둘러싼 독일에서의 우려와 논의는, 특히 구체화된 헌법으로서의 행정법과 관련이 있다. 따라서 법실제적(법현실적) 관점에서, 헌법재판의 향도와 행정재판의 발전방향을 이상과 같은 비판에 견주어서 살펴보아야 한다. 요컨대 모든 행정법적 사례는 잠재적인 헌법적 사례이듯이(Otto Bachof), 헌법과 행정법의 긴밀한 조응과 견련은 일반적인 현상이거니와, 필요하다. 하지만 그럼에도 불구하고, 개별법적 차원을 경시한다거나 헌법에로의 곧바로 안락하게 도피한다거나 하는 것은 정당화되지 않는다.

사실 -Kunig가 분석하면서 입증하려한 것처럼- 법치주의(법치국가원리)는 순전히 헌법상의 원리로선 공허할 수 있겠지만, -그것의 연혁에 비추어- 행정법에선 더욱 생생히 기능한다.[16] 왜냐하면 법률유보원칙, 적법성원칙, 신뢰・존속보호원칙, 사법구제와 같은 공리적 요소는 물론 명료한 행위형식과 관련해서도, 법치국가원리의 여러 요소를 합성한 것이 체계로서의 행정법이기 때문이다. 고전적 행정법이[17] 법치국가원리의 구체화로서 생겨났다는 점에서, 이젠 "헌법의 구체화"에 갈음하여 "법치국가원리의 구체화"로 행정법을 새롭게 자리매김할 만하다. 새삼 -당시에 형식적 법치국가적 이해가 지배하긴 했지만- O. Mayer가 법치국가를 "잘 정리된 행정법의 국가"(Staat der wohlgeordneten Verwaltungsrecht)로[18] 특징을 지운 것을 상기할 필요가 있다.

## Ⅲ. 法治主義의 形式的 側面(形式的 法治國家)과 法治主義의 實質的 側面(實質的 法治國家)

양자를 나누는 것은 체계적 구명에 이바지한다. 다만 유의할 점으로, 법치국가의 제 개념은 역사적인 유형개념, 발전경향이나 모델을 나타낸 것이지, 결코 도그마틱적 내용(본질)을 지니지 않는다. 오히려 법학적으론 헌법이 개개의 규정과 의미상관

16) Schmidt-Aßmann, Der Rechtsstaat, §24 Rn.1.

17) 보통 다섯 가지 징표가 기본요소이다 : 권력분립, 법원의 독립성, 행정의 법률적합성, 행정조치에 대한 사법구제, 국가책임법의 여러 원칙. 공리적 성질을 지닌 행정법상 여러 원리의 핵심요소에 관해선, vgl. Ernst Rudolf Huber, Rechtsstaat und Sozialstaat in der modernen Industriegesellschaft, in: Forsthoff(Hrsg.), Rechtsstaatlichkeit und Sozialstaatlichkeit, 1968, S.589(593).

18) O. Mayer, Deutsches Verwaltungsrecht, 3. Aufl. 1924. S.58.

관계에서 법치국가에게 부여한 완성형태가 결정적이다. 권력분립, 법원의 독립성, 행정의 법률적합성, 공권력에 대한 권리보호, 국가책임(공법적 손해배상/손실보상)을 포기불가한 제도로 인정하는 국가가, 형식적 법치국가로 간주된다.[19] 이 개념은 역사적으로 기인한 것이긴 하나, 법의 전형적인 형식요소(절차, 결정권한, 법률적 결정규준)가 국가적, 사회적 생활을 정렬한다는 점을 결정적으로 부각시킨다. 법치국가가 이런 형식요소를 준수하기만 할 뿐, 내용적으로 입법을 상위의 규범질서에 맞추는 것을 인식하지 않는 한에 있어서, 그 법치국가는 "전적으로" 형식적이라 하겠다. 반면 이런 내용적 방향설정도 보장하고, 그것을 특히 입법의 헌법구속과 기본권의 규범화를 통해서 확고히 할 때, 그런 국가가 실질적 법치국가로서 여겨진다. 즉, 실질적 법치국가는 법과 합리성을 통해 모든 국가활동을 규율하는 것의 이념적 전제 및 목표와 관련이 있다. 그리하여 실질적 법치국가에선 그 관건이, 개인적 인간존엄성, 자유, 재산권과 주관적 권리는 물론, (관철가능한 이익 · 처분 · 신뢰의 보호를 지향하는) 법적 명확성, 법적 안정성과 실제적 법적 유효성을 직접적으로 존중하고 확고히 하는 것이다.[20] 이런 의미에서 실질적 법치국가는 형식적 법치국가의 반대가 아니라, 법의 실질적 요소와 형식적 요소를 합일시킨 국가이다. 법치국가적 상태는 형식적, 실질적 구성부분을 포함한다. 이런 동시성을 감안한 즉, 형식적 측면의 저평가는 잘못이다.[21] 형식요소는 다름 아닌 법의 본질이고, 이것이 법을 다른 가치질서에 비해 두드러지게 한다. 여기서 일찍이 Jhering이, 형식을 자의의 단호한 배격자이자 자유의 쌍둥이자매로 강조한 점을[22] 상기할 필요가 있다.

그렇지만 법률구속이 예측가능성과 신뢰성을 보장하고, 법치국가와 민주주의를 합치게 하듯이, 양자의 요소가 서로 내외하는 것이 아니라, 서로 겹친다. 그럼에도 불구하고, 이들 양측면의 구분은 중요하고 요구된다.[23] 여기서 중요한 것이 상이한 종류의 구조문제인데, 이는 어떤 법치국가적 요소가 구체화되어야 할런지에 따른다. 즉, 법치국가의 형식적 측면과 관련해선, 대개 고도의 명확성이 내재되어 있다. 형식

19) 법치국가의 형식적 요소와 실질적 요소는 가늠하기가 쉽지 않다는 점에서, 그것의 획정 자체가 쟁점거리이다. Breuer에 의하면, 전자와 관련해선, 기능적, 권한적 권력분립(독일기본법 제20조 제2항 제2문), (헌법우위, 후속적인 우위와 법률의 유보를 지닌) 규범위계, 행정의 법률적합성, 법원의 독립성, 기본권확보적 법관유보(가령 독일기본법 제13조 제2항 내지 제5항, 제104조 제2항과 제3항, 제18조 제2문에 따라), 주관적 권리에 대한 공권력의 개입에 대한 권리보호의 보장(독일기본법 제19조 제4항), 일반적인 사법보장 · 소위 사법기본권 · 법률적 법관의 보장(독일기본법 제101조 제1항 제1문), 법적 청문에 관한 절차와 관련한 청구권(독일기본법 제103조 제1항) 및 공법상의 배상급부와 관련한 보장(독일기본법 제14조 제3항 제2문 내지 제4문, 기본법 제34조)이 해당된다.

20) Breuer, a.a.O., S.223(230).

21) Schmidt-Aβmann, Der Rechtsstaat, §24 Rn.19.

22) ders., Geist des römischen Rechts auf den verschiedenen Stufen seiner Entwicklung, 2.T1., 2.Abt.1875, S.471: P. Krause, Rechtsformen des Verwaltungshandelns, 1974, S.16 Fn.15)에서 재인용.

23) 이에 관한 상세는 Breuer, a.a.O., S.223(230f.).

적 법의 임무는, 외부적인 권한・절차・형식의 물음에서 가능한 분명하고 엄격한, 규범화된 규준을 통해서 법적 안정성을 매개하는 것과 더불어 시민의 신뢰보호를 얻는 것이다. 이때 실질적 법치국가적 요청은 대체적으로 효율・효과의 통제를 보장한다. 여기서 제기되는 전형적인 통제(심사)상의 물음은, 권한/절차/형식상의 법칙(법치국가원리의 형식적 측면)이 문언대로 그리고 "자족적으로" 해석되어야 하는지, 아니면 목적과 결과를 지향하여 해석되어야 하는지 여부이다. 전자의 입장이라면, 형식적 법치국가는 그것의 중립적이고, 질서・신뢰기여적인 본연을 유지하는 반면에, 후자의 입장이라면, 그것은 실질적 법치국가의 하위원칙에 의해서, 평가와 효율성(능률성)의 관점에 따라 수정되고 탄력적이게 된다.

한편 형식적 법치국가와 실질적 법치국가의 개개의 요소간의 이율배반(Antinomie)에 특별한 주의를 기울려야 한다. 여기서도 양 측면의 겹침이 발생한다. 가령 행정의 적법성원칙과 위법한 수익적 행정행위의 취소에서의 신뢰보호간의 충돌이 바로 그것이다. 나아가 형식적 법치국가적 요청과 실질적 법치국가적 요청만이 상호 대립되는 것은 아니다. 오히려 실질적 법치국가적 요청 간에서도 충돌이 일어날 수 있다. 가령 소급효적 새규율이 불명료하거나 심지어 난맥인 법률상황을 제거하는 데 이바지 할 때, 종전의 법률상황이 개개의 관련인에게 더 유리할 수 있다. 이때 법적 명료성과 법적 안정성이란 일반적 중요성이 (개인적 권리로 이해되는) 신뢰보호의 요청과 맞부딪힐 수 있다. 여기서 우위를 일반적 요청이나 개인적 요청에 부여할 지 여부는 추상적으로 답해질 순 없고, 당시의 상황에 맞춰서만 답해질 수 있다.[24] 한편 기본적으로 법치국가의 형식적 측면의 경우엔 엄격성을 그 특징으로 하지만, 최소규준의 준수를 목표로 하는 데 대해서, 그것의 실질적 측면의 경우엔 헌법정책적 고려가 아닌 사법적 통제와 관련해서 보자면 소극적인 실책금지(Missgriffsverbot)의 척도를 목표로 삼아야 한다고 한다.[25]

---

24) 참고: 헌법재판소 1999.7.22. 97헌바76, 98헌바50・51・52 전원재판부결정: 「소급입법은 새로운 입법으로 이미 종료된 사실관계 또는 법률관계에 작용케 하는 진정소급입법과 현재 진행중인 사실관계 또는 법률관계에 작용케 하는 부진정소급입법으로 나눌 수 있는바, 부진정소급입법은 원칙적으로 허용되지만 소급효를 요구하는 공익상의 사유와 신뢰보호의 요청 사이의 교량과정에서 신뢰보호의 관점이 입법자의 형성권에 제한을 가하게 되는데 반하여, 기존의 법에 의하여 형성되어 이미 굳어진 개인의 법적 지위를 사후입법을 통하여 박탈하는 것 등을 내용으로 하는 진정소급입법은 개인의 신뢰보호와 법적 안정성을 내용으로 하는 법치국가원리에 의하여 특단의 사정이 없는 한 헌법적으로 허용되지 아니하는 것이 원칙이고, 다만 일반적으로 국민이 소급입법을 예상할 수 있었거나 법적 상태가 불확실하고 혼란스러워 보호할 만한 신뢰이익이 적은 경우와 소급입법에 의한 당사자의 손실이 없거나 아주 경미한 경우 그리고 신뢰보호의 요청에 우선하는 심히 중대한 공익상의 사유가 소급입법을 정당화하는 경우 등에는 예외적으로 진정소급입법이 허용된다」.

25) Breuer, a.a.O., S.223(232ff.).

## Ⅳ. 參與政府에서의 法治主義의 展開: 그것의 형식적 측면의 구체화를 중심으로

### 1. 행정의 법률적합성의 원칙의 측면[26]

#### (1) 법률유보의 원칙의 논증과정의 問題

독일에서 주창된 본질성이론은, 종래 법규유보(Rechtssatzvorbehalt)와의 경계가 허물어진 법률유보(Gesetzesvorbehalt)의 의미를 원래의 것(전적으로 형식적 법률에 의한 것)으로 되돌려 놓았다. 법률유보원칙에 관한 기왕의 논의는 그것의 적용영역에 초점을 맞춘 나머지, 위임입법의 법리(포괄위임금지의 원칙 등)의 형해화에 충분히 대처할 수 없었다. 본질성이론은 의회유보를 매개로 하여, 무엇이 입법자 스스로 규율하여야 할 것인지, 무엇이 명령제정자에게 위임가능한 것인지, 법률적 규율이 얼마나 촘촘하고 엄밀하여야 할지를 가늠케 한다. 본질성의 기준은 실체의 본질뿐만 아니라, 규율이 헌법적 측면에서 얼마나 의미로운지, 중요한지, 근본적인지 그리고 심도 있는지를 목표로 삼는다. 이때 기본권자인 국민의 이익은 물론, 공공의 보충적, 대립적 이익 역시 중요한 역할을 한다. "본질성"이란 실은 확고한 개념은 아니며, 오히려 일종의 탄성공식과 같다. 즉, 국민과(이나) 공공을 위하여 사항이 중대하면 중대할 수록, 입법자에 대한 요청은 더욱 높아진다. 이로부터 규율의 밀도가 도출되는데, 개개 국민의 기본권이 더욱더 지속적으로 관련되거나 위협받을 수록, 공공을 위한 영향이 더욱더 중요하게 될 수록, 총체적 문제가 일반공중에서 더욱더 다투어질 수록, 법률적 규율은 한층 엄밀하고 조밀하여야 한다. 본질성이론에 따른 법률유보상의 단계는, 다음과 같이 세 단계로 나뉠 수 있다. 전적으로 본질적인(중요한) 사항은 의회입법자의 전속적 규율을 필요하고(위임금지, 의회유보), 상대적으로 덜 본질적인 사항은 법률상의 명령제정자에 의해서도 규율될 수 있으며(여기선 포괄위임금지의 법리가 통용된다), 끝으로 비본질적인 사항은 전혀 법률유보원칙이 통용되지 않기 때문에 (법령상의 위임없이도) 행정에 의해서도 규율될 수 있다. 본질성이론에 의할 때, 구분경계의 애매함을 숙명적으로 피할 순 없지만, 석어노 기본권실현을 위해 본질적인 사항은 의회의 지배를 받아야 함은 의문의 여지가 없다

법원과는 달리 우리 헌법재판소는 법률유보가 문제된 결정에서 의회유보의 표현을 사용함으로써, 독일에서 주창된 본질성(본질사항, 중요사항)이론이 채용되었다고

26) 여기선 법치행정원리의 기능(억제기능, 촉진기능, 조정기능)이 고려되어야 한다. 김철용, 행정법 I, 2007, 30-31면.

판단되곤 한다. 하지만 여기엔 많은 무리가 있다. 의회유보란 표현이 처음 등장한 헌법재판소 1999.5.27. 98헌바70결정의 경우,[27] 그 기술은 기본적으로 법률유보를 의회유보와 등치시킴으로써, 의회유보의 전제인 단계적 논증을 하지 않았다. 나아가 법률유보의 의미를 의사결정상의 의회의 개입까지 포함하는 것으로 오해하고 있다. 법률유보나 (그와 동일한 의미에서의) 의회유보의 문제라면, 수신료의 결정과정에 의회의 개입가능성이 확보된다고 하여 해소될 성격이 아니다. 그 뒤에 의회유보란 표현을 사용한 여러 결정 역시 법률유보와 동일한 것으로 보거나,[28] 위임금지가 참뜻인 의회유보와 포괄위임금지를 엄격히 구별하여 논증하지 않고 있다.[29]

(2) 「성전환자의 성별정정허가신청사건 등 사무처리지침」의 問題[30]

대법원 2006.6.22. 2004스42전원합의체결정에 의하여, 성전환자에 대한 호적상 성별기재의 정정이 허용되었다. 이에 따라 「성전환자의 성별정정허가신청사건 등 사무처리지침」(대법원 호적예규 제716호 2006. 9.6.)이 제정되었다. 당해 지침이 공표된 후, 외성기의 존부에 초점을 맞춘 '성별정정의 허가기준'을 두고서 비판이 제기되었다. 그러나 사안의 본질은 허가기준의 엄격함이 아니라, 그 같은 규율의 존재형식이다. 즉, 입법이 되지 않은 시점에, 입법적 사항을, 그것도 기왕의 법질서와 법에토스에 심대한 영향을 미칠 사항을 법원 내부의 예규로 정한 것이 문제이다. 당해 지침의 존재형식은 예규이다. 이는 사법부내에서 통용된다는 의미에서 보자면, 보통의 행정규칙과 다를 바 없으며,[31] 그리하여 법률대위적 규칙(gesetzesvertretende Verwaltungsvorschriften)에 해당한다.

법률대위적 규칙은, 규범이 필요한 일정한 분야에 법률적 규율이 부재할 때 발해진다. 법률적 규율의 부재란 아예 그것이 전혀 없는 경우는 물론, 법률적 규정이 있으되 구체화규정이 요구될 정도로 개괄적인 경우도 의미한다. 특히 후자의 경우엔

27) 결정요지: 「오늘날 법률유보원칙은 단순히 행정작용이 법률에 근거를 두기만 하면 충분한 것이 아니라, 국가공동체와 그 구성원에게 기본적이고도 중요한 의미를 갖는 영역, 특히 국민의 기본권실현과 관련된 영역에 있어서는 국민의 대표자인 입법자가 그 본질적 사항에 대해서 스스로 결정하여야 한다는 요구까지 내포하고 있다(의회유보원칙). 그런데 텔레비전방송수신료는 대다수 국민의 재산권 보장의 측면이나 한국방송공사에게 보장된 방송자유의 측면에서 국민의 기본권실현에 관련된 영역에 속하고, 수신료금액의 결정은 납부의무자의 범위 등과 함께 수신료에 관한 본질적인 중요한 사항이므로 국회가 스스로 행하여야 하는 사항에 속하는 것임에도 불구하고 한국방송공사법 제36조 제1항에서 국회의 결정이나 관여를 배제한 채 한국방송공사로 하여금 수신료금액을 결정해서 문화관광부장관의 승인을 얻도록 한 것은 법률유보원칙에 위반된다」.

28) 헌법재판소 2006.3.30. 2005헌바31결정.

29) 헌법재판소 2003.6.26. 2002헌가16결정.

30) 상세는 졸고, 「성전환자의 성별정정허가신청사건 등 사무처리지침」의 문제점에 관한 소고, 법률신문 제3493호, 2006.9.25.

31) 법규명령과 행정규칙의 구분에서의 실질적 기준설에 의하면, 동지침은 법규적 효력을 가질 수 있다. 한편 법률대위적 규칙을 직접적 외부적 구속효를 갖는 법규로 보기도 한다. 홍정선, 행정법원원론(상), 2007, 235면.

재량준칙에로의 변경이 유동적이다. 그러나 재량준칙과 법률대위적 규칙과 구별되는 점은, 후자의 경우 정해진 결정규준을 구체화하는 것이 아니라 필요한 결정규준을 처음으로 제공한다는 것이다. 다만 여기서의 "법률대위"가 법률과 동등한 효력을 갖는 것을 뜻한다고 오해해선 아니 된다.[32] 그것은 관계법령이 제정되기까지 나름의 행정통제규칙으로 기능할 뿐이고, 당연히 재판규범성을 갖지 않는다.

행정으로선, 법률적 규율이 없는 모든 경우에, 행정규칙으로써 대신하여 행동에 나설 순 없다. 즉, 법률대위적 규칙은 법률유보원칙이 통용되지 않는 한에 있어서만 허용될 뿐이다.[33] 따라서 개입적(침익적) 성격을 지닌 법률대위적 규칙은 처음부터 배제된다. 여기서 관건은 법률유보원칙의 적용이다. 요컨대 법률대위적 규칙은 전혀 법률유보원칙이 통용되지 않을 비본질적인 사항에서만 허용된다. 당해 지침이 법률대위적 규칙이라 하더라도, 그것이 사법부의 일이기 때문에, 이상에서 본, 법률유보원칙과 결부된 그것의 허용성의 물음을 여기에 대입하는 것에 이론이 있을 수 있다. 법치국가원리는 공히 입법, 행정, 사법에 통용되는데, 특히 문제되는 영역이 행정이어서 언필칭 그것에 초점이 맞추어져 있을 뿐이다. 다시 말해, 사법에선 구태여 법률유보원칙을 운위할 필요가 없을 정도로 그것은 당연히, 아니 행정에서보다 더한층 강력히 통용된다. 법관은 헌법과 법률에 의하여 심판을 하도록 되어 있으며(헌법 제103조), 아울러 법관의 법(률)구속의 원칙이 이런 점을 나타낸다. 대법원이 법률에 저촉되지 아니하는 범위안에서 소송에 관한 절차, 법원의 내부규율과 사무처리에 관한 규칙을 제정할 수 있지만(헌법 제108조), 이것이 사법부에 입법권을 부여한 것은 아니다. 따라서 설사 내부규칙의 형식일지언정, 법원이 상위법령의 수권없이 법률사항을 규율한다는 것은, 그 자체가 입법작용에 해당하여 권력분립원리와 법치국가원리는 물론, 사법의 본질에도 반한다. 전원합의체결정 이후에 순전히 관련 사무를 처리하는 데 그치는 지침을 설정하였다면, 동 결정 자체의 당부와는 별개로, 당해 지침은 그다지 문제되지 않는다. 그러나 가령 '성별정정의 허가기준'(동지침 제6조)과 같은 본질적인 입법사항을 규율함으로써, 당해 지침은 입법과 다를 바 없다. 따라서 당해 지침의 당연한 한시성에 관계없이, (설령 입법사항의 최소한을 규정하더라도) 그것은 권력분립원리에 명백히 반한다.

사회적 소수자의 보호가 시대명제임은 누구도 부인할 수 없다. 하지만 이상의 전원합의체결정은 세심한 검토가 필요하다. 사회적 소수자 보호라는 긍정적인 측면을 무색케 하는 치명적인 법리논증상의 문제점이 있다.[34] 반대의견처럼, 성급하게 사법

32) 김남진/김연태, 행정법 I, 2007, 161면.

33) Vgl. Ossenbühl, HStR III, 1996, §65 Rn.27; Maurer, Allg. VerwR, 16.Aufl., 2006, §24 Rn.11.

적 판단을 내리기보다는 입법을 통한 해결책도모가 正道이다. 호적법을 비롯한 현행 민법 등이 성전환자의 성·호적변경에 효과적으로 대응하지 못하는 입법상황에 초점을 맞추어야 한다. 따라서 호적법 제120조를 비롯한 관련 법규정의 불비가 입법부작위의 문제로서 헌법재판소에 의해 헌법적 판단이 내려진 다음 -혹은 그와 관계없이- 의회에서의 입법을 "기다렸어야 한다". 애써 헌법재판으로 가지 않으려다 자칫 위헌적인 논증으로 흐를 수 있음이 단순한 기우만은 아니다. 법치국가원리의 실현에 우리네 의회가 제 소임을 다하지 못함은 분명 국가적 불행이다. 그래도 사법적 권리구제가 법치국가원리를 가려선 아니 된다.

(3) 國家的 情報行爲의 問題: '만두파동'

식품의약안전청이 2004. 6. 10.에 만두의 유통, 제조와 관련된 업체 18곳의 명단을 전격 공개했고, 그 명단에 포함된 식품업체의 사장이 한강에 투신하여 목숨을 끊기도 하였다. 당시는 물론 현행의 식품위생법은 영업자로 하여금 위해발생사실의 공표하도록 명하는 규정은 두고 있지만(동법 제56조의2), 행정청의 명단공개(공표) 자체를 규정하고 있지 않다. 여기선 법치국가원리상의 중대한 물음이 던져진다. 명단공개가 지닌 엄청난 파괴력은 지난 시절 회사의 존망을 야기하기도 한, '우지사건'과 '포르말린골뱅이사건'에서 잘 확인된다. 여기서 해당 업체로선 법원에서 자신의 무고함을 확인받았지만, 소비자의 기억에서의 잔향은 가시지 않은 것 같다. 과거 독일의 경우 1980년대는 리스크에 민감한 일반대중의 반향에 따른 사건들로 점철되었다.[35] 그리하여 행위유도를 하기 위한 경고, 추천이나 계몽과 같은 형태의 정보행위가 행정법의 유행주제(Modethema)가 되었으며, 오늘날엔 수많은 판결·논문·박사학위논문·교수자격논문을 거쳐, 그리하여 그들 국가시험에서도 등장하곤 한다. 이제 많은 주제가 법학적 종말빙퇴석처럼 교과서에서 다루어지고 있을 정도로 관심은 수그러졌다. 예전과는 달리 근자에는 우리의 경우에도 관심이 고조되었다.[36]

국가의 정보행위는 교시, 경고, 권고(추천), 보고, 감정, 행정의 기타의 정보활동을 포함한다. 가령 정보의 기능과 가능한 영향의 정도에 비추어, Gröschner는 세 가지

---

34) 우리나라 사법부의 해석방법론의 문제점에 관해선, 오세혁, 사법부의 해석방법론에 대한 비판, 법과 사회 제27호, 2004. 하반기, 185면 이하 참조.

35) 발암물질인 디에틸렌글리콜을 함유한 와인의 섭취에 대한 경고, 방사능을 쪼인 야생버섯에 대한 경고, 치명적인 프랑스 연화치즈에 대한 경고, 환경 유해한 변기도기의 사용에 대한 경고, 불결한 유동액을 사용했다는 국수제조자의 비난이 매스컴과 사람들을 휘저었다.

36) 참고문헌: 김남진/김연태, 행정법 Ⅰ, 2007, 348면 이하; 김남진, 행정상 시실행위와 행정쟁송, 고시연구 1994.10.; 김연태, 환경보전작용연구, 1999; 오준근, 행정청의 경고와 권고, 성균관법학 제3호, 1990; 졸고, 공법의 작용형식으로서의 국가정보행위(역), Juris Forum(충북대 법학연구소) 제2호, 2002; 국가적 정보행위의 법률유보적 문제점에 관한 소고, 법률신문 2004.6.21. 제3276호; 고권적 형성수단으로서의 정보(역), 법학논문집(중대 법학연구소) 제29집 제1호, 2005.8. 追論: 본서 469면 이하 참조.

단계로 나누었다. 그에 의하면, 단순계몽(홍보)은 개입강도와 관련해서 영점이고, 추천은 중간치, 경고는 높은 개입치가 부여된다.[37] 이들 정보활동은 법적 성질에서 보자면 사실행위에 해당하며, 그 자체로선 종전에 불리던 "단순·고권적 행정활동"의 발현형식이다. 전통적인 질서법상의 수단으로선 전혀 또는 충분히 효과적으로 이룰 수 없는 목표를, 국가는 경고 등의 정보활동을 통해서 더욱더 넓어진 범위에서 실현하고자 한다. 혹은 법규정과 명령상의 강한 수단을 동원할 필요 없이, "부드러운" 권고나 비평을 통해서 조종효과를 얻고자 노력한다. 즉, 정보형성과 정보전달을 통해서 영향을 미치는 것은 국가의 우회적인 조종의 수단에 속한다. 국가행정의 새로운 모습은 사전배려적인 보호와 리스크에 대한 계몽을 특징적으로 나타낸다.[38]

먼저 법치국가의 보편적 도그마틱인 법률유보의 차원에서, 기본권에 개입(Eingriff)할 경우에는 형식적 법률상의 근거가 반드시 요구된다. 일찍이 투명리스트사건에서 독일 연방행정법원은 연방관보에 의약품리스트를 공표한 것을 영업자유에 대한 개입으로 평가하였다.[39] 또한 글리콜사건에서 독일 연방행정법원은 연방보건성장관이 와인양조자를 거명하면서 디에칠렌글리콜을 함유한 와인의 리스트를 공표한 것을, 영업자유에 대한 개입으로 여겼다.[40] 나아가 독일 연방행정법원은 1989.5. 23.의 신흥종파판결에서 기본권개입으로 인정하기 위한 세 가지 기준- i) 국가권위의 동원, ii) 중대한 결과(현저성), iii) 주관적 요소로서 이러한 결과가 의도되었거나 적어도 받아들여져 있어야 한다(목적성)-을 전개하였다.[41] 그럼으로써 동법원은, 판례와 문헌에서 압도적으로 주장되고 있는 간접적인 기본권개입에 관한 견해를 채용하였다.

요컨대 독일의 문헌에 의하면, 일정한 사람·제품·행위방식이 위험스럽다고 표현하는 경고는 기본권개입이다. 일정한 제품·사람·행동방식에 유리하게 권고하는 것은, 그것이 구체화되거나 구체화될 수 있는 대상과 관련이 있을 때는 기본권개입이지만, 일반적으로 여겨졌거나 전적으로 작용·효과·원인의 상관관계에 관한 정보에 이바지하는 경우에는 기본권개입이 아니다. 일정한 정보대상과 관련하여 지식표시에 불과한 계몽은, 구체적 권고의 한계를 넘지 않는 한, 기본권개입이 아니다. 정부정책에 관한 사실(정보)과 정치적 평가를 알려주는 식이 되는 대민홍보는, 기본권개입에 해당하지 않는다. 한편 독일 연방행정법원은, 소위 "목적적인(의도적인)" 정

37) Gröschner, Öffentlichkeitsaufklärung als Behördenaufgabe, DVBl.1990, S.619(621).

38) Di Fabio 교수는 일련의 현상-국가가 고권적인 일의적 규율의 책임에서 벗어남, 호소적인 독촉에로의 선회함, 후견에 이르기까지 교육시킴-을 사회학적 개념을 빌어서 훈육국가(präzeptoraler Staat)란 개념으로 표현함으로써, 국가의 리스크 조종과 정보활동의 측면을 연계시키고자 한다. Ders., Grundrechte im präzeptoralen Staat, JZ 1993, S.689ff.

39) BVerwGE 71, 183.

40) BVerwGE 87, 37.

41) BVerwGE 82, 76.

보조치(finale Informationsmaßnahmen)-국가가 유도를 하기 위해서, 의도적으로 행하는, 정보를 도구로 하여 영향을 미치는 것-의 경우, 주관적 권리 즉, 기본권에 개입한다고 판시함으로써, "행정작용의 목표방향"을 기본권개입을 인정하기 위한 핵심적 규준으로 삼았다.[42]

결론적으로 형성의도에서 기본권상의 보호영역에 영향을 미치는 정보행위는, 이미 그것의 목적성으로 개입적 성질을 띠며, 따라서 법률유보의 지배에 들어간다. 의도적인 정보행위 특히 경고는 물론, 명단공개는 법률적 수권이 요구된다.[43] 고액체납자나 청소년성매매범의 경우엔, 일반인과는 어느 정도 무관한 개인적 명예가 문제됨에도 불구하고 논란을 통해서 법률적 근거(국세기본법 제85조의5 등)를 마련했다. 요컨대 이상의 논의에 의하면, 해당되는 정보작용은 내용적 당부를 떠나서 그 자체로서 위법이게 된다. 한편 이들에 대한 행정소송적 권리구제가 문제되는데, 행정사실행위에 관한 논의에 맞춰 당사자소송을 통한 권리구제가 강구될 수 있다.[44]

(4) 법정외 거부사유의 問題

대법원은, 2003.3.28. 선고 2002두12113 판결에서, "산림훼손은 국토 및 자연의 유지와 수질 등 환경의 보전에 직접적으로 영향을 미치는 행위이므로, 법령이 규정하는 산림훼손 금지 또는 제한 지역에 해당하는 경우는 물론 금지 또는 제한 지역에 해당하지 않더라도 허가관청은 산림훼손허가신청 대상토지의 현상과 위치 및 주위의 상황 등을 고려하여 국토 및 자연의 유지와 환경의 보전 등 중대한 공익상 필요가 있다고 인정될 때에는 허가를 거부할 수 있고, 그 경우 법규에 명문의 근거가 없더라도 거부처분을 할 수 있는 것이므로, 공장설립의 승인관청은 산림의 형질변경을 수반하는 공장의 설립에 대해서는 그 형질변경이 국토 및 자연의 유지와 환경의 보전 등 중대한 공익상의 필요에 위배됨을 사유로 하여 그 공장설립을 승인하지 아니

42) BVerwGE 90, 112(120). 국가기관이 일반대중의 행위(용태)에 자신의 의도에서 영향을 끼치려 하고, 일반대중에서 실제로 발생한 소기의 용태변화가 기본권적으로 보호되는 지위에 직접 영향을 끼치는 경우에는, 개입요건을 권리방해의 중대함과 같은 보조적 징표에 결부시킬 이유가 없게 되었다. 그리하여 독일 연방행정법원은 -우리가 유도적 정보행위에서 볼 수 있듯이- 사실적 종류의 의도적인 기본권개입에 대해선, 규율적 성질을 지닌 명령적 개입과 동일시 여긴다.

43) 동지: 김남진/김연태, 앞의 책, 476면; 류지태, 행정법신론, 2006, 280면. 한편 법률유보의 원칙에 따른 입법의 요구(강제)로 인해 행정부와 입법부가 가중된 부담과 그에 따른 딜레마에 처하게 된다고 반론이 제기될 법하다. 여기선 일반적이고 요건상으로 한정된 개입규범을 행정절차법에 담는 것이 그 해결책으로 강구될 수 있다. Di Fabio, Information als hoheitliches Gestaltungsmittel, JuS 1997, S.1(5).

44) 이에 대해서 김동희 교수님은 행정지도나 일정한 사실행위도 행정소송법상의 처분정의(그밖에 이에 준하는 행정작용)에 비추어 처분에 해당하는 것으로 볼 수 있는 소지가 있다고 한다. 동인, 행정법 Ⅰ, 2007, 201면. 특기할 점은 박균성 교수는, 경고는 행정기관이 일방적으로 행하는 권력성이 강하기에 당사자에게 실질적으로 불이익하게 작용한다는 점을 들면서, 행정소송법상 처분으로 보는 것이 타당하다고 주장한다. 동인, 행정법론(상), 2007, 438면. 이런 논증에 의하면, 국가기관이 직접 상대방에게 행한 경고의 경우, 그 상대방으로선 별다른 어려움 없이 그것의 처분성을 확인받을 수 있을 것이다.

할 수 있는 것이다."고 판시하였다. 기왕의 입장에[45] 따른 당연한 결과이긴 하지만, 이에 대해선 "국민의 모든 자유와 권리는 법률로써 제한'하도록 하고 있는 헌법규정(제37조 제2항) 내지는 법치행정의 원리(특히 법률유보의 원칙)에 위반된다고 하지 않을 수 없다"는 반론이 제기된다.[46] 한편 법원이 처분의 독자적 거부사유로서 공익침해를 포함시키는 것을, 행정법의 일반원칙으로서의 공익의 원칙이 적용된다고 보기도 한다.[47] 이에 의하면, 법문제화될 수 있는 공익에의 부적합은 해당 행정작용을 통한 공익달성이 무의미하게 될 정도의 침해적 성격을 띠는 것이어야 한다.

관련 판례를 거슬러 살펴보니, 대법원이 1992.4.10.에 토석채취허가신청의 반려처분사건에 대해서 내린 판단(대법원 91누7767판결)이 별다른 가감 없이 지금까지 그대로 통용되고 있다. 심지어 대법원은 1995.9.15. 판결(대법원 95누6113판결)에선 이상의 태도가 산림법시행규칙 제88조 제2항의 취지임을 분명히 하였다. 그러나 일찍이 대법원이, "건축허가권자가 관계 법령에서 정하는 제한사유 이외의 사유를 들어 그 허가신청을 거부할 수 없으며, 아울러 자연경관 훼손 및 주변환경의 오염과 농촌지역의 주변정서에 부정적인 영향을 끼치고 농촌지역에 퇴폐분위기를 조성할 우려가 있다는 등의 사유를 들어 숙박시설 건축을 불허할 수는 없다"고 판시하였고,[48] 그 기조는 변함이 없다. 대법원의 이러한 입장이 산림훼손허가에 대해선 왜 통용되지 않는가? 대법원이 재량행위성의 물음과 법정외거부사유의 물음에서 산림훼손허용행위를 여타 다른 통제허가와 달리 취급하면서도, 그것에 허가적 논증을 그대로 진행하는 것은 문제이다.[49] 요컨대 통상의 허가와는 다른 접근을 하면서, 이상의 두 가지 차원에서의 지적을 충분히 반영하여야 한다.

## 2. 행정법의 주관적 권리화(주관화)의 측면: 새만금판결을 중심으로

### (1) 새만금판결의 법적 의의

새만금판결에 대해서, 해당 지역주민은 물론 공동체구성원 모두 각기 남다른 감회를 가지겠지만, 특히 행정법학과 환경법학에선 새로운 화두로 등장하였다.[50] 제1

45) 대법원 2000.7.7. 선고 99두66판결, 2002.10.25. 선고 2002두6651판결 등 참조.

46) 김남진, '중대한 공익상 필요'와 법치행정의 실종, 법률신문 제3192호, 2003.8.7.

47) 최송화, 공익론, 2002, 266, 267, 272면.

48) 대법원 1995.12.12. 선고 95누9051판결.

49) 상세는 졸고, 산림훼손허가의 법적 성질, 판례월보 1998.9., 34면 이하 참조.

50) 홍준형, 공공정책에 대한 사법적 결정의 법이론적 한계, 법제 2006.4-5.; 김홍균, 새만금 소송의 의의와 과제, 저스티스 제81호, 2004.10.; 정남철, 환경소송과 인인보호 -소위 새만금사건과 관련하여-, 환경법연구 제28권 1호, 2006.5.; 강현호, 새만금 사업과 환경법적 제문제, 환경법연구 제28권 1호, 2006.5.; 하종대, 새만금 판결과 행정법상의 몇 가지 쟁점, 재판과 판례 제15집, 2007.1.; 김희곤, 새만금사업관련 서울행정법원 판결에 대한 법적 검토-사법심사의 한계문제 등을 중심으로-, 공법연구 제33집 제4호, 2005.06.

심인 서울행법 2005.2.4. 선고 2001구합33563판결은 '환경 및 생태계의 변화, 기타 사정변경으로 인하여 당초에 예측하지 못한 환경피해를 입을 위험이 있는 개인으로서는 매립면허처분의 취소 등 행정권의 발동으로 위와 같은 환경상의 불이익이 해소될 수 있는데 이를 거부하는 행위는 실질적으로 그 개인의 환경상 이익을 침해하는 결과에 이를 수 있다는 점' 등을 들어, 「적어도 환경영향평가대상지역 내의 주민들에게 환경상 이익을 보호하기 위하여 행정청에 공유수면매립법 제32조에서 정한 취소 등의 처분과 관련한 조리상의 신청권이 있다.」고 판시하였다. "조리상의 신청권"을 인정하고서 이를 기화로 거부처분의 존재를 긍정함으로써 본안에서의 심리의 가능케 한 제1심의 이런 논증을, 서울고등법원(서울고법 2005.12.21. 선고 2005누4412판결)과 대법원(대법원 2006.3.16. 선고 2006두330판결)은 그대로 수긍하였다.

대부분의 행정법 문헌과는 달리, 대법원 1999.12.7. 97누17568판결은[51] 제3자를 위한 개입수권규정의 적용가능성을 부정함으로써, 행정개입청구권 법리의 존립의 바탕을 허물어 버렸다. '제3자에 대한 행정개입청구권'의 법리를 인정함으로써 비롯된, "행정법의 주관적 권리화"와 "행정법의 개인화"라는 변화의 소산이 판례상으로 정면으로 부인된 셈이다.[52] 일련의 새만금판례는 비록 행정개입청구권의 법리를 명시적으로 언급하진 않았지만, 개입수권규정에 대한 접근에서 결과적으로 대법원 1999.12.7. 97누17568판결에서 벗어났다고 평할 수 있다, 그런데 사안에서 다툼의 대상인 1991년의 최초의 공유수면매립면허처분이 불가쟁력이 발생하였기에, 원고로선 무효확인소송이 주효하지 않으리라 판단한 나머지, 동처분에 대한 취소(철회)를 구한 다음 이것의 거부를 문제 삼았다. 이는 다름 아닌 불가쟁적 행정행위의 재개(재심)의 문제이다. 그리하여 필자로선, 새만금판결의 두 가지 결과물이 행정개입청구권의 법리와 행정행위의 재심의 법리이며, 이로 인해 "행정법의 주관적 권리화(주관화)"의 단초가 마련되었으며, 그것은 행정법체계상의 "코페르니쿠스적 전환"을 가져다 줄 초기조건이라고 호평하였다.[53]

---

51) 동 판결은, 「구 건축법(1999.2.8. 법률 제5895호로 개정되기 전의 것) 및 기타 관계 법령에 국민이 행정청에 대하여 제3자에 대한 건축허가의 취소나 준공검사의 취소 또는 제3자 소유의 건축물에 대한 철거 등의 조치를 요구할 수 있다는 취지의 규정이 없고, 같은 법 제69조 제1항 및 제70조 제1항은 각 조항 소정의 사유가 있는 경우에 시장·군수·구청장에게 건축허가 등을 취소하거나 건축물의 철거 등 필요한 조치를 명할 수 있는 권한 내지 권능을 부여한 것에 불과할 뿐, 시장·군수·구청장에게 그러한 의무가 있음을 규정한 것은 아니므로 위 조항들도 그 근거 규정이 될 수 없으며, 그 밖에 조리상 이러한 권리가 인정된다고 볼 수도 없다」라고 하면서, 인근주민인 제3자(삼광화학)가 인근주민에 대한 행정청의 건축허가 및 준공검사의 취소 등과 관련하여 재기한 거부처분취소의 소와 부작위위법확인의 소가 부적법하다고 판시하였다.

52) 이런 문제점에 관해선 졸고, 건축법상의 진압적 개입수단을 통한 인인보호에 관한 소고, 공법연구 제29집 제3호 2001.5., 347면 이하; Quo vadis-행정개입청구권(행정개입에 관한 인인의 보호청구권)?, 고시연구, 2001. 7., 42면 이하 참조. 追論: 본서 69면 이하 참조.

53) 상세는 졸고, 행정개입청구권의 인정과 관련한 법적 문제점에 관한 소고, 저스티스 제86호, 2005.8., 216

### (2) 새만금판결과 배치된 판결

그러나 행정행위의 재심 및 행정개입청구권의 법리를 원천 부정하는 셈인, 96누6219 판결과 97누17568 판결을 적시하여 참조한 대법원 2006.6.30. 선고 2004두701 판결에[54] 즈음하여, 이런 기대는 수포로 돌아갔다. 심지어 새만금판결조차도 법원의 용기있는 자기부정에서 비롯되었다기보다는 일회적인 자기일탈의 소산으로 여겨진다. 이런 난맥의 초기조건은, 바로 거부처분 및 부작위를 대상으로 한 소송에서의 원고적격의 문제가 제대로 규명되지 않았음에 있다. 설령 지금 강구되는 행정소송법개정에서 의무이행소송이 도입된다 하더라도, 청구권에 터 잡은, 신청권에 관한 기왕의 이해가 발본적으로 바뀌지 않고선, 그것을 통한 권리보호의 효과는 별반 크지 않다. 왜냐하면 실체법상으로 권리의 주장가능성이 애초에 부정되는데, 그것을 실현할 수 있는 쟁송방도가 마련된들 그 효과는 제한적일 수밖에 없기 때문이다. 신청권을 실질적 권리(청구권)인 양 과잉의미를 부여하면서, 상대방 등에게(토지형질변경행위허가의) 철회・변경을 요구할 신청권이 없다고 판시한 대법원 1997.9.12. 선고 96누6219판결이 이를 웅변한다. 더군다나 명문상으로 그 같은 신청권이 존재할 가능성도 전혀 없다. 가능성이론, 수범자이론, 보호규범이론에 관한 전향적이고 세심한 고찰을 바탕으로 원고적격에 관한 새로운 이해가 절실하다.[55]

## 3. 규범위계와 규범통제의 측면

### (1) 行政規制基本法 제4조 제2항 단서의 問題-법규명령의 예시성 여부

1997년에 제정된 행정규제기본법 제4조 제2항은「규제는 법률에 직접 규정하되, 규제의 세부적인 내용은 법률 또는 상위법령이 구체적으로 범위를 정하여 위임한 바에 따라 대통령령・총리령・부령 또는 조례・규칙으로 정할 수 있다. 다만, 법령이 전문적・기술적 사항이나 경미한 사항으로서 업무의 성질상 위임이 불가피한 사

---

면 이하;「새만금간척사업판결의 문제점에 관한 소고, 법률신문 제3338호, 2005.2.14.; '새만금판결'의 행정법적 의의에 관한 소고, 법률신문 제3456호, 2006.5.18. 追論: 본서 87면 이하 참조.

54) 판결요지:「국민의 적극적 행위신청에 대한 행정청의 거부행위가 항고소송의 대상이 되는 행정처분에 해당하기 위하여는 국민이 행정청에 대하여 그 행위발동을 요구할 법규상 또는 조리상의 신청권이 있어야 한다. 산림법령에는 채석허가처분을 한 처분청이 산림을 복구한 자에 대하여 복구설계서승인 및 복구준공통보를 한 경우 그 취소신청과 관련하여 아무런 규정을 두고 있지 않고, 원래 행정처분을 한 처분청은 그 처분에 하자가 있는 경우에는 원칙적으로 별도의 법적 근거가 없더라도 스스로 이를 직권으로 취소할 수 있지만, 그와 같이 직권취소를 할 수 있다는 사정만으로 이해관계인에게 처분청에 대하여 그 취소를 요구할 신청권이 부여된 것으로 볼 수는 없다. 따라서 처분청이 위와 같이 법규상 또는 조리상의 신청권이 없이 한 이해관계인의 복구준공통보 등의 취소신청을 거부하더라도, 그 거부행위는 항고소송의 대상이 되는 처분에 해당되지 않는다」. 동판결의 문제점에 관한 상세는 졸고, 채석허가에 따른 적지복구상의 산림소유자의 법적 지위, 법률신문 제 3563호, 2007.6.18. 참조.

55) 특히 제3자보호규범성 여부에서 법원은 다중적 또는 환경적 이슈가 겹치는 사안에선 비교적 전향적 입장을 취하였지만, 그렇지 않은 사안에선 심지어 건축법분야에서도 소극적 입장을 취하고 있다.

항에 관하여 구체적으로 범위를 정하여 위임한 경우에는 고시 등으로 정할 수 있다」고 규정하고 있다. 동항의 단서조항을 두고서 '행정규칙형식의 법규명령'을 명문으로 인정한 것으로 보는 다수 문헌의 입장이 있는 반면에, 위헌설이 강력히 제기되기도 한다. 여기선 주의해야 할 점이 있다. 판례상 법령보충적 행정규칙으로 문제되는 상황은 대개 상위법령이 행정기관에게 법령내용의 구체화에 관한 권한만을 부여하였을 뿐, 그 특정 권한행사의 방법인 "고시 등"을 적시하지 않았다. 통칭하여 "고시 등"은 대표적인 비법규로서의 행정규칙이다. 당연히 입법사항을 외부효가 없는 행정규칙에 위임하는 것은 헌법적 문제가 된다. 법령보충적 규칙의 직접적 외부효 인정은, 그것의 근거점(행정권한행사)을 상기하면 그 자체로선 하등의 법적 문제가 되지 않는다. 행정규제기본법 제4조 제2항 단서조항이 도리어 문제를 촉발시킨 것이다.

그런데 동 단서조항의 원천적인 문제점은 다른 곳에 있다. 동 단서조항은 기왕의 위임독트린을 그대로 대입시켜 위임의 허용요건을 엄격히 요구함으로써(법령이 전문적·기술적 사항이나 경미한 사항으로서 업무의 성질상 위임이 불가피한 사항에 관하여 구체적으로 범위를 정하여 위임한 경우), 법령보충적 규칙의 직접적 외부효 인정의 범주를 축소시킬 우려가 있다. 요컨대 동 단서조항을, (명문에서처럼) 법령이 고시 등에 직접 위임한 경우를 넘어서, 기왕의 법령보충적 규칙의 경우 전반에 통용시키는 것은 곤란하다.[56] 나아가 법률에서 직접 고시에 위임한 경우에 한하여 동 단서조항을 적용시켜야 한다. 왜냐하면 법률에서 대통령령에 위임한 이상, 그 이후의 위임(재위임)은 위임독트린의 적용을 받지 않기 때문이다(후술참조). 이런 중대한 문제점과는 별도로 동 단서조항의 순기능도 있다. 헌법재판소 2004.10.28. 99헌바91전원재판부결정에서 헌법재판소는 "입법자에게 상세한 규율이 불가능한 것으로 보이는 영역이라면 행정부에게 필요한 보충을 할 책임이 인정되고 극히 전문적인 식견에 좌우되는 영역에서는 행정기관에 의한 구체화의 우위가 불가피하게 있을 수 있다. 그러한 영역에서 행정규칙에 대한 위임입법이 제한적으로 인정될 수 있다"고 설시하였다. 따라서 법률이 직접 행정규칙에 위임한 경우는 독일의 규범구체화규칙의 경우와 동일하며, 우리의 법령보충적 규칙의 문제 역시 이것과 관련하여 논의해야 한다는 단초가 마련되었다.

헌법재판소 2004.10.28. 99헌바91전원재판부결정에서 헌법재판소는 정당하게 헌법상의 행정입법의 형식은 예시적인 것이므로 고시 등에 위임하는 것이 가능하다고 설시하였다. 헌법재판소로선 헌법재판소 1990.9.3. 90헌마13전원재판부결정 이래로,

56) 따라서 헌법재판소는 '금융산업의 구조개선에 관한 법률 제2조 제3호 가목 등 위헌소원 사건'처럼 법률이 명문으로 행정기관의 고시에 위임한 경우에 한하여, 동 단서조항을 관련시켜야 한다.

최근의 헌법재판소 2002.10.31. 2001헌라1전원재판부결정에 이르기까지 법령보충적 규칙의 대외적 구속력을 시인하였다.[57] 따라서 헌법상의 행정입법의 형식은 예시라고 설시한 것은 당연하다.[58] 이를 떠나서도, 행정입법의 존재이유와 그 연혁에 비추어 오로지 의회입법의 예외의 차원에서 보는 것은 지양되어야 한다는 점과, 우리 헌법 제75조와는 달리 독일 기본법 제80조의 표제가 "법규명령"으로 되어 있는 점을 고려한 즉, 당연한 결론이다.[59] 또한 이상에서 보았듯이, 대통령령 등의 근거규정이 직접적 외부효(법규적 효력)의 행정규칙의 성립을 저지할 수 없는 이상, 그런 규칙에 관해 법률적 근거를 마련하는 것이[60] 반입헌주의적일 순 없다.[61]

(2) 위임입법상 재위임의 문제

위임입법에서 재위임과 관련된 공식화된 표현이 있다: 「법률에서 위임받은 사항을 전혀 규정하지 않고 재위임하는 것은 복위임금지의 법리에 반할 뿐 아니라 수권법의 내용변경을 초래하는 것이 되므로 허용되지 아니한다 할 것이나 위임받은 사항에 관하여 대강을 정하고 그 중의 특정사항을 범위를 정하여 하위법령에 다시 위임하는 경우에는 재위임이 허용된다 할 것이다」(대법원 2006.4.14. 선고 2004두14793 판결).

이런 공식은 일찍이 헌법재판소가 1996.2.29. 94헌마213결정에서, 재위임의 경우에도 1차 위임상의 요구(포괄위임금지)가 그대로 견지되어야 한다고 판시한데서 연유한다.[62] 그런데 위임독트린(포괄위임금지)은 의회입법의 원칙상 1차 위임(수권)에는 당연히 주효하지만, 이미 대통령령이든 총리령이든 부령이든 1차 위임이 행해진 다

57) 다만 헌법재판소 2000.1.27. 99헌바23전원재판부결정이 "심판대상법조항이 요양급여의 방법・절차・범위・상한기준 등 요양급여의 기준을 '보건복지부장관이 정한다'고 한 뜻은 '보건복지부의 법규명령으로' 정한다는 의미로 해석하여야 한다"고 설시하였는데, 이는 사안의 본질을 오해하였다 하겠다.

58) 이런 입장에 서면, 공정거래위원회, 금융감독위원회, 금융통화위원회, 방송위원회, 중앙노동위원회 규칙은 당연히 법규명령에 해당한다.

59) 비슷하게 Di Fabio는, 법치국가원리의 내용이 헌법과 행정법의 상관관계에서만 정해질 수 있다고 강조하는 이유가, 구체화규칙의 경우에서처럼 불가결한 도그마틱적 명료화과정을 순전히 헌법차원에서 탐구된 법규개념을 갖고서 저지하려는 경향을 저지하기 위함에 있다고 강변하였다. Ders., Risikoentscheidungen im Rechtsstaat, 1994, S.471.

60) 독일의 입법례: 물관리법(WHG) 제7조 a, 제36조 b, 연방자연보호법(BNatSchG) 제26조 b, 방사선명령(StrVG) 제10조 제2항, 식물보호법(PflSchG) 제13조, 유전공학법(GenTG) 제30조 제5항.

61) 상세는 졸고, 민주적 법치국가에서 의회와 행정의 공관적 법정립에 따른 법제처의 역할에 관한 소고, "관학협동 Workshop"(한국행정판례연구회/법제처 공동주관), 2006.12.8-9., 발표문, 86면-113면(동명으로 행정판례연구 제12집, 2007.6., 59면 이하에 소수: 본서 409면 이하).

62) 헌법재판소 1996.2.29. 94헌마213: 「법률에서 위임받은 사항을 전혀 규정하지 않고 재위임하는 것은 복위임금지의 법리에 반할 뿐 아니라 수권법의 내용변경을 초래하는 것이 되고, 부령의 제정・개정절차가 대통령령에 비하여 보다 용이한 점을 고려할 때 재위임에 의한 부령의 경우에도 위임에 의한 대통령령에 가해지는 헌법상의 제한이 당연히 적용되어야 할 것이므로 법률에서 위임받은 사항을 전혀 규정하지 아니하고 그대로 재위임하는 것은 허용되지 않으며 위임받은 사항에 관하여 대강을 정하고 그 중의 특정사항을 범위를 정하여 하위법령에 다시 위임하는 경우에만 재위임이 허용된다」.

음에는 법정립은 이미 행정부 내부사일 따름이다. 당연히 그 후의 위임은 행정부의 고유한 행사의 범주에 속하기에, 그것에 위임독트린을 대입시키는 것은 도그마틱의 과잉이다. 이런 관점은 특히 행정규제기본법 제4조 제2항 단서상의 위임고시(규칙)와 관련하여 매우 중요하다. 왜냐하면 기왕의 재위임법리를 여기에 그대로 도입하면, 사실상 위임고시의 기능영역이 매우 좁아지기 때문이다. 요컨대 법률이 직접 고시 등에 위임한 경우가 아니라면, 행정규제기본법 제4조 제2항 단서상의 한계(제한)가 그대로 적용되어선 아니 된다.

### (3) 조치적(이른바 처분적) 명령의 문제

서울행정법원 제1부 2005.9.1. 선고 2004구합5911판결은, '관세법 제51조의 규정에 의한 인도네시아·중국산 정보용지 및 백상지에 대한 덤핑방지관세부과에 관한 규칙'의 일부 내용에 대해서 처분성을 인정하였다. 이제 대상판결을 통해서 법규명령의 전형인 시행규칙까지도 처분성의 인정가능성이 열리게 되었다. 1996년의 '두밀분교통폐합조례사건'이후 근 10년 만에 '조치적(처분적)' 명령이 행정작용형식의 하나로 자리를 잡은 셈이다. 이를 두고서 결과적으로 법규에 대한 헌법소원심판의 가능성을 축소하긴 했지만, 법원이 전향적으로 처분성확대를 도모하였다고 호평할 수 있다. 그렇지만, 현행의 공법질서 특히 규범체계로선 심각한 난맥상에 처하게 되었다.

대상판결은 자신의 논증의 출발점을 이른바 '두밀분교통폐합조례사건'에 두고 있다. 동 사건에 관한 대법원 1996.9.20. 선고 95누7994·95누8003판결은 이제까지 의례적 논의에 머물렀던 이른바 '처분적' 명령(조례)의 존재를 처음으로 시인하였다.[63] 종래 광범하게 행하여졌던 법규헌법소원심판이 적어도 조례의 경우에는 보충성의 원칙으로 인해 더 이상 허용되지 않게 되었다. 법원으로선 법규헌법소원심판에 대해서 처분성확대를 통해 크로스카운터 펀치를 날린 셈이다. 그렇지만 입법자가 선택한 규범으로서의 법적 성격이 법원의 판단에 의해서 부인되는 결과가 빚어졌다.[64]

하자(위법)결과의 관점에서 행정의 작용형식체계는 행정행위, 법률하위적 규범, 공법계약, 그리고 사실행위라는 네 가지 유형으로 완성된다.[65] 그에 따른 권리구제방도와 관련해서, 행정행위, 법률하위적 법규범에 대해선 각기 항고소송, 규범통제

---

63) 한편 곧바로 처분성이 인정되는 양 오해를 낳는 '처분적' 명령(조례)이란 용어는 하루바삐 시정되어야 한다. 日人學者(山田 晟)의 "ドイツ법률용어사전"(1984)에서도 'Maßnahmegesetz'을 조치법으로 바르게 옮겨 놓고 있다(p.251).

64) 95누7994·95누8003판결의 문세점에 관해선, 졸고, 소지석 명령 내지 개별사건규율적 명령에 대한 권리보호에 관한 소고, 법조 제554호, 2002.11., 90면 이하; 김남진 교수님 역시 법규명령이나 조례가 "처분"의 성질을 갖는다 하더라도, "규범통제"라는 정도를 통해 문제를 해결해야 함을 역설한다. 동인, 행정상 확인소송의 가능성과 활용범위, 고시연구, 2005.5, 22면 주15. 追論: 본서 434면 이하 참조.

65) 상세는 졸고, 행정의 작용형식의 체계에 관한 소고, 공법연구 제30집 제4호, 2002.6., 297면 이하 참조.

가, 공법계약과 사실행위에 대해선 당사자소송(독일의 경우엔 일반이행소송)이 강구된다(이를테면 재판방도상의 경로의존성). 요컨대 입법자는 그가 택한 법형식을 통해서 사법적 권리보호의 방법을 정한 셈이 된다.[66] 즉, 작용형식을 정한다 함은, 해당 행정작용을 지배하고 그에 대한 법적 판단을 내리는 법제도를 선택한다는 것을 의미한다. 그런데 법형식과 실질(실체)이 교착할 때 무엇이 가늠자가 되어야 하는가? 우리의 판례는 기본적으로 실질에 절대적 비중을 둔다. 독일의 경우에, 이 문제는 우리나 일본에서와는 다른 의미에서, 형식적 행정행위냐 아니면 실질적 행정행위냐를 둘러 싼 논의가 전개되었다. 독일의 과거 지배적 입장은 실질을 규준으로 삼았지만, 오늘날의 지배적 입장은 형식을 규준으로 삼는다. 그리하여 행정행위와 같은 '개별사건적 규율'이 법률, 법규명령, 조례의 형식으로 발해진 경우에 내용적으론 행정행위에 해당할 순 있겠지만, 결코 형식적으로는 행정행위가 되지 아니 하며, 따라서 행정행위처럼 쟁송취소를 구하기보다는, 규범통제의 방법을 취해야 한다고 한다. 즉, 행정행위와 법규명령의 구분을 위해선, 우선적으로 문제의 규율의 외부적 형식에 좌우되어야 하되, 다만 그 형식이 다의적이거나 -형식선택의 자유를 전제로 하여- 권리보호를 제한하기 위한 명백한 형식남용이 있는 경우에만 규율의 실질을 목표로 삼아야 한다고 주장된다.

결론적으로 권리구제의 확대를 도모하기 위한 처분성의 확대인정 자체는 이론이 있을 순 없지만, 법집행행위를 무색케 만드는 과도한 처분성인정은 규범통제의 항고소송화는 물론, 행정작용법론의 부전까지도 초래할 수 있다. 법규범의 형식을 갖는 한, 그것의 법적 취급은 시종 법규범으로서의 위상에 맞추어야 한다.

## 4. 행정조치에 대한 사법적 권리보호의 보장의 측면: 행정소송법개정의 움직임

### (1) 효과적인 권리구제에 부응하는 행정소송법개정

#### (가) 行政訴訟의 種類의 개편시도

지금 법무부와 대법원은 각기 독자적인 행정소송개정안을 마련하였고, 마련하고자 한다. 공히 지금의 행정소송의 체계인 항고소송과 당사자소송의 이원적 체계를 근간으로 하되, 항고소송을 취소소송, 무효등확인소송, 의무이행소송과 예방적 금지소송으로 구성한다. 그리고 당사자소송의 적용대상과 관련해서 손실보상, 손해배상, 부당이득반환의 경우를 예시함으로써, 지금과 달리 당사자소송의 활성화를 도모하였다. 행정소송의 종류와 관련하여 대법원의 개정의견과 법무부의 개정안간의 현격한 차이는, 명령에 대한 직접적인 항고소송의 許否이다. 대법원의 개정의견이 이에

66) v. Mutius, Rechtsnorm und Verwaltungsakt, in: FS für H.J. Wolff z.75. Geburtstag, 1973, S.181.

관한 특례를 둔 반면(동법안 제36조 이하 참조), 법무부의 개정안은 명령에 대한 직접적인 소구를 인정하지 않는다.

(나) 행정소송의 종류와 관련한 개괄조항의 도입 問題

비록 적용대상의 확대를 기한다 하더라도 기존의 항고소송과 당사자소송의 이원화란 근간을 유지할 때, 이것이 과연 오늘날의 공법적 다툼에 효과적 권리보호를 매개로 하여 법적 평화를 가져다 줄 만큼 충분한지 곰곰이 되새겨보아야 한다. 여기선 우선 이 같은 행정소송의 종류의 법정화가 일종의 소송종류의 "정원제"(numerus clausus)를 취한 것인지 검토하여야 한다. 이 물음은 행정소송법 제4조상의 세 가지 종류의 항고소송이외에 이른바 무명(법정외) 항고소송이 허용될 수 있는가 이다. 비록 다수의 문헌들이 동조를 예시적인 것으로 보아 의무이행소송이나 부작위청구소송을 대표적 예로 들고 있지만,[67] 그 주장이 재판실무상으로 주효하지 못함은 주지의 사실이다.[68]

비록 우리 헌법이 독일 기본법 제19조 제4항과 같은 효과적인 권리보호의 보장을 규정하고 있지 않지만,[69] 법치국가원리를 구현하기 위해선, 헌법상의 재판청구권(제27조)의 기능을 포괄적인 사법적 권리보호의 보장에서 바라보아야 한다. 왜냐하면 "적법한"(statthaft) 소는 항상 소의 허용성하에서 심사되기 때문이다. 따라서 행정소송법 제4조에 대해 열거적 성격을 부여하는 것은 이에 위배된다. 헌법상의 재판청구권이 소송의 길을 보장하는 것을 담고 있다고 보면, 법조항의 열거적 또는 예시적 성격에만 초점을 맞춰 논의하는 것은 바람직하지 않다. 오히려 소송의 길을 보장하는 함의를 제대로 구현하지 못하는 현재의 입법상황에 눈을 돌려야 한다. 취소소송의 대상에서 받아들여진 열거주의의 극복이 왜 소송의 종류에선 통용되지 않는가? 독일 행정법원법 제40조는 법률상으로 다른 재판권이 정해져 있지 않는 한에 있어서 비헌법적 종류의 모든 공법적 다툼에서 행정소송의 길이 주어진다는 점을 명백히 한다. 그것의 헌법적 배경은 기본법 제19조 제4항, 법률에 의한 법관의 원칙, 법치국가원리에 있다. 재판청구권이 표방하듯이, 공권력에 대한 흠결없는 개인적 권리

---

67) 한편 여기에서 의무이행소송과 관련해선 유의할 점이 있다. 즉, 동조항의 성격이 예시적이든 열거적이든 상관없이, 이와 더불어 여기에 유추를 통한 보충을 가능케 하는 "예상치 못한 흠결"이 존재하는지가 구명되어야 한다. 부작위청구소송과는 달리, 의무이행소송의 경우엔 -부분적인 성과는 있지만- 이것과 동일한 목적을 지향하는 거부처분취소소송과 부작위위법확인소송이 인정되고 있다. 따라서 의무이행소송을 인정하기란 더욱 어렵다. 정하중 교수는 동조를 열거적 성격으로 보아, 의무이행소송에 대해선 부정적 입장을 취하고, 부작위청구소송의 경우엔 이행수송을 포함하는 당사자소송의 형태로 인정하고자 한다. 동인, 행정법총론, 2005, 687면 이하.

68) 대법원 1990.10.23. 선고 90누5467판결: 1987.3.24. 선고86누182판결.

69) 그리하여 독일 기본법 제19조 4항은 "법치국가의 절정"(Krönung des Rechtsstaat) 또는 "법치국가란 궁륭의 종석"(Schlußstein im Gewölbe des Rechtsstaates)이라 일컫는다.

보호의 원칙을 실현하기 위해선 행정소송의 종류의 개괄조항이 반드시 마련되어야 하고, 그리하여 이 규정이 행정소송법의 중심규범(Schlüsselnorm)로서 행정소송법의 발전을 견인하여야 한다.

(다) "예방적 금지소송"의 도입의 問題點

대법원개정의견과 법무부개정안 공히 "예방적 금지소송"을 항고소송의 일종으로 새로이 신설하고자 한다. 다만 양자는 그 대상에서 명령을 포함시킨다든지, 원고적격에서 손해발생의 개연성의 정도를 달리 한다든지 하여 구별된다.[70] 대부분의 행정법문헌에서 도입이 강하게 요구되는 대표적 소송종류인 "예방적 금지(부작위)소송"이 법정화된다는 점에서 일단 긍정적이라 하겠지만, 몇 가지 선결물음이 충분히 해명되어야 한다. 사법통제의 지향점은 사후적, 진압적인 것이 원칙이다. 그리하여 사후적 권리보호만으로는 효과적인 권리보호의 목적이 달성되기 곤란한, 극히 예외적인 상황에서 예방적 권리보호가 인정된다. 그런데 "예방적 금지(부작위)소송"은 기왕 발해진 행정결정에 관한 진압적 사법통제를 넘어서 그 행정결정의 제지를 목표로 삼기에, 집행부의 기능영역에 대한 광범한 사법적 개입을 초래한다.[71] 이 같은 권력분립적 문제제기가 권리보호의 보장과의 형량에서 관철되지 않는다고 봄이 일반적이나, 그것의 함의를 무시하여선 아니 된다. 이 점에서, 그것의 성립요건이 현행 행정소송법 제23조의 집행정지의 요건에 흡사하여선 곤란하다. 대법원개정의견과는 달리 법무부개정안이 집행정지요건에서, 종전의 "회복하기 어려운 손해"를 "중대한 손해"로 바꾼 것은 바람직하다.

한편 독일의 경우 집행정지의 원칙을 취하기에, 그것의 제한적인 예방적 효과가 효과적인 권리보호를 매개하는 한에 있어서, 그 잠정적 권리구제(가구제)가 -예방적 금지소송을 통한- 예방적인 완전권리보호의 필연성(요청)을 소멸시킨다 하겠다.[72] 또한 계속적 확인소송의 가능성 역시 예방적 권리보호에 대한 우선적 대안으로서 고려된다.[73] 이처럼 예방적 금지소송은 그것의 최후보충성으로 인해 극히 이례적으로 인정된다는 점을 염두에 두어야 한다.[74]

---

70) 법무부개정안: 제48조 (원고적격) 예방적 금지소송은 행정청이 장래에 일정한 처분을 할 것이 임박한 경우에 그 처분의 금지를 구할 법률상 이익이 있는 자가 사후에 그 처분의 효력을 다투는 방법으로는 회복하기 어려운 <u>손해가 발생할 것이 명백한 경우에 한하여</u> 제기할 수 있다.

대법원개정의견: 제55조 (원고적격) 예방적 금지소송은 행정청이 장래에 일정한 처분을 할 것이 임박한 경우에 <u>그 처분이나 명령 등의</u> 금지를 구할 <u>법적으로 정당한 이익이 있는 자</u>가 사후에 그 처분이나 명령 등의 효력을 다투는 방법으로는 회복하기 어려운 <u>손해를 입을 우려가 있는 때에 한하여</u> 제기할 수 있다.

71) 이런 문제점에 관해선 vgl. Schmidt Glaeser, Verwaltungsprozeßrecht, 14.Aufl., 1999, R.313.

72) Vgl. Eyermann/Renner, VwGO Komm., 10.Aufl., 1998, Vorbem. §40 R.25.

73) Vgl. Schmidt Glaeser, a.a.O., R.313.

74) 독일의 경우만이 아니라 영국, 미국, 프랑스 일본에서의, 행정소송상의 예방적 구제 전반에 관한 상론으로, 이현수, 행정소송상 예방적 구제, 2006.2. 참조.

우리의 경우 집행부정지가 원칙이고 예외적으로 집행정지가 허용된다. -굳이 독일의 경우에 그것이 판례법적으로 충분한 고려를 거친 다음에 공인된 사정은 차치하더라도- 그것을 법정화된 소송종류의 하나로 격상시키는 것은, 예방적 권리구제의 수단으로 기능하는 이들간의 상호관계나 제도도입에 따른 비용편익분석의 측면에서 보자면 의문스럽게 여겨진다. 먼저 사후적 권리보호에 대한 예방적 보완책으로서 집행정지의 원칙을 택하는 것이, 권력분립적 마찰을 덜 야기할 뿐더러, 국민의 권리보호의 보장을 위하여 꼭 필요하다. 예방적 금지소송의 최후보충성이 담보되어야 한다. 이런 문제점은 개정안과 개정의견에 의해 강구되는, 가처분제도의 도입의 경우에도 그대로 통용될 수 있다. 한편 독일의 경우 그것이 행정행위뿐만 아니라, 경고와 같은 정보제공작용이나 오염물배출 등과 같은 행정사실행위는 물론, 법규범에 대해서도 통용된다. 아울러 독일에선 그것이 통상적으로 (포괄소송으로서의) 일반이행소송을 통해 실현되고 있다. 이 점에서 법무부개정안처럼 예방적 금지소송의 대상행위를 행정행위(처분)에 국한하면, 그것의 존재이유를 반감시킬 수도 있지만, 예외적 제도로서의 그것의 적용범위를 줄이기 위한 나름의 보완으로 봄직하다.

(라) 집행부정지의 원칙의 違憲性 問題

통상 행정소송법상 가구제제도에서 집행정지를 원칙으로 할 것인지 아니면 집행부정지를 원칙으로 할 것인지 여부의 물음에 대해선, 입법정책의 문제로 보는 것이 일반적이다. 이번 행정소송법개정의 움직임에서도 종래의 집행부정지의 원칙은 여전히 고수되고 있다. 이를 입법정책적 차원에서 접근하는 기왕의 태도가 획기적으로 바뀌어야 한다. 이상에서 보았듯이, 헌법상의 재판청구권(제27조)의 기능이란 포괄적인 사법적 권리보호의 보장에 있은 즉, 그것을 통해 (독일 기본법 제19조 제4항과 같은) 효과적인 권리보호의 보장이 강구되어야 한다. 사법통제가 지닌, 사후적, 진압적 권리구제로 인해, 권리보호의 실효성은 결과적으로 의문시될 수밖에 없다. 가구제(잠정적 권리구제)에 관한 헌법상의 요청에서 결정인자는 효과적인 권리보호와 실질적(실체적) 주관적 권리의 보전이다. 이는 다름 아닌 가구제의 기능이기도 하다(보전기능과 임시적인 만족기능). 집행정지효에 대해서 우선적으로 부여되는 기능이, 기성사실의 조성을 막는 것이다. 행정행위의 집행으로 인해 발생할 우려가 있는 회복불능의 결과는 가능한 배제되어야 한다. 왜냐하면 법원의 적법성심사 전에 행정청이 돌이킬 수 없는 조치를 집행했다고 하면, 재판청구권의 실현을 통한 "포괄적이고 효과적인 권리보호"는 구두선일 수밖에 없기 때문이다. 그들 기본법 제19조 제4항 제1문을 통해 정지효원칙을 헌법상으로 격상시키는 것에 대해서 비판도 상당하지만, 독일의 통설은 그들 행정법원법 제80조 제1항상의 집행정지원칙을 이런 권리보호목표의 기능적 등가로 여긴다. 그리하여 독일 연방헌법재판소는 동규정을 효과적인 권리보호의 기본법적 보장의 개별법적 표현으로, 또한 정지효의 원칙(Grundsatz der aufschiebenden Wirkung)을 공법쟁송의 근본원칙으로 본다.[75] 그리하여 그들은 자연 집행정지와 집행부정지가 원칙과 예외의 관계에 놓이며, 만약 이런 관계를 역전시키는 행정실무는 위헌이라고 한다.[76]

법치국가원리적 의문점과는 별개로 집행부정지의 원칙은, 법치국가원리에 입각한 행정법도그마틱의 전개를 방해하기도 한다. 가령 대법원 1999.2.5. 선고 98도4239 판결은,[77] 행정행위의 공정력을 전적으로 형식적으로 파악하고, 동시에 최소판결의 소급효를 예외없이 적용함으로써, 행정처분에 대한 권리구제와는 별개로 그것을 따른 자에 대해서 법적 불평등을 초래한다. 최소판결의 효력을 독일처럼 원칙/예외의 관계에 설정하면, 이런 불합리한 불평등의 결과를 애초에 피할 수 있긴 하지만, 근원적으로 공정력의 인정에 대응기저로 집행정지의 원칙이 채용되었으면 이런 설득력 없는 논증은 애초에 생기지 않았을 것이다.[78] 이 점에서 집행부정지의 원칙을 공정력 인정의 한 근거로 삼는 입장은 재고되어야 한다. 결론적으로 이번 법무부의 개정안에서 집행정지요건의 완화가 강구된 점에선 호평할 만하나, 법치국가적 원리에 기하여 근원적 해결책을 도모하는 것이 바람직하다.

### (2) 이타적 단체소송의 問題

주관소송의 원칙으로 인해, 객관소송에 해당하는 진정 단체소송-이기적 단체소송(egoistische Verbandsklage)과[79] 이타적 단체소송(altruistische Verbandsklage)-은 공히 허용되지 않는다. 그러나 최근 개별법 영역에서 변화가 일어났다. 먼저 일종의 민중소송에 해당하는 주민소송제가 2006.1.1.부터 시행되었다(지방자치법 제13조의5). 그리고 2006.8.29.에 소비자보호법이 소비자기본법으로 변경되면서, 소비자단체소송제도가 도입되어 2008.1.1.부터 시행되게 되었다.[80] 소비자단체소송제도는 독일에선 이미

75) BVerfGE 35, 382(402)=NJW1974, 227; E 80, 244(252)=NJW 1990, 37f.

76) BVerfGE 35, 382(402)=NJW1974, 227; E 51, 268(284f.)=NJW 1980, 35(36).

77) 요지: 「피고인이 행정청으로부터 자동차 운전면허취소처분을 받았으나 나중에 그 행정처분 자체가 행정쟁송절차에 의하여 취소되었다면, 위 운전면허취소처분은 그 처분시에 소급하여 효력을 잃게 되고, 피고인은 위 운전면허취소처분에 복종할 의무가 원래부터 없었음이 후에 확정되었다고 봄이 타당할 것이고, 행정행위에 공정력의 효력이 인정된다고 하여 행정소송에 의하여 적법하게 취소된 운전면허취소처분이 단지 장래에 향하여서만 효력을 잃게 된다고 볼 수는 없다」.

78) 우리의 경우에도 독일과 비견한 실정법적 규정(행정절차법 제43조 제2항)이 없다 하더라도, 과거 Wolff/Bachof가 주창하였듯이(Wolff/Bachof, VerwR I, 9. Auf., 1974, S.414.), 법치국가원리의 발현인 법적 안정성에 공정력의 법적(단순한 이론적인 데 그치지 않는다) 근거를 두면 그것의 본질은 필연적으로 실체적이어야 한다. 추론: 졸고, 행정행위의 공정력과 취소판결의 소급효간 충돌에 관한 소고, 법률신문 제3634호(2008.3.17.) 참조.

79) 대법원 2006.5.25. 선고 2003두11988판결.

1965년 부정경쟁방지법(UWG)의 개정을 통해 부정경쟁법의 영역에서 도입되었으며, 일본의 경우에도 2006년에 그들 소비자계약법의 개정을 통해 도입되었다. 이런 소비자단체소송의 법적 성질이 문제된다. 왜냐하면 중복제소나 기판력의 저촉이 문제될 수 있기 때문이다. 그리하여 소비자기본법상 소비자 개인에게 금지·중지청구권이 인정되지 않기에 법정소송담당으로 이론 구성하는 것은 적절치 않고, 대신 단체 고유한 실체법상의 금지(부작위)청구권에 기한 소송 즉, 고유권으로 이론을 구성할 것이 주장된다.[81] 독일의 몇몇 주의 자연보호법에서 이타적 단체소송제도를 채용하고 있다. 우리의 경우에도 도입에 관한 시민단체의 움직임 뿐만 아니라, 학계에서의 관련 논의 역시 매우 활발한 점에서,[82] 장차 긍정적으로 전개되리라 예상된다. 관건은 여하히 체계정합성 있게 우리 공법질서에 편입시키는 것이다.

### 5. 행정임무의 私的化(私事化)의 측면: '바다이야기 사건'

2006년 한해 대한민국 전체를 달군 이슈가 사행성 성인용오락게임 "바다이야기 사건"이다. 행정법적 견지에서 보자면, 이것의 근본원인은, 상품권법폐지의 법적 함의를 고려치 않은 채, 상품권의 경품제공을 허용한 것에 있다. 즉, 모법률이 문화관광부장관에게 부여한, 제공가능한 경품의 지정권을 상품권의 경우엔 유관 민간단체에 넘겨버린 것이다.[83] 이 경품용상품권의 지정제와 관련해서, 행정법적으로 특히

---

80) 동법 제70조 (단체소송의 대상등) 다음 각 호의 어느 하나에 해당하는 단체는 사업자가 제20조의 규정을 위반하여 소비자의 생명·신체 또는 재산에 대한 권익을 직접적으로 침해하고 그 침해가 계속되는 경우 법원에 소비자권익침해행위의 금지·중지를 구하는 소송(이하 "단체소송"이라 한다)을 제기할 수 있다.

1. 제29조의 규정에 따라 공정거래위원회에 등록한 소비자단체로서 다음 각 목의 요건을 모두 갖춘 단체
가. 정관에 따라 상시적으로 소비자의 권익증진을 주된 목적으로 하는 단체일 것
나. 단체의 정회원수가 1천명 이상일 것
다. 제29조의 규정에 따른 등록 후 3년이 경과하였을 것

2. 「상공회의소법」에 따른 대한상공회의소, 「중소기업협동조합법」에 따른 중소기업협동조합중앙회 및 전국 단위의 경제단체로서 대통령령이 정하는 단체

3. 「비영리민간단체 지원법」 제2조의 규정에 따른 비영리민간단체로서 다음 각 목의 요건을 모두 갖춘 단체
가. 법률상 또는 사실상 동일한 침해를 입은 50인 이상의 소비자로부터 단체소송의 제기를 요청받을 것
나. 정관에 소비자의 권익증진을 단체의 목적으로 명시한 후 최근 3년 이상 이를 위한 활동실적이 있을 것
다. 단체의 상시 구성원수가 5천명 이상일 것
라. 중앙행정기관에 등록되어 있을 것

81) 전병서, 한국과 일본에서의 소비자단체소송제도의 도입, 법조 제607호, 2004.7., 66면.

82) 최근의 관련 문헌: 김해룡, 환경행정소송에 있어서의 원고적격의 확대와 집단소송제도 도입문제, 공법연구 제33집 제5호, 2005.6.; 김상찬, 독일환경법상 단체소송의 최근 동향, 토지공법연구 제18집, 2003.6.; 조태제, 환경법상의 단체소송, 토지공법연구 제15집, 2002.4.; 임복규, 환경법 분야에서의 단체소송, 재판자료 제94집, 2002.

83) 2001.5.24.에 개정된 구「음반·비디오물 및 게임물에 관한 법률」(현「게임산업진흥에 관한 법률」) 제32조 제3호는, 게임제공업자의 준수사항으로 「사행성을 조장하거나 청소년에게 해로운 영향을 미칠 수 있는 다음 각목에 해당하는 경품제공행위를 하지 아니할 것. 가. 문화관광부장관이 정하여 고시하는 종류외의 경품을 제공하는 행위경품 등을 제공하여 사행성을 조장하지 아니할 것. 나. 문화관광부장관이 정하여 고시하는 방법에 의하지 아니하고 경품을 제공하는 행위」라고 규정하였다. 이에 문화관광부장관이 정하여 고시하는 경품의

사적화(사사화)가 문제된다.[84)]

행정현대화의 기치하에 행정주체에서의 행정조직은 지속적인 개혁과정에 놓여있다. 언필칭 "날씬한 국가"(schlanker Staat)의 모토에 연계되고, "능력이 강화된, 비용이 적게 드는, 투명한 행정"이 그 지향점이다. 공임무를 수행하기 위한 사법조직형식의 이용은, 행정현대화와 부분적으로 동일한 근거를 바탕으로 하는 사적화(Privatisierung, 사사화, 민간화, 민영화)의 문제이다.[85)] 사적화는 사인(사개인과 사법인)을 국가임무이행의 상관관계에 연관시키는 것이다. 여기서 관련 영역은 국가적 활동과 사적 활동사이의 회색지대에 놓이고, 공임무이행상의 분업(Arbeitsteilung)이 일어난다.[86)] 이를 통해서 국가작용상의 합리성과 사회활동상의 합리성의 새로운 혼합관계가 성립한다. 그것의 법학적 처리가 특히 일반행정법의 도그마틱을 위한 중요한 임무이다. 사적화의 전체영역은 부분적으로 "책임분배"개념으로써 표현된다. 이를 사적화의 종류에 결부시켜 표현하자면, 국가와 사회간에, (조직사적화의 경우의)[87)] 국가의 "이행책임"에서 (임무사적화의 경우의) 단순한 "보증책임"에 이르기까지 여러 변위가 생겨난다.[88)]

---

종류・지급기준・제공방법 등을 위한 「게임제공업소의 경품취급기준」이 마련되었다. 최초의 것(문화관광부 고시 제2002-2호, 2002.2.9.)이 도서상품권과 문화상품권을 제공가능경품으로 규정한 이래로, 국민관광상품권이 추가되고(고시 제2002-18호, 2002.12.30.) 상품권인증제가 도입되었다(고시 제2004-14호, 2004.12.31.). 사안에서 문제가 된 고시(고시 제2005-9호, 2005.7.6.) 제2조는, 제공가능한 경품의 종류로 ⅰ) 완구류, 문구류, 캐릭터, 상품류, 문화상품류, 관광기념품류, 액세서리류, ⅱ) 의류, 생활필수품 등 일상생활에서 일반적으로 유통되는 물품. 단 청소년유해 매체물 및 유해 약물, 물건은 제외, ⅲ) 경품교환용티켓(전체이용가 게임물에 한함), ⅳ) (재)한국게임산업개발원에서 지정하는 상품권(18세이용가 게임물에 한함)을 규정하였다.

84) 아울러 법령보충적 고시를 비롯한 행정규칙을 여하히 법치국가원리적으로 자리매김하는 것도 관건이 된다.

85) 참고문헌: 이원우, 공기업 민영화와 공공성확보를 위한 제도개혁의 과제, 공법연구 제31집 제1호, 2002.11; 김민호, 공공서비스의 민간위탁과 공기업의 민영화, 토지공법연구 제25집, 2005.2. 그리고 공임무주체의 구분된 행위영역에서의 "신공공관리"(New Public Management)나 "비용절감 행정"(Lean Administration)과 같은 개혁전략의 과정에서, "공사협력(관계)"(Public Private Partnership, PPP)란 유행어가 유행처럼 사용된다. "공사협력(관계)"는 영어 "joint venture"처럼 제휴관계를 상징화하고 발전성을 암시하며, 동시에 반대로 법적 비구속의 마력을 풍긴다. 이에 헌법적, 행정법적 지침을 고려하기에 앞서, 용어상의 사전해명이 반드시 필요하다. 먼저 "협력(관계)"(Partnership) 개념은 법적 측면에서 최광의의 제휴(Kooperation, 협력, 공동작업)를 위한 용어이고, 사적화의 전체영역으로부터의 단편을 나타내는 "공사협력(관계)" 개념은 고권주체와 (행정임무의 수행에 가담한) 사경제주체의 협력(Zusammenwirken)의 갖가지 형식을 나타낸다. 한마디로 공임무를 수행함에 있어서의 다양한 종류의 행정과 사인간의 제휴로 요약된다. 절차적 정당성은 물론 실체적 정당성까지도 제고시키려는 국민참여행정의 경향으로 공사의 협력 자체가 새삼스럽진 않지만, 사적화와 결부되어 새로운 차원이 전개된다. Tettinger, Die rechtliche Ausgestaltung von Public Private Partnership, DÖV 1996, S.764ff.

86) 이것과 탈규제화는 구별되어야 한다. 자유화(Liberalisierung)와 동일한 의미인 탈규제화(Deregulation)는, 법을 더 간단하게 개관가능하게 효과적이게 만들기 위하여, 실체법적 차원에서의 규율을 회피하고 축소하는 것을 목표로 한다. Vgl. Burgi, Kommunales Privatisierungsfolgenrecht: Vergabe, Regulierung und Finanzierung, NVwZ 2001, S.601(602).

87) 상세는 졸고, 사법적으로 형성된 지방공기업과 관련한 행정회사법론에 관한 논의 -독일에서의 논의를 중심으로-, 지방자치법학회 제16회 학술발표대회, 2007.2.8. 발표문 49면 이하(지방자치법연구 제7권 제2호, 2007.6., 59면 이하에 동명으로 소수) 참조. 여전히 판례와 다수문헌으로부터 거부되는 독일과는 달리, 우리의 경우엔 현행 지방공기업법 제77조의4, 제77조의7 규정으로 행정회사법론이 강하게 어필할 수 있다.

88) Burgi, in: Erichsen/Ehlers(Hrsg.), Allg. VerwR, 13.Aufl., 2006, §9 Rn.9ff.

오늘날 경향은 사적화를 "사회적 합리성의 추가구입"인양 수용하고, 종전에 광범하게 퍼진, "사법에로의 도피"에 대한 우려는 감소한 듯하다. 그러나 일각에선 비판이 여전하다.[89] "사적화"에 관한 논의의 중심이동은 많은 것을 시사한다. 독일에선 90년대 초엽엔 "날씬한 국가"와 같은 마법의 용어처럼, 정책적 동기가 될 만큼 사적화의 만족감(Privatisierungseuphorie)이 관찰되었지만, 오늘날에는 많이 누그러졌다. 사적화는 유행주제가 아니라, 정상상태의 일부가 된 셈이다. 따라서 사적화의 한계와 가능성의 문제에 대해서, 그 타입에 맞춰 개별사례와 관련한 차별적 접근이 필요하다.[90]

이번 바다이야기 사건을 보자면, 이미 1999년에 상품권법이 폐지되어, 상품권에 관한 국가적 통제는 전무하고, 단지 소비자보호의 차원에서 개개의 경우가 문제될 뿐이다. 상품권의 분쟁이 전적으로 사인간의 것으로 바뀐 지 오래된 이상, 민간위탁의 관점에서 바라 볼 땐 세심한 고찰이 요구된다. 경품제공가능한 상품권의 지정이 국가임무가 되어야 한다는 당위적 명제만으론 민간에 의한 지정으로부터 공법적 이슈를 확인하기란 쉽지 않다. 이미 상품권자체가 국가로부터 자유로운 사적 영역에 들어간 이상, 그 지정을 둘러싼 법상황 역시 기본적으로 사적 상황이다. 그리하여 여기선 임무사적화에서 비롯된, 사회적 자기규율(Selbstregulierung)의 문제이며, 아울러 전적으로 규율된(사회의) 자기규율의 차원에서 국가의 보증책임이 문제될 따름이다.[91] 민간이 행정과정에 개입하여 엄격한 행정적 통제를 대신하면, 개인의 자유영역을 위해 긍정적인 면도 있지만. 민간단체의 개입이 기본권적 보호본질의 상대화를 초래할 땐, 그 평가가 부정적일 수 있다. 후자의 경우와 관련하여 개개 국민이 사회단체에 의존하거나 그의 선재적 활동영역이 이들 조직에 의해 지배를 받을 때는, 개개 국민을 위한 기본권보호의 상대화가 발생할 수 있다. 국가권력을 조직화된 사회

89) 대표적으로 Peine는 사적화요청을 중단시켜야 한다고, Ronellenfitsch는 국가적 상태가 위태롭게 되는 것을 막아야 한다고 주장한다. Peine, Grenzen der Privatisierung-verwaltungsrechtliche Aspekte, DÖV 1997, S.353(363); Ronellenfitsch, DÖV 1999, S.705(711).

90) Vgl. Mayen, Privatisierung öffentlicher Aufgaben: Rechtliche Grenzen und Möglichkeiten, DÖV 2001, 110ff.

91) 한편 그런데 모법률(제32조 제3호)이 경품의 종류 등에 관한 결정권을 문화관광부장관에게 부여한 것이 결정적인 단초가 된다. 따라서 상품권지정은 본래 행정의 소관사무에 해당한다. 민간이 행정결정과정에 주체차원에서 개입하는 양상은 크게 (일종의 조직사적화에 해당하는) 공무수탁사인과 (기능적 사적화에 해당하는) 행정보조인으로 나뉜다. 여기서 관건은 수탁받은 자가 자신의 이름으로 법령 및 수탁의 범위안에서 자유로이 판단하고 결정내릴 수 있는지, 그리고 그 결정의 효과가 공법적인지 여부이다. 공무수탁사인이 되기 위한 결정적인 기준은, 그가 -국가의 도구적 차원을 넘어- 법상 전적으로 국가에게 유보된 공법적 수단을 동원할 권능을 갖는지 여부이다. 요컨대 행정법도그마틱상 여기서의 민간상품권지정자인 (재)한국게임산업개발원은 공무수탁사인에 해당하며, 그의 경품제공가능한 상품권의 지정은 행정처분이다. 따라서 창원지법 2006.7.20. 선고 2006구합253 판결이 고시의 무효성에서 바로 상품권지정행위의 무효를 도출한 것은, 그나마 통제장치로 기능한 셈인 상품권지정제도 자체를 무효화시켜, 비지정상품권의 유통에 대한 통제메카니즘 자체를 무력화시킨다. 결과적으로 동판결로 인해 소위 "딱지상품권"의 유통이 국가적 통제의 사각지대에 놓이게 되는 셈이다. 이런 문제점에 관해선 졸고, 경품상품권지정의 민간위탁의 문제점에 관한 소고, 법률신문 제3517호, 2006.12.25.

단체에로 넘기는 것은, 다름 아닌 개인의 자유행사를 집단의 권력(Macht von Kollektiven)에로 넘기는 것을 의미하기도 한다. 따라서 법치국가원리를 구체화하는 행정법으로선, 자기규율적 (법률)집행형식을 영역상의 자유이념과 국가이념의 궤도안에서 유지하도록 하는 것이 그 임무이다.[92]

오늘날 법률집행의 새로운 제휴(협동)형식에서 국가와 사회세력은 공히 형성적으로 협력을 함으로써, 공(국가)·사 혼합행정(Mischverwaltung)이란 일종의 통일된 법률집행의 상이 만들어지고 있다. 공·사 협력관계에 터 잡은 법률집행상의 이런 변화는, 다름 아닌 책임분배의 실현모드로서의 제휴(협력)이다. "바다이야기 사건"은, 공동체적 가치를 도외시한 사적 민간(단체)과, 탈규제화를 기화로 자신의 소임을 방기한 행정이 어우러져 빚은 소산이다. 사실 신고제와 같은 탈규제화로 인해 실제로 가장 많은 수혜를 입은 자는 다름 아닌 행정청이다. 왜냐하면 신고제를 통해 합법적으로 책임을 면탈할 수 있기 때문이다. 일종의 기능적, 조직상의 사적화에 해당하는 이러한 움직임이 공·사의 협력적 임무수행이라는 차원과 행정의 신속·간소화라는 차원에서 새로운 이정표가 될 것인지, 아니면 트로이목마처럼 불행을 가져다 줄 선물(Danaergeschenk)이 될 것인지 숙고가 필요하다.[93]

## Ⅴ. 맺으면서

6월 민주항쟁 20주년에 즈음하여, "슬픔도 노여움도 없는 자는 조국을 사랑하고 있지 않다"고 한 '네크라소프'의 시구를 떠올려 본다. 불의가 정의를 가린 시절엔 시구 그대로가 우리를 가슴 뭉클하게 하였다면, '민주화 이후의 민주주의'가 새롭게 조명되는 지금에선 그것의 함의가 시대정의에 바탕을 둔 愛隣으로 이어져야 한다. 권위주의체제가 민주체제로 변화한 다음엔, 법치국가원리 역시 민주주의원리에 더욱 충실하게 새로이 구현되어야 한다. 하지만 민주주의원리가 굴절 없이 실현되는 메카니즘인(통치구조를 비롯한) 정치제도가 제 역할을 하지 못할 때, 법치국가원리의 구체화인 행정법 역시 기능부전에 처할 수밖에 없다. 따라서 지극히 정책적(정치적)이거

92) Udo Di Fabio, Verwaltung und Verwaltungsrecht zwischen gesellschaftlicher Selbstregulierung und staatlicher Steuerung, VVDStRL 56, 1997, S.235(252f. 269).

93) 독일의 많은 문헌들은 건축신고와 관련해선 후자의 입장에서, 특히 본래 예상치 않은 인인의 보호문제에 초점을 맞추고 있다. 최근의 것으로 vgl. Seidel, Bauordnungsrechtliche Verfahrensprivatisierung und Rechtsschutz des Nachbarn, NVwZ 2004, 139ff. 우리의 경우 본연의 신고에 해당하지 않는 '수리를 요하는 신고'가 판례와 문헌에 의해 확고히 인정되는 등, 신고제에 관한 바른 이해가 요구된다. 이런 지적에 관해선 졸고, 건축법상의 건축신고의 문제점에 관한 소고, 저스티스 제61호, 2001.6, 150면 이하; 행정법상의 신고와 관련한 판례의 문제점에 관한 소고, 인권과 정의 2002년 3월호, 101면 이하; 이른바 수리를 요하는 신고의 문제점에 관한 소고, 행정판례연구 제8집, 2003, 63면 이하. 追論: 본서 109면 이하 참조.

나 이익상충적인 민감 사안에서, 행정은 물론 사법까지도 합리가 아닌 私利에 사로잡힌 다중의 위력으로부터 자유로울 수 없다. 법을 통한 평화가 아니라 갈등의 촉발로 여겨질 때, 법치국가원리는 과거와는 다른 차원의 위기에 놓인다. 자칫 법률의 위기와 함께, 민주적 국가구조와 법문화는 물론 나아가 법치국가 그 자체가 쇠퇴해질 우려가 있다.[94)]

"모든 헌법과 법률은 20년이 지나면 자동으로 시효가 소멸돼야 한다"는 토마스 제퍼슨의 생각이 매우 과격하고 과하기도 하지만, 日新又日新하고 自强不息함으로써 사회의 역동성에 부단히 조응하여야 한다는 그 본지는 충분히 공감할 만하다. "법치국가가 우리시대의 새 유령이 되고 있다"는 지적까지 나올 정도로, 민주화이후의 민주주의시대에 즈음하여, 87년 체제는 나름의 긍정적인 측면과는 별개로, 무시하기 어려운 심각한 기능부전을 노정하고 있다. 종래 법치주의에 관한 논의가 주로 대국가적 차원에서 이루어졌다면, 앞으론 사인간의 차원에서도 활발히 이루어져야 한다. 그 전제로, 사법질서와 공법질서를 엄별하는 태도에서 벗어나 양자간의 교호작용을 재인식하여야 한다. 그리고 '월(초)국적 행정행위'(transnationaler Verwaltungakt)와 같은 법형상이 보여주듯이,[95)] '한미 FTA'를 비롯한 일련의 FTA 체결로 인해 일국 법질서의 공고성은 근본적인 변화를 맞이할 것이다. 법치국가원리의 정연한 구체화가 시급히 요구된다. 독일통일이 구동독의 국민에게 가져다 준 귀한 선물의 하나가 Bonn기본법이라고 한다. 마찬가지로 민주적 법치국가가 실천되는 헌법을, 한민족 전체에게 내세워야 한다.

이제껏 우리는 서구와는 달리 근대를 온몸으로 느끼고 성찰하지 않은 채 여기까지 왔다. 87년 민주화는 실로 근대의 시작이라 하겠지만, 근대의 기본적 명제에 관한 성찰이 동반되진 않았다. 참여정부에서의 치열한 법적 고민은, 설령 경우에 따라선 곡학아세, 곡법아세에서 비롯된 것이 있다 하더라도, 분명 민주적 법치국가의 기본과 그 명제를 새삼 온몸으로 성찰하는 계기를 제공하였다(갈등의 순기능). 무릇 개인과 사회가 고민과 아픔을 겪으면서 성숙하고 나아가듯이, 지금의 법적 고민은 앞으로 우리 공법학을 Up-grade하는 단초가 될 것이다. 다만 법학적 미네르바 부엉이의 비상이 '법'의 하늘에서 이루어져야 한다고 해서, 그 하늘을 온통 '법'의 색깔로 덧칠하려고 하여선 아니 된다(非理法權天(民)).

* 공법연구 제35집 제4호, 2007.6. 337면 이하 소수.

---

94) Breuer, a.a.O., S223(234). 법치국가에서의 입법의 현안 문제에 관해선, Ossenbühl, in: HStR, Bd. III, 1995, §61 Rn.54ff.

95) Vgl. Ruffert, Der transnationale Verwaltungsakt, DV 34(2001), S.453ff.

# 제 2 장

# 私法形式의 行政(私法的 行政)의 公法的·私法的 拘束에 관한 小考



## Ⅰ. 처 음 에

행정은 원칙적으로 사법적으로 활동할 권능을 가지며, 사실 예전부터 사법의 조직형식과 작용형식을 사용하여 왔다. 전통적으로 독일의 판례와 문헌을 지배하는 '형식선택의 자유'(Formenwahlfreiheit)는 중층적(이중적) 성격을 지닌다. 즉, 행정으로선 조직형식의 선택에서, 또한 법률관계(가령 이용관계)형성의 선택에서 자유를 누린다. 가령 공적 급부행정의 주체로서 지자체는 급부주체의 조직형식을 형성할 수 있을 뿐만 아니라, 급부수령자와의 법(률)관계를 일정한 범위에서 자신의 "자유로운 선택"에 따라 공법적으로 또는 사법적으로 형성할 수 있다. 공법적 조직형식이 공법적 이용관계를 강제하진 않는다.[1] 그러나 조직형식이 사법적이면, 급부제공의 법(률)관계 역시 자명하게 사법관계이다. 여기선 조직형식의 선택이 다름 아닌 작용형식의 물음까지 결정을 내린 셈이다.[2] 이중적 의미의 형식선택의 자유에 대해선, 문헌상으로 표현자체 대해서 뿐만 아니라(형식이 아닌 법체제의 선택이다), 그 내용적으로도 비판이 증대되고 있다.[3] 형식선택자유를 기화로 출현한 법도그마적 산물이 이른바 이단계론, 행정사법론과 행정회사법론이다.

1) Vgl. BVerwG NJW 1986, 2387; BGH DVBl. 1984, 1118f.

2) Schmidt-Aßmann/Röhl, in: Schmidt-Aßmann(Hrsg.), Bes. VerwR,, 13.Aufl., 2005, 1.Kap. Rn.113.

3) Vgl. Ehlers, in: Erichsen/Ehlers, Allg. VerwR, 13.Aufl., 2006, §3 Rn.35, 39ff. 우리의 경우 형식선택의 자유와 관련하여 이른바 관리관계의 정체성이 규명되어야 한다.

행정조직법의 개혁과 관련한 전개상황-조직사적화(Organisationsprivatisierung, 민간화, 민영화)와 "공사협력(관계)"(Public Private Partnership, PPP)-에 직면하여, 사법형식의 행정(사법적 행정)의 문제는 더 이상 주변부적 테제가 아니다. 작용법차원을 넘어, 행정조직법은 물론 공사법관계에 발본적 변화가 일어났다.[4] 이하에선 공사법의 맞물림 현상을 논의하기 위한 전초작업으로서, 사법형식의 행정(사법적 행정)의 공법적·사법적 구속에 관해 간략히 살펴보고자 한다.[5]

## Ⅱ. 바른 이해의 障害物인 國庫概念의 問題

행정의 사법작용은 독일에서 연유한 국고행정(Fiskusverwaltung)이라 일컫는다. 그들 국고개념은 시간의 경과로 다양하게 이해되고 있다. 즉, 전통적으로 i) 관헌적(고권적)으로 활동하는 국가에 병립하여 스스로 활동하는 권리인(법인, Rechtsperson)으로서, ii) 사권주체로서의 지위에 있는 국가로서, 또는 iii) 경제활동의 참여자로서의 지위에 있는 국가로서 여겨졌고, 이는 오늘날에도 그러하다. 첫 번째 개념은 독일에서 19세기의 상반기에 전성기를 맞았다. 이 시기 시민으로선 고권적 개입(경찰처분)에 대해서, "왕은 불법을 저지르지 아니 한다"는 모토에 따라 권리보호를 받지 못한 채, 그것을 수용할 수밖에 없었다. (국가의) 잘못에 대해 국가를 적어도 재무상으로 재판상으로 다룰 수 있도록, 국고를 (공권력주체로서의 국가와 구별된 의미의)다른 권리주체로, 가령 고권단체의 "신민(Untertan)", "왕족 등을 대신하여 벌 받는 애"(대속동, Prügelknabe), "이전 자아(alter ego)", "속물(Biedermann)"로 간주하였다. 그 다음에 비로소 "수인해라, 그리고 청구해라(보상받아라)"(dulde, und liquidiere)"는 명제가 통용되었다. 그런데 마치 '지킬박사와 하이드씨'를 연상케 하는 국가의 이중인격설은, 이미 19세기 후반에 독일에서 국가권력에 대한 사법적 1차적 권리보호(행정쟁송제도)가 보장됨으로써 낡아빠진 것이 되어 버렸다. 오늘날엔 국가를 단일한 권리인(법인, Rechtsperson)으로 파악하는 데 아무런 의문이 없다. 당연히 고권적으로 활동하는 행정과 사경제적(수익적)으로 활동하는 행정을 구분하는 것 자체가 의미를 상실하였다. 그래서 국가의 (그리고 그의 독립된 부분, 가령 공법인의) 공법적 출현과 사법적 출현이 하나의 권리인(법인)의 상이한 표현형태에 불과할 때, 국고(Fiskus)는 특정

4) Vgl. Hoffmann-Riem/Schmidt Aßmann(Hrsg.), Öffentliches Recht und Privatrecht als wechselseitige Auffangordnung, 1996; Schmidt-Aßmann/Hoffmann-Riem(Hrsg.), Vewaltungsorganisationsrecht als Steuerungsressource, 1997.

5) 최근 문헌: 김남진, 행정의 사법적 활동과 공법에 의한 기속, 고시연구 2000.10.; 정하중, 사법행정의 기본권구속, 서강법학연구 제2권, 2000.3.; 박정훈, 행정법의 체계와 방법론, 2005, 163면 이하.

사무에서의 행정이란 명칭과 다르지 않다. 그것은 국가가 제복(Uniform)대신 평복(Zivil)으로 출현한 것[6]을 표현하여, 단지 용어상의 타협의 물음일 뿐이고, 법효과와는 무관하다. 과거 국가무책임사상을 극복하기 위한 한 방편으로 기능하였던 국고개념은, 효과적인 공법적 권리보호가 제도화된 오늘날엔, 도리어 효과적인 권리보호를 사적 자치를 내세워 저지할 수 있는 무기(핑계거리)가 된다. 그 결과 사적 자치에 대한 대응기저로서 행정사법론이 등장하였다. 오늘날 행정의 영리활동과 조달작용 역시 그것의 법질서와 사회경제상의 위상이 나날이 고조됨에 따라 강력한 공법적 구속을 면치 못한다. 이제 특히 행정사법의 적용영역의 문제와 같은 불필요한 학문적 논의를 피하기 위해선, 독일에서도 강력히 주장되듯이,[7] -설령 광의의 것은 사법형식의 행정활동 전체를 의미할 수 있다손 치더라도- 국고개념을 포기하는 것이 바람직하다.

## Ⅲ. 私法形式의 行政의 私法的 拘束

행정이 사법적 작용형식을 사용하면, 행정은 원칙적으로 성립요건의 충족시에 사법에 구속된다. 행정으로선 국가적 성격이라는 이유만으로 자신을 우대하는(특권을 주는) 특별한 지위를 요구할 순 없다.[8] 그의 임무를 사법적 수단으로 수행하도록 결정을 내렸다면, 행정으로선 이로부터 비롯된 결과가 혹시 원치 않은 것일지언정 받아들여야 한다.[9] 이런 이유에서 행정으로선 "사법에로 도피"함에 있어선, -정당화가 필요한 예외경우를 제외하고선-[10] "도피행장"(Fluchtgepäck)로서 고권(Hoheitsrecht)을 챙겨선 아니 된다. 사법적 채권을 행정행위를 발하는 방법으로 관철하는 것은 부인되어 위법이다. 하지만 관련 법관계는 공법관계에 해당한다. 왜냐하면 주체가 분명한 형식선택을 발한 이상, 공법적으로나 사법적으로나 선택가능성여하에 상관없

6) W. Jellinek VerwR, 3.Aufl., 1931, S.25.

7) Ehlers, Verwaltung in Privatrechtsform, 1984, S.77f.; Burmeister, DÖV 1975, S.695(700, 703).

8) Ehlers, in: Erichsen/Ehlers, Allg. VerwR,, §3 Rn.79.

9) BVerfGE 27, S.364(374). 追論: 비슷한 맥락에서 우리의 판례(대법원 2006.10.13. 선고 2006두7096판결) 역시 「구 공공용지의 취득 및 손실보상에 관한 특례법(2002. 2. 4. 법률 제6656호 공익사업을 위한 토지 등의 취득 및 보상에 관한 법률 부칙 제2조로 폐지)에 따른 토지 등의 협의취득은 공공사업에 필요한 토지 등을 그 소유자와의 협의에 의하여 취득하는 것으로서 공공기관이 사경제주체로서 행하는 사법상 매매 내지 사법상 계약의 실질을 가지는 것이므로, 그 협의취득시 건물소유자가 매매대상 건물에 대한 철거의무를 부담하겠다는 취지의 약정을 하였다고 하더라도 이러한 철거의무는 공법상의 의무가 될 수 없고, 이 경우에도 행정대집행법을 준용하여 대집행을 허용하는 별도의 규정이 없는 한 위와 같은 철거의무는 행정대집행법에 의한 대집행의 대상이 되지 않는다」고 판시하였다. 한편 성준현 교수는 여기서의 협의취득을 공법계약으로 보고서 행정대집행이 통용될 수 있다고 한다. 동인, 소위 "공익사업법"상 협의취득의 법적 성질, 행정판례연구회 제215차 월례발표회, 2007. 2. 23.

10) 가령 NRW 행정집행법 제1조 제2항은, 민법의 금전채권을 일정 요건하에 행정강제의 방법으로 강제집행(징수)하는 것이 허용된다고 규정한다.

이 선택된 법체제가 통용되어야 하기 때문이다. 법적 성질을 위해 결정적인 것은, 행정주체가 행한 것 그 자체일 뿐, 그가 행해야 할 것도, 행할 수 있는 것도 아니다.[11] 그렇다고 하여 이것이 사법의 (실체적인) "국고적 특권(특전)(Fiskusprivilegien)"을 배제하는 것은 아니다.[12] 물론 이런 특권 역시 정당화되지 않으면 아니 된다. 다만 다른 이에게 부담을 과하지 않는 법률행위상의 특혜가 "국고적 특권"으로 행정에 대해 부여될 땐, 문제되지 않는다.[13]

## Ⅳ. 私法形式의 行政의 公法的 拘束

### 1. 公法的으로 組織化된 (私法的)行政의 拘束: 行政私法

#### (1) 行政私法의 適用領域의 問題

형식선택자유의 인정으로, 불길한 징후인 "국가와 자치단체의 사법에로의 도피"[14]의 위험이 빚어지고, 이런 사정이 공법적 구속을 사법형식의 활동에게 전이시킬 필연성을 성립시켰다. 이것이 이른바 "행정사법"으로 변성하였다. 즉, 행정이 사법을 사용한다고 해서, 이것이 오로지 사법만이 통용되고, 행정주체는 공법법규의 귀속주체로서 운위되는 자격을 상실한다는 것을 의미하진 않는다. 오히려 사법적 행정이 공법적 추가구속의 지배를 받는다는 데 오늘날 의견이 일치한다. 행정사법의 특징은, 사법규범이 공법규정에 의해 보충, 중첩, 수정되는 것이다.[15] 행정사법 개념은 행정에 대해선 사법적 법규범은 물론 공법적 법규범도 적용된다는 것을 단지 나타낼 뿐, 공법과 사법이외에 제3의 법을 의미하진 않는다. 행정사법의 구조를 이단계이론과 비교하면, 이것이 법관계를 수직적으로 층을 가르는 것인 반면, 행정사법의 경우는 사법적 작용방식과 공법적 보호메카니즘을 수평적으로 통합하는 것이다.[16] 즉, 공법과 사법이 융합되어 하나의 수정된 사법, 고권주체를 위한 특별사법(Sonderprivatrecht)이 만들어진다.

---

11) Vgl. BGH NJW 1997, S.328(329).

12) 예로 BVerfGE 18, S.121(125).

13) 독일 민법 제45조 제3항, 928조 제2항, 제981조와 제1936조 등이 여기에 해당한다고 한다.

14) F. Fleiner, Institutionen des deutschen Verwaltungsrechts, 8. Aufl., 1928, S.326.

15) 참고로 독일 BGH는 행정사법의 특수한 임무와 의의를 다음과 같이 요약하였다: "공임무의 이행에서 행정 그 자체에 대해선 사법적 법형식만이 주어지지, 결코 사적 자치의 자유여지와 가능성은 주어지지 않는다. 행정이 사법형식으로 공행정의 임무를 수행하면, 사법규범은 공법의 규정에 의해 보충, 중첩, 수정된다. 이에 다음과 같은 일치성이 존재하는데, 행정이 행정사법의 영역에서 기본권만을 유의해야 할 뿐만 아니라, 광범한 구속을 받는다. 비록 행정법의 모든 원칙의 구속을 받지 않더라도, 사법형식으로 행하는 행정은 아무튼 공적 재무관리의 기본 원리를 유의하지 않으면 아니 된다는 점을 출발점으로 삼아야 한다. '사법에로의 도피'가 결코 '불법적 재무관리를 전개하기 위한 수단'이 되어선 아니 된다." BGHZ 91, 84(96f.); 65, 284(287); 53, 325(328).

16) Schmidt-Aßmann, Das allgemeine Verwaltungsrecht als Ordnungsidee, 2. Aufl., 2004, S.291.

독일에서 Siebert와 Wolff까지 거슬러 올라가는 전통적인 행정사법의 이해는 (조달작용과 영리경제활동을 포함한 의미에서의) 국고적 행정과 급부행정을 구분하여, 전자에는 오로지 사법이 통용되고, 후자에만 행정사법이 통용된다고 한다.[17] 그렇지만 행정의 그런 범주적 준별은 가능하지도 허용되지도 않는다. 사법을 사용하였다고 하여, 행정이 사인으로 되진 않고, 국가는 여전히 국가로, 행정은 여전히 행정이다. 국가는 변함없이 국가권력의 모든 행사의 귀속주체이고, 그것의 권리주체성(법인격성)이 공적 특별법(공법)에서 연유한 점을 생각하면, 국가권력의 원칙적인 헌법적 구속(헌법적 기본결단이나 기본권구속)은 당연히 사법적 행정 전반에 통용되어야 한다.[18]

한편 독일의 경우 전통적인 도식(행정=공권력행사, 고권적 활동)을 두고서, 특히 기본법 제1조 제3항("기본권은 입법(률), 집행권, 사법을 직접 통용되는 법으로서 구속한다") 상의 "집행권"의 범위와 관련하여 논의가 활발하다. 독일의 다수 입장에 의하면, 여기서 입법과 사법과의 상관관계에서 집행권(die vollziehende Gewalt)이란 용어를 사용한 것은, 헌법제정자가 권력분립론적 용어로 모든 발현형식의 집행부에게 -그래서 전 행정에 대해서도- 의무를 지우고자 하였다는 것을 시사한다고 한다. 그리하여 집행권 개념은 행정 개념에 비해 더 포괄적인 것으로 여겨졌으며, 사실 국고개념에 자박되지 않는 한, 사법형식의 행정 역시 행정(Verwaltung)에 속한다고 한다.[19] 반면 Wolff/Bachof/Stober에 의하면, -비록 세분화된 기본권구속의 지배를 받긴 해도- 국고적 행정은 기본법 제1조 제3항상의 집행권이 아니라고 하며, 기본법 제1조 제3항을 지나치게 고생시켜선 아니 된다고 한다.[20]

오늘날의 공사법의 맞물림 현상에 즈음하여, 행정사법의 적용영역을 (협의의)국고작용에 한정하는 것은 부합하지 않거니와, 우리의 경우 국가와 사회의 나눔의 인식이 철저하지 않은 탓도 있지만, 국고개념 자체가 적잖이 생경하다. 따라서 큰 다툼없이 독일의 다수 입장이 정당하게 수용되었다(후발의 이점).

### (2) 公法的 規範重疊의 問題

행정사법론에 따라 사법활동에서 공행정은 사적 자치를 누리지 못한다. 사법규범에 관한 공법(행정법)적 보충·중첩·수정은, 공행정의 당시의 행정임무, 법치국가적 의무구속과 특수한 정당성필요에 의해, 성립하고 동시에 제한된다. 모든 법규범 그

17) Vgl. Wolff/Bachof, Verwaltungsrecht, I, 9. Aufl., 1974, §23 II b), S.108. 동지: Schmalz, Allg. VwR, 3.Aufl. 1998, Rn.658ff.

18) Vgl. Ehlers, DVBl. 1983, S.422(424f.).

19) Ehlers, in: Erichsen/Ehlers, Allg. VerwR, §3 Rn.81.

20) ders., VwR I, 11.Aufl., 1999, §23 Rn.21f. 독일 판례 역시 대부분 행정사법의 전통적 이해(국고작용제외)를 바탕으로 한다. Vgl. BGHZ 29, 76, 80; 33, 230, 233; 36, 91, 96; 52, 325, 327ff.

자체가 나름의 적용영역을 정하기 때문에, 사법적 행정의 자세한 구속은 문제의 규범이 사법적 행정에도 통용되는지 여부가 탐문된 다음에 비로소 밝혀질 수 있다. 요컨대 사법형식의 행정은 공권력행사와 마찬가지로 기본권과 '행정권한의 위임 및 위탁에 관한 규정'은 물론, 기본권적 법률유보와 과잉금지에 구속된다.[21] 특히 중요한 것이 평등원칙에의 구속이다. 이유는 이로부터 가령 체약강제가 생길 수 있기 때문이다.

그런데 행정사법의 법실제적 측면을 통해 분명해지는 사실은, 행정의 법형식선택이란 결코 단순한 아카데믹한 흥미가 아니라, 효과적인 권리관철의 물음과 직접 관련이 있다는 것이다. 행정법과 행정소송법의 내용은 사법에 비해 시민에게 유리한 법적 상황을 조성한다. 따라서 사법형식의 선택이 현저하게 권리보호축소적인 결과를 초래할 수 있다. 그렇지만 행정사법으로선 지속적 딜레마에 처한다. 전통적인 지배적 입장에 따르면, 시민의 법적 지위를 위해 특별한 의의를 지닌 행정절차법과 행정소송법이 전혀 공법적 구속의 근거로 기능하지 못한다. 즉, 사법적 행정활동에 대한 공법적 구속은, 모든 법치국가원리차원이 아닌 실체법적 차원(특히 평등원칙)에 국한된다.[22] 이런 입장을 견지하면, 실제로 행정사법은 (고권주체에게 승인된) 선택자유에 대응한 완전한 보전책이 결코 될 수 없다.[23] 그리하여 독일에선 사법형식의 행정이 행정절차에 구속되는지 여부가 문제된다. 그들 행정절차법 제11조에 따라 동법규정은 행정청의 공법적 행정활동에만 적용된다. 그럼에도 불구하고 헌법원칙이나 일반적인 법원칙을 나타낸 셈인 절차법규정은 사법적 행정에 연장될 수 있으며,[24] 이에 해당하는 규정으로 그들 행정절차법 제14조, 제20조, 제21조, 제28조, 제30조, 제40조가 운위된다.[25] 반면 원칙적으로 모든 행정절차법규정이 사법형식의 행정에 적용된다는 식으로, 상대방(급부수령자 등)에게 유리하게 행정법적 구속이 널리 확장되면 될수록, 사법형식 자체가 자칫 속없는 껍데기로 전락할 우려가 있다.

이런 상반된 측면과 아울러 그 자체가 분명한 윤곽이 없다는 비판[26]에도 불구하고, 행정의 사법적 활동에 대한 공법적 구속의 불가피성 자체에 대해선 의문의 여지가 없다. 다만 행정사법의 법적 의미를 과대평가하지 않기 위해서, -행정적 급부관계상의 중요한 보호필요성이 전통적인 행정법도그마틱보다 더 적합할 수 있는- 소비자보호법, 약관법이나 공정거래법상의 제 규정에 의해 커버되는지 세심한 검토가

21) 그렇지만 기본권개입이 존재하는 경우에만 기본권적 법률유보와 (주관법적) 과잉금지가 통용된다. 개인이 허용된 방법으로 자신의 기본권을 사용하거나 기본권을 포기한 경우엔 이에 해당하지 않는다. 사법적 행정이 계약형식을 사용할 땐, 이런 사정이 다양하게 존재한다.

22) Vgl. Erichsen/Ebber, Jura, 1999, S.373ff.

23) Zuleeg, Verw Arch 73(1982), S.384(397).

24) BGHZ 155, S.166(175).

25) 상세는 vgl. Ehlers, DVBl. 1983, S.422(425ff.); v. Zezschwitz NJW 1983, S.1873(1881).

26) Röhl, Verw Arch 86(1995), S.531ff.; Unruh, DÖV 1997, S.653ff.

필요하다.[27] 요컨대 이젠 행정사법의 能否를 넘어서, 특히 비판론에서의 문제제기를 중심으로 공법적 구속에 관한 실질적(내용적) 고찰이 강구되어야 한다.

## 2. 私法的으로 組織化된 (私法的)行政(이른바 自己會社)의 拘束: 行政會社法論

사법적으로 조직화된 (사법)행정, 즉, 사법인의 행정주체성 여부의 물음은 궁극적으로 행정사법에 따른 공법적 구속의 적용여부에 귀결된다.[28] 전적으로(100%) 공기관(행정청)에 의해 출자되고, 사법적으로 조직화된 행정법주체 가령 자기회사(Eigengesellschaft)는, 법기술적으로 국가권력에서 분리된 결정양식에 불과하다. 비록 우리 법제(지방공기업법)가 50% 미만의 출자 등에 의한 혼합기업만을 규정하더라도,[29] 법률이 공법적 형식의 임무수행만을 규정하지 않는 한, 사법인으로서의 자기회사의 실립에 수권은 필요치 않다.[30] 이런 사법인에 대해서도 당연히 국가권력의 원칙적인 공법적 구속은 통용된다. 독일에선 다수 입장은 이런 자기회사를 행정의 사법적 "인공위성"(Trabanten)인양 간주하여 공법적으로 조직화된 사법적 행정과 마찬가지로 그들 기본법 제1조 제3항상의 집행권에 속하고, 그래서 기본권구속의 지배를 받는다고 한다(행정주체성의 인정). 그것을 적절하게 "사법형식의 행정부서"로도 표현할 수 있다.[31] 독일 연방헌법재판소는 이제껏 사법적으로 조직화된 행정주체의 기본권구속에 관해 분명한 견해를 표할 기회를 가지지 못하였지만, "조직형식은 중요하지 않다"고 하여 기본권보호를 여러 차례 부인하였다.[32] 그러나 기본권보호와 관련해서, 공법적으로 조직화된 행정주체와 사법적으로 조직화된 행정주체가 동일하게 다루어져야 하면, 기본권구속과 관련해서도 양자를 달리 다룰 순 없다. 독일의 일반법원[33]과 연방행정법원[34] 역시 자기회사의 기본권구속을 시인한다.

한편 독일에선 PPP(공사협력관계)의 확대에 즈음하여, 자기회사의 행정사법적 구속에 터 삽은 이른바 "행성회사법론"(Lehre vom Verwaltungsgesellschaftsrecht)에 관한 논의가 활발하다.[35] 행정회사법론은 공법적 구속과 회사법적 가용수단간의 부분

---

27) Schmidt-Aßmann, Das allgemeine Verwaltungsrecht, S.291f.

28) 사법적으로 조직화된 행정을 행정주체적 성격에서 바라봄에 대한 의구심은 여전하다. 이런 사법적 조직을 행정주체에 귀속하여야 하는지의 물음은 궁극적으로 개념정의의 물음이어서, 행정주체개념의 광협에 따른 개념형성의 문제이다. Vgl. H. Maurer, Allg. VerwR, 16.Aufl. 2006, §21 Rn.15ff.

29) 독일의 자기경영(Eigenbetrieb)에 비견되는 지방직영기업의 경우, 별도의 법인격을 갖지 않으면서도 나름의 경영이나 조직상 독립성을 누리며, 독립채산을 바탕으로 특별회계가 적용된다(지방공기업법 제13조, 제14조 등). 50%의 외부출자가 가능한 지방공사와 지방자치단체의 100% 출연으로 성립한 지방공단의 경우 독립된 법인격을 누리며, 공법인으로서 공행정주체에 속한다.

30) Peine, DÖV 1997, S.353(363).

31) Ossenbühl, ZGR 1996, 504ff.; Burgi, Funktionale Privatisierung und Verwaltungshilfe, 1999, S.68f.

32) BVerfGE 45, S.63(80); BVerfG NJW 1980, 1093.

33) BGHZ 52, S.325(328).

34) BVerwG NVwZ 1991, 59; BVerwGE 113, S.208(211).

적 불일치를 도그마적 해결착안점(공법적 구속을 통한 회사법의 수정)으로 제거하는 것을 목표로 한다. 그런데 행정회사법은 행정사법과는 달리, "수정된" 회사법으로서의 기본상태를 표상하지 않는다. 단지 회사법이 공법적 구속을 관철하는 데 충분치 않은 경우에 비로소, 즉, 회사법의 헌법·행정법합치적 해석과 적용이 한계에 봉착한 다음에 비로소, 회사법이 그 범위에서 공법적 중첩(특히 공기관의 개입의무(Ingerenzpflicht)에 의거한 이사회·감사에 대한 지시권 등)으로 인해 보충되거나 수정(부분폐지)되는 셈이다. 한편 -형식선택의 자유를 수정하는 셈인데- 행정회사법부인의 입장에선, 사법적 조직형식의 사용이 공법적 규준과 일치하지 않을 경우엔, 공기관은 공법형식을 사용하여야 한다고 주장한다.[36]

이처럼 사법인적 공기업을 사법적으로 조직화된 행정으로 포착하더라도, 이것이 그것에 결코 공법적 위상을 부여한 것은 아니며, 이들 기관은 당연히 사법적으로만 활동할 수 있다.[37] 사법적으로 조직화된 행정주체가 어떤 공법규정을 유의해야 하는지는, 논의되는 규범의 통용의사에 좌우되는데, 전술한 바와 같이 이는 해석을 통해서 탐구되어야 한다. 한편 이런 사법적 행정주체가 공법규정의 수범자는 아니지만, 공법규정이 공권력주체(행정의 공법적 주체)가 책임을 지는 행위요구를 규정하는 경우엔, 이들 규정은 (사법적 행정주체에 의한) 공법적 구속의 준수에 영향을 미칠 수 있다. 가령 지방자치법상의 주민의 공공시설이용권은 지방자치단체 자신을 목표로 하지, 지방자치단체 나름의(사법인) 자기회사를 목표로 하지 않는다. 그러나 자치단체가 공공시설을 자기회사로 운영하게 하면, 자치단체로선 해당 자기회사가 지방자치법상의 주민의 이용권을 주의하는 데 영향을 미칠 의무를 진다. 비상시엔 지방자치단체에 대해서 일종의 행정개입청구권에 기하여 자기회사에 대한 개입(감독권발동)이 강제될 수도 있다.[38]

### 3. 混合企業的 私權主體의 拘束

독일의 다수 견해와 판례에 의하면, 국가가 다수지분을 갖는 경우(소위 혼합기업)에도 자기회사의 경우와 동일하다고 한다.[39] 그러나 대표적인 반대론자인 Ehlers는,

---

35) 상세는 졸고, 사법적으로 형성된 지방공기업과 관련한 행정회사법론에 관한 논의 -독일에서의 논의를 중심으로-, 지방자치법학회 제16회 학술발표대회, 2007.2.8. 발표문 49면 이하 참조(지방자치법연구 제7권 제2호, 2007.6., 59면 이하에 동명으로 소수). 여전히 판례와 다수문헌으로부터 거부되는 독일과는 달리, 우리의 경우엔 현행 지방공기업법 제77조의4, 제77조의7 규정으로 행정회사법론이 강하게 어필할 수 있다.

36) R. Schmidt, ZGR 1996, S.345(351); Ehlers, DVBl. 1997, S.137(139).

37) Ehlers, in: Erichsen/Ehlers, Allg. VerwR, §3 Rn.50. 즉, 조직형식과 작용형식의 구분에 따른 작용형식 선택의 자유를 누리지 못한다. 追論: 우리의 경우 이와 관련하여 문제되는 것이, 정부투자기관의 입찰참가제한행위의 법적 성질이다(후술).

38) Vgl. BVerwG NVwZ 1991, 59; BVerwG NJW 1990, 134f.

공무위탁에 의해서만 사인이나 혼합기업이 국가권력의 주체가 된다고 본다.[40] 그에 의하면, (국가는 물론 사인도 출자한) 혼합기업은 결코 국가권력을 행사하지 않는다. 이런 경우엔 발현의 외적 형식은 물론 주체적 성격도 변하기 때문에, 설령 행정이 지배적인 영향을 행사할 수 있더라도, 그런 법인은 국가조직에 귀속될 수 없다고 한다. 다만 공법단체의 형태로 조직화된 목적단체(조합)의 경우, 비록 그것에 사인이 출자하더라도 여전히 국가권력의 주체이자 공법적으로 구속된 권리주체라고 한다. Schmidt-Aßmann도 마찬가지로 혼합기업은 독일 기본법 제19조 제3항상의 기본권자이고, 그 자체로선 정당성원칙의 지배를 받지 않으며, 국가적 정당성책임으로부터의 국가쪽에서의 의무는 오히려 오로지 회사법의 수단으로써 이행되어야 한다고 강변한다.[41]

이에 대해서, Burgi는 기본권주체성의 물음과 행정조직에의 귀속의 물음은 구분해야 한다고 반박하면서, (다수출자에 따른) "행정지배적"(verwaltungsbeherrschte) 기업과 (소위 저지가능소수파(Sperrminorität)의 현존함에 따른) "행정통제적"(verwaltungskontrollierte) 기업을 구분하여 논증한다.[42] 독일 연방헌법재판소 역시 "사법형식의 혼합기업은, 공임무를 수행하고 공기관의 지배를 받는 한, 결코 기본권보호를 누리지 않는다"고 판시하였다.[43] 이로써 사적 지분소유자의 권리는 전혀 고려되지 않는다.

## Ⅴ. 私法的 行政의 公法的 拘束에 따른 裁判方式의 問題

특별규정이 없는 한, 민사법적 분쟁은 일반법원(또는 민사담당재판부)이, 공법적 분쟁은 행정법원(또는 행정담당재판부)의 소관이다. 사법적 행정의 공법적 구속이 어떤 재판관할에서 주장될 수 있는지의 물음이 쟁송법적으로 제기된다. 독일의 경우를 보면, 소수견해는 권리보호를 구하는 자가 구체적인 소구를 어떤 법적 근거에 의거하는지에 좌우된다는 이유에서, 사법에 중첩된 공법규범의 적용과 해석에 관한 다툼(가령 사법계약체결에 관한 주관적 공권에 관한 다툼)은 행정법원에 속한다고 본다.[44] 통설과 판례는 다른 입장을 취한다. 즉, 분쟁결정적인 규율이 아니라, "법(권리)관계"나 "바탕법"(Basisrecht)을 목표로 하고, 사법통제를 그 작용형식에 연계시킨다.[45] 이에

---

39) BVerfG NJW 1990, 1783; Badura, DÖV 1990,. S.353ff.; Burgi, Funktionale Privatisierung, S.77f.; Gross, Das Kollegialprinzip in der Verwaltungsorganisation, 1999, 39f.

40) ders., in: Erichsen/Ehlers, Allg. VerwR,, §1 Rn. 4, §3 Rn.87.

41) ders., Das allgemeine Verwaltungsrecht, S.275; Verwaltungslegitimation als Rechtsbegriff, AÖR 116(1991), S.329ff.

42) ders., in: Erichsen/Ehlers, Allg VerwR, §6 Rn. 11 Fn.38, §9 Rn.14.

43) BVefG-K NJW 1990, 1783

44) Ehlers, in: Schoch/Schmidt-Aßmann/Pietzner, VwGO 2005,, §40 Rn.260, 296.

따라 그들 일반법원이 그들 법원법 제13조의 관할(소관) 범위안에서 사법적 행정작용의 공법적 구속에 관하여 함께 결정을 내려야 한다. 가령 게마인데의 공공시설의 접근에 관한, (사법인인) 자기회사를 상대한 소송에서, 비록 원고가 기본권지위를 내세운다 하더라도, 행정법원에 의한 재판방식은 주어지지 않는다. 자기회사로선 (공법적 구속의 차원에서) 기본권과 일치하여 운영되어야 하지만, 이로부터 비롯된 그것의 기본권구속이 결코 재판방식(권리구제방도)을 결정짓지는 아니 한다.[46] 나아가 원고가 평등원칙에 의거하여 공공발주에 관한 청구권을 도출하는 경우에, 행정쟁송이 주어지지 않는 것이 전통적인 고찰방식이다.

우리의 경우 독일과는 달리 단일 법원시스템이기에, 재판방식(Rechtsweg)의 물음은 독립된 법원간의 사물관할의 물음이 아니라, 준거소송법의 물음에 불과하다. 요컨대 현행 행정소송법의 체제상 사법적 행정에서의 공법적 구속 역시 민사분쟁에서 다루어야 하며, 관건은 재판방식의 물음이 아니라 공법적 구속의 구체적 전개이다.

* 고시계 2007년 3월호(통권 제601호), 25면 이하 소수.

* 追論: '정부투자기관(법인체형 공기업)의 입찰참가제한행위의 법적 성질'의 문제

종래 판례는 「국가를 당사자로 하는 계약에 관한 법률」(이하 '국가계약법'이라 한다) 제27조에 따른 입찰참가제한조치, 즉, 행정청이 행한 것은 행정처분으로 보는 반면에(대법원 1999.3.9. 선고 98두18565결정 등), 정부투자기관이 행한 입찰참가제한은 사법적 효력만을 갖는 통지에 불과하다고 판시하였다(대법원 1999.11.26. 99부3결정 등) 그런데 1999. 2.5.자 정부투자기관관리기본법(현재는 「공공기관의 운영에 관한 법률」)의 개정에서 입찰참가제한행위에 관한 규정(동법 제20조 제2항, 제3항)을 둔 이후엔 그것의 처분성이 주장되고 있으며,[47] 나아가 개정법상황에선 판례가 당연히 처분으로 볼 것이라 전망되기도 한다. 이런 상황에서 행정심판사건(2006. 4. 10. 의결 행정심판재결례 200601311. 여기서의 피청구인이 한국전력공사인데, 대법원 99부3결정의 피고 역시 한국전력공사이다)에서도 그것의 처분성이 인정되었다.

45) Kopp/Schenke VwGO 14.Aufl. 2005, §40 Rn.6; Ipsen, Allg. VerwR, 4.Aufl. 2005, Rn.195ff.

46) BVerwG NVwZ 1991, 59; BVerwGE 35, S.103(106); BGHZ 91, S.84(96).

47) 홍준형, 입찰참가자격제한조치의 법적 성질, 법제, 1997.7., 13면 이하; 이광윤, 공기업의 입찰참가자격제한행위의 법적 성질, 법제, 2001.6., 3면 이하; 김남진, 공사 등의 입찰참가자격정지의 성질, 고시연구 2001.10., 133면 이하; 이원우, 항고소송의 대상인 처분의 개념요소로서 행정청, 저스티스 제68호, 2002.8., 160면 이하; 박정훈, 부정당업자의 입찰참가자격제한의 법적 제문제, 서울대 법학, 제46권 제1호, 2004.12., 282면 이하 참조. 논거는 다음과 같다: '개정 정투법에 근거규정이 마련되었다', '정부투자기관이 본래적 의미의 행정청의 지위에 있진 않지만, 고권적 규율을 예정한 개정 정투법 규정에 의해서 그 한도내에선 행정권한의 대리 또는 공무수탁사인의 법리에 의하여 일종의 행정청(준행정기관)으로서의 지위를 가진다', '입찰참가자격제한조치의 다른 국가기관 등에 대한 영향을 고려한 즉, 법개정과 관련없이 준처분(그밖에 이에 준하는 행정작용)에 해당할 수 있다', '정부투자기관과 같은 공법인은 기능적 자치행정주체로서 행정조직법상 행정주체이어서, 이들의 공권력행사는 그 법적 근거의 유무와 무관하게 항고소송의 대상이 되어야 한다'.

근거규정의 마련만으로 법적 성질의 180도 변화가 초래되는지 의구심이 든다. 관건은 처분성인정이 과연 현행 행정절차법 등에서의 처분개념정의에 터 잡은 행정법 도그마틱에 합당한지 여부가 문제된다. 먼저 입찰에 따른 후속 법률관계의 성질은 관련 논의에서 결정적이다. 그것이 사법관계에 해당하면, 관련한 논의는 원칙적으로 사법차원에서 이루어져야 한다. 이와 관련해서 판례(대법원 2001.12.11. 선고 2001다33604 판결)는 「지방재정법에 의하여 준용되는 국가계약법에 따라 지방자치단체가 당사자가 되는 이른바 공공계약은 사경제의 주체로서 상대방과 대등한 위치에서 체결하는 사법상의 계약으로서 그 본질적인 내용은 사인 간의 계약과 다를 바가 없으므로, 그에 관한 법령에 특별한 정함이 있는 경우를 제외하고는 사적자치와 계약자유의 원칙 등 사법의 원리가 그대로 적용된다 할 것이다」고 판시하였다.[48] 따라서 입찰에 따른 후속 법률관계는 사법관계이고, 이런 기조는 정부투자기관이 당사자가 되는 계약의 경우에도 정부투자기관의 법적 성질을 떠나서 당연히 통용된다. 법률관계의 법적 성질과 무관하게, 그것의 성립여부결정의 법적 성질을 논하는 것은 곤란하다. 이처럼 공공계약을 사법상 계약을 볼 때, 명문으로 취소소송의 대상이 됨을 규정하는 식으로 구태여 이단계이론의 성립을 규정하지 않는 한, 낙찰자결정(국가계약법 제10조)은 물론 입찰의 참가배제(제한) 역시 공공계약의 사법적 준비행위에 불과하다. 이 점에서 국가계약법상의 행정청에 의한 참가제한행위를 처분으로 보는 판례의 태도는 재고되어야 하며,[49] 특별사법적 효과를 지닌 국가계약법을 행정사법적 차원에서 바라보아야 한다. 이런 식의 논증은 '정투법'(및 「공공기관의 운영에 관한 법률」) 상의 입찰참가제한의 경우에도 전적으로 통용된다.

처분의 개념적 징표 가운데, 행정청, 공법행위, 직접적 법효과의 발생과 관련하여 논증상의 아킬레스건이 존재한다. 여기선 행정청과 관련해서만 보고자 한다. 행정소송법 제2조 제2항과 행정절차법 제2조 제1호에서의 행정청 개념은 실질에 맞춰지기에, 권력분립하의 행정조직에 속한 것(조직법적 의미)만이 아니라 입법부나 사법부에 속한 것(기능적 의미)까지도 포함한다. 그것의 실질적, 기능적 의미는 간접적 국가조직인 공공단체나 공무수탁사인까지도 행정청이 될 수 있다는 점에서 극명히 발휘된다. 그런데 법인체형공기업인 정부투자기관은 정부가 출자하며, 국가의 감독을 받으며, 근거법률에 의해 성립하기도 한다는 점에서 공적인 성격을 지니지만, 행정청형 공기업과는 달리 국가의 행정조직밖에 위치하며 그 존재형식은 사법인(사권주체)이다. 공법의 작용형식을 사용할 권능이 결여되기에, 이런 기관은 사법적으로만 활동

48) 이 판례에 대한 공법적 관점에서의 비판으로 박정훈, 행정법의 체계와 방법론, 2005, 163면 이하 참조.
49) 동지: 이상규, 입찰참가자격제한행위의 법적 성질, 행정판례연구 제1집, 1992, 127면 이하.

할 수 있다.[50] 즉, 조직형식과 작용형식의 구분에 따른 작용형식선택의 자유를 누리지 못한다. 요컨대 정부투자기관의 경우는 일종의 형식적 또는 조직적 사적화(민간화, 민영화, 사사화)에 해당하는 셈이어서, 임무 그 자체는 여전히 공적이지만 -그러나 고권적이진 않다-, 임무의 조직이 사적화되었다. 이런 기관을 다시금 기능적, 실질적 의미의 행정청개념으로 포섭하면, 자칫 사적화를 무색케 하는 공적화(Publifizierung)가 발생할 수 있다. 물론 (법률에 의해) 고권적 권능이 이들 사법주체인 기관에게 위탁된 경우에는 법상황이 다르다. 이런 경우엔 공무수탁사인의 지위를 갖는다.

본래의 행정청이 아닌 기관(사인)이 행정청으로서의 지위를 갖는 데 있어서, 관건은 법령에 의한 행정권한의 귀속이나 위임(위탁)이 존재하는지 여부이다. 따라서 개정 정투법에서의 근거규정의 마련이 처분성인정론의 결정적인 계기가 된 것만은 사실이다. 과연 '정투법' 제20조 제2항(현「공공기관의 운영에 관한 법률 제39조 제2항」)을 통해서 행정권한이 정부투자기관에게 성립하였는가? 국가계약법상의 당해 행위의 처분성에 대한 의구심은 여기에도 그대로 통용된다. 이런 기조와는 무관하게 '정투법'상의 당해 행위 역시 처분성을 갖지 못한다. 처분개념정의상의 공권력행사의 의미는 행정행위가 고권적 조치이어야 함을 나타낸다. 여기서의 "고권적"이란 것이 공법적인 것을 뜻하는지 논의의 여지가 있지만, 우리 판례는 독일에서의 지배적 입장과 비슷하게 바로 공법행위를 대입시킨다.[51] 그런데 '정투법' 자체는 일종의 정부투자기관까지도 널리 포함시킨 간접적 국가조직을 규율하기 위한 내부법일 따름이다. 따라서 내부법에 불과한 '정투법' 상의 입찰참가제한규정만으론 국민에 대한 직접적 개입 즉, 공법적 효과를 성립케 하는 근거로 삼을 순 없다. 설령 한국전력공사법 등과 같은 개별법률에 규정을 두었더라도, 입찰참가제한 그 자체가 공권력행사가 아니기에 변함이 없다. 결국 당해 행위로 비롯된 법효과는 결코 공법적 차원의 것이 되지 못한다. 판례는 국가계약법 및 그 시행령상의 입찰절차나 낙찰자 결정기준에 관한 규정의 성질을 '국가의 내부규정'으로 정당하게 판시하였다(대법원 2006.4.28. 선고 2004다50129판결 등). 이에 동법상의 입찰참가제한을 행정처분으로 보는 것은 당연히 재고되어야 한다.[52]

---

50) Ehlers, in: Erichsen/Ehlers, Allg. VerwR, 13.Aufl., 2006, §3 Rn.35, 39ff.

51) 한편 현대민주국가에선 관헌국가의 잔흔인 '고권적'이란 표현은 '공권력행사', '행정적', '공법적'이란 표현으로 대체되어야 한다고 주장된다. Vgl. Emmerich-Fritsche, Kritische Thesen zur Legaldefinition des Verwaltungsakts, NVwZ 2006, 762ff.

52) 상세는 졸고, 정부투자기관의 입찰참가제한행위의 법적 성질에 관한 소고, 법률신문 3486호, 2006.8.31.

# 제 3 장

# 公義務, 특히 撤去義務 및 履行强制金納付義務의 承繼에 관한 考察



## Ⅰ. 처 음 에

### 1. 관련 사례[1)]

(1) A가 자신의 토지에 건축물을 건축하면서 관계법령을 위반하였다. 해서 당해 행정청이 건축법 제69조에 의거해서 A에게 그 위반 건축물의 철거를 명하였으나, A는 철거명령을 이행하지 않은 채 사망하였다. 그 후 당해 행정청은 다른 수단으로써는 그 철거의무의 이행을 확보하기 곤란하고 그 불이행을 방치함이 심히 공익을 해할 것으로 인하여 A의 상속인 B에 대하여 건물철거대집행계고처분을 발하였다. B에 대해서 새로이 철거명령을 발하지 않고서 건물철거대집행계고처분을 발할 수 있는가?

즉, A에 대한 철거명령이 B에 대해서도 효력을 미치는가?

(2) C가 자신의 토지에 건축물을 건축하면서 관계법령을 위반하였다. 해서 당해 행정청이 건축법 제69조에 의거해서 C에게 철거명령을 발하였으나, 그는 철거 명령을 일정기간 내에 이행하지 않았다. 따라서 당해 행정청은 C에게 동법 제83조에 의거해서 이행강제금을 부과하였다. 하지만 C는 여전히 철거명령을 이행하지 않을 뿐

1) 승계와 관련한 여러 사례는 vgl. Rumpf, Die Rechtsnachfolge im öffentlichen Recht, VerwArch. 78 (1987), S.270ff.

더러, 부과된 이행강제금을 기간내에 이의를 제기함이 없이 납부도 하지 않다가 사망하였다. 이에 당해 행정청은 C의 상속인 D가 상속받은 재산에 대해서 체납처분을 발하였다. C에 대한 이행강제금 부과처분이 D에 대해서도 효력을 미치는가?

(3) E가 자신의 토지에 건물을 건축하면서 관계법령을 위반하였다. 해서 당해 행정청이 건축법 제69조에 의거해서 E에게 그 위반건축물의 철거를 명하였으나, E는 철거명령을 이행하지 않은 채 토지 및 건물의 소유권을 F에게 양도하였다. F에 대해서 새로 철거명령을 발하지 않고서 건물철거대집행계고처분을 발할 수 있는가? 즉, E에 대한 철거명령이 F에 대해서도 효력을 미치는가?

### 2. 문제의 제기

이상의 경우에 당해 행정청은 새로운 소유권자인 승계인에 대해 새로운 철거명령 및 이행강제금부과처분을 발해야 하는가 아니면 종전의 소유권자에 대한 기왕의 행정처분을 승계인에 대한 행정강제의 근거로 삼을 수 있는가?

철거명령의 수범자가 지는 철거의무가 그의 승계인에게 이전하는지 여부는 실제적으로 매우 중요하다. 그것은 새로운 소유권자는 종전 소유권자등에게 발해진 철거명령을 자신에 대해서 인정하지 않으려 하기 때문이다. 새로운 소유권자가 주장하는 바가 타당하다면 종전 소유권자에 대한 철거명령은 새로운 소유권자에 대한 행정강제의 근거가 될 수 없다.[2)]

따라서 현재의 새로운 소유권자에 대해서 새로이 철거명령을 발한 후에 비로소 그에게 행정강제를 취할 수 있게 된다.

한편 이러한 입장에 대해선, 그와 같은 절차상의 번잡은 절차경제 및 행정능률에 저촉될 수 있으며, 아울러 종전소유권자가 타인에게 관련 토지 등을 양도함으로써 철거명령과 행정강제로부터의 의무를 의도적으로 모면하려고 할 것이라는 우려가 지적될 수 있다. 그렇지만 여기에서는 철거의무와 이행강제금납부의무가 포괄·특정승계인에게 승계(이전)되는지 여부가 문제의 핵심이다. 해서 공법상 권리·의무의 승계라는 측면에서, 그와 같은 의무가 승계가능성(이전가능성)이 있는지 그리고 어떠한 법적 근거(승계요건)에 기하여 승계되는지를 검토하고자 한다.

## Ⅱ. 承繼의 意義

승계라는 개념에는 일정한 공법적인 법관계가 관계자의 사망, 대상의 소멸 및 그

2) 여기에 행정행위의 명의기능이 있다. 자세한 것은 김남진, 행정법Ⅰ, 1995, 205면.

밖의 사정변경에 의해서 다른 법주체에게 이전되어야 한다는 점이 나타나 있다. 따라서 승계(Rechtsnachfolge)란 법적 지위를 타인으로부터 파생적·유래적으로 취득하게 됨을 의미한다. 권리의 발생에서 보면 타인의 권리에 기하여 취득하는 것을 승계취득이라 한다.

승계개념을 파악하기 위해선 파생적이란 징표가 매우 중요한데, 그것은 아무것도 파생(유래)되지 않은 경우에는 승계란 있을 수 없기 때문이다. 예컨대, 운전자가 사고로 전파된 자신의 승용차의 견인비와 수리비를 절약하기 위하여 그 차에 대한 소유권을 포기하였더라도, 결코 법적 지위가 이전 내지 파생되지 않았으므로 그는 행위책임을 여전히 면할 수 없다.

한편 경매에서의 낙찰을 통한 소유권취득과 같은 시원적인(originär) 권리취득의 경우까지 공법상의 승계의 대상으로 보기도 한다.[3] 그러나 이에 대해선, 시원적인 권리취득이라는 점에서 그 낙찰자는 집행채무자의 승계인이 될 수 없으며, 그러한 태도는 승계와 시원적 권리취득 간의 개념상의 차이를 고려하지 않음으로 어떤 의미에서는 체계파괴와 다름없다는 비판이 가해질 수 있다. 생각건데 행정쟁송법과 민사소송법이 취하는 넓은 승계개념을 행정실체법과 행정집행법에서는 받아들이지 않는 것이 바람직하다.[4] 한편 식품위생법 제25조 3항은 민사소송법에 의한 강제경매 등의 절차에 따라 영업시설의 전부를 인수한 자가 그 영업자의 지위를 승계한다고 규정하고 있다. 그러나 동조항의 후단이 이 경우 종전의 영업자에 대한 영업허가는 그 효력을 잃는다고 규정하고 있는 점에 비추어, 이 경우에 영업허가 자체의 이전성은 부정되며, 따라서 여기서의 승계 또한 어의대로의 승계취득이 아닌 원시취득에 해당한다 할 것이다.

## Ⅲ. 撤去義務의 承繼와 관련한 독일 판례의 경향

### 1. 聯邦行政法院의 태도

독일 연방행정법원은 1971. 1. 22자 판결에서, 토지소유권자에게 발해진 철거처분은 여하튼 원칙적으로 그리고 특히 포괄승계의 경우에는 승계인에 대해 효력을 미친다고 판시하였다.[5] 동법원은 그 근거로 우선 소유권자의 상태책임이 일신전속적이지 않는 즉, 이전가능한 의무임을 지적하였다. 아울러 경찰의무성을 구체화하는 건축경찰적 처분이란 토지관련성을 가지며, 이러한 사실에서 사물성(Dinglichkeit)이

3) VGH Mannheim NJW 1979, 1565; VGH München BayVBl. 1983, 21.
4) Vgl. v. Mutius, Verwaltungsvollstreckung gegen den Rechtsnachfolger?, VerwArch. 71(1980), S.97.
5) BVerwG NJW 1971, 1624.

그것의 특징임을 제시하면서, 이러한 사물성 때문에 장애유발자의 일신상의 변화는 결코 중요하지 않음을 지적하였다. 그리하여 동 법원은 철거명령을 건축법상으로 승계인에게도 영향을 미치는 건축허가와 다름없다고 보았다.

한편 동 법원은 이상과 같은 도그마적인 논거와 함께 현실적 이유도 제시하였다. 즉, 새로운 소유권자에 대해서 내용적으로 동일한 행정행위를 재차 발하지 않으면 아니 된다는 것은 현명하지 않으므로, 절차경제의 관점에서 이러한 종류의 행정행위의 승계가능성을 인정해야 한다는 것이다.

동판례는 공법상 권리・의무의 승계에 관한 종래의 통설에 동요를 가져와 그로부터 벗어나는 계기를 마련하였다는 점에서, 획기적인 의의를 지닌다. 하지만 철거의무가 승계가능하다는 점을 제외하고는 승계요건 등에서는 여러 문제점을 담고 있다. 한편 동법원이 비록 Niehues가 주장한 물적 행정행위 개념을 사용하진 않았지만, 사물성을 제시한 데서 그러한 견해를 받아들였음을 엿볼 수 있다. 그리하여 Tettinger 등은 상태책임과 관련된 행정행위가 물적 행정행위인 점을 들고 있다.[6] 그러나 뒤에서 보겠지만, 그러한 태도에는 문제가 있다.

### 2. 州高等行政法院의 태도

#### (1) 연방행정법원과 같은 입장

주고등행정법원은 대부분 연방행정법원과 동일한 입장에 서며, 일부는 연방행정법원의 판례를 더욱 발전시킨 예도 있다.

먼저 연방행정법원의 1971년 판결이 나오기 전에 이미 OVG Saarlouis는 철거처분에서 구체화된 상태책임이 특정승계인에게 이전됨을 인정하였다.[7] 동법원은 건축허가의 승계인에 대한 법적 효력에 관한 Saarland주 건축법규정이 철거처분에 준용될 수 있음을 그 논거로 들었다. 동판결에 대해선 연방행정법원으로 하여금 판례상으로 선회하도록 야기시킨 동인임이 지적되고 있다.

VGH Mannheim은 위법하게 건축된 건축물의 소유권자에 대한 철거명령은 그의 승계인에게도 효력을 미친다는 점을 먼저 지적하고서, 철거명령의 승계가능성을 연방행정법원이 제시한 포괄승계의 경우 뿐만 아니라 OVG Sarrlouis와 마찬가지로 특정승계의 경우에도 확대 인정하였다.[8] VGH Manheim은 건축법에 적합한 상태를 위한 책임이 일신전속적이지 않으며, 당해 토지에 관한 양도(이전)가능한 처분권에

---

6) Tettinger, Besonderes Verwaltungsrecht, 1986, S.94.
7) OVG Saarlouis, BRS 22 Nr.215.
8) NJW 1977, 861.

의무지워져 있다고 보았다. 그리하여 동법원은 건축법위반인 상태를 제거하기 위하여 소유권자에 대해 발하여진 철거명령은 이러한 책임을 단지 구체화할 뿐 그것의 법적 성질을 변화시키지는 않으며, 따라서 소유권의 이전과 함께 철거명령에 의해서 구체화된 종전 소유권자의 책임 역시 그 승계인에게 이전한다고 판시하였다. VGH Mannheim이 결론에서는 연방행정법원과 같지만, 그 논거에서는 다소 차이가 있음을 여기서 알 수 있다.

VGH Mannheim은 최근에도 토지관련한 철거명령이란 수범자의 승계인에게도 유효하고 따라서 그들에 대해서 강제집행될 수 있다는 종전의 동법원의 태도를 고수함과 아울러, 자연보호법상의 철거명령 역시 건축법상의 철거명령과 마찬가지로 사물관련한 것임을 이유로 건축법상의 승계원칙이 자연보호법에도 통용된다고 판시하였다.[9] VGH Mannheim이 경매에서 낙찰에 의한 소유권취득의 경우에도 상태책임의 승계를 인정하였음은 특기할만하다.[10]

VGH München은 1971년의 연방행정법원의 판결이 나오기 전에는 전통적 견해와 같은 태도를 보였다. 즉, 행위책임과 상태책임은 일신전속적이어서 건축법상의 철거명령은 의무자의 죽음이나 그 밖의 승계를 넘어서 효력을 미치지 않으며, 따라서 승계인은 그의 선행자(피승계인)에 대해서 발해진 처분에 구속되지 않는다고 판시하였다.[11] 그러나 VGH München은 그 후에는 연방행정법원의 견해에 찬동하여 특정승계의 경우에서 철거명령에 내포된 상태책임의 현실화는 소유권의 양도와 함께 개별승계인에게 이전한다고 판시하였다.[12]

OVG Münster는 계고처분이 승계인에 대해서 효력을 미치지 않음을 판시함과 아울러 하급심이 1971년의 연방행정법원의 판례에 따라서 소유권자에게 행한 철거명령이 원칙적으로 승계인에게 효력을 미친다고 정당하게 판시하였음을 지적하였다.[13] 그후 OVG Münster는 소유권자에게 발해진 건축감독상의 철거명령은 개별승계인에 대해서도 효력을 미친다고 판시하였다.[14] 여기서 동법원은 "소유권자에게 발해진 철거명령은 원칙적으로 그리고 특히(grundsätzlich und insbesondere) 포괄승계의 경우에는 승계인에 대해서 효력을 미친다"고 판시한 1971년의 연방행정법원의 판결의 내용과 관련해서, 이는 포괄승계의 경우에 행한 서술이 원칙적으로 개별승계인에게도 적용되어야 한다는 점을 표현한 것이라고 지적하였다.

9) NVwZ 1992, 392.
10) NJW 1979, 1565.
11) JuS 1970, 590 Nr. 12.=BayVBI. 1970, 328.
12) BayVBI. 1979, 540.
13) NJW 1980, 415.
14) NVwZ 1987, 427.

OVG Bremen[15]과 OVG Koblenz[16] 역시 건축법상의 철거명령이 개별승계인에 대해서도 효력이 미친다고 판시하였다. OVG Berlin 또한 종전소유권자에 대해 차고를 3m 축소하라는 명령은 토지관련성이 있다 하여 승계인에게도 효력을 미친다고 판시하였다.[17]

(2) 연방행정법원과 다른 입장

VGH Kassel은 철거의무가 일신전속적이지 않으며, 포괄승계의 경우에는 독일민법 제1922, 제1967조가 준용되어 상속인에게 그 철거의무가 이전된다고 본다. 이 점에서는 연방행정법원과 다를 바 없다. 그러나 동법원은 특정승계의 경우에는 이전을 부인하였다.[18] 논거로 Hessen주의 일반경찰법은 물론 건축법에도 행정행위에 의해 구체화되고 성립한 경찰·질서의무에 관한 특정승계를 규정한 실정법규정이 없음을 들었다. 즉, 건축허가란 승계인에게 효력을 미친다는 Hess주 건축법 제70조 제5항은 건축허가로부터 발생한 제한을 준수할 의무까지 승계인에게 효력을 미친다고 해석할 수는 있지만, 건축법상의 경찰·질서의무의 특정승계를 근거지우기 위하여 유추의 방법으로 끌어들일 수는 없다고 하였다. 이유인 즉, 건축허가는 부담이 부가되어 있더라도 그 자체가 수익적 행정행위인 데 대하여, 철거명령은 부담적 행정행위이어서 전혀 다른 이익상황이므로 유추가 금지되기 때문이라고 한다. VGH Kassel은 그 후에도 같은 태도를 보이고 있다.[19] VGH Kassel의 견해에 따르면, 개별승계인에 대해서 철거명령이 새로이 행해져야 하는 셈이 된다.

OVG Lüneburg의 경우 처음에는 연방행정법원의 판결을 지적하면서 상태책임으로부터 의무의 승계를 시인한 반면에 행위책임 역시 승계인에게 이전하는지 여부에 대해서는 의문을 나타낸 듯하다.[20] 그러나 그 후에 동법원은 상태책임의 범위내에서 철거명령이 개별승계인에게 이전하지 않음을 판시하였다.[21] 철거명령이란 – 실제론 극히 드물지만 – 경우에 따라서 일신적(개인적) 사정도 고려해야 하는 재량결정이므로, 그 철거명령이 종전 권리자에게는 적법하나 승계인에게는 위법할 수 있음을 논거로 제시하였다. 그리하여 이러한 개성관련한 요소로 말미암아 철거명령취소소송에 대해서 확정력이 발생한 판결은 쟁송제기자의 개별승계인을 구속하지 않는다고

15) NJW 1985, 2660.
16) NVwZ 1985, 431.
17) DÖV 1988, 384.
18) NJW 1976, 1910.
19) BRS 44 Nr. 198=NVwZ 1986, 683.
20) BRS 33 Nr. 179.
21) NJW 1980, 78=BRS 35 Nr. 132.

지적하였다. OVG Lüneburg의 두 번째 판결은 승계될 법적 의무를 발생시키는 행위가 개별적 정당성을 지향하는 재량행위일 경우의 문제와 철거명령에 담겨진 개성관련한 요소의 문제를 지적하고 있음이 주목을 끈다.

## Ⅳ. 撤去義務 및 履行强制金納付義務의 承繼可能性에 관한 논의

### 1. 公義務의 承繼・移轉可能性에 관한 논의의 槪觀

의무승계문제를 검토함에 있어서 먼저 공의무가 승계・이전가능성이 있는지 여부 및 어떠한 의무가 승계・이전가능성이 있는지, 즉 일신전속적이지 않은지 여부 등을 논의해야 한다.

독일의 전통적 견해와 판례에 따르면, 공법상 권리・의무는 그것이 금전급부를 목표로 하지 않는 한, 즉 순전히 재산권적 지위가 아닌 한, 원칙적으로 일신전속적 성질을 가지며 따라서 승계가 일반적으로 고려되지 않는다고 한다.[22] 그러나 오늘날 독일의 다수 경향은 권리・의무가 일신전속성이란 처음부터 권리, 의무의 공법적 성격으로부터 생기지 않으며, 그것의 승계가능성 여부는 오히려 - 법규정이 결여되어 있을 경우에는 - 그때그때의 개개의 사건에서의 그것의 내용으로부터 성립할 수 있다고 본다.[23] 즉, 쟁점사항과 관련해서 사안에 적합하게 구별하여 논하는 경향이 있다. 그리하여 재산권적 청구권 역시 일신전속적이어서 승계부적합할 수 있으며, 비재산성을 일신전속성과 당연히 결부시켜서는 아니 된다고 한다.

이 점에서 일본 행정법학계의 다수설인 공법・사법 일원론이 제기하는 공권특수성에 대한 비판은 귀 기울일만하다.[24] 물론 우리의 다수설인 공법・사법 이원론의 입장에서도 그 구별이 선험적인 것이 아니라 실정법에 바탕한 것이라 보며, 공권・공의무의 특수성 역시 공권・공의무이기 때문에 당연히 인정되는 것이 아니라 실정법에 의해 뒷받침되는 것이라 본다. 그럼에도 불구하고 우리의 대다수 문헌들이 '공권중에서도 경제적 가치를 내용으로 하는 것은 이전성이 인정된다'라는 식으로 기술

22) O. Mayer, Deutches Verwaltungsrecht, Bd.I, 3.Aufl., 1924, S.238; G, Jellinek, System der subjektiven öffentlichen Rechte, S.343; Fleiner, Institutionen des Deutchen Verwaltungsrecht, 1928, S.192; W. Jellinek, Verwaltungsrecht, 1919, 3.Aufl., 1931, S.211ff.; Forsthoff, Lehrbuch des Verwaltungsrechts, 1973, S.192; BVerwGE 10, 282, 285; 11, 43, 46; Hurst, Probleme der Zustandshaftung nach dem Polizei- und Ordnungsrecht im Fall der Rechtsnachfolge, DVBI. 1963, S.804.

23) Wolff/Bachof, Verwaltungsrecht Bd. I, 9.Aufl., 1974, S.316; Drews/Wacke/Vogel/Martens, Gefahrenabwehr, 9.Aufl., 1986, S.298f.; Achterberg, Allgemeines Verwaltungsrecht, 1986, S.394; Erichsen/ Martens, Allgemeines Verwaltungsrecht, 9.Aufl., 1992, S.221; v. Mutius, a.a.O., S.93, 99; Rumpf, a.a.O., S.294; Stadie, Rechtsnachfolge im Verwaltungsrecht, DVBI. 1990, S.504. 다만 Wolff/Bachof는 특히 권리와 관련해선 전통적 견해와 같은 입장에 있다. Ders., Bd. I, S.330.

24) 이에 관한 상세는 김도창, 일반행정법론(상), 1992, 236면 이하 참조.

하고 있는 사실에서, 독일의 전통적 견해에 여전히 사로잡혀 있음을 느낄 수 있다.

한편 Rumpf는 우리가 사는 오늘날이 급속한 산업화와 기계화로 말미암아 개인의 삶이 위협당하는 잠재적 위험의 시대로 바뀜에 따라 법적 관련점이 사람에서 사물로 바뀌는 경향이라고 지적하면서, 그 사물(객체)로 인한 위험이 종종 타자집행에 의해서 제거될 수 있음을 들어 공권·공의무는 원칙적으로 이전가능하다고까지 주장한다.[25]

## 2. 公義務의 承繼可能性(承繼適合性)의 基準

민법상의 권리·의무는 대부분 승계가능성(Nachfolgefähigkeit)이 있다는 전제에 기인하였는지, 민법은 승계가능성(적합성)의 개념에 관하여 아무런 규정을 하고 있지 않으나, 일신전속적(höchstpersönlich)인 권리·의무는 사물의 본질에 비추어 이전될 수 없다고 봄이 일반적이다.

행정법학에서는 일찍이 W. Jellinek가 공의무를 그것의 성질에 따라서 구분하여, 다음과 같이 상이한 법적 효과를 갖는 세 가지 범주로 나누었다.[26] 즉, 첫째로 수범자로 하여금 일정한 행위(용태)를 하게끔 하기 위하여 의무가 성립하는 때에는 승계가능성이 배제된다. 둘째로, 사물적 효과(결과)를 초래하기 위하여 의무가 성립하는 때에는 승계가능성이 인정되어야 한다. 셋째로, 의무가 한편으로는 수범자로부터 일정한 행위를 요구하지만, 다른 한편으로는 그럼으로써 사물적 효과가 발생할 때에는 승계가능성이 부인되어야 한다. 그 이유는 그 경우 의무를 과하는 데 있어서 일신적(개성적) 효과에 중점이 두어지기 때문이다.

오늘날 독일의 대부분의 문헌들 또한 본질적으로는 W. Jellinek의 견해를 쫓아서, 의무가 처음 의무자에 의해서만 이행될 수 있을 정도로 처음 의무자의 일신적(개성적) 징표나 능력이 결정적인 경우에는 그 의무의 승계·이전가능성이 부인되며, 의무가 사물관련하든 효과관련하든 처음 의무자의 일신(개성)과 관계없이 이행될 수 있는 경우에는 그 의무의 승계·이전가능성이 긍정된다고 보고 있다.[27]

한편 대부분의 문헌이 일신전속성을 승계가능성 여부의 기준으로 삼는데 대하여, Ossenbühl은 요구된 행위의 대체가능성(Vertretbarkeit)을 기준으로 제시하였다.[28] 특

---

25) Rumpf, a.a.O., S.295.

26) W. Jellinek, a.a.O., S.199.

27) Wolff/Bachof, a.a.O., S.316; Erichsen/Martens, a.a.O., S.221; v. Mutius, a.a.O., S.99; Stadie, a.a.O., S.504; Drews/Wacke/Vogel/Martens, a.a.O., S.298f.

28) Ossenbühl, Die Rechtsnachofolge des Erben in die Polizei- und Ordnungspflicht, NJW 1968, S.1966. 동지: Wallerath, die Rechtsnachfolge im Verwaltungs- und Verwaltungsprozeβrecht, JuS 1971, S.463.

히 Peine는 일신전속성은 승계불가능성(부적합성)에 관한 필요・충분조건이 될 수 있지만, 그 반대, 즉 비일신전속성이란 승계가능성에 관한 필요조건은 되나 충분조건은 되지 못함을 지적하면서, 권리자・의무자의 개성(Person)으로부터의 분리가능성(Abtrennbarkeit)을 기준으로 제시하였다.[29] 한편 일신전속성을 승계가능성여부의 기준으로 삼은 v. Mutius는 재산권적인지 여부나 대체가능성 여부와 같은 개괄적인 기준은 문제가 많음을 지적하였다. 그 이유로 재산권적 내지 대체가능한 의무임에도 불구하고 실정법상으로 승계될 수 없음을 규정한 예가 있으며, 또한 그러한 의무가 객관적인 입법의사에 비추어 일정한 사람에 의해서만 이행되어야 하는 경우가 있을 수 있음을 들었다. 그리고 의무가 대체가능성이 없는 경우에는 일신전속성 역시 긍정되나, 반면에 의무가 대체가능성이 있음은 의무의 일신전속성이 존재하지 않음에 대한 증빙(Indiz)에 지나지 않다고 주장하였다.[30]

### 3. 警察義務의 承繼可能性 여부에 관한 논의[31]

#### (1) 상태책임의 경우

종래에는 전통적 견해와 마찬가지로 경찰의무 역시 행위책임에서든 상태책임에서든 일신전속적인 것으로 보았다. 그러나 앞에서 본 연방행정법원을 비롯한 여러 법원의 판결이 등장한 후에는 특히 상태책임과 관련해선 문헌들이 변화된 경향을 보이고 있다. 그래서 일부는 경찰의 상태책임성은 사물지배에 구속되기 때문에 승계인에게 이전되지 않고 권리자의 죽음 내지 소멸과 동시에 종료하며 승계인에 대해서는 새로이 시원적으로 성립하되, 만약 사물지배의 이전(예: 소유권이전)의 시점에 이미 종전 권리자의 상태책임성이 경찰처분에 의해서 구체화・확정된 경우에는 그 경찰의무가 승계인에게 이전된다고, 즉 승계인에 대해서 경찰의무를 현실화하는 행정행위를 새로이 발할 필요가 없다고 한다.[32]

반면 Schenke는 승계인의 상태책임성은 그들이 피승계인(종전 권리자)의 의무를 인수하였다는 사실이 아니라, 스스로 상태책임성과 관련된 구성요건을 충족하였다는 사실에 의해서 성립하게 된다는 주장을 하였다. 즉 상태책임성은 승계인에게 시원적으로(originär) 성립하게 된다는 것이다. 아울러 이상의 새로운 주장에 대해서 다음과 같은 비판을 가하고 있다.[33] 첫째로, 상태책임을 현실화하는 행정행위가 물적

29) Peine, Die Rechtsnachfolge in öffentlich-rechtlichen Rechte und Pflichten, DVBl. 1980, S.944f.

30) v. Mutius, a.a.O., S.99.

31) 洪井善, 행정법원론(下), 1995, 276면 이하 참조.

32) Drews/Wacke/Vogel/Martens, a.a.O., S.299; Wolff/Bachof, Verwaltungsrecht, Bd.III, S.72; Tettinger, a.a.O., S.94; Schink, Grenzen der Störerhaftung bei Sanierung von Altlasten, VerwArch 82(1991), S.384.

행정행위임을 내세우는 것은 순전히 순환논리에 불과하며, 둘째로 경찰처분의 적법성은 사물적 사정뿐만 아니라 의무자의 개성적 사정에도 의거하므로 전소유권자에 대해서 적법한 행정행위가 승계인에게는 위법할 수 있고, 셋째로 경찰의무의 승계를 인정하더라도 경찰청은 여전히 새로운 경찰의무자로서의 승계인의 개성(일신)에 정반대의 사정이 존재하는지 여부를 심사할 의무를 지므로 이상의 주장이 내세우는 절차경제의 관점 역시 승계인에게 그다지 유리하게 적용하지 않는다는 것이다.

Stadie 역시 상태책임으로부터의 의무가 사망으로 소멸하는 때에는 그 의무는 실체법적으로 경찰처분에 의해서 유지될 수 없음을 지적하면서, (포괄)승계인은 종전 권리자의 재산적 가치있는 전체 권리·의무는 물론 사물과 관련한 상태책임성 역시 승계한다고 주장하였다.[34] 한편 Götz는 OVG Saarlouis와 연방행정법원이 철거명령이 포괄승계인도 구속한다고 판시한 점에는 찬동하지만, 승계인의 건축법상의 구속을 일반적인 경찰법·질서법의 상태책임성에도 보편화하는 것은 적절하지 않음을 지적하고 있다.[35] Götz는 그 논거로 그러한 구속은 토지관련한 행정행위에 대해서만 고려되어야 함을 제시한다.

(2) 행위책임의 경우

경찰상의 행위책임은 일신전속적인 것이어서 행위책임자(교란자)의 사망으로 소멸된다고 보는 것이 과거의 통설이며, 현재에도 유력하게 주장되고 있다.[36]

그러나 오늘날에는 다음과 같이 행위책임의 원칙적인 일신전속성을 부인하고 승계가능성을 긍정하는 것이 다수적 견해이다.[37] 즉, 경찰상의 행위책임은 자신의 행위(용태)로 인한 장해나 위험을 제거할 의무를 수반하는데, 이러한 제거의무는 처음부터 일신전속적이지는 않다. 그 장해가 책임자(장해발생자, 교란자)의 개성에 직접 의거해 생겨나지 않는 한, 다른 사람을 통해서도 그 위험이나 장해는 제거될 수 있다. 이러한 경우 그 제거의무가 행위책임자 자신에 의해서 이행되어야 할 필연적 이유가 없으므로, 그 제거의무는 행위책임자의 개성과 떼어 놓을 수 있으며, 일신전속적이지 않다 할 것이다. 이러한 주장에 대해서 Schenke는 행위책임자에게 요구된 행위가 대체가능하다고 하여 그 사실로부터 그 행위가 일신전속적이지 않다고 추론

33) Schenke, Besonderes Verwaltungsrecht, 4.Aufl., 1992, S.249f. 동지: Papier, Die Verantwortlichkeit für Altlasten im öffentlichen Recht, NVwZ 1986, S.262.

34) Stadie, a.a.O., S.505.

35) Gotz, Allgemeines Polizei- und Ordnungsrecht, 11.Aufl., 1993, S.120f.

36) Schenke, a.a.O., S.249f.; Götz, a.a.O., S.120.

37) Wallerath, a.a.O., S.465; J. Martens, Rechtsnachfolge und Bestandsschutz im Bauordnungsrecht, JuS 1972, S.190f.; Drews/Wacke/Vogel/Martens, a.a.O., S.301; Papier, Die Verantwortlichkeit für Altlasten im öffentlichen Recht, NVwZ 1986, S.262; Wolff/Bachof, a.a.O., Bd.III, S.71; Stadie, a.a.O., S.504.

할 수는 없다고 반박하였다.[38]

한편 경찰상의 행위책임의 승계(이전)가능성을 긍정하는 입장에도 두 가지 상이한 흐름이 있다. 먼저 Papier는 구체화하는 경찰처분이 종전 권리자(행위책임자)에 대해서 이미 행해져 있어야만 행위책임의 포괄승계가 성립할 수 있으며, 그렇지 않으면 추상적인 책임성 - 이는 주관적 법적 의무를 발생시키지 않고, 단지 당해 행정청의 개입근거만을 나타낸다 - 만이 존재할 뿐이라고 주장한다.[39] Wolff/Bachof 역시 이미 현실화된(bereits aktualisiert) 행위책임의 상속인에로의 이전만을 제시하고 있다.[40]

이러한 견해에 반대되는 입장에서는, 위험이나 장해를 제거할 책임성으로서의 행위책임은 법률에 의해서 성립하므로, 유발된 장해를 제거할 의무는 경찰위반적 행위와 함께 법률로부터 직접 생겨나지 경찰처분을 통해서 구체화될 때에 비로소 성립하지는 않는다고 한다. 또한 장해제거의무의 경우에는 종전 권리자가 행정행위를 통해서 이미 독촉을 받은 때에만 포괄승계인에게 이전되어야 하는 반면에, 그밖의 경우에는 승계인이 종전권리자의 재산적 가치있는 전체 권리·의무상의 지위를 승계한다고 구별하는 이유가 분명하지 않음을 들고 있다. 그리하여 아직 경찰처분에 의해서 현실화되지 않았다 하더라도, 종전 권리자의 개성과 무관한 행위책임은 일신전속적이지 않은 다른 의무와 마찬가지로 포괄승계인에게 이전한다고 주장한다.[41]

### 4. 撤去義務의 承繼可能性 여부

건축법상의 철거명령 및 철거의무를 논함에 있어서는, 위반건축물의 설치라는 행위가 아니라, 그러한 행위의 결과(상태)에 중점이 두어져야 한다. 여기서는 상태를 초래한 행위에 대한 책임이 아니라, 상태 그 자체에 대한 책임이 문제된다. 사실 건축법에서는 순수한 행위책임이란 존재하지 않는다 할 것이다. 따라서 이상에서 본 경찰법상의 행위책임과 상태책임의 구별은 통용되지 않는다- 물론 경찰상의 행위책임의 경우에도 원칙적인 일신전속성을 부인하면 별의미가 없는 것이 사실이다 -.

앞에서 보았듯이 Schenke 등의 견해에 따르면, 승계인은 새로운 소유권자로서 시원적으로 그리고 법률에 의해서 직접적으로 상태책임성을 지게 되며, 따라서 철거의

38) Schenke, a.a.O., S.250.

39) ders., a.a.O., S.262.

40) ders., a.a.O., Bd. Ⅲ, S.71, S.389. 그러나 Wolff/Bachof는 a.a.O., Bd. I (S.317)에서는 가능한 이전의 시점에 의무가 이미 요구되어 있어야 하는지 여부에 좌우되지 않는다고 기술함으로써 모순을 드러냈다.

41) Stadie, a.a.O., S.505; Schink, a.a.O., S.386f.; Schlabach/Simon, Die Rechtsnachfolge beim Verhaltensstörer, NVwZ 1992, S.144f.; OVG Münster UPR 1984, 279.

무의 승계(이전)가능성이란 전혀 존재하지 않는다 할 것이다.

생각건대 건축법상의 철거명령 및 그에 따른 철거의무는 건축법위반의 상태를 제거하는 것이 그 목적·효과이므로, 토지관련성(Grundstücksbezogenheit)과 사물성(Dinglichkeit)을 지닌다고 할 수 있다. 따라서 그것의 효과는 결코 당해 수범자에 대해서만 일신전속적이진 않으며, 당해 수범자의 개성으로부터 떼어놓을 수 있고 또한 타인에 의해서 대체가능하다 할 것이다.[42] 즉, 승계가능성이 긍정된다. 다만 철거명령을 토지관련성과 사물성을 이유로 물적 행정행위로 보는 것은 타당하지 않다. 이 점에서, 철거의무의 승계가능성을 논증하기 위해서 물적 행정행위개념을 끌어 들이는 것에 대한 Schenke 등의 반론은 적절하다 할 것이다.

한편 판례와 문헌상의 철거의무의 승계가능성에 대한 비판에는 심도있게 검토할 만한 요소가 없지 않다. 일찍이 OVG Lüneburg은 철거명령이란 개성관련한 사정(요소)을 고려해야 하는 재량행위이므로 종전 권리자에게 적법한 것이 승계인에게는 위법할 수 있음을 들어, 철거명령(철거의무)의 개별승계인에 대한 효력(승계가능성)을 부인하였다.[43]

철거명령이 재량결정이며, 인적행위명령을 담고 있어서 어느 정도 범위에서 개성관련적 요소를 포함하거나 포함할 수 있다는 점은 긍정된다. 따라서 이 점에서 철거명령을 혼합적 행정행위로 볼 여지가 있으며, 그렇게 보기도 한다. 실제적으로 공의무는 사물관련적 징표만으로 혹은 개성관련적 징표만으로 이루어져 있다기보다는 대부분 양자의 측면을 함께 지녔다고 할 수 있다. 그러한 혼합된 징표를 지닌 의무의 경우에는, 그 의무의 근거규범의 의미·목적에 비추어 사물관련적 내지 결과관련적 징표가 적어도 분리가능한 부분으로서 이전가능성이 있을 정도로 우세한지 여부가 판단되어져야 한다.[44] 그러나 건축법상의 철거명령의 경우 토지관련성과 그로 인한 사물성이 절대적으로 우세하다. 그리고 개성적 요소의 고려란 이론적으로는 있을 수 있지만, 건축법상으론 극히 이례적인 경우에만 있을 수 있다.[45] 따라서 철거명령에 개성적 요소가 있다고 해서 건축법상의 철거명령 및 철거의무의 승계가능성이 부인되지는 않는다 할 것이다. 물론 당해 행정청으로 하여금 다른 재량결정을 내릴

42) 한편 Ortloff는 건축법상의 철거의무의 이전(승계)가능성은 비일신전속적·대체가능성· 개성과의 비분리가능성에 있는 것이 아니라, 오로지 그것의 토지관련성에 있음을 강조하였다. Ders, Baurechtliche Abriβverfügung und Rechtsnachfolge, JuS 1981, S.577.

43) OVG Lüneburg NJW 1980, 78.

44) Wolff/Bachof, a.a.O., Bd. I, S.316.

45) 그리하여 OVG Lüneburg가 건축감독적 처분의 경우 개인적 관점이 관련될 수 있다는 가능성에 근거해서 특정승계를 포괄승계와 다르게 판단을 내려, 당해 행정청은 특정승계에 대해서 새로운 철거명령을 내려야 한다고 판시한 데 대해서, OVG Münster는 반대를 표하였다. OVG Münster NVwZ 1987, S.427.

수 있게 하는 특별한 사정이 승계인의 일신(개성)에 존재한다면, 당해 행정청은 그 철거명령을 철회하거나 그것을 집행하지 않아야 할 것이다.

우리의 문헌은 대인적 하명은 이전가능성을 부정하되 대물적 하명은 이전가능성을 긍정하는 것이 통례이다. 그런, 현재 사용되고 있는 "대인적", "대물적"이라는 용어는 그 의미의 엄밀성이라는 측면에서 보면, 해당되는 행정행위의 특징을 정확히 반영하기보다는 오히려 혼란을 초래하였다고 할 수 있다. 이는 물적 행정행위의 개념을 받아들인 후에 더욱 그렇다.[46] 따라서 "대인적", "대물적"이라는 용어에 갈음하여 "개성관련적"(personenbezogen), "사물관련적(구속적)" (sachbezogen, sachgebunden)이라는 용어를 사용함이 좋을 듯 싶다. 결국 개성관련적 행정행위는 물론 사물관련적 행정행위 역시 특성인에 대해서 발해지는 한, 대인적 행정행위이며, 반면에 사물관련적 행정행위 가운데 인적 범위가 전혀 특정되지 않은 것은 물적 행정행위로서 대물적 행정행위에 해당한다 할 것이다. 생각건대 철거명령은 사물이 아닌 사람에 대해서 발해지는 점에서는 대인적 행정행위이며, 설령 개성적 징표가 있다 하더라도 엄격히 말해 개성관련성보다는 사물관련성을 더 갖는다는 점에서는 사물관련적 행정행위에 해당한다고 할 수 있다.

### 5. 履行強制金納付義務의 承繼可能性 여부

철거명령과 강제금부과처분(Zwangsgeldverfügung)이 합쳐져 있다는 점에 착안하여, 강제금이 사망자의 상속재산에 바로 집행될 수 있다는, 즉 이행강제금납부의무의 승계가능성을 시인하는 견해가 있을 수 있다.[47] 그러나 철거명령에 따른 철거의무 자체는 승계가능성이 긍정된다 하더라도, 그것을 불이행한 결과 행해지는 이행강제금부과처분에 따른 납부의무는 일신전속적인 것이라 할 수 있다. 왜냐하면 철거의무가 과해신 사람에 대해서 그 납부의무의 이행이 요구되기 때문이다. 즉, 이행강제금부과처분은 개성관련적 성격을 지닌다고 할 수 있다. 또한 이행강제금은 강제수단이지 처벌수단은 아니므로, 유산재산에 바로 강제집행한다는 것은 이행강제금의 기능과도 일치하지 않는 점이 있다. 따라서 행정의 실용성과 능률성을 다소 후퇴시키더라도, 이행강제금부과처분을 다시 승계인에게 발하고 그에 따른 일련의 절차를 밟아야 한다.[48] 한편 계고처분 역시 개성관련적 행정행위에 해당한다 할 것이다.

---

46) 그러므로 물적 행정행위에 해당하는 공용지정 등을 대물적 행정행위에 포함시켜 논하는 입장은 양자가 동일한 것으로 본 점에서 문제가 있다.

47) 독일의 경우 Meixner, Rasch 및 Groß 등이 주장한다고 한다.

48) Wolff/Bachof, a.a.O., Bd. I, S.317; Rumpf, a.a.O., S.296; Ihmels, Zur Vererblichkeit von Polizei- und Ordnungspflichten, DVBl. 1972, S.483; OVG Münster 1980, 415.

## Ⅴ. 承繼要件(承繼의 法的 根據)

### 1. 承繼要件을 논할 필요성

철거의무의 승계가능성이 긍정되더라도 그것만으로 승계인에게 철거의무가 성립하였다고 볼 수는 없다. 즉, 철거의무의 승계가능성 이외에 승계를 위한 법적 근거가 필요하다.[49] 이는 승계요건(Nachfolgetatbestande)을 탐구해야 함을 의미한다. 따라서 여기서는 승계가능성과 승계요건을 엄격히 구분하여 논해야 한다. 승계에 관한 법적 근거가 결여된 경우에는 관련한 권리·의무가 승계가능한지 여부가 불확실하므로, 승계가능성의 문제를 승계요건의 문제보다 뒤에 논의하는 것이 논리에 부합하겠지만, 현행 실정법상 승계요건을 규정한 예가 많지 않으므로 그 반대가 더 의미가 있는 것 같다.

독일의 경우 70년대에는 승계가능성에 관한 논의가 활발하였으나 승계요건에 관해선 그다지 관심을 두지 않았다. 그러나 오늘날 관점에서 보면 승계가능성의 문제는 의문점이 많이 해소되었으므로, 승계요건의 문제가 승계문제의 핵심사항이 되었다. 그러나 그들의 경우에도 아직까지는 일반적이고 설득력 있는 해결책이 강구되지 못한 실정이다.

우리의 건축법은 물론 행정대집행법 역시 승계규정을 담고 있지 않다. 따라서 민법 제499조, 제453조, 제1005조 등과 같은 승계와 관련한 규정이 준용 내지 유추적용될 수 있는지가 논의 되어야 한다. 여기서는 행정법관계에 대한 사법규정의 적용에 관한 논의가 바탕이 되어야 하되, 공의무가 문제된다는 점에 유의하여야 한다.

한편 독일의 경우 Niedersachsen 주건축법 등은 상태책임과 행위책임의 이전가능성을 법률적으로 승인하여, (특히 건축물의 제거를 위한) 제 명령이 승계인에 대해서도 효력을 미친다고 규정하고 있다.[50] 그러나 대부분의 주건축법은 Niedersachsen주처럼 승계인에 대한 철거명령의 효력에 관해서는 명시적으로 규정하고 있지 않되, 다른 승계요건은 규정하고 있다. 즉, 건축허가와 부분건축허가는 건축주의 승계인에게도 효력을 미친다는 것이다.[51] 하지만 독일 각 주경찰법은 물론 연방 각 주의 행정절차법 역시 공권·공의무의 승계에 관하여 규정하고 있지 않다. 따라서 독일의

---

49) Drews/Wacke/Vogel/Martens, a.a.O., S.300; Erichsen/Martens, a.a.O., S.220; v. Mutius, a.a.O., S.98; Stadie, a.a.O., S.501; Schink, a.a.O., S.384.

50) Vgl. Art.82 S.3 BayBauO; § 89Ⅱ3 Nds BauO; § 78 S.3 Rh-Pf BauO; § 77 Ⅲ SaalBauO.

51) Vgl. § 95Ⅱ BadWürttBauO; § 89Ⅳ BerlBauO; § 95Ⅱ BermBauO; § 96Ⅲ HessBauO; § 88Ⅱ NRWBauO.

경우에도 판례와 문헌상으로 민법상의 승계관련규정(독일민법 제1922조, 제1967조, 제419조, 제398조 등)이 직접 내지 유추 적용되는지 여부가 다투어 지고 있는 실정이다.

이하에서는 독일에서의 논의를 참고로 철거의무의 승계에 관한 법적 근거를 탐구하되, 철거승계의 경우와 특정승계의 경우를 구분하여 논하고자 한다.

## 2. 包括承繼의 경우

### (1) 전통적 견해

과거의 전통적 견해는 공권·공의무의 승계를 원칙적으로 부인함과 동시에 민법의 상속규정상의 법적 사고나 당해 규정 그 자체로 회귀하는 것조차 배척하였다.[52]

이들은 사법에 대한 공법의 근원적인 자이점, 특히 복종(종속)이라는 특징은 국가와 국민간의 관계를 법적으로 사법과 다르게 설정하도록 하는 점을 들어 공법과 사법이 전혀 별개의 법체계임을 강조하고, 또한 국가와 국민간의 (복종)관계는 일신전속적이어서 의무자의 사망과 함께 종료한다고 보았다. 따라서 명문의 공법규정이 승계를 규정하고 있는 경우에는 그에 따르지만, 그렇지 않은 경우에는, 즉 공법규정에 승계에 관한 흠결이 있다 하더라도 사법규정의 적용은 있을 수 없다고 보았다. 그리하여 전통적 견해의 대표적 학자인 Otto Mayer는 일찍이, 「공법과 사법에 공통된 법제도는 존재하지 않는다」, 「유추의 방법으로 사법규정을 끌어들임으로써 공법제도를 개선하거나 보충하려고 의도하는 것은 허용되지 아니 한다」라고 하여 사법규정의 공법규정에의 적용을 철저히 배격하였다.[53]

### (2) 오늘날의 견해

오늘날 대다수 문헌과 판례는 1971년의 독일연방행정법원의 판결을 계기로 입장을 선회하여, 공의무가 원칙적으로 승계가능성이 없다는 전통적인 견해를 부인하고 있다.

하지만 공의무(여기서는 철거의무)의 승계에 관하여 명문규정이 없으므로, 그 승계요건을 둘러싸고 여러 가지 주장이 전개되고 있다. 그리하여 ⅰ) 독일 민법 제1922조와 제1967조(우리의 경우 민법 제1005조)가 직접 적용될 수 있다는 견해,[54] ⅱ) 독일

52) Schultzenstein, Persönliche gewerblich Konzession und Erbrecht, VerwArch. 1902, S.113ff.; Scholz, Zur Lehre von der Bauerlaubnis, VerwArch. 1916, S.184ff.; O. Mayer, a.a.O., Bd. I, S.238; Fleiner, a.a.O., S.150; G. Jellinek, a.a.O., S.343; Forsthoff, a.a.O., S.192; BVerwGE 10, 285.

53) ders., a.a.O., Bd. I, S.117.

54) Haueisen, Die Einbeziehung Dritter in öffentlich-rechtliche Unterordnungsverhältnisse, DVBI, 1962, S.548; Rimann, Zur Rechtsnachfolge im öffentlichen Recht, DVBI. 1962, S.555; Stadie, a.a.O., S.502f.; Achterberg, a.a.O., S.394; Hurst, a.a.O., S.806; Schink, a.a.O., S.385.

민법 제1922조와 제1967조의 요건에 투영되지 않는 몇 가지 사안을 고려해서 동조가 유추 적용될 수 있다는 견해,[55] iii) 공법에 현존하는 승계요건에 바탕을 두고서, 승계인에 대한 건축허가의 효력에 관한 독일 주건축법상의 규정이 유추적용될 수 있다는 견해,[56] iv) 독일 민법 제1922조와 제1967조는 일반적으로 공법에 적용될 수 없으며, 승계는 명문규정이 있는 경우에만 성립한다는 견해[57] 등 다양하게 전개되고 있는 실정이다. 다만 판례의 경우 앞에서 보았듯이, 승계의 법적 근거를 문제 삼지 않고 당해 철거명령의 토지관련성 내지 사물성에서 승계가능성 뿐만 아니라 승계요건까지 도출되는 것처럼 판시하고 있다.[58] 특정승계의 경우에 승계요건을 문제 삼은 일부 판례 역시 포괄승계의 경우에는 그에 대해서 별다른 의문을 표하고 있지 않다. 그리하여 VGH Kassel은 포괄승계의 경우에는 민법 제1922조와 제1967조가 준용될 수 있다고 판시하였다.[59]

(가) 民法의 相續規定이 直接適用될 수 있다는 견해

이는 독일 민법 제1922조와 제1967조가 비록 민법전에 위치하더라도 추상적인 법형성형식으로서 일종의 공통법(Gemeinrecht)에 해당하는 포괄적 규정임을 주장한다.[60] 그리하여 동조상의 재산과 채무의 개념은 중성적 성질을 갖기에 일정한 법영역에 국한하여 속하지 않으며, 또한 어떠한 법적 지위가 동조상의 재산이나 채무에 해당하는지 여부는 그것의 내용에 따라서 정해지지 법적 연원에 따라서 정해지지는 않는다고 한다. 즉, 포괄승계규정(독일 민법 제1922조, 제1967조, 우리민법 제1005조)이 여러 법영역보다 우월한 중성적 규정임을 들어,[61] 공권・공의무를 비롯한 법적 지위는 승계가능성이 있는 한 당해 포괄승계규정에 직접 의거해서 승계인에게 이전된다고 한다. 그리고 만약 공법상의 개별규정이 포괄승계를 규율하고 있다 하더라도, 이는 해명적 의미만을 지닐 뿐이라고 한다. 한편 직접적용을 주장하는 입장에서는 독일 기본법 제14조상의 재산권이 사법뿐만 아니라 공법에 의해서도 결정되어 진다는 점[62]을 들어, 그들이 주장하는 관점이 헌법의 재산권개념에도 나타나 있다고 지적한다. 아울러 입법자가 민법상의 승계요건이 공법관계에 대해서 직접 미친다는 데 원

---

55) Wolff/Bachof, a.a.O., Bd. I, S.316, 334; Bettermann, DVBl. 1961, S.922; Ihmels, a.a.O., S.483; Erichsen/Martens, a.a.O., S.222; Drews/Wacke/Vogel/Martens, a.a.O., S.300; Wallerath, a.a.O., S.464; v. Mutius, a.a.O., S.102.

56) Ortloff, a.a.O., S.577; OVG Saarlouis, BRS 22, 307; VGH Mannheim, NJW 1979, 1565.

57) Peine, a.a.O., S.946; Rumpf, a.a.O., S.276ff. 다만 양인의 주장은 포괄승계인에만 국한하지 않고 개별승계인에도 타당하다.

58) 이러한 태도는 특히 개별승계에서 두드러진다.

59) VGH Kassel, NJW 1976, 1910.

60) 특히 vgl. Stadie, S.502f.

61) 그밖에 상법상의 포괄승계(예 : 합병, 전환 등)에 관한 규정 역시 중성적 규정이라고 한다.

62) BVerfGE 58, 300, 330, 336.

칙적으로 바탕을 두고 있음을, 특별승계인의 책임과 관련하여 "상속인의 책임이 소멸되는 한"이라고 규정하고 있는 사회보장법(SGBI) 제57조 제2항 제2문을 비롯한 많은 규정들(§ 58 Satz 1 SGBI, § 45 Abs.1 Satz 1 AO, § 101 OwiG)로부터 알 수 있다고 지적한다.

(나) 民法의 相續規定이 類推適用될 수 있다는 견해

이는 공권·공의무의 이전은 당초의 법률관계를 수정함을 의미하므로 그러한 변경은 공법에 속하는 법규에 의해서만 가능하다는 점을 들면서, 독일 민법 제1922조와 제1967조는 사법규정이므로 그것이 공법규범이 되도록 유추적용이 필요하다고 주장한다.[63] 이에 따르면 관련 민법조항이 사법적 성질 이외에 공법규범으로서의 성질을 가질 수 있는지 여부가 의문스럽다고 한다. 즉, 동일한 하나의 규범이 사인상호간의 관계뿐만 아니라 고권주체와 사인간의 관계에서도 직접 적용될 필요가 있기 때문에 그 규범이 공법은 물론 사법에도 귀속될 수 있다 할지라도, 독일 민법 제1922조와 제1967조가 그러한 이중적 성질을 갖는지 여부는 의문시된다고 한다. 왜냐하면 그러한 이중적 성질을 시인하려면 그들 조항이 명백히 공권·공의무의 주체 역시 규범준수자로 인정하였음이 전제되어야 할 것인 바, 그것은 사실에 합치하지 않을 뿐더러 입법자 또한 결코 의도하지 않았다는 것이다. 그리하여 그때그때의 법률관계의 본질에 비추어 다른 점이 없는 한, 독일 민법 제1922조와 제1967조는 행정법에 유추적용될 수 있다고 한다.

한편 이상과 같은 유추적용설에 대해선, 직접적용을 주장하는 입장에서 재산이나 채무의 개념이 사법상의 것이라든지, 독일 민법 제1922조와 제1967조가 사법전에 규정되어 있으므로 사법적으로 성립한 법률관계에 대해서만 미친다든지 하는 그릇된 전제에 사로잡혀 있다는 비판이 가해지고 있다.

(다) 公法의 承繼規定이 類推適用될 수 있다는 견해

이는 독일의 경우 Niedersachsen, Bayern 등을 제외한 그 밖의 주건축법이 철거명령 규정에서 승계를 규율하고 있지는 않으나 그것으로써 승계를 긍정하는지 아니면 부정하는지 여부를 해석을 통해서는 알 수가 없음을 전제하고서, 이러한 의도하지 않은 불안전함에 유추로 메워질 수 있는 법률흠결이 존재함을 주장한다. 또한 승계인에 대한(für und gegen) 건축허가의 효력에 관한 독일 주건축법상의 규정이,[64] 수익적 행정행위인 건축허가의 특수성만을 목표로 삼기에 준용되어 적용될 수 없다

---

63) 특히 vgl. Wallerath, a.a.O., S.464.

64) Vgl. § 95Ⅱ BadWürttBauO; § 89 Ⅳ BerlBauO; § 96Ⅱ BermBauO; § 96 Ⅲ HessBauO; § 88 Ⅱ NRW BauO; § 92 Ⅲ SchlHBuO.

는 의미에서의 특별규정은 결코 아님을 주장한다. 오히려 당해 규정은 건축주에게 부담이 되는 부담(Auflage)에 대해서 승계인도 구속된다는 것을 나타내었다고 본다. 그리하여 철거명령이 독립된 행정행위로서 내지는 건축허가에 부가된 부담으로서 발해질 수 있는 바, 입법자가 후자의 경우만을 위해서 승계규정을 두었으므로, 이 규정은 독립된 철거명령의 경우에도 준용되어 적용될 수 있다고 주장한다.[65] 즉, 사물관련한 행정행위(철거명령을 포함하여)는 승계인에 대해서 효력을 미친다고 하는 일반적인 법원칙이, 건축허가의 제3자효에 관한 규정에 표현되어 있다는 것이다.

한편 이 견해에 대해선 다음과 같은 비판이 가해지고 있다.[66] 첫째로, 건축허가의 제3자효에 관한 규정에서 그러한 법원칙이 성립할 수 있는지가 의문스럽다는 것이다. 둘째로, 법률흠결이 존재하는지가 법체계상의 이유에 비추어 의문스럽다는 것이다. 왜냐하면 건축허가의 제3자효에 관한 규정(승계규정)이 건축허가절차를 규정한 주건축법의 해당 장에서 부분허가나 예비결정과 같은 다른 처분에 대해서는 준용되어 적용되고 있는데 비해서, 철거명령의 경우에는 건축허가상의 승계규정을 비롯한 다른 승계규정을 의도적으로 받아들이지 않았음이 명백하기 때문이라고 한다. 즉, 법률흠결이 없으므로 승계규정을 유추해서 적용하는 것 역시 고려할 수 없다는 것이다. 셋째로, Ortloff 등의 주장대로 법률흠결이 존재한다 하더라도 건축허가가 수익적 행정행위인 데 대해서 철거명령은 부담적 행정행위이므로, ⅰ) 양자간에 비교가능성 내지 유사성을 인정할 수 있는지, ⅱ) 공법상으로 관련인에게 불이익한 유추가 허용되는지, ⅲ) 부담적(개입적) 행정행위임에도 불구하고 승계의 경우라 하여 명시적이거나 법률로부터 도출된 법적 근거가 필요 없는지 문제될 수 있다고 한다.

#### (라) 明文의 承繼規定이 필요하다는 견해

법률상의 흠결은 입법자가 규율에 있어 사회현실을 간과하였거나, 현실이 법제정시점에 비해 입법자가 예상치 못하게 변함으로써 생긴다. Peine는 먼저 이러한 법률흠결을 메우는 것이 유추의 기능임을 지적하면서, 공법적으로 일반적 승계요건이 규범화되지 않았음은 입법자가 의도적으로 그것을 실정법상으로 규율하지 않은 데서 기인한다고 주장한다.[67] 그리하여 민법의 상속법규정을 유추적용하는 것은 흠결을 메우기보다는 실정법상으로 규율하지 않음을 대체하는 것이므로, 유추의 기능에 배

65) 특히 vgl. Ortloff, a.a.O., S.577; OVG Saarlouis BRS 22 Nr.215; VGH Mannheim NJW 1979, 1565. 한편 Ortloff는 개별승계의 경우에도 동일하게 주장한다.

66) Vgl. Stober, NJW 1977, S.123f.; v. Mutius, a.a.O., S.101f.; Stadie, a.a.O., S.507; Hess VGH NJW 1976, 1910. 다만 이들은 포괄승계가 아닌 개별승계와 관련하여 이상의 비판을 가하였다는 것을 유의하여야 한다. 즉, v, Mutius는 포괄승계의 경우 민법상의 승계규정이 유추적용되어야 한다고 주장하며, Stadie는 그 규정이 직접 적용되어야 한다고 주장한다.

67) Peine, a.a.O., S.945f.

치된다고 하였다. 나아가 Peine는 공법은 공공복리와 공익에 기여하는 기능에서 사법과 구별되기 때문에, 유추가 금지된다고까지 주장하였다.[68] 그리고 Peine는 민법의 상속법이란 모든 법역역에 통용되는 일반적인 법적 사고를 구체화한 것이 아니라, 제정시점에 접근가능한 사회현실의 일부를 확정적으로 규범화한 것이라고 지적하였다. 아울러 Peine는 유추의 기능이란 일반적으로 통용되는 법규범으로서 흠결을 메우는 데 있지 일반화된 특별언명으로서 실정법을 대체하는 데 있지 않음을 강조하면서, 특별한 공법적 승계요건(예 : 조세법과 건축법상의)의 유추적용 역시 허용되지 않는다고 주장하였다.

근래에 Rumpf는 공법적 사정과 민법적 사정을 비교하여 근원적인 체계분석을 행함으로써만 승계를 둘러싼 논의의 혼란을 극복할 수 있음을 먼저 지적하고, 법적 지위의 이전의 양태, 법관계 성립의 양태, 법관계의 내용, 법관계의 목적, 법적 지위의 처분가능성, 법적 지위의 (금전적) 평가가능성, 법관계의 목적구속 등과 관련해서 민법적 사정과 (규율되지 않은) 공법적 사정이 유추를 가능케 할 정도로 유사한지 여부를 검토하였다.[69] 그에 따르면 i) 행정주체와 행정객체간의 법률관계를 변화시키는 법률행위(특히 계약)에 의한 승계가 공법적으로 허용될 수 있는지 의문스러운 점, ii) 사법관계가 대부분 쌍방의 의사합치(계약)을 통해서 성립하는 데 대해서, 공법관계는 대개 행정청이 일방적으로 설정하고 사법관계에 비해서 관련인의 개인적 급부능력이 중요시되는 점, iii) 사법관계가 대부분 급부와 반대급부간의 교환에 바탕을 두는 데 대해서, 공법관계는 그러한 교환적 사고가 원칙적으로 없다는 점, iv) 민법에서는 특정인에게 구속된 법관계가 원칙적으로 인식되고 있지 않은 데 대해서, 공법에서는 대부분의 법지위가 처분불가능하며 법률이 허용하는 경우에만 처분가능하다는 점, v) 민법에서는 거의 모든 권리・의무가 재산적 가치를 인정받는 데 대해서, 공법상의 지위는 처분가능성의 결여로 말미암아 원칙적으로 금전적으로 평가할 수 없다는 점 등에 비추어, 민법규정을 유추적용할 수 없고, 명문규정이 있는 경우에만 승계가 성립된다고 한다. 그러나 그 역시 Peine와 마찬가지로 공권・공의무의 승계가능성을 원칙적으로 부인한 전통적 견해는 비판하고 있다.

### 3. 特定承繼의 경우

앞에서 보았듯이 포괄승계의 경우에 그의 법적 근거를 둘러싸고 아직 의견의 일

---

68) 전통적 견해와의 차이점은 Peine는 공권・공의무의 원칙적인 일신전속성을 부인하고 있는 점에 있다.

69) Rumpf, a.a.O., S.276ff. 그는 포괄승계와 특정승계가 본질적으로 같기에 구분할 필요가 없다고 하면서 자신의 견해를 주장하였다.

치를 보고 있지 못하지만, 특정승계의 경우에는 그에 관한 명확한 흐름조차 나타나지 않은 실정이다. 특히 공권의 승계에 비해서 공의무의 승계가 그러하다.[70] 이하에서는 이에 관한 논의를 간략히 살펴보고자 한다.

첫째로, 일부 견해와 다수의 판례는 철거의무의 승계를 당해 처분의 "토지관련성" 내지 "사물성"에서 도출하려 하거나,[71] 처분에 의해서 현실화된 의무는 책임을 발생시킨 사물에 관한 이전가능한 처분권(Verfügungsgewalt)에 구속되어 있다고 주장한다.[72] 실제적 고려에 바탕을 둔 이 견해에 대해선, 철거명령에는 - 경찰처분도 그렇지만 - 사물법적 상태 규율만이 아니라, 그와 함께 인적 행위명령도 담겨져 있다는 점이 비판적으로 지적되고 있다.[73] 철거명령에 사물관련적 징표뿐만 아니라 개성관련적 징표가 있다는 지적은 타당하지만, 비판적 입장과 같이 철거의무의 승계가능성을 포괄승계의 경우에는 문제삼지 않고 특정승계의 경우에만 문제를 삼는 태도는 타당하다 할 수 없으며, 사실 철거명령의 경우 토지관련성과 그로 인한 사물성이 개성적 요소보다 우세함을 부인할 수 없다. 그러한 점에서 첫 번째 견해에 대한 비판은 그 견해가 철거의무의 승계가능성으로써 승계요건을 결정지우려 하고 있는 점에 모아져야 한다. 즉, 승계가능성과 승계요건을 구분하고 있지 않다는 것이다.

둘째로, 일부 견해는 공권의 특정승계를 위해서 독일 민법 제398조 등이 유추적용될 수 있는 데 대해 공의무의 특정승계를 위해선 독일 민법 제419조(재산인수)의 예외적인 경우에만 민법으로부터의 차용(Anleihe)이 가능하다고 주장한다.[74] 이러한 주장은 승계의 법적 근거를 현행법에서 구하기 위한 노력의 부득이한 결과라는 점을 지울 수가 없다. 그리하여 이상의 견해를 주장하는 측에서도 그들 견해가 만족스럽지 못하다 하여, 입법적으로 승계규정을 마련하는 것이 필요함을 역설하고 있다.

셋째로, 독일 주건축법상의 승계인에 대한 건축허가의 효력(건축허가의 제3자효)에 관한 규정을 포괄승계의 경우에 유추적용하려는 입장에서는 특정승계의 경우에도 역시 그러하다고 주장한다.[75]

넷째로, 포괄승계의 경우에 명문의 공법적 승계규정을 요구하는 Peine와 Rumpf

70) 공권의 특정승계와 관련해선, Erichsen, Wolff/Bachof 등은 독일민법 제398조가 유추적용된다고 주장하고, Stadie 등은 동조가 직접 적용된다고 주장한다.

71) BVerwG NJW 1971, 1624; OVG Münster, DVBl. 1973, 226; NVwZ 987, 427; OVG Koblenz NVwZ 1985, 431; OVG Berlin DOV 1988, 384; Götz, a.a.O., S.120f.; J. Martens, JuS 1970, 192; Friauf, Besonderes Verwaltungsrecht, 8.Aufl., 1988, S.566f.(그러나 9.Aufl.에서는 특별한 언급이 없음).

72) Wolff/Bachof, Bd.III, S.72; VGH Mannheim NJW 1977, 861; OVG Bremen NJW 1985, 2260; BayVGH, BayVBl. 1979, 540.

73) OVG Lüneburg NJW 1980, 78.

74) Erichsen/Martens, a.a.O., S.222; Drews/Wacke/Vogel/Martens, a.a.O., S.300.

75) Ortloff, a.a.O., S.577.

등은 특정승계의 경우에도 동일한 주장을 한다. 아울러 포괄승계의 경우에 민법규정이 직접 적용될 수 있다고 주장한 Schink와, 유추적용될 수 있다고 주장한 v. Mutius 역시 특정승계의 경우에는 명문의 승계규정이 필요하다고 주장한다. 다만 Peine는 신·구소유권자가 의도적으로 공모하여 경찰위반의 상태를 소유권이전을 통해서 유지하고자 하는 경우에는 신속한 집행이 실제적·도그마틱적 필요에 부합함을 지적하면서, 그 경우에 비록 새로운 소유권자에게 새로이 철거명령이 발해진다 하더라도 그 철거명령은 즉시 집행가능하다고 주장한다.[76]

### 4. 私 見

먼저 승계가능성과 승계요건은 엄격히 구분해야 한다. 이는 어떠한 공권·공의무가 일신전속적이지 않다 하여, 그 사실만으로 승계가 이루어져선 아니 된다는 것을 의미한다. 따라서 오늘날의 관점에서 보면, 1971년의 독일연방행정법원의 판례가 공권·공의무의 승계에 관한 전통적 경해로부터 벗어나는 계기를 촉발하였다는 점에서는 일단 호평을 할 수 있지만, 승계에 대한 수권규범의 요청을 고려하지 않고, 철거명령의 토지관련한 사물성 및 건축허가와 유사한 사실상태에만 의거하여 포괄승계를 인정한 점은 수긍하기 어렵다. 행정사건을 다룸에 있어서 행정의 실용성과 절차경제를 도외시해서는 아니 되겠지만, 그것만을 고려한 것 같은 태도 역시 피해야 할 것이다. 즉, 실용성에 관한 행정청의 일방적 고려로 말미암아 헌법의 제 원칙이 제한되어서는 아니 될 것이다.

앞에서 보았듯이 대다수는 포괄승계의 경우에는 별 의문없이 (독일)민법의 상속규정이 직접 내지 유추 적용될 수 있는 데 대해서, 특정승계의 경우(특히 공의무와 관련해서)에는 비록 만족스럽진 않지만 예외적 경우에만 관련 민법규정이 직접 내지 유추 적용될 수 있다고 본다. 따라서 공의무의 승계와 관련하여 이와 같이 민법규정을 직접이든 유추든 적용하려는 태도가 정당한지 여부를 검토해 보아야 한다.

공법규정에 흠결이 있는 경우에 사법규정을 유추적용함으로써 그 흠결을 메울 수 있음은 긍정된다. 따라서 승계와 관련이 있는 민법규정(우리의 경우 제449조, 제452조, 1005조, 독일의 경우 제1922조, 제1967조, 제398조, 제419조)이 일반법원리적 규정에 해당한다고 보면 관련규정은 철거의무의 승계에 대해서 직접이든 유추이든 적용될 수 있게 된다.[77] 다만 공법관계에 적용될 일반법원리적 규정이 되기 위해서는, Forstoff

76) Peine, a.a.O., S.947ff.

77) 국내에서는 김남진 교수님만이 공권·공의무의 승계를 고려하여 승계관련한 사법규정을 일반법원리적 규정의 하나로 들고 있다. 동인, 행정법 I, 1995, 135면.

가 지적하듯이 그것의 일반적 내용 및 현저성으로 인해 그 자체로서 명백한 것이어야 한다.[78] 그런데 이들 규정으로부터 일반적인 법적 사고가 과연 도출될 수 있을지 의문스럽다. 이 점은 일찍이 Peine도 지적한 바 있다.[79] 한편 승계와 관련한 민법규정이 일반법원리적 규정에 해당하는지 여부에 의문이 없다 하더라도, 극복해야 할 문제점은 여전히 있다. 그것은 특히 공의무의 승계와 관련해서, 민법규정에 의거하여 법적 근거를 구하는 것이 과연 법치국가원리, 법률유보의 원칙에 합치하는가 하는 점이다. 철거명령에 따른 철거의무가 승계인에게 이전된다는 것은 승계인의 권리영역에 대한 부담적 개입(간섭)과 다름없다. 설혹 관련 민법규정이 일반적으로 통용되는 재산승계의 규율을 담고 있다 하더라도, 기능상의 차이점을 생각하면 부담적 개입의 승계를 위한 근거로서 그들을 받아들이기에는 주저된다. 여기서는 행정법에서의 유추 또한 본질성유보원칙이 통용되며, 유추를 통한 흠결메움의 방법으로 얻게 될 법규율이 본질적·기본권관련적 중요성을 갖는 한, 흠결영역을 메우기 위해서도 형식적 의미의 법률이 요구된다는 Gern의 지적을 상기할 필요가 있다.[80] 아울러 Maurer가 유추란 원칙적으로 법효과를 참조하도록 제시할 뿐이지, 법적 근거를 참조하도록 제시하지는 않는다고 지적한 점[81]도 고려해야 한다.

건축허가의 승계인에 대한 효력에 관한 독일 주건축법상의 규정을 철거의무에 유추적용하려는 입장은, 사법규정에 앞서 공법규정의 적용문제를 먼저 검토하였다는 점에서는 바람직하다. 그러나 앞에서 지적하였듯이 유추의 전제인 사안의 유사성 등에서 해결되어야 할 사항이 많이 있다. 우리의 경우에는 건축법과 행정대집행법 등이 승계에 관하여 전혀 규정하고 있지 않은 실정이므로, 관련 공법규정을 철거의무의 승계에 대해서 유추적용하는 것은 더 이상 논의할 필요가 없다.

생각건대 -건축법과 행정대집행법이 철거의무의 승계에 관하여 규정하지 않은 것이 법률의 흠결인지 아니면 입법정책적인 하자인지 여부는 차치하고서- 설령 법률의 흠결이라 하더라도 민법규정의 유추를 통하여 승계요건의 문제를 해결하려는 것은 -포괄승계의 경우이든 특정승계의 경우이든- 법치국가원리, 행정의 법률적합성에 위배될 소지가 크다 할 것이다. 이 점에서 승계요건의 문제를 특정승계의 경우에만 한정하여 논하는 것[82]은 타당하지 않다.

---

78) Forsthoff, a.a.O., S.173.

79) Peine, a.a.O., S.946.

80) Gern, Analogie im Verwaltungsrecht, DÖV 1985, S.562f.

81) Maurer, Allgemeines Verwaltungsrecht, 9.Aufl., 1994, S.47. 그러나 Gern은 법률요건에서도 유추가 통용된다고 주장한다. Ders., a.a.O., S.561.

82) 대표적으로 v. Mutius를 들 수 있다.

결론적으로 철거의무가 일신전속적이지 않아서 승계가능성이 시인된다 하더라도, 승계의 법적 근거를 전혀 도출할 수 없으므로, 철거명령을 승계인에 대해서 새로이 발한 후에 비로소 그에 대한 대집행절차를 진행할 수 있을 것이다. 즉, 공법상 특히 공의무의 승계는 그에 관한 명문규정이 있는 경우에만 성립한다고 보아야 한다. 물론 그렇다고 해서 공권·공의무의 원칙적인 일신전속성을 긍정한 전통적 견해로 회귀한 것은 결코 아니다.

한편 명문의 승계규정이 필요하다는 주장과 관련해선, 특히 본질성유보이론을 결부시켜 논할 경우에는 너무 광범위한 입법의무로 인하여 의회가 과중한 부담을 질 우려가 있다. 그러한 문제점은 추진중인 행정절차법에 승계에 관한 통칙적인 규정을 둠으로써 다소간 해소되리라 생각한다. 물론 공법상의 승계를 둘러싼 절차법적인 측면뿐만 아니라, 쟁송법적인 측면도 포함한 여러 가지 법적 쟁점이 먼저 충분히 논의되어야 할 것이다.

## Ⅵ. 맺으면서

A와 E에 대해서 발한 철거명령에 따른 철거의무의 승계가능성은 시인되지만, 승계의 법적 근거가 없으므로 그 철거명령이 B와 F에게도 그대로 효력을 미친다고는 볼 수 없다. 즉, 행정능률이 다소 저하되겠지만, B와 F에 대해서 새로이 철거명령을 발한 후에 비로소 그들에게 행정강제를 취할 수 있다. 반면 이행강제금납부의무는 승계가능성 자체가 부인된다.

사법영역에서는 권리·의무의 포괄승계 내지 특정승계의 법적 근거가 명백히 규정되어 있으며, 승계가능한 권리·의무의 종류와 범위에 관해서도 별다른 다툼이 없다. 그러나 행정법에서는 사정이 다르다. 승계에 관한 통칙적 규정이 존재하지 않으며, 단지 개별법에서 승계를 규율할 뿐이다. 더군다나 공권·공의무는 공익적 견지에서 인정된다 하여 그의 이전(승계)을 제한·금지하는 규정을 많이 볼 수 있으며(국가배상법 4조 등), 이에 따라 대부분의 문헌들은 "이전의 제한"을 공권·공의무의 특수성의 하나로 열거하고 있다. 사정이 이러함으로 공권·공의무를 비롯한 공법적 지위의 승계문제가 행정법학적 관심의 대상에서 상당기간 제외된 것은 지극히 당연하다고 볼 수 있다. 그러던 차에 김남진 교수님이 1990년에 발표한 "행정법상의 권리·의무의 승계"의 논문은 승계문제에 관한 무관심의 구각을 깨뜨리고, 그에 관한 학문적 논의의 필요성을 제기하였다.[83] 하지만 그 후에도 행정법에서의 승계문제는

83) 고시계, 1990. 11; 김남진, 행정법의 기본문제, 1994, 111면 이하 참조.

여전히 소홀히 다루어지고 있다. 바라건대, 본 논문에서 다룬 공의무의 승계뿐만 아니라, 공권 및 조직법적인 측면에서의 공행정주체의 승계까지 포괄한 행정법상의 승계 문제가 전반적으로 새로이 심도 있게 논의되었으면 한다.

독일의 경우 Bettermann이 1961년에 판례평석에서 공권·공의무상의 승계문제가 매우 경시되고 있음을 지적한 바 있으며,[84] 그 이후에 승계에 관해서 많은 연구가 행해졌다. 그러나 그네들의 경우에도 아직까지 승계가능성 및 승계요건을 비롯한 여러 쟁점들이 만족스럽게 밝혀지지는 않았으며, 그 결과 확고한 이론이 정립되지 못한 실정이다.

한편 대법원은 석유판매업허가가 양도된 경우 양도전에 양도인이 행한 범법행위를 이유로 양수인에게 제재조치(허가취소처분)을 취할 수 있다고 판시하였다.[85] 이에 대해선 반론이 비등하다.[86] 반론과 마찬가지로 양도인의 귀책사유가 양수인에게 이전될 수 없다고 본다. 다만 여기서는 법령위반이라는 귀책사유(철회사유)가 양수인에게 이전하는지 여부, 다시 말해 그러한 것까지 양수인이 승계하는 양도인의 지위에 포함되는지 여부에 초점이 모아져야지, 석유판매영업허가의 성질이 사물관련적(이른바 대물적)인지 아니면 혼합적인지 여부에 사로잡혀서는 아니 된다고 여겨진다.

* 공법연구 제23집 제2호, 1995.6., 285면 이하 소수.

* 참고문헌: 김기표, 영업의 양도·양수 및 상속과 그 승계에 관한 입법론적 고찰, 법제, 1994.2.; 장태주, 행정법상의 권리의무의 승계, 이명구 박사 화갑기념논문집 II, 1996; 장호익, 영업의 승계에 관한 입법례 검토, 법제 1998.12.; 김승렬, 영업의 승계사유에 따른 승계효과, 법제, 1999.8.; 정하중, 경찰상의 의무의 승계, 고시연구 1999.12.; 박상희, Altlasten과 경찰책임, 공법학연구 제3권 제2호, 2002.3.; 김남진, 행정제재사유 승계의 능부, 고시연구 2002.9.; 이현수, 영업양도와 제재처분상의 지위승계, 행정판례연구 제10집, 2005.

84) DVBl. 1961. S.921ff.
85) 대법원 1986.7.22. 선고 86누203판결.
86) 김남진, 앞의 책, 504면; 동인, 행정법의 기본문제, 116면; 홍준형, 행정법총론, 1993, 223면.

# 제 4 장

# 建築法上의 鎭壓的 介入手段을 통한 隣人保護에 관한 小考

## -獨逸의 判例와 學說을 중심으로-



## Ⅰ. Quo vadis-行政介入請求權(行政介入에 관한 隣人의 保護請求權)?

우리 대법원은 20세기를 마감하는 즈음에 1999.12.7. 선고 97누17568판결에서, 「구 건축법(1999.2.8. 법률 제5895호로 개정되기 전의 것) 및 기타 관계 법령에 국민이 행정청에 대하여 제3자에 대한 건축허가의 취소나 준공검사의 취소 또는 제3자 소유의 건축물에 대한 철거 등의 조치를 요구할 수 있다는 취지의 규정이 없고, 같은 법 제69조 제1항 및 제70조 제1항은 각 조항 소정의 사유가 있는 경우에 시장·군수·구청장에게 건축허가 등을 취소하거나 건축물의 철거 등 필요한 조치를 명할 수 있는 권한 내지 권능을 부여한 것에 불과할 뿐, 시장·군수·구청장에게 그러한 의무가 있음을 규정한 것은 아니므로 위 조항들도 그 근거 규정이 될 수 없으며, 그 밖에 조리상 이러한 권리가 인정된다고 볼 수도 없다」라고 판시하였다.

우리 행정법의 거의 모든 문헌에서 인정되고 있는 '행정개입청구권'이 건축법상으로 나아가 관련 전 행정영역에서 존재할 수 있는가 하는 심각한 의문에 봉착하였다. 우리 행정법학의 발전을 완전히 뒤집는 셈인 동판례의 부당함은 多言을 요하지 않는다. 하지만 동지의 판례가 과거에도 엄존한 사실[1]은, 이 같은 법원의 태도가 새삼스럽지 않음을 보여준다. 이 점에서 필자 자신도 뒤늦은 상황인식에 면구스러움을 느끼며, 아울러 행정개입청구권에 관한 인식을 새롭게 하는 계기가 되었다. 행정개

1) 대법원 1996.11.29. 선고 96누9768판결; 1996.1.23. 선고 95누1378판결; 1993.4.23. 선고 92누17099판결.

입청구권에 관한 논의는 독일에서 연유하였기에, 그들의 문헌・판례를 주로 바탕으로 해서 논의를 전개하고자 한다. 물론 우리와 그들의 법제도상의 상위에 따른 불일치는 피할 수 없다. 하지만 화남의 귤나무가 화북에서 탱자나무가 되어버려선 곤란하다.

## Ⅱ. 建築法上의 隣人의 保護請求權의 成立要件 一般

인인의 허가방지청구권은 취소쟁송을 통해서 허가의 단순한 파기(폐지・취소)를 목표로 삼는다. 반면에 삼각관계에서의 인인의 보호청구권의 경우에는, 현존하는 인인법위반의 상태를 제거하기 위해서 인인이 행정청에 대해 질서법상의 개입형태를 띤 적극적 행위를 요구하는 상황이 문제된다. 이러한 측면에서 공법적 인인보호는 진압적 다양성을 제시한다. 여기서 규준이 되는 것은, 행정청에게 인인법위반한 상태를 적극적으로 제거하도록 일러주려는 자신의 목적을 위해서, 인인이 행정청의 진압적 개입권능을 동원할 수 있는지 여부와 그것의 정도이다.[2]

### 1. 행정청의 개입수권규범의 要否

민주주의 원리에서 도출된 본질성이론에 의하면, 매우 본질적인 즉, 특히 기본권과 관련있는 중요한 결정은 반드시 민주적 정당성을 지닌 입법자가 직접적으로 발해야 한다.[3] 본질성이론이 아닌 '개입유보'(Eingriffsvorbehalt)의 입장을 취하더라도 법치국가원리적 측면에서 적어도 부담적 개입의 경우에는 마찬가지이다. 건축주 등에 대한 질서법상의 조치는 이들에 대한 부담적 조치로서 기본권개입에 해당한다. 법률유보원칙에 따라서, 감시행정청에 대해 그러한 조치를 수권하는 법률이 필요하다.

개입조치의 수범자(예; 위법건축물의 건축주 등)에 대한 수권규범이 반드시 필요하기에, 인인의 개입청구권을 직접 기본권에서 도출하는 것은 배제된다. 국가의 기본권보호의무를 인정하고 그것으로써 기본권을 해석하더라도 마찬가지이다. 물론 해당 개별법상의 수권규범을 해석함에 있어서, 기본권적 지위가 객관적 가치질서란 교량을 통해서 통용될 수 있긴 하다. 그러나 제3자의 권리에 대한 개입을 정당화하기 위하여 인인의 기본권을 직접적으로 목표로 삼는 것은, 법치국가원리적 이유에서 배

2) Seidel, Öffentlich-rechtlicher und privatrechtlicher Nachbarschutz, 2000, Rn.247. 다만 여기선 지면관계상 건축허가의 폐지에 관한 인인의 보호청구권은 제외하기로 한다.

3) BVerfGE 40, 237(249); 47, 46(79); 83, 130(142와 152); BVerfGE DVBl. 1989, 869(870).

제된다.[4] 또한 방어권으로서의 기본권의 주된 의미를 완전히 탈색시키지 않기 위해선, 국가의 기본권보호의무를 고찰하는 데 신중해야 한다. 그리고 국가의 기본권보호의무는, 행위의무나 행위수권으로서 직접 행정부에게 향해지진 않는다. 요컨대 개별법상의 수권없인 결코 장애유발자인 건축주 등에 대한 개입이 정당화될 수 없는데, 하물며 잠재적으로 장애를 입은 인인이 개입을 요구할 수 있겠는가? 따라서 필시 장애유발자의 기본권영역에 대한 부담적 개입으로 전환될 인인의 보호청구권은 개별법상의 규범화(수권)를 항상 필요로 한다 하겠다.[5]

## 2. 건축법상의 개입수권규범

건축법은 전형적인 위험방지법의 "건축경찰법"(Baupolizeirecht)이다. 허가유보나 개입의 수권규정 말고도, 건축법은 허가청이 허가요건으로 심사해야 하거나 건축주가 준수할 책임을 지는 (건축물에 관한) 실체적 규준(예: 건축물의 유지·관리의무 등)도 규정한다. 이에 따라 건축물은 여러 가지 이유에서 처음부터 혹은 나중에 건축법을 위반할 수 있다. 해서 건축허가가 없는 허가필요적(요허가) 건축물은 무허가건축물(Schwarzbau)로서 형식적으로 불법(formelle Illegalität)일 수 있으며, 경우에 따라선 허가적격성의 결여로 형식적 불법을 넘어서 실체적 불법(materielle Illegalität)일 수 있다. 아울러 처음엔 허용된 건축물이 나중에 쟁송취소나 직권취소가 발해질 수도 있다. 또한 처음엔 형식적·실체적으로 합법인 건축물이, 추후에 건축주나 제3자의 관여에 의하든 환경적 영향이든 건축물의 상태나 이용이 변경되어서 건축법과 맞지 않을 수도 있다.

적법상태를 회복하기 위해서, 건축법은 제69조와 제70조에서 건축감독청의 일련의 개입조치를 규정하고 있다. 독일의 대부분 주건축법은 명시적으로 건축관련자가 공법규정과 행정청의 처분을 준수할 책임이 있음을 규정하고 있다.[6] 비록 우리의 건축법에 이에 관한 명시적 규정이 없다 하더라도, 동법 제69조 제1항의 구성상 그것의 존재를 시인하는 데 문제가 없다. 문제는 개괄수권의 존부이다. 건축경찰법으로서의 성격은 통상 개괄수권조항에 의해서 두드러지는데, 독일 주건축법은 대개 건축

4) VGH Kassel의 소위 유전공학결정(NJW 1990, 336ff.)은, 법정책적인 동기에서 비롯한 보호의무지향으로 말미암아 전통적인 방어지향적 기본권보호가 오도되고 어떻게 잠식당하여 정반대로 흘러 갈 수 있는가를 잘 보여주는 전형적인 예이다. 동 법원은 독일 기본법 제2조 제2항으로부터의 보호목적사고를 목표로 삼으면서, 입법자가 유전공학상의 리스크의 중대한 위험잠재성을 포착하는 그 밖의 특별한 규정을 만들어야만 유전공학 시설의 가동이 허용된다고 판시하였다. 동 결정은 광범한 반대에 부딪쳤다. Vgl. Enders, Neubegründung des öffentlich-rechtlichen Nachbarschutzes aus der grundrechtlichen Schutzpflicht?, AöR 115(1990), S.610ff.

5) Schlotterbeck, Nachbarschutz im anlagenbezogenen Immissionsschutzrecht, NJW 1991, S.2669(2676).

6) 예: Art. 55ff. BayBO, §§54ff. LBauO Rh-Pf.

법상의 개괄수권을 두고 있다. 이에 따르면 건축물은 공공의 안녕이나 질서를 위태롭게 하지 않도록 건축되어야 한다.[7] 따라서 먼저 건축감독청에 대해선, 건축물의 건축·변경·수선·이용·이용변경·철거에 있어서, 건축법상의 공법규정 및 그에 의거한 제 명령이 준수되었는지를 감시할 임무가 부여되어 있다. 그리고 건축법상의 개괄수권은 대개 이러한 감시업무를 수행함에 있어서 필요한 조치를 발하는 권능까지 부여한다.[8] 설령 명시적으로 규정되지 않은 권능을 이유로 개입수권에 의문을 갖는다 하더라도, 건축법상의 개괄조항은 일반적인 경찰법상의 개괄조항[9]과 합체하여서, 구체적 위험이나 장해를 제거하기 위한 건축법상의 조치를 발하는데 대한 충분한 법적 근거가 된다고 한다.[10] 우리 건축법의 경우 개괄조항이 명시적으로 규정되어 있지 않다 하더라도, 동법 제69조 제1항 말미에 있는 '기타 필요한 조치'란 표현에 비추어 동항은 개괄조항적 성격도 지닌다. 사실 독일 주건축법상의 개입관련한 여러 규정이 우리 건축법 제69조에 집약된 셈이다.[11]

독일 주건축법은 개괄조항과 함께, 위법건축물에 대한 공사중지, 철거와 사용금지를 별도로 규정하고 있다.[12] 독일의 판례와 문헌의 일반적 견해에 의하면, 공사중지의 경우에는 건축(행위)의 형식적 불법성 즉, 허용되지 않는 건축으로 충분한 반면에,[13] 철거명령의 적법성을 위해선 허가부 건축물이 허가없이 즉, 무허가건축물이라는 사정만으로는 불충분하다. 이러한 형식적 불법성 말고도 추가로 건축물의 실체적 불법성 즉, 허가부적격성이 요구된다. 독일 대부분의 주건축법은 철거명령의 요건으로서 이 밖에도 다른 방법으로 적법한 상태가 실현될 수 없어야 한다는 점을 요구하고 있다.[14] 물론 단지 형식적 위반에 지나지 않을 경우에는 건축허가를 신청하도록

---

7) 예 Art.3 Abs.1 BayBO, §3 Abs.1 LBauO Rh-Pf.

8) 예: Art.60 Abs.2 Satz2 BayBO, §59 Abs.2 LBauO Rh-Pf.

9) 예: Art.7 Abs.2 Nr.3 BayLStVG, §14 OBG NW.

10) 독일의 주건축법상의 개괄수권조항에는 개입권능이 명시적으로 규정되어 있지 않을 뿐더러, 경찰법상의 공공의 안녕·질서와 같은 개입요건에 관해서도 자세히 규정해 놓고 있지 않다. 따라서 동 규정이 개입수권이 될 수 있는지 의문을 가질 법하다. 이는 경찰법상의 개괄조항과 건축법상의 그것의 관계에 관한 문제에 직결된다. 의문을 갖지 않으면 건축법상의 개괄조항을 바로 직접적으로 수권근거로 삼을 수 있지만(Arnim/Büchner/Schlotterbeck, Baurecht I, 2. Aufl. 1994, Rn394), 반대의 경우에는 경찰법상의 그것을 끌어들어야 한다. 예컨대 Finkelnburg/Ortloff는 건축법상의 개괄수권만을 직접적 개입근거로 끌어들이는 데 반대한다. Ders. Öffentliches Baurecht, Bd.II. 4.Aufl.1998, S.203. OVG Münster는 실용적으로 양자를 함께 목표로 삼았다. OVG Münster NJW 1984, S.883ff. Brohm은 양자를 일반법과 특별법의 관계로 파악한다. Ders., Öffentliches Baurecht, 2. Aufl., 1999, §29 Rn.17ff. 이에 관한 논의는 vgl. Krebs, Baurecht, in: Schmidt-Aßmann(Hrsg.) Besonderes Verwaltungsrecht, 11. Aufl., 1999, Rn.219.

11) 동조의 개괄조항적 성격은 후술할 재량영으로의 축소를 인정하는 데 결정적인 걸림돌이 된다. 왜냐하면 비록 결정재량은 축소될 망정 선택재량은 여전히 인정될 수 있기 때문이다. 따라서 이 점에서 동조를 통한 인인의 보호청구권은 결과적으로 무하자재량결정청구권에 그친다 하겠다.

12) 예: Art.82 BayBO, §§81, 82 LBauO Rh-Pf.

13) 허가가 필요한 건축물이 허가없이 시공되었다든지, 허가와 다르게 건축되고 있다든지 하는 경우가 형식적 불법에 해당한다. Vgl. Finkelnburg/Ortloff, a.a.O., S.160.

행정청이 요구할 수 있음을 규정해 놓고 있다.[15] 한편 단순한 사용금지의 경우에 형식적 위반만으로 충분한지 여부는 논란이 있다.[16] 이밖에도 독일 주건축법은 대개 정지처분의 형태의 잠정적 처분을 규정하고 있다.[17] 이로 말미암아 행정청은 그 동안에 법위반이 치유될 수 있는지 여부나 여지껏 행해진 건축에 대해서 종국적인 중지처분이나 철거처분을 행할는지 여부를 판단·결정내릴 수 있다. 우리의 건축법이 이러한 정지처분을 규정하고 있지는 않지만, 동법 제69조 제1항 말미에 있는 '기타 필요한 조치'에 포함시킬 수 있다.

### 3. 보호청구권의 성립요건으로서의 주관적 권리침해

인인의 보호청구권을 효과적으로 주장하기 위해선, 보호규범이론의 기준에 따라서 수권규범 그 자체가 직접적으로 혹은 개별적으로 위반된 법규정이, 그 청구권을 제기하는 인인에게 유리하게끔 제3자 보호적 효과를 발휘하는가가 관건이다.[18] 앞서의 수권근거는 우선 행정청을 위한 행위가능성(행위의 가능한 수단)만을 의미하고, 포괄적으로 건축물의 공법합치성 즉, 단지 객관적 법만을 목표로 삼는다. 따라서 우리 건축법 제69조상의 개입수단 그 자체에는 결코 일반적·포괄적 인인보호가 부여될 순 없다. 하지만 이 개입수단(수권)은 인인보호규범에 배치되는 상태까지도 포섭하기에, 인인의 보호청구권은 이러한 개입수단(수권)을 통해서 간접적인 방법으로 생겨난다 하겠다.[19]

개입수권규범의 존재만으로 행정청에 대한 청구권이 인인에게 자동적으로 부여되지는 않기에, 허가방지청구권에서와 마찬가지로 여기에서도 행정소송법 제12조와 제36조(독일 행정법원법 제42조 제2항, 제113조 제5항)에 따른 행정쟁송법상의 권리구제의 주관적·권리적 형상을 유의해야 한다. 수권규범과 그것에 규정된 개입수단의 존재이외에도, 그에 상응하는 인인의 주관적 공권이 요구된다. 따라서 인인보호적 법규정이나 법적 보호이익의 관철과 관련이 있는 경우에만, 개입수권을 바탕으로 하여

---

14) 우리의 건축법은 철거명령의 이러한 최후 보충성을 명시하고 있지 않다. 물론 재량남용의 측면에서 철거명령의 보충성이 강구될 수 있긴 하지만, 명문으로 이 점을 분명히 하는 것이 바람직하다. 사실 건축법 제69소 등은 건축행성의 개입을 위한 포괄조항적 성격을 갖는데, 동조 제2항의 공급거부 이외에도 이처럼 여러 다양한 개입수단을 평면적으로 기술한 것은 문제가 있다.

15) Art.82 Satz3 BayBO.

16) 비례원칙에 의거하여 형식적·실체적 위법을 요구하는 입장(OVG Koblenz BRS18, Nr.145; VGH Mannheim NVw Z1990, 480)과 전자만으로 충분하다는 입장(VGH München BayVBl. 1988, 436)이 있나.

17) 예: Art.81 BayBO, §80 LBauO Rh-Pf.

18) 여기선 수범자이론(Adressatentheorie)이 인인과 같은 제3자에 대해선 통용되지 않음을 유의해야 한다.

19) VGH Mannheim BauR 1997, 626; OVG Lüneburg NVwZ-RP 1997, 13(14). 생각건대 이 점은 개입수권규범과 인인의 보호청구권(행정개입청구권)의 상관관계를 바르게 설정하기 위하여 결정적으로 중요하다.

인인의 보호청구권이 성립할 수 있다.[20] 즉, 당해 규정이 일반공중과 구분되는 개개의 관련인의 이익에 기여해야 하고, 권리구제를 도모하려는 인인 또한 보호받는 인적 범주에 포함되어야 한다.[21] 우리도 그렇지만, 독일의 경우에도 건축법상의 인인보호의 범주에 관한 명시적 언급은 극히 드물다. 통상적으로, 개개의 규정의 문언과 의미·목적을 해석하는 방법으로서, 주관적 인인보호가 그것에서 도출되는지 여부와 그 정도를 결정한다. 독일의 대부분 문헌은 Finkelnburg/Ortloff의 서술을 쫓아서, 일반적 인인보호규범[22]과, 부분적 인인보호규범[23]으로 대체적으로 나눈다.[24] 전자의 경우, 당해 규범의 위반은 곧바로 허가방지청구권·보호청구권을 성립시키는 반면, 후자의 경우, (규범위반에 더해) 인인법익의 침해 정도가 수인할 수 없거나·현저할 것이 요구된다.

그런데 인인에게 주관적 청구권적 지위를 인정한다고 해서, 수권규범상 재량을 부여하는 것이 방해받지 않는다. 비록 무하자재량결정에 관한 일반적 청구권은 존재하지 않더라도,[25] 재량규정이 적어도 개개의 관련인의 이익에도 기여하게 정하여진 경우에는 그 규정이 제3자보호를 매개할 수 있다.[26] 따라서 건축법상의 당해 수권규범이 재량을 부여하는 한, 여기서 인인보호는 우선 무하자재량행사에 관한 청구권에 국한된다. 결국 개입에 관한 진정한 법적 청구권은, 재량이 개별사례에서 인인에게 유리하게끔 영으로 축소된 경우에만 예외적으로 고려된다.

### 4. 건축허가의 존속보호적 효과와 행정청의 개입조치와의 관계

건축허가는 '공법상의 염려(의문의 여지)없음의 표시'(Unbedenklichkeitserklärung)로서, 건축안이 허가절차에서 심사된 공법규정에 합치한다는 점을 구속적으로 확인한다.[27] 건축허가는 건축안에 대해서 궁극적으론 재산권보장에 의해서 보호받는 존속

---

20) Schlotterbeck, a.a.O., S.2676.

21) 여기서 문제되는 것이 인인개념과 관련해서 임차인을 비롯한 채권적 권리자까지 건축법상의 제3자보호규범의 보호범주에 들어가는지 여부이다. 독일의 압도적 다수와 판례는 건축법규정의 토지관련성을 강조하면서 이를 일반적으로 부정하나, 일부는 주택가치의 상실보다는 건강상의 위험과 같이 오염관련한 보호목적을 지닌 규정의 경우에는 긍정하여야 한다고 주장한다. Vgl. Schmidt-Preuß, Nachbarschutz des "Mieter-Eigentümers"?, NJW 1995, S.27.

22) 일반적으로 택간공한규정(Abstandsflächenregelungen)이 이에 해당한다.

23) 특히 오염(근린폐해)관련한 보호목적을 지닌 건축법상의 요청이 이에 해당한다.

24) 이는 뒤에서 볼 인인보호규범의 위반과 재량영으로의 축소의 상관관계에 관한 논의에 그대로 통용된다. 엄밀히 보아 건축법상의 인인보호를 논함에 있어선, 공법적 인인보호의 주관적 성격을 인인의 기본권과 보호규범론에 의거한 개별법상의 인인보호 차원에서 먼저 살펴보아야 한다.

25) BVerwGE 39, 235ff.; 45, 197(198f.); 51, 264(267).

26) BVerwGE 39, 235(237); 51, 264(267); OVG Münster NJW 1987, 2695; VG Freiburg DVBl. 1986, 1168f.

27) 그런데 구속효과의 범위도 정하는 셈이 될 건축허가의 이러한 확인적 효과는 확인적 행정행위의 경우에는 부인되어야 함을 유의해야 한다. Vgl. Held, Deregulierung von bauaufsichtlichen Genehmigungsverfahren

보호를 제공한다.[28] 이러한 확인효과로 인해서, 건축허가가 폐지(직권취소나 쟁송취소)되거나 무효가 아닌 한, 허가요건으로서 허가절차에서 심사되어야 하는 법규범과 관련해서는 실체적 위법이라 말할 수 없다. 따라서 독일의 경우 철거와 사용금지를 목표로 하는 행정처분의 적법성은, 건축허가의 폐지의 유보하에 있다.[29] 우리의 경우 허가취소와 철거명령이 단순히 선택적 관계에 놓여 있다. 판례 역시 건축물의 철거를 구하는 데 있어서 건축허가처분의 취소가 필요한 것은 아니라 하였다.[30] 하지만 선행조치를 뒤집는 내용의 조치를 내림에 있어서, 선행조치의 정당성을 당연히 없애야 하기에 독일의 논의가 그대로 통용되어야 한다. 이 점에서 건축허가의 의미·기능이 다시금 정립되어야 한다. 한편 독일 주건축법상의 개괄수권조항에 의거한 처분에 있어서도, 이미 심사받은 허가요건의 실체적인 염려없음과 관련해서 확인효과를 고려에 넣어야 한다.[31]

그런데 건축법상의 건축허가는 재산권보장·건축자유와 관련해서, 건축안의 합법성을 장래를 향해서도 구속적으로 확인하는 기능을 지닌다. 그럼으로써 법률자체가 예외를 허용하지 않는 한, 재산권적인 존속보호는 추후의 진압적 조치를 저지한다.[32] 주건축법은 공공의 안녕과 생명·건강에 대한 현저한 위험을 방지하기 위해서, 이러한 존속력의 파기를 규정하고 있다.[33] 그러나 건축주로 하여금 추후의 개입조치로부터 보호를 받게 하는, 이와 같은 존속보호는, 법위반이 허가에 의해서 저지되지 않는 경우에는 고려되지 않는다. 즉, 형식적으로 불법인 무허가건축의 경우 말고도, 특히 독일의 '허가면제절차'나 '신고절차'에 의해서 이루어지는 건축물이 이에 해당한다.[34] 후자의 절차는 이른바 건축주에게 유리하게끔 신속한 건축을 보장한다고 하는 규제완화된 독일의 주건축법에서 건축주의 자기책임을 특징으로 한다. 반면

---

durch Landesrecht, 1999, S.139.

28) Gehrke/Brehsan, Genießt der baurechtliche Bestandsschutz noch Bestandsschutz? NVwZ 1999, S.932(933).

29) OVG Saalouis NVwZ 1985, 430.

30) 대법원 1994.1.14. 선고 93누20481판결.

31) 건축물이 오로지 변경된 사실상태(가령 사람이나 기상으로 인한 영향)로 인해 사후에 건축법을 위반하게 될 경우에는, 개괄수권의 성립요건은 원칙적으로 문제없이 적용된다. 그러나 실체적인 건축법위반상태가 허가발급시에 이미 성립하였거나 (그리고 이를 허가청이 간과하였고) 혹은 현재의 건축법위반상태가 단순한 법률변경에 의거하는 경우에는 적용상의 문제가 발생한다.

32) Finkelnburg/Ortloff, a.a.O., S.170; Krebs, a.a.O., Rn.222; Oldiges, Baurecht, in: Steiner(Hrsg.), Besonderes Verwaltungsrecht, 6. Aufl. 1999, Rn.362.

33) 예: Art.60 Abs.5 BayBO, §85 Abs.1 LBauO Rh-Pf.

34) 이 점에서 신고유보부 예방적 금지의 경우에는 건축주는 전혀 존속보호를 누리지 못한다(예: 수택건설촉진법 제38조 2항 단서). 그러나 건축법 제9조의 건축허가의제적 건축신고의 경우는 다르다. 의제적 건축허가의 존재로 말미암아, 비록 통상의 건축허가에 비하면 존속보호의 강도가 미약하지만, 그것이 전혀 없는 주택건설촉진법상의 건축신고와는 분명히 구분된다. 의제적 행정행위의 문제점에 관해선 졸고, 의제적 행정행위에 관한 소고, 법제 2000.4. 참조. 追論: 본서 340면 이하 참조.

에 투자안정성의 상실이라는 역효과가 두드러지게 지적되고 있다(독일의 다수경향).[35] 독일 일부 주건축법상의 '간소화된 허가절차'에서 허가되어진 건축물의 경우에도 마찬가지이다. 이 경우 허가의 공법상 염려없음은 처음부터 그 절차에서 실제로 심사되었던 규정에만 국한되기에, 그 허가는 다른 규정과의 일치를 확인하지 않는다.[36] 따라서 건축물이 한정된 허가규준 이외의 건축법규정에 반할 시에는, 건축법상의 개입을 위해선 결코 허가의 폐지가 요구되지 아니 한다-이 점에서 앞서의 허가면제절차나 신고절차와 공통된 측면이 있다-.

## Ⅲ. 隣人의 保護請求權에 관한 쟁송상의 관철

### 1. 독일의 의무이행쟁송

독일의 경우 인인의 보호청구권은 의무이행쟁송(독일행정법원법 제68조 제2항, 제42조, 제75조, 제113조 제5항)에 의해서 주장하여야 한다. 의무이행쟁송의 허용성과 관련해서 인인이 먼저 원하는 명령을 발해 줄 것을 소관 행정청에 신청하여야 한다.[37] 독일 행정법원법 제113조 제5항에 의해서 법원의 심사범위는 순전히 적법성심사에 국한된다. 동항 제1문에 따른 실행판결(Vornahmeurteil)은 행정청에게 원고(인인)가 신청한 직무행위를 할 것을 의무지우는 것을 내용으로 한다. 이 실행판결은 사건성숙성(Spruchreif)이 충족된 경우에만 즉, 당해 수권규범의 규준에 따라서 기속결정에 해당하거나[38] 재량이 영으로 축소하여 원고에게 원하는 조치의 발급에 관한 (행정개입청구권으로서의)확고한 법적 청구권이 인정되는 경우에만 고려된다.

이처럼 권력분립주의에 따라서 법원의 심사범위를 적법성에 한정하는 한, 재량결정에 관한 사법심사는 재량하자에 국한된다. 특히 건축법상의 개입수권은 소위 편의주의를 특징으로 하고, 원칙적으로 행정청에 대해서 결정·선택재량을 부여한다. 합목정성 고려는 법적으로 행정의 소관이기에 법원에 대해선 인정되지 않는다. 이러한 점을 고려하여, 쟁송법적 측면에서, 재량하자의 확인에 있어서 사건성숙성이 없을 시에는 행정법원법 제113조 제5항 제1문에 따른 실행판결이 아니라, (새) 입장표명판결(지령판결, Bescheidungsurteil)이 행해진다.[39] 법원은 행정청으로 하여금 자신의

---

35) 특히 vgl. Seidel, Privater Sachverstand und staatliche Garantenstellung im Verwaltungsrecht, 2000, S.256ff.; Kruhl, Nachbarschutz und Rechtssicherheit im baurechtlichen Anzeigeverfahren: am Beispiel des Kenntnisgabeverfahrens nach §51 LBO BW, 1999, S.162ff.

36) 다시 말해, 간소화된 허가절차에서는 심사범위의 한정이 결국 허가효과의 한정을 초래한다.

37) Kopp/Schenke, VwGO, 11. Aufl., 1999, Vorb §40, Rn.51.

38) 예: 독일 연방오염방지법 제20조 2항 2문은, 무허가시설에 대해서 철거 이외의 방법으로는 공중 등이 충분하게 보호받을 수 없는 경우에는 소관 행정청은 반드시 철거를 명하도록 규정하고 있다.

견해를 고려하여 새로이 입장표명할(결정을 내릴) 것만을 의무 지운다. 따라서 최종 효과에서 행정청은 이전 결정의 거부취지를 유지할 가능성을 보유한다. 즉, 행정청은 이를 위해서 종전의 재량하자있는 논거를 재량하자없는 것으로 대체해야 한다. 결국 독일의 경우에 재량 영으로의 축소(후술)의 유보하에, 인인의 권리구제의 효과는 처음부터 한정적이라 하겠다.[40]

한편 독일에서는 재량하자문제와 관련해서, 행정청이 인인이 민사구제로써 자신의 목표를 달성할 수 있음을 이유로 공법적 보호덮개를 무시할 수 있는지가 다투어진다. 일부는 민사구제를 참조하게 하는 것이 일반적으로 허용된다고 여긴다.[41] 이러한 일반적 인정에 반대하는 입장에서는, 민사법상의 인인보호가능성을 기화로 행정이 사신의 행위책임을 모면할 가능성이 크다는 점에서, 민사법의 실제적 우위로 나아가서 종국적으로 오늘날의 지배적 경향인 인인보호의 복선화(Zweigleisigkeit)에 배치되는 결과를 낳는다고 지적한다.[42] 인인이 스스로 자신을 돌볼 수 있음을 강조하면서 자신의 임무지위에서 벗어나는 것이 결코 행정청의 임의에 있을 순 없다. 그리하여 민사구제의 효과가 의문스럽거나 한정적이라 하면, 민사구제를 참조지시하는 것은 재량하자가 있다고 평가한다.[43] 아울러 귀찮은 인인간의 분쟁에 끼어들지 않으려는 것이 유일한 근거라면, 이러한 행위동기는 개입수권과 법률상의 감시임무의 관점에서 본질에 맞지 않고 재량하자를 초래한다고 지적한다.[44]

### 2. 우리 행정쟁송법상의 구제수단

우리의 경우 의무이행소송 대신에 거부처분의 취소소송이나 부작위위법확인소송이 규정되어 있다. 독일과는 달리 완전한 의무이행쟁송이 마련되지 못하고, 부분적으로 제도화되어 있다. 대부분 우리의 현행 행정쟁송법상으로 비록 우회적일 망정 독일의 의무이행소송이 추구하는 효과가 달성될 수 있다고 본다. 즉, 거부처분에 대

---

39) 통상적으로 Bescheidungsurteil을 지령판결로 표현한다. 의무지우는 점에 의거해서 지령이라 말할 수도 있겠지만, 우리의 언어생활에 비추어 의미전달에서 문제가 있다고 여겨진다. 그래서 'bescheiden'의 어의인 '알려준다'는 점을 감안하여 일단 입장표명판결이라 옮겼다. 이것이 문제되는 상황이 행정청의 거부처분・부작위인 점을 감안하면, 실제로는 어떤 식이든 결정을 내리게끔 하는 의미이다. 따라서 여기서의 입장표명이 단지 사실적 성격에 불과한 것이 아니라 구체적인 행정행위에 관한 것이기에, 재결정판결로도 옮길 수 있을 것이다.

40) 따라서 이 경우에는 민사소송으로 장애유발자인 건축주에 대해 직접적으로 제기하는 것이 주효할 것으로 여겨진다. Vgl. Steinberg, Grundfragen des öffentlichen Nachbarrechts, NJW 1984, S.457(462).

41) OVG Münster DVBl. 1967, 546; OVG Lüneburg DÖV 1963, 769(770); Kraft, Entwicklungslinien im baurechtlichen Nachbarschutz Verw Arch 89(1998), S.264(268).

42) Mampel, Nachbarschutz im öffentlichen Baurecht, 1994, Rn.316.

43) BVerwGE 37, 112(115); Steinberg a.a.O., S.464.

44) Seidel, a.a.O., Rn.295.

한 취소판결 및 부작위위법확인판결이 확정되면 판결의 기속력에 의하여 행정청은 당해 판결의 취지에 따르는 처분을 행할 의무를 지게 되고(행정소송법 제30조 제2항·제38조 제2항), 아울러 이러한 판결의 실효성을 확보하기 위하여 간접강제(동법 제34조·제38조 제2항)가 통용된다.

생각건대 우회적인 방도일 망정 과연 독일의 의무이행소송이 추구하는 효과가, 우리의 쟁송상의 관철수단으로써 그대로 실현될 수 있는지 여부를 곰곰히 검토해 보아야 한다. 여기선 행정개입에 관한 인인의 보호청구권의 본질·내용 및 그 바탕이 된 재량축소에 관한 그들의 논의를 염두에 두어야 한다. 거부처분의 취소판결에 따른 적극적 처분의무와 관련해서, 일반적으로 당초의 거부처분과는 다른 이유로 다시 거부할 수도 있다고 본다. 또한 부작위위법확인소송의 심리와 관련하여, 일반적으로 단순히 행정청의 방치의 적부에 관한 절차적 심리에만 그치는 것으로 본다. 이와 같은 서술은, 독일의 경우에 사건성숙성에 따른 행정개입청구권의 인정에 의거해서 실행판결이 내려지는 점과는 분명히 차이가 있다. 결국 '판결의 취지'를 새롭게 하지 않는 한, 현행의 제도상으로 행정개입에 관한 완전한 의미의 즉, 확고한 법적청구권을 관철하기란 원칙적으로 곤란하고, 오히려 이른바 행정개입에 관한 무하자재량결정청구권을 관철하는 데 그친다 하겠다.

## Ⅳ. 隣人의 保護請求權의 결정적 성립요건으로서의 裁量零으로의 縮小

재량규범을 바탕으로 한 인인의 보호청구권은 기껏해야 무하자재량행위를 목표로 하는 것이 원칙인데, 이 원칙은 예외적으로 인인에게 유리하게끔 "재량영으로의 축소"되는 경우에는 깨뜨려진다. 재량 영으로의 축소와 관련해서 본질적으로 다툼이 없는 점은, 바로 고도의 장해나 위험의 경우에는 질서법상의 개입이 유일한 재량하자 없는 결정으로 판명될 정도로, 재량여지가 축소될 수 있는 점이다. 아래에서는 인인소송의 측면에서만 재량축소를 간략히 서술하고자 한다.[45]

### 1. 재량영으로의 축소의 의의

"재량영으로의 축소"란, 추상적으로 있음직한 법효과가 최대한 제한되어 재량여지가 완전히 축소됨을 상징적으로 나타낸 것이다. 다시 말해, 특정행위 이외에는 다른 대체적 수단이 없다는 것이다.[46] 여기선 재량규범상의 하나의 법효과만이 절대적

45) 행정재량의 축소에 관한 전반적인 내용은 졸고, "행정재량의 축소에 관한 고찰", 「현대공법학의 재조명」(김남진교수 정년기념논문집), 법학논집특별호(고려대학교 법학연구소), 1997, 57면 이하 참조. 追論: 본서 212면 이하 참조.

으로 적법하게 되어 재량규범이 부여한 선택자유가 배제되어 버린다. 따라서 엄밀히 보아 결정자유는 물론 선택자유까지 배제되는 상황만이 재량영으로의 축소라 말할 수 있고, 결정자유가 배제되나 선택자유는 여전히 인정되는 경우에는 재량영으로의 축소에는 미치지 못하고 재량축소에 머문다. 결국 양자는 단계적 관계에 있다. 물론 선택재량이 부인되는 경우는 재량축소가 곧 재량영으로의 축소이다. 본질적으로 재량축소는 이형적 경우로서 원칙과 예외의 관계에서 파악해야 할 것이다.[47] 재량축소를 이렇게 이해하려는 입장에 서면, 이형적 경우인 재량축소에 필요한 논거제시를 둘러싼 주장책임과 입증책임에 관한 논의에 당연히 초점이 모아진다.[48]

이러한 구별이 왜 필요한가? (독일의 경우에) 쟁송법적 측면에서 재량영으로의 축소의 경우에는 실행판결이 행해질 수 있는 데 대해서, 재량영으로의 축소에 이르지 못한 재량축소의 경우에는 새입장표명(지령)판결만이 행해질 수 있다. 과거 독일의 판례·문헌에선 이런 구별이 분명치 않았지만, 근래에는 엄밀히 구별하려는 입장을 보이고 있다. 재량영으로의 축소를 이처럼 이해하면, 문헌상 논의되고 있는 행정개입청구권의 성립요건인 개입의무의 발생을 재음미할 필요가 있다. 특별한 사정하에 인정되는 개입의무의 발생은 원칙적으로 결정재량만을 축소시키는 데 그치며, 절대적으로 하나의 특정 행위만이 고려되는 예외적 경우에만 비로소 선택재량까지 축소된다. 따라서 선택재량이 부인되는 상황이 아니라면, 사실 개괄적 수권조항에 의거하여 경찰권을 발동하면 경찰편의주의에 의해서 선택재량은 당연히 그리고 여전히 인정된다. 요컨대 개입의무의 발생이 바로 특정처분을 내용으로 하는 행정개입청구권의 인정으로 나가서는 안된다. 이는 행정개입청구권이란 극히 예외적으로만 인정될 수 있음을 의미한다. 특히 개괄적 수권조항에 의거한 경찰개입의 경우에는 더욱 그러하다.

## 2. 건축법상의 인인보호규범위반과 재량영으로의 축소

독일의 일부 견해는 인인보호규정이 위배되면 원칙적으로 바로 재량영으로의 축

46) Di Fabio, Die Ermessensreduzierung, VerwArch Bd.86, (1995), S.232; Gern, Die Ermessensreduzierung auf Null, DVBl. 1987, S.1194(1197); Hain/Schlette/Schmitz, Ermessen und Ermessensreduktion ein Problem im Schnittpunkt von Verfassungs-und Verwaltungsrecht, AöR 122(1997), S.32(41). 한편 과거 Menger/Erichsen이 재량 1로의 축소란 용어를 사용하였으나(VerwArch 58(1967), S.179), 현재에는 대부분 재량 영으로의 축소란 용어를 사용하고 있다. Hain 등은 재량 1로의 축소는 재량여지의 소멸이라는 재량축소의 의미를 제대로 반영하지 못한다고 지적하였다.

47) Di Fabio, a.a.O., S.216.

48) 한편 재량 영으로의 축소에 대해서, 재량수권의 본질에 어긋나게 재량을 행정청의 의무로 전환시켰다는 비판이 있었다. Malluche, Opportunitätsprinzip. Überprütung der Rechtsprechung, 1978, S.118,184. 그러나 이러한 반론에 대해서, Laub는 재량과 재량규범의 주관적·공권적 성격을 분리하여 논했어야 한다고 지적하였다. Ders., Die Ermessensreduzierung in der verwaltungsgerichtlichen Rechtsprechung, 2000, S.30.

소가 있다고 주장한다.[49] 이 견해에 의하면 재량수권규범에 의거하는 경우에도 항상 사건성숙성이 존재하기에 통상 실행판결이 행해질 수 있다고 본다. 다만 사소한 장해에 대해서 전혀 합당치 않게 많은 비용이 드는 경우에는 예외적으로 재량영으로의 축소가 일어나지 않는다고 한다. 그러나 이처럼 광범한 재량영으로의 축소는, 이제까지 독일 최고법원의 판례상으로 실현되지 않고, 문헌상으로도 압도적으로 부인된다.[50] 그 논거로, 입법자가 건축법상의 개입규범상으로 객관적 법의 위반과 인인보호적 규정의 위반을 구분하지 않으며, 만약 후자의 경우에 일반적인 재량영으로의 축소를 인정하려 했다면, 개입수권을 기속결정이거나 적어도 당위규정(soll)으로 규정했을 것이라고 한다. 결국 공법의 인인법에선, 보호법률위반으로 인인의 생명・건강이나 중요한 물적 가치가 위험스럽게 되거나 장해를 입은 경우에만 무하자재량결정에 관한 청구권이 확고한 청구권(행정개입청구권)으로 응축된다고 한다.

### 3. 건축신고절차상의 재량영으로의 축소[51]

최근 독일의 건축법의 영역에선, 탈규제의 일환으로서 예방적 심사범위를 간소화된 허가절차의 방법으로 축소하거나, 심지어는 소위 면제・신고절차의 도입을 통해서 전반적으로 허가절차를 포기하는 경향이 뚜렷하다.[52] 건축주는 이제 신속하게 적법하게 건축을 할 수 있긴 하나, 더 이상 혹은 적어도 동일한 범위 내에서 건축법상의 개입조치에 대한 존속보호를 누릴 수 없게 되었다. 왜냐하면 건축허가가 부여하는 공법상의 염려없음과 확인효과가 멸실・축소되기 때문이다. 허가면제・신고절차에서의 건축허가의 부존재는 인인보호에 중대한 결과를 초래한다. 건축주는 건축서류제출이나 건축신고이후에 일정한 기간 내에 착공을 할 수 있다. 이 경우에 인인은 취소쟁송을 통한 허가방지청구권의 주장과 같은 전통적 방법을 사용할 수 없다. 그

---

49) OVG Münster NJW 1984, 883(884); NVwZ 1991, 1001; BauR 1990, 341(342); BauR 1993, 713(714); NWVBl. 1997, 11(13); OVG Saarlouis BRS 44, Nr.165; NVwZ 1983, 685; Finkelnburg/Ortloff, a.a.O., S.258f.; Mampel, a.a.O., Rn.331ff.; ders., Zum Anspruch Dritter auf bauaufsichtliches Einschreiten, DVBl.1999, S.1403(1407f.).

50) BVerwGE 11, 95(97); BVerwG VerwRspr. 20, 588(589); BVerwG BayVBl. 1998, 23(24); NVwZ-RR 1997, 271; VGH München NVwZ-RR 1994, 632(633); Di Fabio, a.a.O., S.218f.; Schlotterbeck, a.a.O., S.2676; Steinberg, a.a.O., S.463.

51) 허가면제신고절차상의 인인보호문제 나아가 그러한 절차 자체의 문제점(예: 건축주의 사적 책임가중)에 관한 논의는, 공임무의 사적화와 결부하여 특히 1990년대 중반부터 현재에 이르기까지 독일 공법학의 대표적인 유행테마이다. 우리의 신고제를 논함에 있어서 일종의 방향추가될 범한 이 주제는, 다른 기회에 포괄적으로 살펴보기로 하고, 여기선 간략히 언급하고자 한다. 追論: 본서 109면 이하 참조.

52) 상이한 절차양태와 진행에 관한 개관은 vgl. Jäde, Bauordnungsrecht im Wandel GewArch 1995, S.187ff.; Ortloff, Abschied von der Baugenehmigung-Beginn beschleunigten Bauen? NVwZ 1995, S.112ff.; Degenhart, Genehmigungsfreies Bauen und Rechtsschutz des Nachbarn, NJW 1996, S.1433ff. 독일의 이러한 논의는 신고제를 바르게 정립하는 데 일종의 방향추가 된다.

는 기껏해야 건축법상의 개입에 관한 보호청구권을 주장할 수 있다.

그런데 재량영으로의 축소의 예외성에서 인인의 보호청구권이 원칙적으로 무하자재량결정에 관한 단순한 청구권에 그친다면, 이러한 사정은 전통적 허가절차에 비해서 인인에게 불이익한 결과를 초래할 것이다. 전통적인 예방적 절차의 결과로서의 건축허가에 대해선, 인인이 승소하기 위해서 자신을 보호하는 공법규정이 위반되었음을 효과적으로 제시하는 것으로 충분하다. 이에 반해서 (특히 독일의 경우에) 의무이행소송으로 추구하는 개입청구권은, 재량영으로의 축소가 일어나지 않는 한, 원칙적으로 새입장표명판결(지령판결)만으로 귀착될 수 있다(원칙・예외관계). 이와 같은 인인보호상의 취약점을 감안하여 독일의 판례와 대다수 문헌은 허가면제・신고절차를 거쳐 완공된・시공된 건축물이 보호규범을 위배하고, 인인의 이익을 사소한 정도보다는 많이 저해한 경우에는, 인인에게 유리하게끔 재량이 원칙적으로 영으로 축소한다고 판시하였다(원칙・예외관계의 역전).[53] 따라서 인인에게 개입에 관한 확고한 보호청구권이 인정된다.[54] 결국 건축주는 존속보호와 신속화를 맞바꾸는 셈이 되어버렸다.

## Ⅴ. 隣人의 保護請求權의 相對化

성립한 인인권(Nachbarrechte)은 상이한 상황에 의거해서 사후에 제소가능성을 상실하거나 심지어는 실체적으로 소멸할 수도 있다. 공법적 인인보호는, 실권의 법리에 의해서, 권리남용적 주장의 경우에 의해서, 포기에 의해서, 그리고 특히 허가방지청구권(즉, 취소쟁송)의 경우에는 건축허가의 존속력과 존속보호의 원칙에 의해서 상대화되어진다. 또한 배제규정의 형식의 절차법상의 특별규정을 통해서, 인인이 인인권을 주장하는 것을 실체적으로 차단할 수도 있다(배제효). 이하에선 진압적 수단에 관한 인인의 보호청구권과 관련해서 특히 문제되는 실권의 원칙과 권리남용의 문제

---

53) VGH Mannheim BauR 1995, 219(220); OVG Bautzen NVwZ 1997(922); VGH München NVwZ 1997, S.923; Blümel, Vereinfachung des Baugenehmigungsverfahrens und Nachbarschutz, in; Festschrift für Boujong z.65. Geburtstag, 1996, S.521(529); Kraft, a.a.O., S.264(287f.); Uechtritz, Nachbarrechtsschutz bei der Errichtung von Wohngebäuden im Freistellungs-, Anzeige- und vereinfachten Verfahren, NVwZ 1996, S.640(643f.); Degenhart, a.a.O., S.1433(1437f.); Sacksofsky, Privatisierung des baurechtlichen Nachbarschutzes bei genehmigungsfreien Vorhaben?, DÖV 1999, S.946(951).

54) 그러나 이러한 원칙・예외관계의 역전에 대해서 Preschel 등은 인인보호의 일방적 강조, 재량영으로의 축소의 예외성을 근거로 반대하고, 이러한 입법상의 변화를 종전의 민사적 인인보호의 우위로 선회한 것으로 받아들이고자 한다. Vgl. Preschel, Abbau der präventiven bauaufsichtlichen Prüfung und Rechtsschutz, DÖV 1998, S.45ff.; Schmaltz, Die Freistellung von Wohngebäuden vom Genehmigungsvorbehalt nach §69a NBauO, NdsVBl. 1995, S.241ff.; Manssen, Die Genehmigungsfreistellung für Wohngeäude in der Landesbauordnung Meckenburg-Vorpommern, NVwZ 1996, S.144ff.

를 다루고자 한다.

### 1. 失權의 法理

다른 주관적 청구권적 지위와 마찬가지로, 공법적 인인권 역시 신의성실의 원칙에 따른 실권의 법리의 지배를 받는다.[55] 우선적인 실권의 대상은 쟁송법적 법적 지위 즉, 제소권·행정심판제기권이다. 이러한 쟁송법상의 실권의 효과는 제기·제소된 행정심판과 행정소송의 불허용성 즉, 각하재결·각하판결 바로 그것이다. 쟁송법상의 실권과 실체적 실권은 구별되어야 한다. 왜냐하면 후자는 실체적 법적 지위의 상실 그럼으로써 권리구제의 이유없음(즉, 기각재결·판결)을 초래하기 때문이다.[56] 쟁송법적 실권은 취소쟁송을 통한 허가방지청구권의 주장과 관련 있기에, 다름 아닌 허가의 불가쟁력의 문제에 해당한다. 따라서 진압적 개입수단을 내용으로 하는 인인의 보호청구권의 경우 실체적 실권만이 통용된다. 물론 인인의 방지청구권(취소쟁송)의 경우에는 쟁송법적 실권과 더불어 실체적 실권이 통용된다.[57] 이 문제는 신뢰보호원칙을 바탕으로 하여 구체적 사례를 분석하면서 다루어야 하는데, 여기선 실권에 관한 일반적 내용을 검토함으로써 실체적 실권에 갈음하고자 한다.

일반적으로 실권은 시간적 요소와 상황적 요소를 필요로 한다.[58] 전자는 법적 지위를 주장할 수 있는 충분한 시간이 무용하게 지나쳤다는 점을 요건으로 한다. 후자는 시간적 요소와 인과관계에 있다. 이는 권리보유자의 전체 행위와 시간적 경과로 말미암아, 장애유발자인 건축주 등에게 유리하도록 보호할만한 신뢰의 바탕이 조성되어 있음을 요구한다. 시간적·상황적 요소는 당연히 객관적으로 보아서 피해를 입은 인인이 자신의 권리를 더 이상 주장하지 않으리라는 인상을 자아내야 한다. 따라서 실권이 통용되는 최소한 시간이란 결코 일반화될 순 없으며, 개별경우의 구체적 상황에 좌우된다.[59]

---

55) BVerwGE 44, 294(299); BVerwG NJW 1998, 329; OVG Münster NJW 1981, 598; OVG Lüneburg BauR 1997, 452(453). 그런데 공법상의 실권사고를 도그마적으로 도출하는 입장은 제각기 다르다. 즉, 일반적 법원칙이거나 독일 민법 제242조를 유추하거나, 신뢰보호사상이나 인인의 공동체관계에서 도출한다. 우리 판례(대판 1988.4.27. 87누915)는 신의성실의 원칙에 바탕을 둔 파생원칙으로 이해한다. 한편 공법적 인인권상의 실권에 대해선 vgl. Bender/Dohle, Nachbarschutz im Zivil- und Verwaltungsrecht, 1972, Rn.58; Bauer, Die Verwirkung von Nachbarrechten im öffentlichen Recht, DV 1990, S.211(212).

56) 두 가지 양태의 실권의 구별과 그에 따른 상이한 법효과에 관해선 vgl. BVerwG NVwZ 1991, 1182f.; BayVBl. 1988, 69. 그러나 용어사용이 통일되진 않는데, 실체적 실권만을 실권개념에 포함시키기도 한다. Vgl. OVG Lüneburg BauR 1997, 452ff.

57) 그러나 이른바 의제적 건축허가의 경우(예: 우리 건축법 제9조의 건축신고)에는 통지가 전혀 없기에 당연히 실체적 실권만이 통용된다.

58) BVerwGE 44, 339(343)에 의하면 실권이란 금반언(venire contra factum proprium)의 아종에 해당한다. 실권의 요건으로서의 시간적·상황적 요소에 관해선 vgl. Bauer, a.a.O., S.215f.

59) BVerwG NVwZ 1991, 1182(1183); BRS 58, Nr.186.

그런데 다극적인 공법적 인인법상의 실권은, 국민과 행정청의 양극관계와 비교해서 어떠한 수정이 가해져야 한다.[60] 삼각관계에서 장애유발자인 건축주 등은 그 자체 보호청구권의 상대방은 아니지만, 실권의 효과는 실제적으로 행정청이 아니라, 그에게 발생한다. 따라서 실권의 바탕이 된 禁反言(원칙)은 우선적으로 인인상호간의 관계를 지향해야지, 인인의 행정청에 대한 관계를 지향해선 안된다. 그 결과 실권의 시간적 요소와 관련해서 비교적 짧은 시간적 간격으로 충분하다고 한다.[61] 또한 상황적 요소와 관련해선, 행정청의 개입여부결정에 대해서 영향을 미쳤는지에 좌우되지 않고 오히려 건축주나 시설운영자 등에게 보호가치있는 신뢰가 성립하였는지 여부를 목표로 삼아야 한다. 그래서 건축주 등이 인인의 법적 지위가 자신들에게 더 이상 주장되지 않으리라고 믿을 만한지 여부가 결정적인 잣대이다.[62] 추가로 신뢰보호성립이 인인에게 귀속될 수 있어야 한다. 이는 다름 아닌 인인이 자신의 주관적 권리의 가능한 침해를 인식하였거나 인식할 수 있었을 것이라는 점을 전제로 한다.[63] 실권의 효과는 인인의 승계인에게도 미친다.[64]

### 2. 權利濫用의 問題

주관적·공권적 인인권의 주장이 다른 이유에서도 신의·성실의 원칙에 위배할 수 있다. 특히 모순된 행위를 할 경우에는 권리남용의 비난이 가해질 수 있다(금반언의 원칙).[65] 가령 인인이 이미 허가절차상으로 관련인(건축주 등)에 대한 적극적 행위를 통해서, 자신이 그 건축안에 동의하였다는 인상을 제공하고, 건축주 등이 이에 대한 정당한 신뢰에 의거해서 현저한 투자를 행한 경우에는, 인인보호규범을 원용하는 것은 신의·성실의 원칙에 위배된다. 여기선 앞서의 실권의 경우와 비교해서 시간적 요소가 완전히 포기된다.[66] 인인간에 구속적인 사법상의 협상(협정)을 맺은 경우에도 마찬가지이다.[67] 또한 인인이 자기 스스로는 건축주 등에 대해서 지키지 않은 인인보호적 요청을 되려 건축주 등에게 요구하는 경우 또한 권리남용에 해당한다.[68] 결론적으로 인인은 건축주 등에 대해서 요구하는 요청을 그 스스로가 준수한 한도 내

---

60) Bauer, a.a.O., S.219f.

61) Bauer, a.a.O., S.220.

62) Bauer, a.a.O., S.224.

63) BVerwG NVwZ 1988, 532.

64) OVG Bremen BRS 54, Nr.202.

65) BVerwG NJW 1998, 329; OVG Lüneburg BauR 1999, 1163(1165f.).

66) OVG Münster BRS 54, Nr.201. 이 사건은 제소한 인인이 건축계획안을 알고서 건축하는데 자신의 토지를 사용할 수 있게 허용한 경우이다.

67) OVG Saarlouis NJW 1999, 1348(1349).

68) 이러한 관점이 특히 독일 주건축법상의 택간공한규정에서 중요한 역할을 한다.

에서만, 인인보호규정의 준수를 건축주 등에게 주장할 수 있다.

한편 인인보호규범의 위반이 전체적으로 미미한 정도에 지나지 않기에, 제소권자 등에게는 보호할 만한 그 어떤 이익도 없음이 명백한 경우에는, "생트집금지"(Schikaneverbot)의 관점에서 그 방지청구권·보호청구권의 주장은 권리남용에 해당한다.[69] 이 경우엔 인인보호규범의 원용(주장)이란 다름 아닌 신의·성실의 원칙에 반해서, 건축주 등에게 손해를 끼칠 것만을 오로지 목적으로 한다 하겠다. 이 점에서 근자에 우리의 경우 민원이 불문의 최고의 법원으로서 기능하여, 실정법상 전혀 문제가 없는 경우까지도 사실상으로 무효화시켜서 법치국가원리에 역행하는 사례가 빈번히 행해지고 있다. 사회공동체의 구성원의 각자 개인적 이익이 매우 복잡하게 얽혀져 있는 현대사회의 속성을 감안한다면, 민원만능의 경향은 법치국가원리에 대한 중대한 도전일 수 있다. 개인간의 이익을 조정하는 기능을 우선은 법률이 담당해야 한다. 따라서 근거법령이 해결의 출발점이자 종결점이지, 결코 민원이 법치국가원리를 대체 내지 선행할 순 없다. 물론 관련 법령의 문제점 특히 헌법적 차원의 그것을 아울러 검토해야 한다.

## Ⅵ. 大法院 判例(대법원 1999.12.7. 선고 97누17568판결)의 問題點

대법원의 앞서의 판례는 우선 우리의 대부분 문헌들이 행정개입청구권을 일반적으로 시인하고 있고, 심지어 국가시험에서조차 그것이 긍정적으로 다루어지고 있는 현실에 정면으로 배치된다. 왜냐하면 행정개입청구권이 통용될 수 있는 대표적 영역인 건축법에서의 그것의 부정은, 그것 자체에 대한 전면적 부정으로 봄 직하기 때문이다. 문헌상으로 행정개입청구권과 관련해서 개입수단의 수권이나 재량영으로의 축소 등이 깊이 있게 다루어지지 않은 점은 있다. 하지만 동 판례가 독일의 과거의 프로이센시대의 유습을 답습했다고까지 말할 수 있을 정도로 오늘날의 행정법의 경향인 "행정법의 주관적 권리화"(Subjektivierung des Verwaltungsrechts)에 역행하였다는 비난은 면할 수 없을 것이다.[70] 동판례의 몰역사성은 과거 대법원이 연탄공장사건[71]에서 관련 법규의 인인보호적 성격을 면밀히 검토한 점을 상기할 때 더욱 두드

---

69) 독일에서는 극히 몇 센티미터를 미달한 최소택간공한거리와 관련하여 문제가 되었다.

70) 독일의 경우에도 1950년대말까지 행성개입청구권이 부인되다가, 띠톱판결(Bandsäge Urteil)이 그것과 그것의 바탕이 된 재량축소법리에 관하여 새로운 지평을 열었다(BVerwGE 11, 95). 동 판례를 Erichsen은 "획기적인 리딩결정"이라 평하였고(VVDStRL 35(1977), 171,210 Fn.236), Bachof는 평석에서 "거의 센세이셔널한 것"으로 평하면서 아울러 선척적 결함에 해당하는 동 판례의 도그마틱적 취약점을 지적하였다(DVBl. 1961, 128,129). 하지만 유의해야 할 점은, 동사건에서 행정개입청구권을 원고에게 인정하지는 않았다는 점이다.

러진다. 그리고 대법원은 종전에 당초의 공사중지명령이 적법한 것으로 확정되었음에도 불구하고, 공사중지명령의 잠정성에 의거하여 공사중지명령해제요구권이 그 공사중지명령에 담겨져 있는 것으로 나아가 조리상으로도 인정된다고 판시하였다.[72] 양극관계와 삼극관계라는 차이점을 감안하더라도 법원의 태도가 상충됨은 피할 수 없다.

법원의 태도가 일관되지 못한 결정적인 이유는 바로 (건축법 제69조 등과 같은)개입수권규범을 바르게 이해하지 못함에 있다. 우선 관련 법령이 국민에게 행정개입청구권을 부여하지 않음을 논거로 제시하는데, 행정법규상으로 자신도 아닌 제3자에 대해서 공권력을 발동하도록 요구할 수 있는 규정이 거의 없다는 점에서 타당하지 않다. 행정개입청구권은 그 출발점이 개입수권규범임을 간과하였다. 또한 개입수권규범은 전적으로 행정청의 권능만을 부여하기에 행정개입청구권의 근거규정이 될 수 없다고 보는데, 이는 비록 개입수권규범 자체가 바로 행정개입청구권의 인정이 될 순 없지만, 그것을 바탕으로 하여 보호규범위반을 매개로 하여 행정개입청구권이 성립하는 점을 몰각하였다. 법원의 견해를 따르면, 인인보호란 마치 개입수권규범의 반사적 이익에 불과한 셈이 된다. 그리고 동조항의 재량규범성이 행정개입청구권부인의 논거가 될 수 없음은, 동 청구권이 애초에 무하자재량행사청구권을 출발점으로 삼아 재량영으로의 축소를 매개로 성립하게 되는 점이 증명한다.[73]

한편 건축법 제69조 등의 개입수단이 인인보호를 위하여 원용될 수 없을 경우에는, 우리 건축법상의 인인보호는 취소소송을 통한 허가방지청구권에만 전적으로 의거해야 하고 개입을 통한 보호청구권은 전적으로 민사적 구제방법을 강구해야 한다. 비록 독일의 판례 · 다수 경향처럼 공법적 · 사법적 인인구제가 양립한다 하더라도,[74] 후자가 전자에 비하면 여러 가지 점(예: 소송가액 등)에서 인인에게 불리할뿐더러, 자칫 감시 · 감독이라는 행정임무가 미필적으로 방기될 우려가 있다. 개입의 수권규범은 법률상으로 맡겨진 감시업무의 도구로서 기능하는 점을 염두에 두어야 한다. 요컨대 일찍이 Ossenbühl이 "행정법의 주관적 권리화(주관화)" 경향을 행정법체계상의

---

71) 대법원 1975.5.13. 선고 73누96 · 97판결.

72) 대법원 1997.12.26. 선고 96누17745판결. 동판례가 공사정지가 아닌 공사중지명령에 대해서 기본적으로 잠정성을 부여함을 바탕으로 논의를 전개한 점이 문제인데, 그보다 더 큰 문제점은 이미 당초의 공사중지명령에 불가쟁력이 발생한 점이 간과된 데 있다. 즉, 공사중지명령의 잠정성에 따른 공사중지명령해제요구권의 인정이 출발점이 되어선 아니 되고, '불가쟁적 행정행위의 재심사'의 측면에서 바라보아야 한다.

73) 사실 판례가 취소소송이나 부작위위법확인소송에 있어서의 대상인 거부처분이나 부작위를 법규상 · 조리상의 권리와 결부시키는 입장에서, 행정개입청구권의 존부를 논하지 않았는가 생각이 든다.

74) 앞서의 독일 띠톱판결은 그 이전과는 달리 공법적 인인보호의 우위를 가져다 주었다. 그러나 공법적 인인보호의 승리행진은 독일 BGH의 '테니스장결정'(BGH NJW 1983, 751f.)으로 그치고, 오늘날은 공 · 사법적 인인보호의 양립(복선화론)이 다수설 · 판례의 입장이다.

코페르니쿠스적 전환이라 표현한 점[75]을 상기해야 한다.

* 공법연구 제29집 제3호 2001.5, 347면 이하 소수.

* 참고문헌: 졸고, Quo vadis-행정개입청구권(행정개입에 관한 인인의 보호청구권)?, 고시연구 2001.7., 42면 이하; 위법건축물에 대한 인인보호의 문제점에 관한 소고, 인권과 정의 299호, 2001.7., 112면 이하.

* 追論: 법원은 일련의 새만금판결을 통해(제3자에 대한) 행정개입청구권에 대한 접근에서 변화의 모습을 보여주다가, 대법원 2006.6.30. 선고 2004두701판결을 통해 원래의 입장으로 복귀하였다. 본서 87면 이하 참조.

75) ders., Die Weiterentwicklung der Verwaltungswissenschaft, in: Jeserisch/Pohl/v. Unruh(Hrsg.), Deutsche Verwaltungsgeschichte, Bd. V, 1987, S.1143(1146).

# 제 5 장

# (제3자에 대한) 行政介入請求權의 認定과 관련한 法的 問題點에 관한 小考

-서울행정법원 2005.2.4. 선고 2001구33563判決을 중심으로-



## Ⅰ. 서울행정법원 2005.2.4. 선고 2001구33563判決의 要旨

### 1. 청구취지

(1) 가. 피고 국무총리가 2001. 5. 25.에 확정한 새만금간척종합개발사업에 대한 정부조치계획을 취소한다.

나. 위 가.항과 선택적으로, 피고 농림부장관이 2001. 8. 6.에 확정한 위 정부조치계획에 대한 세부실천계획을 취소한다.

(2) 가. 피고 농림부장관이 1991. 10. 17.에 한 공유수면매립면허처분 및 1991. 11. 13.에 한 새만금간척종합개발사업 시행인가처분은 각 무효임을 확인한다.

나. 위 가.항과 선택적으로 피고 농림부장관이 2001. 5. 24.에 원고 97. 및 원고 3537. 내지 원고 3539.에 대하여 한 공유수면매립면허 등 취소신청 거부처분을 취소한다.

### 2. 주 문

(1) 피고 농림부장관이 2001. 5. 24. 원고 97.에 대하여 한 공유수면매립면허 등 취소 신청 거부처분을 취소한다.

(2) 이 사건 소 중,

가. 원고들의 피고 국무총리에 대한 새만금간척종합개발사업 정부조치계획취소 및 피고 농림부장관에 대한 위 정부조치계획에 대한 세부실천계획취소 부분,

나. 원고 144. 내지 원고 3539.의 피고 농림부장관에 대한 1991. 10. 17.자 공유수면 매립면허처분 및 1991. 11. 13.자 새만금간척종합개발사업시행인가처분의 각 무효확인 부분,

다. 원고 3537. 내지 원고 3539.의 피고 농림부장관에 대한 공유수면매립면허 등 취소신청 거부처분 부분을 모두 각하한다.

(3) 원고1. 내지 원고 96. 및 원고 98. 내지 원고 143.의 피고 농림부장관에 대한 1991. 10. 17.자 공유수면매립면허처분 및 1991. 11. 13.자 새만금간척종합개발사업시행인 가처분의 무효확인청구를 모두 기각한다.

(4) 소송비용 중 원고 97.과 농림부장관 사이에 생긴 부분은 보조참가로 인한 부분은 보조참가인이 부담하고 나머지 부분은 피고 농림부장관이 부담하고, 원고 97.과 피고 국무총리 사이에 생긴 부분은 보조참가로 인한 비용을 포함하여 원고 97.이 부담하고, 나머지 원고들과 피고들 사이에 생긴 부분은 보조참가로 인한 비용을 포함 하여 나머지 원고들이 부담한다.

3. 주요 이유요지

* 피고들에 대한 정부조치계획 및 세부실천계획취소 청구에 관한 판단

「이 사건 정부조치계획 및 세부실천계획의 취소를 구하는 부분은 항고소송의 대상이 될 수 있는 처분성이 없어 부적법하다고 할 것이다」

* 피고 농림부장관에 대한 무효확인 및 거부처분취소 청구에 관한 판단

(1) 무효확인청구를 구할 원고적격이 없다는 주장에 대하여

환경영향평가관련법령의 규정들의 취지는 환경영향평가대상사업이 주변환경을 해치지 아니하게 시행되도록 함으로써 주변의 환경공익을 보호하려는 데에 그치는 것이 아니라 환경영향평가대상지역 안의 주민 개개인이 개발 전과 비교하여 수인한도를 넘는 환경침해를 받지 아니하고 쾌적한 환경에서 생활할 수 있는 개별적 이익까지도 이를 보호하려는 데 있다 할 것이므로, 적어도 환경영향평가대상지역 안의 주민이 이 사건 공유수면매립면허 및 시행인가처분과 관련하여 갖고 있는 위와 같은 환경상의 이익은 단순히 공익보호의 결과로 국민 일반이 공통적으로 가지게 되

는 추상적·평균적·일반적인 이익에 그치지 아니하고 처분의 근거 법률에 의하여 개별적으로도 보호되는 직접적·구체적인 이익이라고 보아야 할 것이고(대법원 1998. 4.24. 선고 97누3286 판결 등 참조), 이 사건 공유수면매립면허 및 시행인가처분은 새만금사업이라는 행정목적을 달성하기 위한 일련의 단계적 처분들로서 위와 같은 환경상의 이익은 위 처분 모두에 의하여 침해되거나 침해될 우려가 있는 것이다.

따라서 새만금사업의 사업시행지역으로 환경영향평가대상지역에 거주하는 원고 조경훈 등 143명의 경우에는 위 환경영향평가관련법령에 의하여 법률상 보호되는 이익이 있다고 할 것인데 새만금사업으로 인하여 위와 같이 법률상 보호되는 직접적이고 중대한 환경피해를 입거나 입을 우려가 있다고 볼 수 있으므로, 이 사건 공유수면 매립면허 및 시행인가처분의 무효확인소송을 제기할 원고적격이 인정된다. 그러나, 나머지 원고들의 경우에는 환경영향평가대상지역 밖에 거주하는 일반 국민의 환경상 이익에 대하여 위 환경영향평가관련법령에 그들의 개별적·직접적·구체적 이익을 보호하려는 규정을 두지 아니하였으므로, 일반 국민의 환경상 이익의 침해를 이유로 이 사건 공유수면매립면허 및 시행인가처분의 무효확인소송을 제기할 법률상 이익이 없다.

(2) 공유수면매립면허 등 취소신청의 신청권이 없다는 주장에 대하여

행정소송법상 처분이라 함은 행정청이 행하는 구체적 사실에 관한 법집행으로서의 공권력의 행사 또는 그 거부와 그밖에 이에 준하는 행정작용을 말하고(행정소송법 제2조 제1항 제1호), 국민의 적극적 행위신청에 대하여 행정청이 그 신청에 따른 행위를 하지 않겠다고 거부한 행위가 항고소송의 대상이 되는 행정처분에 해당하는 것이라고 하려면, 그 신청한 행위가 공권력의 행사 또는 이에 준하는 행정작용이어야 하고, 그 거부행위가 신청인의 법률관계에 어떤 변동을 일으키는 것이어야 하며, 그 국민에게 그 행위발동을 요구할 법규상 또는 조리상의 신청권이 있어야만 한다(대법원 2003.4.11. 선고 2001두9929 판결 등 참조). 공유수면매립법 등 관계 법령에 국민이 행정청에 대하여 제3자에 대한 공유수면매립등의 취소 등의 조치를 요구할 수 있다는 취지의 규정이 없고 공유수면매립법 제32조에서 소정의 사유가 있는 경우에 피고 농림부장관 등 처분청이 공유수면매립면허처분 등을 취소·변경하거나 공사의 중지, 물건의 개축 등 필요한 조치를 명할 수 있다고 규정하고 있을 뿐 피고 농림부장관 등에게 그 의무를 규정하고 있지는 않으나, 한편 앞서 본 바와 같이 공유수면매립면허와 관련하여 사전적으로는 환경 및 생태계변화, 경제성비교 등을 포함한 매립기본계획을 수립하고, 이에 대한 타당성을 5년마다 검토하여 폐지·변경 등을 하며,

매립면허부여 결정을 함에 있어 매립기본계획에 적합한 범위안에서 하도록 하고 있고, 사후적으로는 일정한 사유가 있는 경우 매립면허를 취소·변경할 수 있도록 규정하고 있는데, 공유수면매립기본계획 및 그 범위 안에서 행하여져야 하는 매립면허처분은 장기성·종합성이 요구되는 영역이기는 하나, 공유수면매립은 일단 완료된 후에는 그 원상회복이 불가능하여 그 매립기본계획 및 매립면허처분에 대한 외부의 참여 또는 통제필요성이 절실하다는 점, 특히 환경 및 생태계변화는 그 성격상 위 매립기본계획을 수립할 때나 면허처분을 할 당시 도저히 예측하지 못한 상황으로 진행될 가능성이 높아 당초의 예측을 고정시켜 놓고 계속하여 사업을 진행하게 될 경우 자칫 환경 및 생태계변화에 더 큰 위험을 초래할 가능성을 배제할 수 없는점, 또한 대규모의 간척사업에서 발생할 수 있는 막대한 환경피해에 관하여 전문성 등을 갖춘 개인이 행정절차에 참여할 필요성이 더욱 절실해지고 있는 현실상황에 있어서, 개인의 환경이익 보호요청을 행정청에 대한 직권발동촉구의 의미로 한정하여 볼 수는 없는 점, 환경 및 생태계의 변화, 기타 사정변경으로 인하여 당초에 예측하지 못한 환경피해를 입을 위험이 있는 개인으로서는 매립면허처분의 취소 등 행정권의 발동으로 위와 같은 환경상의 불이익이 해소될 수 있는데 이를 거부하는 행위는 실질적으로 그 개인의 환경상 이익을 침해하는 결과에 이를 수 있다는 점 등의 여러 사정에 비추어 보면, 적어도 환경영향평가대상지역 내의 주민들에 대하여는 환경상 이익을 보호하기 위하여 행정청에 공유수면매립법 제32조 소정의 취소 등의 처분과 관련한 조리상의 신청권이 있다고 할 것이다.

그렇다면, 이 사건에 있어서, 위와 같은 관계법령 및 환경영향평가법령들의 취지나 환경영향평가대상지역 안의 주민이 가지는 환경상의 이익 등에 비추어 볼 때, 위 원고들 중 원고 97.은 환경영향평가대상지역 안에 거주하는 주민으로서 피고 농림부장관에게 행정권발동을 요구할 조리상의 신청권이 있다고 할 것이다. 그러나 환경영향평가대상지역 내에 거주하지 아니하는 원고 3537. 내지 원고 3539.에게는 위와 같은 조리상의 신청권을 인정하기 어려우므로, 위 원고들의 이 부분 소는 부적법하다.

(3) 이 사건 거부처분 취소청구에 대한 판단

앞서 본 사실관계 등에 의하면, 당초 새만금사업은 간척지를 농지로 사용하는 것을 전제로 경제성평가를 하고 환경영향평가를 거쳐 수질관리대책을 세웠으나, 그 당시 예상하지 못했거나 간과하였던 여러 사정들의 변경으로 인하여 원래의 이 사건 공유수면매립면허 및 시행인가처분을 유지할 수 없는 상황에 처하게 되었는 바, 감사원의 특별감사에서 간척지를 농지로 사용할 것인지 여부조차 제대로 특정되지 않았고 또한 담수호의 예상수질이 농업용수 수질기준에 미달되며 농지로서의 경제성 평가에 오류가 있다는 등의 문제점이 지적되었다는 점, 민관공동조사단 및 환경부의 수질예측결과 등에 비추어 새만금담수호 중 만경수역에 대하여 농업용수로서의 수질관리가 사실상 불가능할 것으로 보이는 점, 위와 같은 수질관리문제를 감안하여 확정된 정부조치계획에 의하더라도 새만금지구의 상당 부분을 차지하는 만경수역의 경우 수질관리가 될 때까지 개발이 유보됨으로써 그 부분에 대한 편익은 전혀 발생하지 않음에도 수질개선을 위한 비용은 계속 증가하여 사업 자체의 경제적 타당성을 기대할 수 없게 될 것이 명백하다는 점 등의 사유들은 이미 막대한 예산이 소요된 새만금사업 자체를 무산시킬 뿐만 아니라 갯벌을 포함한 환경생태계를 파괴시킬 정도로 중대한 사정변경에 해당된다고 할 것이다.

공유수면매립법 제32조에서는 각호의 사유가 있는 경우에 농림부장관이 공유수면매립면허처분 등의 취소·변경 등 조치를 명할 수 있다고 규정하고 있을 뿐 그 의무를 규정하고 있지는 않으므로 통상의 경우 농림부장관은 재량에 의하여 취소 등 행정권을 발동할 수 있을 것이나 행정소송법 제27조에 따라 그 재량권행사에 있어 일탈·남용하지 않아야 할 의무가 있는바, 공유수면매립법 등 관계법령의 규정내용 및 취지 등에 비추어 보면, 당초의 공유수면매립기본계획 내용을 근본적으로 번복하게 되는 결과를 초래하는 사항이 매립면허처분 이후에 발생하거나 발견될 경우에는 공유수면매립법 제32조의 규정형식에 불구하고 행정청으로서는 재량권의 일탈이나 남용이 없는 적법한 처분을 하여야 할 의무가 있다고 할 것이고, 특히 사후의 사정변경 등으로 대규모의 환경피해를 초래할 위험이 있는 상황에서 당초의 공유수면매립면허처분 및 이에 따른 후속행위로 인하여 실질적으로 그 영향범위내에 거주하는 주민들의 환경상 이익을 침해하는 결과에 이를 수 있는 예외적인 경우에 있어서, 그 주민들로부터 행정권의 발동을 요구받은 행정청으로서는 당초 공유수면매립면허처분 등의 취소·변경 등 필요한 처분을 할 의무가 있다고 할 것이다.

이 사건에 있어서, 앞서 본 사업목적상의 문제 등은 사업목적, 수질관리, 경제성 평가 등의 사정이 실제와 달리 정하여졌거나 처분 이후 실질적으로 변경된 것으로 볼 수밖에 없는 것들로서, 그로 인하여 새만금사업의 당초 사업목적 달성이 어려워지는 것은 물론 갯벌과 주변 해양환경이 파괴될 뿐만 아니라 환경영향평가대상지역 안의 주민을 포함한 국민에게 회복 불가능할 정도로 중대하고 급박한 환경적·생태적·경제적 위험성을 초래할 것으로 예상되고 있는바, 이와 같은 예외적인 경우에 있어서는 공유수면매립면허 등의 취소·변경 등 행정권발동이 반드시 필요한 것으로 보인다.

위와 같은 상황에서 환경영향평가대상지역 안에 거주하는 주민인 원고로부터 행정권 발동요구를 받은 피고 농림부장관으로서는 이 사건 공유수면매립면허 및 시행인가처분의 취소・변경 등 필요한 처분을 하여야 할 의무가 있음에도 새만금사업의 사업목적, 수질관리, 경제성평가 등의 사정이 사후적으로 전혀 변경되지 않았다는 전제 하에 필요한 처분을 하지 아니한 채 이 사건 거부처분에 이르렀으니, 이는 하자 없는 재량권을 행사하여야 할 의무를 저버리고 재량권 일탈・남용의 결과에 이른 것으로서 위법하다고 할 것이다. 따라서 이 사건 거부처분은 위법하므로 취소되어야 할 것이다.

(4) 무효확인청구에 대한 판단

하자 있는 행정행위가 당연무효가 되기 위하여는 그 하자가 법규의 중요한 부분을 위반한 중대한 것으로서 객관적으로 명백한 것이거나(대법원 2002.2.8. 선고 2000두4057판결 참조), 그 행정행위의 내용이 사회통념에 비추어 실현불가능하다고 판단되는 경우에도 인정되어야 할 것이다.

우선, 위 원고들 주장의 하자가 법규의 중요한 부분을 위반한 중대한 것으로서 객관적으로 명백하다고 볼 수 있는지 여부에 관하여 보면, 앞서 본 바와 같이 이 사건 공유수면매립면허 및 시행인가처분 당시 환경영향평가와 경제성평가가 부실하게 실시되었음을 알 수 있으나, 위와 같은 사정만으로는 위 하자들이 법규의 중요한 부분을 위반한 중대한 것으로서 객관적으로 명백하다고 볼 수는 없고, 나아가 이 사건 공유수면매립면허 및 시행인가처분의 내용이 사회통념에 비추어 실현불가능한지 여부에 관하여 보면, 앞서 본 바와 같이 새만금담수호의 수질관리를 위하여 실현가능성조차 희박한 수질개선대책을 동원하여야 할 뿐만 아니라 천문학적인 수질개선비용이 소요되어야 하고, 수질관리의 주무부서인 환경부에서조차 만경수역의 경우 수질관리가 사실상 불가능할 것으로 예측하고 있음을 알 수 있으나, 순차개발방식에 따라 만경수역과 분리하여 우선 개발되는 동진수역의 경우 수질예측결과 농업용수로서의 수질관리가 가능할 것으로 보이는 등의 사정에 비추어, 위와 같은 인정사실만으로는 이 사건 공유수면매립면허 및 시행인가처분의 내용이 사회통념상 실현불가능하다고 보기에는 부족하다. 그렇다면, 위 인정사실만으로는 이 사건 공유수면매립면허 및 시행인가처분이 당연 무효라고 단정할 수는 없으므로, 위 원고들의 주장은 받아들이지 아니한다.

## Ⅱ. 問題點의 提起[1)]

서울행정법원 2005.2.4. 선고 2001구33563판결로 인해 4대 정권에 걸쳐 15년간 2조원이 투입된 새만금간척사업이 중단될 처지에 놓였다. 대상판결은 본문이 93쪽에 달하여 논의전개의 광범성과 치밀성이, 대상사안의 중차대함에 견주어 결코 모자라지 않다. 이런 점은 사정변경과 관련해선 더욱 두드러진다. 복잡한 행정결정에 즈음한, 차원 높은 행정판례의 전범에 해당한다고 할 법하다. 그런데 대상판결에 대해 부여하는 의미 또는 느낌에는 당연히 천양지차가 있다. 보기에 따라선, 환경적 가치를 앞세운 대상판결이 도롱뇽 판결에서 실현되지 못한 생태주의적 법치국가의 단초를 제시한 것으로 봄직하다. 반면 행정법학으로선 만만찮은 숙제를 안게 되었다. 국가중요정책의 시행가부가 사법부에 좌우되는 것에 관한 물음, 행정청의 정책적 판단여지에 관한 물음, 사정변경의 존부에 관한 물음 등이 당연히 제기되곤 한다. 내용적 정당성과 직접 관련이 있는 이들 물음에 선행하여 행정법도그마틱상으로 제기되는 물음은, 사안에 대한 적용법규정(공유수면매립법 제32조)의 적부의 물음이다. 이 물음에 대한 여하한 답은, 결론은 물론 논의전개의 방향 자체를 변화시킨다. 기왕의 졸고(법률신문, 제3338호, 2005.2.14.)는 거부처분상의 신청권의 존부의 물음을 중심으로 대상판결이 기왕의 대법원의 태도와 조화로운지에 초점을 맞추었다. 행정개입청구권과 관련한 기왕의 대법원의 태도가 과연 바람직한지는 별개이다. 그리하여 대상판결에 의한 행정개입청구권의 인정과 관련한 적용법규정의 적부의 물음에 초점을 맞추고서 논의를 전개하고자 한다.[2)]

---

1) 필자는 사안의 중대함 때문에 논의의 엄밀성보다 논의의 시급성을 앞세워, 새만금간척사업判決의 問題點에 관한 小考, 법률신문 제3338호(2005.2.14.)을 발표하였다. 그 뒤 전북공법이론연구회가 "새만금소송의 법적 쟁점"을 주제로 개최한 춘계학술세미나(2005.3.9.)에서, 김희곤 교수의 발표(새만금사업 관련 서울행정법원判決에 대한 法的 검토－司法審査의 限界문제 등을 중심으로－)와 조성규 교수의 발표(철회의 정당성의 근거로서 '사정변경'의 의미)에 토론자로 참석하여 많은 시사를 받았다. 김희곤 교수의 발표내용은 보완을 거쳐 동일한 제목으로 공법연구 제33집 제4호(2005.6), 355면-405면에 게재되었다. 追論: 이하의 논증은 대상판결의 항소심(서울고법 2005.12.21. 선고 2005누4412판결)과 상고심(대법원 2006.3.16. 선고 2006두330전원합의체판결)에도 그대로 통용된다.

2) 여기서의 행정개입청구권은 제3자에 대한 것으로 한다. 다만 그것은 재량영으로의 축소에 따른 본래의 행정개입청구권과는 다소 거리가 있다. 특정처분의무에 연계된 본래 행정개입청구권이란 궁극적으로 법원의 본안판단에 의해 인정되기에, 원고적격의 단계에서 그 명칭을 사용하는 것이 자칫 처음부터 특정처분의무를 내포한다고 오해를 줄 수 있다. 따라서 여기서의 행정개입청구권은 원고적격의 차원에서 그것을 주장한다는 것을 뜻한다. 그리하여 재량이 축소되긴 한데 여전히 선택재량은 잔존한 경우 즉, 재량영으로의 축소에 이르지 않은 재량축소의 경우에는, 특정한 처분을 내용으로 하는 확고한 청구권(행정개입청구권)은 인정되지 않고, 특정되지 않은 채 어떤 처분을 상정하여 구하는 것에 해당하는 무하자재량행사(결정)청구권이 결과적으로 인정되는 셈이다. 요컨대 "재량영으로의 축소"와 "재량축소"는 구분되어야 한다. "재량영으로의 축소"란, 추상적으로 있음직한 법효과가 최대한 제한되어 재량여지가 완전히 축소됨을 상징적으로 나타낸 것이다. 다시 말해, 특정행위이외에는 다른 대체적 수단이 없다는 것이다. 여기선 재량규범상의 하나의 법효과만이 절대적으

당해법원은 공유수면매립법 제32조 제3호상의 사유에 의거하여 농림부장관이 공유수면매립면허 및 사업시행인가처분을 취소하거나 변경하지 않은 것이 위법하다고 판시하였다. 공유수면매립법 제32조 제3호를 착안점으로 삼아 전개한 것에 아무런 법적 문제점이 없는가? 다시 말해, 동조의 기본구조가 제3자에 의한 원용을 가능케 하는지가, 그리고 여기서의 공유수면매립면허처분 등의 취소거부가 과연 처분으로서 거부처분에 해당하는지가 문제된다. 여기선 법원의 기왕의 태도와의 합치여부가 일단 관심사이지만, 나아가 기왕의 태도에 대한 근원적인 물음이 던져진다.

다툼의 출발점인 1991년의 공유수면매립면허처분 등은 이미 불가쟁력이 발생하였다. 그리하여 원고로선 제소기간제약을 받지 않는 무효확인소송과 더불어, -아마도 이것 역시 용이하지 않으리라 판단하여- 동처분의 취소(철회)신청에 대한 거부를 대상으로 삼아 (거부처분)취소소송을 구한 것이다. 사정이 이렇다면 자칫 불가쟁력의 의미가 탈색되어 항시적인 법적 불안정이 초래될 수 있다. 이미 (성립당시의 하자의 존재여부와 무관하게) 불가쟁력이 발생하여 종료된 사안이 다시금 새로이 개시된다는 점에서, 여기서의 취소(철회)는 통상의 철회와는 분명히 거리가 있다. 요컨대 제소기간을 무력화시키는 불가쟁적 행정행위(절차)의 재심사가 문제된다. 이에 연계하여 공유수면매립법 제32조 제3호상의 '사정변경'에 관한 이해가 문제된다.

대상판결은 주민이 신청(요구)한 공유수면매립면허 등의 취소·변경 등 행정권발동에 대해서, 피고(농림부장관)는 공유수면매립면허처분 등의 취소·변경 등 필요한 처분을 하여야 할 의무가 있다고 판시하였다. 즉, 재량축소를 인정한 것이다. 재량축소의 근거를 나름대로 치밀하게 논증한 점은 호평을 받아야 하지만, 재량축소가 배제될 정당한 소지에 관해선 전혀 고려하지 않았음이 문제된다.

---

로 적법하게 되어 재량규범이 부여한 선택자유가 배제되어 버린다. 따라서 엄밀히 보아 결정자유는 물론 선택자유까지 배제되는 상황만이 재량영으로의 축소라 말할 수 있고, 결정자유가 배제되나 선택자유는 여전히 인정되는 경우에는 재량영으로의 축소에는 미치지 못하고 재량축소에 머문다. 결국 양자는 단계적 관계에 있다. 물론 선택재량이 부인되는 경우는 재량축소가 곧 재량영으로의 축소이다. 본질적으로 재량축소는 이형적 경우로서 원칙과 예외의 관계에서 파악해야 할 것이다. 재량축소를 이렇게 이해하려는 입장에 서면, 이형적 경우인 재량축소에 필요한 논거제시를 둘러싼 주장책임과 입증책임에 관한 논의에 당연히 초점이 모아진다. 그리고 (독일의 경우에) 쟁송법적 측면에서 재량영으로의 축소의 경우에는 이행(실행)판결이 행해질 수 있는데 대해서, 재량영으로의 축소에 이르지 못한 재량축소의 경우에는 새입장표명(지령, 재결정)판결만이 행해질 수 있다는 점이다. 과거 독일의 판례·문헌에선 이러한 구별이 분명치 않았지만, 근래에는 엄밀히 구별하려는 입장을 보이고 있다. 이에 관해선 졸고, 행정재량의 축소에 관한 고찰, 현대공법학의 재조명(김남진 교수 정년기념논문집), 법학논집 특별호(고려대학교 법학연구소), 1997, 57면 이하 참조. 追論: 본서 212면 이하 참조.

## Ⅲ. 공유수면매립면허 등의 취소(철회)신청에 대한 拒否處分性 問題

### 1. 拒否處分 인정의 공식

이 사건에서 소송의 대상(객체)은 농림부장관에 대한 원고의 공유수면매립면허 등의 취소신청에 대한 거부(처분)이다. 서울행정법원 행정3부는 이런 신청에 대한 거부가 단순한 차원이 아니라, 거부처분에 해당한다고 보고서 본안의 판단을 내렸다. 이 같은 태도가 현재의 거부처분공식에 부합하는지 검토되어야 한다.

일찍이 대법원이 1984년에 제시한 거부처분공식:「국민의 신청에 대한 행정청의 거부처분이 항고소송의 대상이 되는 행정처분이 되기 위하여는, 국민이 행정청에 대하여 그 신청에 따른 행정행위를 해줄 것을 요구할 수 있는 법규상 또는 조리상의 권리가 있어야 하는 바, 도시계획법상 주민이 도시계획 및 그 변경에 대하여 어떤 신청을 할 수 있음에 관한 규정이 없을 뿐만 아니라, 도시계획과 같이 장기성·종합성이 요구되는 행정계획에 있어서는 그 계획이 일단 확정된 후에 어떤 사정의 변동이 있다고 하여 지역주민에게 일일이 그 계획의 변경을 청구할 권리를 인정해 줄 수도 없는 이치이므로 도시계획시설변경신청을 불허한 행위는 항고소송의 대상이 되는 행정처분이라고 볼 수 없다」[3]은 후속 판결에서 기본 출발점이 되고 있다. 요컨대 동판결의 의의는, 계획변경신청권의 존부의 물음[4]을 넘어서, 거부처분의 성립요건으로서 '국민이 행정청에 대하여 그 신청에 따른 행정행위를 해줄 것을 요구할 수 있는 법규상 또는 조리상의 권리' 즉, '신청권'의 존재를 요구한 점에 있다.

대법원 1998.7.10. 선고 96누14036판결이 거부처분의 성립요건으로 신청권의 존재에 덧붙여 i) 그 신청한 행위가 공권력의 행사 또는 이에 준하는 행정작용이어야 할 것, ii) 그 거부행위가 신청인의 법률관계에 어떤 변동을 일으킬 것을 요구한 이래로, 이런 양식이 정석화되고 있다. 일단 행정소송법상의 처분정의에 의거한 듯 한 점은 호평되어지나, 문제점 또한 안고 있다. 우선 i)과 ii)가 독립되게 요구될 정도로 서로 본질적으로 나누어질 대상인지 의문스럽다. 신청대상행위가 i)의 요건을 충족하면, 그것의 거부는 당연히 ii)의 요건을 충족한다. 따라서 i)과 ii)는 불필요하게 중복된 것이라 하겠다. 그런데 과연 이 판결이 현행법상의 처분정의에 부합하

3) 대법원 1984.10.23. 선고 84누227판결.

4) 한편 대법원 2003.9.23. 2001두10936 판결은 국토이용계획변경신청권을 예외적으로 인정하였다. 이에 관해선 김남진, 국토이용계획변경승인신청과 법적 문제, 법률신문 제3237호, 2004.1.26; 김종보, 도시계획변경거부의 처분성, 행정법연구 제11호, 2004. 상반기; 이선희, 국토이용계획변경승인신청거부행위의 처분성 인정 여부, 대법원판례해설 통권 제47호, 2003. 하반기; 졸고, 국토이용계획변경신청권의 예외적 인정의 문제점에 관한 소고, 행정판례연구 제10집, 2005. 참조. 追論: 본서 486면 이하 참조.

는지 여부도 의문스럽다. 현행 행정소송법 제2조 제1항 1호상의 처분정의- '행정청이 행하는 구체적 사실에 관한 법집행으로서의 공권력의 행사 또는 그 거부와 그밖에 이에 준하는 행정작용'-에 의하면, 거부행위가 처분성을 가지려면 신청대상행위가 '행정청이 행하는 구체적 사실에 관한 법집행으로서의 공권력의 행사'이어야 한다("그 거부"). 따라서 행정행위(처분)가 아닌 사실행위나 공법계약체결의 거부는 거부처분이 될 수 없다. 다만 이런 거부행위가 처분정의상의 준처분적 부분에 해당하여 처분성을 가질 수 있긴 하나, 자칫 본행위의 법적 성질에 관한 오해를 방지하기 위하여, 이 경우에도 전형적인 처분으로서의 거부처분으로 환치시켜선 아니 된다.[5] 이 점에서 대법원 1998.7.10. 선고 96누14036판결상의 i )의 요건은 처분정의와는 분명한 간극이 있으며, 또한 기본적으로 기왕의 판결과 궤를 같이 한다.[6]

한편 대법원 1996.6.11. 선고 95누12460판결은 신청권을 신청의 인용이라는 만족적 결과를 얻을 권리 즉, 실질적 권리(청구권)차원에서 이해하지 않기에, 기실 신청에 대한 단순한 응답요구권(이른바 형식적 신청권)만으로도 거부처분의 근거점인 신청권의 존재가 인정된다.[7] 엄밀히 보자면, 대법원 1996.6.11. 선고 95누12460판결은 대법원 1984.10.23. 선고 84누227판결을 그대로 전승한 판결들과는 상반된다고 판단될 정도로 기본태도에 차이가 있다. 신청권의 존부에 연계하여 거부처분여부를 판단하는 원칙적 입장에서 비롯된 문제점은 대법원 1996.6.11. 선고 95누12460판결을 통해서 어느 정도 가실 수 있기에, 동판결의 취지가 설령 조리에 의탁하여 실현될지언정 적극적으로 구현되는 것이 요망된다.

### 2. 對象判決의 '(조리상의) 申請權' 認定과 大法院 1999.12.7. 선고 97누17568判決

처분성인정의 물음에 원고적격의 물음을 혼입시키는 것이 문제의 시발이어서 많은 문헌이 정당하게 이를 비판하지만, 거부처분공식을 나름대로 분명히 탈피하지 않는 한, 공유수면매립법 제32조 특히 동조 제3호와 관련하여 '신청권'이 존재하는지가

---

5) 독일의 경우에도 과연 직무활동의 실행과 그 거부가 동일한 법적 성질을 갖는지가 다투어진다. 특히 사실행위의 거부와 관련하여, 다수는 사실행위실행에 관한 결정은 원하는 급부와의 관계에서 단지 비독립적인 부속물에 불과하고 아무런 법적 구속력이 있는 규율을 가지지 않음을 근거로 처분성을 부인한다. 그러나 Kruse가 거부된 행위의 성질로부터 거부를 추론하는 것은 선험적으론 정당화되지 않으며, 단지 명문이나 관습법적 규율에 의해서만 허용된다고 강변하듯이, 반대의 입장도 상당하며, 판례 또한 그 경향을 판단하기가 쉽지 않다. 이에 관해선 vgl. Kopp/Schenke, VwGO Kommentar, 12. Aufl., 2000, §42 Rn.40; Stelkens/Bonk/Sachs, VwVfG, Kommentar, 6. Aufl., 2001, §35 Rn.56; Krause, Rechtsformen des Verwaltungshandelns, 1974, S.201f.; Lässig, DVBl. 1979, S.561(562).

6) 동지: 홍준형, 평생교육시설 설치자 지위승계와 설치자변경 신청서 반려처분의 적법여부, 행정판례연구 제8집, 2003, 97면 주3).

7) 한편 나아가 신청대상행위의 처분성이 긍정되면, 이는 형식적 신청권 역시 긍정하는 셈이 되기에, 별도로 형식적 신청권을 요구할 필요가 없다고 한다. 김남진/김연태, 행정법 I, 2005, 682면.

우선적으로 검토되어야 한다. 이상에서 보았듯이, 대상판결은 '조리상의 신청권'을 인정한다.

그런데 동법 제32조(면허의 취소등)는 「해양수산부장관은 매립공사의 준공인가 전에 다음 각호의 1에 해당하는 사유가 있는 경우에는 이 법에 의한 면허 또는 인가등을 취소·변경하거나 매립공사의 시행구역안에 있는 공작물 기타 물건의 개축·제거 또는 원상회복 기타 필요한 처분을 할 수 있다. 1. 허위 기타 부정한 방법으로 매립면허 기타 처분을 받은 경우, 2. 매립공사가 매립면허를 받은 자의 귀책사유로 인하여 예정공정에 현저히 미달된 경우, 3. 공유수면의 상황 변경 등 예상하지 못한 사정변경으로 인하여 공익상 특히 필요한 경우, 4. 기타 법령의 규정에 의하여 토지를 수용 또는 사용할 수 있는 사업을 위하여 필요한 경우, 5. 이 법 또는 이 법에 의한 명령이나 처분에 위반한 경우」고 규정한다. 동조의 기본구조는 해양수산부장관을 비롯한 면허권자와 매립면허를 받은 자간의 법률(권리·의무)관계를 바탕으로 한다. 대부분의 행정법령 역시 '감독'의 차원에서 동일하게 규정하고 있다.

제3자효 행정행위에서 그 제3자에게 원고적격이 인정되는지의 가늠잣대가 바로 '보호규범이론'이다. 사안은 행정청으로 하여금 일정한 처분을 할 것을 구하는 적극적인 대처방식이기에, 해당 법규정의 적용의 적부 물음이 현상에 대한 소극적 대처방식인 취소소송의 경우에 비할 수가 없다. 즉, 3극관계-면허권자, 면허(받은)자, 주민-의 상황이다. 비록 사안에서 면허권자와 면허를 받은 자가 동일하더라도, 기본관계의 3극성 특히 주민의 제3자적 지위에는 하등 변화가 없다. 따라서 본 사건처럼 제3자가 과연 자신의 권리를 위하여 동조와 같은 감독규정을 원용할 수 있는지가 검토되어야 한다.

일찍이 대법원은 1999.12.7.자 판결(97누17568)에서, 「구 건축법(1999.2.8. 법률 제5895호로 개정되기 전의 것) 및 기타 관계 법령에 국민이 행정청에 대하여 제3자에 대한 건축허가의 취소나 준공검사의 취소 또는 제3자 소유의 건축물에 대한 철거 등의 조치를 요구할 수 있다는 취지의 규정이 없고, 같은 법 제69조 제1항 및 제70조 제1항은 각 조항 소정의 사유가 있는 경우에 시장·군수·구청장에게 건축허가 등을 취소하거나 건축물의 철거 등 필요한 조치를 명할 수 있는 권한 내지 권능을 부여한 것에 불과할 뿐, 시장·군수·구청장에게 그러한 의무가 있음을 규정한 것은 아니므로 위 조항들도 그 근거 규정이 될 수 없으며, 그 밖에 조리상 이러한 권리가 인정된다고 볼 수도 없다」라고 하면서, 인근주민(제3자)이 건축허가 및 준공검사취소 등과 관련하여 제기한 거부처분취소의 소와 부작위위법확인의 소가 부적법하다고 판시하였다. 동지의 판례가 과거에도 엄존한 사실[8]은, 이 같은 법원의 태도가 새삼스럽지 않음을 보여준다.

국가개입과 관련한 물음에서 대법원의 이 같은 태도가 과연 바람직한지 여부와는 무관하게, 일단 대상판결이 이에 합치되는지 여부가 관건이다. 요컨대 대상판결은 일단 대법원 1999.12.7. 선고 97누17568판결과는 어울리지 않는다. 97누17568판결의 사안과 대상판결의 사안의 차이점을 들어 반론을 제기할 수 있지만, 제3자의 요구에 의한 행정권발동이라는 기조에는 다름이 있을 수 없다.

### 3. 破格으로서의 對象判決의 意義-大法院 1999.12.7. 선고 97누17568判決의 問題點[9]

대법원 1999.12.7. 선고 97누17568판결은 우리의 대부분의 문헌들이 행정개입청구권을 일반적으로 시인하고 있고, 심지어 국가시험에서조차 그것이 긍정적으로 다루어지고 있는 현실에 정면으로 배치된다. 왜냐하면 행정개입청구권이 통용될 수 있는 대표적 영역인 건축법에서의 그것의 부정은 다름 아닌 그것 자체에 대한 전면적 부정으로 봄 직하기 때문이다. 비록 문헌상으로 행정개입청구권과 관련해서 개입수단의 수권이나 재량영으로의 축소 등이 깊이 있게 다루어지지 않은 점은 있다. 하지만 동 판례가 독일의 과거의 프로이센시대의 유습을 답습했다고까지 말할 수 있을 정도로, 오늘날의 행정법의 경향인 행정법의 주관적 권리화(Subjektivierung des Verwaltungsrechts)에 역행하였다는 비난은 면할 수 없을 것이다.[10] 동 판례의 몰역사성은, 과거 대법원이 연탄공장사건[11]에서 관련 법규의 인인보호적 성격을 면밀히 검토한 점을 상기할 때 더욱 두드러진다. 그리고 대법원은 종전에 당초의 공사중지명령이 적법한 것으로 확정되었음에도 불구하고, 공사중지명령의 잠정성에 의거하여 공사중지명령해제요구권이 그 공사중지명령에 담겨져 있는 것으로 나아가 조리상으로도 인정된다고 판시하였다.[12] 양극관계와 삼극관계라는 차이점을 감안하더라도 법원의

8) 대법원 1996.1.23. 선고 95누1378판결; 1993.4.23. 선고 92누17099판결.

9) 이에 관해선 특히 졸고, 建築法上의 鎭壓的 介入手段을 통한 隣人保護에 관한 小考, 공법연구 제29집 제3호 2001.5., 347면 이하; Quo vadis-行政介入請求權(行政介入에 관한 隣人의 保護請求權)?, 고시연구, 2001. 7., 42면 이하 참조. 追論: 본서 69면 이하 참조.

10) 독일의 경우에도 1950년대 말까지 행정개입청구권이 부인되다가, 띠톱판결(Bandsäge-Urteil)이 그것과 그것의 바탕이 된 재량축소법리에 관하여 새로운 지평을 열었다(BVerwGE 11, 95). 동 판례를 Erichsen은 "획기적인 리딩결정"이라 평하였고(VVDStRL 35(1977), 171, 210 Fn.236), Bachof는 평석에서 "거의 센세이셔널한 것"으로 평하면서 아울러 선척적 결함에 해당하는 동 판례의 도그마적 취약점을 지적하였다(DVBl. 1961, 128, 129). 하지만 유의해야 할 점은, 동 사건에서 특정한 개입(처분)을 행할 의무를 발생시키는 (진정한 의미의) 행정개입정구권이 원고에게 인정되진 않았다는 점이다.

11) 대법원 1975.5.13. 선고 73누96・97판결.

12) 대법원 1997.12.26. 선고 96누17745판결. 동 판례가 공사정지가 아닌 공사중지명령에 대해서 기본적으로 잠정성을 부여함을 바탕으로 논의를 전개한 점이 문제인데, 그보다 더 큰 문제점은 이미 당초의 공사중지명령에 불가쟁력이 발생한 점이 간과된데 있다. 즉, 공사중지명령의 잠정성에 따른 공사중지명령해제요구권의 인

태도가 상충됨은 피할 수 없다.

법원의 태도가 일관되지 못한 결정적인 이유는 바로(건축법 제69조 등과 같은) 개입수권규범을 바르게 이해하지 못함에 있다. 우선 관련 법령이 국민에게 행정개입청구권을 부여하지 않음을 논거로 제시하는데, 행정법규상으로 자신도 아닌 제3자에 대해서 공권력을 발동하도록 요구할 수 있는 규정이 거의 없다는 점에서 타당하지 않다. 행정개입청구권은 그 출발점이 개입수권규범임을 간과하였다. 또한 개입수권규범은 전적으로 행정청의 권능만을 부여하기에 행정개입청구권의 근거규정이 될 수 없다고 보는데, 이는 비록 개입수권규범 자체가 바로 행정개입청구권의 인정이 될 순 없지만, 그것을 바탕으로 하여 보호규범위반을 매개로 하여 행정개입청구권이 성립하는 점을 몰각하였다. 법원의 견해를 따르면, 인인보호란 마치 개입수권규범의 반사적 이익에 불과한 셈이 된다. 그리고 동조항의 재량규범성이 행정개입청구권부인의 논거가 될 수 없음은, 동 청구권이 애초에 무하자재량행사청구권을 출발점으로 삼아 재량영으로의 축소를 매개로 성립하게 되는 점이 증명한다.[13] 지금 논의되고 있는 (대법원의) '행정소송법개정안'에 대해 논란이 분분하나, 의무이행소송의 도입에는 아무런 이의가 없는 듯하다. 그런데 개입수권규범에 대한 법원의 태도가 이렇다면, 의무이행소송은 허가신청에 대한 거부나 부작위와 같은 양극관계에서나 주효할 뿐 그 제도적 의의가 반감된다. '행정소송법개정안'에 의하면 "예방적 금지소송"을 항고소송의 일종으로 새로이 신설하고자 하는데, 개입수권규범에 대한 이해가 태부족인 상황에서 자칫 소송법적 근거가 개입수권근거로 기능할 가능성도 있다.[14]

---

정이 출발점이 되어선 아니 되고, '불가쟁적 행정행위의 재심사'의 측면에서 바라보아야 한다.

13) 사실 판례가 취소소송이나 부작위위법확인소송에 있어서의 대상인 거부처분이나 부작위를 법규상·조리상의 권리와 결부시키는 입장에서, 행정개입청구권의 존부를 논하지 않았는가 생각이 든다.

14) 그런데 "예방적 금지(부작위)소송"이란 기왕 발해진 행정결정에 관한 진압적 사법통제를 넘어 그 행정결정의 제지를 목표로 삼기에, 집행부의 기능영역에 대한 광범한 사법적 개입이 초래된다는 점을 유의하여야 한다. 이런 문제점에 관해선 vgl. Schmidt Glaeser, Verwaltungsprozeßrecht, 14.Aufl., 1999, R.313. 따라서 '행정소송법개정안' 제55조에 따른 그것의 성립요건이 현행 행정소송법 제23조의 집행정지의 요건에 흡사하여선 곤란하고, 정당한 이익의 존재만으로 그것을 현실화시킬 수 있게 한 것은 재고되어야 한다. 독일의 경우 집행정지의 원칙을 취하기에, 그것의 제한적인 예방적 효과가 효과적인 권리보호를 매개하는 한에 있어서, 그 잠정적 권리구제(가구제)가 -예방적 금지소송을 통한- 예방적인 완전권리보호의 필연성(요청)을 소멸시킨다 하겠다(Vgl. Eyermann/Renner, VwGO Komm., 10.Aufl., 1998, Vorbem. §40 R.25). 또한 계속적 확인소송의 가능성 역시 예방적 권리보호에 대한 우선적 대안으로서 고려된다(Vgl. Schmidt Glaeser, a.a.O., R.313). 이처럼 예방적 금지소송은 그것의 최후보충성으로 극히 이례적으로 인정됨을 염두에 두어야 한다. 우리의 경우 집행부정지가 원칙이고 예외적으로 집행정지가 허용된다. -굳이 독일의 경우에 그것이 판례법적으로 충분한 고려를 거친 다음에 공인된 사정은 차치하더라도- 그것을 법정화된 소송종류의 하나로 격상시키는 것은, 예방적 권리구제의 수단으로 기능하는 이들간의 상호관계나 제도도입에 따른 비용편익분석의 측면에서 보자면 의문스럽게 여겨진다. 먼저 사후적 권리보호에 대한 예방적 보완책으로서 집행정지의 원칙을 택하는 것이 권력분립적 마찰을 덜 야기하고, 국민의 권리보호의 보장을 위하여 꼭 필요하며, 예방적 금지소송의 최후보충성을 담보한다는 점을 고려하여야 한다. 이런 문제점은 '개정안'에서 가처분제도의 도입이 강구되고 있는 점에도 그대로 통용될 수 있다. 행정소송의 종류와 관련해선 졸고, 행정소송의 종류의 체계에 관한 소고, 현대공법이론의 제문제(석종현 박사 화갑기념논문집), 2003, 659면 이하 참조.

한편 건축법 제69조 등의 개입수단이 인인보호를 위하여 원용될 수 없을 경우에는, 우리 건축법상의 인인보호는 취소소송을 통한 허가방지청구권에만 전적으로 의거해야 하고 개입을 통한 보호청구권은 전적으로 민사적 구제방법을 강구해야 한다. 비록 독일의 판례·다수 경향처럼 공법적·사법적 인인구제가 양립한다 하더라도,[15] 후자가 전자에 비하면 여러 가지 점(예: 소송가액 등)에서 인인에게 불리할 뿐더러, 자칫 감시·감독이라는 행정임무가 미필적으로 방기될 우려가 있다. 개입의 수권규범은 법률상으로 맡겨진 감시업무의 도구로서 기능하는 점을 염두에 두어야 한다.

요컨대 대법원 1999.12.7. 선고 97누17568판결의 이상과 같은 문제점에 비추어, 대상판결의 의의는 대법원 1999.12.7. 선고 97누17568판결에 대한 파격에 다름 아니다.

## Ⅳ. 行政節次의 再審査와 行政行爲의 撤回

이미 다툼의 출발점인 1991년의 최초의 공유수면매립면허처분은 불가쟁력이 발생하였고, 원고로선 제소기간제약을 받지 않는 무효확인소송 역시 주효하지 않으리라 판단하여 동처분에 대한 취소(철회)를 구한 것이다. 통상적인 철회와는 엄연히 구별되는 이 같은 시도는 자칫 불가쟁력의 의미를 탈색시켜 항시적인 법적 불안정을 초래할 수 있다. 왜냐하면 자칫 장기간 처분이 존속하고 이에 따라 진행될 사업은 물론, 이미 처분이 종료된 사업까지도, 항시 제3자에 의한 공세 및 무화의 가능성에 노출됨으로써, 사실상 무한적인 변경유보에 놓이기 때문이다.

물론 불가쟁력이 발생하더라도, 행정청이 직권으로 취소나 철회하는 데 아무런 장애는 없다. 문제는 관련인이 그 같은 취소나 철회를 요구할 수 있느냐 하는 것이다. 독일 행정절차법 제51조는 불가쟁적 행정행위의 재심사(재개, Wiederaufgreifen)를 규정하고 있다(협의의 재심사).[16] 그에 따르면, 행정절차법 제51조의 재심사요건[17]이 충족되면 행정청은 절차를 재개하여 재심할 의무를 지며, 그에 대응하여 관계인은 (절차)재개청구권 및 새로운 결정에 관한 청구권을 갖는다. 물론 이 청구권이 당초결

15) 앞서의 독일 띠톱판결은 그 이전과는 달리 공법적 인인보호의 우위를 가져다 주었다. 그러나 공법적 인인보호의 승리행진은 독일 BGH의 '테니스장결정'(BGH NJW 1983, 751f.)으로 그치고, 오늘날은 공·사법적 인인보호의 양립(복선화론)이 다수설·판례의 입장이다.

16) 우리의 경우 1987년의 행정절차법안은 독일의 그것을 참조하여 행정처분의 재심사를 규정하였으나(동법안 제33조), 현행의 행정절차법은 그에 관한 규정을 두고 있지 않다. 이 점 역시 현행의 행정절차법이 과거의 안보다 뒤진 하나의 예에 해당한다. 생각건대 현행 행정절차법에 이에 관해서 마련되어 있지 않아서, 행정절차가 자칫 요식적 의미만을 지닐 소지가 있다. 독일의 경우 연방행정법원이 재심규정을 두지 않는 절차법은 위헌이라 판시한 판결(BVerwGE 39, 197)이 계기가 되어 동제도가 정착되었다는 점은 우리로 하여금 여러 가지를 느끼게 한다. 행정행위의 재심사에 관해선 김남진, 행정법의 기본문제, 1994, 275면 이하 참조.

17) ⅰ) 당해 행정행위의 기초가 된 사실상태 또는 법상태가 사후에 관계자에게 유리하게 변경된 경우, ⅱ) 관계자에게 유리한 새로운 증거가 존재하는 경우, ⅲ) 민사소송법 제508조에 준하는 재심사유가 발생한 경우.

정의 폐지 및 새로운 결정에 의한 대체에 관한 청구권을 뜻하진 않는다. 한편 행정행위의 재심사를 광의로 새기면, 행정행위의 폐지-직권취소와 철회를 포괄하는-까지도 그에 포함될 수 있다. 그런데 동법 제51조의 재심사와 행정행의 폐지상의 그것과의 관계를 두고선, 독일의 지배적 입장은 양자를 분리하여 고찰하지만,[18] Maurer 등의 소수견해는 재심사를 취소와 철회의 규율에 연계시킨다.[19] 행정행위의 폐지와 그에 따른 재심사는 협의의 재심사와는 달리 원칙적으로 행정청의 재량에 속한다. 그리하여 과거 독일의 다수설은 이러한 재심사에 대한 무하자재량행사청구권과 (재량축소의 경우에는) 재심사청구권이 관계인에게 인정되지 않는다고 보았으며, 현재에도 일부는 이러한 입장을 취한다. 그러나 오늘날의 다수 경향은 주관적 공권과 그것의 요건에 관한 논의에 바탕을 두고서 그러한 청구권의 성립을 인정한다. 즉, 재량규정인 행정행위의 취소·철회규정(독일 행정절차법 제48조 제1항, 제49조 제1항)은 공익뿐만 아니라 개인의 사익을 위해서도 존재한다는 점, 존속력과 배치되지 않는다는 점, 사실 행정청이 갖는 재심사·취소·철회에 관한 권능으로 이미 행정행위의 존속력은 깨뜨려졌다는 점을 논거로 들고 있다. 후자의 입장에서 재심사에 대한 무하자재량행사청구권과 재심사청구권의 성립을 시인하면, 과연 어떠한 경우에 재심사의무와 재심사청구권을 발생시키는 재량영으로의 축소가 성립하는지가 문제된다. 선행 행정행위의 위법성만으론 취소·철회의무를 성립시키는 데 충분치 않으며, 독일 판례상으로 당초 결정의 유지가 전적으로 수인할 수 없는 경우에 그것이 인정되었다.[20] 한편 이러한 취소·철회규정은 특히 종전의 허가업자에게 유리하게끔 손실보상을 보장함으로써 여러 이익의 균형이 맞추어져 있다(예: 독일 행정절차법 제49조 제6항).

우리의 경우 독일 행정절차법 제51조와 같은 명문규정이 없는 이상, 독일에서의 광의의 재심사에 착안하여 행정행위의 취소와 철회의 일반론, 특히 행정행위의 철회론에 의거하여 접근할 수 있다. 결국 공유수면매립법 제32조 특히 동조 제3호에 초점이 모아지되, 동조가 상정한 통상적인 지향점과는 다른 사안임을 충분히 염두에 두어야 한다(후술).

한편 대법원 1997.9.12. 선고 96누6219판결은 『도시계획법령이 토지형질변경행위허가의 변경신청 및 변경허가에 관하여 아무런 규정을 두지 않고 있을 뿐 아니라, 처분청이 처분 후에 원래의 처분을 그대로 존속시킬 필요가 없게 된 사정변경이 생

18) Kopp/Ramsauer, VwVfG, 8. Aufl., 2003, §51 Rn.9.
19) Maurer, Allg. VerwR, 15. Aufl., 2004, §11 Rn.61.
20) BVerwG NVwZ 1985, 265; BVerwGE 28, 122.

겼거나 중대한 공익상의 필요가 발생한 경우에는 별도의 법적 근거가 없어도 별개의 행정행위로 이를 철회·변경할 수 있지만(대법원 1992.1.17. 선고 91누3130판결 참조), 이는 그러한 철회·변경의 권한을 처분청에게 부여하는 데 그치는 것일 뿐 상대방 등에게 그 철회·변경을 요구할 신청권까지를 부여하는 것은 아니라 할 것이므로, 이와 같이 법규상 또는 조리상의 신청권이 없이 한 국민들의 토지형질변경행위 변경허가신청을 반려한 당해 반려처분은 항고소송의 대상이 되는 처분에 해당되지 않는다」고 판시하였다. 이에 대해선 신청권을 실질적 권리(청구권)로 과잉의미를 부여한 점과 아울러 통상적인 철회논리(근거불요설)가 아무런 여과없이 통용되는 점이 문제된다. 또한 철회대상행위의 성질상의 차이에 따른 법적 지향점의 다름이 간과된 채, 기왕의 입장이 그대로 대입된 소산으로 여겨진다. 처음에 어떤 수익을 구하는 것과 당초의 부담의 제거·변경을 구하는 것은 전혀 다르다. 후자의 경우엔 원칙적으로 기본권제한의 철폐를 지향하기에, 창설적 의미에 따른 법률적 근거를 잣대로 삼을 순 없다. 오히려 그 같은 법률적 근거를 마련하는 것이 요구된다. (당초에 위법한) 부담적 행정행위에 대한 취소쟁송의 보장과는 별도로,[21] (당초에 적법한) 부담적 행정행위로 인해 제한된 기본권을 사정변경시에 철회(제거·변경)를 통해서 회복할 수 있는 길이 없다면, 이는 법치국가원리의 중핵에 해당하는 재판청구권을 통한 국민의 권리보호의 보장에도 배치된다.[22]

## V. 공유수면매립법 제32조 제3호상의 '事情變更'의 問題

독일 행정절차법은 사정변경을 이유로 한 행정행위의 철회에서, 철회불행사시에 공익이 위태롭게 될 것을 추가로 요구한다(동법 제49조 제2항 제3호). 그리하여 철회가 단지 일반적으로 공익을 위하여 존재하는 것으로는 충분치 않다. 오히려 공익의 위험을 방지하기 위하여, 즉 국가, 공중이나 다른 공동선(가령 국민보건이나 청소년보호)에 관한 직접적으로 임박한 손해(손상)을 제거나 방지하기 위하여, 철회가 반드시 필

21) 가령 용도지역을 일반주거지역에서 전용주거지역으로 변경한 도시계획변경결정에 대한 취소소송이 이에 해당한다. 참조: 대법원 1995.12.22. 선고 95누3831판결.

22) 이 점에서, 대법원 1995.4.28. 선고 95누627판결: 「국토이용관리법은 국토건설종합계획의 효율적인 추진과 국토이용질서를 확립하기 위하여 제정된 것으로 국토이용계획의 결정과 그 변경은 건설부장관이 관계행정기관의 장으로부터 그 의견을 듣거나 그 지정 또는 변경요청을 받아 이를 입안 또는 변경하여 국토이용계획심의회의 심의를 거쳐 고시하도록 규정하고 있고 토지소유자에게 국토이용계획의 변경신청에 대하여 일정한 제한을 가하고 있다 하여도 이와 같은 제한은 공공복리에 적합한 합리적인 제한이라고 볼 것이고, 그 제한으로 인한 토지소유자의 불이익은 공공의 복리를 위하여 감수하지 아니하면 안 될 정도의 것이라고 인정되며 이러한 제한을 가지고 헌법상 보장되어 있는 국민의 재산권보장의 규정을 침해하는 것이라고 볼 수 없다」은 문제가 있다.

요하여야 한다. 이 점에서 행정행위의 존속으로 인한 구체적 위험이란 불가결하다. 그리고 이런 위험을 제거하는 데 철회가 이바지할 수 있으며 필요하다.[23] 국고적 이익 가령 공공재원의 절약이나 과도경비의 회피와 같은 것 역시 여기서의 공익에 해당할 수 있다.[24] 유의할 점은 여기서 위험에 처한 공익의 보호가 (철회하는) 행정청의 임무범주에 속할 것이 필요하다.[25]

우리의 공유수면매립법 제32조 제3호상의 취소(철회)근거-공유수면의 상황 변경 등 예상하지 못한 사정변경으로 인하여 공익상 특히 필요한 경우-와 관련해선, 동규정은 철회근거로서의 사정변경을 포착함에 있어 사정변경의 존부의 물음과 더불어 중요한 고려사항을 담고 있다. 즉, 사정변경은 "예상치 않은 것"이어야 한다. 그리고 사정변경 그 자체는 철회의 계기이고 그에 더해서 철회가 "공익상 특히 필요"하여야 한다. 전자와 관련해선, 행정행위가 효력을 발생시켜 성립된 이후에 발생한 사정변경만이 의미를 갖는다. 엄밀히 보자면 후자와 관련해선, 사정변경의 존부에 관한 판단의 단계가 문제되는 것이 아니라, 사정변경의 인정 이후에 철회의 필요성여부를 판단할 단계가 문제된다. 물론 양 단계가 합일적으로 진행될 수 있긴 하나, 어떤 경우에도 사정변경에 따른 철회의 필요성에 관한 고찰이 생략되어선 아니 된다. '공익상의 특별한 필요'란 철회의 필요성여부에 관한 물음과, 철회권행사시의 재량행사(이익형량)의 물음은 엄연히 구분된다.[26] (철회가) "공익상 특히 필요한 경우"란 어의에 맞추기 위해선, 철회가 본래 지향하는 (일반적) 공익의 차원에서 접근하여선 곤란하다. 요컨대 비록 명문상으로 담고 있진 않지만, 독일 행정절차법상으로 사정변경에 따른 철회시에 추가로 요구되는 '공익의 구체적 위험'을, "공익상 특히 필요한 경우"를 위한 연결고리로 삼을 수 있다.

대상판결은 사정변경의 존부를 판단함에 있어서, ⅰ) 간척지의 사용용도 등 사업목적상에 사정변경이 발생하였는지 여부, ⅱ) 담수호에 대한 수질관리상에 사정변경이 발생하였는지 여부, ⅲ) 사업의 경제성평가상에 사정변경이 발생하였는지 여부, ⅳ) 새만금갯벌의 가치 및 그에 대한 평가상에 사정변경이 발생하였는지 여부, ⅴ) 해양환경 등의 변화상에 사정변경이 발생하였는지 여부를 논의하였다. 그리하여 「당초 새만금사업은 간척지를 농지로 사용하는 것을 전제로 경제성평가를 하고 환경영향평가를 거쳐 수질관리대책을 세웠으나, 그 당시 예상하지 못했거나 간과하였던

23) OVG Münster NVwZ 1985, 284; 1988, 943.

24) BVerwG DVBl. 1982, 797; DÖV 1986, 202.

25) Kopp/Ramsauer, VwVfG, §49 Rn.48; Stelkens/Bonk/Sachs,, VwVfG, §49 Rn.71.

26) 물론 결합규정(Koppelungsvorschriften)의 경우에 행위요건부분에 관한 판단에서 재량행사시에 고려될 이익상황이 충분히 고려되면 행위선택단계에서의 이익형량이란 생략되어 실제론 재량소멸(Ermessensschwund)이 초래된다. 그럼에도 불구하고 이 글에선 일단 행위요건과 행위선택, 양자를 구분하여 논하고자 한다.

여러 사정들의 변경으로 인하여 원래의 이 사건 공유수면매립면허 및 시행인가처분을 유지할 수 없는 상황에 처하게 되었는바, 감사원의 특별감사에서 간척지를 농지로 사용할 것인지 여부조차 제대로 특정되지 않았고 또한 담수호의 예상수질이 농업용수 수질기준에 미달되며 농지로서의 경제성평가에 오류가 있다는 등의 문제점이 지적되었다는 점, 민관공동조사단 및 환경부의 수질예측결과 등에 비추어 새만금담수호 중 만경수역에 대하여 농업용수로서의 수질관리가 사실상 불가능할 것으로 보이는 점, 위와 같은 수질관리문제를 감안하여 확정된 정부조치계획에 의하더라도 새만금지구의 상당 부분을 차지하는 만경수역의 경우 수질관리가 될 때까지 개발이 유보됨으로써 그 부분에 대한 편익은 전혀 발생하지 않음에도 수질개선을 위한 비용은 계속 증가하여 사업 자체의 경제적 타당성을 기대할 수 없게 될 것이 명백하다는 점 등의 사유들은 이미 막대한 예산이 소요된 새만금사업 자체를 무산시킬 뿐만 아니라 갯벌을 포함한 환경생태계를 파괴시킬 정도로 중대한 사정변경에 해당된다」고 판시하였다.

이 같은 사정변경의 인정과 관련한 대상판결의 논증이, 공유수면매립법 제32조 제3호에 관한 이해에 부합하는지 여부가 현하 다툼의 핵심이다. 궁극적으로 판단여지론에 연계되어 고도의 정책적 사안에 대한 사법심사에 관한 물음으로 이어질 이 물음은 일단 여기선 약하기로 하되,[27] 다만 이상과 같은 이해에 덧붙여, 사안의 기본성격(3극관계)에 관한 통찰도 요구된다.

## Ⅵ. 裁量縮小의 排除의 問題

대상판결은 재량축소에 관한 논의를 바탕으로 하여 거부처분의 위법성을 치밀하게 논증하였다. 이런 치밀한 논증이 재량축소의 설득력을 제고시키긴 하나, 재량축소가 도식적으로 이루어져서는 아니 되기에, 일정한 경우에는 재량축소 및 그에 따른 개입의무가 배제되어야 한다. 재량축소의 배제는 재량축소의 한계, 재량축소의 요건의 일부로 달리 표현할 수 있다. 사실 재량축소에 관한 논의가 아직 충분치 못한 지금, 그것의 요건, 한계 등을 만족스러울 정도로 정연하게 서술하기란 어렵다.

Drews/Wacke/Vogel/Martens는 개입의무의 성립에선 다음의 다섯 가지 관점이 고려된다고 기술하였다.[28] ⅰ) 구체적 사건에서 개입이 허용되어야 한다. 다만 사권보호와 관련해선 경찰보충성의 원칙이 적용된다. ⅱ) 위험이나 장해의 정도가 중요

27) 비판으론 김희곤 교수의 글(발표문 6-15면), 조성규 교수의 글(발표문11-12면) 참조.

28) ders., Gefahrenabwehr, 9. Aufl., 1986, S.401f.

하다. 다만 소소한 경우엔 개입할 필요가 없지만 극히 중대한 손해발생의 경우에 국한해서도 아니 된다. iii) 경찰개입허용성에 관한 결정에는 위험의 정도와 예상손상에 관한 개연성판단이 요구된다. 다만 개연성정도가 엄격히 요청되되 너무 지나쳐서는 아니 된다. iv) 여러 임무를 수행하는 경찰은 더 중요한 임무를 우선시킬 수 있으므로, 경찰개입의무는 다른 임무가 절박하지 않은 경우에만 성립할 수 있다. v) 위험이나 장해의 정도와 그것의 방지에 소요될 비용간에 비교형량하여야 한다. 다만 여기선 과잉금지원칙의 준수여부에 관한 판단에서와는 달리 경찰조치의 불이익한 결과뿐만 아니라 소요되는 인적·물적 비용까지도 고려하여야 한다. 생각건대 i) 내지 iii)을 재량축소의 원인·사유에 해당시킨다면, 재량축소의 배제와 관련해선 iv)와 v)를 주목할 필요가 있다(물론 이것이 절대적 구별은 아니다).

재량축소의 배제논거는 개입이 사실상 가능한지 그리고 법적으로 기대가능성이 있는지의 관점에서 음미할 수 있다.[29] 가령 한 정치집단이 시가행진을 갖고자 하는데 폭력행사의 용의까지 지닌 반대세력이 위협을 가할 경우, 집회자유 등에 의해서 그 시가행진에 경찰보호가 법적으로 꼭 필요하다 할 수 있지만, 만약 일정한 시점·장소에 경찰력을 지체없이 투입하지 못할 상황이라면, 이러한 보호는 사실상 불가능하기에 경찰에 대해 의무를 지울 순 없다고 보아야 한다. 그런데 이 경우 경찰이 그들의 생명에 지장도 없이 그리고 무기를 꼭 사용해야 할 필요도 없이 그 시위대를 보호하기엔 너무나 턱없이 적은 인적·물적 수단을 보유하였다면, 사정이 다르다. 여기선 사실상의 가능성의 문제에서 기대가능성(Zumutbarkeit)의 문제로 탈바꿈한다. 통상 기대가능성(수인가능성)은 개인의 권리에 대한 국가적 개입의 제한 논거, 다시 말해 개인적 희생의 한계로서 기능하지만, 반대로 국가가 개인에 의해서 주관적으로 강제될 수 있는 의무상황에 봉착하였을 때 그 자신의 책임을 면하기 위해서도 그것이 주장될 수 있다. 후자와 관련해선 행정상의 결과제거청구권의 요건·한계에서 수인가능성(기대가능성)이 제시되는 것을 생각하면 된다. 국가로 보아선 기대가능성이 무의미한 결정을 피하기 위한 마지막 버팀의 일종이다. 따라서 국가에 대해 개입의무를 지우는 것이 언제나 반드시 요구되진 않는다. 긴급상황에서는 비록 개입에 관한 주관적 권리가 존재하더라도, 국가로선 개입의무로부터 벗어날 여지가 있다. 오늘날 국가의 기본권보호의무 등의 진전에 따라, 대부분의 행정상 법률관계가 국가와 상대방 국민간에 형성된 쌍방적 관계에서 국가와 이익이 대립된 두 부류의 국민간에 형성된 삼극적 관계로 변모했다. 그러기에 법적 의무를 지게 되는 공권력은 이러한 이익의 상충속에서 자신의 고유한 기능·역할을 다하기 위해 기대가능성이나[30]

---

29) Vgl. Di Fabio, Die Ermessensreduzierung, VerwArch. 86(1995), S.230f.

비례성과 같은 일종의 상대화원칙을 주장할 수 있어야 할 것이다. 결론적으로 앞에서 본 재량축소의 이유가 긍정되더라도 개입이 사실상 불가능하거나 기대불가능하면, 예외적으로 재량이 행정청에게 여전히 존재할 수 있다.[31]

## Ⅶ. 맺으면서

연일 사법적 이슈가 국민 일반은 물론, 국가전체에 엄청난 충격파를 일으킨다. 이들의 정당성 내지 위헌성 및 적법성 여부에 관한 논의가 여전한 가운데, 법적 논의보다는 법외적 논의가 성행하는 듯하다. 심지어 법외적 논거를 법적 논거로 치장함으로써, 더군다나 자신의 정치적 성향 아니 지역성까지 대입시킴으로써, 사안에 따라선 전국적인 세평과는 걸맞지 않는 모습이 종종 노정되곤 한다. 곡학아세 아니, 곡법아(자기들의)세가 서슴지 않는 이런 현하의 분위기속에서, 심판자로서의 사법의 일거수 일투족에 일부 국민이나 또 다른 일부 국민이 一喜一悲하곤 한다. 사법적 문제해결의 과잉, 그것도 전혀 이성적 제도적 토대가 구비되지 않은 지금의 상황을 슬기롭게 대처하기 위해선, 치밀한 논증에 기반한 법을 통한 평화가 구축되어야 한다. 왜냐하면 복합적 행정결정에서 행정법도그마틱의 기능부전은 자칫 법적 카오스(Rechtschaos)를 초래할 우려가 있기 때문이다. 행정결정에 대해 단호하면서도 이성적 근거를 제시하면서 즉, 공법질서속에서 적법이니 위법이니 판단내리는 것이, 행정법도그마틱의 최종목표이다.

국가와 국민간의 관계에서 국민은 더 이상 국가적 배려의 단순한 객체가 아니라, 적어도 자신의 매우 중요한 이익이 문제되는 한, 국가에 대한 주관적 권리의 주체이다. 행정법의 주관적 권리화(Subjektivierung des Verwaltungsrechts)는 이러한 사정의 변화를 상징적으로 표현한 것이다. 독일 기본법 제정이래로 행정법이 전개·발전시킨 많은 주요 쟁점의 총체는 행정법의 주관적 권리화(주관화) 또는 행정법의 개인화(Individualisierung)라는 개념으로 요약할 수 있다. 이 점은 이러한 변화를 Ossenbühl이 행정법체계상의 코페르니쿠스적 전환이라 표현한 데서도 잘 알 수 있다.[32] 독일

---

30) 물론 기대가능성을 과잉금지원칙의 표현으로 보기도 한다. Vgl. OVG Münster, NVwZ 1994, 705; Ossenbühl, Staatshaftungsrecht, 4.Aufl., 1991, S.269ff.; Lücke, Die Grundsätze der Verhältnismäßigkeit und Zumutbarkeit, DÖV 1974 , S.769ff.

31) 졸고, 행정재량의 축소에 관한 고찰, 103면-105면. 아울러 행정재량의 축소에 관해선 참조: 김춘환, 재량권의 0으로의 수축이론, 토지공법연구 제3집, 1996, 95면 이하. Vgl. Di Fabio, a.a.O., S.214ff.; Hain/Schlette/Schmitz, Ermessen und Ermessensreduktion-ein Problem im Schnittpunkt von Verfassungs- und Verwaltungsrecht, AöR 122(1997), S.32ff.; Laub, Die Ermessensreduzierung in der verwaltungsrechtlichen Rechtsprechung, 2000.

32) Ossenbühl, Die Weiterentwicklung der Verwaltungswissenschaft, in : Jeserich/Pohl/v. Unruh(Hrsg.),

의 경우 행정법의 주관적 권리화는 기본권 및 기본권에 바탕을 둔 판례가 대거 행정법 논의에 유입됨으로써 가능했으며, 또한 촉진되었다.

결론적으로 대법원 1999.12.7. 선고 97누17568판결과는 배치되는 대상판결은 일단 행정법의 주관적 권리화의 "싹"을 마련하였다고 평할 수 있다. 그러나 살펴본 것처럼, 대상판결의 이런 의의를 무색하게 만들 근본적인 물음이 많이 남아 있다. (제3자에 대한) 행정개입청구권, 이제 시작이다!

* 저스티스 제86호, 2005.8., 216면 이하 소수.

* 새만금판결과 관련한 참고문헌: 홍준형, 공공정책에 대한 사법적 결정의 법이론적 한계, 법제 2006.4-5.; 김홍균, 새만금 소송의 의의와 과제, 저스티스 통권 제81호, 2004.10.; 정남철, 환경소송과 인인보호 -소위 새만금사건과 관련하여-, 환경법연구 제28권 1호, 2006.5.; 강현호, 새만금 사업과 환경법적 제문제, 환경법연구 제28권 1호, 2006.5.; 국책사업에 대한 공격수단으로서의 행정개입청구권에 대한 고찰, 토지공법연구 제37집 제2호, 2007.8.; 하종대, 새만금 판결과 행정법상의 몇 가지 쟁점, 재판과 판례 제15집, 2007.01.; 김희곤, 새만금사업관련 서울행정법원 판결에 대한 법적 검토-사법심사의 한계문제 등을 중심으로-, 공법연구 제33집 제4호, 2005.06.; 졸고, 이른바 새만금판결의 행정법적 의의에 관한 소고, 고시연구 2006년 6월호, 63면 이하; '새만금판결'의 행정법적 의의에 관한 소고, 법률신문 제3459호(2006.5.18.).

* 追論: 전술한 것처럼, 필자는 새만금판결을 두고서, 행정개입청구권의 법리를 명시적으로 언급하진 않았지만, 개입수권규정에 대한 접근에서 결과적으로 기왕의 입장(대법원 1997.9.12. 선고 96누6219 판결; 1999.12.7. 선고 97누17568판결)에서 벗어났다고 호평하였다. 아울러 행정개입청구권과 행정행위의 재심의 법리에 관한 단초가 제공되는 모멘텀이 마련되었다고 예측하였다. 그러나 행정행위의 재심 및 행정개입청구권의 법리를 원천 부정하는 셈인, 대법원 1997.9.12. 선고 96누6219판결과 대법원 1999.12.7. 선고 97누17568판결을 적시하여 참조한 대법원 2006.6.30. 선고 2004두701 판결에[33] 즈음하여, 이런 기대는 수포로 돌아갔다. 새만금판결조차도 법원의 용기있

Deutsche Verwaltungsgeschichte, Bd. V, 1987, S. 1143 (1146). Vgl. Di Fabio, Risikoentscheidungen im Rechtsstaat, 1994, S,16ff.

33) 판결요지: 「국민의 적극적 행위신청에 대한 행정청의 거부행위가 항고소송의 대상이 되는 행정처분에 해당하기 위하여는 국민이 행정청에 대하여 그 행위발동을 요구할 법규상 또는 조리상의 신청권이 있어야 한다. 산림법령에는 채식허가처분을 한 처분청이 산림을 복구한 자에 대하여 복구설계서승인 및 복구준공통보를 한 경우 그 취소신청과 관련하여 아무런 규정을 두고 있지 않고, 원래 행정처분을 한 처분청은 그 처분에 하자가 있는 경우에는 원칙적으로 별도의 법적 근거가 없더라도 스스로 이를 직권으로 취소할 수 있지만, 그와 같이 직권취소를 할 수 있다는 사정만으로 이해관계인에게 처분청에 대하여 그 취소를 요구할 신청권이 부여된 것으로 볼 수는 없다. 따라서 처분청이 위와 같이 법규상 또는 조리상의 신청권이 없이 한 이해관계인

는 자기부정에서 비롯되었다기보다는 일회적인 자기일탈의 소산으로 느껴진다. 바로 거부처분 및 부작위를 대상으로 한 소송에서의 원고적격의 문제가 제대로 규명되지 않았음이 그 근원이다. 설령 의무이행소송을 도입하더라도, 신청권에 관한 기왕의 이해가 발본적으로 바뀌지 않고선, 그것을 통한 권리보호의 효과는 별반 크지 않다.[34)]

---

의 복구준공통보 등의 취소신청을 거부하더라도, 그 거부행위는 항고소송의 대상이 되는 처분에 해당되지 않는다」.

34) 동판결의 문제점에 관한 상세는 졸고, 채석허가에 따른 적지복구상의 산림소유자의 법적 지위, 법률신문 제 3563호, 2007.6.18. 참조.

# 제 6 장

# 建築法上의 建築申告의 問題點에 관한 小考



## Ⅰ. 처 음 에

정파를 불문하고, 허가절차가 축소·간소화되어야 한다는 데는 아무런 다툼이 없다. 다시 말해, 경제계나 건설에 투자하려는 의향을 지닌 사인에 대한 절차상의 장애물은 철폐되어야 한다는 것이 내외의 일치된 요구이다. 독일의 경우 이에 부응하여 연방에선 일련의 신속화·간속화법률을 제정하였으며, 주 차원에선 특히 건축법을 대대적으로 손질하였다. 사실 일찍이 1990년에 이미 Baden-Würtemberg주가 소위 '허가면제령'(Freistellungsverordnung)을 통해서 간단한 건축안의 경우엔 허가절차에서 신고절차로 선택적으로 옮길 수 있는 가능성을 열어 놓았다. 그후 독일의 모든 주는 1993년 이래로 그들의 건축법을 근본적으로 수정하거나 새로운 건축법을 만들었다. 개정의 핵심은 대부분 신고를 포함하여 허가면제(Genehmigungsfreistellung)의 확대이다.[1] 다시 말해 허가절차중심적 법제도에서 벗어나 신고절차·허가면제절차·간소화된 허가절차가 대폭적으로 수용된 점이나,[2] 건축법상의 기능적 사적화(Privatisierung)

---

1) 개개의 주건축법의 변화에 관한 대강의 분석은 일찍이 Ortloff가 Abschied von der Baugenehmigung-Beginn beschleunigten Bauens?, NVwZ 1995, S.112ff.에서 행한 바 있다.

2) Jäde는 신고절차와 허가면제(절차)가 구별되는 모습(형상)을 지님을 이유로 구분해야 한다고 강조한다(Bauordnungsrecht im Wandel, GewArch.1995, S.191). 그러나 대부분은 허가의 부존재란 공통점을, 내용상의 차이점보다 강조하면서 엄별하지 않는 경향을 보인다.

에 해당하는 이러한 움직임이 공·사의 협력적 임무수행이라는 차원과 행정의 신속·간소화라는 차원에서 새로운 이정표가 될 것인지, 아니면 Korioth가 지적한 대로 트로이목마처럼 불행을 가져다 줄 선물(Danaergeschenk)이 될 것인지 논란이 분분하다. 독일의 많은 문헌들은 후자의 입장에서, 특히 본래 예상치 않은 인인의 보호문제에 초점을 맞추고 있다(후술).[3]

그런데 신고제 도입의 확대가 이미 건축법과 같은 질서법의 후퇴를 가져왔는가? 나아가 그것이 국가통제의 정연한 후퇴나 적어도 국가통제의 강도축소를 가능케 하는 데 적합한가? 이처럼 개시통제의 수단으로서 신고를 우선시해야 하는지 아니면 허가를 우선시해야 하는지 여부의 물음은 건축법에 국한되지 않고, 전 행정영역에서 논란이 되고 있다. 분명한 점은, 여러 상이한 법률에서 구별되는 특징을 지닌 신고절차가 여지껏 심도있는 법학적 고찰의 대상이 되지 않았다는 사실이다. 이러한 사정은 독일도 마찬가지이다.[4]

특히 우리의 경우 이른바 자기완결적 신고에 관한 통설·판례의 견해-적법한 요건을 갖춘 신고만 하면 행정청의 수리행위 등 별다른 조치를 기다릴 필요없이 또한 수리여부와 관계없이 건축행위 등 소정의 행위를 할 수 있다[5]-가 여태껏 전혀 반론 내지 이론없이 유지되고 있다. 그리고 건축법 제9조와 관련해선, 주택건설촉진법 제38조 2항 단서와는 달리 분명히 건축허가의 효과가 의제되도록 규정되어 있음에도 불구하고, 이에 관한 고려가 전혀 행해지지 않는다.

신고(Anzeige od. Anmeldung)란, 행정청에 대해서 보통 문서로써 행하는 요식적·명시적 통지(Mitteilung)를 말한다. 아울러 자연적 자유의 회복이란 허가의 참뜻을 감안하면 개시통제로서의 신고제는 허가제에 대응한 것이라 할 수 있다. 신고제·허가제·특허제·예외적 승인제에 관한 올바른 이해가 선결과제이다. 여기에는 행정법상의 금지유형에 관한 논의가 선행되어야 한다.[6] 그리고 우리의 신고제를 검토함에 있어서 유익한 전형이 될 수 있는 것이 바로 독일의 주건축법상의 탈규제·사적화 경향이다. 이하에선 건축신고의 법도그마적 위상을 자리매김한 다음, 관련 문제점을 살펴보고자 한다.

---

3) 90년 중반 이후부터 그에 관한 문헌이 말 그대로 봇물 터지듯이 출현하였다. 최근의 것으로 vgl. Bamberger, Die verwaltungsgerichtliche vorläufige Einstellung genehmigungsfreier Bauvorhaben, NJW 2000, S.983ff.; Sacksofsky, Privatisierung des baurechtlichen Nachbarschutzes bei genehmigungsfreien Vorhaben, DÖV 1999, S.946ff.

4) Fluck, Anzeige statt Genehmigung, in; Rückzug des Ordnungsrechtes im Umweltschutz, UTR Bd. 48, 1999, S.165(166).

5) 대법원 1999.12.24. 선고 98다57419판결; 1999.10.22. 선고 98두18435판결 등.

6) 졸고, 행정법상의 금지와 그것의 해제에 관한 소고, 헌법규범과 헌법현실(권영성교수정년기념논문집), 1999, 547면 이하 참조. 追論: 본서 249면 이하 참조.

## Ⅱ. 행정법상의 신고의 유형에 관한 개관

이미 Walter Schick가 1967년에 발표한 소고에서, 독일연방헌법재판소가 1966년에 1934년의 집회법(Sammmlungsgesetz)에 대해서 내린 결정[7]을 바탕으로 하여, 신고유보부 금지의 기본구조 및 다른 제도(허용유보부금지와 단순한 신고의무)와의 차이점을 강조하였다.[8] 신고유보부 금지를 통해서, 입법자는 일정한 활동의 실행을 그 활동이 사전이나 동시에 신고되었는지에 좌우되게끔 만들었다고 지적하였다.[9] 이것의 전형적인 예가 항상 거론되는 신집회법(VersG) 제14조 제1항이다. 사실 이것은 과거 구집회법의 예외적 승인유보부 진압적 금시를 대제시킨 것이다.

그리고 Schick는, 일정한 활동의 개시와 상관관계는 있지만 신고할 때까지 그 활동을 형식적으로 금지하는 것과는 무관한 신고의무를, 앞서의 신고유보부금지와 구분하였다. 가장 비근한 예가 독일 영업법 제14조이다. 여기서 신고는 영업의 개시와 동시에 행해져야 한다. 동일한 예로 그들 주민신고법 제1조(전·출입 신고)를 든다. 여기서 신고의무의 불이행에 따른 제재의 대상은 불신고 자체이지, 사전적·동시적 신고없이 소정의 활동을 했다는 점은 아니다. 따라서 단순한 불신고만으로 소정의 활동을 금지하는 것은 비례원칙에 저촉될 수 있다고 지적하였다.

세번째 유형으로 Schick는, 활동 그 자체와는 관련이 없고, 활동과 관련해서 발생한 사실을 통지하는 데 기여하는 신고를 들고 있다. 원전사고명령(Störfall V)에 따른 원전사고를 신고할 의무나 전염병법 제5조에 따른 발병의 신고의무가 이에 속한다고 한다. 통상 여기에선 신고해태에 대해서 처벌규정을 두고 있는데, 그것의 정당성 근거는 안전법적 고려에서 연유한다고 한다.

한편 Breuer는 형식적·실체적 측면에서 신고의무가 환경관련한 활동을 통제하기 위한 가장 부드러운 수단임을 지적하면서, 신고유보부 진정한 금지를 원칙적인 개시통제의 범주에, 행위수반적 신고의무를 준수통제의 범주에 집어넣었다.[10] 입법자가 허용유보부 예방적 금지에 따른 승인(허가)의무보다 신고유보부 예방적 금지를 우선한 이유는, 신고절차가 승인절차보다 더 간단하고 실용적인 것 같고 경쟁왜곡이 덜하다고 여겼기 때문이라고 하였다. 그것만이 허가를 통한 예방적 통제에 대한 진정한 대체수단이 될 수 있듯이, 그것의 개시통제기능이 후자의 개시통제기능과 같음

7) BVerfGE 20, S.150ff.
8) ders., Das Verbot mit Anzeigevorbehalt, BayVBl. 1967, S.341ff.
9) Schick, a.a.O., S.341.
10) ders., in: Schmidt-Aßmann(Hrsg.), Besonderes Verwaltungsrecht, 11.Aufl. 1999, 5. Abschn. Rn.71.

을 강조하였다.

그리고 Kloepfer는 앞서의 Breuer의 개시통제와 준수통제를 연결시켜서, "허가대체적 신고"와 "허가보충적 신고"로 나누었다.[11] 그리고 Gröschner는 감시관계에 맞춰서, 활동개시적 · 활동수반적 · 활동종결적 신고와 유사하게 개시신고 · 변경신고 · 종결신고로 나누었다.[12] 한편 Fluck는 더욱 세분해서 신고를, 활동개시적 사전신고, 활동개시적 사후신고, 활동수반적 사후신고, 활동종결적 신고, 사건신고 그리고 양지신고(Kenntnis-Anzeige)로 나누었다.[13]

## Ⅲ. 건축신고(절차)의 법도그마적 위상

한계없는 자유란 있을 수 없다. 모든 행위는 일정한 요건에서 금지되거나 허용된다. 어떤 행위를 금지하거나 허용함에 있어 법기술적으론 크게 두 가지 선택방안이 존재한다. 즉, 전통적으로 허용(해제)유보부 금지(Verbot mit Erlaubnisvorbehalt)와 금지유보부 허용(해제)(Erlaubnis mit Verbotsvorbehalt)으로 나뉜다. 이러한 용어의 연결점은 기본권적 자유이다. 기본권적 자유는 헌법상으로 허용된(허가된) 행위를 의미한다. 이러한 헌법상의 허용이 국가감독을 구성하는 데 있어서 용어 · 법기술상의 출발점이다. 이에 의하면, 원칙적으로 헌법상으로 허용된 행위는 개개의 경우에 있어선 행정행위에 의해서 금지되거나(금지유보부 허용), 혹은 행정청의 허용(허가)절차를 따른다(허용유보부 금지).

여기서 첫번째 문제는 허용(해제)유보부 금지를 일원적으로 보느냐 아니면 이원적으로 보느냐에 있다. 독일의 전통적인 다수 견해는 이 금지의 유형을 허가유보부 예방적 금지(präventives Verbot mit Erlaubnisvorbehalt)와 법적용면제(예외적 승인)유보부 억제적 금지(repressives Verbot mit Befreiungsvorbehalt)로 나누고 있다. 우리의 행정법문헌 역시 근자에는 대부분 후자에 관해서 언급하고 있다.[14] 그러나 그것의 본질에 관한 논의는 충분치 않다. 두번째 문제는 본 논문의 핵심테제인 신고의무(신고유보부 금지에서의 그것이든, 정보제공적 의미에서의 그것이든)를, 금지와 그것의 해제에 관한 현재의 유형론에서 어떻게 설정하느냐 이다.

아래에선 건축자유의 인정여부에 관한 논의를 바탕으로 이 두 가지 물음에 대한

11) ders., Umweltrecht, 2.Aufl. 1998, §5 Rn.38ff.

12) ders., Das Überwachungsrechtsverhältnis, 1992, S.246.

13) ders., a.a.O., S.168f.

14) 김남진, 행정법 I, 2001, 250면 이하; 김동희, 행정법 I, 2001, 265면 이하; 김철용, 행정법 I, 1999, 135면; 류지태, 행정법신론, 2001, 63면 이하; 홍정선, 행정법원론(상), 2001, 300면 이하; 홍준형, 행정법총론, 1997, 184면; 박균성, 행정법총론, 2001, 241면 이하; 김성수, 행정법 I, 1998, 211면 이하 참조.

해결책을 강구하고자 한다.

### 1. 건축자유의 인정여부

건축법상의 절차를 법기술적으로 구성하는 데 있어서 선결문제로서 중요한 것이 바로, 헌법상의 건축자유가 존재하는지 여부이다. 왜냐하면 만약 건축이란 것이 헌법 제23조에 의해서 보장된 재산권의 구성요소가 아님을 출발점으로 삼는다면, 헌법적 출발점이 그 체계성을 상실할 것이기 때문이다. 아울러 금지유보부 허용의 규율기법을 특징지우는 헌법상의 출발점은 물론, 허용유보부 예방적 금지를 특징지우는 허가발급청구권이란 존재하지 않을 것이다.[15]

헌법상의 건축자유(Baufreiheit)가 존재하는지 아니면 그에 상응하는 주관적 권리가 국가에 의해서 비로소 부여되어야 하는지 여부는 독일에서 특히 70년대에 논의되었다. 문제의 핵심은 바로, 그들 기본법 제14조 제1항과 건설법상의 개별법적 규범이 어떠한 관계에 있느냐 하는 것이다.

후자의 입장에선, 헌법상의 건축자유를 인정하는 데 대해서, 특히 건설법(BauGB) 제30조에 의거한 건축은 원칙적으로 상응하는 건축상세계획이 있어야만 허용된다는 점,[16] 건축할 권리는 그래서 계획유보하에 있다는 점[17]을 이의제기하였다. 나아가 허가유보 또한 재산권상의 내용결정에 해당하기에, 허가에는 창설적・권리부여적 효과가 인정된다고도 주장되었다.[18]

한편 독일 헌법재판소는, 헌법상으로 보장된 재산권의 개념은 헌법 그 자체에서 얻어져야 한다는 점[19]과 재산권보장을 통한 보호의 구체적 범위는 입법자의 몫인 내용・한계결정으로부터 비로소 생겨난다는 점[20]을 강조하였다. 이러한 결정에 따르면, 건축주가 자신의 땅에 법률의 테두리내에서 건축할 권리란 독일 기본법 제14조 제1항의 재산권보장에 의해서 보호를 받는다.[21] 독일의 통설 또한 헌법상의 건축자유를 인정하는 입장이다.[22] 아울러 건물의 이용없이는 재산권이 빈 껍데기에 불과하

15) 한편 Schulte는 허가의무를 허용유보부 예방적 금지로 파악하지 않았다. Vgl. Ders., Das Dogma der Baufreiheit, DVBl.1979, S.133(134).

16) Schulte, a.a.O., S.133ff.; Breuer, Die Bodennutzung im Konflikt zwischen Städtebau und Eigentumsgarantie, 1976, S.167ff.

17) Wahl, Genehmigung und Planungsentscheidung, DVBl. 1982, S.51(56).

18) Friauf, "Latente Störung", Rechtswirkungen der Bauerlaubnis und vorbeugende Nachbarklage, DVBl. 1971, S.713(721).

19) BVerfGE 58, 300(335).

20) BVerfGE 53, 257(292).

21) BVerfGE 35, 263(276).

22) Papier, in: Maunz-Dürig, GG, Art.14, Rn.59; ders., Eigentumsgarantie des Grundgesetzes im Wandel, 1984, S.21ff.; Friauf, Baurecht, in: von Münch(Hrsg.), Besonderes Verwaltungsrecht, 8.Aufl., S.556ff.;

기에, 건물의 이용 역시 재산권의 필수적 구성요소의 하나임을 감안해야 한다. 따라서 건축법상의 행위를 규율함에 있어서, 헌법상의 건축자유가 출발점이자 바탕이 되어야 한다.

### 2. 행정법상의 금지와 그 허용(해제)의 체계

#### (1) 허용(해제)유보부 금지로서의 허가 · 예외적 승인의무

##### (가) 예방적 금지에서의 허가의무(허가제)

우리 건축법 제8조에 의하면 건축물의 건축은 원칙적으로 건축허가가 필요하다. 이는 허가없이 건축해선 안된다는 것을 의미하며, 동시에 건축이 원칙적으로 금지되어 있다는 것이다. 그러나 이러한 금지는 사회적으로 유해한 행위를 저지하기 위함이 아니라, 건축물의 사전배려적 심사를 가능케 하기 위함이다(심사허가 또는 통제허가). 왜냐하면 건축이란 사회적으로 가치를 지녀서 소망되기 때문이다. 따라서 여기서의 금지는 처음부터 허가발급의 유보하에 설정된 잠정적인 빗장에 해당한다.[23] 이 빗장이 허가에 의해서 종국적으로 폐지되어 버린다. 건축법상의 허가의무는 따라서 법기술상으로 허가유보부 예방적 금지의 전통적인 경우에 해당한다.[24] 법적 요건이 충족되면, 건축허가는 헌법 제23조의 재산권보장 및 그에 의거한 건축자유에 따라서 발급되어야 한다. 이 점에서 구속적(기속) 허가라 불리기도 하나,[25] 만약 근거규정이 가능규정(재량규정)으로 되어 있는 경우에는, 일단은 재량축소의 관점에서 출발하여야 한다. 곧바로 재량규정이 구속적(기속)규정으로 바뀌는 것은 아니다.[26]

한편 현행법상으로 건축허가를 받도록 하고 있는 것은 일종의 절차의무로서 재산권의 내용·한계결정에 해당한다. 따라서 원칙적으로 허가를 받아야 한다 하더라도, 건축이 금지된 행위로 여겨져서 그러한 것이 아니라, 건축에 절차유보가 설정되어 있는데 불과하다.[27]

##### (나) 억제적 금지에서의 예외적 승인의무(예외적 승인제)

입법자가 원칙적으로 사회적으로 유해하다고 보아 일정한 활동을 미연에 방지하

---

Leisner, DVBl. 1992, S.1065(1065ff.); Finkelnburg/Ortloff, Öffentliches Baurecht, Bd. I, 4.Aufl. 1998, S.21; BVerwGE 2, 172(174); 42, 115(116); 48, 271(273); BVerwGE, DVBl. 1979, 67(69).

23) BVerfGE 20, 150(155); BGHZ 65, 182(186).

24) 비록 Rupp처럼 허가유보부 금지가 자유적·기본권적 관념에는 부합하지 않는다는 지적도 있지만(NJW 1966,2037(2039)), 독일 연방헌법재판소는 허가유보부 금지가 법치국가에서도 허용되는 법기술적 수단의 하나임을 인정하였다(BVerfGE 9,83(87); 18,353). 허가의무의 기본권적 문제점에 관해선 vgl. Gusy, Verbot mit Erlaubnisvorbehalt, JA 1981, S.80(80ff.).

25) O. Mayer, Deutsches Verwaltungsrecht I, 3.Aufl. 1924, S.242f.

26) 그러나 대부분은 이 경우 바로 구속성(기속성)을 인정한다.

27) Vgl. Kruhl, Nachbarschutz und Rechtssicherheit im baurechtlichen Anzeigeverfahren: am Beispiel des Kenntnisgabeverfahrens nach §51 LBOBW, 1999, S.45.

기 위해 엄격히 금지한 경우에는 예외적 승인(혹은 법적용면제)[28]유보부 억제적 금지에 해당한다. 그 자체가 법적으로 금지되고 헌법상으로 인정된 자유권밖에 놓인 행위가, 개별적 정당성의 이유에서-이는 개인의 이익을 위해서나 전적으로 공익을 위해서도 존재한다- 예외적 승인(법적용면제)을 통해서 예외적으로 허용되고, 그로 인해 국민의 권리영역이 확대된다. 물론 입법자가 사회적으로 유해한 행위를 완전히 금지할 순 있다. 예방적 금지가 통제허가가 예정되어 있다는 의미에서 잠정적 성격을 지닌 반면, 억제적 금지는 해제유무에 관계없이 일단은 종국적 성격을 갖는다. 예방적 금지와 억제적 금지의 구분을 통해 실제적으로 얻어지는 중요함은, 기본권영역에서의 행정재량의 허용성 여부, 행정행위발급청구권의 성립여부와 입증책임분배에 있다.[29]

일찍이 R. Thoma가 예방적 금지와 억제적 금지를 나누었다. 본시 O. Mayer가 허가유보부 경찰금지(Polizeiverbot mit Erlaubnisvorbehalt)라는 하나의 개념을 정립하여,[30] 당시에 많은 찬동을 받았다. O. Mayer식의 허가유보부 경찰금지를 Thoma가 본질적으로 상이한 두 가지, 허가획득원칙(Erlaubniseinholungsgebote)[31]과 진정한 허가유보(echte Erlaubnisvorbehalte)로 나누었다.[32] 후에 그는 판례평석에서 진정한 허가유보대신 경찰상의 법적용면제나 예외적 승인이라 이름을 붙였다.[33]

예외적 승인(법적용면제)제도는 개개사건의 특별성에 관한 고려의 소산이다. 따라서 입법자는 일반적인 금지요건을 정립함에 있어, 기본권과 관련해서 정당한 목적의 달성과 적합하고 필요한 수단의 투입이라는 두 가지 상이한 요청에 직면한다. 여기서 입법자는 과잉금지의 원칙에 의해서 예외유보를 규정할 권능을 가짐과 아울러 의무를 진다 하겠다.[34] 다시 말해, 모든 법률적 금지란 과잉금지의 원칙에 의거해서

---

28) 우리가 일반적으로 쓰는 의무면제는 내개 Erlaß에 해당하기에 독일 문헌상의 Dispens나 Befreiung과는 구별해야 한다. 오히려 후자는 법적용을 배제하거나 법적용상의 특례를 인정하여 원칙적인 금지를 해제한다. 따라서 후자를 법적용면제나 (법적용상의) 특례인정으로 부르는 것이 적절하다.

29) 그러나 오늘날의 법이론적 상황에선 양 금지의 구분은 양적인데 불과하고 나아가 유사화의 경향을 띠고 있다.

30) O. Mayer, a.a.O., S.239ff.

31) 여기서 오늘날 우리가 자주 말하는 (통제)허가의 원칙적인 기속성을 짐작할 수 있다고 여겨진다.

32) R. Thoma, Der Polizeibefehl im Badischen Recht, 1906, S.341f.

33) R. Thoma, Anmerkung zu PrOVG, Entscheidung vom 29. 10. 1925-ⅢA 6.25, VerwArch. 1927, S.247ff. Vgl. E. Rudolf Huber, AöR 1952, S.113ff.

34) Gromitsaris, Die Unterscheidung zwischen präventivem Verbot mit Erlaubnisvorbehalt und repressivem Verbot mit Befreiungsvorbehalt, DÖV 1997, S.404; Erichsen, Baudispens und Übermaßverbot, DVBl. 1967, S.270f.; Schwabe, Das Verbot mit Erlaubnisvorbehalt, Jus 1973, S.137. 그러나 이에 대해선 반론도 상당하다. 특히 Ossenbühl은 과잉금지의 원칙을 통해 입법자로 하여금 예측가능한 예외요건을 스스로 규정할 의무를 지움은 행정재량이 발붙일 수 없게 하고, 그러한 예외요건이란 예측가능성과 구별의 측면에서 한계를 지닐 수밖에 없다고 지적하였다. 아울러 모든 법률상의 금지가 헌법적인 법적용면제유보아래 있는 셈이 된다고 강하게 반박하였다. Ders., Tendenzen und Gefahren der neueren Ermessenslehre: Freiheit, Ver-

헌법적인 예외적 승인(법적용면제)의 유보하에 있는 셈이다. 그러나 예외인정이 법률상의 금지원칙에 역전을 가져와선 아니 되며, 법률의 보호법익을 본질적으로 침해해서도 안된다.[35]

금지에 대한 예외인정은 명시적이거나 의미상으로 법적 수권(예외유보)을 필요로 하되, 통상의 금지가 있게 한 공익을 능가하는 근거에서만 부여될 수 있다(예: '집회 및 시위에 관한 법률' 제11조, 학교보건법 제6조 제1항).[36] 그런데 금지의 억제적 성격은 일단 명문상으로 예외나 특례가 인정되면 짐작하기 쉬우나, 금지와 그것의 해제유형을 문언의 표현에만 의거해서 판단함은 적절하지 않다. 예컨대, 대마관리법 제5조상의 대마취급자허가 및 그 전제가 된 금지는 동법의 목적과 제3조 등에 비추어 통제허가로서의 건축허가와는 본질적으로 궤를 달리 한다고 보아야 한다.[37]

### (2) 금지유보부 허용(해제)으로서의 절차로부터의 자유(절차면제)

절차로부터 자유로운(verfahrensfrei) 건축행위는 예방적 금지의 지배를 받지 않는다. 왜냐하면 입법자가 이 경우엔 예방적 통제를 필요치 않다고 여겼기 때문이다. 이들 건축안은 오히려 허용되어 있다. 이러한 허용은 곧바로 건축자유에서 직접 생겨난다. 독일의 대부분의 주 건축법이 (절차로부터) 자유로운 건축행위의 대상을 규정하는 데 반해서, 우리의 건축법에는 이에 관한 명시적 규정은 없지만 건축법 제8조상의 건축허가대상에서 제외되는 건축행위(대수선 포함)가 이에 해당할 것이다(반대해석).[38] 하지만 이 경우에도 절대적인 건축자유를 누리진 않는다. 즉, 실체적 건축법규정에 반하는 건축물의 축조는 절차면제에도 불구하고 금지된다. 만약 건축주가 이러한 구속을 간과하면, 행정청은 건축중지처분이나 철거명령을 통해서 위법한 건축

---

antwortung, Kompetenz, 1994, S.514, Fn.56. 사실 이 논문은 본래 1968년에 DÖV(S.618ff.)에 게재된 것이다. 생각건대 과잉금지의 원칙에 의거한 예외유보의 사고는 재산권의 내용·한계를 결정함에 있어서도 통용되어야 한다.

35) Wolff/Bachof/Stober, Verwaltungsrecht Ⅰ, 11.Aufl. 1999, §46 Rn.45.

36) 그러나 학교보건법과 관련하여, 사건명(정화구역안에서의금지행위해제심의신청에대한금지처분취소)에서 잘 알 수 있듯이, 대법원이 1996.10.29. 선고 96누8253판결에서 금지해제신청에 대한 (해제)거부를 소정의 금지행위 및 시설을 계속적으로 금지하는 것으로 이해하여 (유흥주점 영업행위)'금지처분'으로 표현함은 적절치 못하다. 왜냐하면 억제적 금지는 해제유무에 관계없이 일단은 종국적이기 때문이다. 졸고, 행정법상의 억제적 금지에 대한 예외적 승인, 저스티스 제47호, 1998.3. 참조.

37) 법원은 기부금품모집허가의 법적 성질을 강학상의 허가로 보았다(대법원 1999.7.23. 선고 99두3690판결). 엄밀히 보아, 당해 허가의 전제가 된 금지는 억제적 성격을 지닌다. 동판례의 문제점에 관해선 김남진, 판례평석, 법률신문 제2873호(2000.4.6.); 통제허가와 예외적 승인의 구별 등, 고시연구, 2000.6. 참조.

38) 한편 건축법 제8조 제1항 제3호와 관련해선, 반대해석을 통해서 동항 1호·2호의 지역·구역외의 지역·구역에서 연면적 200세곱미터미만이거나 2층 이하인 건축물의 경우에는 건축허가가 필요치 않으며, 따라서 건축신고조차도 필요치 않게 된다. 여기서 주의할 점은 건축법 제8조와 제9조의 상관관계이다. 명문상으로 건축신고는 건축허가를 대신하는 것이지, 그것과 전혀 무관하게 존재하지는 않는다. 즉, 허가대상건축물의 일부가 신고로써 족하게끔 규정되어 있다. 다시 말해, 건축법상으로 신고대상건축물은 허가대상건축물의 진부분집합에 해당한다. 이러한 점은 건축법이 예방적 금지를 바탕으로 하고 있음을 시사한다.

에 대해서 개입할 수 있다. (절차로부터) 자유로운 건축행위에 대한 허용은 구체적・개별적인 금지의 유보하에 있다는 점에서, 금지유보부 허용으로 파악해야 한다.

절차면제의 또 다른 예로서, 옥내집회는 원칙적으로 아무런 신고도 없이 행할 수 있으나, '집회 및 시위에 관한 법률' 제18조에 의해서 해산명령을 받아서 금지될 수 있다.[39]

(3) 신고유보부 예방적 금지로서의 신고의무(신고제)

건축신고를 하고 나서 소정의 건축행위를 할 수 있다. 신고절차에서도 허가절차와 마찬가지로 행정당국의 사전통제(심사)를 가능케 하기 위해서, 건축행위가 예방적으로 금지되어 있다. 따라서 절차유보에 반해서 즉, 신고 없이 착공하면 위법하게 되어 일단 원칙적으로 공사중지명령이 내려질 수 있다(건축법 제69조 제1항). 허가절차와는 대조적으로 허가의무란 형식적 울타리(빗장)가 없다. 형식적인 건축금지의 울타리를 신고를 통해서 국민이 스스로 열어버린 셈이다.[40] 신고절차에선 건축행위에 관한 예방적 금지가, 우리의 경우엔 대기기간제도가 없기에 수리거부되지 않는 한, 신고와 동시에 해제되어 버린다(후술). 그러나 독일의 경우엔 예방적 금지의 해제가 법률상의 일정한 대기기간의 경과의 유보하에 있다. 따라서 대기기간의 경과와 동시에 건축주는 형식적으로 적법하게 착공할 수 있게 된다.[41] 법기술적으로 건축법상의 신고절차는 먼저 신고유보부 예방적 금지로 분류하여야 한다.[42]

한편 Schlez는 건축공사(시공)금지의 부작위에 묵시적 행정행위가 있다고 주장하였다.[43] 그러나 이 주장이 설득력을 갖기 위해선, 행정청이 건축안의 적법성을 심사하여, 공사금지의 부작위로서 예방적 금지가 폐지되고 그로서 건축안의 공법과의 일치성이 확인됨을 요건으로 한다. 그러나 신고절차상으로 행정청이 건축안의 실체적 적법성을 심사하는 것은 일반적으로 행해지지 않는다.[44] 물론 뒤에서 보겠지만, 심사가능성이 완전히 배제되지는 않는다.

한편 신고의무이행후의 형식적 합법성(Legalität)의 인정은 자세히 규명할 필요가 있다. 신고절차에서 형식적 합법성을 출발점으로 삼을 수 있는 한, 이러한 합법성은 절차법적 측면에서만 관련이 있다. 신고절차에 있어서 형식적 합법성이란, 신고절차상 요구되는 절차행위를 이행함으로써, 그 점에서는 절차가 적법하게 집행되었다는

39) 한편 금지유보부 허가의 존재이유에 대해선 부정적으로 보기도 한다.

40) Schick, a.a.O., S.341(341).

41) VGH Mannheim, VBlBW 1997, 141(141).

42) 우리의 '집회 및 시위에 관한 법률' 제6조 제1항에 따른 옥외집회신고의무와 독일의 집회법 제14조 제1항에 따른 동일한 신고의무의 경우 역시 신고유보부 예방적 금지에 해당한다.

43) Schlez, Landesbauordnung für Baden-Württernberg, 4.Aufl. 1996, §53 Rn.23.

44) Vgl. §51 Abs. S.2 LBO BW.

것만을 의미한다. 건축안의 실체적 건축법과의 일치에 관해서는 아무런 언급이 내려지지 않는다. 통상 (독일에선) 건축허가에 대해선 합법화효과가 인정되는 것[45]과는 달리, 신고 그 자체로서 금지(행정청의 철거명령 등)가 저지되지 않는다. 따라서 신고의무이행에 따른 허용은, 금지유보부 허용의 경우처럼 개별경우에 금지가 유보되어 있다. 비록 우리 건축법이 독일의 대부분의 주 건축법처럼 명시적으로 공법규정의 준수의무를 지적하고 있진 않지만, 동법 제69조가 동법 등을 위반한 경우에 있어서, 행정개입의 수권을 제공한다.

신고유보부 금지에서의 신고의무는 법기술적으로 신고유보부 예방적 금지로 파악해야 하고, 이 경우 절차의무이행에 따른 허용은 금지유보부 허용에서처럼 개별·구체적 금지의 유보하에 있다.[46] 결론적으로 신고절차는 이상에서 본 허용(해제)유보부 예방적 금지와 금지유보부 허용(해제)의 중간에 위치한다.[47] 뒤에서 볼 신고와 관련한 여러 법문제(예: 행정청의 심사·수리 등)를 검토하는 데, 신고절차의 이러한 위상이 반드시 고려되어야 한다.

행정법상의 금지와 허용(해제)에 관한 이상의 논의를 아래와 같이 도식적으로 나타낼 수 있다. 다만 이러한 분류는 도식적 성격을 지니기에, 그것과의 상위가 생김은 불가피하다. 예컨대 카지노영업허가는 예외적 승인적 성격과 특허적 성격을 함께 지니며, 특허는 국가독점의 완화와 경쟁의 확대로 인하여 허가에 접근하는 경향이다.

〈표 1〉 행정법상의 금지와 허용에 관한 도식

- 행정법상의 금지
  - 금지유보부 허용(해제)
  - 신고유보부 금지
  - 허용(해제)유보부 금지
    - 예방적 금지 — 허가
    - 억제적 금지
      - 특허
      - 예외적 승인

45) 건축허가로 건축주가 누리는 존속보호는 건축허가의 합법화효과에서 기인한다. 따라서 철거와 사용금지를 목표로 하는 행정처분의 적법성은 건축허가의 폐지의 유보하에 있다는 독일에서의 일반적 논의가 우리의 경우에도 당연히 통용되어야 한다.

46) Vgl. Sach 역시 신고절차를 금지유보란 측면에서 법기술상으로 개입수권부 신고의무로 파악한다. Ders., Genehmigung als Schutzschild; die Rechtsstellung des Inhabers einer immissionsschutzrechtlichen Genehmigung, 1994, S.34.

47) Schwabe, a.a.O. S.113; Maurer, Allgemeines Verwaltungsrecht, 13. Aufl., 2000., §9 Rn.54; Fluck, a.a.O., S.170.

〈표 2〉

| 금지의 유형 | 금지의 본질 | 해제의 유형 | 해제의 성격 |
|---|---|---|---|
| 예방적 금지 | 사전통제(심사),공공의 안녕 · 질서유지 | 허가 | 기본권 회복 |
| 억제적 금지 | 독점적 이익의 부여 | 특허 | 기본권신장+공익증진 |
| 억제적 금지 | 행위의 사회적 유해성 | 예외적 승인 | 기본권 신장 |

### 3. 신고유보부 예방적 금지로서의 신고의무와 정보제공적 신고의무와의 구별

건축법상의 건축신고와 같은 신고유보부 예방적 금지로서의 신고의무와 목적 · 내용 · 모습에서 차이가 있는 신고의무가 많다. 대표적 예가 독일 영업법 제14조에 따른 신고의무이다. 동조에 의하면, 영업개시와 동시에 해당 행정청에게 신고를 해야 한다. 영업신고의 목적은, 소관 행정청에게 언제든지 자신구역내의 영업의 수와 종류에 관한 효과적인 감시를 수행하기 위함이다.[48] 그것은 가능한 예방적 금지의 동인 · 근거가 아니라, 영업개시 이후에 지속적인 감시를 확고히 하기 위하여 영업수행을 행정청에게 단지 알리는 데 기여한다.[49] 단순한 정보제공적 기능을 지니기에, 동조상의 신고의무는 예방적 · 형식적 금지와는 결합되어 있지 않다. 아울러 독일 주건축법상의 신고절차와는 달리 대기기간과도 결합되어 있지 않다. 여기선 신고된 활동의 형식적 허용성이 신고의무의 이행에 좌우되지 않는다.[50] 따라서 Schick도 지적하였듯이, 이들 신고의무의 위반만으로 관련 행위의 금지를 정당화시키진 못한다. 이 정보제공적 신고는, 건축법상의 신고절차상의 건축신고와는 달리 직접적인 법적 효과를 당연히 발생시키지 않는다.[51]

우리의 경우 건축법 제16조의 착공신고와 공중위생관리법 제3조의 영업소개설통보 등은 순전히 정보제공적 의미만을 지닌다. 반면에 건축법 제27조의 철거신고는 철거의 성격상 예방적 금지가 전제된 것으로 보아야 한다.

---

48) Marchs, in: Landmann/Rohmer, Gewerbeordnung-Kommentar, 1994, §14 Rn.6.

49) 따라서 영업신고는 영업허가가 내려져 있다 하더라도 필요하다. Vgl. Marchs, a.a.O., §14, Rn.8; Michel/Kienzle, Das Gaststättengesetz, 12.Aufl. 1995, §4 Rn.96.

50) Marchs, a.a.O., §14, Rn.8. 이 점에서, 비록 Niedersachsen주처럼 착공전에 대기기간이 요구되지 않는다 하더라도, 허가면제(절차)상의 신고의무는 순전히 정보제공적 신고와는 구별된다.

51) Fritz, Art. Anzeigepflicht in: Kimminich/v. Kersner/Storm, Handwörterbuch des Umweltrechts, 2.Aufl. 1994, S.138f.

## Ⅳ. 신고에 대한 행정청의 심사

신고에 있어서 수리여부를 도외시하는 통설·판례의 태도는, 행정절차법 제40조가 요건을 갖추지 못한 신고에 대한 보완요구·반려 및 그 전제가 되는 형식적 심사를 규정하고 있는 점을 무시한 것이다. 물론 통설·판례는 신고의 적법성을 전제하고 있긴 하나, 신고의 적법성은 신고에 대한 행정청의 대응 그 자체에 대한 판단근거이지 그것의 요부에 대한 판단근거가 아니다. 그리고 신고의 적법성을 신고자가 주장할 순 있겠지만, 전적으로 행정청과 (궁극적으론) 법원이 확인할 문제이다.

비록 이른바 자기완결적 신고라 하더라도, 그것을 공법관계의 형성을 개인에게 전적으로 맡긴다는 의미에서 바라보아선 안된다. 그렇게 신고제를 이해하면, 이는 행정이 자기임무를 방기함을 초래할 수 있다. 우리는 현실적으로 행정이 조정자로서의 역할을 신고제·사적화(민간화)란 이름으로 슬그머니 포기함으로써, 그러한 법·행정의 공백을 사실상 민간상호간의 다툼에 내맡기는 경우를 많이 접한다. 민원을 빙자하여 법률적으로 요구되지도 않는 주민동의서를 첨부하도록 조치내리는 것이 그 대표적인 예이다. 생각건대 이처럼 일상에서 법치국가원리를 形骸化시키는 사회분위기는 비록 그 즉시에는 해당 사인의 이익에 부합할지 모르지만, 자칫 다수의 움직임이 결정적인 가늠자가 됨으로써 우리 사회 전체가 적어도 법치국가원리를 그 바탕으로 하는 근대성의 징표마저도 상실할 우려가 있다.

사실 신고(제)에 대한 오해의 출발은 행정청의 심사를 완전히 배제시킨 데서 비롯되었다. 신고유보부 예방적 금지의 경우, 개시통제(심사)를 허가를 통해서 행정청이 행한다는 것이 아니라 사인 스스로가 행한다는 것이지, 결코 행정청의 심사를 배제하는 취지가 아니다. 신고의 형식적 요건과 관련해선, 행정청의 심사의무가 성립한다. 그리고 그 밖의 공법규정과의 위배 역시 허가제처럼 심사의무가 성립하진 않지만, 심사가능성을 완전히 배제할 순 없다(이른바 심사선택, Prüfoption).[52] 물론 허가절차에서 행하듯이, 포괄적 심사를 행하는 것은 신고절차를 규정한 입법의 취지에 배치된다. 따라서 이러한 상황을 제어할 수 있는 대비책이 마련되어야 한다. 이 점에

52) Vgl. Gnatzy, Verfahrensliberalisierung im Bauordnungsrecht der Länder, 1999, S.263ff. 독일에선 공법규정과의 합치성에 관한 심사가능성을, Jäde 등은 신고대상행위(예: 건축행위)에 대한 금지처분의 규정유무와 관련해서 논하기도 한다. 이러한 입장은 통상 금지처분의 유보하에 있는 신고절차(Anzeigeverfahren, Kenntnisgabeverfahren)와, 그렇지 않은 허가면제절차(Freistellungsverfahren)를 엄격히 구분하는 데서 기인한다. 우리의 경우엔 '집회 및 시위에 관한 법률'(동법 제8조)을 제외하고선 신고유보부 예방적 금지에 대하여 금지처분을 규정한 예를 찾기가 어렵다. 하지만 우리 건축법에는 위반건축물 등에 대해서 허가·승인을 취소하거나, 그 공사의 중지를 명하거나, 상당한 기간을 정하여 그 건축물의 철거 등의 기타 처분을 명할 수 있게끔 규정되어 있는데(동법 제69조 제1항), 여기서의 기타 처분에 공사금지처분이 포함될 수 있을 것이다.

서 독일의 대부분의 주 건축법이, 공사금지처분이 내려지지 않는 한, 일정기간(짧게는 2주, 길게는 한달) 이후에 착공할 수 있게끔 규정한 대기기간(Wartezeit)제도는 참조할 만하다.[53]

## V. 신고에 대한 행정청의 수리여부의 법적 성질

신고에 있어서 행정청의 심사를 외면하는 듯한 태도를 취할 수밖에 없는 배경이 있다. 그것은 바로 심사결과로 행하는 수리여부(수리·수리거부)의 위상을 어떻게 설정할 것인가의 문제이다. 일반적으로 자기완결적 신고와 '수리를 요하는' 신고를 구별하여, 전자의 경우에 수리거부는 사실행위에 불과하고 후자의 경우에 그것은 거부처분에 해당한다고 본다. 여기선 먼저 수리(受理)의 말뜻을 명확히 해야 한다. 그것은 단지 접수하는 데 그치지 않고, 처리까지 포함한다. 사실 여기서의 처리를 신고에 대한 허부(許否)의 태도·결정으로 이해하면, 통상의 수리거부 또한 수리의 양태 중의 하나에 해당한다.[54] 민원사무는 반드시 처리되어야 하므로('민원사무처리에 관한 법률' 제6조), 모든 신고는 어떤 식이든 일단 수리되어야 한다. 따라서 신고는 모두 수리를 요하고, 아울러 그 목적에서 자기완결적이라 하겠다. 이 점에서 흔히들 구별하는 신고의 유형(자기완결적·수리를 요하는 신고)은, 구별의 근거와 척도가 실정법상으로 분명치 않다는 점 이외에도 용어상으로도 부적절하다. 특히 수리를 요하는 신고와 관련해선, 과연 그것의 본질이 무엇인지 가늠하기가 어렵다는 점에서, 입법적 修理가 필요하지 않을까 하는 생각조차 갖는다(후술). 생각건대 이러한 혼란의 결정적 원인은 신고와 수리(및 수리거부)와의 관계, 수리와 수리거부의 법적 성질에 있다.

신고유보부 예방적 금지의 경우, 허가유보부 예방적 금지의 경우와는 달리 그 금지의 해제의 주도권을 신고자가 갖는다. 따라서 행정청의 수리는 신고용인의 의미에서는 그 금지의 해제에 전혀 영향을 미치지 아니한다. 즉, 우리의 경우에는 대기기간 규정이 없으므로, 극단적으로 신고만 하면 곧바로 원하는 행위를 할 수 있다. 만약 금지해제가 수리로부터 비롯된다면 그것은 신고제의 본래의 모습에서 벗어나 허용유보부 금지로 바뀌었다고 볼 수 있다. 여기서 문제되는 것이 바로 '수리를 요하는 신고'이다(후술).

그런데 신고에 대해서 수리거부가 행해진 경우에는 사정이 다르다. 즉, 행정청의

53) 사실 독일에서 건축신고절차상으로 예방적 금지를 해제하는 연결점은 건축신고가 아니라, 공사금지처분의 부작위와 (혹은) 대기기간의 경과이다.

54) 여기선 일단 통상의 용례에 따라서 수리와 수리거부란 용어를 사용한다. 다만 수리거부의 의미를 넓게 이해하면 앞서의 공사금지처분을 포함한 신고자의 의사에 반하는 모든 조치가 해당할 수 있다.

심사에 이은 수리거부는 신고의 법적 효과인 예방적 금지의 해제가 일어나지 않게 한다. 수리거부의 이러한 저지를 인정하는 것이 신고제의 본질(개시통제·금지해제의 사인주도)에 반한다고 할 수 없다. 만약 수리거부를 통해서 위법한 신고 및 위법한 건축계획안을 제어할 수 없다면, 건축물의 공법규정의 준수를 감시할 행정청의 임무는 애초부터 의미를 상실한다. 더군다나 건축행정이 대표적인 제3자(인인)보호영역인 점을 감안하면, 수리거부의 의미상실은 자칫 이제까지 행정법학계가 지향한 인인보호의 공법화 노력을 원점으로 돌려서, 상린관계의 문제를 민사적으로만 해결하도록 오도할 우려가 있다.55)

단지 행정청의 절차행위에 불과한 수리와는 달리, 수리거부는 법적 효과(예방적 금지의 해제)의 발생을 직접적으로 저지하는 점(다시 말해, 해당 건축행위의 불허용·금지)에서 법적 행위이다. 따라서 이른바 자기완결적 신고의 경우에도 허가에 대한 거부처분과 마찬가지로 행정행위의 성질을 갖는다고 보아야 한다.56) 통상적으로 행정처분으로서의 거부처분이 되자면 그 신청대상 또한 행정행위일 것을 요구하는데,57) 엄밀히 보아서 신고의 수리거부는 수리 자체가 행정행위가 아니기에 행정행위의 거부로 보기가 어렵다. 허가유보부 예방적 금지의 경우에 그 허가거부는 예방적·잠정적 금지를 종국화시킨다. 이와 마찬가지로, 신고유보부 예방적 금지에서의 신고의 수리거부 또한 예방적·잠정적 금지를 종국화시킨다는 의미에서 일종의 금지하명에 해당한다. 당연히 취소소송을 제기할 수 있다.

---

55) 인인보호의 공법화 노력은 판례·문헌상으로 주관적 공권의 확대화에서 엿볼 수 있다. 독일의 경우 연방행정법원이 1960.8.18.에 내린 띠톱판결(BVerwGE11,95)이 그에 관한 새 지평을 열었다. 한편 최근에 대법원은 위반건축물 등에 대한 행정개입에 관한 인인의 보호청구권의 행사 자체를-적어도 건축법상으로는-애초에 불가능케 하는 판결을 내렸다(대법원 1999.12.7. 선고 97누17568판결). 과연 행정개입청구권이란 존재할 수 있는가 하는 의문을 해결하기 위해선 그에 관한 논의를 새로이 할 필요가 있다. 일찍이 Ossenbühl이 행정법의 주관적 권리화·개인화를 행정법체계상의 코페르니쿠스적 전환이라 표현한 점을 강조하고 싶다.

56) 박균성 교수는 이른바 자기완결적 신고의 경우에 수리거부가 사실행위에 해당한다는 일반론과 동일한 입장을 취하면서, 대표적인 이른바 자기완결적 신고인 건축신고에 있어서는 당사자보호를 위하여 수리거부를 처분으로 보아야 한다고 지적하였다. 동인, 행정법상의 신고, 고시연구, 1999. 11, 29면·41면.

57) 한편 직무활동의 실행과 그 거부에 대해서, 법적 성질을 동일시 취급하는 입장(Eyermann-Fröhler, VwGO, 10.Aufl. 1998, §45 Rn.44; König, BayVBl.1987, S.261(262))과, 신청한 직무활동의 실행이 행정행위나 사실행위에 해당하는지 여부와 무관하게 신청한 직무활동의 모든 거부는 행정행위라고 보는 입장(Meyer, in: Meyer-Borgs, VwVfG, 2.Aufl. 1982, §35 Rn.38; Stelkens, in: Stelkens/Bonk/Sachs, VwVfG, 5.Aufl. 1998, §35 Rn.80; Krause, Rechtsformen des Verwaltungshandelns, 1974, S.201f.; Lässig, DVBl. 1979, S.561(562))이 있다. 문제되었던 공증의 처분성 여부를 검토함에 있어서, 특히 후자의 입장을 취하면, 자칫 공증 일반이 처분성을 지닐 불합리한 결과를 피할 수 있지 않을까 생각한다. 공증의 처분성은 일찍이 Forsthoff의 주장에서 연유하였다. 일괄적인 처분성 부여는 바람직하지 않고, 행정청의 의사에 비추어 관련 법적 지위를 법적으로 공고히 함을 지향한다는 것(특히 구성요건적 효력의 존재)이 판명되어야 한다. 追論: 대법원 2004.4.22. 선고 2003두9015전원합의체판결을 통해서, 지목변경신청의 거부가 종전과는 달리 처분성을 갖게 되었다.

## Ⅵ. 이른바 '수리를 요하는 신고'의 문제점

여기선 수리를 요하는 신고와 관련한 판례의 문제점을 살펴봄으로써 그에 관한 논의를 간략하게 하고자 한다. 최근에 판례는 수산업법 제44조 소정의 어업신고를 이른바 '수리를 요하는 신고'로 보면서, 그 근거로 관련 법령상으로 필요한 경우에는 그 유효기간을 단축할 수 있게 한 점과 일정한 경우에는 어업신고필증을 회수하게 한 점을 적시하였다.[58] 과연 이 두 논거가 신고제를 무색케 하는 '수리를 요하는 신고'란 제도·개념을 설득력 있게 근거지울 수 있는지 검토가 필요하다. 신고에 통상적으로 신고필증을 교부하는 현실에 비추어, 비록 '회수'를 규성할망정 그 자체로선 논거가 박약하다고 여겨진다. 전자의 논거를 검토함에 있어선 일단 부관(여기선 기한)부 어업허가(동법 제43조)를 염두에 둘 필요성이 있다. 이 점에서 유효기간의 단축은 신고어업에만 한정하지 않음을 알 수 있다. 문제는 신고의 유효기간과 그것의 단축을 어떻게 파악할 것인가 하는 점이다. 행정청의 수리에 좌우되지 않음이 신고제의 본질이라는 입장을 견지하면, 당연히 수리와, 신고의 유효기간과 그것의 단축을 별개로 파악하여야 한다. 그런데 신고어업에서 신고의 유효기간은 신고를 수리한 날부터 5년으로 한다고 규정되어 있기에(동법 제44조 2항), 건축신고에서와는 달리 신고어업의 경우 신고와 동시에 금지해제가 생겨나는 것이 아니라, 금지해제의 효과가 신고수리한 날부터 발생한다. 즉, 신고시점부터 수리시점까지가 일종의 대기기간에 해당하는 셈이다. 그리고 '수리를 요하는 신고'를 인정하는 입장에선 신고유효기간의 단축이 수리처분(실질은 허가)에 부가된 부관에 해당할 것이나, 반대의 입장에 서면, 그것은 단축된 유효기간이후엔 금지해제를 저지하는 것을 내용으로 하는 일종의 어업금지하명으로 파악할 수 있다.

판례와 문헌들이 시인하는 '수리를 요하는 신고'의 존재가 행정법상의 신고에 관한 올바른 이해를 결정적으로 가로막는다. 또한 그것의 사실상 묵인이 잘못된 입법스타일을 온존시키는 데 기여하였다. 앞에서 보았듯이, 신고유보부 예방적 금지를 자리매김하는 것을 바탕으로 하여, 일종의 사이비 신고제인 '수리를 요하는 신고'가 하루바삐 재정립되어야 한다.[59]

---

58) 대법원 2000.5.26. 선고 99다37382판결.

59) '수리를 요하는 신고'의 문제점에 관해선, 박균성, 앞의 논문, 30면 이하 참조. 追論: 졸고, 이른바 수리를 요구하는 신고의 문제점에 관한 소고, 행정판례연구 제8집, 2003.12., 63면 이하 참조.

## Ⅶ. 신고의무의 한계

한편 신고의무 역시 무한정 허용되지는 않는다. 그것은 신고된 행위를 보호하는 기본권을 척도로 삼아서 심사되어야 한다. 가령 영업수행과 관련해선 직업의 자유의 제한이 문제된다. 그러나 신고의무는 직업행사규율에 있어서 가장 부수적인 성격을 지니기에, 이른바 단계이론에 따라서 공공복리의 합리적 고려가 그 신고의무를 정당화시키는 경우에 허용된다 하겠다. 신고의무를 전반적으로 부여함으로써, 개인의 삶이 국가에 대해서 완전히 투명하게 되어선 아니 된다. 만약 신고의무를 통해서 국가가 개인의 삶을 속속들이 파악할 수 있는 경우에는, 관련 기본권의 본질이 훼손될 뿐만 아니라, 인간의 존엄성이 상실될지도 모른다.[60] 특히 예방적 금지가 전제된 신고유보의 경우에는, 그 신고가 행정청의 감시수단이 아니라, 개시통제(심사)의 수단임을 잊어선 아니 된다.[61] 일찍이 독일 헌법재판소가 확인한 것처럼, 예방적 심사절차는 그것이 대처해야 할 위험에 상응하지 않으면 아니 된다. 즉, 국가의 통제(심사)의 종류·범위는 통제(심사)받는 실제상황에 적합하여야 한다.[62]

## Ⅷ. 건축신고와 관련한 인인보호와 건축주보호

신고절차상의 인인보호문제 나아가 그러한 절차 자체의 문제점(예: 건축주의 사적 책임가중)에 관한 논의는, 공임무의 사적화(사사화, 민간화, 시장화)와 결부하여 특히 1990년대 중반부터 현재에 이르기까지 독일 공법학의 대표적인 유행테마이다.[63] 이 주제는 다른 기회에 포괄적으로 살펴보기로 하고, 여기선 이에 관한 독일에서의 논의를 간략히 언급하고자 한다.

### 1. 인인보호

본래 건축주와 행정청간의 관계를 목표로 삼은 신속화와 탈규제화가 인인에게도 영향을 미치리라는 점은 독일에서도 애당초 고려되지 않았다. 여기서 특히 문제가 되는 점은, 이제는 효과적인 인인보호가 민사법원에서만 행해져야 하는지 아니면 공

60) Schick, a.a.O., S.342.

61) Fluck, Änderung genehmigungsbedürftiger Anlagen nach §§15,16 BIm SchG i.d.F. der Beschleunigungsnovelle, VerwArch(88), 1997, S.265(270).

62) BVerfGE 20, 150(155).

63) Jäde의 논문(Das Zweite Gesetz zur Vereinfachung und Beschleunigung baurechtlicher Verfahren, BayVBl. 1998, S.7ff.)의 주3은 이러한 점을 여실히 보여준다.

법상의 인인보호가 새로이 구성되어야 하는지 여부이다.[64]

허가면제・신고절차에서의 건축허가의 부존재는 인인보호에 중대한 결과를 초래한다. 건축주는 건축서류제출이나 건축신고이후에 일정한 기간 내에 착공을 할 수 있다. 이 경우에 인인은 취소쟁송을 통한 허가방지청구권의 주장과 같은 전통적 방법을 사용할 수 없다. 그는 기껏해야 건축법상의 개입에 관한 보호청구권을 주장할 수 있다. 그런데 재량영으로의 축소의 예외성에서 인인의 보호청구권이 원칙적으로 무하자재량결정에 관한 단순한 청구권에 그친다면, 이러한 사정은 전통적 허가절차에 비해서 인인에게 불이익한 결과를 초래할 것이다. 전통적인 예방적 절차의 결과로서의 건축허가에 대해선, 인인이 승소하기 위해서 자신을 보호하는 공법규정이 위반되었음을 효과적으로 제시하는 것으로 충분하다. 이에 반해서 (특히 독일의 경우에) 의무이행소송으로 추구하는 개입청구권은, 재량영으로의 축소가 일어나지 않는 한, 원칙적으로 새입장표명판결(지령판결)로 귀착될 수 있다(원칙・예외관계).[65]

이와 같은 인인보호상의 취약점을 감안하여 독일의 판례와 대다수 문헌은 재량행사의 사법적 통제에서의 개입수위를 낮춤으로써 보완하고자 하였다. 즉, 허가면제・신고절차를 거쳐 완공된・시공된 건축물이 보호규범을 위배하고, 인인의 이익을 사소한 정도보다는 많이 저해한 경우에는, 인인에게 유리하게끔 재량이 원칙적으로 영으로 축소한다고 판시하였다(원칙・예외관계의 역전).[66] 따라서 인인에게 개입에 관한 확고한 보호청구권이 인정된다. 그러나 이러한 원칙・예외관계의 역전에 대해서 Preschel 등은 인인보호의 일방적 강조, 재량영으로의 축소의 예외성을 근거로 반대하고, 이러한 입법상의 변화를 -점진적이긴 하나- 종전의 민사적 인인보호의 우위로 선회한 것으로 받아들이려 한다.[67]

---

64) 한편 Ortloff는 규제완화로 말미암아, 사적 통제를 위하여 행정청을 통한 우회적 방법을 동원하는 것은 이제는 가능하지 않다고 본다. 그래서 그는 예방적 통제가 자기통제로 바뀌었다는 인식하에, 독특하게도 '건축주'에 대해서 공법상의 부작위청구권을 행사할 것을 주장한다. Preschel 등이 주장하는 인인보호의 사적화와는 달리, 행정법원에 의한 공법적 권리구제가 존속한다는 점에서 이같은 주장이 호응을 받을 가능성도 있지만, 결코 근원적인 명제-건축주와 인인의 관계는 결코 공법적 성질이 아니다-를 뛰어 넘진 못한다. Vgl. Ortloff, Verwaltungsrechtsschutz zwischen Privaten?, NVwZ 1998, S.932ff.

65) 한편 독일의 일부 판례와 문헌은 인인보호규정이 위배되면 바로 재량영으로의 축소가 있다고 주장한다. Vgl. OVG Münster NJW 1984, 883(884); NVwZ 1991, 1001; BauR 1993, 713(714); OVG Saarlouis BRS 44, Nr.165; NVwZ 1983, 685; Finkelnburg/Ortloff, Öffentliches Baurecht, Bd.II, 4.Aufl.1998, S.258ff.; Mampel, Zum Anspruch Dritter auf bauaufsichtliches Einschreiten, DVBl. 1999, S.1403(1407f.).

66) VGH Mannheim BauR 1995, 219(220); OVG Bautzen NVwZ 1997(922); VGH München NVwZ 1997, S.923; Blümel, Vereinfachung des Baugenehmigungsverfahrens und Nachbarschutz, in; Festschrift für Boujong z.65. Geburtstag, 1996, S.521(529); Kraft, Entwicklungslinien im baurechtlichen Nachbarschutz, VerwAch 89(1998), S.264(287f.); Uechtritz, Nachbarrechtsschutz bei der Errichtung von Wohngebäuden im Freistellungs-, Anzeige- und vereinfachten Verfahren, NVwZ 1996, S.640(643f.); Degenhart, Genehmigungsfreies Bauen und Rechtsschutz des Nachbarn, NJW 1996, S.1433(1437f.); Sacksofsky, a.a.O., S.946(951).

67) Vgl. Preschel, Abbau der präventiven bauaufsichtlichen Prüfung und Rechtsschutz, DÖV 1998,

## 2. 건축주보호

건축주의 관점에서 보아서 건축허가(절차)는 많은 유리한 점을 제공한다. 무엇보다도 존속보호를 통한 안정성(확실성)을 제공한다. 그런데 신고와 허가면제 등을 통한 건축법의 규제완화의 경우, 건축주로선 자신을 그나마 보호해주던 건축허가가 不在하여 존속보호를 더 이상 누리지 못한다. 반면에 건축주가 실체적 규정을 준수해야 하는 데는 변함이 없다. 따라서 실체적 규정과의 합치를 확고히 해야 하는 것이 종전과는 달리 전적으로 건축주에게 책임지워져 있게 된다. 아울러 신고절차에서 건축주는 자신의 건축안이 건축법의 실체적 규정에 합치한다는 민간전문가의 감정평가서를 함께 제출해야 하는 등, 민간전문가의 활동에 의존하게 된다. 이처럼 건축허가와의 결별은 건축주의 관점에서 보자면 양날의 칼이다. 결국 건축주는 존속보호와 신속화를 맞바꾸는 셈이 되어버렸다. 그리고 독일의 몇 주에선 신고절차나 허가면제절차에 있어서 건축주로 하여금 인인에게 자신의 건축안을 알리도록 규정하고 있다.[68]

따라서 이러한 간소화규정을 통한 건축허가와의 결별이 과연 건축의 신속화와 건축주의 이익에 실제로 이바지하는지 여부에 대해서 Jäde 등을 제외하곤 대부분 의문스럽게 여긴다.[69] 그래서 Bayern주와 Nordrhein-Westfalen주에선 이러한 방도를 일관되게 계속 확대해 나가는 반면에, 가령 Brandenburg주에선 벌써 수정의 경향이 나타나고 있다. 그리고 일련의 주건축법이 건축주에게 허가면제(절차)와 건축허가의 선택권을 허용하는 것이 전혀 우연만은 아니다.[70]

---

S.45ff.; Schmaltz, Die Freistellung von Wohngebäuden vom Genehmigungsvorbehalt nach §69a NBauO, NdsVBl. 1995, S.241ff.; Manssen, Die Genehmigungsfreistellung für Wohngeäude in der Landesbauordnung Meckenburg-Vorpommern, NVwZ 1996, S.144ff.; Oeter, Baurechtsvereinbarung, Drittschutz und die Erfordernisse wirksamen Rechtsschutzes, DVBl. 1999. S.189ff.

68) 예: Art.64 Abs.3 BayBO; § 55 Abs.1,2 BauO BW; § 69 i.V.m. §62 b Abs.2 Nr.3 ThürBO. 이 경우 인인이 건축서류에 관한 열람청구권을 갖는지가 문제된다.

69) 특히 Vgl. Seidel, Privater Sachverstand und staatliche Garantenstellung im Verwaltungsrecht, 2000, S.256ff.; Kruhl, a.a.O., S.162ff.

70) 예: §69 Abs.1 BbgBauO; §65a LBauO Rh-Pf.

## IX. 건축법 제9조상의 건축허가의제적 건축신고-의제적 건축허가-[71]

건축법 제9조에 의하면, 신고함으로써 건축허가를 받은 것으로 보기에, 신고로 의제적[72] 건축허가가 성립한다. 법효과에 있어서 의제적 행정행위는 실제로 발급된 건축허가와 원칙적으로 동일하다.[73] 따라서 의제적 건축허가는 예방적 건축금지를 제거하고 건축안의 적법성을 확인한다. 의제적 건축허가의 폐지에는 통상의 행정행위와 관련한 일반적 원칙이 통용된다. 따라서 인인에 의해서 쟁송취소될 수 있고, 건축청에 의해서 취소될 수도 있다.

그런데 허가의제는 인인보호와 관련해서 실제로 행한 허가절차와 비교하면, 절차적 보호가 감소됨을 의미한다. 인인보호규정의 심사가 수리과정에서 일어나지 않는 한에 있어서, 사안조사의 보호기능과 관련해서 신고절차와 동일한 결과가 생긴다. 의제적 허가에 있어선 신청자의 이익이 외관상의 행정결정에 의해서 일반적으로 확인되는 반면에, 인인의 이익은 고려되지 않는다. 그리하여 자칫 허가절차의 이익조종(조절)기능이 오도될 우려가 있다.[74] 인인소송을 위한 실마리로서의 건축허가의 존재는, 인인보호를 위하여 중요한 이로움을 제공한다. 우리 주택건설촉진법 제38조 제2항 단서와 같은 본래적 신고절차의 경우 인인은 행정개입에 관한 보호청구권을 통해서 권리구제를 도모해야 한다. 반면에, 의제적 허가의 경우에는 허가방지청구권

71) 여기서 유의할 사항은 독일의 경우엔 의제적 건축허가가 간소화된 허가절차에서 성립한다는 점이다. 즉, 간소화된 허가절차라 함은, 통상의 허가절차에 비해 심사범위・요건이 축소됨이 특징이고, 아울러 심사기간을 경과하면 허가가 발급된 것으로 간주되게끔 규정되어 있다. 그런데 이 간소화된 허가절차에서 내려진 건축허가의 확인적 효과는 당해 규정상으로 적시된 공법규정과의 합치성에 국한된다. 즉, 그 밖의 공법규정과의 합치성은 지니지 못하기에, 그것의 위반을 이유로 행정청은 개입(중지・철거명령)을 할 수가 있다. 우리의 경우에는 사정이 다르다. 건축법 제9조를 보면(허가대상건축물이라 하더라도), 신고대상건축물이 원칙적으로 허가대상건축물에 속한다. 따라서 우리의 경우에는 의제적 건축허가의 확인적 효과가 통상의 것과 동일하다. 즉, 건축주에게 인정되는 존속보호의 범위가 독일의 그것보다는 넓다고 할 수 있다. 그런데 이러한 논의를 전개하는 데 걸림돌이 있다. 그것은 건축허가의 확인적・형성적 효과에 관한 논의를 전제로 하여야 하기 때문이다. 따라서 이하에선 일단은 독일에서의 논의를 바탕으로 전개하고자 한다.

72) 독일용어상으로 'fingierte Baugenehmigung'과 'fiktive Baugenehmigung'은 동일하다. Vgl. Ortloff, Die fiktive Baugenehmigung, in: FS für K.Gelzer, 1991, S.223(223).

73) Ortloff, a.a.O.(Fn.72), S.223(227); Uechtritz, a.a.O., S.640(647). Hessen주의 건축법 초안에서는 양자를 절차법적・쟁송법적으로 동일하게 다루어야 한다고 규정하였다. 여기서 먼저 중요한 사항은 의제적 행정행위가 과연 (우리든 독일이든) 행정절차법상의 행정행위 개념정의에 부합하느냐이다. 즉, 의제적 행정행위의 법적 성질 여하에 따라서 행정행위와 관련한 규정・원칙이 직접 적용되거나 아니면 유추적용된다. 행정행위의 효과의 의제인 점에서 후자가 타당하다. 따라서 여기선 편의상 의제적 건축허가(행정행위)란 용어를 사용한 것이다. 의제적 행정행위의 문제점에 관해선 vgl. 졸고, 의제적 행정행위(행정행위의 효과의 의제)에 관한 소고, 법제 제520호, 2001.4., 53면 이하; Caspar, Der fiktive Verwaltungsakt-Zur Systematisierung eines aktuellen verwaltungsrechtlichen Instituts, AöR Bd. 125(2000), S.131ff. 追論: 본서 340면 이하 참조.

74) 그래서 Bullinger는 다극적 이익관계에서 허가의제를 도입하는 것을 반대하였다. Ders., Beschleunigte Genehmigungsverfahren für eilbedürftige Vorhaben, 1991, S.68f.

(즉, 취소쟁송)을 통해서 인인권의 침해를 효과적으로 저지할 수 있다. 그럼에도 지금까지 판례와 문헌상으로 양자의 차이점이 구체적으로 지적되지 않은 것은 큰 문제이다. 그런데 의제적 허가의 경우에는 신청인은 물론 인인에 대한 통지가 없기에, 제소기간이 진행되지 않는다.[75] 따라서 실권의 법리가 통용된다.

건축주의 관점에선 순전히 형식적으로 고찰하자면, 실제로 행한 건축허가가 부여하는 정도의 법적 안정성을 의제적 건축허가를 통해 보장받는다. 의제적 건축허가는 존속보호·신뢰보호를 성립시키며, 건축주로 하여금 질서법상의 조치로부터 보호를 받게 한다. 그러나 허가의제는 오로지 행정행위의 발급하고만 관계가 있고, 실체적 적법성은 법치국가원리로 인해 의제되지 않는다.[76] 즉, 의제허가에 대해선 높은 취소의 리스크가 결부되어 있다.

전혀 신뢰보호지위를 제공하지 않는 본래의 신고절차와 비교해서, 건축주는 아무튼 법적 안정성의 관점에서 분명히 나은 위치에 선다. 이유는 비록 외관적일 망정 합법화 효과가 의제적 건축허가를 출발점으로 삼기에, 건축법상의 조치(중지·철거명령)는 위법한 건축허가의 취소를 요건으로 하기 때문이다.

건축행정청으로선 건축허가의 의제란, 그가 사정상 발하지 않았을 법한 행정행위가 그에게 강제되는 셈이다. 따라서 행정청은 수리 이후에도, 공법규정이 준수되는지 여부를 재차 심사하여야 하고, 경우에 따라선 의제된 건축허가를 취소해야 한다. 국가적 통제의 부재나 미비로 법효과가 의제된다는 점이 법치국가적 관점에서 극히 의문스럽다.[77] 의제적 건축허가의 도입은 허가가 지닌 정서(정열)기능을 뒤집어 버린다. 왜냐하면 의제적 허가의 경우에는 사실상태와 법상태의 심사나 다른 이익과의 조절이 전혀 행해지지 않기 때문이다. 만약 건축안이 공법규정에 반함에도 불구하고 수리거부가 행해지지 않으면, 위법한 건축안에 대해서 건축허가상의 효과인 '심사대상규정과의 일치성에 염려(문제) 없음'(Unbedenklichkeit)이 발해진다. 통설·판례가 취하는 수리여부와 신고대상행위의 무관련성을 쫓아서, "맹목적으로" 발해지는 행정의 이러한 행위방식은, 자칫 행정의 대국민적 신뢰를 훼손하고, 건축행정차원을 넘어서 행정결정의 수용을 저해한다.[78]

---

75) Degenhart, a.a.O., S.1433(1435f.); Uechtritz, a.a.O., S.640(647).

76) Ortloff a.a.O.(Fn.72), S.223(227); Uechtritz a.a.O., S.640(647); Jachmann, Die Fiktion im öffentlichen Recht, 1998, S.318.

77) 앞서의 Bullinger 이외에도 많은 이들이 의제적 허가에 대해서 비판을 가하는데, 실체법적 심사가 오로지 외관적으로만 행해진다는 점, 이익조절이 결여되어 있다는 점, 그리고 신속화 효과가 의문스럽다는 점이, 그 이유이다. Ortloff a.a.O., S.223(228f.); Steinberg/Allert/Grams/Scharioth, Zur Beschleunigung des Genehmigungsverfahrens für Industrieanlagen, in: Bullinger (Hrsg.), Investionsförderung durch flexible Genehmigungsverfahren, Verwaltung 2000, Bd.5, 1994, S.123f. 특히 허가절차의 간소화·사적화의 대표적 찬동자인 Jäde 조차도 의제적 건축허가제도에 대해선 "그릇된 길"이라 평하였다. Ders., a.a.O., S.187(188).

## Ⅹ. 맺으면서

신고제가 일체의 금지를 허용하지 않는 것으로 이해해선 곤란하다. 사실 신고제를 일체의 금지의 불허용으로 파악하면, 예방적 통제의 하나의 수단으로서의 그것은 더 이상 존재하지 않고 단순한 정보제공적 그것만이 있을 뿐이다. 오늘날 서로간의 이익이 대립하는 상황은 과거처럼 공익과 사익간의 단선적인 모습이 아니라, 사익과 사익간의 갈등이 어우러진 복선적인 모습을 띄고 있다. 따라서 조정자・중재자로서의 행정은 상응하는 수단을 가져야 하는데, 신고제를 금지수단의 전면적 포기로 이해한다면, 행정으로선 자신의 임무를 소위 미필적 고의에 의거해서 방기하는 셈이 된다. 여기서 사인간의 문제상황은 궁극적으로 사인간에 해결해야 된다는 식이 되어 버린다. 또한 궁극적 해결을 위한 착안점의 상실이 과연 사인에게 이롭기만 할까? 자칫 다수의 몰이성적인 주장이 소수의 근거 있는, 특히 합법적인 주장을 압도할 우려가 있다.

허가절차의 형태를 띤 예방적 감시에서 물러서는 식으로 행하는 기능적 사적화(민간화)는, 건축행정으로 하여금 일정한 임무를 면하게 한다.[79] 이 점에서 예방적 금지가 전제되지 않은 무책임한 신고제의 확대도입은, 자칫 사인간의 이익충돌에 대해서 공권력이 책임을 회피하기 위한 뒷문이 될 수 있다. 독일의 예에서 볼 수 있듯이, 본질적으로 건축법간소화의 피해자는 결과적으로 건축주 내지 건축하려는 자이고, 건축법간소화의 최대의 수혜자는 의심의 여지없이 행정청이다. 따라서 탈규제화(Deregulierung)가 행정당국이 책임을 면탈하기 위한 탈절차화(Entprozeduralisierung)의 전략의 일환이 되어선 결코 아니 된다.

* 저스티스 제61호, 2001.6., 150면 이하 소수.

* 참고문헌: 졸고, 행정법상의 신고의 법도그마적 위상에 관한 소고, 고시연구 2002년 2월호, 26면 이하; 행정법상의 신고와 관련한 판례의 문제점에 관한 소고, 인권과 정의 제307호, 2002.3., 101면 이하(본서 130면 이하); 이른바 수리를 요하는 신고의 문제점에 관한 소고, 행정판례연구 제8집, 2003.12, 63면 이하; 주민등록전입신고 거부의 법적 문제점에 관한 소고, 저스티스 제74호, 2003.8., 269면 이하.

---

78) 우리의 경우에 법문상으로 의제적 건축허가가 명시적 건축허가와 다를 바 없고-비록 아직껏 시인되고 있진 않지만-, 신고에 대해서 행정청의 심사를 완전히 배제하는 듯한 경향이기에 문제점은 더 크다 하겠다. 더욱이 만약 의제적 건축허가의 존재를 잘못 이해하면 그 문제점은 더욱 증폭될 것이다. 졸고, 건축허가의제적 건축신고와 일반적인 건축신고의 차이점에 관한 소고, 판례월보 제368호, 2001.5., 13면 이하 참고.

79) Korioth, Der Abschied von der Baugenehmigung nach § 67 BauO NW 1995, DÖV 1996, S.665(671ff.)

# 제 7 장

# 行政法上의 申告와 관련한 判例의 問題點에 관한 小考



## I. '新苦'로서의 行政法上의 申告

지난 세기의 후반에 전세계를 휩쓴 탈규제화, 간소화, 자율화 그리고 사적화(민간화)의 경향에 편승하여 우리 행정법에 일어난 변화가, 바로 허가제의 철폐와 이에 대응한 신고제의 확대도입이다. 독일의 경우에도 1990년의 Baden-Würtemberg주의 '허가면제령'을 시발로, 모든 주의 건축법에서 신고를 포함한 허가면제(Genehmigungs-freistellung)의 확대, 다시 말해 허가절차중심적 법제도에서 벗어나 신고절차・허가면제절차・간소화된 허가절차가 대폭적으로 수용되었다.[1] 시의에 맞지 않고 그 효과자체도 의심스러운 수많은 규제는 국가경쟁력의 저하도 저하지만, 무엇보다도 기본권의 바탕인 자유를 사실상 제한한다. 허가절차가 축소・간소화되어 사인에 대한 절차상의 장애물이 철폐되어야 한다는 명제에는 아무런 異論이 있을 수 없다. 하지만 신고제[2]의 허가제대체나 그것의 도입 확대가 늘 공동선이기만 할까? 그러한 경향이 국가통제의 정연한 후퇴나 적어도 국가통제의 강도축소를 가능케 하는 데 과연 적합한가? 그로 인해 이미 건축법과 같은 질서법은 물론 관련 규제가 실증적으로 후퇴 내지 감소하였는가? 모든 일에 늘 밝음과 어둠이 교차하듯이, 신고제의 확대도입에

1) 개개의 주건축법의 변화에 관한 대강의 분석은 일찍이 Ortloff가 Abschied von der Baugenehmigung Beginn beschleunigten Bauens?, NVwZ 1995, S.112ff.에서 행한 바 있다.

2) 이 글에서 사용한 신고는, 특별한 부가어를 더하지 않는 한, 일단 (예방적)금지해제적 신고를 의미한다.

따른 문제점은 결코 허가제의 존치에 못지 않다. 물론 여기에는 허가제를 종전처럼 예외적 승인적 인식에서 벗어나, 예방적 금지의 해제로서 올바르게 정립하는 것이 선행되어야 한다.[3]

申告(Anzeige od. Anmeldung)란 행정청에 대해서 보통 문서로써 행하는 요식적·명시적 통지를 말한다. 개시통제로서의 신고제는 허가제에 대응한 것이라 할 수 있다. 국가통제의 근간을 설정함에 있어서 수단의 선택의 문제, 다시 말해 개시통제의 수단으로서 신고를 우선할 것인지 아니면 허가를 우선할 것인지 여부는, 국가임무의 본질과 관련해서 전 행정영역에서 논란이 되고 있다. 독일의 많은 문헌들은 기능적 사적화의 일종에 해당하는 건축신고와 관련해선, 본래 예상치 않은 인인의 보호문제에 초점을 맞추고 있다.[4] 대체적으로 이러한 움직임을 트로이목마처럼 불행을 가져다 줄 선물(Danaergeschenk)인양 부정적으로 보고 있다. 여러 상이한 법률에서 구별되는 특징을 지닌 신고절차가 여지껏 심도있는 법학적 고찰의 대상이 되지 않았다는 지적처럼,[5] 신고(제) 그 자체가 행정법학에 대한 새로운 어려움 즉, '新苦'이다. 그런데 우리의 경우 신고에 대한 바른 이해를 결정적으로 방해하는 여러 요인이 있다. 바로 "적법한 요건을 갖춘 신고만 하면 행정청의 수리행위 등 별다른 조치를 기다릴 필요없이 또한 수리여부와 관계없이 건축행위 등 소정의 행위를 할 수 있다"는 자기완결적 신고에 관한 통설·판례의 이해와, 판례와 문헌상으로 공인되고 있는 이른바 '수리를 요하는 신고'의 존재이다. 여태껏 전혀 반론 내지 異論없이 유지되어 온 스테레오타입에서 자유로울 때 우리는 대상의 본질을 바로 볼 수 있다. 아래에선 행정법상의 금지유형을 바탕으로 하여 행정법상의 신고의 위상를 나름대로 자리매김한 다음,[6] 그것과 관련한 판례의 문제점을 살펴보고자 한다.[7]

---

3) 이 점에서 우리의 허가(제)에 대한 인상은 매우 부정적이다. 심지어 법문상으로 분명히 재량규정으로 되어 있다 하더라도, 우리 행정법 문헌 대부분 그것을 기속행위로 보는 경향에 비추어, 이렇듯 허가(제)에 대한 부정적 인식은 의아스러운 구석이 있다. 헌법의 기본권행사의 측면에서 오늘날 허가는 해제를 지향한다는 점을 염두에 두면, 허가(제)에 대한 지나친 疑懼가 다소 가시리라 여겨진다. 차제에 허가를 '검열'의 의미로 여기게 하는 우리 헌법 제21조 2항의 '허가' 용어를 달리 표현하는 것이 요망된다. 이런 적절치 못한 용어사용의 파생이 바로, '등록'이란 용어이다.

4) 최근의 것으로 vgl. Mampel, Nachbarschutz im Freistellungsverfahren, BayVBl. 2001, S.420ff.; Bamberger, Die verwaltungsgerichtliche vorläufige Einstellung genehmigungsfreier Bauvorhaben, NJW 2000, S.983ff.; Sacksofsky, Privatisierung des baurechtlichen Nachbarschutzes bei genehmigungsfreien Vorhaben, DÖV 1999, S.946ff.

5) Fluck, Anzeige statt Genehmigung, in; Rückzug des Ordnungsrechtes im Umweltschutz, UTR Bd. 48, 1999, S.165(166).

6) 졸고, 행정법상의 금지와 그것의 해제에 관한 소고, 헌법규범과 헌법현실(권영성 교수 정년기념논문집), 1999, 547면 이하 참조. 그리고 신고제도에 대한 국내문헌으로, 채우석, 행정절차법에 있어서의 신고, 고시계, 1997.7, 70면 이하; 오준근, 신고절차의 정책방향, 법제연구 제13호, 1997.11, 33면 이하 참조.

7) 이미 필자는 건축법상의 건축신고의 문제점에 관한 소고(저스티스 제61호, 2001.6, 150면 이하)를 발표하였는데, 여기선 판례상에 나타난 신고 전반의 문제점을 국내 문헌을 보강하여 새로이 다루었다. 논리전개상

## Ⅱ. 行政法上의 申告의 법도그마적 位相

### 1. 행정법상의 신고의 유형에 관한 개관

Walter Schick가 1967년에 발표한 소고에서, 독일연방헌법재판소가 1966년에 1934년의 구집회법(Sammmlungsgesetz)에 대해서 내린 결정[8]을 바탕으로 하여, 신고유보부 금지의 기본구조 및 다른 제도(허용유보부금지와 단순한 신고의무)와의 차이점을 강조하였다.[9] 신고유보부 금지를 통해서, 입법자는 일정한 활동의 실행을 그 활동이 사전이나 동시에 신고되었는지에 좌우되게끔 만들었다고 지적하였다.[10] 이것의 전형적인 예가 항상 거론되는 신집회법(VersG) 제14조 제1항이다. 사실 이것은 과거 구집회법의 예외적 승인유보부 진압적 금지를 대체시킨 것이다. 그리고 Schick는, 일정한 활동의 개시와 상관관계는 있지만 신고할 때까지 그 활동을 형식적으로 금지하는 것과는 무관한 신고의무를, 앞서의 신고유보부금지와 구분하였다. 가장 비근한 예가 독일 영업법 제14조이다. 여기서 신고는 영업의 개시와 동시에 행해져야 한다. 이러한 신고의무의 불이행에 따른 제재의 대상은 불신고 자체이지, 사전적·동시적 신고없이 소정의 활동을 했다는 점은 아니다. 따라서 단순한 불신고만으로 소정의 활동을 금지하는 것은 비례원칙에 저촉될 수 있다고 지적하였다. 세 번째 유형으로 Schick는, 활동 그 자체와는 관련이 없고, 활동과 관련해서 발생한 사실을 통지하는데 기여하는 신고를 들고 있다. '원전사고명령'(Störfall V)에 따른 원전사고를 신고할 의무나 전염병법 제5조에 따른 발병의 신고의무가 이에 속한다고 한다. 통상 여기에선 신고해태에 대해서 처벌규정을 두고 있는데, 그것의 정당성 근거는 안전법적 고려에서 연유한다고 한다. 여기서 첫 번째 유형은 (예방적)금지해제적 신고의무인 반면에, 뒤 두 유형은 정보제공적 신고의무에 해당한다.[11]

### 2. (예방적) 금지해제적 신고(의무)

행정법상의 대표적 신고인 건축신고를 보자면, 이를 행하고 나서 비로소 소정의

---

약간의 중첩이 있을 수 있다. 이 점 헤아려 주셨으면 한다.

8) BVerfGE 20, S.150ff.

9) ders., Das Verbot mit Anzeigevorbehalt, BayVBl. 1967, S.341ff.

10) Schick, a.a.O., S.341.

11) 한편 Breuer는 신고유보부 진정한 금지를 원칙적인 개시통제의 범주에, 행위수반적 신고의무를 준수통제의 범주에 집어넣었다. Ders., in: Schmidt-Aßmann(Hrsg.), Besonderes Verwaltungsrecht, 11.Aufl. 1999, 5. Abschn. Rn.71. 그리고 Kloepfer는 앞서의 Breuer의 개시통제와 준수통제를 연결시켜서, "허가대체적 신고"와 "허가보충적 신고"로 나누었다. Ders., Umweltrecht, 2.Aufl. 1998, §5 Rn.38ff.

건축행위를 할 수 있다. 신고절차에서도 허가절차와 마찬가지로 행정당국의 사전통제를 가능케 하기 위해서, 건축행위가 예방적으로 금지되어 있다. 따라서 절차유보에 반해서 즉, 신고없이 착공하면 위법하게 되어 일단 원칙적으로 공사중지명령이 내려질 수 있다(건축법 제69조 제1항). 허가절차와는 대조적으로 허가의무란 형식적 울타리가 없다. 형식적인 건축금지의 울타리를 신고를 통해서 국민이 스스로 열어버린 셈이다.[12] 신고절차에선 건축행위에 관한 예방적 금지가, 우리의 경우엔 대기기간제도가 없기에 수리거부되지 않는 한, 신고와 동시에 해제되어 버린다.[13] 그러나 독일의 경우엔 예방적 금지의 해제가 법률상의 일정한 대기기간의 경과의 유보하에 있다. 따라서 대기기간의 경과와 동시에 건축주는 형식적으로 적법하게 착공할 수 있다.[14] 예컨대 건축법상의 건축신고절차는 법기술적으로 먼저(예방적) 금지해제적 신고로 분류하여야 한다.[15]

한편 신고의무이행후의 형식적 합법성(Legalität)의 인정은 자세히 규명될 필요가 있다. 신고절차에서 형식적 합법성을 출발점으로 삼을 수 있는 한, 이러한 합법성은 절차법적 측면에서만 관련이 있다. 신고절차에 있어서 형식적 합법성이란, 신고절차상 요구되는 절차행위를 이행함으로써, 그 점에서 절차가 적법하게 집행되었다는 것만을 의미한다. 건축안의 실체적 건축법과의 일치에 관해서는 아무런 언급이 내려지지 않는다. (독일에선) 통상 건축허가에 대해선 합법화효과가 인정되는 것[16]과는 달리, 신고 그 자체로서 금지(행정청의 철거명령 등)가 저지되지 않는다.[17] 비록 우리 건축법이 독일의 대부분의 주 건축법처럼 명시적으로 공법규정의 준수의무를 지적하고 있진 않지만, 동법 제69조가 동법 등을 위반한 경우에 행정개입의 수권을 제공한다. 따라서 신고의무이행에 따른 허용은, 금지유보부 허용의 경우처럼 개별경우에 금지가능성이 유보되어 있다. 요컨대 신고유보부 금지는 법기술적으로 신고유보부 예방적 금지로 파악해야 하고, 이 경우 절차의무이행에 따른 허용은 금지유보부 허

12) Schick, a.a.O., S.341(341).

13) 그런데 우리의 경우 판례와 문헌상으로 일반적으로 건축신고가 수리거부되더라도 '적법한 신고'인 이상 신고로서 종국적으로 금지가 해제되는 것인 양 기술하고 있다. 행정청의 심사의 무의미성 및 신고수리거부의 무의미성의 문제가 이 글의 題材이다

14) VGH Mannheim, VBlBW 1997, 141(141).

15) 우리 '집회 및 시위에 관한 법률' 제6조 제1항에 따른 옥외집회신고의무와 독일 집회법 제14조 제1항에 따른 동일한 신고의무 역시 (신고유보부) 예방적 금지를 전제한다.

16) 건축허가로 인하여 건축주가 누리는 존속보호는 건축허가의 합법화효과에서 기인한다. 따라서 철거와 사용금지를 목표로 하는 행정처분의 적법성은 건축허가의 폐지의 유보하에 있나는 독일에서의 일반적 논의가 우리의 경우에도 당연히 통용되어야 한다. 하지만 실정법상으로 허가취소와 철거명령이 단순히 선택적 관계에 놓일 뿐만 아니라, 판례 역시 건축물의 철거를 구하는 데 있어서 건축허가처분의 취소가 필요하진 않다고 하였다(대법원 1994.1.14. 선고 93누20481판결).

17) 그러나 여기서 만약 그 신고에 허가의제적 효과가 발생하는 경우에는 법상황이 다르다.

용(예: 옥내집회)에서처럼 개별·구체적 금지의 유보하에 있다. 따라서 건축법 제9조와 주택건설촉진법 제38조 제2항 단서상의 신고절차는 허용(해제)유보부 예방적 금지와 금지유보부 허용(해제)의 중간에 위치한다.[18] 신고와 관련한 여러 법문제(예: 행정청의 심사·수리 등)를 검토함에 있어서, 신고절차의 이러한 위상을 고려해야 한다.

### 3. 정보제공적 신고(의무)

독일 영업법 제14조에 의하면, 영업개시와 동시에 해당 행정청에게 신고를 해야 한다. 이런 영업신고의 목적은, 소관 행정청에게 언제든지 자신구역내의 영업의 수와 종류에 관한 효과적인 감시를 수행하기 위함이다.[19] 그것은 가능한 예방적 금지를 해제시키는 동인·근거가 아니라, 영업개시 이후에 지속적인 감시를 확고히 하기 위하여 영업수행을 행정청에게 단지 알리는 데 기여한다.[20] 단순한 정보제공적 기능을 지니기에, 동조상의 신고의무는 예방적·형식적 금지와는 결합되어 있지 않고, 신고된 활동의 형식적 허용성은 신고의무의 이행에 좌우되지 않는다.[21] 따라서 Schick도 지적하였듯이, 이들 신고의무의 위반만으로 관련 행위 자체를 금지하여선 아니 된다. 정보제공적 신고는, 건축법상의 신고절차상의 건축신고와는 달리 직접적인 법적 효과를 당연히 발생시키진 않는다.[22] 금지해제적 신고(의무)와 정보제공적 신고(의무)의 차이점은 이러한 신고의무불이행의 효과에서 뿐만 아니라, 그것의 수리거부에서도 존재한다. 전자의 경우 예방적 금지가 전제되어 있기에 그 신고수리거부는 금지하명에 해당하나, 후자의 경우엔 단순히 알림에 지나지 않기에 그 신고수리거부는 금지하명적 성격을 갖지 못한다(후술). 다만 직무활동의 실행과 그것의 거부를 구별하여 판단내리는 입장을 취하면, 후자에서의 신고수리거부를 행정처분으로도 볼 수 있다(후술).

(예방적) 금지해제적 신고의무와 정보제공적 신고의무를 구별하는 데, 이상의 논의를 바탕으로 하여야 한다. 즉, 법문상 대상행위의 금지가 전제되면서 사전통제(심사)가 예정되어 있는지, 개시통제의 수단으로 허가와 병렬적으로 규정되어 있는지,[23]

18) Schwabe, Das Verbot mit Erlaubnisvorbehalt, JuS 1973, S.133; Maurer, Allg. Verwaltungsrecht, 13. Aufl., 2000., §9 Rn. 54; Fluck, a.a.O., S.170. 그러나 전자의 경우엔 행정행위의 효과가 의제됨을 간과해선 아니 된다. 다시 말해, 우리 건축법 제9조상의 건축신고는 건축허가의제적 건축신고이기도 하다. 이에 관해선 졸고, 건축허가의제적 건축신고와 일반적인 건축신고의 차이점에 관한 소고, 판례월보 제368호, 2001.5., 13면 이하; 의제적 행정행위에 관한 소고, 법제 제520호, 2001.4., 53면 이하 참조.

19) Marchs, in: Landmann/Rohmer, Gewerbeordnung-Kommentar, 1994, §14 Rn.6.

20) 따라서 영업신고는 영업허가가 내려져 있다 하더라도 필요하다. Vgl. Marchs, a.a.O., §14 Rn.8; Michel/Kienzle, Das Gaststättengesetz, 12.Aufl., 1995, §4 Rn.96.

21) Marchs, a.a.O., §14, Rn.8.

22) Fritz, Art. Anzeigepflicht in: Kimminich/v. Kersner/Storm, Handwörterbuch des Umweltrechts, 2.Aufl., 1994, S.138f.

신고의무불이행의 제재에 대상행위 자체(즉, 금지)에 대한 것까지 담고 있는지 등을 고려해야 한다. 따라서 우리의 경우 건축법 제16조의 착공신고, 공중위생관리법 제3조의 영업소개설통보 등은 순전히 정보제공적 의미만을 지닌다. 반면에 건축법 제27조의 철거신고의 경우 철거의 성격은 물론 법문상으로 철거전에 행해야 하기에, 예방적 금지가 전제된 것으로 볼 수 있다.

### 4. 행정법규상의 통보의 법적 성격

최근 행정법규에서 종전의 '신고'란 용어에 갈음해서 '통보'란 용어가 종종 사용되고 있다. 즉, 공중위생관리법 제3조 2항은 공중위생영업자가 영업소를 개설하거나 영업장 소재지를 변경한 때에는 시장 등에게 통보하여야 한다고 규정하고 있다. 이러한 통보가 신고와 차이가 있는가? 홍정선 교수는, 통보제도가 국민에게 의무를 부과하는 면에서 법적 성격을 가지지만 동시에 실효성확보수단을 갖지 아니한다는 점에서 사실로서의 성격도 동시에 갖는다고 볼 수 있다고 하여, 그것이 프로그램적 성격의 제도라는 점을 근거로 자체완성적 공법행위로서의 신고와 구별된다고 본다.[24] 이 같은 주장의 논거로 식품위생법 제22조 제5항에 따른 신고영업의 경우에는 무신고영업에 대해서 동법 제77조 제1호에 의해 2년 이하의 징역 등 소정의 처벌이 가해지기 때문에 무신고영업이 불법영업이 되는 반면에, 공중위생관리법의 경우 영업소개설을 통보하지 않은 공중위생영업자에 대한 제재에 관하여 아무런 규정을 두고 있지 않기 때문에 관련 업을 개설통보없이 영위하였다 하여도 불법(위법)이라고 단언할 수는 없다고 지적한다.

입법자가 신고처럼 의무는 지우되 그 이행확보수단은 원천적으로 배제한다는 취지에서 그처럼 달리 사용했는지 여부는, 일단 관련법의 규정의 검토를 통해서 확인할 수 있다. 공중위생관리법이 식품위생법과는 달리 '통보의무'의 불이행에 대한 직접적인 처벌규정을 두고 있지 않지만, 동법 제11조는 공중위생영업자가 동법 또는 동법에 의한 명령에 위반한 때에는 영업정지 등의 조치를 취할 수 있음을 규정하고 있으며, 아울러 동법 제20조는 영업정지 등의 조치에 불응한 자에 대해서는 1년 이하의 징역 등 소정의 처벌을 기함을 규정하고 있다. 물론 영업정지 등의 조치에 관한 세부적 기준을 정한 동법시행규칙 제19조 별표 7에 통보의무위반에 대한 구체적인 조치가 없지만, 동 별표의 일반기준 제4호가 '이 기준에 명시되지 아니한 사항으

23) 문제될 수 있는 것이 의원개설신고이다. 의료법 제30조 제3항과 제4항이 의원개설은 신고를, 병원개설은 허가를 요하게 한 점에 비추어, 전자는 (예방적) 금지해제적 신고로 볼 수 있다. 그리고 문헌에서 일반적으로 개업신고로 보는 약국개설은 명문상 등록을 요한다고 규정되어 있다(약사법 제16조 제2항).

24) 동인, 행정법원론(상), 2001, 198면: 사인의 공법행위로서 신고의 법리 재검토, 고시계 2001.4., 18면.

로서 처분의 대상이 되는 사항이 있을 때에는 이 기준 중 가장 유사한 사항에 따라 처분한다'고 규정하고 있음을 유의해야 한다. 아울러 우리 대법원이 공중위생관리법 시행규칙 제19조 별표7과 같은 "부진정한 행정규칙으로서의 법규명령"(위임명령에 의한 재량준칙)을 행정규칙으로 보고 있기에, 동별표상에 통보의무위반에 대한 구체적 조치가 없음을 통보불이행에 관한 제재의 부존재로 귀결시킬 순 없다.

결론적으로 '통보'란 '알림'이란 본의에 비추어 정보제공적 신고와 다름이 없다. 공중위생관리법 제3조 제2항이 통보가 영업소의 개설이나 변경이 있고 난 후에 행하도록 규정하고 있는 점, 동조 제3항이 통보의 목적이 공중위생영업자의 현황을 파악·관리하는 데 있음을 나타낸 점을 고려에 넣어야 한다. 한편 '풍속영업의규제에 관한법률' 제4조의 풍속영업의 통보에서 알 수 있듯이, 비록 행정내부적일 망정 통보란 정보제공적 의미로 사용됨을 확인할 수 있다. 그런데 입법정책적 견지에서, 예방적 금지의 해제적 성격을 지닌 신고와 분명히 구별하기 위하여 정보제공적 신고의 경우엔 '통보'란 용어를 사용하는 것은 고려해 볼만하다.

### 5. 자기완결적 신고와 행정요건적 신고로 나눔의 문제점

사인의 공법행위는 의사표시의 방향성을 기준으로 일방당사자의 의사표시만으로 법률효과를 발생하는 것(단독행위, 자기완결적 공법행위)와 쌍방당사자의 의사의 합치에 의해 법률효과를 발생하는 것(쌍방적 행위, 행정요건적 공법행위)로 나뉜다. 이런 나눔과 연계해서 대부분의 문헌은 신고를 자기완결적(자체완성적) 공법행위로서의 신고(수리를 요하지 않는 신고)와 행정요건적 공법행위로서의 신고(수리를 요하는 신고)로 나누며, 판례 역시 이런 경향을 보이고 있다. 나아가 실정법(예: '정기간행물의 등록 등에 관한 법률' 제7조 1항)의 등록제에 따른 등록신청을 수리를 요하는 신고로 본다. 다시 말해, 등록제란 수리를 요하는 신고제를 의미하는 것으로 본다. 그리하여 허가제의 경우엔 요건에 관한 형식적 심사뿐만 아니라 실질적 심사까지 행해지는 반면에, 수리를 요하는 신고제인 등록제의 경우엔 형식적 심사에 그친다고 한다.

생각건대 우리의 경우 신고(제)를 두고 의견이 분분한 원인이 그것을 '자기완결적 신고'와 '수리를 요하는 신고'로 나눔에 있다고 여겨진다. 왜냐하면 양자에 있어 공통분모라곤 '신고'라는 용어사용일 뿐 양자는 법적으로 전혀 이질적으로 다루어지고 있으며, 특히 후자는 행정행위에 대한 '신청'과 다를 바 없기 때문이다. 만약 후자를 행정요건적 공법행위로서 이해한다면, 과연 그것이 우리가 통상적으로 이해하는 신고라 할 수 있겠는가? 행정청의 심사(통제)가 사실상 전적으로 배제됨으로써 당연히 그에 따른 수리여부 특히 수리거부가 전혀 의미를 지니지 못하게 되어 버린 '자기완결적 신고'에 관한 오해에 이미 후자의 존재가 배태되어 있었던 것은 아닐까? 무릇 신고제가 허가제를 대치한 개시통제의 수단임을 긍정한다면, 그것의 유형을 (예방적) 금지해제적 신고와 정보제공적 신고로 나누는 것이 그 본연의 모습에 부합한다.

등록제를 수리를 요하는 신고제와 동일시하고, 이를 허가제에 대비시켜 전자의 경우엔 형식적 심사만을 후자의 경우엔 실질적 심사까지 거치는 것으로 보는 일반적 경향은 재고가 필요하다. 오히려 허용(심사)요건이 형식적 측면이나 실질적 측면을 담고 있는지 여부에 맞춰서, 그것의 심사가 형식적 성격인지 실질적 성격인지가 가늠되어야 한다. 따라서 '정기간행물의 등록 등에 관한 법률'(제7조 제1항)의 등록제를 규정한 입법취지가 정기간행물의 발행요건에 관하여 실질적 심사가 아니라 단지 형식적 심사에 그치도록 하고 있다고 본 헌법재판소결정[25]은 이러한 점을 간과함으로써, 신고제에서의 행정청의 심사에 관한 오해를 유발한 구석이 있다(후술). (예방적)금지해제적 신고(의무)로서의 신고제의 참뜻은, 신고자 스스로 자신의 의사에 의해서 주도적으로 즉, 자기완결적으로 전제된 금지를 해제시키는 데 있다. 따라서 행정청의 수리 여부에 금지해제가 좌우되는 '수리를 요하는 신고'를 신고의 범주에 넣을 수 없음은 자명하다. 이 점에서 등록제를 '수리를 요하는 신고제'로 보고자 하는 입장에 나름의 일리가 있다. 그러나 등록제를 자기완결적 신고와 허가제의 중간 영역으로 설정하는 이러한 태도에 과연 문제가 없는가? 규제완화의 요구로 석유사업법 등에서 종전에 허가로 규정한 것을 '등록'이란 용어로 대체하였으나, 규제완화의 핵심사항인 허용요건의 완화는 그다지 이루어지지 않았다. 허가제를 행정규제의 대표로 인식한 여론의 추이에 쫓아서 단지 용어만을 변경하는 데 지나지 않음을 여실히 보여준다. 요컨대 '등록제'란 본질적으로 '허가제'와 다르지 않다. 다시 말해, 그것은 "변태적 허가제"일 뿐이다. '체육시설의 설치・이용에 관한 법률'이 등록체육시설업과 신고체육시설업을(동법 제10조 제1항), 석유사업법이 등록대상 석유판매업과 신고대상 석유판매업을(동법 제9조) 대비시켜 놓은 점이 이러한 사실을 웅변한다. 자연적 자유의 회복이 허가제의 참뜻이고, 그에 따라 허가에 있어서 광범한 재량축소가 인정되는 사정-문헌상으론 특별한 명문의 규정이 없으면 허가를 기속행위로 보기까지 한다-을 충분히 감안하지 않은 채, 용어란 외양적 변화에 사로잡힌 느낌이 든다. 생각건대 신고가 아닌 그것의 수리에 무게 중심이 주어지면 더 이상 신고제의 범주에 속하지 않는다. 신고제의 범주에 속하기 위해선 신고가 중심축이 되어야 한다. 법도그마틱의 출발점은 법문임에 비추어 오해와 혼란을 가져다 수는 용어사용이 하루

---

25) 헌법재판소 1997.8.21. 93헌바51결정.

바빠 정비되어야 한다(후술).

또한 우리 문헌상으로 이른바 '준법률행위적 행정행위'의 한 종류로서 수리가 인정되고 있는 점이 신고제 및 신고의 수리여부에 관한 바른 이해를 저해한다. 이른바 '수리를 요하는 신고'에서의 수리행위의 처분성 인정과 그런 신고 자체의 인정이 '준법률행위적 행정행위'로서의 수리에 관한 이해에서 비롯되었는지 모른다. 따라서 이른바 준법률행위적 행정행위 자체의 인정이유는 뒤로 물리더라도, '수리'란 독립적인 행정행위가 존재할 수 있을는지 곱씹어보아야 한다. 엄밀히 말해, 문헌에서 언급하고 있는 수리의 효과(예: 행정심판청구에 따른 행정청의 처리의무의 발생)는 수리 그 자체가 아닌 신고나 신청으로부터 나온다. 그리고 공무원의 사표수리를 보더라도, 이는 다분히 비법적 언어사용이다. 왜냐하면 공무원관계는 면직처분이 있어야만 소멸되기 때문이다. 후술하듯이, 수리거부의 처분성을 인정하면 수리 자체의 법적 성격은 완연히 드러난다.

## Ⅲ. 대법원 1998.4.24. 선고 97도3121판결 등의 문제점-申告에 대한 行政廳의 審査 問題

### 1. 대상 판례의 요지

#### (1) 대법원 1998.4.24. 선고 97도3121판결

체육시설의 설치·이용에 관한 법률(이하 "법"이라 한다) 제10조, 제11조, 제22조, 법시행규칙 제8조 및 제25조의 각 규정에 의하면, 체육시설업은 등록체육시설업과 신고체육시설업으로 나누어지고, 당구장업과 같은 신고체육시설업을 하고자 하는 자는 체육시설업의 종류별로 법시행규칙이 정하는 해당 시설을 갖추어 소정의 양식에 따라 신고서를 제출하는 방식으로 시·도지사에 신고하도록 규정하고 있으므로, 소정의 시설을 갖추지 못한 체육시설업의 신고는 부적법한 것으로 그 수리가 거부될 수밖에 없고 그러한 상태에서 신고체육시설업의 영업행위를 계속하는 것은 무신고 영업행위에 해당할 것이지만, 이에 반하여 적법한 요건을 갖춘 신고의 경우에는 행정청의 수리처분 등 별단의 조처를 기다릴 필요 없이 그 접수시에 신고로서의 효력이 발생하는 것이므로 그 수리가 거부되었다고 하여 무신고 영업이 되는 것은 아니다(대법원 1995.3.14. 선고 94누9962판결, 대법원 1993.7.6. 93마635결정, 1990.2.13. 선고 89누3625판결, 1985.4.23. 선고 84도2953판결 등 참조).

(2) 대법원 1999.12.24. 선고 98다57419판결

행정관청에 대한 신고는 일정한 법률사실 또는 법률관계에 관하여 관계 행정관청에 일방적인 통고를 하는 것을 뜻하는 것으로 법령에 별도의 규정이 있거나 다른 특별한 사정이 없는 한 행정관청에 대한 통고로써 그치는 것이고 그에 대한 행정관청의 반사적 결정을 기다릴 필요가 없는 것이다(대법원 1993.7.6. 93마635결정 참조). 그리고 구 수산업법(1990. 8. 1. 법률 제4252호로 전문 개정되었다가 1995. 12. 30. 법률 제5131호로 개정되기 직전의 것), 구 수산업법시행령(1991. 2. 18. 대통령령 제13308호로 전문 개정되었다가 1996. 12. 13. 대통령령 제15241호로 개정되기 직전의 것), 구 수산제조업의 허가등에 관한 규칙(1991. 4. 18. 농림수산부령 제1071호로 전문 개정되었다가 1997. 4. 23. 해양수산부령 제19호 수산물가공업허가 등에 관한 규칙으로 개정되기 직전의 것)의 각 규정에 살펴보아도, 수산제조업의 신고를 하고자 하는 자는 그 규칙에서 정한 양식에 따른 수산제조업 신고서에 주요 기기의 명칭·수량 및 능력에 관한 서류, 제조공정에 관한 서류를 첨부하여 시장·군수·구청장에게 제출하면 되고, 시장·군수·구청장에게 수산제조업 신고에 대한 실질적인 검토를 허용하고 있다고 볼 만한 규정을 두고 있지 아니하고 있어, 수산제조업의 신고를 하고자 하는 자가 그 신고서를 구비서류까지 첨부하여 제출한 경우 시장·군수·구청장으로서는 형식적 요건에 하자가 없는 한 수리하여야 할 것이다(대법원 1999.4.27. 선고 97누6780판결, 1992.5.8. 선고 91누5655판결 등 참조). 나아가, 관할 군청에 수산제조업 신고서가 제출되었다면 담당공무원이 법령에 규정되지 아니한 다른 사유를 들어 그 신고를 수리하지 아니하고 반려하였다고 하더라도 그 신고서가 제출된 때에 신고가 있었다고 볼 것이다(대법원 1999.4.27. 선고 97누6780판결, 1992.9.22. 선고 92도1839판결 등 참조).

(3) 대법원 1993.11.9. 선고 93누13483판결

법률이 상호모순, 저촉되는 경우에는 신법이 구법에 우선하나 법률이 상호 모순되는지 여부는 각 법률의 입법목적, 규정사항 및 그 적용범위 등을 종합적으로 검토하여 판단하여야 할 것이다(당원 1991.7.12. 선고 90누8350판결, 1993.4.27. 선고 93누1374판결 등 참조). 건축법은 건축물의 대지, 구조, 설비의 기준 및 용도에 관하여 규정함으로써 공공복리의 증진을 도모함을 목적으로 하여, 도시계획구역, 국토이용관리법에 의하여 지정된 공업지역 및 취락지역과 대통령령이 정하는 구역안에 있어서의 건축물과 기타 구역안에 있어서의 연면적 200제곱미터 이상이거나 3층 이상인 건축물을 건축(증축의 경우에는 그 증축으로 인하여 당해 건축물의 연면적이 200제곱미터 이상이 되거나 3층 이상이 되는 경우를 포함)하거나 대수선을 하고자 하는 자는 미리 시장, 군수,

구청장의 허가를 받아야 하고(제8조 제1항), 시장, 군수, 구청장은 허가를 받지 아니한 건축물에 대하여 그 공사의 중지를 명하거나 상당한 기간을 정하여 그 건축물의 철거, 개축, 증축, 수선, 용도변경, 사용금지, 사용제한 기타 필요한 조치를 명할 수 있고(제69조 제1항), 허가 없이 그 건축물을 건축하거나 대수선하는 건축주(법인인 경우에는 그 대표자)를 징역 또는 벌금형에 처하도록 규정하고 있는 한편(제78조 제1항), '체육시설의 설치·이용에 관한 법률'은 국민의 건강증진과 여가선용에 이바지하게 함을 목적으로 하여 시설기준, 등록 및 신고 등 체육시설업의 요건과 절차 등을 규정함에 있어 체육시설업을 대통령령이 정하는 등록체육시설업과 신고체육시설업으로 구분한 다음(제4조 제1항) 그 위임을 받은 같은법 시행령에서 신고체육시설업의 하나로서 볼링장업을 들고 있는바(제3조 제1항 제3호), 양 법률은 그 입법목적, 규정사항, 적용범위 등을 서로 달리하고 있어서 볼링장의 설치에 관하여 '체육시설의 설치·이용에 관한 법률'이 건축법에 우선하여 배타적으로 적용되는 관계에 있다고는 해석되지 아니하므로 '체육시설의 설치·이용에 관한 법률'에 따른 볼링장의 신고요건을 갖춘 자라고 할지라도 그 볼링장을 설치하려고 하는 건물이 건축법 소정의 허가를 받지 아니하여 건축법을 위배하여 건축된 무허가 건물이라면 적법한 신고를 할 수 없다고 보아야 할 것이다.

## 2. 대상 판례의 문제점

우선 97도3121판결에서 문제가 되는 것은, 일단 적법한 요건의 구비여부가 수리여부에 대한 의의를 다르게 한다는 점이다. 즉, 적법한 요건을 갖춘 신고의 경우 그 수리가 거부되더라도 무신고영업이 되진 않는다. 반면 그렇지 않은 신고의 경우에는 거부될 수밖에 없고 이에 따라 무신고영업에 해당한다고 한다. 그리고 행정법상의 신고에 관한 통념을 재확인한 셈인 98다57419판결에선 신고요건에 관한 행정청의 심사가 어떠해야 하는지가 검토되어야 한다. 그리고 93누13483판결에선 신고의 근거법령이외의 법령상의 이유로 신고를 반려 즉, 수리거부할 수 있는지 여부가 문제된다.

## 3. 개개의 문제점 검토

(1) 97도3121판결이 무신고영업의 해당성을 수리여부가 아닌 신고의 적법성에 좌우되도록 한 점 또한 수리여부를 도외시하는 판례·분헌의 당연한 귀결이다. 신고의 수리여부의 법적 성질을 제대로 규명하지 않은 채(자기완결적 신고에서의) '수리처분'을 상정하고서 그 수리여부를 도외시하는 판례·문헌의 태도(후술)는, 행정절차법

제40조가 요건을 갖추지 못한 신고에 대한 보완요구·반려 및 그 전제가 되는 형식적 심사를 규정하고 점을 무시한 것이다.[26] 물론 판례·문헌이 신고의 적법성을 전제하고 있긴 하나, 신고의 적법성은 신고에 대한 행정청의 대응 그 자체에 대한 판단근거이지 그것의 요부에 대한 판단근거는 아니다. 신고의 적법성은 신고자가 주장할 순 있겠지만, 전적으로 행정청과(궁극적으론) 법원이 확인할 문제이다. 이른바 자기완결적 신고라 하더라도, 그것을 공법관계의 형성을 개인에게 전적으로 맡긴다는 의미에서 바라보아선 아니 된다. 그처럼 신고제를 이해하면, 행정의 본연임무가 방기될 우려가 있다. 현실적으로 행정이 조정자로서의 역할을 신고제·사적화(민간화)란 이름으로 슬그머니 포기함으로써, 그러한 법·행정의 공백을 사실상 민간상호간의 다툼에 내맡기는 경우가 많다. 요컨대 97도3121판결이 '무신고영업'의 해당성을 수리여부가 아닌 신고의 적법성에 좌우되도록 한 점은 근거법령은 물론 우리 언어생활에 비추어도 맞지 않다. '무신고'는 말 그대로 단지 신고가 없음을 의미하지, '적법한' 신고가 없음을 의미하진 않는다. 위법하든 적법하든 신고에 대한 수리거부는 그 자체가 일종의 대상행위에 대한 금지하명이다. 따라서 그 이후의 영업행위는 당연히 하명위반으로서 위법하게 된다(후술). 이 판결의 논리전개의 부당함은, 신고의 수리거부에도 불구하고 이를 무시하고 계속 영업행위를 해오든 차에 수리거부사유가 된 다른 법률의 규정이 헌법재판소에 의해서 위헌결정이 내려진 것과 관련해서, 이 판결이 '그 접수시에 신고로서의 효력이 발생하였다고 할 것이므로 비록 그 수리가 거부되었다고 하여도 신고 후에 행한 피고인의 영업행위는 무신고영업가 아니다'는 식으로 판시한 데서도 잘 알 수 있다.[27] 헌법재판소법 제47조 제2항은 위헌으로 결정된 법률 또는 법률의 조항은 그 결정이 "있는 날"로부터 효력을 상실한다고 규정하고 있다!

(2) 98다57419판결은 신고의 경우에 원칙적으로 행정청의 '반사적' 결정을 기다릴 필요가 없다는 종전의 통념을 전제하고서, 관련 법령상 수산제조업신고에 대해 행정청의 실질적 검토를 허용하고 있다고 볼 만한 규정이 없음을 들어, 소정의 구비서류까지 첨부하여 신고서를 제출한 이상 형식적 요건에 하자가 없는 한 수리되어야 할 것이고, 나아가 법령에 규정되지 아니한 다른 사유로 신고를 반려하더라도 신고서가 제출되었을 때 신고가 있었다고 볼 것이라고 판시하였다. 수리거부의 무의미성의 문제는 후술할 97누6780판결에서 자세히 살펴보고, 여기선 신고요건에 관한 행

26) 그리고 동판례가 동일한 신고체육시설업에 대해 그 신고수리거부를 행정처분으로 본 대법원 1996.2.27. 선고 94누6062판결과 모순됨도 지적할 수 있다.

27) 신고에 대한 오해도 오해지만, 관련 법령에 '적법한' 신고를 성실히 이행케 하기 위한 장치가 전혀 없는 점 또한 문제이다.

정청의 심사를 검토하고자 한다. 일반적으로 신고 특히 이른바 수리를 요하는 신고의 경우에, 수리요건의 구비여부에 관해선 형식적 심사만을 거쳐야 하지 만약 실질적 심사가 행해지면 허가제와의 구별이 없어지리라고 우려한다. 여기에는 (신고)요건의 형식성·실질성(실체성) 여부와 그 요건에 관한 심사태도의 형식성·실질성(실체성) 여부를 혼동한 중대한 오해가 있다고 여겨진다. 자칫 후자로서 전자를 이해하면, 신고를 비롯한 행정에 대한 사인의 의사표시 전반에 대한 행정청의 심사가 形骸化될 우려가 있다. 법률이 규정한 (형식적이든 실체적이든) 요건을 성실히 심사함을 견지해야 한다. 다만 그 요건이 신고제나 허가제의 취지에 부합하는지가 문제될 수 있지만, 이는 입법의 문제이지 법적용의 문제가 될 수 없다.[28] 가령 건축법 제9조상의 건축신고의 경우, 동법 제8조 제4항에 따른 다른 실체법의 위반을 심사할 의무는 없지만, 동법 제9조 제1항 각호상의 신고대상건축물의 적격성여부를 실질적으로 심사할 것까지 배제될 순 없다. 물론 수리거부되지 않았다고 하여 대상건축물의 다른 적법성(건축법 제8조 제4항 참조)이 결코 확인된 것은 아니다. 지금껏 신고에 대해 일관되면서도 설득력이 있는 도그마틱의 전개가 어려웠던 여러 이유 가운데 하나가 바로, 이 같은 고정관념적 오해이다.

(3) 일반적으로 허가가 다른 법상의 금지까지 해제하진 않는다고 보는 태도를 신고를 통한 금지해제에도 연계시키면, 93누13483판결의 부당함은 쉽게 지적할 수 있다. 그런데 사실 신고(제)에 대한 오해의 출발은 행정청의 심사를 완전히 배제시킨 데서 비롯되었다. 신고유보부 예방적 금지의 본질은, 개시통제(심사)를 행정청이 아니라 사인 스스로가 행한다는 데 있지, 결코 행정청의 심사를 배제하는 데 있지는 않다. 따라서 신고의 요건과 관련해선, 행정청의 심사의무가 성립한다. 그리고 그 밖의 공법규정과의 위배 역시 허가제처럼 심사의무가 성립하진 않지만, 심사가능성을 전혀 배제할 순 없다(이른바 심사선택, Prüfoption).[29] 이러한 점에서 보면 93누13483판결이 신고제의 취지에 '바로' 저촉된다고 보기는 어렵다.[30] 물론 허가절차에서 행하듯이, 포괄적 심사를 행하는 것은 신고절차를 규정한 입법의 취지에 배치된다. 따라서 이러한 상황을 제어할 수 있는 대비책이 마련되어야 한다. 이 점에서 건축신고와

28) 이런 점에서 주유소등록신청을 관계 법령 소정의 제한사유 이외의 사유 즉, 중대한 공익상의 필요가 있는 경우에는 그 수리를 거부할 수 있다고 판시한 대법원 1998.9.25. 선고 98두7503판결의 부당함은 명백하다. 여기선 '허가제'의 변태인 등록제를 마치 신고제의 한 형태인 양 오해케 한 '수리'란 용어사용이 문제점의 하나이다.

29) Vgl. Gnatzy, Verfahrensliberalisierung im Bauordnungsrecht der Länder, 1999, S.263ff.

30) 그러나 이 판결상으로 이른바 자기완결적 신고의 경우에도 거부처분의 성립을 시인한 것이, 문헌상의 일반적 입장과 달리함을 의미하는 것인지 아니면 임기응변식 해결책을 도모한 것인지 분명치 않다(후술). 더군다나 1999.4.27. 선고 97누6780판결에서, 대법원은 건축신고와 관련한 자신의 입장을 견지하는 연장에서, 적법한 요건을 갖춘 신고라면 수리해야 하고, 근거법규정에 정하지 않은 사유로 신고수리를 거부할 수 없다고 적시하였다(후술). 대법원의 상반된 입장이 신고대상행위의 다름으로 정당화될지 궁금하다.

관련해서 독일의 대부분의 주 건축법이, 공사금지처분이 내려지지 않는 한, 일정기간(짧게는 2주, 길게는 한달) 이후에 착공할 수 있게끔 규정한 “대기기간제도”는 참조할 만하다.[31] 요컨대 이 “대기기간제도”가 신고제를 심사(통제)의 완전한 배제로 오해하는 것을 막는 장치이다. 더해서 신고대상행위(예: 건축행위)에 대한 금지처분의 가능성[32]은 물론 관련 법령준수여부의 심사가능성을 명문으로 규정하는 것이 바람직하다.

행정법상 신고가 문제된 사건은 대체로 건축신고와 ‘체육시설의 설치・이용에 관한 법률’상의 체육시설업신고이고, 후자의 경우에 주로 다툼의 대상이 건축법이나 학교보건법과 같은 다른 법률의 사유로 행한 수리거부의 적법성 여부이다. 신고에 대한 행징청의 심사를 충분히 숙고하지 않은 채, 근거법(‘체육시설의 설치・이용에 관한 법률’)이 관련 법률보다 우위에 있지 않다는 점을 착안점으로 하여 논리전개함이 과연 설득력이 있을까? 법원의 이러한 태도가 관련 법령의 정비를 해태케 한 원인은 아닐까? 관련 법령의 정비로 불필요한 소제기는 물론, 당사자의 정력낭비를 손쉽게 막을 수 있다.

## Ⅳ. 대법원 1996.2.27. 선고 94누6062판결 등의 문제점-申告에 대한 行政廳의 受理與否의 法的 性質

### 1. 대상 판례의 요지

#### (1) 대법원 1996.2.27. 선고 94누6062판결

행정소송법은 행정소송절차를 통하여 행정청의 위법한 처분 그 밖에 공권력의 행사 불행사 등으로 인한 국민의 권리 또는 이익의 침해를 구제하는 것 등을 목적으로 하는 법으로서, 취소소송은 처분 등을 대상으로 하는 것인 바 이 법에서 “처분 등”이라 함은 “행정청이 행하는 구체적 사실에 관한 법집행으로서의 공권력의 행사 또는 그 거부와 그 밖에 이에 준하는 행정작용 및 행정심판에 대한 재결”을 말하므로(행정소송법 제2조 제1항 제1호), 행정청이 구체적인 사실에 관한 법집행으로서 공권력을 행사할 의무가 있는데도 그 공권력의 행사를 거부함으로써 국민의 권리 또는 이익을 침해한 때에는 그 처분 등을 대상으로 취소소송을 제기할 수 있다고 보아야 할

31) 사실 독일에서 건축신고절차상으로 예방적 금지를 해제하는 연결점은 건축신고가 아니라, 공사금지처분의 부작위와 (혹은)대기기간의 경과이다.

32) 우리의 경우엔 ‘집회 및 시위에 관한 법률’(동법 제8조)을 제외하고선 신고유보부 예방적 금지에 대하여 금지처분을 규정한 예를 찾기가 어렵다. 하지만 우리 건축법에는 위반건축물 등에 대해서 허가・승인을 취소하거나, 그 공사의 중지를 명하거나, 상당한 기간을 정하여 그 건축물의 철거 등의 기타 처분을 명할 수 있게끔 규정되어 있는데(동법 제69조 제1항), 여기서의 기타 처분에 공사금지처분이 포함될 수 있을 것이다.

것이다(당원 1992.3.31. 선고 91누4911판결 참조). 따라서 피고의 이 사건 체육시설업신고수리거부처분 또한 항고소송의 대상이 되는 행정처분이라 할 것이다(당원 1991.7.12. 선고 90누8350판결, 1993.4.27. 선고 93누1374판결 등 참조),

(2) 대법원 1999.10.22. 선고 98두18435판결

원심이 적법하게 확정한 사실관계에 의하면, 원고는 이 사건토지 위에 연면적 48.60㎡ 규모의 용도가 주택인 이 사건 건축물을 신축하기 위하여 이 사건 건축신고를 하였으나, 피고가 그 건축신고를 반려하였다는 것인 바, 건축법 제9조 제1항 제5호, 같은 법시행령 제11조 제2항 제1호 등의 규정에 의하면, 원고가 건축하고자 하는 용도 및 규모의 건축물은 관할 시장 등에게 신고함으로써 건축허가를 받은 것으로 보는 경우에 해당함이 분명하고, 한편 이러한 건축법상 신고사항에 관하여는 건축을 하고자 하는 자가 적법한 요건을 갖춘 신고만 하면 행정청의 수리처분 등 별도의 조처를 기다릴 필요 없이 건축할 수 있는 것이므로(대법원 1995.3.14. 선고 94누9962판결 참조). 결국 원고의 위 건축신고에 대한 피고의 반려조치는 원고의 구체적인 권리의무에 직접 변동을 초래하는 것을 내용으로 하는 행정처분이라고 볼 수 없다고 할 것이다(대법원 1997.4.25. 선고 97누3187판결 참조).

(3) 대법원 1999.12.24. 선고 98다57419 · 57426판결

행정관청에 대한 신고는 일정한 법률사실 또는 법률관계에 관하여 관계 행정관청에 일방적인 통고를 하는 것을 뜻하는 것으로 법령에 별도의 규정이 있거나 다른 특별한 사정이 없는 한 행정관청에 대한 통고로써 그치는 것이고, 그에 대한 행정관청의 반사적 결정을 기다릴 필요가 없는 것인바, 구 수산업법(1995. 12. 30. 법률 제5131호로 개정되기 전의 것), 구 수산업법시행령(1996. 12. 13. 대통령령 제15241호로 개정되기 전의 것), 구 '수산제조업의 허가등에 관한 규칙'(1997. 4. 23. 해양수산부령 제19호 '수산물가공업허가등에 관한 규칙'으로 개정되기 전의 것)의 각 규정에도 수산제조업의 신고를 하고자 하는 자는 그 규칙에서 정한 양식에 따른 수산제조업 신고서에 주요 기기의 명칭 · 수량 및 능력에 관한 서류, 제조공정에 관한 서류를 첨부하여 시장 · 군수 · 구청장에게 제출하면 되고, 시장 · 군수 · 구청장에게 수산제조업 신고에 대한 실질적인 검토를 허용하고 있다고 볼 만한 규정을 두고 있지 아니하고 있으므로, 수산제조업의 신고를 하고자 하는 자가 그 신고서를 구비서류까지 첨부하여 제출한 경우 시장 · 군수 · 구청장으로서는 형식적 요건에 하자가 없는 한 수리하여야 할 것이고, 나아가 관할 관청에 신고업의 신고서가 제출되었다면 담당공무원이 법령에 규정되지 아니한 다른 사유를 들어 그 신고를 수리하지 아니하고 반려하였다고 하더라도, 그

신고서가 제출된 때에 신고가 있었다고 볼 것이다.

(4) 대법원 1999.4.27. 선고 97누6780판결

주택건설촉진법 제38조 제2항 단서, 공동주택관리령 제6조 제1항 및 제2항, 공동주택관리규칙 제4조 및 제4조의2의 각 규정들에 의하면, 공동주택 및 부대시설·복리시설의 소유자·입주자·사용자 및 관리주체가 건설부령이 정하는 경미한 사항으로서 신고대상인 건축물의 건축행위를 하고자 할 경우에는 그 관계 법령에 정해진 적법한 요건을 갖춘 신고만을 하면 그와 같은 건축행위를 할 수 있고, 행정청의 수리처분 등 별단의 조치를 기다릴 필요가 없다고 할 것이며, 또한 이와 같은 신고를 받은 행정청으로서는 그 신고가 같은 법 및 그 시행령 등 관계 법령에 신고만으로 건축할 수 있는 경우에 해당하는 여부 및 그 구비서류 등이 갖추어져 있는지 여부 등을 심사하여 그것이 법규정에 부합하는 이상 이를 수리하여야 하고, 같은 법 규정에 정하지 아니한 사유을 심사하여 이를 이유로 신고수리를 거부할 수는 없다.

2. 대상 판례의 문제점

94누6062판결에서 대법원은 체육시설업신고의 수리거부를 시종 항고소송의 대상이 되는 처분으로 본다. 반면 대법원은 99두8800판결에서 원심(서울고법 1999.7.28. 선고 99누1054판결)이 건축신고반려를 처분으로 보았는데 대해서, 건축법상 적법한 요건을 갖춘 건축신고만 하면 행정청의 수리처분을 기다릴 필요 없이 건축할 수 있음을 들어, 건축신고반려조치 즉, 건축신고의 수리거부를 시종 처분으로 보지 않는다는 자신의 입장을 확인하였다. 그래서 대법원은 원심이 건축신고반려를 처분으로 보아 본안에 들어간 점을 비판하였다. 또한 수산제조업의 신고와 관련하여 대법원은 98다57419·57426판결에서 동신고의 수리거부가 아무런 법적 의미를 갖지 못함을 분명히 하였다. 97누6780판결에서 대상이 된 사안은 행정청이 통상과는 달리 건축신고의 수리거부 이후에 실체법적 위반을 이유로 철거명령을 발한 사건이다. 여기서 대법원은 건축신고와 관련한 자신의 입장을 견지하는 연장에서, 적법한 요건을 갖춘 신고라면 수리해야 하고, 근거법규정에 정하지 않은 사유로 신고수리를 거부할 수 없다 하였다. 그리고 적법한 요건을 갖춘 신고인 이상, 수리행위 등의 별단의 조치를 기다릴 필요 없이 -나아가 수리거부되더라도- 그 신고의 효력이 발생하였기에, 그 신고에 따른 적법한 대문에 대한 철거명령은 당연 무효이고 그것의 후행행위인 계고처분 역시 당연 무효(!)라 판시하였다. 또한 피고가 계고처분의 적법성으로 그 대문설치행위가 구 건축법 제26조상에 위배됨을 주장했음에도, 대법원은 무엇보다도

원고의 대문설치신고가 적법한 이상 그 대문이 동조 제1항의 규정에 위반한 불법건축물이라고 볼 수 없기에 더 나아가 살필 필요없이 이유가 없다고 판시하였다. 98두18435판결에서도 대법원은 원심(서울고법 1998.10.22. 선고 97구20573판결)과는 달리 종전의 공식인 수리행위의 불처분성을 확고히 하였다. 이 판결의 중요한 의미는 바로 신고와 관련한 제3자 보호문제이다. 하지만 여기서 대법원은 건축법 제9조 제1항상의 건축신고가 행정행위의 효과를 의제시키는 점과 그것이 신고인은 물론 인인에게 어떤 의미를 갖는지 전혀 고려하지 않았다.[33]

### 3. 개개의 문제점 검토

(1) 왜 신고에 있어서 행정청의 심사를 외면하는 듯한 태도를 취할 수밖에 없는가? 이는 심사의 결과로써 행하는 수리여부(수리·수리거부)의 위상을 어떻게 설정할 것인가와 관련이 있다. 일반적으로 자기완결적 신고와 '수리를 요하는' 신고를 구별하여, 전자의 경우에 수리거부는 사실행위에 불과하고 후자의 경우에 그것은 거부처분에 해당한다고 본다. 여기선 먼저 수리(受理)의 말뜻을 명확히 해야 한다. 그것은 단지 접수하는데 그치지 않고, 처리까지 포함한다. 사실 여기서의 처리를 신고에 대한 허부(許否)의 태도·결정으로 이해하면, 통상의 수리거부 또한 수리의 양태 중의 하나에 해당한다.[34] 생각건대 이러한 혼란의 결정적 원인은, 신고와 수리(및 수리거부)와의 관계 및 수리와 수리거부의 법적 성질과 관계에 관해서 충분한 논의가 없었음에 있다.

신고유보부 예방적 금지의 경우, 허가유보부 예방적 금지의 경우와는 달리 금지해제의 주도권을 신고자가 갖는다. 따라서 행정청의 수리가 '신고용인의 의미'에서 그 금지해제에 영향을 미치긴 해도, 그것을 좌우해선 안된다. 즉, 우리의 경우에는 대기기간 규정이 없으므로, 극단적으로 신고만 하면 -수리거부가 내려지지 않는 한- 곧바로 원하는 행위를 할 수 있다. 만약 금지해제가 수리로부터 비롯된다면, 신고제의 본래의 모습에서 벗어나고 그 금지의 성격 또한 허용유보부적인 것으로 바뀐다고 하겠다. 따라서 우리 대법원 판례가 수리행위의 불처분성에 의거하여, '수리행위 등의 별단의 조치를 기다릴 필요없이' 신고대상행위를 할 수 있다고 기술함은 정당하다. 그러나 이러한 기술에 늘 공식처럼 전제되는 '신고의 적법성구비'는 적절치

---

33) 이 판결의 문제점과 관련한 상세는 졸고, 건축허가의제적 건축신고와 일반적 신고와의 차이점에 관한 소고, 판례월보, 2001.5., 13면 이하 참조. 아울러 의제적 행정행위에 관해선 졸고, 의제적 행정행위에 관한 소고, 법제 제520호, 2001.4., 53면 이하 참조.

34) 여기선 일단 통상의 용례에 따라서 수리와 수리거부란 용어를 사용한다. 다만 수리거부의 의미를 넓게 이해하면 앞서의 공사금지처분을 포함한 신고자의 의사에 반하는 모든 조치가 해당할 수 있다.

못하다. 왜냐하면 이는 앞서 보았듯이 신고에 대한 행정청의 심사 자체를 무의미하게 만들기 때문이다. 신고수리의 불처분성에서 문제되는 것이 바로 '수리를 요하는 신고'이다. 여기서 우선적으로 검토해야 할 점은 과연 수리의 법적 성질을 바로 수리거부의 처분성 여부에 연계시켜 논할 수 있는지이다(후술). 정보제공적 신고의 경우에도 당연히 수리 자체가 법적 효과를 지니지 않는다.

(2) 그런데 신고에 대해서 수리거부가 행해진 경우에는 사정이 다르다. 즉, 행정청의 심사에 이은 수리거부는 신고의 법효과인 예방적 금지의 해제가 일어나지 않게 한다. 수리거부를 통한 이같은 저지를 인정한다고 하여, 신고제의 본질(개시통제·금지해제의 사인주도)이 훼손되진 않는다. 만약 위법한 신고 및 위법한 건축계획안을 수리거부방식으로 제어할 수 없다면, 건축물의 공법규정의 준수를 감시해야 할 행정청의 임무란 애초부터 무의미하게 된다. 더욱이 수리거부의 의미상실은 자칫 이제까지 행정법학이 지향한 인인보호의 공법화 노력을 원점으로 돌려서, 상린관계의 문제를 민사적으로만 해결하도록 오도시킬 우려가 있다.[35]

행정청의 절차행위에 불과한 수리와는 달리, 수리거부는 법효과(예방적 금지의 해제)의 발생을 직접적으로 저지하는 점, 다시 말해 해당 건축행위의 불허용·금지인 점에서 법적 행위이다. 따라서 이른바 수리를 요하든 자기완결적이든, 신고의 수리거부는 행정행위의 성질을 갖는다고 보아야 한다. 생각건대 행정법상의 신고에 관한 논의의 혼란스러움과 부당함의 결정적인 근원이 바로 수리거부의 처분성부인이다.[36] 판례가 늘 전제하는 신고의 적법성구비는, 법원이 재판에서(!) 수리거부의 적법성 여부를 판단할 때 법원이 심사할 기준이지, 그 수리여부 자체를 좌우케 하는 인자가 결코 아니다. 그런데 수리거부를 처분으로 본다 하더라도, 이를 거부처분으로 볼 때는 검토해야 할 몇 가지 문제점이 있다. 일반적으로 행정처분으로서의 거부처분이 되자면 그 신청대상 또한 행정행위일 것을 요구하고, 아울러 판례상으론 법규상 또는 조리상으로 신청권이 있어야 한다.[37] 그런데 (특히 이른바 자기완결적 신고의 경우에

---

35) 한편 대법원은 위반건축물 등에 대한 행정개입에 관한 인인의 보호청구권의 행사 자체를-적어도 건축법상으로는-애초에 불가능케 하는 판결을 계속 내렸다(대법원 1999.12.7. 선고 97누17568판결). 건축법상의 인인의 보호청구권과 관련한 판례의 문제점에 관해선, 졸고, 건축법상의 진입적 개입수단을 통한 인인보호에 관한 소고, 공법연구 제29집 제3호, 2001.5; 위법건축물에 대한 인인보호의 문제점에 관한 소고, 인권과 정의, 2001.6 참조. 追論: 본서 69면 이하 참조.

36) 일반적으로 앞서의 94누6062판결처럼 수리거부의 처분성을 가짐을 바탕으로, 일종의 귀납적 논리전개를 통해서 그 수리의 처분성을 비롯하여 이른바 '수리를 요하는 신고'의 존재에 다다른다. 그렇기에 '등록제'를 이른바 수리를 요하는 신고의 별칭으로 이해하는 홍정선 교수가, 체육시설업신고의 수리거부를 행정처분으로 판단한 대법원의 94누6062판결과 관련해서, 관련법상의 체육시설업신고는 그 규제강도가 등록보다 약한 법적 수단이어서 이른바 수리를 요하지 않는 신고에 해당하지 않음을 근거로 비판한 것은, 논리적으로는 자명한 귀결이다. 동인, 법률신문, 제2519호(1996.7.15).

37) 우리 판례는 거부처분취소소송과 부작위위법확인소송에서 기본적으로 원고적격과 소송대상을 결부시

는)신고의 수리 자체가 행정행위가 아니기에, 그 수리거부 역시 행정행위의 거부로 보기가 어렵다.[38] 여기서 우리는 과연 직무활동의 실행과 그 거부가 동일한 법적 성질을 갖는지를 검토해 보아야 한다. 양자의 법적 성질을 동일시 취급하는 입장[39]이 있지만, 신청한 직무활동의 실행이 행정행위나 사실행위에 해당하는지 여부와 무관하게 신청한 직무활동의 모든 거부는 행정행위라고 보는 입장[40]도 있다. 후자의 입장에 서면 수리거부 모두를 행정행위로 보는 데 아무런 문제가 없다. 물론 이러한 입장이 우리 행정소송법 제2조 1호상의 '처분'의 개념정의와 相馳하지 않는지 검토되어야 한다. 동호상의 '처분'의 개념정의에서의 '거부'는 그 앞에 '그'란 지시형용사가 있기에, 의문의 여지없이 '행정청이 행하는 구체적 사실에 관한 법집행으로서의 공권력행사'에 대한 거부이다. 따라서 수리거부가 처음보아선 이러한 '표준적' 처분에 해당하지 않는다고 할 수 있지만, '그밖에 이에 준하는 행정작용'이란 준처분에는 큰 어려움없이 포섭될 수 있다. 그런데 신고의 본질을 염두에 두고서 수리거부의 법효과를 살펴보면, 이러한 개념정의의 포섭상의 곤란함은 전혀 없다. 허가유보부 예방적 금지의 경우에 그 허가거부는 예방적·잠정적 금지를 종국화시킨다. 이와 마찬가지로, 신고유보부 예방적 금지에서의 신고의 수리거부 또한 예방적·잠정적 금지를 종국화시킨다는 의미에서 일종의 금지하명에 해당한다.[41] 따라서 신고유보부 예방적 금지에서의 신고에 대한 수리거부를 거부처분의 차원에서만 바라보아선 아니된다. 또한 수리거부와 수리의 법적 성질을 연계시켜 판단해선 아니 된다. 이 점에서 오해를 낳는 '수리거부처분'이란 용어에 갈음해서 '수리거부행위'나 '신고반려조치(처분)'란 용어가 더 낫다. 성격이 다른 정보제공적 신고의 경우에도 앞서의 후자의 입장에서 바라보면, 그 수리거부는 '그밖에 이에 준하는 행정작용'이란 준처분에 큰 어려움 없이 포섭될 수 있다.

---

키는 전제에서 전자에 대한 엄격한 요구를 시발로 한다. 이러한 사정에선 대법원이 행정개입에 관한 인인의 보호청구권(행정개입청구권)을 부인할 수밖에 없다. 따라서 원고적격여부에 다소 완화된 입장을 보인 예(대법원 1996.6.11. 선고 95누12460판결)도 있긴 하나, 원고적격을 권리침해의 '가능성'으로 바라보는 식으로 기본시각이 하루바삐 바뀌어야 한다.

38) 물론 이른바 수리를 요하는 신고를 인정하면, 수리가 처분이기에, 그 수리거부 역시 바로 (거부)처분이 된다.

39) Eyermann-Fröhler, VwGO, 10.Aufl. 1998, §45 Rn.44; König, BayVBl.1987, S.261(262).

40) Meyer, in: Meyer-Borgs, VwVfG, 2.Aufl. 1982, §35 Rn.38; Stelkens, in: Stelkens/Bonk/Sachs, VwVfG, 5.Aufl. 1998, §35 Rn.80; Krause, Rechtsformen des Verwaltungshandelns, 1974, S.201f.; Lässig, DVBl.1979, S.561(562). 문제되었던 공증의 처분성 여부를 검토함에 있어서, 이러한 입장을 취하면, 자칫 공증 일반이 처분성을 지닐 불합리한 결과를 피할 수 있지 않을까 생각한다.

41) 동지: 김남진, 건축신고반려조치의 법적 성질, 법률신문 2000.12.28, 제2942호. 그리고 박균성교수는 이른바 자기완결적 신고의 경우에 수리거부가 사실행위에 해당한다는 일반론과 동일한 입장을 취하면서, 대표적인 이른바 자기완결적 신고인 건축신고에 있어서는 당사자보호를 위하여 수리거부를 처분으로 보아야 한다고 지적하였다. 동인, 행정법상의 신고, 고시연구, 1999. 11., 29면·41면.

(3) 요컨대 94누6062 등의 판결, 99두8800판결과 98다57419·57426판결에서 나타난 것처럼, 이른바 자기완결적 신고의 경우에도 판례상으론 달리 취급되고 있다. 따라서 이제는 이른바 자기완결적 신고에 관한 이해가 바뀔 필요가 있다. 94누6062 등의 판결과, 99두8800판결의 원심(서울고법 1999.7.28, 99누1054)처럼 신고수리거부를 처분으로 보아야 한다. 물론 신고제의 본질에 비추어 98두18435판결처럼 신고수리행위의 불처분성은 견지해야 한다. 그런데 97누6780판결은 신고에 대한 행정청의 심사부인과 그에 따른 수리거부의 무의미성이 법원으로 하여금 실체법위반마저 무시하도록 만들었음을 보여준다. 즉, 적법한 대문에 대한 철거명령 및 그것의 후행행위인 계고처분은 당연 무효라든지, 위반한 불법건축물이라고 볼 수 없기에 더 나아가 살필 필요 없이 이유가 없다든지 하는 식의 표현은, (궁극적으로 법원이 판단해야 할) '적법한' 신고를 한 이상 설령 수리거부가 내리더라도, 신고자로선 이를 다툴 필요가 없음을 제시한 셈이다. 98다57419·57426판결과 마찬가지로 이런 식의 논리전개라면, 수리거부의 처분성 여부를 문제 삼을 필요가 있겠는가? 신고에 대한 기존의 오해가 결국 금지해제적 신고의 존재이유를 몰각시켜 그것을 정보제공적 신고로 전화시킨 셈이다. 요컨대 신고수리거부를 일종의 금지하명으로 보면, 납득하기 곤란한 서술은 처음부터 배제된다.

## V. 대법원 1995.2.24. 선고 94누9146판결 등의 문제점-이른바 受理를 要하는 申告의 問題

### 1. 대상 판례의 요지

(1) 대법원 1995.2.24. 선고 94누9146판결

식품위생법 제25조 제3항에 의한 영업양도에 따른 지위승계신고를 수리하는 허가관청의 행위는 단순히 양도·양수인 사이에 이미 발생한 사법상의 사업양도의 법률효과에 의하여 양수인이 그 영업을 승계하였다는 사실의 신고를 접수하는 행위에 그치는 것이 아니라, 영업허가자의 변경이라는 법률효과를 발생시키는 행위라고 할 것이므로(당원 1993.6.8. 선고 91누11544판결 참조), 사실상 영업이 양도·양수되었지만 아직 승계신고 및 그 수리처분이 있기 이전에는 여전히 종전의 영업자인 양도인이 영업허가자이고, 양수인은 영업허가자가 되지 못한다 할 것이어서 행정제재처분의 사유가 있는지 여부 및 그 사유가 있다고 하여 행하는 행정제재처분은 영업허가자인 양도인을 기준으로 판단하여 그 양도인에 대하여 행하여야 할 것이고, 한편 위와 같은 경우 양도인이 그의 의사에 따라 양수인에게 영업을 양도하면서 양수인으로

하여금 영업을 하도록 허락하였다면 그 양수인의 영업 중 발생한 위반행위에 대한 행정적인 책임은 영업허가자인 양도인에게 귀속된다고 보아야 할 것이다.

(2) 대법원 1993.6.8. 선고 91누11544판결

액화석유가스의안전및사업관리법 제7조 제2항에 의한 사업양수에 의한지위승계 신고를 수리하는 허가관청의 행위는 단순히 양도, 양수자 사이에 발생한 사법상의 사업양도의 법률효과에 의하여 양수자가 사업을 승계하였다는 사실의 신고를 접수하는 행위에 그치는 것이 아니라 실질에 있어서 양도자의 사업허가를 취소함과 아울러 양수자에게 적법하게 사업을 할 수 있는 법규상 권리를 설정하여 주는 행위로서 사업허가자의 변경이라는 법률효과를 발생시키는 행위이므로 허가관청이 법 제7조 제2항에 의한 사업양수에 의한 지위승계신고를 수리하는 행위는 행정처분에 해당한다. 허가관청의 사업양수에 의한 지위승계신고의 수리는 적법한 사업의 양도가 있었음을 전제로 하는 것이므로 사업의 양도행위가 무효라고 주장하는 양도자는 민사쟁송으로 양도행위의 무효를 구함이 없이 막바로 허가관청을 상대로 하여 행정소송으로 위 신고수리처분의 무효확인을 구할 법률상 이익이 있다.

(3) 대법원 2000.5.26. 선고 99다37382판결

어업의 신고에 관하여 유효기간을 설정하면서 그 기산점을 '수리한 날'로 규정하고, 나아가 필요한 경우에는 그 유효기간을 단축할 수 있도록까지 하고 있는 개정 수산업법 제44조 제2항의 규정 취지 및 어업의 신고를 한 자가 공익상 필요에 의하여 한 행정청의 조치에 위반한 경우에 어업의 신고를 수리한 때에 교부한 어업신고필증을 회수하도록 하고 있는 구 수산업법시행령(1996. 12. 31. 대통령령 제15241호로 개정되기 전의 것) 제33조 제1항의 규정 취지에 비추어 보면, 개정 수산업법 제44조 소정의 어업의 신고는 행정청의 수리에 의하여 비로소 그 효과가 발생하는 이른바 '수리를 요하는 신고'라고 할 것이다. 따라서 설사 관할관청이 원고들 중 일부의 어업신고를 수리하면서 이 사건 공유수면매립구역을 조업구역에서 제외한 것이 위법하다고 하더라도, 그 제외된 구역에 관하여 관할관청의 적법한 수리가 없었던 것이 분명한 이상 그 구역에 관하여는 개정 수산업법 제44조 소정의 적법한 어업 신고가 있는 것으로 볼 수 없다고 할 것이다.

## 2. 대상 판례의 문제점

영업양도에 따른 지위승계신고를 수리하는 행위를 행정처분으로 보는 것을 바탕으로 하여, 94누9146판결의 경우엔 수리행위 이전에 누구를 기준으로 하여 행정제재

처분사유 유무를 판단할 것인지를 논하였고, 91누11544판결에선 영업양도의 무효를 주장하는 양도자가 양도행위의 무효를 구하지 않고서 신고수리행위의 무효를 구할 법률상 이익이 있는지를 논하였다. 영업양도에 따른 지위승계신고를 이른바 '수리를 요하는 신고'로 파악하여, 그에 대한 수리행위를 수리처분으로 보는 이러한 태도가 관련 법령의 규정의 어의에 합치한지 여부가 우선 검토되어야 한다. 나아가 여기서의 신고가 행위통제적 차원의 의미를 갖는지 곱씹어 보아야 한다. 99다37382판결은 수산업법 제44조 소정의 어업신고를 이른바 '수리를 요하는 신고'로 보면서, 그 근거로 관련 법령상으로 필요한 경우에는 그 유효기간을 단축할 수 있게 한 점과 일정한 경우에는 어업신고필증을 회수하게 한 점을 적시하였다. 과연 이들이 이른바 '수리를 요하는 신고'란 제도·개념을 설득력 있게 근거지울 수 있는가?

### 3. 개개의 문제점 검토

(1) 영업의 승계에 관한 식품위생법 제25조와 '액화석유가스의 안전 및 사업관리법' 제7조를 살펴보면, "제1항 또는 제2항의 규정에 의하여 영업자의 지위를 승계한 자는 1월이내에 보건복지부령이 정하는 바에 따라 식품의약품안전청(과거엔 보건복지부장관) 등에게 신고하여야" 하고(식품위생법 동조 제3항), "제1항 또는 제2항의 규정에 의하여 사업자의 지위를 승계한 자는 산업자원부령이 정하는 바에 의하여 그 승계한 사실을 제3조 또는 제5조의 규정에 의한 허가관청에게 신고하여야" 한다('액화석유가스의 안전 및 사업관리법' 동조 제3항). 우리는 여기서 지위를 "승계한" 자에게 신고의무를 부과한 점을 주목해야 한다. 즉, 영업의 승계에 관한 신고가 영업의 승계가 이루어지고 난 연후에-특히 식품위생법의 경우 명시적인 1월의 기한으로- 행하도록 규정되어 있다. 이러한 점은, 건축주명의변경신고와 관련한 건축법령의 관계규정을 비교하면 자명해 진다. 즉, 건축주는 관련 규정(건축법 제8조 또는 9조)에 의하여 허가를 받았거나 신고를 한 사항을 변경하고자 하는 경우에는 대통령령이 정하는 바에 의하여 이를 "변경하기 전에" 허가권자의 허가를 받거나 시장 등에게 신고하여야 하되(동법 제10조 제1항), 건축주를 "변경하는" 경우에는 신고하여야 한다(동법시행령 제12조). 따라서 건축주명의변경신고는 금지해제적 신고에 해당하며, 그것의 수리거부는 당연히 행정처분이 된다. 이 건축주명의변경신고의 수리거부행위를 처분으로 본 대법원 1992.3.31. 선고 91누4911판결은 타당하다. 더군다나 이 판결에선 다행스럽게도 앞서의 98다57419·57426판결의 "나아가 관할 관청에 신고업의 신고서가 제출되었다면 담당공무원이 법령에 규정되지 아니한 다른 사유를 들어 그 신고를 수리하지 아니하고 반려하였다고 하더라도, 그 신고서가 제출된 때에 신고가 있었다

고 볼 것이다"와 같은 서술이 없다.

그렇다면 식품위생법이나 '액화석유가스의 안전 및 사업관리법' 상의 영업양도에 따른 지위승계의 신고를 무엇으로 볼 것인가? 여기서의 신고는 다름 아닌 정보제공적 신고에 해당한다. 도시가스사업법상의 도시가스사업자의 지위승계의 신고(동법 제7조 제3항)이나 전기통신사업법상의 별정통신사업・부가통신사업의 양도・양수의 신고(동법 제25조)의 경우에도 동일하다. 반면에 여객자동차운수사업법상의 사업의 양도・양수의 신고(동법 제15조 제1항)나 화물자동차운수사업법상의 사업의 양도・양수의 신고(동법 제14조 제1항)는 금지해제적 신고에 해당한다. 왜냐하면 관련 법문이 관련 사업을 "양도・양수하고자 하는" 자가 신고하도록 규정하고 있기 때문이다. 그리고 양법의 구법인 구자동차운수사업법(1961.12.30 제정, 법률 제916호) 제28조 제1항은 자동차운수사업의 양도・양수가 교통부장관의 인가를 얻어야 하게끔 규정한 점도 고려에 넣어야 한다. 반면 식품위생법의 경우 제정(1962.1.20, 법률 제1007호) 당시엔 영업의 승계에 관한 규정이 없었고, 1986.5.10.자 전문 개정된 동법(법률 제3823호)에서 지금과 같이 규정하였다. 한편 신고의 유형에 따라서 위반의 효과 역시 구별되어야 한다. 단순한 정보제공적 기능을 지니는 데 불과한 신고의무는 예방적・형식적 금지와는 결합되어 있지 않기에, 신고대상활동의 형식적 허용성이 신고의무의 이행에 좌우되지 않는다. 따라서 이들 신고의무의 위반만으로 관련 행위를 금지시켜선 아니 된다(전술). 하루바삐 이상의 논의가 입법의 정비에 반영되었으면 한다.

(2) 요컨대 영업양도에 따른 지위승계신고를 이른바 '수리를 요하는 신고'로 파악하여, 이를 바탕으로 논리를 전개한 94누9146판결은 관련 법규정의 어의에 배치된다. 그런데 영업양도에 따른 지위승계신고가 금지해제적 신고이든 정보제공적 신고이든, 누구를 기준으로 행정제재처분사유의 존부를 확인하여 행정책임을 귀속시킬 것인지가 문제된다. 법원으로선 이러한 책임귀속의 문제를 해결하기 위해서 그 같은 전제에서 출발할 수밖에 없지 않았을까 하는 느낌을 갖는다. 그러나 정보제공적 신고의 참뜻이, 어떠한 행위나 사실의 개시 이후에 지속적인 감시를 확고히 하기 위하여 그 행위나 사실을 행정청에게 단지 알리는 데 있음을 상기하여야 한다. 따라서 이 같은 신고를 하지 않은 이상 행정당국이 기존의 영업자를 기준으로 삼아 소정의 조치를 취함은 당연하다. 다시 말해, 구태여 의문스럽기까지 한 '수리를 요하는 신고'를 끌어들일 필요가 없다. 사실 지위승계를 신고한 이후 양도전이나 신고이전에 발생한 양도인의 귀책사유를 이유로 양수인에 대하여 제재처분을 하는 경우가 문제될 수 있다. 대법원은 공중위생관리법 제3조 제2항상의 영업소개설통보와 관련해서, "양수인이 그 양수 후 행정청에 새로운 영업소개설통보를 하였다 하더라도, 그로 인

하여 영업양도·양수로 영업소에 관한 권리의무가 양수인에게 이전하는 법률효과까지 부정되는 것은 아니라 할 것인 바, 만일 어떠한 공중위생영업에 대하여 그 영업을 정지할 위법사유가 있다면, 관할 행정청은 그 영업이 양도·양수되었다 하더라도 그 업소의 양수인에 대하여 영업정지처분을 할 수 있다"고 판시하였다.[42] 공중위생관리법에 영업의 승계에 관한 규정이 없음에도 불구하고, 양도인이 양수인의 지위를 승계한다는 법규정과 해당처분의 대물적(사물관련적) 성격을 바탕으로 한 대법원의 일관된 입장이 반영되었음을 알 수 있다. 영업의 양도·양수에 따른 양수인의 책임문제는 다른 지면에서 검토하려 한다. 요컨대 여기에는 선의의 양수인의 보호라는 측면과 법위반행위에 대한 제재의 실효성이라는 측면을 함께 고려해야 하되, 무엇보다도 관련 법규정의 어의에서 출발하여야 한다.

91누11544판결에서 액화석유가스충전사업의 지위승계신고를 이른바 '수리를 요하는 신고'로 파악하여 그 수리행위를 행정처분으로 본 것 역시 바람직하지 않다. 일찍이 91누11544판결에 대해선 이상규 선생님이 평석을 통하여 지위승계신고의 수리를 특허적인 것으로 본 점을 비판하고, 한편으론 이전의 판례(대법원 1977.8.23. 선고 77누38판결 등)와는 달리 신고의 바탕인 양도행위(기본행위)의 무효를 원인으로 하여 직접 그 신고수리행위의 무효확인을 구할 소의 이익을 인정한 점을 호평하였다.[43] 즉, 지위승계신고의 수리에 특허적 성격을 부여함을, 이른바 준법률행위적 행정행위로서의 수리에 입각하되, 해당 법조문의 어의를 고려에 넣고서 비판하였다. 그런데 여기서의 지위승계신고의 수리를 이른바 준법률행위적 행정행위로 보든 특허적 행위로 보든, 수리 그 자체가 의미를 지님은 공통된다. 이러한 태도는 양도행위와 신고수리와의 관계를 당연히 기본행위와 그것의 보충행위로서의 '인가'와의 관계와 같게 볼 수밖에 없다. 그러나 이러한 관계설정은 여기서의 신고를 정보제공적 신고로 보는 견지에선 수긍하기 어렵다. 따라서 판결의 내용과는 달리 사업의 양도행위가 무효라고 주장하는 양도자는 민사쟁송으로 양도행위의 무효를 구함이 타당하다.

(3) 99다37382판결의 후자의 논거와 관련해선, 신고필증을 교부하는 통상에 비추어, 비록 '회수'를 규정할망정 그 자체로선 논거가 박약하다. 전자의 논거를 검토함에 있어선 일단 부관(여기선 기한)부 어업허가(동법 제43조)를 염두에 둘 필요성이 있다. 이 점에서 유효기간의 단축은 신고어업에만 한정하지 않는다. 그러면 신고의 유효기간과 그것의 단축을 어떻게 파악할 것인가? 사인주도가 신고제의 본질이라는 입장

42) 대법원 2001.6.29. 선고 2001두1611판결.

43) 동인, 신고의 성질과 기본행위의 무효를 원인으로 한 신고수리무효확인소송, 판례월보 제281호, 1994.2., 26면 이하.

을 견지하면, 당연히 신고의 유효기간 및 그것의 단축을 수리와 별개로 파악하여야 한다. 그런데 신고어업에서 신고의 유효기간은 신고를 수리한 날부터 5년으로 한다고 규정되어 있기에(동법 제44조 제2항), 건축신고에서와는 달리 신고어업의 경우 금지해제의 효과가 신고와 동시에 생겨나는 것이 아니라, 신고수리한 날부터 발생한다. 즉, 신고시점부터 수리시점까지가 일종의 대기기간에 해당하는 셈이다. 한편 이른바 '수리를 요하는 신고'를 인정하는 입장에선 신고유효기간의 단축이 수리처분(실질은 허가)에 부가된 부관에 해당할 것이나, 반대의 입장에 서면, 그것은 단축된 유효기간이후엔 금지해제를 저지하는 셈이 되어 일종의 어업금지하명으로 파악할 수 있다. 그런데 이런 어업신고를 이른바 '수리를 요하는 신고'로 봄에 따라서, 대법원은 "설사 관할 관청이 원고들 중 일부의 어업 신고를 수리하면서 이 사건 공유수면매립구역을 조업구역에서 제외한 것이 위법하다 하더라도, 그 제외된 구역에 관하여 관할 관청의 적법한 수리가 없었던 것이 분명한 이상, 그 구역에 관하여는 개정 수산업법 제44조 소정의 적법한 어업 신고가 있는 것으로 볼 수 없다고 할 것이다"고 판시하였다. 이처럼 조업구역제외조치의 위법성에도 불구하고, 이른바 '수리를 요하는 신고'란 존재가 상정됨으로 인해 적법한 어업신고 자체가 부정되어 버렸다.

(4) 민원사무는 반드시 처리되어야 하므로('민원사무처리에 관한 법률' 제6조), 모든 신고는 어떤 식이든 일단 '수리'되어야 한다. 따라서 신고는 모두 수리를 요하고, 아울러 그 목적에서 자기완결적이라 하겠다. 이 점에서 흔히들 구별하는 신고의 유형(자기완결적 · 수리를 요하는 신고)은, 구별의 근거와 척도가 실정법상으로 분명치 않다는 점 이외에도 용어상으로도 부적절하다. 특히 수리를 요하는 신고의 경우 그 본질이 무엇인지 가늠하기가 어렵다는 점에서, 도그마틱상 修理가 필요하지 않을까? 앞서의 94누6062판결처럼 수리거부가 처분성을 가지면, 당연히 그 수리도 처분이 되어 여기서의 신고는 이른바 '수리를 요하는 신고'에 해당한다는 통념적 사고에서 벗어나야 한다. 판례와 문헌이 일반적으로 시인하는 '수리를 요하는 신고'의 존재가 행정법상의 신고에 관한 올바른 이해를 결정적으로 가로막는다. 또한 그것의 사실상 묵인이 잘못된 입법스타일을 온존시키는 데 기여하였다.

## Ⅵ. 맺으면서

이젠 출처가 불분명한 신고의 유형 및 그에 따른 고정관념에서 벗어나, 신고제의 본질을 바탕으로 그에 부합하는 새로운 도그마틱의 틀을 구축할 때이다. 즉, 금지해제적 신고를 자리매김하는 것을 바탕으로 하여, 일종의 사이비 신고제인 '수리를 요하는 신고'를 재정립하여야 한다. 그렇기 위해서, 우선 신고제를 일체의 금지가 허용치 않는 것으로 이해해선 곤란하다. 사실 신고제를 일체의 금지의 불허용으로 파악하면, 예방적 통제 수단의 하나로서의 그것은 더 이상 존재치 않고 단순한 정보제공적 그것만이 있을 뿐이고, 나아가 사익간의 갈등에서 행정이 조정자・중재자로서의 자신의 임무를 방기할 단초가 제공된다. 그리하여 행정법관계의 일반화된 '3극관계'에서 신고제가 자칫 제3자보호의 원천적 배제의 동인이 될 우려가 있다. 행정간소화의 최대의 수혜자가 책임면탈을 기도하는 행정당국일 수 있는 신고제의 이면을 간과해선 아니 된다.

* 인권과 정의 제307호, 2002.3., 101면 이하 소수.

* 참고문헌: 졸고, 행정법상의 신고의 법도그마적 위상에 관한 소고, 고시연구 2002년 2월호, 26면 이하; 이른바 수리를 요하는 신고의 문제점에 관한 소고, 행정판례연구 제8집, 2003.12., 63면 이하.

* 追論: 주민등록전입신고거부의 법적 성질

'수리를 요하는 신고'의 인정도식을 따르면, '주민등록전입신고'는 의당 이른바 '수리를 요하는 신고'이고 그것의 수리 자체는 행정처분이 된다. 그런데 '주민등록전입신고'의 법적 성질을 논함에 있어 출발점은 바로 현행 주민등록법상으로 실행되는 주민등록신고・등록제도이다. 동법 제6조(대상자) 제1항과 제8조(등록의 신고주의원칙)가 규율한 바를 토대로 하여 본 즉, 허가에 대한 신청과 같이 '주민등록전입신고'는 주민등록표상의 등록을 위한 요건에 불과하다. 바꾸어 말하면, '주민등록전입신고'의 '수리거부'가 아니라, '주민등록전입신고'에 따른 '등록거부'가 소송대상(Klagegegenstand)이 되어야 한다.

한편 '주민등록전입신고'는 그 자체로부터 직접적인 법적 효과가 당연히 발생하지 않고 등록결정을 위한 하나의 프로세스인 점에서, 이 신고는 허가제에 대비된(예방적) 금지해제적 신고가 아니라, 정보제공적 신고의 일종이라 하겠다. 따라서 '주민등록전입신고'는 등록을 위한 행정요건적 신고인 동시에 정보제공적 신고이다.

'주민등록전입신고'에 따른 '등록거부'의 처분성을 인정하기 위해선, 우선 '주민등록전입신고'에 따른 '등록' 자체의 행정처분성이 인정되어야 한다. 이 물음은 이른바 준법률행위적(준권리설정행위적) 행정행위의 일종으로서의 '공증'의 처분성 문제이다. 주민등록법이 주민의 거주지이동에 따른 주민등록의 전입신고가 있는 때에는 병역법・향토예비군설치법・민방위기본법・인감증명법・국민기초생활보장법・의료보험법 및 장애인복지법에 의한 거주지이동의 전출신고와 전입신고를 한 것으로 본다고 규정하고 있으며(법 제14조의2), 위와 같이 등록된 주민등록지를 공법관계에 있어서의 주소로 하도록 규정하고 있다(법 제17조의7). 이런 점에서 법효과가 존재한다. 아울러 동법 제17조의3은 이의신청과 관련하여 주민등록 또는 등록사항의 정정이나 말소가 처분임을 분명히 한다. 따라서 '주민등록전입신고'에 따른 '등록'과 그것의 '등록거부'는 당연히 행정처분에 해당한다.

비록 통상 공증이 갖는 증대된 공적 증거력과 법률상의 효과를 감안하여 민법상의 주소와 주민등록법상의 주민등록지와의 차이점을 논구하지 않은 점은 아쉽지만, 대법원 2002.7.9. 선고 2002두1748판결을 기화로 서울고등법원 2002누9683판결은 전입신고에 따른 주민등록에서 거주의 실질성을 정당하게 요구하였다.[44]

44) 상세는 졸고, 주민등록전입신고거부의 법적 문제점에 관한 소고, 저스티스 제74호, 2003.8., 269면 이하.

# 제 8 장

# 다른 法規範의 適用·準用(指示)의 公法的 問題點에 관한 小考



## Ⅰ. 처 음 에

독일의 1908년의 '증기보일러규정'이 민간전문가위원회가 만든 공업기술규정을 동적 적용을 지시하였듯이, 적용·준용(지시)[1]은 사실 입법기술상으로 오래전에 도입된 수단이다. 이미 Glosser가 적용·준용(지시)을 "뒷문"으로 표현하는 식으로 이에 대해서 의문을 제기하였고,[2] Hanswerner Müller 또한 적용·준용(지시)을 "규정을 가장 간파하기 어렵게 처리하는 것의 일종"으로 표현하였다.[3] 그러나 이러한 비난은 공법적 견지에서 구체적으로 행해진 것이 아니었다. 그런 차에 적용·준용(지시)의 대상규정이 법률이 아니라, 행정규칙인 경우가 생겨났다. 즉, 1958.6.14.자 독일 바이에른의 주공무원보수법 제47조 제1항 제1문(지금은 Art.11 I BayBesG)에 의하여, 공무원 등의 질병·출산·사망시의 보조금수여를 위해서 연방의 보조금규칙이 통용되게끔 되었는데, 문제는 이 연방보조금규정이 1959.3.17.자 연방내무장관의 행정규칙으로 발해졌다는 점이다. 바이에른의 고등행정법원[4]과 헌법재판소[5]는 동 규정이

1) 이러한 용어의 사용문제는 후술할 '용어상의 명확화'에서 살펴 보겠다.
2) ders., Geheimwissenschaft, NJW 1956, 1307.
3) ders., Handbuch der Gesetzgebungstechnik, 1963, S.167.

문제없다고 판시하였다.

Ossenbühl은 먼저 적용·준용(지시)기법을 헌법적 관점에서 평가하는 것이 이제껏 행해지지 않았다고 지적함과 아울러 이들 법원의 논거가 설득력이 없다고 평가하였다. 그리하여 그는 헌법적 견지에서 적용·준용(지시)에 대한 의문을 민주주의 원리, 법치국가원리, 연방주의원리, 그리고 권력분립의 원칙과 법률공포의 요청과 관련시켜서 자세히 고찰하였다.[6] Ossenbühl이 조교시절에 쓴 이 논문을 시발로 하여, 그후 1970년에 출간된 Karpen의 박사학위청구논문을 거쳐, 1970년 중반의 Breuer의 논문과 1980년대 중반의 Clemens와 Brugger의 논문을 통해서 관련 논의가 심화되었다.[7]

초창기의 Ossenbühl과 Karpen 등이 취한 엄격한 형식론적 입장은 오늘날 문헌상으로 광범한 지지를 받지 못하고, (특히 Brugger와 같은) 현실론적 입장이 우세한 편이다. 이러한 흐름의 변화는 당연하다. 왜냐하면 적용·준용(지시) 특히 동적 적용·준용(지시)의 여러 문제점이 판례와 문헌상으로 인식되고서 그 점이 입법에 반영되었으며, 아울러 적용·준용(지시)에서의 동적 요인을 가능한 정적 요인으로 파악하려고 시도되었기 때문이다. 그러나 동적 적용·준용(지시)의 문제성을 논의의 출발점으로 삼는 데는 변함이 없다는 점에서, Ossenbühl 등의 주장은 여전히 바탕이 된다. 오늘날 독일에서 적용·준용(지시)의 문제는 민간전문가단체의 규범(예; 독일 산업규격화단체의 표준규격규정), 특히 이 표준규격규정의 구속효 및 규범구체화규칙과 관련하여 여전히 활발히 논의되고 있다.[8] 그래서 기술수준에 지속적으로 합치해야 할 공업기술적 표준규격(technische Norm)과 관련있는 동적 적용·준용(지시)의 경우에는, 번복가능한 추정의 법리를 도입함으로써 사적 규범에 대해서 법률적 효력

4) BayVGH BayVBl.1960, 321.

5) BayVerfGHE N.F.17(1964), 61.

6) ders., Die verfassungsrechtliche Zulässigkeit der Verweisung als Mittel der Gesetzgebungstechnik, DVBl. 1967, S.401ff.

7) 관련 문헌이 방대함은 Brugger의 논문(Fn.12)의 주 1·2를 통해 잘 알 수 있다. 최근의 문헌으로는 vgl. Klindt, Die Zulässigkeit der dynamischer Verweisung auf EG-Recht aus verfassungs-und europarechtlicher Sicht DVBl. 1998, S.373ff.; Wegge, Zur verfassungsrechtlichen Abgrenzung unbestimmter Rechtsbegriffe von unzulässigen dynamischen Verweisungen am Beispiel der betriebswirtschaftlichen Grundsätze nach §6 Abs. 2.Satz 1 KAG NW, DVBl. 1997, S.648ff.

8) 우리의 경우 독일에서와는 달리 법규범이 사적 규율을 규준으로 삼는 예가 殆無하다. 독일의 DIN-Norm이 지난 세기초에 설정한 증기보일어의 표준규격에서 비롯되었음이 보여주듯이, 사회와 국가의 분화 그리고 민간전문가단체의 공고한 위상이 전제되지 않고선 이 같은 법현상이 생겨날 수 없다. 이 점에서 여기서의 논의가 우리의 경우에는 아직은 매우 한정적으로만 주효할 것이다. 하지만 오늘날 우리의 현실에서 공적 권위와 정당성은 바람직스럽지 않게 위협을 받고 있으며, 그 결과 NGO가 본연의 기능과 역할을 넘어서 공권력을 능가 내지 대체하는 경향을 띈다. 따라서 비록 차원은 다르지만, '민간단체의 결정의 국가에 대한 구속력'와 관련한 법치국가원리적·민주주의적 정당성의 문제는 비단 독일에서만이 아니라, 우리의 경우에도 시급한 공법적 테제이다.

을 부여함에 따른 헌법적 의문을 해소시켰다.[9]

일단 본 논문에서는 적용·준용(지시)에 관한 독일에서의 논의를 바탕으로 하여 관련 문제점을 살펴봄으로써, 우리의 문제 상황을 인식하고자 한다. 관련 문헌이 거의 없을 정도로 적용·준용(지시)에 대한 문제인식이 낮은 여건에서, 오늘날 독일에서의 다수입장인 법현실론적 관점의 강조를 받아들이기에는 다소 주저된다. 왜냐하면 자칫 관련 문제점이 간과된 채 미흡한 법상황이 온존할 수 있기 때문이다. 이 점에서 오늘의 우리 입법상황에는, Ossenbühl의 입장을 -비록 지나친 법형식론적 관점이라고 오늘날에 비판을 받고 있지만- 기본 출발점으로 삼는 것이 바람직스럽다. 사실 이러한 문제는 입법학의 바른 정립에서 해소될 수 있다.

## Ⅱ. 用語·槪念上의 明確化

### 1. 용어상의 명확화

준용(準用)이란 우리 법전에 가장 빈번히 등장하지만 역설적으로 그것의 본질에 관한 규명이 미흡하다. 우선 용어·개념의 명확화가 이루어져야 한다. 준용의 사전적 의미는 (무엇을) 표준으로 하여 적용함을 뜻한다. 우리의 경우 실무상으로 문헌상으로 '적용'과 '준용'을 구별하여 설명하고 있다. 즉, 「'준용한다'라는 법령용어는 어떤 사항에 관하여 정하고 있는 규정을 그와는 다르나 본질적으로는 유사한 다른 사항에 관하여 필요한 변경을 가하여 적용하는 경우에 사용된다. 그 의미에서 본래 그 규정이 대상으로 하는 사항에 관하여 수정없이 그대로 다른 곳에 적용되는 경우에 사용하는 '적용한다'와는 구별된다」[10]고 한다. 준용은 그 자체가 유추적 적용을 일컫는다. 이 점에서 적용지시하거나 관련시키는 것을 의미하는 독일어인 'Verweisung'이나 'Bezugnahme'를 우리가 사용하는 준용으로 옮기는 데는 다소 거리낌이 있다. 그리고 그들의 'Verweisungsanalogie' 즉, 유추적 적용지시가 다름 아닌 우리의 준용에 해당한다. 그런데 준용에 유추적 징표가 당연히 담겨져 있다고 볼 순 없는가? 해당 법률·법규정에 없는 다른 법규정이 적용되는 법현상을 준용이라고 볼 것 같으면, 이러한 의미의 '준용'은 '적용'을 함께 아우를 수 있다. 다시 말해 현재의 준용에 '유추적'이란 수식어를 덧붙여 사용할 수 있다. 독일의 경우에도 유추적 적용지시, 다시 말해 준용의 방식이 일반적이기에, 'Verweisung'을 그대로 '준용'으로 옮길 수

9) Vgl. Di Fabio, Produktharmonisierung durch Normung und Selbstüberwachung, 1996, S.19ff.

10) 박영도, 입법기술의 이론과 실제, 1997, 512면 이하; 조정찬, 준용에 관한 몇가지 문제, 법제 2000.10., 27면 이하; 법령입안심사기준(법제처간), 173면.

도 있다. 하지만 우리의 법생활에선 '준용'이란 용어를 '적용'이 어우러진 의미로 사용하기에, 법률언어생활의 측면에서 자칫 더 큰 혼란이 초래될 수 있다. 따라서 생경하지만, 여기선 'Verweisung'을 '적용(지시)'으로, 'Verweisungsanalogie'를 '준용(지시)'으로 이름 붙이되, 양자를 하나로 합쳐서 '적용·준용(지시)'으로 하여 논의를 전개하고자 한다.

### 2. 개념상의 명확화

동일하거나 다른 법률상의 (다른) 규정을 적용·준용시킨다 함은, 적용·준용(지시)의 대상규범이 적용·준용(지시)의 근거규범의 요소가 되게끔 만드는 것을 의미한다.[11] 규범위계상으로 보자면, 이러한 적용·준용(지시)은 형식적 법률·법규명령·행정규칙간에 뿐만 아니라, 국가법규와 자치법간에, 국내법과 국제법간에도 있을 수 있다. 나아가 국가법규범에 사적 규범(가령 독일에서의 고용계약, 민간표준규격화 단체의 규준집)이 적용·준용되기도 한다. 이러한 여러 가지 광범한 적용·준용(지시)의 이면에는 서로 다른 동기, 다양한 법형식 그리고 그에 따른 이질적 법문제가 깔려있다.

Brugger는 적용·준용(지시)을 광의의 의미와 협의의 의미로 나눈다.[12] 광의의 (선언적·의미론적) 의미에서 적용·준용(지시)개념은 일종의 법률발견이나 법률해석을 적시하는 것, 다시 말해서 법해석자에게 도움을 줄 수 있게끔 명확히 하는 것이다. 이러한 적용·준용(지시)의 경우엔, 해석대상규범으로부터 이끌어 낼 수 없는 것은 덧붙여지지 않는다. 이러한 예를 이른바 각론의 여러 규정에 총론의 여러 규정을 적용·준용(지시)하는 데서 찾을 수 있다. 사실 총론은 각론에서의 빈번히 반복되는 개념·상관관계·문제점을 통일적으로 다루고 확정하는 데 기여한다. 따라서 광의의 적용·준용(지시)은 동일한 규정의 반복을 회피하는 점에서 법률경제를 촉진할 뿐만 아니라, 당해 규범에 관한 체계적인 관련성을 유지케 한다. 명확화의 성격을 지니는 광의의 적용·준용(지시)은 궁극적으로 규범의 의미관련성을 내재적으로 판독하는 것과 같다.[13]

반면 협의의 고유한 의미의 적용·준용(지시)은 규범의 의미관련성을 외부적으로 메우는 경우이다. 즉, 그 자체나 그것이 속하는 법령에서 보건대, 불완전한 법규범을

---

11) Creifelds, Rechtswörterbuch, 8.Aufl. 1986, S.1273. 다만 유의할 점은 쟁송법에서의 "Verweisung"은 "移送"에 해당한다.

12) Ders., Rechtsprobleme der Verweisung im Hinblick auf Publikation, Demokratie und Rechtsstaat, VerwArch(78), 1987, S.1(2).

13) 그러나 광의의 적용·준용(지시)과 협의의 적용·준용(지시)과의 경계는 유동적이다. 광의의 적용·준용(지시)은 내부적 적용·준용(지시)을 포함하나, 협의의 적용·준용(지시)은 외부적 적용·준용(지시)에 한한다.

완전하게 하기 위해서 다른 규정을 반복하기보다는 적용·준용하도록 되어 있는 경우가 이에 해당한다. 여기서의 적용·준용(지시)은 다른 규범의 내용(즉, 요건과 법효과)을 적용·준용(지시)시키는 규범(적용·준용의 근거규범)에 편입시키는 것을 의미한다. 다시 말해, 적용·준용의 대상규범(적용·준용의 객체, Verweisungsobjekt)상의 요소(요건과 법효과)를 마치 흡사 사진을 찍어서 적용·준용의 주체(Verweisungsubjekt), 즉 적용·준용의 근거규범(Verweisungsnorm)에 편입시키는 셈이다.[14] 따라서 협의의 적용·준용(지시)은 창설적 성격을 지닌다.

## Ⅲ. 다른 法規範의 適用·準用(指示)의 機能과 效果

### 1. 다른 법규범의 적용·준용(지시)의 기능과 단점

입법자로 하여금 적용·준용(지시)기법을 취하게 하는 이유, 달리 말하면 적용·준용(지시)의 기능은 다음과 같다.[15] 우선 적용·준용(지시)은, 그것을 통하여 근거규범이 대상규범을 반복적으로 담는 것을 피하여 관보가 두꺼워지는 것을 저지할 수 있다는 점에서, 법률경제적 목적에 이바지한다. 그리고 적용·준용(지시)은 법규정의 공통점을 드러낼 수 있어서 법내부에 있어서의 목적론적 관련성 즉, 내적 관련성을 분명하게 할 수 있다. Karpen은 불완전한 법규를 보완하기 위한 보조수단으로서의 의미를 지닌다고 지적하였다.[16] 이상과 같은 적용·준용(지시)의 체계화기능 말고도 특히 동적 적용·준용지시의 경우에는 대상규범의 변경은 곧바로 또는 유보하에 근거규범의 변경이 되어 버리는 이른바 적용·준용(지시)의 완전한 또는 부분적인 자동성을 통해서 근거규범의 입법자에게 부담경감을 가져다준다. 부담경감과 병행해서, 다른 곳에서 생긴 변화에 탄력적으로 순응시켜서 일종의 승수효과를 가져다준다는 점에서 적용·준용(지시)은 법의 탄력성 또한 제고시킨다. 그리고 근거규범의 제정자가 적용·준용(지시)기법을 통하여 대상규범의 제정자로 하여금 근거규범의 제정에 참여할 기회를 제공해 준 셈이 되기 때문에, 양자의 협력을 가져다 준다.

적용·준용(지시)의 이러한 기능이자 이점에 반해서, 단점은 바로 법적용자는 물론 국민이 자신의 권리를 한 곳이 아닌 여러 곳에서 찾아야 한다는 사실이다. 나아가 여러 규정을 함께 보아야 하기에, 하나의 결집된 규정을 검토할 때보다 더 많은 법학지식이 요구된다. 그래서 적용·준용(지시)이 추구하는 법률경제적 측면이, 자칫

14) 이러한 용어는 일찍이 Ossenbühl이 사용하였다.

15) Vgl. Schenke, Die verfassungsrechtliche Problematik dynamischer Verweisungen, NJW 1980, S.743 (743).

16) ders., Die Verweisung als Mittel der Gesetzgebungstechnik, 1970, S.30.

전문가조차도 곤란을 느낄 정도로 적용상의 어려움과 불명확함을 초래하는 현실을 고려해야 한다. 오늘날 고도 산업·정보사회에서 국가는 더 이상 과거처럼 유능하지도 전문적이지도 않다. 따라서 지극히 전문적인 분야에서는 해당 부분사회(예: 관련 민간단체나 민간 전문가위원회)의 판단에 행정결정이 맡겨지고 있는 현실 속에서, 자칫 협력을 넘어서 법규범이 민간단체의 규정에 전적으로 의존할 경우에는 국가결정의 주체상의 정당성이 훼손될 우려도 있다. 한마디로 적용·준용(지시)의 장·단점을 말하자면 입법자에게는 간단함을, 국민에게는 어려움을, 법학자에게는 흥미로움을 준다.

### 2. 다른 법규범의 적용·준용(지시)의 효과

창설적인 협의의 적용·준용(지시)은 다음의 세 가지 효과를 발생시킨다.[17]

첫째로, 실체적으로 적용·준용(지시)의 대상규범의 내용[18]이 적용·준용(지시)의 근거규범상으로 변환되어 그대로 또는 유보하에 편입된다(적용·준용의 자동성).[19] 적용·준용(지시)은 대상규범 그 자체의 효력은 손대지 않는다. 마치 그것의 내용이 촬영되어서(fotographiert) 적용·준용시키는 법률에 접합된다. 즉, 근거규정의 요건·효과가 대상규정의 내용을 통해서 보완·완전하게 된다. 이는 마치 대상규범의 효력범위가 근거규범의 영역에서 제2차적으로 발생하는 셈이 된다.

둘째로, 규범의 위계상으로 보면, 편입된 대상규범의 내용은 근거규범의 효력과 위계를 같이한다.[20]

셋째로, 쟁송법적 측면에서 보자면, 대상규범의 내용은 근거규범 자체의 불가분적 요소가 되어 버린다. 따라서 근거규범에 해당하는 권리구제수단으로 대응할 수 있다. 즉, 권리구제는 근거규범에 의해서 정해진다. 물론 대상규범 자체에 대한 본래의 권리구제는 적용·준용(지시)과는 당연히 무관하다.

---

17) Brugger, a.a.O., S.1(4ff.); Karpen, a.a.O., S.30ff.; Clemens, Die Verweisung von einer Rechtsnorm auf andere Vorschriften-insbesondere ihre Verfassungsmäßigkeit, AöR111(1986), S.63(65).

18) 결코 규범 그 자체가 아니다. 따라서 대상규범의 법적 성격이나 효력범위가 적용·준용(지시)과 무관하게 유지됨을 의미한다.

19) 엄밀히 말하면 자동성(Automatismus) 여부에서 적용지시와 준용지시가 구별된다. 그러나 준용 또한 비록 相違可能性이 예정되어 있긴 해도 자동성이 통용되는 점을 감안해야 한다. 그래서 필자는 자동성에 '완전한'이나 '부분적'이란 수식어를 덧붙였다.

20) 한편 독일헌법재판소(BVerfGE 49,268)는 고용계약이 형식적 의미의 연방법률을 적용·준용시킨 한에 있어서는 독일 기본법 제100조 제1항에 따른 절차내에서 편입원칙의 예외를 두었다. 이는 연방법률의 내용이 고용계약법(Tarifrecht)으로 되지 않음을 의미한다. 이러한 해석은 독일 기본법 제100조 제1항의 보호목적에서 정당화될 수 있다고 한다.

## Ⅳ. 다른 法規範의 適用·準用(指示)의 類型과 方式

### 1. 다른 법규범의 적용·준용(지시)의 유형

적용·준용(지시)은 모든 법영역에서 여러 가지 형태로 존재하는데, 이 다양한 유형은 크게, ⅰ)규범제정자, ⅱ)규범유형, ⅲ)적용·준용지시형태에 따라서 나눌 수 있다. ⅰ)은 국가규범에 의한 비국가적 규범에의 적용·준용(지시)인지, 연방규범에 의한 다른 연방규범에의 적용·준용(지시)인지, 연방규범에 의한 주규범에의 적용·준용(지시)인지, 그 정반대인지에 따라 구분되며, ⅱ)는 대상규범으로서 다른 법률·법규명령·행정규칙·비국가적 규범을 적용·준용시키는지 여부에 따라 구분되며, ⅲ)은 소위 정적 혹은 동적 적용·준용(지시)에 관한 것이다.[21]

특히 마지막의 구분이 중요하다.[22] 정적·고정된(statisch, starr) 적용·준용(지시)의 경우, 가결된 날짜[23] 혹은 예전의 일정시점[24]을 적시하여 확실히 적용·준용시키는 것이다. 반면, 동적·유도적(dynamisch, gleitend) 적용·준용(지시)은 관련된 규정의 장래의 개정(변경)까지도 예견하여 함께 고려에 넣은 것이 특징이다. 전자의 경우에는 -반드시 현재 유효하거나[25] 아무런 헌법적 의문이 없을 것까지는 필요치 않지만- 근거규범이 확정되어 있는 규정을 적용·준용시킴으로써, 대상규범의 변경이 근거규범에 전혀 고려되지 않는다. 반면, 근거규범이 명시적으로나 추론적으로 "당시에 통용되는(die jeweils geltende Fassung) 규범이나 규범의 요건"을 적용·준용시킨 경우에는 후자의 적용·준용(지시)이다.

법문이 불분명하면, 해석이 필요하다. 이때 규정의 의미관련성이 매우 중요하다.[26] 물론 그것의 성립연혁, 법사적 전개, 적용·준용(지시)규정의 영역에서의 규범의 규율목표도 고려에 넣어야 한다. 만약 성립연혁에 비추어 적용·준용(지시)이 법균일화의 목적에 이바지하게 되거나,[27] 대상규정이 처음부터 빈번한 개정을 목표로

---

21) 이하에선 논의의 중점을 국가의 법규범(법률·법규명령)에 의한 적용·준용에 국한하고, 행정규칙과 비국가적 규범(가령 독일 고용계약상의 규정과 DIN-Norm)을 적용·준용시킨 경우는 부분적으로만 다루고자 한다. 독일에서 논의의 주 대상인 후자에 대해선 차후에 살펴보겠다.

22) 이 구분은 일찍이 Ossenbuhl이 처음으로 행한 뒤에 보편화되었다. 그런데 이미 Walter Jellinek가 가변적(wandelbar) 적용·준용(지시)과 비가변적(unwandelbar) 적용·준용(지시)을 언급하였다고 한다. Ders., Gesetzanwendung und Zuverlässigkeitseräwgung, 1913, S.94.

23) 공표날짜인지 가결인지 논란이 있었으나, BVerfGE 67, 348은 후자임을 분명히 하였다.

24) 독일의 판례상으로도 효력이 상실된 규범을 적용·준용지시할 수 있음이 시인된다. Vgl. BVerfGE 60, 135(125).

25) 가령 독일 기본법은 제140조에서 바이마르헌법의 교회조항의 적용을 규정하고 있다. 이는 일종의 '죽은'(tot) 적용(지시)이다.

26) BVerfGE 60, 135(155).

한[28] 경우에는, 동적 적용·준용(지시)의 존재에 관한 특별한 증빙이 될 수 있다고 Clemens는 지적하였다.[29]

동일한 규범내에서 또는 동일한 제정자의 상이한 규범에의 적용·준용(지시)이 소위 '내부적 적용·준용(지시)'(Binnenverweisung)인 데 대해서, 특히 다른 제정자의 다른 규범 특히 사적 규율(특히 법령 이외의 비국가적 규범)을 적용·준용시킨 것이 '외부적 적용·준용(지시)'(Fremdverweisung)이다. 독일의 경우에는 적용·준용(지시)의 문제가 동적 적용·준용(지시)으로서 외부적 적용·준용(지시)의 경우에 제기되는 데 대해, 현재의 입법상황에 비추어 우리의 경우에는 외부적 적용·준용(지시)의 경우를 찾기란 어렵다. 따라서 독일에서는 외부적 적용·준용(지시)과 동적 적용·준용(지시)이 어우러진 경우가 문제상황이라면, 우리에 있어서는 내부적 적용·준용(지시)과 동적 적용·준용(지시)이 어우러진 경우가 그 대상이다.[30] 이 점에서 독일의 입법사항을 바탕으로 하는 논의를 우리의 입법상황에 견주는 것은 무리가 따른다고 할 수 있지만, 大가 小를 포함한다는 관점에서 보면 그다지 문제가 되지 않는다. 그리고 내부적 적용·준용(지시)이 민주적 정당성이나 법치국가원리와 관련해선 큰 문제가 없지만, 공포원칙과 명확성의 요청과 관련해선 상황이 다르다. 또한 우리의 경우 동적 적용·준용(지시)이 적용·준용(지시)의 전형이기에 문제점이 더욱 부각된다. 결국 우리는 동적·정적과 내부·외부를 불문하고 적용·준용(지시) 전반이 문제가 된다.

## 2. 다른 법규범의 적용·준용(지시)의 방식

적용·준용(지시)의 방식과 관련해서, 특정 조항을 바로 적시하여 규정하는 식도 있지만, 독일의 경우에는 어떤 법률의 제 몇 조가 "알맞게 적용된다"(gilt entsprechend)는 식으로 이른바 준용의 형태가 대부분이다. 반면 우리의 경우엔 독일 법령상에서

27) Vgl. BayVGH BayVBl. 1960, 321(322); BayVerfGHE N.F.17(1964), 61(65/66).

28) Vgl. BVerfGE 60, 135(160); RGHZ 15, 221(223).

29) ders., a.a.O., S.63(81).

30) 우리의 행정소송법 제16조 제4항은 제3자의 소송참가와 관련해서 민사소송법 제63조의 규정을 준용한다고 규정하고 있다. 그런데 1990.1.13.에 민사소송법에 제63조의 2(필요적 공동소송인의 추가)가 신설되어 규정되었다. 이 경우에 행정소송법 제8조 제2항의 포괄적 적용(지시)을 통하여 동조항이 적용될 여지가 있지만, 근거규범의 내용상의 변화가 대상규범에 의해서 야기될 수 있음을 간취할 수 있다. 그리고 실용신안법(동법 제42조), 의장법(동법 제30조), 상표법(동법 제33조)은 특허법의 소정의 조항을 준용시키고 있다. 관련조항을 동시적으로 손질하여야 하지 만약 시간을 달리하여 손질한다면 자칫 적용상의 불일치가 생겨날 수 있다. 사실 그대로 편입한다는 의미에서의 적용·준용(지시)의 참뜻을 오해하여 세심한 배려없이 적용·준용(지시)란 용어를 법전에 사용한 것이 문제지만, 오히려 법령호수를 병기하지 않은 우리의 입법관례가 문제의 근원이다. 이 점에서 하루바삐 법령의 개폐가 빈번하고, 대상이 되는 법령이 과거의 것이 많은 점을 감안하면, 법령의 표기를 조속히 바꾸어야 한다. 그런데 판례가 서술하는 방식(몇 년 몇 월 몇 일자 법령 제 몇 호로 개정되기 전의 것)보다는 바로 '몇 년 몇 월 몇 일자 법령 제 몇호'의 무슨 법령이라고 적시하는 것이 더 낫다.

자주 보이는 '알맞게'(entsprechend)나 '의미에 맞게'(sinngemäß)란 수식어 없이 특정 조항이나 법령 전체를 직접 적용·준용시키는 것이 통례이다.[31] '준용'이란 어의에 이미 '알맞게'란 의미가 내포되어 있다.

한편 준용문의 표현방식에는 「(어떠한 법률의) 제 몇 조의 규정은 …에 준용한다」는 방식과 「…에 관하여는 (어떠한 법률의) 제 몇 조의 규정을 준용한다」는 방식이 있다. 내부적 준용의 경우라면 전자의 방식이 더 나을 수 있겠지만, 여기선 준용이 동일한 규범내에서만 그리고 동위의 규범간에서만 이루어지진 않는다는 점을 고려해야 한다. 생각건대 대상규정이 근거규범에 편입된다는 점에서 후자의 방식이 더 낫다.[32]

그리고 공인회계사법 시행령 제18조처럼 하위법령에서 상위법령의 조문을 준용하는 데 대해서, 소관의 원칙과 관련해서 문제점이 제기된다.[33] 입법사항을 대통령령에 포괄위임한 공인회계사법 제 25조 제1항 자체의 문제점은 충분히 지적할 수 있지만, 동법 시행령 제18조가 비송사건절차법의 규정을 준용시킨 그 자체는 문제되지 않는다. 왜냐하면 이 경우에 준용되는 비송사건절차법의 규정은, 준용될 때 더 이상 법률적 효력을 지니는 것이 아니라, 준용근거규범과 동일한 다시 말해, 시행령으로서의 효력을 지니기 때문이다. 요컨대 법률이 법규명령을 준용시킬 경우에는 권력분립의 원리, 법치국가의 원리(특히 법률유보에 따른 의회유보의 원칙)에서 문제가 될 수 있지만, 이처럼 하위법령이 상위법령을 그것도 법률을 준용시킬 경우에는 별문제가 되지 않는다. 왜냐하면 그것 자체로 의회의 입법권에 아무런 손상을 가져오지 않기 때문이다. 생각하기에 따라선, 포괄적 위임의 측면에서 문제점이 있는 모법의 규정이 이런 식의 준용을 통해서 문제의 여지를 해소시킨 것으로 볼 수도 있다.

## V. 다른 法規範의 適用·準用(指示)과 다른 법형상과의 구분

적용·준용(지시)의 합헌성 문제를 독일에서 이미 많은 판례와 문헌이 다루었지만, 관련한 개별적 물음만이 다루어졌 뿐, 많은 문제점은 아직 충분히 규명되지 않았다. 그리고 고려되는 여러 상이한 관점이 종종 서로 뒤섞여 있다. 특히 적용·준용(지시)과 다른 법형상과의 경계설정이 무시되어서, 다른 법형상이 엄존함에도 불구하고, 많은 법규범이 적용·준용지시규범으로 여겨지고 있다고 Clemens는 진단하였다.[34]

---

31) 우리의 입법현실에선 준용과 유사한 표현방법 「…의 예에 의한다」, 「…에 준한다」가 많이 등장한다. 하루바삐 통일적으로 정비되어야 한다. 조정찬, 앞의 글, 32면 이하 참조.

32) 반론: 조정찬, 앞의 글, 34면.

33) 조정찬, 앞의 글, 31면 이하 참조.

### 1. 입법위임과의 구분[35]

어떤 규범제정자에게 닫혀져 있는 규율영역을 다른 규범제정자가 열어 주었을 경우에, 적용·준용(지시)이 아니라, 법제정의 수권, 즉 위임(Delegation)이 존재한다.[36] 위임명령상의 위임이란, 다른 곳에서 이미 성립한 규율내용을 안으로 끌어들여 편입시킨 것이 아니라, 고유한 규율권한을 외부로 보낸 즉, 넘겨준 것이다. 따라서 수권은 힘의 분배(Machtverteilung)인 반면에, 적용·준용(지시)은 힘의 접합(Machtanknüpfung)이다.[37] 따라서 위임의 경우에는 규범의 규율내용을 확정지는 것이 수임자에게 이행되고, 수임자의 위계에 따라서 그가 발할 법규범의 효력이 정해진다. 적용·준용(지시)의 경우에 대상규범이 근거규범에로 편입되기에, 국민은 단 하나의 규범체계와 규범제정자를 마주한다. 그러나 위임의 경우에는 수임된 규범제정자가 관련인을 마주하고, 그들의 권리구제가 경우에 따라선 2원적이어서 어려워진다. 이러한 점에선, 위임이 적용·준용(지시)보다 국민에 대해 더 침익적이다. 그런데 수권법률의 내용이 구체화하는 법규명령에 의해서 메워지는 즉, 위임명령의 경우에는 양자의 구분이 매우 어렵다.[38]

우리 헌법은 물론 독일 기본법도 적용·준용(지시)에 대한 특별한 직접적 규정을 담고 있진 않으나, 허용되는 위임의 영역에선 적용·준용(지시) 역시 원칙적으로 합헌이라 여겨진다. 그런데 Karpen 등은 위임이 명시적으로 허용되지 않는 영역에선 적용·준용(지시)이 일반적으로 위헌이라고 주장한다.[39] 그러나 Clemens는 이러한 일괄적인 평가는 너무 지나치며, 오히려 그러한 영역에서도 다음에 살필 일반적인 헌법적 요청을 충족하면 그것이 허용될 수 있다고 주장한다.[40]

### 2. 입법유보와의 구분

입법자가 다른 법에의 적용·준용지시와 편입을 시키지 않았고, 오히려 일정한

---

34) ders., a.a.O., S.63(65).

35) 사실 Ossenbühl이 적용·준용(지시)의 문제점을 지적한 배경에는, 위임의 경우에는 일정한 제어장치가 있지만, 적용·준용(지시), 특히 동적 적용·준용(지시)의 경우에는 그것이 전혀 없어서 자칫 여러 제한을 면탈키 위하여 적용·준용(지시)기법을 무분별하게 동원하지 않을까 하는 의구심에서 비롯된 것 같다. 이 점은 그가 동적 적용·준용(지시)을 "전거가 의심스러운(apokryph) 위임"으로 평가한 사실에서 잘 알 수 있다.

36) 적용·준용지시와 위임의 구분에 관한 자세한 내용은 vgl. Clemens, a.a.O., S.63(67f.).

37) Karpen, Die Verweisungstechnik im System horizontaler und vertikaler Gewaltenteilung, in: Rödig(Hrsg.), Studien zu einer Theorie der Gesetzgebung, 1976, S.221(233).

38) Vgl. BVerwGE 14, 245(252); 22, 1(18); 51, 60(74).

39) Karpen a.a.O.(Fn.16), S.129; Arndt, Die dynamische Rechtsnormverweisung in verfassungsrechtlicher Sicht-BVerfGE 47, 285, JuS 1979, S.784(787); Marburger, Die Regeln der Technik im Recht, 1979, S.391f.

40) ders., a.a.O., S.63(82).

영역에선 자기 스스로 입법활동을 하기보다는 다른 법제정자의 규율을 허용하고자 한 경우에는 여기서의 적용·준용(지시)과 구별된다. 입법자가 일정사항의 경우에 다른 법규범에 의한다고 규정한 것도 이에 해당할 수 있지만(사실 이것은 준용지시에 해당한다), 독일에서 주로 논의되는 것은 주입법에의 유보이다.[41]

가령 독일 연방국경경비법(Bundesgrenzschutz) 제63조 제4항에 의하면, 일정한 경우에 경찰의 권능이 주법에 따른다. 이러한 법률규정형태는 연방법의 주법에로의 적용·준용(지시)을 의미할 수 있다 -결과적으로 적용·준용(지시)된 주법의 내용이 연방법으로서 적용된다. 다른 한편으론 연방입법자가 그 영역을 직접 연방법적으로 규율하기보다는 자신의 규율에서 배제하여 주의 고유한 규율에 유보시키고자 하는 의미일 수도 있다- 결과적으로 이처럼 배제된 영역에서의 규율은 주법으로서 적용된다.[42]

적용·준용(지시)이 존재하는지 아니면 주입법을 위한 유보가 존재하는지는 입법권한에 따라서 상이하게 판단이 내려질 수 있다. 먼저 주의 전속적 입법권한의 영역에선 주입법을 위한 유보로 해석하는 것이 요구된다. 또한 연방의 대강입법·원칙입법의 영역(독일 기본법 제75조)에서도 마찬가지로 유보로 받아들일 것이 요구될 수 있다. 반면 그 밖의 다른 경우엔 양자의 구별이 어려울 수 있다. 이 경우 입법권한이 연방에게도 주에게도 존재할 수 있어서 두 가지 해석이 다 고려되기에, 법률의 문언과 규범들의 상관관계에 의거해서 결정을 내려야 한다. 만약 법률이 "……관련 주법규정이 무관하게 존재한다."고 규정하면, 이는 유보에 찬성하고 적용·준용(지시)에 반대하는 셈이다. 독일 헌법재판소 역시 이러한 법률을 유보로 타당하게 해석하였다.[43]

그런데 앞서의 연방국경경비법의 규정이 만약 적용·준용(지시)이라면, 소위 지역적으로 천차만별인 연방법이란 실로 의아스러운 법형상이 만들어질 것이라는 점을 들어, Clemens는 주입법을 위한 유보로 본다.[44] 한편 거의 모든 연방법은 주를 넘어

41) 우리의 경우에도 많은 행정법규에서 "법령이 정하는 범위안에서 당해 지방자치단체의 조례"로 정하게끔 하고 있지만, 자치입법의 유보적 성격보다는 법령의 집행적 성격이 강하기에 독일의 사정과는 명백히 다르다. 따라서 여기선 편의상 독일에서의 논의를 소개하고자 한다. 시간이 흘러서 진정한 자치입법이 실현된다면, 독일에서 종종 문제되는 연방과 주의 법계상의 문제가 제기될 수 있을 것이다.

42) Vgl. Karpen, a.a.O.(Fn.16), S.43-46; Baden, Dynamische Verweisungen und Verweisungen auf Nichtnormen, NJW 1979, S.623(625).

43) Vgl. BVerfGE 7. 120(124f); 11, 192(200); 20, 238(251ff.); 47, 285(314). 예외: BVerfGE 67, 348(363f.).

44) ders., a.a.O., S.71. 한편 특별한 경우에만 "지역적으로 천차만별인 연방법"의 적용·준용(지시)이 인정될 수 있다. 예컨대 독일의 1953년의 약국개설중지법 제1조는, "연방법적 규율이 발하기 전까지 약국설치의 허가는 연방의 각주에서 1945.10.1에 통용되었던 규정에 의거해서만 내려질 수 있다"고 규정하였다. 독일 헌법재판소는 이 규범을 정당하게 적용·준용(지시)으로 해석하였다(E5, 25). 왜냐하면 일정한 시점(1945.10.1)에 고정시키는 것이 주입법을 위한 유보의 경우에는 불가능하기 때문이었다. 시점의 고정으로 정적 적용·준용(지시)에 해당한다.

서는 (포괄하는) 의미를 가지며, 그에 맞춰 주법의 조항은 한 주의 법이 아니라 그때그때 주의 법에 관련하기 때문에, 연방법률의 경우에 일단 적용·준용(지시)이 아니라 주입법을 위한 유보가 존재한다고 추정될 수 있다고 한다.[45]

### 3. 기타의 법형상과의 구분

적용·준용(지시)을 그 밖의 법형상과 구분할 수 있는지 여부와 구분하여야 할지 여부는 적용·준용(지시)개념을 광의나 협의로 보느냐에 결정적으로 좌우된다. 본고에선 앞서 말했듯이, 법규범에 의해서 개별·구체적인 다른 곳의 규범이나 규범총체가 관련될 경우만을, 즉 "엄격한" 적용·준용(지시)이 존재하는 경우에만 상정한다. 따라서 행정규칙이 불확정법개념의 해석을 위하여 그것을 내용적으로 확정(구체화)한다 하더라도, 적용·준용(지시)구조는 존재하지 않는다. 법원은 행정규칙에 의한 내용확정에 원칙적으로 구속받지 않는다.[46] 이 점에서, 근거규범의 내용이 대상규범의 내용에 의해서 구속적으로 확정되는 셈인 적용·준용(지시)과는 결정적으로 구별된다. 그런데 이러한 행정규칙이 유형상으로 '선취된 전문가감정서'나 '규범구체화규칙'에 해당한다 하더라도, 적용·준용(지시)과의 차이점이 성립한다. 왜냐하면 학문적으로 인정받은 새로운 지식이 다른 손해발생치를 제시하지 않거나 이형적인 사안이 존재하지 않는 경우에만, 행정규칙상의 오염한계치와 공업적 측정절차(과정)가 구속력을 지닌다. 따라서 엄격한 구속이 존재하지 않기에, 적용·준용(지시)에 따른 규범의 자동적 편입 구조가 존재하지 않는다.

## Ⅵ. 다른 法規範의 適用·準用(指示)의 공법적 문제점

### 1. 공법적 문제점의 개관

위임과는 달리 적용·준용(지시)의 공법적 한계는 우리는 물론, 독일의 경우에도 명시되어 있지 않다.[47] 독일에서 근 30년간 다음의 측면에서 적용·준용지시의 공법적 문제점이 논의되었다.

첫째로, 근거규범이 어떠한 규정(대상규범)을 적용·준용시키는지를 충분히 알 수 있는지?(명확성의 원칙)[48]

---

45) Clemens, a.a.O., S.71; H. Schneider, Gesetzgebung, 1982, Rn.395.

46) 자기구속이나 신뢰보호원칙을 통해서 구속력이 발생될 수 있지만, 이 점이 행정규치의 원칙적인 성격을 뒤바꾸진 않는다.

47) 한편 Brugger와 Karpen은 '국제법의 일반적 원칙은 연방법의 구성요소이다'라는 그들 기본법 제25조 제1문을 근거규범의 일종으로 보고 있다.

48) 이는 법치국가원리에서 파생한다. Vgl. BVerfGE 21, 312(324); 22, 330(346).

둘째로, 대상규범의 본문이 충분히 고시되거나 공포되었는지 그리하여 관련인이 접근가능한지?(공포의 원칙)[49]

셋째로, 동적 적용·준용(지시)의 경우엔 다음과 같은 추가적인 물음이 제기된다: 근거규범에 편입된 대상규범이 근거규범 제정자의 의사에 의해서 충분히 포함되어 있는지, 그리하여 법치국가적·민주주의적으로 정당한지, 혹은 이 규범제정자가 규범내용의 형성을 허용되지 않을 정도로 다른 기관에 넘겨버렸는지?(법치국가적·민주주의적 원리)[50]

그런데 독일에서 적용·준용(지시)의 문제점을 공법적으로 바라보는 데는 두 가지 입장이 있다. 개개의 헌법규범의 본문에서 엄격히 해석하는 태도와, 헌법 전반이나 그것의 개괄조항의 의미와 목적을 우위에 두고서 해석하는 태도가 있다. 전자는 법현실보다는 법규의 구조에 주목하는 형식론적인 법이해의 경향을 띄고, 후자는 합리적인 결과를 얻기 위해서 실용적인·법현실적인 메움 혹은 개별법규의 상대화를 강조한다. 전자의 대표자가 바로 Ossenbühl, Karpen이고, 후자의 대표자가 Brugger이다. 반면 Clemens는 기본적으로 후자의 입장에 서되, 전자의 주장을 완전히 배격하지는 않는다. 즉, 그는 도그마틱적 엄격주의와 실무의 요청(특히 입법자에 대한 과중부담의 회피)간에 중도를 취하겠다고 전제하였다.[51] 그래서 그는 적용·준용(지시)의 효과인 편입의 자동성을 감안하여 사적 공포에 의한 적용·준용(지시)의 경우에는 형식적 법률에 의한 대상규범의 (법률로서의) 위계·내용과 고시형식간의 간극이 너무 현격할 수 있다는 점을 논거로 근거규범의 성질을 강조한다(후술).

### 2. 근거규범의 충분한 명확성

근거규범이 어떠한 규정을 개개의 경우에 적용·준용시키는지를 충분히 알 수 있게끔 하여야만, 비로소 명확성의 원칙을 충족시킨다. 즉, 근거규범은 관련인이 어떠한 규정이 적용·준용되는 규정인지를 알 수 있도록 자세히 그 규정을 표시하여야 한다. 근거규범이 대상규범을, 가령 법규정의 경우엔 관보나 (독일의 경우엔) 법률보에 출처를 명기하거나, 비국가적 규정(예: DIN-Norm)의 경우엔 해당 잡지와 그 출판사를 명기하면서 공표원이나 출처를 함께 표시하는 법상황이 가장 분명하다. 이러한 경우에는 일단 명확성 요청은 충족되었다 하겠다. 그러나 이것과 후술할 공포요청의 문제는 구분된다. 통상 근거규범은 어떠한 규정이 적용·준용되는지를 충분히 알게

49) 법적 안정성의 측면을 지녀서 법치국가원리에서 파생한다. Vgl. BVerfGE 65, 283(291).

50) 그 밖에 독일의 경우 연방과 주, 주와 연방, 주와 주 사이에서의 적용·준용(지시)의 경우, 기본법의 권한규정과 연방국가원리와의 합치여부가 검토되어야 한다. 본 논문에선 이것은 일단 배제하고서 논하고자 한다.

51) ders., a.a.O., S.63(65).

끔 하고 있다. 따라서 극히 이례적인 경우에만 근거규범이 불명확하다고 평가가 내려진다.[52] Clemens는 만약 근거규범이 불명확하여 위헌일 경우에는, 헌법합치적 해석의 방법은 배제된다고 지적하였다.

한편 우리의 경우 전체적인 규정의 총체를 적용·준용시킨 경우가 많은데, 여기에는 특별한 문제가 생길 수 있다. 비록 근거규범이 대상규범 총체를 분명히 표시하였다 하더라도, 그 총체에 속하는 규정을 쉽게 분명히 알아낼 수 없을 정도로 이들 대상규범 총체가 개관할 수 없는 경우에는 충분한 명확성이 의문스러울 수 있다. 참고로 독일 연방헌법재판소는 1953년의 약국개설중지법 제1조와 관련해서, 주법 규정의 총체(Gesamtkomplex)를 적용·준용시킨 것을 이러한 점에 의거해서 위헌으로 보았다.[53]

### 3. 대상규범의 공포

#### (1) 공포의 의의

공포원칙(Publikationsprinzip)은 적용·준용(지시)과 관련해서 소위 법치국가원리의 표현상의 요청을 구체화한 것이다. 규정에 맞는 공포는 당해 규범의 적법성요건일 뿐만 아니라, 성립·효력요건이다.[54] 국가의 여러 명령을 공포하는 것은 입법을 비롯한 법제정절차의 완결점이어서, 이후에 비로소 법규의 구속력과 효력이 국민에게 발생한다. 다시 말해 무엇이 적용될지 가늠할 수 없는 한, 법률공포란 존재치 않으며, 단지 법률예고만이 존재할 뿐이다. 우리의 '법령등 공포에 관한 법률' 제11·12조에 의해서 형식적 의미의 법률과 법규명령은 관보에 게재하여 공포되어야 한다. 한편, 독일의 경우 연방 법령은 연방법률보(Bundesgesetzblatt)에서 공포되어야 하되, 개별 법률상의 규정에 따라선 연방법규명령이 연방관보(Bundesanzeiger)에서도 공포될 수 있다.[55] 몇몇 법률은, -법규명령에 자세한 관련출처가 표기되는 한에 있어서-

52) Clemens, a.a.O., S.63(86) Fn. 93.

53) BVerfGE 5, 25(33).

54) Vgl. BVerfGE 7, S.330(337); Ossenbühl, a.a.O., S.401(408); Karpen, a.a.O.(Fn.37.), S.235f.

55) 이 점에서 법령의 게재지를 관보로 하는 우리의 상황이 문제가 없는지 검토할 필요가 있다. 과거와는 달리 무수한 법령이 제정·개정·폐지되는데 언제까지 행정의 일상사항과 더불어 동일 장소에서 게재되어야 하는가? 법령해석의 한 방법인 역사적 해석을 하자면, 먼저 입법이유를 제대로 충분히 알아야 한다. 의회에서의 토의나 그 경과가 제대로 남아 있지 않은 우리의 현실에서, 관보상의 매우 축약된 입법이유가 그나마 역사적 해석의 착안점이 된다. 따라서 그에 관한 충분한 지면이 제공되기 위해선, 관보가 아닌 이른바 '법령보'가 발간되어야 한다. '법령보'의 필요성은 이밖에도 법조인대량배출이란 이미 변화된 법조상황에서도 타당하다. 무릇 모든 학문이 그렇지만, 법학은 축적의 학문임이 두드러지고, 법령이란 그 시대의 대표적 산물이다. 후일에 되새겨 보기 위해서라도 그것의 체계화의 바탕인 '법령보'상의 게재가 하루바삐 이루어져야 한다. '법령보'의 필요성은 이상과 같은 정책적인 고려에서 뿐만 아니라, '접근가능성'을 바탕으로 한 공포원칙 및 그것의 근거인 법치국가원리에서도 제기할 수 있다. 그리고 '법령보'란 명칭에도 불구하고, 법령은 물론, 행정규칙까지도 게재하면, 자주 거론되는 '행정규칙의 공표' 문제 역시 해소될 것이다. 생각건대 '법령보'의 발간은 민국수

법규명령제정자에게 가령 공업기술단체와 같은 사적 규범제정자의 규정집(예: DIN-Norm)을 적용·준용시키는 것을 허용한다.

(2) 공포원칙이 문제되는 상황

소위 '내부적 적용·준용(지시)'은 공포원칙과 관련해서 문제가 없다.[56] 왜냐하면 그러한 적용·준용(지시)의 경우, 근거규범과 대상규범의 내용이 동일한 형태로 공포되어 있기 때문이다. '외부적 적용·준용(지시)' 가운데 형식적 법률이 법규명령을 적용·준용시킨 경우와 그 반대의 경우에도 공포가 문제되지 않는다. 왜냐하면 여기선 공고가 관보(독일의 경우 원칙적으로 법률보)에서 규정되어 있기 때문이다. 그리고 지방자치단체의 조례·규칙이 법률과 법규명령을 적용·준용시킨 경우에도, 민주적 정당성이나 지방자치제 차원에선 문제될지언정 공포상의 문제는 없다. 왜냐하면 주민에게는 자신의 이중적 지위에서 그러한 사정의 인식 내지 관보의 습득이 기대될 수 있기 때문이다.[57] 결국 문제가 되는 상황이란, 법규범이 비국가적 규범인 사적 규율이나 단체협약을 적용·준용시킨 경우와 행정규칙을 적용·준용시킨 경우이다. 후술할 적용·준용(지시)의 법치국가원리적·민주주의적 정당성의 문제도 이 마지막의 경우에 주로 제기된다.

(3) 공포원칙에 대한 엄격한 입장

Ossenbühl 등은 형식적 의미의 법률과 법규명령에 관한 독일 기본법 제82조에는, 공포의 요식성의 원칙이 내재되어 있다고 한다.[58] 그에 따르면, 법령의 공포가 규정에 적합한지 여부는, 당해 법규범과 관련한 사람에게 현행법을 공적·사적 출처에서 아는 것이 쉬우냐 어려우냐에 좌우되는 것이 아니라, 헌법상에 규정된 공포형식이 준수되었는지 여부에 좌우된다고 한다.[59] 다만 공표가 불가능한 경우 가령 도표나 지도의 경우에는 예외로 하였다. 과거에는 독일의 문헌상으로 이와 같은 법형식론적 고찰방법이 우세하였다.[60]

---

립 이후의 모든 법률의 정리에 못지않게 중요한 시급과제이다.

56) BVerfGE 37, 201(208f.); 48, 48(55); 55, 144(152); 60, 135(155ff.); 67, 348(362); Clemens, a.a.O., S.63(92); Karpen, a.a.O.(Fn.16), S.143; Brugger, a.a.O., S.1(16).

57) 엄격한 형식적 입장의 대표자인 Ossenbühl 역시 일찍이 이점을 시인하였다.

58) Ossenbühl, a.a.O., S.401(406); Karpen a.a.O.(Fn.16), S.142, 154ff.; Marburger, a.a.O., S.408 Fn.1: Backherms, Unzulässige Verweisungen auf DIN-Normen, ZRP 1978, S.261(262); Staats, Verweisung und Grundgesetz, in: Rödig(Hrsg.), a.a.O., S.244ff.; ders. Zur Problematik bundesrechtlicher Verweisung auf Regelungen privatrechtlicher Verbände, ZRP 1978, S.59ff.; Baden, a.a.O.,S.623(626).

59) 이에 너해서 Karpen은 현대의 거대국가에서 형식적인 공포가 실직적인 공포를 대체하였으며, 수범자의 인식의 의제가 실제의 인식의 확인을 대체했다고 지적하였다. Vgl. Ders., a.a.O.(Fn.37), S.221(236). Ossenbühl 또한 다른 회보(Blätter)에서의 통지는, 비록 그것이 누구나 접근할 수 있고 오히려 법률보보다 더 널리 유보된다고 하더라도, 규정에 맞지 않으며 따라서 법률의 효력발생을 가져다 줄 순 없다고 강조하였다. Ders., a.a.O., S.401(407).

이처럼 엄격한 규준을 적용하면, 사적 규율을 적용·준용시킨 앞서 언급한 특별 개별법상의 규정은 당연히 위헌의 판단을 면치 못한다. 이러한 점은 입법자나 명령 제정자가 독일 고용계약(Tarifverträge)이나 행정규칙을 적용·준용시킨 경우에도 마찬가지다. 즉, 공포원칙에 위배되어 위헌일 수밖에 없다. 독일의 고용계약은 공적으로 통지되지도 않고, 사적 공표에서도 고시되지 않는다. 해당 영업장에서만 열람가능하고 고용계약등록부에 등록될 뿐이다. 그리고 행정규칙은 통상 형식적인 공보에 고시되지 않고, 다양한 관보나 부처보, 회람을 통해서 행정내부적으로 통지된다.[61] 여기선 형식적인 고시가 존재하는지 여부가 의문스럽다. 엄격한 의미상으론 법규정의 고시란 국가적인 회보에서만 행해질 수 있는데, 독일의 경우 연방의 차원에선 연방법률공보와 연방관보만이 이에 속하고, 부처회보는 이에 속하지 않는다고 한다. 반면 Clemens는, 이처럼 도그마적 엄격한 해석은 적용·준용지시가 추구하는 법률경제적 효과가 형식적 법률의 경우에는 현행 실정헌법상으론 불가능하리라는 바람직스럽지 않는 결론에 다다를 것이라고 지적하였다.[62]

### (4) 공포원칙에 대한 완화된 입장

독일의 판례[63]와 문헌상의 압도적 견해[64]는 이상의 견해를 따르지 않는다. 이러한 점에서 독일연방행정법원이 일찍이 1961년에 행한 절충적 공식은 특별히 중요하다: 「법규범은 그것이 외부의 여러 명령을 자신의 구성요소로 만드는 점을 명백히 표현해야 한다: 보충되는 법규범에서는 보충하는 명령이 충분히 확정되어 있어야 한다. 보충하는 규정(즉, 대상규범)의 고시가 관련인을 위해서 접근가능하여야 하고, 그것의 종류에 따라서 공무규정에 적합하여야 한다」[65] 독일 연방헌법재판소 역시 이런 경향을 띄는 것 같다. 동법원의 1983.11.22자 결정(DVB1. 1984, 183)에 의하면 공포

60) 여기서 유의할 점은 어떤 특정 견해·입장이 산술적으로 우세한지 여부를 단언하기 곤란하다는 사실이다. 필자가 보기에 Ossenbühl이나 Karpen의 엄격한 입장을 적극적으로 옹호하는 문헌이 오늘날에는 많지 않기에 '과거에는'이란 한정사를 덧붙였다.

61) 여기선 행정규칙의 공표의무가 문제되는데, 우리의 경우 종전에는 '행정규제 및 민원사무 기본법' 제11조에서 처분 등의 심사기준을 공표하도록 규정하고 있기에 여기에 행정규칙까지도 포함될 수 있었다. 그러나 동법을 대체한 '행정규제기본법'과 '민원사무처리에 관한 법률'에는 그에 해당하는 규정이 보이지 않는다. 행정절차법 제20조의 차원에서 바라보아야 한다.

62) 그러한 결과는 입법자로 하여금 자신의 종전의 입법관례를 근본적으로 바꾸든지 아니면 헌법을 개정하든지 선택을 하게 할 것이다. Ders., a.a.O., S.63(90f.).

63) BVerwGE 55, 250; BVerwG, NJW 1962, 506.

64) Breuer, Direkte und indirekte Rezeption technischer Regeln durch die Rechtsordnung, AöR 101(1976), S.46(52); Hömig, Zur Zulässigkeit statischer Verweisung des Bundesrechts auf nichtnormative Regelungen, DVBl.1979, S.307(309); Arndt, a.a.O., S.784(788); Schenke, a.a.O., S. 744; Gusy, DVBl. 1979, S.595; Ebsen, Fremdverweisungen in Gesetzen und Publikationsgebot, DÖV 1984, S.654(662). Staats까지도 공포원칙의 의미와 목적은 모든 이에게 언제든지 법규범 자체를 알 수 있게 해 주는 데 있다고 강조하였다.

65) BVerwG NJW 1962, 506; NJW 1978, 1450(1453); BVerwGE 55, 250(264).

는 통상 법규범이 公衆에게 어떠한 방식으로 공식적으로 접근 가능할 수 있게 하여야 하고, 관련인은 그 규범의 내용을 신뢰성 있게 알 수 있어야 하고, 이러한 가능성이 수인할 수 없는 방식으로 곤란하게 되어선 아니 된다. '접근가능성'(Zugänglichkeit), '공무규정적합성' 그리고 '신뢰성'(Verlässigkeit)이란 법현실론적 착안점에서 비롯한 이러한 입장에 서면, 광범위하게 행해지는 고시관례가 헌법위반이란 평판을 면하게 된다.

그런데 이러한 완화론의 입장에서도 나뉨이 있다. 대부분 근거규범의 법적 성질을 문제삼지 않는 데 대해서, Clemens는 독특하게도 근거규범이 법률인 경우와 법률하위적 명령(법규명령이나 조례)인 경우에 공포원칙의 완화정도가 달라야 한다고 주장하였다. 적용·준용(지시)의 효과인 편입의 자동성을 염두에 둔 이 같은 견해를 Brugger는 정면으로 거부한다.[66] 그는 법현실적 사고의 일관된 통용을 강조하면서, 의회에겐 금지되는 것이 명령제정자에겐 허용되어지는 점이 설득력이 약하다고 지적하였다. 법률과 명령의 위계상의 차이점을 감안한다면 Clemens의 견해가 설득력이 더 있다고 여겨진다. 따라서 아래에선 그의 문헌을 바탕으로 이 문제를 검토하고자 한다.

(가) 형식적 법률에 의한 적용·준용(지시)의 경우

형식적 법률이 다른 규정을 적용·준용시킬 때 그 대상규범 또한 법률의 형식으로 공포되어야 하는가? 공포규정(예: 독일 기본법 제82조 제1항 제1문)은 본시 법률 본문의 게재만이 아니라, 그것의 목적에 맞춰 전체적인 법률내용의 게재를 요구하고 있다.[67] 대상규범이 근거규범에 편입(합체)되는 것이 적용·준용(지시)의 효과임을 생각할 때, Ossenbühl과 같이 공포규정을 엄격히 적용할 것 같으면, 근거규범을 공포할 때 동시에 대상규범의 내용 또한 새로이 관보(독일의 연방법률보)에서 공포해야 함은 당연하다. 하지만 그러한 요구는 적용·준용(지시)기법이 지향하는 법률경제적 목적에 배치된다. 그렇지만 공포원칙을 완전히 몰각시킬 순 없고, 두 가지 방향으로 즉, 시간적 측면과 공포형태에서 완화가 인정되고 있다.

먼저 독일의 판례[68]와 문헌[69]은, 대상규범의 공포가 시간적으로 이미 앞서 있는 경우에는 무방하다고 본다. 그래서 형식적 법률이 다른 규정을 적용·준용시킬 경우에, 대상규범의 내용이 법률형식으로 새로이 공포될 필요는 없으되, 일반적으로 접

66) ders., a.a.O., S.1(18f.).

67) Ebsen, a.a.O., S.654(657ff.).

68) BVerfGE 8, 274(302); 22, 330(346f.); 26, 338(367); 47, 285(311); BVerwG NJW 1962, 506; BVerwGE 17, 192(196f.).

69) Schenke, a.a.O., S.743(744) Fn.6; Hömig, a.a.O., S.307(308ff); Arndt, a.a.O., S.784(788).

근 가능한 공보(관보든 법률보든)[70]에 궁극적으로 시간적으로 앞서 게재가 되어야 한다. Clemens는, 이러한 완화의 견해가 독일 기본법 제82조 제1항 제1문과 법치국가원리에 의거한 공포원칙에도 부합한다고 강조하였다. 나아가 동규정이 적용·준용(지시)의 경우에는 제한적으로 해석될 수 있다고 지적하였다.[71]

그런데 공포형태의 완화가 허용되면, 그 완화를 어느 정도까지 허용할 것인가? 여기선 공포에 있어서 공보를 요구할 것인지 아니면 다른 공포형태 가령 독일 산업규격화단체의 표준규격규정(예: DIN-Norm)처럼 민간에서 만들고 일반 서점에서 구입할 수 있는 전문잡지에 게재하여도 충분한지가 문제된다. 대부분 순전히 사적인 잡지에 게재하는 것만으로도 공포상의 아무런 의문이 없다고 한다.[72] 특히 Brugger는, 현대의 법률·명령제정자가 복잡하고 전문지식을 요구하는 규율임무에 직면하고 있고, 공보가 지나치게 두꺼워질 뿐더러 때론 특정의 전문적 내용을 담는 데 친숙치 않은 경우가 많아서, 필연적으로 현행법에 대한 수범자의 접근가능성이 실현될 수 없을 정도라고 평하였다. 그래서 사적 공표가 많은 경우에 공포에 비견되거나 심지어 뛰어날 수 있다고 보며, 아울러 표준규격에 관한 규정집을 행정규칙에 수용함으로써, 근거규범의 제정자가 대상규범을 공보에서 고시할 수 있는 길이 열려 있다고 강변하였다.[73]

그런데 형식적 법률에 의한 적용·준용(지시)의 경우, 독일 판례는 여태 대상규범의 내용이 공보에 게재되어야 한다고 항상 요구하였다.[74] 특히 독일 연방행정법원은 "관련인이 접근가능하고 유형상으로 공무규정에 적합한 공포가 반드시 필요할 뿐만 아니라, 충분하다"고 거듭 판시하였다.[75] 즉, 반드시 공보상으로 고시가 되어야 한다. 따라서 "완화된 공포형태"의 허용은 법치국가원리에 의거한 일반적인 공포요청에 비추어서만 판단이 내려진다. 동요청에 의해서, 관련인이 법규범 내용을 신뢰성 있

---

70) Staats는 독일 기본법 제20조 제1항 의미상의 독일 국가권력의 공무기관에 의한 공보만이 "공무적"이라 여겨질 수 있다고 지적하였다. 따라서 외부효를 지닌 법규범의 고시를 내용으로하는 공무상의 회보만이 이에 해당한다고 할 수 있고, 부처회보는 대개는 단지 행정규칙만을 담고 있는 한 충분하다고 볼 수 없다.

71) 이러한 제한 해석 역시 새로운 것이 아니라, 독일 연방헌법재판소가 이미 행한 바 있다(BVerfGE 20, 56(93)). 그러나 Ebsen은 이러한 제한적 해석을 할 필요가 없다고 하였다. 그는 통지요청이란 규범명확성의 요청의 하위의 것이기에, 수범자로 하여금 매우 간단한 방식으로 법률내용을 알 수 있게 만든 공포형태만으로 충분하다고 지적하였다. Ders., a.a.O., S.654(660f.).

72) 특히 vgl. Ebsen, a.a.O., S.654(662).

73) Brugger, a.a.O., S.1(13f.).

74) 문헌상으로 Schenke가 동일한 입장이다. Ders., a.a.O., S.743(744).

75) BVerwGE 1, 104(107); 10, 322(323); 55, 250(264); BVerwG NJW 1962, 506; DVBl. 1964, 765(766). 그런데 동법원의 태도는 상충되기도 한다. 즉, 단지 행정청 내부에서 보관중인 지도에의 적용·준용지시는 충분치 못하다고 보았다(BVerwGE 17, 192). 그러나 만약 지도의 보관장소가 적용·준용지시규범에 표기되어 있고, 어려움 없이 접근할 수 있으며, 지도가 수정변경에 대해서 문서기록상으로 방지책이 있을 때에는 행정청의 보관도 충분할 것이라고 원칙없는 완화의 태도를 보인다(BVerwGE 19, 7; 26, 129).

게 알 수 있고, 이러한 인지가능성이 예기치 않게 곤란하지 않을 정도로, 그 법규범에 대해 일반공중이 접근가능하여야 한다.[76]

요컨대 형식적 법률에 의한 적용·준용(지시)의 경우에, 대상규범의 내용이 공보에 게재되는 때에는 이 공포요청에 부합될 수 있다. 그러나 만약 그 규정의 내용이 공보가 아니라, 민간이 발행하고 사설 서점에서 구입할 수 있는 전문잡지에서만 게재된 경우에는, 대상규범의 위계상의 변위(즉, 적용·준용에 의해서 형식적 법률로서의 위계를 갖게 된다)와 공포형태간의 간극이 너무 크다할 것이다. 즉, 형식적 법률에 의한 적용·준용(지시)의 경우 대상규범의 내용이 반드시 공보로 고시되어야 공포요청에 부합한다.[77] 이러한 입장을 취하면, 형식적 법률이 행정규칙을 적용·준용시킨 경우에는 문제가 된다. 왜냐하면 행정규칙은 대부분 공보에 게재되지 않고, 드물게 공보에 고시되기 때문이다.[78] 그리고 형식적 법률이 사적 공표되는 데 불과한 사적(민간)기관의 규범총체집(예; DIN-Norm)이나 공무상으로 등록될 뿐인 독일 단체협약(Tarifverträge)상의 규정을 적용·준용시킨 것은 원칙적으로 위헌이 되어 버린다.

(나) 법규명령에 의한 적용·준용(지시)의 경우

우리의 경우 법규명령이라 하더라도 법률과 동일하게 관보에 게재하여야 하지만, 독일의 경우 독일 기본법 제82조 제1항 제2문에 의하여 입법자는 법규명령을 연방법률보의 게재요청에서 제외시킬 수 있다. 따라서 그들의 경우 입법자는 일반적으로 법규명령의 게재를 연방법률보나 연방관보를 통해서 선택적으로 행할 수 있다. 가령 독일 의약품법 제55조 제2항 등에 의거해서 명령제정자가 비국가적 전문단체의 규정집을 적용·준용시킨 경우에는, 대상규범의 출처를 표시하는 데 그쳐도 무방하다. 따라서 이러한 수권에 의거해서 발해진 법규명령에 의한 적용·준용(지시)은 충분한 공포의 관점에서 문제가 없다.

하지만 다른 영역에서도 법규명령에 의한 적용·준용(지시)의 경우에는, 공포요청을 완화시킬 수 있으며, 완화시켜야 한다. 법규명령의 위계는 법률의 그것과 같지 않기에, 법규명령의 경우에는 일반적인 공포요청에서 적용·준용지시대상규정의 내용이 어떤식이든 일반적으로 접근가능하다는 점을 이끌어 내기만 하면 족하다.[79] 공보

76) BVerfGE 65, 283(291).

77) Clemens, a.a.O., S.63(91f.). 양자의 간극이 너무 커서는 안된다는 주장은 여지껏 문헌상으로도 판례상으로도 제기되지 않았다.

78) 그러나 Clemens는 공무원부조(Beihilfe)에 관한 연방행정규칙이 늘 공보에 게재되기 때문에, 문제가 되었던 바이에른 수공무원보수법(BayBesG) 제47조 1항 1문(지금은 Art. 11 I BayBesG)이 동 연방행정규칙을 적용시킨 것은, Ossenbühl의 주장과는 달리 공포의 측면에선 아무런 문제가 없다고 강조하였다. 한편 Clemens와는 달리 Brugger를 비롯한 많은 이들은, 원칙적으로 발간되고 모든 이가 접근 가능한 '부처회보'상으로 고시되는 일반적인 행정규칙을 적용·준용시킬 경우에, 공포원칙상의 '접근가능성' 요청이 원칙적으로 충족되었다고 본다.

상의 게재 말고도, 그것의 내용이 민간측에 의해서 발간되고 보통의 서점에서 구입할 수 있는 간행물에 게재되어 있다 하더라도 무방하다. 물론 접근가능성을 저해할 정도로 구입가격이 터무니없게 비싸선 아니 된다. 이렇게 보면, 과거 독일에서 문제가 되었던 독일 '도로교통허가령'(StVZO)[80] 제35조의 h 제1항 · 제3항이 관련 출처를 적시함이 없이 구급상자에 관한 독일 산업규격화단체의 표준규격(DIN-Norm)을 적용 · 준용시킨 것은 이상과 같은 공포의 최소한 요청을 충족한 셈이다.[81] 하지만 독일 단체협약상의 규정에 적용 · 준용을 지시한 경우에는 사정이 다르다고 한다. 이유인 즉, 그 단체협약은 원칙적으로 그것의 내용이 외부로 알려지지 않고 단지 공적으로 등록될 뿐이어서 일반적인 접근가능성이란 존재하지 않기 때문이다.

(다) 법령하위법적 규범에 의한 적용 · 준용(지시)의 경우

법령하위법적 규범인 행정규칙의 고시는 '법령등 공포에 관한 법률'의 적용을 받지 않고, 사무관리규정 시행규칙(제3조 제3호)의 규율을 받지만, 여기에서도 일반적인 공포원칙이 완전히 무시되어선 아니 된다. 하지만 이 경우 대상규범의 내용이 일반적으로 접근 가능해야 한다고까지 요구할 순 없다. 왜냐하면 대상규범에 대해서 근거규범보다 더 높은 요청을 설정할 순 없기 때문이다. 하지만 대상규범이 관련인에게만은 접근이 가능하여야 한다.

### 4. 대상규범의 법치국가원리적 · 민주주의적 정당성

(1) 중복된 연결점 : 법치국가원리와 민주주의 원리

법치국가원리의 목적은, 권력남용을 막고 개개인의 자유가 보장되도록 공권력을 법적으로 구속하는 것이다. 그리고 민주주의원리는 생활영역의 모든 질서가 국민에 의해 선출된 입법기관의 의사결정에 기인할 수 있게 한다. 양 원리는 국민대표자의 의회활동에서 함께 작용하는데, 그러한 활동에서 규율의 인적 · 물적 · 권력분립적 · 법치국가적 정당성이 기대된다. 적용 · 준용(지시)기법을 통해서 의회는 법전은 물론 그 스스로를 부담경감시킬 수 있지만, 자칫 자기의 직접적인 결정권을 최소 부분이나마 포기하는 셈이 되어, 의회입법의 기능이 완화되거나 심지어 폐기되어 버릴 우려가 있다. 그 결과 헌법상의 구조나 권한이 위헌적으로 형해화될 수도 있다. 따라서

---

79) Clemens, a.a.O., S.63(96).

80) 1974. 11. 15. 것(BGBl. I, S.3193).

81) Staats, Baden 등은 불충분한 공표를 이유로 위헌이라 주장하지만, 관련인이 서점을 통해서 관련 표준규격에 관한 회보를 열람할 수 있었을 뿐만 아니라, 구급함의 제조자가 그러한 적용 · 준용지시에 맞춰서 자신의 제품이 그 표준규격에 합치한다고 표시한다. 그리고 통상적으로 관련제조자, 판매상, 국민, 관련공무원, 법원은 해당하는 사적 규율(표준규격집)을 서점을 통하거나 출판사를 통해서 구입할 수 있다. 그리하여 Brugger는 이런 사정에 비추어 이 경우에 일반적인 접근가능성을 시인한다. Ders., a.a.O., S.1(14f.).

근거규범의 제정자가 규범의 내용형성을 적용·준용(지시)의 방식으로 다른 기관에 어느 정도로 맡길 수 있는가는, 민주주의원리의 관점뿐만 아니라 법치국가원리의 관점에서도 검토되어야 한다.

독일 헌법재판소는 전문의결정(Facharzt-Beschluß)에서, 「입법자는 자신의 입법권능을 완전히 포기해선 안되고 민간단체가 발한 규범의 내용에 대한 자신의 영향력을 전반적으로 넘겨주어서도 아니 된다는 원칙은, 그 자체 허용된 자율보장의 범주에서도 여전하다. 이것은 법치국가원리와 민주주의원리에서 도출된다. 전자는 권력남용을 막고 개인의 자유권을 보호하도록 공권력을 법적 구속시킬 것을 요구하고, 후자는 생활영역의 모든 질서(규율)가 객관적인 법규정에 의해서 국민이 임명한 입법기관의 의사결정에 귀착될 수 있어야 함을 요구한다」고 올바르게 판시하였다.[82]

(2) 문제되는 상황

앞서의 명확성의 요청과 공포원칙과 관련한 문제는 동적·정적 적용·준용(지시) 모두에 제기되나, 법치국가적·민주주의적 정당성의 문제는 동적 적용·준용(지시)에만 해당된다. 대상규범의 내용이 충분하게 근거규범제정자의 의사에 포함되었는지 여부, 혹은 이 근거규범제정자가 자신의 규범내용형성을 허용되지 않을 정도로 다른 기관에 맡겼는지 여부의 물음은, 내부적이든 외부적이든 관계없이 정적 적용·준용(지시)의 경우엔 제기될 수 없다. 이유인 즉, 이미 그들은 근거규범의 가결시점에 대상규범을 알고 있으며, 따라서 그 대상규범이 그들의 의사에 함께 포함되어 있어서 정당화된다. 이처럼 정적 적용·준용(지시)는 민주주의적·법치국가적 정당성의 관점에서 전혀 문제가 없다는 데 대해서, 독일에서는 Ossenbühl이 설파한 이래로 어느 누구도 이의를 제기하지 않는다. 독일 연방헌법재판소 역시 이러한 지배적 견해를, 「정적 적용·준용(지시)의 경우, 해당 입법자는 대상규범이 어떠한 내용을 지니는지 알고 있으며, 또한 그 대상규범 자체를 자신의 것으로 만들려고 하는지 여부를 심사할 수 있다」고 확인하였다.[83]

결국 동적 적용·준용(지시)의 경우에만 문제되고, 여기서도 내부적 적용·준용(지시)인 경우에는 전혀 문제되지 않는다. 왜냐하면 그 경우엔 근거규범을 발하는 동일한 규범제정자가 대상규범의 내용에 관한 결정권도 갖기 때문이다. 결국 법치국가적·민주주의적 정당성과 관련한 문제는 동적·외부적 적용·준용(지시)의 경우에만 제기된다. 따라서 독일 헌법재판소는 내부적 적용·준용(지시)의 경우엔 법치국

82) BVerfGE 33, 125(158). 동지: BVerfGE 64, 208(214f.).

83) BVerfGE 47, 285(312). 우리의 경우에는 모든 적용·준용(지시)의 형태가 동적 적용·준용(지시)임을 유의해야 한다.

가적・민주주적 정당성의 문제를 거론하지 않곤 하였다. 이러한 관점에서 보면, 다른 규범유형간의 동적 적용・준용(지시)의 경우에도 규범제정자가 동일하면, 예컨대 법규명령이 행정규칙을 적용・준용시킨 경우에는 문제가 되지 않을 수 있다.[84]

(3) 이른바 민주주의극대론적 입장[85]

동적 적용・준용(지시)의 문제성에 대한 평가에서 두가지 입장이 대립된다. 엄격한 민주주의극대론적 입장에 따르면, 그것은 원칙적으로 헌법위반이다. 반면 오늘날 독일의 판례와 다수 문헌이 취하는 법현실론적 입장에 의하면 많은 경우에 동적 적용・준용(지시)이 허용된다. 양 입장은 공히 의회를 최고의 최우선의 법제정기관으로 본다. 다만 의회가 과연 유일한, 다시 말해 배타적인 입법기관인지 여부에 다툼이 있다. 민주주의극대론자가 취하는 관점은 당연히 매우 좁으며, 당연히 규범정립정도의 권력분립적 문제점과 결부되어 있다. 왜냐하면 입법과 법적용의 구분에 관계없이 불확정법개념・개괄조항・가치충족적 개념을 사용할 경우에는 법적용이 실제론 입법이 되기 때문이다. 반면 법현실론적 입장은 이 문제를 법률유보 및 본질성이론과 아울러 대상규범의 구조성과 관련해서 논구하는데, 공포문제에서와는 달리 현격한 차이를 드러내지 않는다.

엄격한 민주주의극대론적 입장의 주창자인 Ossenbühl은, 「의회에서 대변되는 국민은 제 1차적 입법기관일 뿐만 아니라, 권력적으로 유일한 헌법상의 입법기관이다. 사전에 내용상으로 의회의 의사에서 수용되지 않은 법률이란 결코 가능하지 않다」고 주장하였다.[86] 비슷하게 Karpen은 「민주주의 원리에서 의회가 국민에 의한 자신의 직접적 정당성에 따라서 원칙적으로 법률을 발하는 유일한 기관이다. 의회의 입법독점은 권리이자 의무이다」고 지적하였고,[87] VG Hamburg은 「의회는 독점적 지위를 갖는다. 그의 다수의 의사만이 어떠한 내용으로 법률을 만들 것인가를 결정한다. 의회는 제1차적일 뿐만 아니라 원칙적으로 유일한 입법기관이다. 민주주의원리는 형식적 법률이 의회의 의사형성에 기인하여 성립할 것, 보다 정확히 말하면 관련재료를 고유하게 내용적으로 규범화하는 의미에서 법률로서 성립할 것을 요구한다」고 판시하였다.[88] Arndt 역시 의회는 자신의 입법권능을 벗어선 아니 된다고 지적하였다.[89] 그리하여 Ossenbühl은, 「동적 적용・준용(지시)은 위헌이다. 왜냐하면 그 경

84) Clemens, a.a.O., S.63(101).

85) 이 표제는 Brugger의 표현에 따른 것이다.

86) Ossenbühl, a.a.O., S.401(402). 여기서 Ossenbühl은 의회가 적용・준용(지시)사례에서 법률내용을 스스로 확정하지 않거나 알지 못한 점을 비난한다.

87) ders., a.a.O.(Fn.37), S.237.

88) NJW 1979, 667, 668.

우 의회가 구체적으로 자신의 것으로 만드는 것이 없기 때문이다. 동적 적용·준용(지시)은 실제로 관련 규범제정자의 완전한 권능의 공백을 의미하고, 자세히 살펴보면 실질적으론 '전거가 의심스러운(apokryph) 입법상 위임'임이 드러난다」고 강변하였다.[90]

(4) 법현실론적 입장

(가) 개별적 법률유보와 본질성이론이 적용되는 영역

법률유보의 의미와 목적은, 법률유보에 의해서 커버되는 영역에 대한 개입에 관해선 입법자가 스스로 책임을 진다는 데 즉, 입법자 스스로 개입의 여부와 정도를 심사하고 이를 자신의 의사결정을 통해서 정당화시키는 데 있다. 독일 헌법재판소가 전개하여, 비록 상세한 내용에서는 강력한 비판을 받지만 수용되고 있는 본질성이론[91]은 법률유보에서 표현된 사고를 일반화한 것이다. 그에 의하면, 기본권과 관련한 국가의 규율 혹은 법제도·사회제도에 대해서 매우 본질적인 국가의 규율은 의회의 정당성을 필요로 한다. 이러한 관점을 취하면 적용·준용(지시)문제와 관련해선, 입법자가 가능한 많은 결정을 가능한 자세히 스스로 결정을 내릴 필요는 없다. 그러나 실은 입법자는 기본권상의 한계유보를 비롯한 매우 본질적인 결정의 영역에선 결코 동적 적용·준용(지시)을 행해선 아니 된다. 왜냐하면 그럴 경우에는 헌법에서 제시된 의회의 긴밀한 책임관련성, 즉 의회유보원칙이 붕괴되기 때문이다.[92]

요컨대 동적·외부적 적용·준용(지시)이, 소관 입법자의 필수적인 기본권(관련) 심사가 행해지지 않은 채 기본권개입을 가능케 한다면, 이는 위헌이다. 하지만 그렇다고 해서, 개별적 법률유보의 영역에서의 모든 종류의 동적 적용·준용(지시)이 위헌이라고 단정할 순 없다. 입법자가, 동적 적용·준용(지시)의 대상·내용·목적·범위를 충분히게 확정히고 그에 따라서 대상규범의 제정자의 여지가 극히 좁아지게 될 경우에는, 법률유보의 의미·목적이 충족되었다고 할 수 있다. 그리하여 민간단체가 '공업기술의 수준'(Stand der Technik)에 맞춰서 발한 전문적인 규정(예: DIN-Norm)을 법규명령이 동적 적용·준용시킨 경우에는 받아들여질 만하다. 이유인 즉, 공업기술의 수준과 더불어 실제로 가능한 수단에 비례하여, 적용·준용(지시)의 내용·목적·범위가 충분히 제한될 수 있다고 한다.[93] Clemens는 만약 그러한 제한

89) ders., a.a.O., S.784(786).

90) Ossenbühl a.a.O., S.401(403f.). 전체적으론 Ossenbuhl의 견해를 따르지 않았지만, 이러한 공식을 독일 헌법재판소(E 47, 285/312) 역시 받아들였다.

91) BVerfGE 34, 165(192f.); 68,1(87).

92) Brugger, a.a.O., S.1(24); Clemens, a.a.O., S.63(105).

93) Clemens, a.a.O., S.63(103f.).

없이 민간 전문가단체의 규정을 동적 적용·준용시킨 경우에는, 그것이 좁게 한정되고 전체적으로 중요치 않은 규율영역만을 적용·준용시켰는지 여부를 감안하면서, 충분한 법치국가적·민주주의적 정당성의 존부를 판단해야 한다고 지적하였다.[94] 결국 개별적 법률유보의 영역에선 동적인 적용·준용(지시)은, 쉽게 개관할 수 있는 개개의 개념을 메우는 것만을 대상규범의 제정자에게 맡긴 경우처럼, 매우 좁은 범주가 부여된 경우에는 받아들여질 수 있다. 그리고 본질성이론이 적용되는 곳에서도, 동적·외부적 적용·준용(지시)은 기본권과 관련하여 중요치 않은 영역에서 극히 좁은 범주를 부여한 경우에만 허용된다.

(나) 기타의 영역 : 대상규정의 구조성

개별적 법률유보나 본질성이론이 통용되지 않은 영역에선 즉, 기본권관련성이 크지 않은 영역에선, 근거규범의 제정자가 아무튼 대상규범의 제정자를 위해서 적용·준용(지시)의 대상·내용·목적·범위를 스스로 확정할 필요는 없지만, 이를 위한 여지가 분명히 제한되어 있어야 한다. 즉, 규율의 내용적 대강 그 자체는 근거규범의 제정자가 구체화해야 한다.[95] 이와 관련해서 동적 적용·준용(지시)의 헌법상의 의문스러움을 완화하기 위해서, 법현실론적 입장은 민주주의극대론적 입장에서 전혀 고려하지 않거나 불충분하게 고려하였던 대상규범의 '구조성'(Strukturiertheit)이란 관점을 사용한다. 즉, 동적 적용·준용(지시)내에서도, 이를 통해서 대상규범의 제정자에게 구조적인 결정여지 또는 비구조적인 결정여지가 부여되어 있는지 여부에 따라 구분할 수 있다고 한다. 다시 말해, 대상규범의 제정자에게 이들이 항상 무엇이든지 결정내릴 수 있다는 의미에서 규율권한이 부여되는 경우와, 관련 규율영역의 상태가 형식적으론 동적 적용·준용이나 실체적으론 "구속적" 적용·준용에 해당하도록 되어 있는 경우로 나뉜다. 그래서 구조적 규율영역이 존재할 경우에는, 비록 동적 적용·준용(지시)에 해당하더라도 사물의 본성에 비추어 법치국가원리의 관점-예측가능성, 법적 안정성-과 민주주의원리의 관점-상당한, 합의가능한 규율-이 목적론적으로 고려되었다고 할 것이고, 입법자가 적용·준용(지시)을 통해서 맹목적인 비준기계로 전락하진 않을 것이라 평하였다.

---

94) ders., a.a.O., S.63(104). 그러나 Marburger는 엄격한 입장을 견지하여 그러한 동적 적용·준용(지시)이 항상 위헌이라고 한다: Ders., a.a.O., S.390ff. 동지: Breuer, a.a.O., S.46(62ff.).

95) Schenke는 동적 적용·준용(지시)의 허용으로 독일 기본법 제80조 제1항이 임의적으로 공동화될 수 있음을 우려하여, 그것이 완전히 위헌은 아니나, 일정한 요건하에 즉, 제한적으로 합헌이라고 본다. 즉, 대상규범이 내용·목적·범위의 측면에서 확정되어 있고 그래서 충분히 개관할 수 있는 경우에는, 동적·외부적 적용·준용(지시)이 허용된다고 한다. 하지만 그는 개별적 법률유보의 영역과 일반적 법률유보의 영역을 구분하지 않았다. Ders., a.a.O., S.743(784).

### (5) 소 결

독일의 판례상으로 보면, 다음의 경우에 동적 적용·준용(지시)이 위헌이 된다. 즉, i) 연방입법자가 기본권과 관련하여 주법에 적용·준용시켰는데, 장차의 주법상의 규율범위를 예측할 수 없는 경우에,[96] ii) 적용·준용(지시)의 한계설정이 더 이상 명료할 수 없는 경우에,[97] iii) 근거규범의 제정자가 대상규범의 장래의 규율이 적합한 규율을 담고 있는지 여부를 판단·예상할 수 없는 경우이다.[98] 위헌이 되는 경우를 뒤집어 보면, 동적 적용·준용(지시)의 헌법상의 의문점은, 대상규범의 내용이 대체적으로 확정되어 있는 한에 있어선 저하된다. 형식적으론 동적 적용·준용(지시)가 있지만, 그 대상이 뚜렷한 윤곽을 지닌 법제도와 관련되어 있는 경우가 그 예이다. 이 경우엔 사실상 대상규범의 내용이 대체적으로 확정되어 있는 셈이다.[99]

Brugger는 이러한 판례의 태도를 환영하였다. 이유로 법치국가원리와 민주주의를 일반적으로 극대화하지 않은 점, 민주주의와 법치국가원리의 최적 관계를 달성하려고 한 점, 그리고 법률경제, 의회의 부담경감, 의회밖의 전문지식의 활용을 달성하려고 한 점을 든다.[100] 아울러 동적 적용·준용(지시)은 본질적으로 감쪽같이 위장한 입법수권일 수 있다는 Ossenbühl의 의구와는 달리, 동적 적용·준용(지시)의 의문성은 일반적으론 해당하지 않고, 비구조적인 규율영역의 범주에서만 있을 법하다고 한다.[101] Ossenbühl이나 Karpen과 같은 민주주의극대론적 입장은, 의회밖의 사회여건이나 법세계의 광범한 비구조성에 출발점을 두고 있다고 평가내린 Brugger는, 사회적·법적 사실구조에 관한 연결점을 잠정적으로 나누고자 시도하였다. 이를 통해서, 근거규범의 제정자와 대상규범의 제정자가 임의적인, 예상할 수 없는, 그리고 필시에는 사안에 맞지 않는 규율을 내릴 가능성을 완화하거나 배제할 수 있다고 한다.[102]

결국 동적 적용·준용(지시)에 있어서 그 적용·준용(지시)의 범위에 관한 충분한 제한을, 근거규범 그 자체는 물론 대상규범의 내용구조에서도 끌어낼 수 없을 경우

96) BVerfGE 47, 285(316).

97) BVerfGE 64, 208(215).

98) BAG, NJW 1981, 1574(1575).

99) BVerfGE 26, 338(366f.)

100) Brugger, a.a.O., S.1(26). Brugger는 기본적으로 독일 기본법 제80조 제1항상의 법규명령에 관한 수권의 요청이 모든 규율영역에 공히 통용되는 것이 아니라, 비구조적인 규율영역에 국한하여 미치는 것으로 본다. 그 이유는 입법자는 구조적인 규율영역에선, 본질성이론의 테두리내에서 수권을 발하거나,-기본법 제80조 제1항상의 문언상의 요청에는 모순되는-형식적인 동적 적용·준용(지시)을 활용할 수 있기 때문이다.

101) 동적 적용·준용(지시)을 원칙적으로 위헌으로 여기던 많은 사람들은 형식적인 동적 적용·준용(지시)과 실질적인 동적 적용·준용(지시)을 구별함을 간과하였다고 Brugger는 지적하였다.

102) Brugger, a.a.O., S.1(28ff.). 이러한 유형론은 이미 적용·준용(지시)논의에서 부분적으로 언급된 것을 체계적 형식으로 집약한 것인데, 규범제정자의 임의적인 규율은 i) 법적·사회적 언어사용, ii) 소재상의 밀접한 사실적 관련성, iii) 현실적·정책적 고려, iv) 규율영역의 확고한 구조성에 의해서 제한·배제될 수 있다고 한다.

에, 비로소 그 적용·준용(지시)이 위헌이 된다. 그래서 단계적 법조인양성에 관한 Hamburg 주법률이 장학금 액수와 관련해서 그때그때의 연방장학법(BAföG)의 적용을 지시하는 식의 동적 적용지시를, 합헌으로 본 OVG Hamburg의 견해[103]는 시인될 수 있다. 왜냐하면 근거규범이 적용지시의 분명한 제한을 담고 있지 않았지만, "수입관계와 재산형성의 발전·생활비의 변화·재정적 발전"에 따라서만 교육보조금(장학금)을 올릴 것을 규정하고 있는 대상규범(연방장학법 제35조 제2항)의 내용을 통해서, 연방장학법의 적용의 범위가 충분하고 명확히 제한되어 있다고 할 수 있기 때문이다. 비슷한 이유에서 논의의 발단이 된 문제의 Bayern 주공무원보수법(舊法) 제47조 제1항 제1문이 공무원부조금에 관한 연방행정규칙을 (동적으로)적용시킨 것을 합헌으로 본 BayVGH의 견해[104] 역시 시인될 수 있다. 왜냐하면 여기서도 적용범위의 제한이 근거규범에선 끌어낼 순 없지만, 대상규범의 구조상으론 다시 말해, 연방부조금규칙이 그것의 목적·본질에 맞춰서 부조금을 기껏 질병에 소요되는 비용정도로 규정하기에, 그 적용은 애시당초 충분히 제한되어 있는 셈이다. 한편 이상과 같이 법률에 의해서 행정규칙(규범)을 적용·준용시킨 것은 이밖에도 권력분립의 관점에서도 문제될 순 없다고 한다.[105]

이러한 척도에 가늠해서 동적 적용·준용(지시)이 위헌으로 판명되는 경우에도, 필연적으로 적용·준용(지시)이 전체적으로 위헌이고 무효라고 결론 내리기에 앞서, 그 동적 적용·준용(지시)을 헌법합치적 해석의 방법으로 헌법적으로 문제되지 않는 정적 적용·준용(지시)으로 파악할 수 있는지 숙고해야 한다.[106] 요컨대 제한적 해석의 방법으로 동적 요인을 제거함으로써, 동적 적용·준용(지시)은 정적 적용·준용(지시)으로의 성질을 가질 수 있다 하겠다. 이러한 의미에서 독일 연방헌법재판소는 다음과 같이 변호사수임료법(KostO) 제144조상의 동적 적용·준용(지시)을 "수정하면서" 정적 적용·준용(지시)으로 해석하였다: 「동적 적용·준용(지시)의 그러한 영향은 적어도 법률유보가 입법자에 의한 고유한 심사를 요구하는 기본권과 관련한 규율의 경우에만 헌법적으로 용인될 수 없다. 이상의 고찰을 통해서, 동법 제144조가 주법상의 수수료면제규정을 적용·준용시킨 것이 무효라 되진 않는다. 왜냐하면 이 적용·준용(지시)는 헌법적으로 문제되지 않는 정적 적용·준용(지시)으로도 해석될 수 있기 때문이다. 하나의 규범에 대해서 여러 해석이 허용되면, 이러한 해석

103) NJW 1980, 2830.

104) BayVBl. 1960, 321.

105) 그러나 Ossenbühl, Karpen, Arndt, Koja, Schenke 등은 일괄적으로 법률에 의한 법규명령·행정규칙에의 적용·준용(지시)을 일반적으로 권력분립원칙과 일치하지 않는 것으로 본다.

106) 여기선 헌법합치적 해석의 한계를 함께 고려에 넣어야 한다.

가운데 하나 또는 다수가 헌법에 합치될 경우에는 그 규범을 무효로 판시해선 아니 된다」[107]

한편 독일의 경우 행정절차법이 연방차원을 물론 주차원에서도 통용되기에 양자의 제정방식에 적용·준용(지시)의 기법이 사용되곤 한다. 가령 Rheinland-Pfalz의 주행정절차법은 자신의 규정을 담기보다는 그때그때의 통용되는 연방행정절차법규정이 적용된다고 규정할 뿐이었다. 이 경우에는 연방행정절차법의 개정이 직접 바로 주영역에 미치게 된다. 반면, Niedersachsen주 등은 분명히 날짜를 명기하여 연방행정절차법을 적용지시를 하였다(정적 적용지시). Ehlers는, Rheinland-Pfalz와 Berlin의 주행정절차법이 취하는 동적 적용·준용(지시)의 방식은 자칫 주권력의 중요한 부분을 스스로 양도하여 연방주의적 제도를 공허화시킬 우려가 있으며, 기본법상에서 그러한 체계를 바꾸는 것은 허용되지 않는다고 비판하였다.[108] Maurer는 비록 동적 적용·준용(지시)이 헌법적으로 의문스럽고 원칙적으로 부인되어야 하지만, 일반행정법의 통일적인 여러 원칙을 출발점으로 삼으면서 내용적인 일치를 목표로 하는 행정절차법에선 통용될 수 있다고 본다.[109] Clemens는 오늘날 기본권과 법치국가원리에 의해서 절차법적 요청이 강화된 점을 들어, 적용·준용(지시)의 범위가 근거규범 그 자체나 대상규범의 내용구조에 의해서 명확히 한계가 지워져야 한다는 것을 절차법의 영역에선 무조건적으로 요구할 필요는 없다고 지적하였다. 그리하여 절차법영역의 이러한 특수성을 시인하면, 결과적으로 절차법률상의 수많은 동적·외부적 적용·준용(지시)이 법치국가원리·민주주의원리의 정당성의 관점에서 전혀 문제될 순 없다고 하였다.[110]

## Ⅶ. 맺으면서

법치국가원리를 구체화하는 것에 행정법의 존재이유가 있다. 이젠 무분별하게 널리 이루어지고 있는 적용·준용(지시)의 실무를 법치국가원리와 민주주의원리에 의거해서 제어하는 것이 꼭 필요한 듯싶다. 입법자가 적용·준용(지시)을 어느 정도로 그리고 어떠한 형식으로 이용하는가는 결코 입법자의 아무런 제한없는 재량에 속하지 않는다. 입법자가 최대한도로 나아갈 수 있는 법적 한계를 적시(제시)하는 것이

107) BVerfGE 47, 285(317).

108) ders., DVBl. 1977, S.693(694f.) 물론 Ehlers는 적용·준용지시의 근거법률을 절대적으로 무효화하지 않고, 동적 적용·준용지시로 되는 경우에 한하여 무효라고 하여, 다소 명문에 합치하지는 않지만 헌법합치적 해석을 취하고 있다.

109) ders., Allgemeines Verwaltungsrecht, 13.Aufl. 2000, §5 Rn.19.

110) ders., a.a.O., S.63(111).

법학의 소임이다.[111] 동적이자 외부적 적용・준용(지시)의 경우에는 그것이 근거규범의 뒷문을 통해서 심대한 법변경을 유발케 하여 자칫 법적 진공이 초래될 우려가 있고, 입법자로 하여금 재치의 부재와 편안함에 만족케 한다. 왜냐하면 알맞은 다른 규정을 특히 "준용된다"는 식으로 선언하기란 매우 간단하기 때문이다. 또한 입법기술상의 간소화가 빈번히 입법의 질을 저하시키는 대가를 치룬다. 우리는 Ossenbühl의 엄격한 입장이 적용・준용(지시)의 입법기법 그 자체를 백안시 한 것은 아님을 유의해야 한다.[112]

적용・준용(지시)의 입법기술이 지닌 이상의 의문점이 자각되더라도, 그것이 현행의 법현실에서 어느 정도로 해소되어야 하는지가 문제된다. 여기선 일찍이 Ossenbühl이 설파하였듯이, 법현실(법실무)에서 행해진 현상을 공법적으로 평가하려는 자는, 이러한 현상을 먼저 현실적 이해심을 갖되, 실무에 손상을 입히는지 여부에 관한 고려에 앞서, 우선 헌법과 공법이론에 의거하여 가늠하여야 한다. 그로 인한 결과가 실제적인 유용성의 측면에서 인정하기 어려운 경우에만, 즉 그러한 국가적 관례가 불가피하다고 입증될 경우에만 비로소 이러한 심사고찰의 수정이 고려되어야 한다.[113] 그리고 기존의 적용・준용(지시)관행이 여지껏 오랜 동안 통용되었다는 점은 설득력이 없고, 아울러 입법상의 악습이 그것의 지속에 대한 정당성을 부여할 순 없다고 본다. 따라서 Ossenbühl의 선구적 논문이 계기가 되어 관련 문제점이 주지되어 해소된 독일의 논의상황을 우리의 입법현실에도 반영하여야 한다. 결코 화남의 귤나무가 화북에서 탱자가 되어선 아니 된다.

* 법제연구 제20호, 2001.6., 137면 이하 소수.

---

111) Ossenbühl, a.a.O., S.401(408).

112) 사실 유럽지침의 자국법에로의 전환이 유럽법적으로 요구되기에, 유럽법을 동적 적용・준용시키는 것이 더욱 증대된다. 최근에 유럽법원과 Münster 상급법원은, 유럽법을 적용・준용시킨 것을, 유럽법적으로 헌법적으로 받아들였다(EuGH EuZW 1997, 348; OVG Münster NWVBl. 1996, 307).

113) Ossenbühl은 자신의 엄격한 입장에 터 잡은 해결책에 대해서 그러한 수정이 요구되지 않는다고 본다. Ders., a.a.O., S.401(408). Vgl. Otto Bachof, Der Verfassungsrichter zwischen Recht und Politik, in: Summum ius summa iniuria 1963, 41(43).

# 제2편 行政作用法論-行政行爲論

# 제 1 장

# 行政의 作用形式의 體系에 관한 小考



## Ⅰ. 처 음 에

행정은 자신의 임무를 실행키 위하여 명령, 금지, 허가, 승인, 지침, 지시를 발하거나, 계약이나 협상을 체결하거나, 계획을 수립시행하거나, 경고나 견해표명을 행한다. 이러한 행정작용형식은 법률과 더불어 행정법관계를 안정화시키고 확고하게 만들며, 이것이 법치국가적 행정을 과거 경찰국가적 그것으로부터 절연시킨다. 요컨대 행정의 법적 작용형식은 일종의 여러 문(Tore)이다. 행정상의 다양성으로 인해 개관할 수 없고 무정형한 행정활동은 이 문들을 지나서 법의 질서세계로 들어선다. 따라서 법적으로 정연하고 법적 판단을 가능케 하는 행정작용형식을 전개하고 주조하는 것은, 법치국가에서 행정법학과 행정실무가 지닌 두드러진 특징이자, 지속적인 임무이다.[1] 행정의 작용형식론(Handlungsformenlehre)은 일반행정법의 핵심인 동시에, 형식화사고(Formungsidee)와 체계사고(Systemidee)를 결합시킨 대륙법적 사고의 전형적인 특징이다.[2]

1) F. Ossenbühl, Die Handlungsformen der Verwaltung, JuS 1979, S.681. 한편 이 글에선 '작용형식'을 법형식의 의미로 사용한다. 그러기에 법형식과 同値시킬 수 없는 행정학적 의미의 행정활동형식과는 구분된다. 물론 후자를 표현상 전자로 바꾸어 사용할 순 있다. 그 점에서 W. Pauly가 작용형식(Handlungsform)과 법형식(Rechtsform)이 구분되어야 한다고 강조하지만, 그는 작용형식을 활동형식의 의미에서 파악하고 있다. Ders., Grundlagen einer Handlungsformenlehre im Verwaltungsrecht, in: Becker-Schwarze/Köck/Kupka/v. Schwanenflügel(Hrsg.), Wandel der Handlungsformen im Öffentlichen Recht, 1991, S.25(31ff.).

2) 정준현, 행정작용의 법형식에 관한 연구, 고려대 박사학위논문, 1990.12., 6면; E. Schmidt-Aßmann, Die Lehre von den Rechtsformen des Verwaltungshandelns, DVBl. 1989, S. 533.

행정활동을 일정한 법형식에 의하여 유도시키는 작용형식은, 한편으론 법적으로 규율하는 효과를 발휘하여야 하고, 다른 한편으론 행정과제(임무)를 효과적·합목적적이고 적법하게 실행하는 데 기여하여야 한다. 이 글은 작용형식체계의 행정법적 기능, 특히 작용형식체계와 하자효과설과의 상관관계를 다루고자 한다. 행정법은 전통적으로 국가활동의 유효성을 희생함이 없이 자신의 법치국가적·권리보호적 요구를 관철하고자 노력해 왔다.[3] 따라서 이하에서처럼 작용형식체계와 하자효과설의 긴밀한 상관관계가 강조된다 하더라도, 이는 효과성과 협력의 중요성을 후위로 두기 위함이 아니라 그것을 견지하기 위함이다.[4]

## Ⅱ. 作用形式의 任務·機能

작용형식(론)의 과제이자 임무는, 행정활동을 합리화하는 것, 법에 알맞은 결정을 장려하는 것, 기본적인 사실·평가의 문제를 신뢰할 수 있는 도그마적 구조로 조정하는 것, 행정활동에 관한 법적 통제를 유도하여 개관가능하게 만드는 것이다.[5] 따라서 작용형식의 형성은 법적용과 법실현의 과정을 위하여 막대한 "부담경감기능"(Entlastungsfunktion)을 발휘한다. 물론 이런 부담경감기능은 작용형식의 분류가 의심스러울 때는 당연히 발휘되지 않는다. 궁극적으로 작용형식은 법치국가원리의 구현에 기여한다. 그것은 행정으로 하여금 결정의 올바름과 정당성을 위하여 일정한 절차상의 원칙(규정)에 구속되게끔 한다. 즉, 무정형인 행정활동을 "형식으로" 인도함으로써 사전에 권리의 침해를 저지할 뿐만 아니라, 법적 가치의 적극적 실현을 보장하기도 한다.[6]

요컨대 작용형식(론)의 이 같은 정서작용은 행정법적으론 다음의 두가지 측면에서 영향을 끼친다. 첫째로, 작용형식의 선택은 어떤 활동에 대해 특히 절차적 면에서 법이 요구하는 사항을 정하는 셈이다. 절차·형식·효력규정은 선택되거나 사후에 해석되어진 작용유형에 좌우된다. 즉, 작용형식은 그것의 체계화를 위한 결정적인 연결점으로서 간주된다.[7] 둘째로, 작용형식은 권리구제와 법적 안정성을 위해서 규

3) E. Schmidt-Aßmann, Der Beitrag der Gerichte zur verwaltungsrechtliche Systembildung, VwBlBW 1988, S.381(383).

4) 하자효과의 명료성과 활동의 효과성의 상관관계에 관해선 vgl. M. Morlok, Die Folge von Verfahrensfehler am Beispiel von kommunalen Satzungen, 1988. S.78.

5) 작용형식론의 일반적 기능에 관해선 vgl. Schmidt-Aßmann, a.a.O., S.533f.; P. Krause, Rechtsformen des Verwaltungshandelns, 1974, S.14ff.; F. Ossenbühl, a.a.O., S.681.

6) Krause, a.a.O., S.15f.

7) Krause. a.a.O., S.23f.

준이 되는 하자효과(Fehlerfolgen)에 대한 주의를 환기시킨다.

## Ⅲ. 作用形式體系의 成立과 形成-作用形式과 瑕疵類型體系와의 相關關係

행정작용형식론의 구축·전개란 법의 토대를 구축하여 이를 최적화하기 위함이다. 그런데 행정법의 전통적인 작용형식을 고려에 넣을 경우, 분명해지는 사실은 그것이 실용적으로 지향된 법발전과 법실무의 산물이지, 사전에 숙고된 체계의 파생은 아니라는 점이다. 그러면 행정법에 어떠한 작용형식이 존재하는지 즉, 통용되는지를 누가 정하는가? 행정작용형식의 체계는 행정법도그마딕의 핵심요소이다. 행정법도그마틱을 행정법의 사상적 구상(Konzept)으로 볼 경우, 법에 맞고 실행가능한 행정법도그마틱이란 궁극적으로 입법, 판례, 법학계, 행정실무에 의해서 먼저 형태가 만들어진다. 즉, 이들은 어느 누구도 행정법도그마틱의 조형에 관해서 독점을 누리지 못하고 나름대로 각기 분화되어 무엇이 행정법인지를 공동으로 결정한다.[8] 사실 행정법의 작용형식의 유지, 체계화, 적응화 그리고 창설은 전통적으로 판례와 행정법학이 담당한 소임이나,[9] 이는 입법자가 아무런 언급을 하지 않은 경우에만 자명하게 통용된다. 요컨대 작용형식과 그것의 유형체계의 창설자이자 해석자로서 입법, 판례, 행정법이론, 그리고 행정실무가 운위될 수밖에 없다.

그런데 행정작용형식의 체계는 이론적으로 다양한 착안점에서 전개할 수 있다. 어떠한 기준을 바탕으로 하여 작용형식을 주조하느냐에 결정적으로 좌우된다. 자유적 법치국가의 행정법학의 중심은 행정행위였다. 여기선 작용형식에 연계된 효과(Wirkungen)와 법효과(Rechtsfolgen)에 의해서 주조된 작용형식이 문제이다. 따라서 작용형식은 본래 하자유형체계에서 비롯되었다.[10] 해서 당연히 권리구제 여부를 개개사안에서 행정행위가 동원되었는지 아닌지 여부에 맞추었는데, 그렇다 보니 설득력있는 많은 반론이 제기되었다. 그런데 생존배려가 중심임무이고 급부행정이 특징인 사회적 법치국가에로의 변천과 더불어, 작용형식에 대해 행정목적에 바탕을 두고서 구축된 새로운 체계성이 요구되었다.[11] 그것의 연결점으로서 행정이 사회적 법치

8) Bachof, VVDStRL 30(1972), S.224f.

9) F. Ossenbühl, Eine Fehlerlehre für untergesetzliche Normen, NJW 1986, S.2805(2806).

10) 작용형식과 하자효과체계와의 상관관계에 관해선 vgl. H. Hill, Das fehlerhafte Verfahren und seine Folgen im Verwaltungsrecht, 1986, S.341. 한편 Schmidt-Aßmann은 행정작용형식론의 하자효과중심성을 견지하되, 추가적인 착안점으로 절차사고나 활동의 목적성이 더해질 것을 강조한다. Ders., a.a.O(Fn.2)., S.533(537f.).

11) Vgl. Badura, Das Verwaltungsrecht des liberalen Rechtsstaats, 1967, S.23; Bachof, VVDStRL

국가에서 수행해야 할 임무가 고려되었다. 한편 행정법적 관점은 행정학적 문제제기에 의해서 보완될 수 있기에, 작용형식의 체계가 다른 관점 가령 국가활동의 수용과 능률이란 관점에서 새롭게 다루어지고 파악될 수 있다. 이러한 차원에서, 가령 Hoffmann-Riem은 일찍이 작용형식론의 체계를 하자중심성으로부터 이격시킬 것과 새로운 작용형식이 국가활동의 능률성을 위해 가져다 둘 이점에 더욱 집중할 것을 주장하고 있다.[12] 사실 일찍이 Brohm이 1971년에 하자형식론을 근본적으로 새로이 정할 것을 주창하였다.[13] 그는 전통적인 행정행위개념을 완전히 포기하고서, 결정과정을 착안점으로 삼아 행정행위를 "-시민에 대한 규율을 담는지 여부와 무관하게- 고권적 권한을 행사하는 범위내에서 의사형성과정이나 정보처리과정의 (행정을 위한) 구속적인 종결"로 정의를 내렸다. 그는 행정행위에 대한 이런 새로운 정의로써, 체계형성의 이점을 행정활동의 효력(효과)에서 그것의 정당성 및 통제에로 옮기고자 하였다. 이러한 사고를 받아들이면, 행정작용형식을 절차에 맞는 특수성의 양태에 맞추는 것을 생각할 수도 있거니와, 이론적으론 일정한 임무유형에 맞춰진 형식체계 역시 구성할 수 있다. 그의 새로운 목표지향적 시도가 주목을 받긴 하나, 그들 현행법에선 통용되지 않는다고 지적을 받는다.

한편 독일 행정절차법이 작용형식으로 엄밀히 보아 두 가지(행정행위와 공법계약)로 고정시켰다고 하여, 새로운 작용형식의 필요성과 가능성에 관한 논의가 지장을 받진 않는다.[14] 작용형식에 관한 이러한 규범상의 확정은 60년대와 70년대의 논의수준을 마치 순간촬영한 듯이 반영한 데 불과하기 때문이다. 이 점에서 우리의 행정절차법이 대표적인 작용형식인 공법계약을 완전히 배제시키고 행정행위와 관련한 실체적 내용을 전혀 담고 있지 않은 점이, 오히려 행정행위를 비롯한 행정작용법 전반의 무익하거나 혼란스러운 일부 논의를 계속적으로 이끄는 주원인은 아닐까? 그렇기에 행정의 작용형식과 관련하여 법적 아노미에 빠지지 않기 위해서, 그것의 고전적인 내용을 성찰하는 것이 우리의 경우엔 시급하다.[15]

---

30(1972), S.223ff; Krause, a.a.O., S.18.

12) ders., Reform des allgemeinen Verwaltungsrechts als Aufgabe-Ansätze am Beispiel des Umweltschutzes, AöR Bd. 115(1990), S.400(403ff.).

13) ders., VVDStRL Bd. 30, 1972, S.245(286f.).

14) 행정절차상의 형식이원주의에 대한 비판으로 vgl Pitschas, Entwicklung der Handlungsformen im Verwaltungsrecht-Vom Formendualismus des Verwaltungsverfahrens zur Ausdifferenzierung der Handlungsformen, in: Blümel/Pitschas(Hrsg.), Reform des Verwaltungsverfahrensrecht, 1994, S.229ff.

15) 이런 관점에서, 이 글은 독일의 관련 문헌 가운데 전통적인 입장을 강하게 견지하는 Udo Di Fabio 교수가 독일조교학술대회에서 발표한 글(System der Handlungsformen und Fehlerfolgenlehre: Becker-Schwarze/Köck/Kupka/v. Schwanenflügel(Hrsg.), a.a.O., S.47ff.)을 출발점으로 삼았다.

## Ⅳ. 作用形式體系上의 變化의 움직임

작용형식은 행정법의 목적적 창조물이다. 따라서 행정의 새로운 목적이나 그것의 강조와 더불어 새로운 작용형식의 필요가 필연적이진 않지만 종종 제기된다. 행정법도그마틱은 일반적인 합의에 바탕을 둔 사상적 일체(통일체) 즉, 법원칙과 법제도를 연관시키는 이음쇄(Gefüge)이다. 그래서 행정법도그마틱은 전통에 얽매이고, 현행법에 의존하며, 현행법에 이바지하긴 하나, 이와 아울러 미래개방적일 뿐만 아니라, 법 그 자체처럼 전적으로 발전적으로 변화할 가능성 역시 지니고 있다. 따라서 전통적인 작용형식이 전반적으로 현행법에 부적당하거나 행정목적달성에 부적합하다는 사실이 입증되지 않을 경우에는, 현존한 작용형식의 변경과 수정이 필요하다고 제안되거나 새로운 작용형식이 부분적으로 논의에 부쳐질 수 있다. 이러한 변화와 형성의 방도가 종종 이론으로부터 실무에게로 진행되지 않고, 정반대의 방향으로 진행되기도 한다. 즉, 새로운 작용형식을 추구하고 새로운 구성을 염두에 둔 실무로부터 문제의 동인이 연유한다. 최근에 문제되는 탈규제화의 일환으로 행해지는 사인에 의한 공임무의 수행이 그 예이다.

한편 Ossenbühl은 작용형식의 새로운 체계를 수립하려는 자는 완전히 그릇된 공명심에 빠진 것이며, 그런 식의 대처는 법의 발전사적 요소를 도외시 할 것이고, 궁극적으로 법외적(rechtsfremd)일 것이라고 주장한다.[16] 물론 행정의 활동형식에 확고한 정원(fester numerus clausus)이란 없다. 오히려 새로이 나타난 현실적 수요에 국가와 행정에 관한 이해의 변화가 결합해서 새로운 활동형식-가령 공법계약, 이단계적 구성, 확언-이 등장하였으며, 다른 한편으론 주지의 활동형식이 기능강화로 인해 종전까지 몰랐던 법적 의의가 상승한다거나(예: 행정규칙), 반대로 기능상실로 전체적으로나 부분적으로 낡아빠진 것(예: 이단계적 구성)이 되어버렸다. 그런데 행정상의 작용형식의 성립과 가치상의 변화는 사정에 따라선 장기간이 소요된다. 가령 독일의 경우 일찍이 W. Apelt가 1920년에 "행정법적 계약"이란 주제의 단행본을 출간한 이후에, 반세기가 지나 1977년에 비로소 공법계약이 그들 독일 행정절차법 제54조를 통해서 행정의 작용형식으로 확정되었다. 반면에 이단계적 구성과 같은 활동형식은, H.P. Ipsen이 1951년에 쓴 '영화제작대부의 결손채무에 대한 연방의 보증·보증거부에 있어서의 절차·권리구제에 관한 감정서'에서 제시한 이후, 이원적 구성의 설득력에 힘입어 곧바로 만개하였다가, 이원적 구성에 대한 의문의 제기로 이내 시들었다.

16) ders., a.a.O.(Fn.1), S.681(682).

최근에 환경법과 안전법에서 진행된 급격한 발전이 행정활동의 새로운 법형식에로의 움직임을 가져다 준 주된 동인이다. 여기선 특별히 다음의 문제상황이 두드러진다.[17] ⅰ) 오늘날 양극적인 행정법관계 이외에 다극적 규율목표와 법효과를 지닌 행정법관계가 눈에 띄게 출현함으로써, 행정행위의 능력이 한계에 도달하였다고 인식하게 되었다.[18] ⅱ) 불확실하에서 결정이 내려지는 행정영역에선 예비결정이나 부분인허처럼 연속적이고 단계적인 규율과, 잠정적인 규율의 필요성이 점증하였다.[19] 비록 다단계적 절차에 따른 단계적 허가(gestufte Genehmigungen)[20]-예비결정과 부분허가-와 잠정적 행정행위를 독립된 행위형식으로 보지 않으려 한다 하더라도, 양자에 있어서 행정행위의 존속력과 기속력과 관련하여 의미로운 변화가 행해졌다는 점은 자명하다. 한편 복잡한 행정결정의 영역에선 행정적으로 유형화된 작용들이 행해져서 새로운 법적 작용형식의 후보로서 고려된다. 독일에선 이 경우에 행정규칙이나 기술적 규정집 말고도 구상(Konzepte)이나 리스크분석(Risikoanalysen)이 논의된다. ⅲ) 정당성과 협력을 고려하여, 일방적·고권적 규율에 대한 대체수단을 제공할 작

---

17) Vgl. Di Fabio, a.a.O., S.47(49f.); Pitschas, a.a.O., S.229(234ff.). 여기서의 논의는 오늘날 작용형식체계를 구성하는 여러 요소(존속력, 하자효과 등)의 가치가 때때로 의문에 봉착하여, 작용형식론에 대해 종종 제기되는 異議(사법중심성, 행정중심적 시각, 임무와 괴리된 추상성 등)와 맥이 닿아 있다. 사실 광범한 비공식적 행정활동의 고찰로 말미암아 확고하게 집적된 형식의 실제적 사용가능성이 의심되기도 한다. 따라서 작용형식론에 대한 異議와 비판에 대한 抗辯이 많은 시사점을 제공한다. Vgl. Schmidt-Aßmann, a.a.O.(Fn.2), S.533(535ff.).

18) 주로 경직성, 윤곽상실, 절차적 성격의 결여가 비판되지만, 이 비판은 개개의 문제에 관한 것이지 행정행위의 일반적 존재의 정당성과는 직접 관련이 없다. 가령 최근 비공식적 국가 내지 협력적 국가에 관해 널리 논의되었지만 행정행위의 의의가 현격히 저하되진 않았다. 오히려 행정행위 자체는 잠정적 행정행위, 사전배려적 행정행위, 국제적 행정행위 등을 수용함으로써, 주목할 만한 개혁(에로의)개방성과 탄력성에 의거하여 작용형식 아래에서 진정한 생존의 명수로 발전하였다. Vgl. Schoch, Hoffmann-Riem/Schmidt-Aβmann(Hrsg.), Innovation und Flexibilität des Verwaltungshandelens, 1994, S.199(231ff). 생각건대 절차적 권리를 보장하고 행정결정의 투명성을 구축하여 효과적인 권리구제의 체계가 보완됨으로써, 행정행위는 21세기의 시민사회와 리스크사회에서도 여전히 행정의 현대적 수단으로서 기능할 것이다. Vgl. Ladeuer, Die Zukunft des Verwaltungsakts, VerwArch.86(1995), S.511ff.; Schmidt-Aßmann, Das allgemeine Verwaltungsrecht als Ordnungsidee, 1998, 6.Kap. Rn.46.

19) 잠정적인 규율의 필요성은 특히 리스크행정의 영역에서 '수정유보'로서 소개되었다. 이에 관해선 vgl. Di Fabio, Risikoentscheidungen im Rechtsstaat, 1994, S.307ff.

20) 여기서 용어상 구분해야 할 것이 다단계적 행정행위(mehrstufiger VA)이다. 이는 발급에 있어서 다른 행정청의 동의를 비롯한 협력이 요구되는 행정행위를 말한다. 여기선 최종 결정 이외에 동의거부와 같은 중간결정에 대해서 취소소송을 제기할 수 있는지가 문제된다. 독립된 행정행위로서의 규율효과를 지니는지는 당해 행정청들의 관계가 同値的인지 여부에 좌우된다. 개개의 행정청이 임무를 독자적이고 전속적으로 수행하기에, 나름의 소정의 관점을 고려할 수 있는 경우에는 다른 행정청의 협력(거부)은 규율로서의 외부효를 발생시키지만, 협력하는 행정청이 원행정청과 동일한 관점을 고려하지 않으면 아니 되는 경우에는 달리 판단해야 한다. 물론 이러한 문제는 그 협력의 성격이 구속적임을 전제로 한다. 이 점에서 우리 대법원이 군사시설보호법상 요구되는 허가사항에 대한 '협의'를 충분한 법석 검토를 거치지 않고서 '동의'로 이해한 것(대판 1995.3.10. 94누12739 등)은 문제가 있다. 追論: 대법원 2006.3.10. 선고 2004추119판결도, 문화재보존의 영향 검토에 관한 문화재보호법 제74조 제2항 및 같은 법 시행령 제43조의2 제1항에서 정한 '문화재청장과 협의'를 '문화재청장의 동의'로 판시하였다. 동판례에 대한 평석으로 경건, 관계기관과의 協議를 거치지 아니한 條例의 效力, 한국행정판례연구회 제221차 월례발표회, 2007.9.21. 참조.

용형식에 대한 필요가 제기된다. 하지만 이런 차원에서 독일의 경우에도 행정절차법에 규정된 공법계약에 대해 일치된 공감이 있지는 않다. 사실 공법계약에 대해선 상반된 판단이 내려질 수 있다. 자신에게 불이익을 끼치는 행정결정에 대해 어떠한 영향을 끼치려는 자로서는 협력이란 논거에 크게 공명하겠지만, 국외자의 관점에선 협력을 통제받지 않은 밀약으로 우려할 수 있다. 이러한 사실은 이른바 비공식적 행정활동의 일종으로 거론되는 교섭이나 규범대체적 협상 등의 경우에도 타당하게 통용된다. ⅳ) 자금조성의 예처럼 경제적 수단의 제공을 통한 행위조종(Verhaltensteuerung)은 이미 뿌리내렸고, 행정은 이밖에도 오늘날에는 정보제공을 통해 간접적인 행위조종을 하고자 한다. 공공의 안녕·질서와 같은 법익의 훼손의 위험이 있어야 경찰개입이 가능하듯이, 국가의 개입은 분명한 인과관계를 토대로 하여야 정당성이 인정된다. 그래서 사안의 복잡성으로 인하여 개입의 요건을 확정하기 어려울 때는 전통적인 국가의 개입은 극복하기 곤란한 한계에 부딪힌다. 행정당국이 안전성이 의문스러운 제품에 대해 명시적인 금지를 하기보다, 그 제품의 안정성이나 유해성에 대한 시비를 부각시키는 듯한 홍보활동을 행한 경우, 비록 소비자의 최종결정을 거치는 식이 되어 간접적이라지만 오히려, 해당 제품의 생산자 등에게 영향이 지속적이고 더 강력하게 -나아가 궁극적으론 직접적으로- 미친다.[21] 오늘날 개인의 행동양식과 사고가 대중매체의 강한 영향을 받기에, 행정으로선 엄격한 법적 구속을 면탈할 수 있거니와 제3자의 입장에 설 수도 있는 경고나 추천 등과 같은 정보활동을 애용하는 경향을 보이고 있다.

## Ⅴ. 作用形式에 따른 瑕疵效果의 모습

독립된 작용형식을 성립케 하는 유형화징표가, 공통된 적법성요건, 공통된 법효과와 공통된 하자효과이다. 이 글에서 택한 하자효과의 관점하에선 현행의 작용형식이란 먼저 구별되는 하자효과에 의거하여 비교될 수 있다. 공법에선 오래전부터 현행 법질서와의 모든 상위를 법하자(Rechtsfehler)로 여겼다.[22] 하자효과(Fehlerfolgen)의 개념이란, 절차법이나 실체법에 반하는 국가행위의 법적 운명에 관한 물음 즉, 법하자에 대한 제재수단에 관해서 추상적으로 만들어진 집합명사이다. 이 경우 하자효과란 직접적인 의미에선 하자로부터 자명하게 발생한 법효과(Rechtswirkung) 즉, 자동적으로 성립한 하자결과(Fehlerkonsequenz)하고만 관계가 있다. 하자있는 국가행위

21) Vgl. Gusy, Verwaltung durch Information, NJW 2000, S.977ff.; Lege, Nochmals: Staatliche Warnungen, DVBl. 1999, S.569ff.; Di Fabio, Information als hoheitliches Gestaltungsmittel, JuS 1997, S.1ff.

22) 여기서의 法瑕疵란 용어를 '위법'(Rechtswidrigkeit)이라 바꾸어도 무방하다.

는 처음부터 공법의 근본주제이자 계속적 주제이다.[23] 국가활동의 전체적인 현상을 위한 통일적인 하자론을 만들려는 시도가 독일의 경우 지난 세기의 초엽부터 행해졌지만, 금방 차별적 고찰로 끝을 맺었다.[24] 특히 법률적 행위(Gesetzesakte)와 행정행위가 구분되었다. 법률하위적 규범을 포함한 법률의 법하자는 무효를 야기하는 데 대해서, 행정행위의 법하자는 원칙적으로 행정행위의 취소가능성만을 야기하게 되었다.

요컨대 하자결과 즉, 하자에 따른 제재의 수단으로 일단 무효(Nichtigkeit), 소효가능성(폐지가능성, 취소가능성, Vernichtbarkeit, Anfechtbarkeit)[25], 대단치 않음(유효, Unbeachtlichkeit, Wirksamkeit), 반대권(Gegenrecht)의 성립이 고려된다.[26] 행정활동의 하자효과론(설)을 구축하기 위한 일환으로서 이들이 상세히 다듬어지고 정렬되어야 한다.

### 1. 法律下位的 規範의 경우

#### (1) 출발점-(독일에서의) 무효도그마의 원칙

하자있는 국가행위에 관한 논의는 한편으론 행정행위와 다른 한편으론 법규범으로 나누어 전개된다. 행정행위의 하자론은 존속력을 전제 또는 담보로 하여 무효와 취소의 구분된 틀을 구축하였다. 하지만 전통적으로 법규범의 경우엔, 그 같은 구분의 動因이 존재하지 않았다. 이유는 그것의 핵심적 주제인 존속력의 문제에 대해서, 법규범의 경우엔 '하자있는 법규범은 당연 무효이고(ipso iure nichtig), 따라서 아무런 존속을 지니지 않는다'고 명백하게 답이 내려졌기 때문이다.[27] 무효도그마는 위헌인 법률에 대해 무효로 판시할 수 있게 규정한 독일 연방헌법재판소법 제78조를 통해서 실정법적 뒷받침을 얻었다. 아울러 법률하위적 규범의 경우[28]에도 독일 행정법원

23) W.Jellinek, Der fehlerhafte Staatsakt und seine Wirkungen, 1908; E.v. Hippel, Untersuchungen zum Problem des fehlerhafte Staatsakts, 1924; M. Imboden, Der nichtige Staatsakt, 1944; J. Ipsen, Rechtsfolgen der Verfassungswidrigkeit von Norm und Einzelakt, 1980.

24) Hill, a.a.O., S.11ff.

25) 여기서의 'Vernichtbarkeit'은 이미 발생한 법효력이 그것을 소멸시키는 행위에 의하여 그 시점부터 소멸됨을 분명히 나타내는 것이다. 따라서 하자로 인해 처음부터 당연히 효력이 불발생한다는 것을 의미하는 '무효'(Nichtigkeit)와는 구분되어야 한다. 그래서 여기서의 'Vernichtbarkeit'을 '폐지가능성'이라 불러도 무방하나, 행정법문헌에서 '취소'와 '철회'를 아우러 '폐지'(Aufhebung)란 용어를 사용하기에, 이 글에선 다소 생소한 '消效可能性'이란 용어를 造語하였다. 이런 지적은 정태호, 법률에 대한 위헌결정의 소급효문제에 대한 비판적 고찰, 법률행정논총 제19집(전남대 법률행정연구소), 1999, 주11) 참조.

26) Di Fabio, a.a.O.(Fn.15), S.51.

27) Vgl. Ipsen, a.a.O., S.23ff. 한편 Ipsen은 원칙적으로 무효(Nichtigkeit)라 함은 처음부터(ex tunc) 당연히(ipso iure) 법효력이 발생하지 않은 법적 행위를 의미하기에, 무효에 '그 자체적으로'나 '당연히'와 같은 부가어(eo ipso, ipso iure)를 더하여 강조하는 것은 불필요함을 지적한다. 나아가 그는 종종 사용하는 '당연 무효'란 개념이 同意異語의 反復(Tautologie)이라고 평한다. Ders. a.a.O., S.149f.

28) 한편 일찍이 법률하위적 규범을 위한 하자론이 결여되어 있음이 비판되었다. Vgl. E. Schmidt-Aßmann,

법 제47조 제5항은 상급행정법원이 법규정의 유효성 즉 위법성에 대해 확신이 들면 이들을 무효로 판시하도록 규정하고 있기에, 무효도그마가 원칙적으로 통용되고 있다.[29] 여기서 문제될 수 있는 것이 판결의 효력이다. 법규범이 무효인 이상 처음부터 그래야 하는 것이 원칙(ex tunc의 원칙)인데, 독일의 경우 기판력이 발생한 판결에 대해선 행정법원법 제47조 제5항과 제183조를 통해 명문으로 예외를 인정하되, 그 판결의 집행은 더 이상 허용되지 않는다. 일반적으로 불가쟁적 행정행위의 경우 법적 근거의 무효를 이유로 결코 그 자체가 무효로 되지는 않고, 기껏해야 위법하게 될 뿐이다. 수익적 행정행위의 경우엔 무효판시와 전혀 무관하게 단지 철회의 가능성이 남는다. 한편 불가쟁적 부담적 행정행위에 대해선 독일 행정법원법 제183조의 유추적용이나 독일 연방헌법재판소법 제79조의 법사고를 원용하여 기판력이 발생한 판결의 경우와 동일하다고 주장된다.[30] 이에 대해서 Hufen은 철회규정을 통한 입법적 해결책을 주장한다.[31]

그런데 이런 무효도그마가, 행정행위처럼 구분된 하자론을 전개함을 봉쇄하는 극복불가능한 장애물인지 아니면 하자효과체계를 구축하기 위한 지도원칙으로서 기능할 수 있는지가 문제될 수 있다. 헌법상 요구되거나 근거가 있어야만 무효도그마가 일종의 저지력이나 유도력을 발휘할 수 있다. 무효도그마의 헌법상의 요구와 근거지움에 대해서 독일에선 수 십년이래로 다툼이 있어 왔는데, 이 문제는 입법상의 변화로 말미암아 무효도그마가 의문스럽게 되거나 수정될 경우에는 늘 새롭게 재연된다. 대표적인 예가 조례의 형식으로 정한 건축상세계획에 대한 권리구제와 관련하여, 법규범에 대한 기존의 심사체계로부터 벗어났기에 개별경우를 규율하는 법률하위적 규범이 독립된 작용형식인지가 다투어진다.[32]

### (2) 우리의 부수적 · 구체적 규범심사하에서 하자있는 법률하위적 규범의 효과

법규명령은 물론 행정규칙의 하자와 관련하여 우리의 문헌들은 크게 두 가지 입장으로 나뉜다. 즉, 다수 문헌[33]은 현행법상 법규명령에 대한 취소쟁송제도의 부재

Das allgemeine. Verwaltungsrecht als Ordnungsidee und System, 1982, S.56.

29) 그러나 Böckenförde, Söhn, Moench, Pestaloza 등은 법률의 위헌성효과와 관련한 당연무효설을 비판하고 消效可能性說(廢止說)을 취한다. 위헌인 법률의 법효과의 문제는 실제로 존재와 당위의 관계란 법철학적 문제일 뿐더러 법적 통용의 물음을 야기한다. 상세는 정태호, 앞의 글, 211면 이하 ; 최희수, 법률의 위헌결정의 효력에 관한 연구-소송법적 효력을 중심으로-, 고려대 박사학위논문, 2001.12, 143면 이하; Ipsen, a.a.O., S.153ff. 참조.

30) BVerwGE 56, 172, 176.

31) ders., Verwaltungsprozeßrecht, 3. Aufl.1998,§38 Rn. 51ff.

32) 독일에선 그간에 무효도그마가 입법자에 대해 독립된 방향설정력을 발휘하고, 그 점에 있어서 입법자의 형성자유를 제한하는 헌법상의 명령(원칙)(Verfassungsgebot)에 해당하지 않는다는 데 의견이 일치한다. Vgl. Ossenbühl, a.a.O.(Fn.9), S.2805(2807).

를 이유로 하자있는 법규명령은 무효가 된다고 주장하는 반면에, 박윤흔 교수는 구체적 규범통제로 말미암아 선결문제로서 법규명령의 무효를 다툴 수 있을 따름이고, 다만 그 흠이 중대하고 명백한 경우에는 '적어도 법이론적으로는' (규범통제에 의한) 쟁송절차에 따른 법원의 효력유무의 판단을 거치지 않더라도 이해관계인은 물론 법원을 포함한 모든 국가기관은 그 법규명령을 스스로 무효로 인정하고 복종이나 적용을 거부할 수 있다고 주장한다.[34] 한편 박균성 교수는 이상의 두 견해가 명령의 하자이론으로는 적절치 않음을 지적한다. 그리하여 우선 행정입법의 하자를 논함에 있어서 무효와 무효가 아닌 경우를 구별하는 것은 타당치 않고, 다수인 무효설도 위법한 명령도 폐지되기 전까지는 효력을 유지한다는 점에서 타당치 않으며, 행정행위의 하자론과 법규명령의 하자론을 비교하는 것 자체가 타당치 않다고 지적한다. 그리하여 위법한 법규명령의 효력이 아니라, 위법한 법규명령이 구체적으로 어떠한 효력을 갖는지에 대하여 고찰하여야 한다고 주장한다. 요컨대 통상적으로 법규명령이 위법한 경우에 법적 안정성을 위하여 잠정적으로 효력을 갖되, 헌법소원에 의해 위헌이 확인되면 그 명령은 효력을 상실하지만, 선결문제로서 법원에 의해 위헌 또는 위법이 확인되면 그 명령은 효력을 상실하기보다는 당해 사건에 한하여 적용되지 않는다고 주장한다.[35]

하자있는 법률하위적 규범의 법효과 문제는 그 자체가 행정법도그마틱의 본질적 문제의 하나이다. 그것은 법률의 위헌결정의 효력에 관한 논의에 연계하여 논해져야 하는데, 여기에선 행정작용형식을 구축하기 위한 정도에 그치고자 한다. 무효도그마가 원칙으로 정착되어 왔으며, 헌법재판소에 의한 구체적 규범심사는 물론 추상적 규범심사 뿐만 아니라 행정법원에 의한 규범심사까지 제도화된 독일에서의 논의를 그대로 우리에게 접목시킬 순 없다. 그러나 그들의 논의가 우리의 문제해결에 많은 시사점을 제공함을 간과해선 곤란하다. 여기에는 먼저 용어사용의 오해유발을 피해야 한다. 무효는 처음부터 당연히 효력을 발생시키지 않는 것이기에 그 자체에 처음부터(ex tunc)니 그 즉시로부터(ex nunc)니 란 수식어가 불필요하고, 이런 것은 소효가능성(폐지가능성, 취소가능성)과 관련이 있다.

하자있는 법규명령의 법효과에 관한 논의는 규범심사제도를 바탕으로 하여야 한

33) 김남진, 행정법 I, 2002, 158면; 김동희, 행정법 I, 2002, 139면; 류지태, 행정법신법, 2002, 203면; 홍정선, 행정법원론(상), 2002, 228면; 김성수, 일반행정법, 2001, 339면.

34) 동인, 행정법강의(상), 2001, 235면. 한편 박윤흔 교수의 입장이 법규명령의 흠이 중대·명백하지 않을 경우엔 취소가능한 법규명령을 인정한 것으로 판단하기엔 주저된다. 왜냐하면 하자있는 법규명령의 법효과에 관한 논의란 근본적으로 규범심사제도를 바탕으로 하여야 하기 때문이다. 물론 행정행위하자(론)에서의 중대명백설을 규범의 경우에도 그대로 이식하여 규범심사제도를 무색하게 만들 수 있는 점은 문제가 있다.

35) 동인, 행정법론(상), 2002, 154면 이하 참조.

다. 우리의 경우 부수적·구체적 규범심사제를 취하고 있기에 법규명령의 하자는 그 명령에 의거하여 행정처분이 내려져야만 다툴 수 있다. 문제는 선결문제로서 심사한 결과 명령의 하자(위법성)이 확인될 때, 그 하자가 후행의 행정처분의 위법사유에 불과한 것인지 아니면 명령의 효력을 좌우할 것인지(즉, 당해 사건에 한하여 적용되지 않을 뿐 폐지되기 전까진 여전히 유효하다거나 일반적으로 무효가 된다거나) 여부이다. 우리 대법원은 하자있는 법규명령이 '무효'임을 명시함과 아울러 이를 근거로 한 행정처분이 위법임을 판시하고 있다.[36] 그리고 행정소송법 제6조는 "행정소송에 대한 대법원판결에 의하여 명령·규칙이 헌법 또는 법률에 위반된다는 것이 확정된 경우에는 대법원은 지체없이 그 사유를 행정자치부장관에게 통보하여야 한다"고 규정한다.

부수적·구체적 규범심사제를 근거로 하자있는 명령의 상대적 무효를 주장하는 것은 타당하지 않다. 위법인 명령의 경우, 행정청이 적용해서도 안되거니와 국민은 준수할 필요도 없다. 상대적 무효론은 이런 점을 간과한 것이다. 그리고 위헌·위법의 확인단계(헌법재판소 또는 법원)에 따른 차별적 접근 역시 마찬가지이다. 그리고 이와 관련해선 법규명령보다 상위인 법률에 대한 위헌결정의 효력발생(소급효)문제와 관련한 논의가 다소간 시사점을 제공한다. 헌법재판소법 제47조 제2항을 통해 위헌결정에 원칙적으로는 즉시효(장래효)가 인정됨에도 불구하고, 헌법재판소는 예외적으로 부분적인 소급효를 인정하고 있으며,[37] 대법원은 헌법재판소보다 더 넓게 소급효를 인정하고 있다.[38]

---

36) 대법원 1985.2.28. 선고 85초13판결; 1979.2.27. 선고 77누86판결; 1962.1.25. 선고 4294민상9판결 등.

37) 「…효력이 다양할 수밖에 없는 위헌결정의 특수성 때문에 예외적으로 그 적용을 배제시켜 부분적인 소급효의 인정을 부인해서는 안 될 것이다. 우선 생각할 수 있는 것은, 구체적 규범통제의 실효성의 보장의 견지에서 법원의 제청·헌법소원의 청구 등을 통하여 헌법재판소에 법률의 위헌결정을 위한 계기를 부여한 당해 사건, 위헌결정이 있기 전에 이와 동종의 위헌 여부에 관하여 헌법재판소에 위헌제청을 하였거나 법원에 위헌제청신청을 한 경우의 당해 사건, 그리고 따로 위헌제청신청을 아니하였지만 당해 법률 또는 법률의 조항이 재판의 전제가 되어 법원에 계속 중인 사건에 대하여는 소급효를 인정하여야 할 것이다. 또 다른 한가지의 불소급의 원칙의 예외로 볼 것은, 당사자의 권리구제를 위한 구체적 타당성의 요청이 현저한 반면에 소급효를 인정하여도 법적 안정성을 침해할 우려가 없고 나아가 구법에 의하여 형성된 기득권자의 이익이 해쳐질 사안이 아닌 경우로서 소급효의 부인이 오히려 정의와 형평 등 헌법적 이념에 심히 배치되는 때라고 할 것으로, 이때에 소급효의 인정은 법 제47조 제2항 본문의 근본취지에 반하지 않을 것으로 생각한다. 어떤 사안이 후자와 같은 테두리에 들어가는가에 관하여는 다른 나라의 입법례에서 보듯이 본래적으로 규범통제를 담당하는 헌법재판소가 위헌선언을 하면서 직접 그 결정주문에서 밝혀야 할 것이니, 직접 밝힌 바 없으면 그와 같은 경우에 해당하는가의 여부는 일반 법원이 구체적 사건에서 해당 법률의 연혁·성질·보호법익 등을 검토하고 제반이익을 형량에서 합리적·합목적적으로 정하여 대처할 수밖에 없을 것으로 본다. 생각건대, 일률적인 소급효의 인정이 부당한 결과를 발생시키듯이 일률적인 소급효의 완전부인도 부당한 결과를 발생할 수 있다고 할 것이다」(헌법재판소 1993.5.13. 92헌가10결정 등; 2001.12.20. 2001헌바7결정 등).

38) 「헌법재판소의 위헌결정의 효력은 위헌제정을 한 당해 사건, 위헌결정이 있기 전에 이와 동종의 위헌 여부에 관하여 헌법재판소에 위헌여부심판제청을 하였거나 법원에 위헌여부심판제청신청을 한 경우의 당해 사건과 따로 위헌제청신청은 하지 아니하였지만 당해 법률 또는 법률의 조항이 재판의 전제가 되어 법원에 계속중인 사건뿐만 아니라 위헌결정 이후에 위와 같은 이유로 제소된 일반 사건에도 미친다」(대법원 2000.2.25. 선고 99다54332판결 등).

이런 상황 속에서 “공식절차에 의하여 폐지되지 않는 한 이 규정은 형식적으로는 여전히 유효하다”[39]는 지적은 당연히 통용되기 어렵다. 요컨대 우리의 경우에도 독일과 같은 무효도그마의 원칙이 통용된다 하겠다.[40]

한편 그 동안 존재의 가능성만이 엿보인 조치적(이른바 처분적) 조례(나아가 처분적 명령)란 법형식이 판례를 통하여 공인되기에 이르렀다.[41] 과연 이러한 조치적 조례가 법규범과 행정처분의 합성적 작용으로서 종전의 행정작용형식체계에서 새로운 작용형식의 하나로 자리매김할 수 있는지 의문이다. 여기에는 행정의 작용선택의 자유문제와 더불어 그런 조치적 명령이 현재의 작용형식체계에 접목가능한지 여부가 선행적으로 다루어져야 한다. 이 문제는 차후에 하자있는 법률하위적 규범의 법효과와 관련하여 논구하기로 하고, 여기선 형식은 공식이자 정식이라는 점과 현존한 형식을 실질로 전복시킬 순 없다는 점을 강조하고 싶다.[42]

## 2. 行政行爲의 경우

행정행위는 O. Mayer의 주장과 연계하여 19세기 독일 행정법학이 창조한 것이다. 독일 연방행정법원 역시 행정행위를 행정법학의 목적적 창조물(Zweckschöpfung)이라고 하였다.[43] 그리고 행정행위의 하자결과에 관한 이론은 행정법의 추축이 되어버렸다. 행정행위의 하자론은 수십 년에 걸쳐 점차로 조심스럽게 발전되어 하나의 체계로 완성되었다. 행정행위의 하자론의 핵심 문제는 존속력, 다시 말해 소위 공정력의 존부와 그것의 이해에 대한 물음이다. 이 물음은 분명한 찬부로 대답되어질 성격이 아니라, 천차만별하고 복잡한 법체계에 의해서 판단이 내려진다. 여기에는 법률적합성, 법적 안정성, 신뢰보호, 공익 등과 같은 대립된 원칙이 균형적으로 조화를 이루어야 한다.

법준수를 보장하는 가장 간단한 가능성(수단)은 법위반인 법적 행위에 대해 법적

---

39) 김동희, 앞의 책, 141면.

40) 여기선 먼저 ‘무효’(Nichtigkeit), ‘유효’(Wirksamkeit), ‘통용’(Gültigkeit) 등의 용어사용이 정비되어야 한다. 요컨대 우리 언어생활에서 ‘무효’란 하자로 처음부터 효력이 발생하지 않은 것(당연무효)과 일정 행위(취소나 폐지) 이후부터 효력이 소멸하는 것(消效)은 물론, 하자없이 처음부터 효력이 발생하지 않은 것(효력불발생)도 나타내기에 용어사용에 유의하여야 한다. 한편 부수적 · 구체적 규범심사 아래에선 법원이 개별적 효력의 부인에 그쳐야 한다고 주장할 경우에는, 하자있는 법규명령을 ‘무효’라고 말하여선 아니 된다. 이 점에서 그런 법규명령을 무효로 판시한 판례를 위헌적으로 평가내린 입장(권영성, 헌법학원론, 2002, 1035 주1)은 일단 나름의 논리일관성을 견지하고 있다고 말할 수 있다.

41) 대법원 1996.9.29. 선고 95누7994 · 95누8003판결.

42) Vgl. F-J Peinc, Allgemeines Verwaltungsrecht, 5. Aufl., 2000, §7 Rn. 124; W. Schmitt Glaeser, Verwaltungsprozeßrecht, 11. Aufl. 1992, Rn. 141. 追論: 판례는 이른바 처분적 시행규칙까지도 인정하는데(서울행정법원 2005.9.1. 선고 2004구합5911판결), 이는 과도한 실질위주적 접근으로 법형식을 무시한 것이다. 본서 434면 이하 참조.

43) BVerwGE 3, 258, 262.

인정을 부인하는 방법이다. 민법은 이 원칙을 따르는 일련의 규정을 두고 있다(제103조, 제104조). 이처럼 권리설정행위(법률행위)의 적법성과 법효력을 연계시키는 민법과는 달리 행정법은 행정행위의 경우 양자를 완전히 분리한다. 도그마틱의 역사에서 무효도그마는 예전부터 법관의 심사권과 불가분적으로 결부되어, 결여된 권리보호의 대체물로서 기능하여 왔다.[44] 하자있는 국가행위와 관련해서 무효화가능성(취소가능성)이란 대체적인 제재수단이 없는 한, 무효와 제재없음간의 선택만이 남는다. 이런 상황에선 무효만이 하자있는 국가행위에 대한 권리보호에 합치한다. 그리하여 하자있는 행정행위에 대한 권리보호가 확장되는 데 비례하여, 하자있는 행정행위의 무효(주장)는 그 권리보호적 기능을 상실하였다.[45] 그리고 판례상으로 무효성(무효사유)이 매우 제한되는 등, 오늘날 행정행위의 무효(주장)는 실제적 역할을 거의 하지 못한다. 요컨대 위법한 행정행위의 경우에 단순한 취소가능성이 원칙이되, 상황에 따라서 한편으론 엄격한 하자효과 즉, 무효에 의해서, 다른 한편으론 하자무시 즉, 치유나 대단치 않음에 의해서 보완되거나 유연하게 된다.

비록 실체적 공정력을 규정한 셈인 독일 행정절차법 제43조 제2항[46]과 같은 조항이 없음에도 불구하고, 우리 판례와 문헌상으로 행정행위의 공정력의 인정이란 의미에서 적법성과 법효력의 불합치가 인정되고 있다. 여기선 공정력의 인정근거 및 그에 따른 내용이 문제된다. 독일의 경우 행정절차법에 (실체적) 공정력의 근거규정이 마련되기 전에는 그들 행정법원법상으로 행정행위에 대한 구분된 구제가능성(즉, 취소소송과 무효확인소송)에 의거한 쟁송법적 논거가 주효하였는데, 특히 J. Ipsen은 행정절차법 이전에 공정력을 아무런 의문없이 긍정한 판례와 문헌의 일반적 태도를 두고서, 과거 O. Mayer가 주장한 자기확인설(자기증명설)을 기저에 두고 있다는 점과 그런 상황이 심지어 불문법적으로 인정되어 왔다는 점을 지적하고 있다.[47] 우리의 경우에도 독일과 비견한 실체법적 규정이 없기에 과거 Wolff/Bachof가 주창하였듯이,[48] 법치국가원리의 발현인 법적 안정성에 공정력의 법적 근거를 둘 수밖에 없다(단순한 이론적인데 그치지 않는다). 그런데 공정력의 실체법적 근거의 부재가 실체적 공정력의 부인을 초래하고, 급기야 취소판결의 효과발생과 관련하여 취소소송 및

44) Vgl. Günther Winkler, Die absolute Nichtigkeit von Verwaltungsakten, 1960, S.34f.

45) Vgl. Ipsen, a.a.O., S.175. 이 점에서 공정력을 행정쟁송제도의 반사적 효과의 관점에서 바라보는 것은 바람직하다. 동지: 김남진, 앞의 책, 258면; 박윤흔, 앞의 책, 414면. 反論: 김동희, 앞의 책, 289면; 정하중, 행정행위의 공정력과 구속력, 고시연구, 2001.8, 110면.

46) "행정행위는 직권취소·철회 또는 다른 방법으로 폐지되지 않거나, 시간의 경과나 다른 방법으로 실효되지 않는 한, 유효함에 변함이 없다".

47) Ders., Allgemeines Verwaltungsrecht, 2000, Rn.667ff.

48) Wolff/Bachof, VerwR I, 9. Auf., 1974, S.414. 한편 Forsthoff가 주장한 국가권위설과 여기서의 법적 안정설은 전체적으로 비슷한 맥락에 있다. Vgl. J. Ipsen, a.a.O.(Fn.23), S.93; 홍정선, 앞의 책, 355면.

무효확인소송의 존재이유와 양자의 구분을 몰각시키는 결과를 낳았다. 즉, 대법원은 「피고인이 행정청으로부터 자동차 운전면허취소처분을 받았으나 나중에 그 행정처분 자체가 행정쟁송절차에 의하여 취소되었다면, 위 운전면허취소처분은 그 처분시에 소급하여 효력을 잃게 되고, 피고인은 위 운전면허취소처분에 복종할 의무가 원래부터 없었음이 후에 확정되었다고 봄이 타당할 것이고, 행정행위에 공정력의 효력이 인정된다고 하여 행정소송에 의하여 적법하게 취소된 운전면허취소처분이 단지 장래에 향하여서만 효력을 잃게 된다고 볼 수는 없다. 따라서 피고인이 1997. 3. 1. 자동차 운전면허취소처분을 받은 후 처분청을 상대로 운전면허취소처분의 취소소송을 제기하여 1997. 11. 27. 서울고등법원에서 승소판결을 받았고 그 판결이 대법원의 상고기각 판결로 확정되었다면, 피고인이 1997. 11. 18. 자동차를 운전한 행위는 도로교통법에 규정된 무면허운전의 죄에 해당하지 아니한다 할 것이므로, 이와 같은 취지에서 피고인에 대하여 무죄를 선고한 제1심판결을 유지한 원심의 조치는 정당하다」고 판시하였다.[49] 쟁송취소에 대해 통상 소급효가 인정되고 있기에,[50] 실체법적 근거규정을 마련하는 것이 궁극의 해결이지만, 제정이전이라도 굳이 행정절차법 제정이전의 독일 법상황을 들지 않더라도, 법치국가원리의 내용의 하나인 법적 안정성의 측면에서 이를 긍정하는 것이 바람직하다. 요컨대 판례의 이러한 태도는 취소소송의 본질을 형성소송으로부터 일탈케한다. 그리고 행정행위가 위법하긴 해도 폐지되기 전까지 우선 따른 사람과 처분 당시부터 전혀 따르지 않은 사람에 대한 차별적 법적 취급이 문제되고, 국가행위에 대한 시민의 무조건적 부정이 초래될 수 있으며, 취소소송과 무효확인소송의 구별이 무의하게 될 우려가 있다.[51]

---

49) 대법원 1999.2.5. 선고 98도4239판결.

50) 쟁송취소(판결)의 원칙적 소급효가 과연 현행법상의 집행부정지의 원칙과 조화로울 수 있는지 곱씹어 보아야 한다. 요컨대 쟁송취소의 원칙적 소급효는 결과적으로 공정력의 형해화, 취소소송의 확인소송화, 그로 인한 취소소송의 (무효확인소송에 대한)존재이유의 부정을 초래한다. 독일의 경우 행정절차법 제43조 제2항과 더불어 행정쟁송의 집행정지의 원칙으로 인하여, 행정법관계의 안정이 도모되고, 쟁송취소의 소급효가 크게 문제되지 않는다. 이 문제를 현행법체계에서 법도그마적으로 설득력있게 해결하기란 매우 어렵다. 집행부정지의 원칙을 견지하는 한, 쟁송취소의 즉시효(장래효)를 원칙으로 하면서 이를 수정할 가능성을 열어놓는 식의 법개정이 바람직하다. 한편 존재가 일반적으로 인정되는 '무효선언을 구하는 의미'에서의 취소소송을, 과거처럼 행정심판전치의 준수여부가 아닌 취소판결의 소급효의 측면에서 통상의 취소소송과 구별되게 위상을 설정하는 것도 해결책이 될 수 있다. 追論 그러나 이런 접근은 현행 집행부정지원칙에 대한 고민이 빠져 있다. 법치국가원리에 비추어 집행정지가 원칙으로 요구된다. 따라서 가뜩이나 집행부정지원칙으로 인해 법치국가원리의 버팀목인 사법에 의한 권리구제가 허술한데, 여기에 취소판결의 소급효를 아무런 제약 없이 적용한다는 것은 사실상 법치국가원리의 훼손에 해당한다. 독일 행정절차법 제43조 제2항과 같은 명문의 안전판이 없더라도, 취소판결의 소급효에 상대성을 부여하면 나름의 효과적인 대처를 할 수 있다. 즉, 독일의 판례와 통설처럼, 취소판결의 소급효를 원칙과 예외의 차원에서 접근하여야 한다. 졸고, 행정행위의 공정력과 취소판결의 소급효의 충돌에 관한 소고, 법률신문 제3634호(2008.3.17) 참조.

51) 反論: 박정훈, 취소소송의 성질과 처분개념, 고시계, 2001.9, 21면 이하; 지방자치단체의 자치권을 보장하기 위한 행정소송, 한국지방자치법학회 제2회 학술발표대회 발표요지, 2001, 17면 이하 참조.

### 3. 公法契約의 경우

행정행위와 법률하위적 규범에 비해 비교적 늦게 제3의 작용형식으로 인정받은 공법계약(공법적 계약으로서의 행정계약)은 독일의 경우 행정절차법상의 하자효과규정의 지배를 받게되어 결과적으로 법규범과 마찬가지로 무효원칙이 통용된다(동법 제59조 참조). 즉, 공법계약과 관련하여 독일 행정절차법은 일단 민법상의 계약의 무효규정이 준용된다(동조 제1항)고 하면서도, 동법 제54조 제2항상의 종속계약의 무효사유는 제한・열거해 놓고 있다(동조 제2항). 그런데 후자의 경우에 민법규정의 준용에 더하여 행정행위의 무효규정인 동법 제44조도 참조하게끔 됨으로 말미암아, 공법계약과 행정행위의 기능적 근사가 재차 상조되고, 그와 아울러 '위법하지만 무효가 아닌', 다시 말해 '위법임에도 불구하고 유효한(다툴수 없는)' 공법계약의 존재가능성도 시인된다. 법위반에 따라 어떤 효과가 발생하는지를 내버려둔 셈인 이 문제를 대처하기 위해서, 그네들 민법 제134조의 확대적용이나 공법계약의 해지권의 구성을 통해서 해결하고자 시도되기도 한다.[52]

우리의 경우 행정절차법 등에서 공법계약에 관한 규정 자체가 없기에 공법계약의 하자효과 문제는 그에 대한 권리구제를 중심으로 살펴볼 수밖에 없다. 우선 행정소송상 공법계약을 다툴 수 있는 방법은, 항고소송[53]인 취소소송이 아니라 당사자소송이다. 이처럼 취소소송의 대상이 되지 못한다는 것은 '취소가능한' 공법계약의 존재를 결정적으로 부정하는 셈이다. 그리고 행정법상의 법하자 즉, 위법이란 -실체적 성격이든 절차적 성격이든- 법규정과의 상위인 점에서 공법계약의 법하자는 당연히 강행규정위반을 비롯한 민법상의 법률행위(권리설정행위)의 무효에 관한 논의를 중심으로 살펴야 한다. 판례 역시 전문직 공무원의 채용계약을 공법계약으로 파악하여 그 채용계약해지의 의사표시에 대해선 공법상의 당사자소송으로 그 의사표시의 무효확인을 구할 것을 요구하고 있다.[54] 그러나 관련 판례가 사건이름 등에서 '해촉처분취소'로 표현한 것은 바람직하지 않다. 그런데 전문직 공무원의 채용계약해지(의 의사표시)의 무효사유(법규위반 등)를 판단함에 있어서 '해고'의 정당한 이유에 관한 노동법적 논의가 반영되어야 한다. 즉, 해고가 최후적 방법(ultima ratio)으로 고려되기에 법규나 지시위반 그 자체만으로 채용계약해지의 정당성이 담보되진 않는다. 이

52) 이에 관해선 vgl. Blankenagel, Folgenlose Rechtswidrigkeit öffentlicher Verträge? VerwArch. Bd.76 (1985), S.276(295); H. Maurer, Der Verwaltungsvertrag-Probleme und Möglichkeiten, DVBl. 1989, S.798 (803).

53) 과거 행정재판이 행정에서 이루어졌던 시절의 잔흔(殘痕)인 이 같은 용어가 하루바삐 없어져야 한다.

54) 대법원 1995.12.22. 선고 95누4636판결 등.

점에서 관련 판례의 원심[55]이 비례원칙을 바탕으로 징계해촉에 해당하는 채용계약 해지의 정당성을 판단한 것은 타당하다. 판례[56]는 다른 사건에서 원심[57]이 지방전문직공무원 채용계약 해지의 의사표시에 대해서 행정처분으로 보아 항고소송을 제기하여야지 당사자소송의 형식으로 무효확인을 구할 수 없다고 판단한 점을 잘못이라고 정당하게 파기하였다. 아울러 동 판례는 사건이름을 '공무원채용계약해지무효확인'으로 타당하게 표기하였다. 파기환송 이후에 서울고법은 동 채용계약해지가 정당한 해지사유 없이 이루어진 것임을 들어 무효라 판시하였다.[58] 그런데 명문의 규정은 없지만 독일에서처럼 '위법하지만 무효가 아닌 공법계약'이 존재할 가능성은 없는지 검토가 필요하다. 적법성과 유효성을 분리하는 행정행위와는 달리 민사법적으론 권리설정행위(법률행위)의 적법성과 유효성을 연계시키는 것이 기본입장인 점에 비추어, 명문의 규정이 있어야 그러한 성격의 공법계약이 성립할 수 있다. 독일 행정절차법의 관련규정이 행정행위에 갈음하여 행하는 종속계약에 해당한다는 사실 또한 고려해야 한다.

### 4. 行政事實行爲의 경우

비록 개개의 점에선 비판도 있지만, 이상의 세 가지 전통적인 작용형식만이 분명하고 명확한 하자효과를 드러낸다. 이에 반해서 잔존범주(Residualkategorie)로서의 행정사실행위를 하나의 작용형식으로 여길 경우, 일단 하자효과의 측면에서 불명료성이 드러난다. 여기선 우선 용어사용이 문제된다. 널리 사용되는 '사실행위'(Realakte) 이외에도 '단순한 (고권적)행정활동'(schlichtes Verwaltungshandelen)이 사용되고 있으며, 근자에는 점차 '비공식적 행정활동'(informales bzw. informelles Verwaltungshandelen)이란 용어가 대체하고 있다. 한편 Robbers는 사실행위를 작용형식의 하나의 수단으로 분류하는 데 대해선 반대하지만, 단순한 (고권적) 행정활동의 경우엔 규율유사한 것으로 분류하고 이에 대해선 작용형식적 성질을 시인함으로써 양자를 구분하였다.[59] 용어사용과 관련해서, '비정식적 행정활동'(nichtförmliches Verwaltungshandelen)이 나은 것 같다고 보는 J. Ipsen은, 사실행위의 경우에는 사실적 행정활동 전반에 알맞긴 하나 행정행위와의 근사성으로 문제가 있을 뿐더러 '행위'(Akt)란 일정 시점에 고정될 수밖에 없기에 시간적 경과를 충분히 반영하지 못한다는 점, 단순한

55) 서울고법 1995.2.21. 선고 94구4457판결.
56) 대법원 1993.9.14. 선고 92누4611판결.
57) 서울고법 1992.2.14. 선고 90구21140판결.
58) 서울고법 1994.5.11. 선고 93구28913판결.
59) ders., Schlichtes Verwaltungshandelen, DÖV 1987, S.272(273).

(고권적) 행정활동의 경우에는 그것이 O. Mayer의 주장과 용어사용에 바탕을 두어 널리 사용되기도 하지만 '고권적인 행정행위'에 대비시킨 진부한 행정관에서 연유한다는 점, 비공식적 행정활동의 경우엔 행정과 사인간의 협상을 위해서도 사용된다는 점을 지적하였다.[60] 이 글에선 일단 통상의 용례에 좇아서 사실행위란 용어를 사용하겠다.

사실행위의 특수성은 앞서의 세 가지 작용형식과는 달리 아무런 규율적 성격을 갖지 못한다는 점에 있다.[61] 이에 따르면 사실행위는 나름의 법적 효과를 개개의 상황에서는 물론, 지속적으로도 전개하지 못한다. 하지만 이런 기술이 사실행위란 법적으로 아무런 영향을 미칠 수 없다는 것은 의미하진 않는다. 규범과 비견되는 독자적인 나름의 규율적 성격이 사실행위에는 없을 뿐이다. 만약 하자효과란 법적 행위의 운명에 대해 결정을 내린다는 점을 이유로, 사실행위를 하자효과규율의 대상에서 벗어난 것으로 여길 경우에는, 사실행위가 작용형식으로서 운위될 수 있는지 여부가 문제될 것이다. 그러한 사고는 하자효과 개념을 해당 작용을 무효화시키거나 그 효력을 제한하는 결과에만 맞춰서 이해하려는 입장의 소산이다. 그런데 그런 사고에 사로잡혀 법하자로 인해 직접적으로 발생한 효과만을 문제로 삼더라도, 위법한 사실행위가 아무런 효과를 발생시키지 않은 채 그대로일 수는 없다. 사실행위의 법위반(법하자)이 주관적 권리침해를 가져다 줄 경우, 사실행위에 법적인 규율내용이 없기에 그 사실행위의 무효화나 무효화(취소)가능성이란 효과는 당연히 발생하진 않지만, 다음과 같은 법적 효과(결과)를 초래한다. 즉, 개인적 권리를 침해하는 사실행위는 시행 이전에는 공법상의 부작위청구권을,[62] 이후에는 -계속적인 권리침해의 요건하에- 결과제거청구권을 성립시킨다.[63] 요컨대 위법한 사실행위에 대해서 부작위청구권이나 결과제거청구권은 법하자의 자명한 결과이다.[64] Hufen 역시 사실행위를 작용형식으로 표시하고 결과제거청구권을 그것의 하자효과로 기술하였다.[65] 따라서 사실행위 또한 하자지향적인 작용형식체계에서 나름의 위치를 차지하는 데 큰 어려

60) ders., a.a.O.(Fn.47), Rn.820ff.

61) 규율효과의 不在를 목표로 삼는 식의 그러한 정의에 대해선 다툼이 없진 않다. 이에 관해선 Kruse, a.a.O., S.56f.

62) 우리의 경우 행정행위를 대상으로 한 부작위청구소송이 판례상 허용되지 않는 것으로 보는데(대법원 1987.3.24. 선고 86누1182판결), 이는 행정소송법 제4조의 항고소송유형 규정을 제한적으로 이해하려는 기본태도에서 비롯한다. 그런데 당사자소송의 경우에는 항고소송과는 달리 소송유형에 관한 언급이 전혀 없기에, 당사자소송의 민사소송지향성을 벗어버리고 법관의 법창조기능이 충분히 발휘된다면 부작위청구소송이 항고소송에서와는 달리 인징될 가능성이 있다. 물론 항고소송의 경우에도 올바른 사법적 적극주의가 요구된다.

63) 독일에서 결과제거청구권이 관습법에서 비롯하여 법관법으로 근거지워지고 성립함으로써, 그것의 존재와 근거가 적극적으로 탐구된 점을 상기해야 한다.

64) Morlok, a.a.O., S.140f.

65) F. Hufen, Fehler im Verwaltungsverfahren, 1986, S.324f.

움이 없다. 오늘날 사실행위의 일환으로서 문제되는 것은 바로 앞서 본 경고나 대민 홍보와 같은 정보활동이다. 일종의 목적적 사실행위에 해당하는 이들의 법적 성질이 문제되거니와, 법률유보 문제가 심각히 논의되고 있다. 이러한 현상은 훈육국가(präzeptoraler Staat)의 개념하에 국가의 리스크 조종과 정보활동의 측면이 집약된 것이다.[66]

## Ⅵ. 독립된 作用形式에로의 格上 問題

### 1. 새로운 작용형식의 성립 여부의 가늠자

요건데 하자효과에는 앞에서 든 무효, 무효화가능성(취소가능성), 무결과(Folgenlosigkeit, 대단치 않음, 유효) 뿐만 아니라, 원상회복청구권(부작위청구권도 포함하여)과 (원상회복 불가능시엔) 손실보상청구권도 포함된다.[67] 아울러 하자효과의 관점하에서 작용형식 체계는 행정행위, 법률하위적 규범, 공법계약, 그리고 사실행위의 네가지 유형으로 완성된다. 이런 작용형식의 네가지 유형은 비교적 명료하고 개관가능한 점이 장점이다. 그럼에도 불구하고, 앞서 본 행정법개혁차원에서 발흥한 움직임은 기존 작용형식론의 개선을 요구하는 듯한 새로운 착안점을 제시한다. 그러나 그러한 개선시도는 조심스럽게 행해야 한다. 행정이 고려하는 어떤 행정활동의 법효과, 하자효과, 빈번한 하자유형 등이 선명하게 드러나야만, 그것이 새로운 작용형식으로서 행정(작용)법에서 통용되어 받아들여질 수 있다. 즉, 새로운 작용형식을 위한 제안의 논거가, 새로운 하자효과규율(규정)이 실정법적으로 성립하거나 도그마틱적으로 요구된다는 점과, 일정한 활동군을 위한 새로운 적법성요건이 일반화될 수 있다는 점에 의해서 논증적으로 뒷받침되어야 한다.[68] 그런데 특수한 작용형식의 요건과 효과를 확립함에 있어서, 작용형식에 내포된 앞서의 두가지 규준적인 기능은 상호 무관하지 않고, 교호적이다. 행정법적인 작용형식론과 행정학적인 범주설정을 엄별하여야 한다. 만약 그렇지 않고 후자의 관점에서 전자를 구축하고자 할 경우에는, 도그마의 집적이 행정법의 본질인 점에서 형식을 통한 최소한의 근대화징표마저 소실될 우려가 있다.

---

66) Di Fabio, a.a.O.(Fn.19), S.397; Grundrechte im präzeptoralen Staat, JZ 1993, S.689ff. 追論: 본서 469면 이하 참조.

67) Morlok, a.a.O., S.140ff. 국가배상청구권은 국가의 모든 공행정작용에 대해서 성립할 수 있기에 작용형식을 가늠하는 데 큰 의미가 없다.

68) 여기서 우리가 유의해야 할 점은, 행정작용형식론은 주된 작용형식이 지닌 고도의 추상성 수준을 고수하는 것이 아니라, 체계효과에 관한 특유한 분류를 허용하는 하위작용형식과 중간작용형식(독일에서의 일반처분이나 종속적 공법계약 등)을 인정하고 있다는 것이다.

## 2. 行政規則의 경우

행정규칙과 지시(Weisungen)를 일괄적으로 작용형식으로 파악하는 태도는,[69] 이상과 같이 작용형식과 하자효과를 확실하게 정렬시키는 바탕으로부터 일탈한 것이다. 행정행위와 법규범과 비교해 보면, 행정규칙 등의 경우 규율적 징표가 아니라, 직접적인 외부효과가 결여되어 있다. 보통 직접적인 외부효과의 결여를 행정규칙 개념을 위해 본질적인 것으로 여긴다.[70] 행정규칙이나 지시가 제5의 독립된 작용형식에 해당하는지 여부는, 행정내부영역을 작용형식론에 귀속시키고자 하는지 여부에 좌우된다.[71] 그런데 하자효과확정이란 권리구제를 토대로 하고 있다는 점, 행정규칙이나 지시는 통상 재판규범성이 없다는 점이 그러한 귀속을 저지한다. 행정규칙은 어떤 형식이 되었든 외부효과를 갖게 될 경우에만, -특별한 경우(가령 독일의 규범구체화행정규칙처럼)에 직접적이든,[72] 행정의 자기구속 등과 같은 매개를 통해서 간접적이든- 재판규범성을 갖게 된다.[73] 그리고 지시는 그것이 주관적 권리침해로 인해 행정내부영역을 벗어날 경우에만, 가령 공무원법에서나 자치행정사무에서 있을 수 있는 것처럼 기껏 극히 예외적인 경우에만 권리구제에 적합한 행위로 된다. 그런데 행정규칙이나 지시가 권리구제관련성을 갖더라도 이들은 현재의 네 가지 작용형식군에 아무런 의문 없이 들어간다. 만약 행정규칙이 외부적으로 구속효과를 발생시키면, 규율적 성격에 비추어 이는 법규범으로 다루어져야 할 것이다. 그 결과 그것의

---

69) 예컨대 Schmidt-Aßmann이 이런 제안을 하였다. Ders., a.a.O.(Fn.2), S.533.

70) 행정규칙에 대해 대외적·직접적 구속력설을 취하는 대표적 학자인 Ossenbühl은 당연히 이에 대해 비판적이다. Vgl. Ders., in: Erichsen(Hrsg.), Allgemeines Verwaltungsrecht, 10.Aufl., 1995, S.134f.

71) Hufen은 행정내부영역을 이 같이 도그마틱적으로 관철시킬 것을 단호하게 요구하였다. Ders., a.a.O.(Fn.65), S.327.

72) 우리 법원은 법령보충적 행정규칙에 대해 바로 법규로서의 효력을 인정한다(대법원 1994.4.26. 선고 93누21668판결 등). 여기에는 의회입법원칙의 견지에서 법규명령에 요구되는 수권상·절차상의 요구가 도외시될 수 있다는 점이 문제된다. 요컨대 이 같은 태도는 법률 및 법규명령이 갖는 민주적 정당성을 몰각시켜 헌법에 의거한 法源論에 정면으로 배치된다고까지 말할 수 있다. 생각건대 관련 판례들이 이 같은 변종의 법규명령의 성립, 다시 말해 대국민적 구속력의 인정에는 나름의 논리를 전개하였으나, 그보다 더 중요한 기본권제한의 문제는 소홀히 하였다. 한편 Ossenbühl은, 불확정법개념을 구체화하는 법제정(Rechtsetzung)의 방도가 다양하지만, 기본법상으론 법률의 개방성을 법률하위적으로 구체화하는 유일한 방도가 법규명령에 불과함에도 불구하고, 1973년과 1994년의 대규모 改憲에서 이런 19세기의 고전적 법제정형식(법률과 법규명령)의 불충분성을 전혀 언급하지 않았다는 사실이 매우 기이하다고 지적하였다(Ders., Der verfassungsrechtliche Rahmen offener Gesetzgebung und konkretisierender Rechtsetzung, DVBl. 1999, 1(2)). 요컨대 이 문제는 단순히 행정규칙의 법규성시비의 차원이 아니라 헌법상의 규범체계와 관련이 있다. 追論: 그런데 우리의 경우 독일과는 달리 대통령제 국가이고, 법령보충적 행정규칙의 근거규범이 법령이며, 재량준칙도 위임명령의 형식을 취하기 때문에, 법령보충적 행정규칙을 비롯한 행정규칙(단 근무·조직규칙은 제외)에 대해서 전향적인 태도를 취할 필요가 있다. 본서 409면 이하 참조.

73) 여기서 전자는 행정규칙의 본연에서 벗어난 경우이고, 후자가 통상의 경우이기에, 행정규칙을 행정법의 法源의 일종으로 삼는 것은 피해야 한다. 행정법의 法源의 문제는 행정과 司法이 어떤 법규범에 구속되느냐의 문제이기 때문이다.

법위반은 앞서의 법규명령의 경우에 비견된다. 그리고 지시가 외부효과를 발생시키면, 개별적 규율로서의 성격으로 그것은 행정행위가 되고 그럼으로써 행정행위의 하자효과체계의 지배를 받는다. 따라서 하자효과의 관점하에선 행정내부법을 위해 따로 제5의 작용형식군을 만들 필요가 없다. 이 점에서 행정규칙을 '행정입법'이란 표제하에 법규명령에 이어서 기술하는 일반적 경향은 재고가 필요하다. 독일의 주요 문헌들이 행정규칙을 작용형식으로서의 법규명령과 분리해서 법원론이나 행정조직법에서 다루고 있는 점을 상기할 필요가 있다.

한편 행정규칙의 하자효과와 관련해서, 법규명령에서와 동일한 차원에서 법규명령과 동일하게 무효가 된다는 입장과, 행정행위처럼 하자가 중대하고 명백하여야 무효가 되고 그렇지 않으면 취소가능성에 그친다는 입장으로 나뉜다. 그런데 김성수 교수는 행정규칙의 법규성의 부인은 위법한 행정규칙에 대한 사법심사 메카니즘의 결여를 초래하기에, (이런 입장에 서는 한)위법한 법규명령에 대해서 효력을 부인하기란 사실상 어렵다고 지적하면서,[74] 하자있는 행정규칙에 대해선 그와 관련한 최종행위를 대상으로 삼아서 간접적으로 다투어야 한다고 타당하게 주장하고 있다. 하자발생으로 인해 야기되는 것이 무효나 취소가능성을 논하기 위해선 전제될 것이 해당 작용으로 인해 어떠한 법효과가 직접적으로 발생을 하여야 한다. 해당규범이 그로부터 발생한 직접적인 법효과의 적법여부를 판단하는 기준이 되어야만 그것의 재판규범성이 인정된다. (행정규칙의 비법규성을 견지하면서) 행정규칙의 하자를 법규명령과 행정행위의 경우에 비견해서 논하는 것은 적절치 못하다. 요컨대 행정규칙은 행정과 사법이 구속되어야 할 법규범도, 행정법의 법원도 아니다.

### 3. 行政上의 確言·確約의 경우

확언·확약이 특별한 공법적 작용형식인지 여부는 상이하게 논의되어 왔다. 확언(Zusage)은 불문의 행정법의 일반원칙에 바탕을 둔 장래의 작위나 부작위를 위한 행정의 자기의무지움 즉, 행정의 개별·구체적 자기구속이다. 그리고 확약(Zusicherung)은 일정한 행정행위의 장래의 발급이나 불발급에 관한 확언이다. 즉, 확언의 변형이 확약이다.[75] 일찍이 Ossenbühl은 "규율"의 부재를 이유로 확언의 법적 성질을 행정행위로 보는 데 부정적이다.[76] 나아가 그는 '확언'을 고유한 작용형식에 해당한

---

74) 동인, 앞의 책, 361면.

75) 독일 용어를 여기서처럼 번역하든 정반대로 번역하든, 권리구제의 측면에서 양자의 구별이 강조되어야 한다. "Zusage"의 "sage"가 "sagen"(말하다)에서 연유한 점에 비추어 여기서처럼 번역하는 것이 나은 것 같다. 그러나 만약 확약이든 확언이든 자기구속성을 부인하거나, 전자의 행정행위성(또는 행정행위유사적 성격)을 부인하면 구별의 의미는 퇴색할 것이다.

다고 주장하였다. 반면 Di Fabio는 독일 행정절차법 제38조에 확약과 행정행위를 실제론 동일하게 놓음으로써, 간단성과 개관가능성의 이유에서 (확약 나아가 확언의) 도그마틱적 독자성을 부인하는 것이 타당하다고 여긴다.[77]

우리의 경우 확약의 법적 성질과 관련하여, 종국적 규율의 부재를 이유로 그것의 독자적 작용형식성을 인정하려는 입장과 행정청에 대한 구속적 효과의 존재를 이유로 그것의 행정행위성을 인정하려는 입장으로 나뉜다. 반면 대법원은 '어업면허우선순위결정'을 확약으로 보되, 그것의 처분성을 부인한 바 있다.[78] 이것이 확약의 독자적 작용형식성을 시사하진 않는다. 오히려 대법원은 확약을 일종의 구두선으로 여기는 듯 싶다. 이 점은 판례가 "…강학상의 확약에 불과하고 …"기술한 데서도 느껴진다. 반면 대법원은 행정행위발급의 확약에 대해 사정변경의 법리에 따른 실효를 인정하였다.[79] 앞서의 판례와 뒤의 판례는 확약에 대한 법원의 시각이 모순됨을 보여준다. 아무런 구속효를 발생시키지 않는다면 구태여 '실효'가 필요할까? 그런데 앞서의 판례를 보면 동사건의 핵심사항은 수익적 행정행위의 직권취소에서의 제한 즉, 상대방의 신뢰보호의 문제이다. 확약으로 인한 자기구속의 성격을 행정행위의 구속력의 관점에서 오해하였기에, 그것에 대해서 행정행위적 성격은 물론 법적 행위로서의 성격을 부인하였다. 즉, 비록 독일행정절차법에서처럼 행정행위의 취소・철회 등의 규정이 준용되게끔 규정된 바가 없더라도, 충분히 그와 같은 논리전개를 통해 확약의 자기구속성을 설득력있게 해소시킬 수 있음을 간과하였다. 강학상의 '확약'이란 존재를 인정한 데서 이 판례의 의의를 찾을 수 있긴 하나, 그러기에는 자기구속의 발현인 신뢰보호의 위상저하가 너무 크다.

한편 판례와 달리 확약의 구속력을 인정한다면 그것의 법적 성질 및 독자적인 작용형식성이 문제될 수 있다. 독자적 작용형식에로의 격상에 대해 엄격한 태도를 견지하는 입장에선, 확약이란 독립된 작용형식을 설정하는 데 소극적일 수밖에 없다. 그러면 그것을 기존의 작용형식에 귀속시켜야 한다. 그리하여 확약은 행정행위적 성질을 갖는 반면에 확언은 -확약적 사항이 아니 한- 사실행위적 성질을 갖는다 하겠다.[80] 다만 확약과 확언의 법적 성질에 관한 논의를 계기로, 그들 자체를 대상행위로

76) Ossenbühl, a.a.O.(Fn.1), S.681(684); Wolff/Bachof, a.a.O., §45 Ⅱb2).

77) ders., a.a.O.(Fn.15), S.47(53), Fn.18.

78) 대법원 1995.1.20. 선고 94누6529판결.

79) 대법원 1996.8.20. 선고 95누10877판결.

80) 행정법문헌상의 확약에 관한 논의와 행정실무상의 그것과의 괴리가 지적되고 있나. 윤홍식, 확약론에 대한 행정실무적 재구성, 고시연구, 2001. 11, 172면 이하 참조. 여기서 윤사무관은 비록 확약을 행정청의 독자적인 행위태양으로 본다고 하지만, 기본적으로 약속불이행의 결과에 대한 신뢰보호적 비난가능성(위법성)의 근거로 본다. 그리고 위의 어업면허우선순위결정을 확약으로 본 것은 확약의 자기구속에 부합하지 않는 점을 지적하면서, 우선순위결정이 확약이 아니라 어업권면허에 대한 선단계처분이라고 주장한다.

귀결시켜선 안된다. 다시 말해, 약속과 약속대상행위가 밀접한 상관관계를 갖지만, 존속력의 강도가 다름을 고려하여 양자를 동치시켜선 아니 된다. 한편 확약의 문제가 확약불이행의 경우에 국한하지 않고, 제3자가 확약을 문제삼는 경우처럼 확약 그 자체에도 발생할 수 있음도 고려해야 한다.

### 4. 行政計劃의 경우

여러 상이한 계획들은 혼돈의 모습을 보여주며, 경제계획이나 각종백서처럼 자명하게도 행정영역에 국한하지 않는다. 여러 계획의 형식과 내용에 관한 바른 이해는 계획과 관련한 대국민적 신뢰를 평가하는 데 중요하다. 그 이유는 계획보장·계획보장청구권의 성립여부는 일률적으로 답할 수 없거니와, 그것이 아직 확고한 법제도로서 정립되었다기보다는 청구권의 다양한 변형과 관련이 있기 때문이다. 이상의 언급은 계획이 독립된 작용형식에 해당하는지 여부를 둘러싼 물음에 대해서도 통용되어야 한다. 행정행위, 공법계약 이외의 독자적 작용형식으로서 행정계획이 존재하는지 여부만이 행정법적으로 흥미로운데, 과거 학설상으로 종종 그러한 견해가 주장되었다.[81] 하지만 이는 관철될 수 없다. 왜냐하면 그 견해는 요청이나 구체화되지 않은 사고의 수준에 머물러 있기 때문이다. 계획을 다른 작용형식에 대해서 이질적인 것(aliud)으로서 전개하는 것은 가능하나, '새로운 작용형식의 전개'란 단순한 명칭부여의 문제가 아님을 유의해야 한다. 전술한 바처럼, 행정의 작용형식은 일정한 도그마틱을 통한 법치국가적 기능을 지니기에, 어떤 행정활동을 주조된 작용형식의 하나로 분류시킴은 다름 아닌 그 행정활동을 지배하는 특별한 법제도를 정함을 의미한다. 따라서 새로운 작용형식 즉, 이질적인 것으로 전개하고 싶어하는 입장에서 작용범주(형식)의 그러한 확대가 유용하다거나 반드시 필요하다는 식의 언급만 하여선, 설득력이 담보되지 않는다. 오히려 그 이질적인 것에 법적 프로필을 부여할, 환언하면 이질적인 것이라 평가를 내릴만한 특별한 법제도(예: 권한, 절차, 권리구제, 구속력, 책임)를 만들어 내야 한다.[82] 이런 것들이 지금까지 생겨나지 않았다. 여러 종류의 계획에 관한 세분화된 유형론이 있긴 하나, 결코 고유한 범주를 설정할 만한 논거는 담지 못한 서술에 불과하다. 다시 말해, 계획관련한 체계화의 노력은 서술적 분류 이상을 넘지 않는다. 계획수립행위인 기획의 이질성에 대비된 통일적 징표로서 기껏해야 기획에 내재한 기획(계획)재량만이 인식된다. 하지만 도그마틱상으로 기획재량은 하자

---

81) Vgl. W. Thieme, Zur Systematik verwaltungsrechtlicher Handlungsformen, in: FS für Schack, 1966, S.166.

82) Vgl. Ossenbühl, Verh. des 50. DJT, 1974, Bd. II, S. I 192f.

효과들의 확정(확립)과는 아무런 관계가 없고, 법하자의 유무를 확인하는 물음과 관계가 있을 뿐이다. 아무튼 확고한 사실은 행정실무가 기획의 결과 즉, 계획을 전통적인 작용형식의 범주란 오래된 관에 집어넣었다는 점이다. 따라서 계획은 형식적 법률로서 뿐만 아니라, 법규명령, 조례, 행정규칙, 행정행위, 합의로서도 나타난다. 이 경우 작용형식의 선택은 대저 원하는 법효과 즉, 구속력의 정도에 의해서 결정된다. 요컨대 계획은 결코 고유한 작용형식이 아니다. 오히려 여러 계획들은 전통적인 작용범주의 옷을 입고서 나타난다.[83]

우리의 대부분의 문헌들은 행정계획을 독립된 작용형식의 하나로 보는 데 명시적이든 묵시적이든 부정적으로 보면서, 구속적·명령적 계획인 도시계획의 법적 성질에 초점을 맞추고 있다. 그런데 우리의 입법상황에서 계획의 법적 성질을 가늠케 하는 잣대(법규명령, 조례나 행정행위 등의 형식)가 명시적으로 규정된 예를 찾을 수 없다. 이처럼 법형식이 결여될 경우에는 그에 담겨진 실질적 기준에 의거하여 개개의 계획의 법적 성질을 규명하여야 한다.[84] 그런데 다극적 행정법관계를 발생시키는 계획의 법적 성질을 전적으로 법원의 판단에 맡기는 것은 재고해야 한다. 입법자가 입법활동을 성실히 수행하여 그에 관해 형식선택을 애써 하는 것이 필요하다. 법형식의 필요성에 대한 인식부족이, 법형식을 전면 도외시한 이른바 처분적 조례의 인정을 초래하지 않았을까?

### 5. 行政의 自動化作用(自動的 行政行爲) 및 行政의 私法的 活動의 경우

대부분의 문헌들이 행정의 자동화작용 및 행정의 사법적 활동을 행정의 작용형식으로 들고 있다. 그러나 여기서처럼 독자적 작용형식에로의 격상에 대해 엄격한 태도를 견지하는 입장에선, 그들을 독립된 작용형식을 설정하는 데 당연히 부정적일 수밖에 없다. 행정자동결정의 법적 성질을 행정행위로 보는 이상, 그것을 독립된 작용형식으로 보는 것은 애초에 의미가 없다.[85] 행정의 사법적 활동 특히 행정사법작

83) H. Maurer, Allgemeines Verwaltungsrecht, 13. Aufl. 2000, §16 Rn.18; F-J Peine, Allgemeines Verwaltungsrecht, 5.Aufl.,2000, §6 Rn.101. 그래서 독립된 행정법적 작용형식인 계획이란 존재치 않는다고 보는 Maurer는, 오히려 계획이란 성질과 관련 법규정에 비추어 그때그때 판단내려져야 할 천차만별인 현상의 집합개념을 의미한다고 타당하게 지적하였다. Maurer, a.a.O., §16 Rn.14. 한편 Pitschas 역시 동일한 입장을 견지하되, 인프라구축행정(Infrastrkturverwaltung)의 상관관계에서 작용형식으로서 "계획"을 새로이 숙고할 필요성을 제기한다. Ders., a.a.O., S.229(246f.).

84) 한편 판례는 환지계획의 대외적 구속성 결여를 이유로 그것의 처분성을 부인하였다(대법원 1999.8.20. 선고 97누6889판결). 이에 대해 김남진 교수님은 물적 행정행위 개념을 매개로 비판하였다. 법률신문, 제2844호(1999.12.13.) 참조. 한편 판례는 개별공시지가에 대해선 직접적인 법적 규율이 존재하는 것으로 보았다(대법원 1993.1.15. 선고 92누12407판결 등).

85) 행정자동결정에 따른 국가배상책임과 관련하여, 그것을 법적 행위로 보는 이상, 전적으로 국가배상법 제2조에 따른 배상청구권의 성립여부에 초점을 맞추어야 한다. 이 점에서 행정자동결정을 자동적 행정행위로

용은 넓은 의미에선 행정활동이긴 하나 사법적 활동이다. 따라서 행정의 작용형식(론)이 전통적으로 공법적 활동에 국한함에 비추어 이들은 작용형식의 본보기에서 제외된다.[86] 하지만 형식선택의 문제는 남는다. 이런 관점에서 보자면 과거 한때 열렬한 호응을 얻은 이단계이론을 기초로 한 합성적 작용형식 역시 독립된 작용형식의 범주로부터 배제된다. 또한 오늘날에는 이단계적 구조를 행정행위나 공법계약에 의거한 일원적인 구조로 대체하려는 것이 대체적인 경향이다.

## Ⅶ. 전 망

하자효과를 연계시키지 않고 규준요건과 적법성요건만으로 새로운 작용형식을 결부시킬 경우에, 행정작용형식은 제한적 범위에서 통용되고 기능한다. 새로운 하자효과의 틀을 동시에 제시하는 작용형식만이 행정법적 의미에서 진정한 새로운 행위형식에 해당한다. 진정한 행정법적 작용형식과 행정학적 활동형식을 구분하여야만, 행정계획, 자금조성, 구상 등과 같은 활동형식에 대해 무분별하게 독자적 위상이 부여됨에 따른 혼란을 피할 수 있다. 작용형식체계의 지속적인 발전은 변화의 착안점을 자세히 나타냄으로써 가능하다. 하자효과체계상의 변화가 작용형식의 심층구조를 바꾸는 반면, 적법성요건상의 변화나 규준상의 변화는 행정법체계에 대해 구체적・실질적 영향을 미치긴 하나 전자에 비하면 덜 광범한 결과를 가져온다.[87] 물론 이미 권리구제제도가 정비된 점을 감안한다면, 여기서 강조한 상응한 하자효과(위법효과)의 틀을 발견한다고 하는 작용형식의 기능이, 그 실제적 중요성의 측면에서 적법성요건과 법적 판단규준에 관한 논의에 비해 주목을 덜 받는다. 하지만 법체계의 측면에서 핵심적인 향도적 기능이 작용형식에 부여됨을 간과해선 아니 되고, 그리하여 새로운 작용형식으로 일컫는 것을 우선 작용형식의 현존 체계에 가능한 광범하게 순응시켜야 한다. 요컨대 작용형식은 행정법의 목적적 창조물이고, 행정법의 임무란 실제로 일어난 전개양상과 새로운 해석을 작용형식의 영역에서 체계화하는 것이다.[88]

---

改名하는 것이 바람직하다. 참조: 졸고, 행정자동결정(자동적 행정행위)의 실체적 문제점에 관한 소고, 공법연구 제28집 제4호 제2권(2000.6), 225면 이하; 행정자동결정의 통제에 관한 고찰, 법학연구 제9권(1998), 충북대 법학연구소, 109면 이하.

86) Ipsen, a.a.O.(Fn.42), Rn. 287.

87) Di Fabio, a.a.O.(Fn.15), S.47(65).

88) 한편 최근에 행정법도그마틱의 바탕이나 표적으로서 '행정법관계'(Das Verwaltungsrechtsverhältnis)가 운위되고 있다. J. Ipsen은 이를 민주적 법치국가적 헌법에 의해 특징이 지워진 행정법의 핵심개념으로 보는 반면에, H. Maurer는 이를 행정법체계의 향도적 핵심개념으로 적합할 정도의 행정법도그마틱적 제도는 결코 아니라고 본다. 한편으론 모든 행정활동의 상호주관성이 인식되고, 다른 한편으론 행위자의 법(권리)주체성이

* 공법연구 제30집 제4호, 2002.6., 297면 이하 소수.

* 참고문헌: 졸고, 조치적 명령 내지 개별사건규율적 명령에 대한 권리보호에 관한 소고, 법조 제554호, 2002.11., 90면 이하; 행정작용의 가늠잣대에 관한 소고-형식인가 실질인가?, 고시연구 2002.12., 14면 이하; 이른바 처분적 시행규칙의 문제점에 관한 소고, 법률신문 3478호, 2006.7.27.; 조문형식을 띤 고시의 처분성 인정에 따른 문제점에 관한 소고, 저스티스 98호, 2007.6., 272면 이하.

* 追論: 위의 글에서 "행정규칙은 행정과 사법이 구속되어야 할 법규범도, 행정법의 법원도 아니다"라고 기술하였듯이, 종래 필자는 통설마냥 행정규칙의 비법규성을 견지하였는데, 그 후에 조직규칙과 근무규칙을 제외한 행정규칙을 중심으로 입장을 완전히 바꾸었다. 졸고, 민주적 법치국가에서 의회와 행정의 공관적 법정립에 따른 법제처의 역할에 관한 소고, 행정판례연구 제12집, 2007.6., 59면 이하(본서 409면 이하).

---

인정됨으로써, 행정법학의 패러다임변화를 가져왔다고 하는 '행정법관계'가 여기서의 '작용형식론'에 어떠한 영향을 미치는지는 후자에 관한 충분한 논의가 선행·병행되어야 가늠할 수 있다. 일찍이 H. Baur는 '행정법관계'로 인해 작용형식론으로부터 결별이 아니라, 작용형식론을 위해 필요한 보완이 이루어진다는 점을 강조하였다. Ders., Verwaltungsrechtslehre im Umbruch?, DV Bd. 25(1992), S.301(315ff.).

# 제 2 장

# 行政裁量의 縮小에 관한 考察



## Ⅰ. 처 음 에

재량행위를 둘러싼 행정법학계의 논의는 과거에도 그러했듯이 현재에도 매우 활발히 전개되고 있다. 행위재량, 판단여지 그리고 계획재량의 구별에 관한 논의가 그 하나의 예이다.[1] 그런데 재량이론의 일부 분야에 대해선 그것이 현실적으로 매우 주요성을 가짐에도 불구하고, 아직껏 확고한 일반원칙은 물론 사례에 관한 도그마틱상의 분류조차도 찾아보기 어려운 것이 있다. "재량의 0으로의 수축"(Ermessensreduzierung auf Null) 문제가 바로 그것이다. "재량의 0으로의 수축"은 행정청의 부작위와 관련하여 행정개입청구권과 국가배상을 검토하면서 논의되고 있는데,[2] 이미 우리나라에 도입된지 오래되어 국내의 행정법문헌상으론 거의 빠짐없이 다루어지고 있다.[3] 그

1) 김남진, 행위재량 · 판단여지 · 계획재량의 구별, 고시저널, 1996. 5., 24면 이하; 도시계획시설 결정처분과 계획재량, 법률신문 1997.1.13. 참조.

2) 여기서의 행정개입청구권을 넓게 이해하든 좁게 이해하여 행정행위발급청구권과 구별하든 그것은 그다지 중요치 않으나(필자의 생각은 전자의 입장이 나은 것 같다), 재량축소와 무관하게 논하는 것은 행정개입청구권의 본질과는 거리가 있다. 한편 재량축소법리가 국가배상과 관련 해서 행정청의 부작위(태만, 해태)의 위법성을 시인하는 데 도움을 줄 수 있으나, 그것은 부수적인 것이다. 재량축소법리는 기본적으로 행정개입청구권의 성립여부의 관점에서 바라보아야 한다. 그리고 뒤에서 보겠지만, 부작위의 위법성은 행정개입청구권의 경우와는 달리 재량영으로의 축소까지 이르지 않더라도 결정재량의 축소만으로도 주장할 수 있다.

3) 김남진, 행정법 I, 제5판, 116면 · 221면 이하; 박윤흔, 행정법강의(상), 개정판, 303면 · 331면 이하; 김동희, 행정법 I, 전정판, 95면 · 227면 이하; 석종현, 일반행정법(上), 제6판, 145면 · 250면 이하; 류지태, 행정법신론, 제2판, 84면 이하; 홍정선, 행정법원론(上), 제5판 176면 이하; 홍준형, 행정법총론, 제2판, 124면 이하; 서정

러나 그것의 본질・요건・효과 등에 관해서 만족스럽게 다루고 있지 않으며, 이 점은 독일의 경우에도 동일하다.

일찍이 W. Jellinek는 경찰재량에는 상한의 한계(Grenze des Übermaßes)와 하한의 한계(Untergrenze)가 있음을 주장하였다.[4] 전자는 경찰이 그것을 넘어서(상회하여) 더 이상 개입해선 안된다는 것이고, 후자는 그것을 넘어서면(하회하면) 경찰의 해태(Untätigkeit)가 의무위반이 된다는 것이다. W. Jellinek 자신은 자신의 견해를 유해성의 한계라고 불렀다. W. Jellinek가 말한 하한의 한계에서 재량(0으로의) 축소법리의 단초를 발견할 수 있다. 독일의 경우 먼저 민사법원에서 Jellinek의 견해가 받아들여졌다. 제국법원은 중대한 위험이 있으면 경찰은 특별한 의무를 지며, 그것을 위반하면 국가배상청구권이 성립한다고 판시하였다.[5] BGH 역시 기본적으로 동일한 태도를 취하고 있다.[6] 독일 행정법원 특히 고등행정법원은 제2차 세계대전후에 비로소 '재량의 0으로의 축소'라는 형상을 적용하면서 그것의 성립요건을 계속 확대시켰다.[7] 그리하여 마침내 연방행정법원은 1960년 8월 18일에 내린 띠톱판결(Bandsäge-Urteil)을 통하여 행정개입청구권과 그것의 바탕이 된 재량축소 법리에 관한 논의에 새로운 지평을 열었으며,[8] 1969년의 판결에서 이와 같은 입장을 재차 확인하였다.[9]

국가와 국민간의 관계에서 국민은 더 이상 국가적 배려의 단순한 객체가 아니라, 적어도 자신의 매우 중요한 이익이 문제되는 한, 국가에 대한 주관적 권리의 주체이다. 행정법의 주관적 권리화(Subjektivierung des Verwaltungsrechts)는 이러한 사정의 변화를 상징적으로 표현한 것이다. 독일의 기본법제정 이래로 행정법이 전개・발전시킨 많은 주요 쟁점의 총체는 행정법의 주관화 또는 행정법의 개인화(Individualisierung)라는 개념으로 요약할 수 있다. 이 점은 이러한 변화를 Ossenbühl이 행정법체계상의 코페르니쿠스적 전환이라 표현한 데서도 잘 알 수 있다.[10] 행정법의 주관적 권리화(주관화)는 기본권 및 기본권에 바탕을 둔 판례가 대거 행정법 논의에 유입됨으로써 가능했으며, 또한 촉진되었다. 그리하여 제3자 보호규정이나 국가의 기본권보호

---

범, 경찰개입청구권, 안암법학 제2집, 1994, 292면 이하; 김춘환, 재량권의 영으로의 수축이론, 현대행정법학이론(이명구 교수 화갑기념논문집), 1996, 194면 이하.

4) W. Jellinek, Verwaltungsrecht, 3. Aufl, 1931, §20 Ⅲ 2b.

5) JW 1939, 239, 240; RGZ 162, 273.

6) 국가배상청구권의 성립을 긍정・부정한 사례에 관해서는 Drews/Wacke/Vogel/Martens, 9. Aufl., 1986, S.398 참조.

7) Vgl. OVG Hamburg 11.5 1950, MDR 1950, 570; OVG Münster 13.1. 1955, OVGE 9, 218; VGH Bayern 28.10. 1957, Verw Rspr. Bd. 10 Nr. 138, S.538.

8) BVerwGE 11, 95, 97.

9) VerwRspr. 20, 588, 599.

10) Ossenbühl, Die Weiterentwicklung der Verwaltungswissenschaft, in: Jeserich/Pohl/v. Unruh(Hrsg.), Deutsche Verwaltungsgeschichte, Bd. V, 1987, S.1143(1146). Vgl. Di Fabio, Risikoentscheidungen im Rechtsstaat, 1994, S.16ff.

의무 등에서 볼 수 있듯이, 주관적 권리의 규범적 효과는 권리구제의 지속적 확대를 통해서 실현된다.

이러한 배경에서 독일의 판례와 문헌은 재량축소법리 및 그에 의거한 행정개입청구권을 전폭적으로 수용하였다. 사실 행정청의 개입을 요구하는 자로선 일반적으로 인정되고 있는 무하자재량행사청구권도 주장할 수 있지만, 동 청구권은 형식적 권리에 불과하고 그가 궁극적으로 요구하는 행정결정에 관한 것이 아니다. 따라서 그에겐 무하자재량행사청구권이란 일종의 공허한 외침으로 여겨질 수 있다.[11]

## Ⅱ. 裁量縮小에 관한 독일에서의 논의

Wolff/Bachof/Stober는 개개사건에서 다른 결정을 위한 성립요건이나 다른 법적 허용 사유가 존재하지 않는다면, 즉 다른 모든 결정이 위법하게 될 것이라면 무하자재량결정청구권이 특정한 (재량)결정청구권으로 응축될 수 있음을 지적하였다.[12]

F. Ossenbühl은 기본권의 영향으로 행정의 결정여지가 구속성을 지닐 때까지 소멸됨을 먼저 지적하고선, 행정의 자기구속과 재량영으로의 축소를 그 예로 들었다. 그에 의하면, 행정의 자기구속에서는 행정이 자신의 결정으로 속박되어 결정자유를 상실하는 데 대하여, 재량영으로의 축소에서는 개개사건의 특별한 상황으로 행정재량이 소멸된다고 한다. 예컨대 경찰행정청이 원래 결정재량을 갖지만, 위험이나 장해의 정도, 위험에 처한 법익의 중요성, 위험화의 정도에서 경찰개입이 요구될 경우에는 개입의무를 질 수 있다는 것이다.[13]

Drews/Wacke/Vogel/Martens는 오늘날 경찰편의주의에도 불구하고 경찰이 특정한 경우 개입할 의무를 질 수 있다는 점에 관해선 광범한 의견일치가 있으나, 그러한 의무지움의 요건에 관해선 여지껏 밝혀지지 않았다고 지적하였다.[14] 그들은 관련 판례가 처음부터 장해나 위험의 강도가 극히 높은 경우처럼 극단적인 사건에 대해서만 경찰의무화를 시인하려고 하였음을 비판적으로 지적하였다. 그리하여 중간정도의 장해와 위험의 경우에도 사정에 따라선 경찰청의 해태(태만)가 재량하자가 될 수 있음, 즉 재량영으로의 축소를 인정하였다.

Meyer/Borgs에 의하면, 법률이 행정청에 대해 스스로 행위규준을 확정할 행위수

---

11) 이 점에서 Hufen이 의무이행소송의 원고적격과 관련하여 무하자재량행사청구권이란 별도로 보아선 아니 되며, 전반적으론 무용하다고 지적한 사실은 많은 것을 시사한다. Vgl. Hufen,VerwProzR, 1994, §15 Rn.27f.

12) Wolff/Bachof/Stober, Verwaltungsrecht I, 1994, S.383.

13) Ossenbühl, in: Erichsen, Allg. VerwR, 1995, §10 Rn.19ff.

14) Drews/Wacke/Vogel/Martens, a.a.O., S.400ff.

권을 부여하였지만, 실제로는 법률목적과 사안이 결합하여 법적 관점하에서 가령 비례성의 이유에서 하나의 결정만이 적법한 것으로 판명되는 경우에는, 재량영으로의 축소가 존재한다.[15] Meyer/Borgs는 허용된 하나의 결정에로의 축소가 외부적으로 발생하는 경우에만 동 법리가 긍정되고, 가령 행정이 비교가능한 사례에서 자신의 결정에 구속됨을 느낄 경우에는 동 법리가 적용되어서는 안된다고 하였다. 그들이 재량영으로의 축소의 경우에도 당해 결정은 여하튼 재량결정에 해당하며, 따라서 재량결정상의 특별한 요청은 여전히 존재한다고 지적한 점은 특기할 만하다.

Kopp는 (광의의) 재량영으로의 축소 유형을 두 가지로, 즉 규율의 목적이나 다른 법규정(특히 헌법)과의 상관관계에서 성립한 경우와 구체적 사건의 특별한 사정에 직면하여 성립한 경우로 나누어, 후자에 국한하여 진정한 (협의의) 재량영으로의 축소로 파악하였다.[16] 그에 의하면, 전자의 경우에는 다른 법규에 의해서 이미 결정이 필연적으로 정해져 있기 때문에, 비록 외관상으로는 재량이지만 더이상 재량이 문제되지 않고 결과적으로 기속결정과 다름없다고 한다. Kopp는 후자의 경우를 중요한 법익에 대한 위험의 특별한 중대성이 있을 때와 평등대우의 관점에서 선행의 행위로부터 (청구권의 내용에 관한) 구속이 성립할 때에 긍정하였다. 특히 Kopp는 재량과 마찬가지로 판단여지 역시 사건의 특별한 사정에 직면해선 축소될 수 있다고 지적하였다.

Maurer는 중요한 법익에 대한 현저한 위험이 있는 경우에는 경찰이 개입할 의무가 있음을 지적하고, 그와 더불어 재량영으로의 축소가 특히 기본권과 기타 헌법규정에 의해서도 성립할 수 있다고 지적하였다.[17]

이러한 논의상황에 대해서, Gern은 재량축소문제가 문헌상으로 깊이 있게 본격적으로 논의되기보다는 가장자리에서 뚜렷한 결론 없이 상이한 해결모델을 바탕으로 논의되고 있다는 지적을 하였다.[18] 재량축소는 개별법의 재량규정에서 벗어난 이형적인 경우이므로 특별한 논거제시가 당연히 필요하다. 논거제시를 이끄는 도그마틱의 성과·업적이란 이형적인 경우가 문제될 때 그에 관해 질서를 배려하여 정리·정돈하는 것이다. 하지만 재량축소 법리(를 통해서 얻어진 성과)는 결코 행정법 도그마틱의 혁혁한 업적은 아니며, 오히려 많은 것이 나름의 특유한 영역에서만 이해될 수 있거나 개개사안적 해결책(Kasuistik)에 그치고 있다. 이 점에서 재량축소법

15) Meyer/Borgs, VwVfG Kommentar, 2. Aufl., §40 Ziff. 7.

16) Kopp, VwVfG Kommentar, 6. Aufl., 1996, §40 Rn.11, 69, 83, 89; VwGO Kommentar, 10. Aufl., 1994, §114 Rn.6.

17) Maurer, Allg. VerwR, 10. Aufl., 1995, § 7 Rn.24, 25.

18) Gern, Die Ermessensreduzierung auf Null, DVBl. 1987, S.1194.

리가 과연 법리, 도그마틱의 집적으로 볼 수 있을 정도로 완성되었는지는 확신이 서지 않는다.

재량축소를 하나의 독립된 논제로 처음 다룬 Gern은, 법체계상의 포괄적인 윤곽을 설정하고자 재량축소와 관련한 판례를 개별법영역에서 개관한 다음, 그것을 바탕으로 나름대로 재량영으로의 축소의 요건을 제시하고 있다. 여기서 그는 재량축소를 법규정상의 법효과를 개개사건과 관련하여 제한하는 것이라 정의하였다. 그리고 그 제한은 규범변경을 의미하며, 그것은 전적으로 규범제정자에 의해서만 행해질 수 있음을 지적하였다. 이러한 전제에서 그는 법학방법론의 해석론, 법원론에서의 순위에 관한 이론, 법원론에서의 부분폐지가능성과 변경가능성에 관한 이론 등을 통해서, 어떠한 규범제정이 재량축소에 영향을 미칠 수 있는지에 대해 답을 얻고자 하였다. 그리하여 그는 재량축소의 요건을, 재량규범의 행위성립요건 그 자체에서 규범해석을 통하여 도출하는 경우와 확고한 법효과를 지닌 다른 규범(상위·동위·예외적으론 하위의 법)에 의한 규범겹침에서 도출하는 경우로 나누어서 논하였다. Gern이 제시한 이러한 주장은 재량축소에 관한 도그마틱적 틀을 구축하는 데 도움이 된다. 하지만 우리나라는 물론 독일에서조차 문헌과 판례가 이 논제를 개개사안적으로 다루고 있는 사정 -물론 Gern 자신도 이 점을 지적하고 있다- 을 감안한다면, 현재의 논의수준에선 개별법영역에서 각기 특수하게 다루어지고 있는 문제 상황을 먼저 제대로 깊이 있게 파악하는 것이 더 바람직하다. 사실 문헌에서 재량수축(축소)의 요건으로 들고 있는 피해법익의 대상성, 구체적 위험의 절박성, 예견가능성, 결과회피가능성, 규제권한발동의 기대가능성 등은 경찰개입청구권의 성립과 밀접한 관련이 있다.[19] 이러한 점은 재량축소법리가 본시 경찰법영역에서 발현하였기에 당연하고, 사실 경찰개입청구권과 관련한 논의가 많은 것을 제공한다. 그렇지만 오늘날에는 동법리가 경찰법영역은 물론 행정의 모든 영역에서 통용되고 있다. 따라서 본 논문은 독일에서 기왕에 문제가 된 사례를 중심으로 그것을 유형화하면서 재량축소법리에 관한 윤곽을 모색하고자 한다.

## Ⅲ. 裁量(영으로의)縮小의 槪念과 區別槪念

### 1. 裁量(영으로의)縮小의 槪念

한편 재량축소의 의미와 본질을 제대로 이해하기 위해선 재량의 본질을 살펴 보아야 한다. 종래의 논의가 재량의 소재를 둘러싸고 전개되어서인지, 재량이 갖는 법

19) 이들 요건의 내용에 관해선 김춘환, 앞의 글, 208면 이하 참조.

효과선택의 자유에 논의의 중점이 주어지고, 재량이 지향하는 개별적 정의에 대해서는 비교적 소홀히 다룬 느낌이다. 재량의 본질은 오히려 엄격한 법률구속을 해제하는 데, 그리고 사건의 특수한 구체적 사정에 직면하여 모든 贊否(Für und Gegen)의 형량에 따라 수권목적에 가장 적합한 해결책을 가능케 하는 데 있다 하겠다.[20] 재량의 본질을 이와 같이 이해하면, 의무에 적합한(pflichtgemäß) 재량행사에는 이미 재량축소의 가능성이 담겨져 있는 셈이다.

이제 독일문헌에서 사용되는 Ermessensreduzierung, Ermessensreduktion, Ermessensschrumpfung의 사전적 의미를 살펴보겠다. Reduzierung은 경감·저하·축소·감소·농축 등을 의미하고, Schrumpfung은 수축·위축·감소 등을 의미하므로, 동법리의 개념적 징표인 축소는 추상적으로 있음직한 법효과를 제한·한정함을 의미한다.[21] "재량영으로의 축소"란, 추상적으로 있음직한 법효과가 최대한 제한되어 재량여지가 완전히 축소됨을 상징적으로 나타낸 것이다.[22] 여기선 재량규범상의 하나의 법효과만이 절대적으로 적법하게 되어 재량규범이 부여한 선택자유가 배제되어 버린다. 따라서 엄밀히 보아 결정자유는 물론 선택자유까지 배제되는 상황만이 재량영으로의 축소라 말할 수 있고, 결정자유가 배제되나 선택자유는 여전히 인정되는 경우에는 재량영으로의 축소에는 미치지 못하고 재량축소에 머문다 하겠다. 결국 양자는 단계적 관계에 있다 하겠다. 물론 선택재량이 부인되는 경우는 재량축소가 곧 재량영으로의 축소이다.

이러한 구별이 왜 필요한가? 그것은(독일의 경우에) 쟁송법적 측면에서 재량영으로의 축소의 경우에는 의무이행판결이 행해질 수 있는 데 대해서, 재량영으로의 축소에 이르지 못한 재량축소의 경우에는 지령판결만이 행해질 수 있다는 점이다. 과거 판례·문헌에선 이러한 구별이 분명치 않았지만, 근래에는 엄밀히 구별하려는 입장을 보이고 있다.

재량영으로의 축소를 이처럼 이해하면, 문헌상 논의되고 있는 행정개입청구권의 성립요건인 개입의무의 발생을 재음미할 필요가 있다. 특별한 사정하에 인정되는 개입의무의 발생은 원칙적으로 결정재량만을 축소시키는 데 그치며, 절대적으로 하나의 특정 행위만이 고려되는 예외적 경우에만 비로소 선택재량까지 축소된다.[23] 따라

---

20) Kopp. a.a.O., §40 Rn.9.

21) 한편 국내 대부분의 문헌에선 재량영으로의 수축으로 표현되고 있는데, 필자의 생각으론 수축보다는 축소가 의미전달면에서 더 나은 것 같다.

22) Di Fabio, Die Ermessensreduzierung, VerwArch. 86(1995), S.232; Gern, a.a.O., S.1197. 한편 과거에는 독일 문헌에서 재량 1에로의 축소(Ermessenschrumpfung auf Eins)란 용어가 사용되었으나, 현재에는 대부분 재량영으로의 축소란 용어를 사용하고 있다.

23) Gusy, Polizeirecht, 1993, Rn.309f.

서 선택재량이 부인되는 상황이 아니라면, 사실 개괄적 수권조항에 의거하여 경찰권을 발동하면 경찰편의주의에 의해서 선택재량은 당연히 그리고 여전히 인정된다. 요컨대 개입의무의 발생이 바로(물론 사익보호성을 충족한 다음이지만) 특정처분을 내용으로 하는 행정개입청구권의 인정으로 나가서는 아니 된다. 이는 행정개입청구권이란 극히 예외적으로만 인정될 수 있음을 의미한다. 특히 개괄적 수권조항에 의거한 경찰개입의 경우에는 더욱 그러하다. 이러한 점에 비추어 행정개입청구권에 관한 국내의 논의는 다소 과장된 느낌이 든다.

재량규범상의 법효과를 제한하는 재량축소로 재량결정은 적어도 그 결과에서는 구속적 행정작용으로 변하게 된다. 이는 마치 행정에 부여된 재량이 폐지되는 것과 다름없게 비춰진다. 그리하여 많은 문헌들은 재량축소로 인해 재량행위가 기속행위(구속적 행위)로 구조적으로 바뀌는 규범변천(Normumwandlung)이 일어난다고 보기도 한다. 그러나 재량축소논거가 당해규정의 성질을 변화시킬 순 없으며, 본질적으로 재량축소는 이형적 경우로서 원칙과 예외의 관계에서 파악해야 할 것이다.[24] 재량축소를 이렇게 이해하려는 입장에 서면, 이형적 경우인 재량축소에 필요한 논거제시를 둘러싼 주장책임과 입증책임에 관한 논의에 당연히 초점이 모아진다.

### 2. 區別槪念

#### (1) 결합규정에서의 재량소멸

행위성립요건의 측면에서는 불확정법개념을, 법률효과의 측면에서는 재량자유(수권)을 담고 있는 결합규정(Koppelungsvorschriften)을 불확정법개념 및 재량에 관한 나름의 논의에 바탕을 두고서 취급할 것인지, 아니면 그것과는 다르게 취급할 것인지가 문제된다.[25] 일반적으로 결합규정 그 자체는 재량과 불확정법개념간의 차이점을 폐기하는 특별한 존재가 아니며, 불확정법개념 및 재량에 관한 나름의 논의를 당해 결합규정의 요건·효과에 제각기 적용해야 한다고 본다. 그러나 결합규정의 행위성립요건에 사용된 불확정법개념이 결정을 내리기 위해 생각할 수 있는 모든 실체적 사유를 흡수할 정도로 포괄적이라면, 양자를 구별하는 것은 어려우며, 사실상 행위성립요건의 해당성 여부를 검토하면서 재량행사시에 고려할 사항까지도 포함하여 행한다. 이러한 결합규정에 대해선 다음의 두 가지 방법으로 대처할 수 있다. 첫째로, 불확정법개념을 적용할 때 재량행사시에 요구되는 관점까지 전부 고려하였기 때

24) Di Fabio, a.a.O., S.216. 한편 우리의 많은 문헌들은 자연적 자유의 회복인 (강학상의) 허가가 일반적으로 기속행위에 해당한다고 본다. 생각건대 근거규정이 기속(구속적)규정이 아닌 한, 이 또한 재량축소의 차원에서 바라보는 것이 바람직하다.

25) Vgl. Ossenbühl, a.a.O., §10 Rn.46ff.; Kopp, a.a.O., §40 Rn.71; Maurer, a.a.O., §7 Rn.47ff.

문에, 만약 행위성립요건이 충족되면 재량행사를 위한 고려를 할 필요 없이 바로 허용된 결정을 내린다. 둘째로, 모든 실체적 기준을 흡수한 행위성립요건상의 개념을 기술적 의미에서의 불확정법개념이 아니라 재량행사의 방향을 제시하는 재량지침으로 이해함으로써, 불확정법개념을 재량으로 흡수해 버린다.[26] 한편 전자의 경우를 Maurer는 특히 재량소멸(Ermessensschwund)이라 하였다.[27]

뒤에서 보듯이, 주로 예외적 승인 및 면제에서 통용되고 있는 재량소멸은 재량행사단계 특히 이익형량이 사실상 생략되는 점이 특징이다. 그리하여 일각에서는 가능규정인 당해규정이 실제론 의무규정으로 변함을 강조함으로써, 여기서 말하는 재량축소와 재량소멸이 다르다는 느낌을 갖게 한다.[28] 하지만 결과로 나타난 현상을 가지고 규범성질의 변천으로 평가하는 것은 바람직하지 않다. 재량소멸 역시 재량축소의 하나의 양태로 보아야 한다. 물론 재량축소가 규범변천을 초래한다고 보면, 양자를 동일한 차원에서 논하는 것도 가능하다. 결국 이 문제는 재량의 본질, 재량축소의 본질에 관한 나름의 이해에 좌우된다 하겠다.

한편 행정대집행법 제2조에 따르면 소정의 대집행요건이 충족된 경우에도 문언상으론 가능규정이기에 대집행할 것인지 여부는 재량에 속한다. 이와 관련하여 대집행여부를 김남진 교수님 등은 기속행위로 보는 데 대해서,[29] 김동희 교수님은 그것을 재량적 판단으로 보되, 생명·신체에 대한 중대한 침해가 야기된 예외적인 경우에는 재량수축이 일어날 수 있음을 지적하였다.[30] 그리고 류지태 교수는 「불이행을 방치함이 심히 공익을 해할 것으로 인정될 것」의 요건에 관한 판단은 행정기관의 재량에 일임되지 않고 기속적인 것으로 본다.[31] 생각건대 「불이행을 방치함이 심히 공익을 해할 것으로 인정될 것」과 관련해선 불확정법개념의 적용에 따른 판단여지의 존부가 문제되지만, 요건충족에 따른 대집행여부와 관련해선 이상에서 본 재량소멸에서 파악해야 한다. 즉, 대집행요건이 충족되었다고 판단되면, 보통의 재량에서 요

26) 독일의 라이히조세기본법 제131조 제1항은 조세 등의 징수가 개개의 사정에 비추어 불공평할(unbillig) 경우에는 조세 등이 전부 또는 일부 면제될 수 있음을 규정하였다. 연방최고법원들의 합동부(der Gemeinsame Senat)는 조세징수가 개개사정에 비추어 불공평한지 여부에 관한 행정청의 결정이란 재량심사에 통용되는 원칙에 의해서 심사될 수 있으며, 여기서의 공평성 규준이 성실한 재량의 내용과 한계를 결정한다고 판시하였다(BVerwGE 39, 355, 363ff.). 이는 불공평이란 개념과 감면가능이란 효과간에 해소될 수 없는 결합이 존재한다는 점에 바탕을 두는데, 결국 동규정을 단일한 재량규정으로 보는 셈이 된다.

27) 독일어 Schwund는 감소, 감퇴, 소멸, 위축, 탈락 등을 의미하는데, 독일의 대부분 문헌들은 재량(영으로)의 축소를 Reduzierung, Reduktion, Schrumpfung으로 나타내지 Schwund를 사용하지 않는다. 사실 Maurer를 제외한 다른 문헌에서는 Ermessensschwund를 찾아볼 수 없다. 생각건대 내용·의미상의 차이점을 고려할 때, Reduzierung 등은 축소로, Schwund는 소멸로 표현함이 적절하다 여겨진다.

28) Ossenbühl, a.a.O., §10 Rn.48.

29) 김남진, 앞의 책, 439면. 동지: 홍준형, 앞의 책, 527면.

30) 김동희, 앞의 책, 339면.

31) 류지태, 앞의 책, 274면.

구되는 이익형량은 무의미하며, 대집행하는 것만이 적법한 재량행사가 된다.

대법원은 시설이 불량한 선박에 대해 관계공무원이 해당법규상의 조치를 취함이 없이 계속 운항케 함으로써 빚어진 화재사고와 관련해서, 화재사고와 관계공무원의 직무상 의무위반행위와의 사이에 상당인과관계가 있음을 들어 국가 등의 배상책임을 인정하였다.[32] 동 판례가 공무원의 부작위와 관련한 종전의 판례(대법원 1971.4.6. 선고 71다124판결 등)과 비교해 관계법규(선박안전법, 구유선및도선업법)의 제3자 보호성 여부는 만족스럽게 규명했으나, 감독권발동의 해태(부작위)가 왜 위법하게 되는지는 공무원의 직무상 의무의 관점에서 막연히 언급한 데 그쳤다.[33] 감독권발동이 재량행위인 이상 재량축소법리를 원용하면-재량영으로의 축소까진 미치지 않더라도-그것의 위법성을 쉽게 인정할 수 있다. 생각건대 여기선 구유선및도선업법 제5조 제3호가「충돌, 전복, 좌초 기타 사고로 인하여 배에 심한 파손이 생겼거나 배의 노후로 인하여 사용 또는 운항에 위해가 있다고 인정될 때에 당해 유선이나 도선의 수선·사용 및 운항의 제한 또는 금지」를 규정하고 있으므로 재량소멸에 따른 재량축소를 대입할 수 있다고 여겨진다.

대법원은 학교환경위생정화구역의 상대정화구역안에서의 금지행위해제심의신청에 대한 금지처분(해제거부조치)의 취소를 다툰 사건에서, 금지행위(및 시설)의 해제나 계속 금지(해제거부)하는 조치가 재량행위에 속하므로 그것의 위법성 즉, 재량권의 일탈·남용은 관련 여러 가지 사항을 비교·교량하여 신중하게 판단해야 한다고 판시하였다.[34] 대법원이 위법성을 판단함에 있어 원심(대구고법 1996.5.9. 선고 95구4132판결)과 비교해 공익을 더 앞세운 점은 타당하지만, 그 논의전개를 예방적 금지의 해제인 (강학상의) 허가와 구별되는 예외적 승인에서 출발하였으면 좋았을 것이다. 그러나 대법원이 시교육위원회교육감 등이 행하는 금지행위해제 등의 조치를 재량행위로 본 점은 수긍하기 어렵다. 학교보건법 제6조 제1항 단서는 시교육위원회교육감 등이 학교환경위생정화위원회의 심의를 거쳐 학습과 학교보건위생에 나쁜 영향을 주지 않는다고 인정하는 행위 및 시설에 대해선 동항의 본문의 금지가 제외된다고 규정할 뿐이다. 이 점에서 해당조치의 위법성을 재량론의 관점에서 다룬 것은 타당하지 않으며, 오히려 법문상으론 기속(구속적)행위에 가깝다 하겠다. 따라서 해당조치의 위법성은 관련행위 등이 학습 등에 나쁜 영향을 주는 것으로 인정한 시교육위원회교육감 등의 판단의 적부에 초점을 맞추어서 논해야 한다. 생각건대 만약

32) 대법원 1993.2.19. 선고 91다43466판결.

33) 이에 관한 자세한 것은 김남진, 행정법의 기본문제, 1994, 1039면 이하.

34) 대법원 1996.10.29. 선고 96누8253판결.

위의 단서가 가능규정으로 되어 있으면 재량소멸에 따른 재량축소를 고려할 수 있다.

(2) 당위규정에 따른 재량구속

한편 독일의 대부분의 문헌은 기속규정과 재량규정의 중간에 당위규정(Soll-Vorschriften)의 존재를 긍정하고 있다. 당위규정이란 법률이 전형적인 경우를 위한 행위성립요건(구성요건)에 대해 법효과를 결합시키되, 행정으로 하여금 이형적인 경우에는 (법률상의) 법효과실현을 간과할 수 있음을 허용한 것이다(소위 면제재량).[35] 예컨대 독일 병역법 제12조는 병역의무자가 곤경에 처한 경우에는 (징집이) 유예되어야 한다(soll)고 규정하고 있다. 이는 병역의무자가 곤경에 처한 경우에는 징집이 유예되어야 하되(muß), 병역보충이 빠듯하여 이례적으로 징병이 꼭 필요하다면 유예하지 않을 수 있다는 것이다. 어떤 법규정이 여기서의 당위규정에 해당하는지 여부는 일반적으로 그것의 본문(예: soll, in der Regel)으로부터 판단되나, 가끔은 그것의 의미에서 먼저 추론되기도 한다. 당위규정에 의한 이러한 재량구속은 가장 약한 형태로 재량을 부여하는 셈이 되나, 본 논문에서 다루는 재량축소와는 논의의 출발점이 전혀 다르다. 행정청이 입법자의 의사에 따라 개입하여야 한다면(soll), 이미 법률상으로 (이형적인 경우가 문제되지 않는다면 원칙적으로 재량이 성립하지 않게끔) 원칙과 예외관계가 만들어져 있다고 볼 수밖에 없다. 다만 어떤 재량규정을 당위규정으로 보아야 한다면, 이는 원칙과 예외 관계의 전환이며 동시에 재량축소를 긍정하는 셈이 된다.[36] 그 이유는 당해 행정청이 이형적인 경우임을 입증해야 하기 때문이다.

한편 최근 독일 연방행정법원은 재량행위의 방향이 이미 법률에 나타나 있어 법률상으로 일정한 결과가 원칙적으로 의욕되고 있으되, 예외적으로만 간과될 수 있는 경우에는 "의도된 재량"(intendierten Ermessen)을 받아들여야 한다고 판시하였다.[37] 이러한 의도된 재량에 대해서, Maurer는 개개사건의 사정을 입법자의 의도의 관점에서 면밀히 검사하는 것이 재량의 본질임을 들어 부정적 태도를 보이며, 아울러 당위규정이 있으므로 불필요할 뿐만 아니라 혼란을 야기한다고 혹평하였다.[38] Ossenbühl 역시 그것이 당위규정상의 행정재량에서 결코 벗어나지 않으며, 본질에 비추어 면제재량(Dispensermessen)에 해당한다고 지적하였다.[39]

---

35) Wolff/Bachof/Stober, a.a.O., §31 Rn.34; BVerwGE 49, 23; 64,323; 90, 93.

36) Ossenbühl은 재량결정의 절차하자에 대한 쟁송제기를 봉쇄하고 있는 독일 행정절차법 제46조를 고려하여, 동조가 재량영으로의 축소의 경우에는 재량결정에도 적용될 수 있음을 전제함과 함께, 원자력법상의 허가절차상의 거부재량은 단계적 허가절차에서 영으로 축소될 수 있음을 주장하였다(Ders., NJW 1981, S. 375ff.). 이러한 Ossenbühl의 태도에 대해서, Di Fabio는 Ossenbühl이 원자력법상의 재량규정을 당위규정으로 해석하였다고 지적하였다(물론 Ossenbühl 자신은 당위규정에 관한 언급을 하지 않았다).

37) BVerwGE 72, 6.

38) Maurer, a.a.O., §7 Rn.12.

생각건대 우리의 법률언어생활에서 독일과 같은 당위규정의 존재를 찾아보기란 어려우나, 그것이 주로 면제재량과 관련이 있는 점은 눈여겨 볼 만하다.

## Ⅳ. 建築行政廳의 介入에 관한 隣人訴訟에서의 裁量縮小

### 1. 第3者에 대한 結果除去義務의 成立과 裁量縮小

인근에 일정한 시설을 건설하면서 관련 법령을 위반하였기에 당해 허가가 관계 행정청에 의해서 직권취소되거나 인인소송을 통해 쟁송취소된 경우, 인근주민은 이미 형성된 상태를 제거하여 원상회복하기 위하여 관계 행정청에게 결과제거청구권을 행사할 수 있다. 이 경우 결과제거청구권의 실현은 위반 건축주에 대해 부담적 조치(여기선 철거명령이나 제거명령)가 취해져야만 이루어질 수 있기에, 법률유보의 원칙에 비추어 그에 관한 법적 근거가 문제된다. 이는 부담적 조치의 재량여지와도 관련이 있다.[40] 아울러 쟁송취소의 경우에는 취소판결의 제3자효와 기속력의 내용(특히 결과제거의무)과 관련하여 쟁송법적으로도 문제가 있다.[41]

여기선 그러한 처분을 위해 필요한 법적 근거가 결과제거의무에 내재되어 있는 것으로 보는 입장[42]과 그것이 결과제거규범과는 별개인 특별한 법규정에 명문화되어 있어야 하는 것으로 보는 입장[43]으로 나뉜다. 전자의 입장에선 결과제거규범이 피침익자에 대해선 청구권을, 행정청에 대해선 수익자에 대해 이 청구권을 실현할 권능(Befugnis)을 부여하는 것으로 본다. 그리하여 수익자의 위법한 소유상태(지위)가 피침익자의 적법한 소유상태보다 강하게 보호되어서는 아니 된다는 점, 추가적인 특별수권의 불필요가 결과제거를 기본법상으로 자리매김한 데 논리적으로 합치한다는 점, 다시 말해 수익의 제거가 피해자의 자유권을 효과적으로 보호하기 위한 필수조건인 점을 논거로 들었다. 반면 후자의 입장에선 결과제거를 전적으로 행정청과 피침익자간의 관계에서만 파악한다. 그리하여 수익자인 건축주는 결과제거의무관계외에 있기 때문에, 인근 피침익자가 갖는 결과제거청구권을 실현하기 위해선 특별한

---

39) Ossenbühl, a.a.O., §10 Rn.13.

40) 결과제거와 제3자의 문제에 관해 국내의 문헌상으론 류지태, 앞의 책, 392면; 홍준형, 행정구 제법, 125면; 정하중, 독일의 결과제거청구권의 발전과정과 한국에의 동청구권의 도입가능성, 고시연구, 1993. 11, 112면 등에 부분적으로 소개되어 있을 뿐이다. 다만 결과제거청구권의 내용에서 김남진 교수님은 제3자 행정행위에 의거하여 건축된 건물의 제거를 결과제거청구권을 통해서 청구할 수 없다고 보는 데(앞의 책, 574면) 대해서, 홍정선 교수는 그것이 결과제거청구권의 행사로 주장될 수 있다고 한다(앞의 책, 522면).

41) 이 문제에 관해 필자는 아직 깊은 연구가 되어 있지 못하다. Vgl. Hufen, a.a.O., §28 Rn.8, §38 Rn.33.

42) Wolff/Bachof/Stober, a.a.O., §52 Rn.26; Schenke, DVBl. 1990, S.330f.

43) Weyreuther, Gutachten B zum 47. DJT, 1968, S.108; Bender, Staatshaftungsrecht, 3.Aufl., 1981, §16 Rn.464; Pietzko, Der materiell-rechtliche Folgenbeseitigungsanspruch, 1994, S.517ff.

법적 근거가 필요하다고 본다. 다만 위법한 상태 및 그로 인한 공공의 안전상의 장해가 초래되기 때문에 경찰상의 개괄적 수권조항을 법적 근거로 삼을 수 있다고 한다.

전자의 경우 확고한 결과제거청구권이 그에 따른 행정청의 결과제거의무와 더불어 존재하는 데 대해서, 후자의 경우 개괄조항으로 인해 편의주의가 통용되고 따라서 개입(여기선 철거명령 등)과 관련하여 광범한 재량이 인정된다.[44] 따라서 전자의 경우에는 결과제거청구권이 철거명령이외의 결정은 위법하게끔 건축법상의 결정재량을 제한할 수 있다. (독일의) 행정판례는 이 경우 사실상 재량영으로의 축소로 보고 있다. 한편 후자의 경우와 관련해선 이른바 결과제거부담(Folgenbeseitigungslast)을 통한 재량제한(축소)이 주장되고 있다. 결과제거부담이란, 행정청이 위법하게 거부처분이나 수익석 처분을 발한 후에(특히 쟁송중에) 상대방이 원하는 내용의 처분을 발하기 어려운 장애(예컨대 요건이 강화된다든지, 기속규정이 재량규정으로 바뀐다든지)가 생긴 경우, 행정청은 추후 결정에서는 앞서의 하자를 고려해야 하며, 가급적 (원래 행해졌어야 할) 바람직한 상태로 복구시킬 책임을 져야 한다는 것이다.[45] 이러한 결과제거부담(원칙)의 배경에는 Schenke가 지적하듯이,[46] 법치국가원리에 바탕을 둔 정의명령(Gerechtigkeitsgebot)이 존재한다. 결과제거관점을 고려해야 할 의무를 의미하는 결과제거부담으로 인해, 행정청은 새로운 재량결정에서 재량구속(Ermessen-bindung)을 받게 되는 셈이다 그러나 결과제거부담으로 관계인에게 법적 청구권이 제공되지 않기 때문에, 그것이 존재하더라도 자동적으로 재량여지가 축소되는 것은 아니며, 철거명령 등의 결정은 원칙적으로 재량에 머문다 하겠다.[47] 따라서 위법상태가 인근 주민에게 심각한 오염을 발생시키는 극단의 경우에는 재량영으로의 축소가 인정되어 철거명령이 반드시 내려져야 하겠지만, 반면 위법상태로 인한 불편이 미미한 경우에는 철거명령을 간과할 수 있다.

제3자에 대한 결과제거에서 법적 근거의 필요성을 주장하는 측이, 경찰상의 개괄적 수권조항을 통해서도 인정하기 때문에 법적 근거를 둘러싼 논의의 차이는 그다지 크지 않다고 할 수 있지만, 재량축소여부의 문제와 관련해서는 앞에서 보았듯이 분명한 차이점을 느낄 수 있다.[48] 행정청으로선 전자보다는 후자의 입장을 바랄 것이다. 그것은 확고한 법적 청구권에 비해서 공익고려가 허용되는 이전이 있으며, 피

44) Ossenbühl, Staatshaftungsrecht, 4.Aufl., 1991, S.268f.

45) 이와 같은 내용이 과거에는 결과제거청구권의 이름으로 논해졌으나, 오늘날에는 일찍이 Weyreuther가 전개한 결과제거부담의 이름으로 논의되고 있다. Vgl. Weyreuther, a.a.O., S.110ff.; Rüfner, in: Erichsen, Allg. VerwR §50 Rn.32f.; Pietzko, a.a.O., S.524ff.

46) Schenke, Bauordnungsrecht, in: Achterberg/Püttner, Bes. VerwR Ⅰ, 1992, Rn.522.

47) Rüfner, a.a.O., §50 Rn.34; Di Fabio, a.a.O., S.217f.

48) 이 점은 제3자에 대한 결과제거의 법적 근거를 둘러싼 견해의 차이가 실제로는 그다지 크지 않다고 보는 Wolff 등도 지적하고 있다. Ders., a.a.O., §52 Rn.26.

침익자 스스로 결과제거가 어렵다고 여겨 손해보전을 주장할 수도 있기 때문이다. 이러한 점에서 결과제거부담의 실제적 중요성은 제한적으로 인정된다 하겠다.

### 2. 建築法上의 隣人保護規定과 裁量縮小

앞에서 본 결과제거청구권과 같은 지렛대가 없을 경우, 예컨대 무허가로 위법하게 건축물을 건축·대수선한 경우(Schwarzbaufall)에는 결과제거청구권에 의하든 결과제거부담에 의하든 행정청에 대해 결과제거의무를 인정하기란 어렵다. 이 경우 행정청은 개입할 권능은 있으되, 의무는 없다. 다시 말해, 철거명령, 제거명령의 발동이 행정청의 재량에 속한다.[49] 문제는 인인보호규정위반의 사유로 철거명령 등에 관한 재량행사가 축소될 수 있는지 여부이다. 이와 관련해선 독일의 판례상으로 크게 두 가지 상이한 입장이 있다.

#### (1) 독일 연방행정법원의 1960년 판결[50]

일찍이 독일 연방행정법원이 1960년에 소위 띠톱판결(Bandsäge-Urteil)에서 내린 재량영으로의 축소에 관한 견해가 오랫동안 통용되었다. 이 사건은 주거지역에서 운영되어온 석탄제조 및 운송사무소의 인근주민이 그로 인한 먼지·소음의 피해를 이유로 그 사무소운영을 (건축경찰법적으로) 금지시켜 줄 것을 관할 행정청에게 신청한 데서 비롯하였다. 당해 행정청은 그 운영이 건축법위반이 아님을 들어 개입을 거절하였으나, 1심 행정법원은 당해 행정청에 대해 사무소운영금지를 내용으로 하는 의무이행판결을 내렸다. 반면 항소심인 Berlin 고등행정법원은 행정청이 위반상태에 대해 개입할 권능은 있지만 의무는 없다는 점을 들어, (원고에게) 행정개입에 관한 법적 청구권이 없음을 이유로 1심판결을 파기하였다. 이에 상고심인 연방행정법원은 적법한 재량행사를 위해선 장해나 위험의 정도나 강도 역시 결정적으로 중요하다는 점을 들어, 고도의 장해나 위험이 있을 경우에는 행정청의 불개입결정이 사정에 따라선 바로 재량하자로도 생각될 수 있다고 판시하였다. 아울러 연방행정법원은 항소심이 이 사건을 의무이행소송의 측면에서 원고의 주장을 배척하고, 지령판결에 대해선 주의를 기울이지 않음을 지적하면서 항소심판결을 파기하였다.

사실 그러한 사무소의 운영은 건축법위반이 아니기에 만약 Berlin 고등행정법원이 사려깊게 심리하였다면 개입여부의 당부에 관한 논의까지 갈 필요가 없었다. 결

---

49) 이 점은 우리나 독일이나 사정이 같다. 특기할 점은 독일의 경우 Berlin을 제외한 모두 주의 건축법이 건축법상의 개괄적 수권조항을 규정하고 있으며, 그에 관한 명문규정을 두지 않는 Berlin은 경찰상의 그것에 의거하고 있다는 사실이다.

50) BVerwGE 11, 95ff.

과적으로 Berlin 고등행정법원의 알맞은(?) 불찰로 재량축소의 법리가 탄생하게 되었다. 연방행정법원은 여기서 행정청이 건축법위반상태에 대한 개입여부를 판단할 때에는, 공공의 안녕과 질서의 유지라는 (건축)경찰의 주된 임무뿐만 아니라, 위반법규정이 인인보호에 이바지 할 경우에는 당해 규정까지도 고려해야 한다고 지적하면서도,[51] 인인의 보호법익에 대한 특별한 강도의 장해나 위험이 주어진 사정만을 고려하여 재량축소를 긍정하였다. 그런데 재량축소를 보호법익에 대한 고도의 위험에서 시인한 것이 새삼스러운 일은 아니다. 이미 1952년에 BGH가 중대한 법익에 대해 직접적 위험을 야기한 상태(예컨대, 앞마당에서 지뢰와 비행기폭탄을 발견한 경우처럼)가 문제될 때만 위험방지법에서 재량영으로의 축소를 인정한 바 있었다.[52] 따라서 띠톱판결에서 연방행정법원은 기왕의 BGH의 견해를 수용하여 그와 동일한 평가준칙을 적용한 셈이다.

비록 BGH의 견해를 채용했더라도, 띠톱판결이 행정법영역에서 재량축소를 인정한 효시적 판례로서 행정법의 주관적 권리화를 가져오는 결정적인 계기가 되었음은 주지의 사실이다. 다만 동 판례는 재량자유가 결정재량(개입여부)의 측면에서 축소될 뿐, 개입의 방식은 여전히 행정청의 재량여지에 머문다고 지적하였다. 여기서 우리는 띠톱판결에서도 연방행정법원이 결정재량의 축소에 그쳤음을 알 수 있다. 따라서 선택재량까지 축소됨을 의미하는 재량영으로의 축소를 구분없이 사용해서는 아니된다. 이 점은 연방행정법원이 신청한 건축경찰적 금지에 관한 확고한 법적 청구권을 원고에게 인정치 않고, 이른바 무하자재량행사청구권만을 그에게 인정한 데서도 잘 알 수 있다.[53] 물론 그러면서도 재량축소가 있으면 무하자재량행사청구권이 특정행정작용에 관한 확고한 법적 청구권과 실제적 결과에선 동일할 수 있다는 식의 논리비약도 동 판례에는 있다. 생각건대 띠톱판결이 재량축소에 관한 효시적 판례이긴 하나 여러가지 이론적 문제점을 담고 있음을 유의해야 한다. 사실 띠톱판결에서는 재량축소보다는 1960년에 제정된 행정법원법과 관련하여 쟁송법적 논의에 비중이 더 주어진 것으로 여겨진다.

한편 현재 연방행정법원이 어떠한 요건에서 재량영으로의 축소를 인정하는지 여부는 분명치 않다. 연방행정법원은 1988년에 무허가건축물에 대한 개입청구권이 문

51) 일찍이 Bachof는 이처럼 隣人權(Nachbarrecht)를 개입에 관한 주관적 청구권의 가능성과 상호 관련시킨 것을 혁신적이라(innovatorisch) 평하였다. Ders., DVBl. 1961, S.128.

52) BGH, Urt. 22. 12. 1952, VerwRspr. Bd. 5, Nr. 62, S.319(320).

53) 이 점에서 김남진 교수님처럼 무하자재량행사청구권에 관해 협의의 개념을 취하는 것이 바람직 하다. 생각건대, 행정개입청구권은 물론 특히 무하자재량행사청구권에 관해선 이해의 출발점, 내용, 구제수단 등에서 검토할 점이 많다. 追論: 여기서 과연 우리 판례가 문헌상의 일반적 기술마냥 행정개입청구권의 존재를 인정하는지 세심한 검토가 필요하다. 본서 69면 이하.

제된 사건에서, 재량영으로의 축소의 방법으로 건축개입청구권이 인인에게 성립하는지 여부는 원칙적으로 해당 주법에 따라 결정된다고 판시함으로써, 건축법상의 재량축소요건의 확정을 주 고등행정법원에 떠넘겼다.[54] 이유인 즉, 상고가 허용되지 않는 주법(§82 S. 1 Bay Bau O)상의 법문제라는 것이다.

### (2) Münster 고등행정법원의 1983년 판결[55]

일찍이 건축허가 없이 너무 높이 건축한 인근 차고에 대해 (인근주민이) 건축행정청으로 하여금 개입을 요구한 사건에서, Münster 고등행정법원은 띠톱판결로부터 벗어난 태도를 취하였다. 먼저 판례와 문헌이 인인권침해사건에서 개입재량과 관련하여 결과제거부담을 연계시켜 두 가지 경우(건축허가가 위법하여 폐지된 경우와 무허가건축인 경우)로 나눔에 대해서, 동 법원은 적절치 못하다는 평을 하면서, 재량고려는 양자에서 동일함을 지적하였다. 동 법원은 관련 법령(§76 NRW BauO)상 부여된 재량은 수권목적에 구속됨을 의미하는 의무에 적합한 재량이고, -개입재량이 이바지 하는 임무(재량수권목적)가 실체적인 인인보호를 목적으로 하는 한- 건축행정청의 임무는 공법적 인인보호규정의 준수를 감시하여 인인보호를 관철시키는 것이라 하였다. 동 법원은 특별한 이유제시가 필요한 예외적 경우가 존재하지 않는 한, 행정청은 통상 권리침해를 입은(피침적) 인인을 위해서 개입하지 않으면 아니 된다는 것을 이상의 재량수권목적에서 도출하였다. 그리고 동법원은 (당해사건에서처럼) 위법건축물이 미건축인 인근토지에 대해 끼친 침해가 (당해토지의) 활용가능성의 저하에 머물 때에는 그러한 예외적 경우를 인정하였다. 그리하여 인인에게 행정개입청구권이 아닌 무하자재량행사청구권을 인정하였다. 다만 행정청이 하자있는 고려에서 개입을 거부하였음을 들어, 당해 행정청은 원고의 개입요청에 대해 법원의 견해를 염두에 두고서 새로이 결정을 내려야 한다고 판시하였다.

이상의 Münster 고등행정법원의 판결은 실체적 건축법위반이 동시에 인인권(법규정이 인인에게 부여한 주관적 권리, Nachbarrecht)를 침해한 경우에 재량축소를 인정함으로써, 앞에서 본 연방행정법원과 BGH가 제시한 도그마틱적 지향점에서 크게 벗어났다. 양자를 비교해서 보면 원칙과 예외 관계의 역전을 간파할 수 있다. 즉, 인인권의 침해가 Münster 고등행정법원에서는 통상 결정재량의 축소를 초래하는 데 대해서, 연방행정법원에서는 통상 재량여지가 여전히 존재하는 것으로 인정되고 있다. 이 점은 Münster 고등행정법원이 피해를 입은 인인을 위해 개입해야 할 의무가 원칙(Regel)이고, 개입을 간과하는 것은 특별한 이유가 필요한 예외(Ausnahme)라고

54) BVerwG NVwZ 1988, 824.
55) OVG Münster NJW 1984, 883.

지적한 데서도 잘 알 수 있다.

이러한 원칙과 예외 관계의 역전은 어떠한 의미를 갖는가? 그것은 논증 및 입증 책임의 변경을 초래한다 하겠다.[56] Münster 고등행정법원의 견해에 따르면, 건축행정청이 법적으로 부여되어 있는 재량자유를 누리기 위해선 당해 사건이 이형적, 즉 예외적임을 입증해야 하고, 반면 연방행정법원의 종전 견해에 따르면, 재량축소를 시인하기 위해선 행정청의 보호를 구하는 인인이 당해 사건에서 이형적인 법익침해가 있음을 입증해야 한다.

Münster 고등행정법원이 다수가 주장하는 결과제거부담에 대해 비판적이면서 이상과 같은 태도를 취한 배경에는, 불법건축물(Schwarzbau)의 경우에는 행정청의 협력행위가 없이서 결과제서부담에 의해선 재량구속을 도출할 수 없기 때문에 결과적으론 형식적·실체적 위법을 저지른 건축주가 더 보호를 받는 모순이 야기된다는 사실이 지적된다.[57]

한편 건축법상의 인인보호규정에서 바로 재량축소를 도출한 것이 새삼스럽진 않다. 이미 1968년에 Saarlouis 행정법원은, 건축계획안이 명백히 인인보호규정을 위배하면 인인은 그것의 중지를 요구할 수 있으며, 건축행정청은 중지신청에 관한 결정에서 아무런 재량여지를 갖지 않는다고 판시하였다.[58] 특히 동 법원은 고도의 장해로 인한 매우 중대한 위험의 경우에만 예외적으로 행정청에게 의무지우는 것이 -인인이 어려움 없이 다른 방법으로 자신의 권리를 관철할 수 있으면 모르되- 여기선 타당치 않다고 지적하였다.

### (3) Berlin 고등행정법원의 1982년 판결[59]

인근에서 행해지는 비둘기 사육에 대해서 인인이 그것의 중단(건축감독적 개입)을 요구한 사건에서, Berlin 고등행정법원은 제3자 보호규정의 위배와 함께 침해의 수인가능성을 고려하여 재량축소여부를 판단하였다. 동 법원은 먼저 관련 법규정(§68 I 1 Berl BauO)이 소음·먼지·기타 공해에 의한 침해로부터 주거안녕과 건강이라는 개인적 법익을 보호하는 데 기여함을 이유로, 그 규정이 수인할 수 없는 피해로부터

---

56) Di Fabio, a.a.O., S.219.

57) 한편 결과제거부담을 재량제한적 요소로서 인정하는 Pietzko는, 동 법원의 이러한 태도가 전혀 다른 사안을 결과제거부담의 관점에서 서로 관련시켜서 결과제거부담을 일반적으로 부정하는 식으로 출발점이 잘못되었음을 지적하였다. 다만 그녀 역시 불법건축물의 경우에는 건축법상의 재량이 -특별한 예외사유가 없는 한, 결과제거부담의 관점과도 무관하게- 공권력의 개입의무로 축소됨을 주장하였다. Vgl. Ders., a.a.O., S.527f.

58) VG Saarlouis, Urt. 12.12. 1968, DVBl. 1969, 595. 동판례에 대해서 Schnapp는 긍정적인 평석을 하였지만(Ders., DVBl. 1969, S.596ff.), Ossenbühl은 부정적인 태도를 피력했다(Ders., DÖV 1976, S.468).

59) OVG Berlin, Urt. 14.5. 1982, NJW 1983, 777.

주위환경을 보호해야 하는 한, 그 규정을 제3자 보호규정으로 보았다. 그리고 사실관계에서 건축법위반인 사육장의 비둘기사육이 인인에게 수인할 수 없을 정도로 피해를 주고 있음을 긍정한 다음, 동 규정의 위배로써 현저한 정도의 장해라는 요청이 충족되었다고 지적하였다. 그리하여 동 법원은 행정청이 자신의 해태에 관한 실질적 사유가 없는 한, 형식적·실체적으로 위법인 건축물에 대해 개입할 의무가 있다고 판시하였다. 그 밖에 특기할 것으로, 당해사건에서 동 법원은 민사법적 청구권의 용인에 따른 보충성을 부인하였으며, 원고인 인인의 집이 무허가임에도 항소를 기각하지 않았고, 재량축소요건으로 언급되는 생명과 신체와 같은 우월한 법익을 위험스럽게 하는 것이 건축법상으론 극히 드물다고 지적하였다. 다만 동 법원은 어떠한 구체적 조치로 개입할지 여부는 재량에 속한다 하고서도 여전히 재량영으로의 축소란 표현을 쓰고 있다.

## Ⅴ. 警察介入請求權과 裁量縮小

### 1. 재량축소와 관련한 독일의 판례

경찰법을 비롯한 위험방지법이 행정법 도그마틱을 구축함에 있어 관찰자료와 원칙적인 평가준칙을 제공하였듯이, 재량축소 역시 원칙적으로 경찰개입청구권과 관련해서 활발히 논의되고 있음은 모두가 아는 사실이다. 이하에서는 독일의 판례가 어떠한 경우 재량축소를 인정하였는지 살펴보겠다.

경찰편의주의의 통용은 재량축소 및 경찰개입청구권의 성립을 저지하였지만, 앞서의 띠톱판결을 계기로 경찰편의주의를 제한하는 셈이 되는 재량축소 자체는 별 의문 없이 시인되고 있다. 그러나 재량축소가 인정되기 위해선, 즉 재량축소요건으로 어떠한 법익에 대해 어느 정도의 장해·위험이 요구되는지는 통일된 모습을 찾을 수 없고, 여전히 미해결에 놓여 있다.

띠톱판결에서 취한 고도의 장해나 위험(hohe Intensität der Störung oder Gefährdung) 을 수용하여, 독일 연방행정법원은 특별히 중대한 위험이 있는 경우에만, 개입하여 일정한 조치를 발하는 것 이외에는 다른 선택이 없도록 재량자유가 제한(축소)될 수 있음을 지적하였다.[60]

Berlin 고등행정법원 역시 절박한 위험의 범위와 중대함으로 질서행정청의 재량이 개입의무로 축소되며, 이 경우 무하자재량행사청구권이 경찰개입청구권으로 응축될 수 있다고 지적하였다.[61] 여기서 동법원은 절박한 위험의 중대함과 위협받는

60) BVerwG DVBl. 1969, 586.

법익(생명 · 건강)의 중요성의 측면에서 위험방지적 개입만이 질서행정청이 의무를 다하는 것이라 하였다. 사안은 학생을 포함하여 자녀가 넷이며 임산부까지 있는 한 가족이 임대계약의 해약고지로 살고 있는 집에서 내몰려 기숙사에 수용되기에 이른 사건이다. 동법원은 개입의무의 성립여부가 아니라, 원칙적으로 인정되는 재량이 수단선택의 측면에서 종전 집에 다시 살게끔 하는 재수용처분(Wiedereinweisung)에로 축소되는지 여부에 다툼이 있다고 하였다. 그리하여 동법원은 임산부와 학생을 고려하여 그 기한이 1980년 7월 15일까지인 재수용처분은 긍정되어야 하나, 그이상의 것은 부정되어야 한다고 판시하였다.

아울러 불법점거에 대한 경찰개입여부가 문제된 사건에서, Berlin 행정법원은 경찰개입을 쟁송을 통해 의무지우는 것이 극단적인 사례에서만 시인되었음을 전제하고서, 경찰편의주의에 따른 결정재량의 제한은 공중 내지 개개 국민에 대한 절박하고 중대한 위험의 경우나 현저한 손해발생이 거의 확실히 예견되는 경우에 비로소 정당화될 수 있음을 지적하였다.[62] 그리고 경찰로부터 무조건적 보호를 요구할 수 있는 가장 우월한 법익에는 원칙적으로 생명과 신체적 무사함에 관한 권리(생명 · 신체보전권)만이 해당하고, 물적 재산권(Sacheigentum)은 제외된다고 하였다.[63] 그리하여 동법원은 당해사건에선 재량영으로의 축소의 요건이 존재하지 않는다고 판시하였다.

Kassel 고등행정법원 역시 무주택자로 하여금 기왕의 숙소로부터 자동차주택으로 옮기도록 조치한 사건에서, 절박한 위험의 범위와 중대함으로 질서행정청의 재량이 개입의무로 축소됨을 시인하고서, 원고를 비롯한 그 가족들의 절박한 위험 및 위협받는 법익(생명, 건강)의 중요성을 고려하여 질서행정청의 작위(개입)만이 재량에 적합하다고 판시하였다.[64]

## 2. 독일 경찰법 문헌상의 논의

Drews / Wacke / Vogel / Martens는 띠톱판례 등에서 재량축소가 극단적 사례에서 출발한 점을 비판적으로 바라보았다. 그리하여 재량축소에서 기본적으로 위험이나 장해의 정도가 중요함을 시인하되, 가장 심대한 손해발생의 경우에만 국한해서는 아니 됨을 지적하였다. 그리하여 사소한 경우(Bagatefällen)는 곤란하지만, 중간정

61) OVG Berlin NJW 1980, 2484.

62) VG Belin NJW 1980, 1748.

63) 반면 앞에서 본 것처럼, Berlin 고등법원은 1982년 판결에서 건축법상의 재량축소와 관련해선 생명 · 신체와 같은 법익은 거리가 있다고 지적하였다.

64) VGH Kassel NJW 1984, 2305.

도의 위험이나 장해에서도 -기대가능성과 같은 다른 특별한 반대이유가 없는 한- 재량축소가 있을 수 있음을 주장하였다.[65]

대부분의 경찰법 문헌들은 띠톱판결 등에서 나타난 극단적인 경우에 개입의무가 발생함을 서술하고 있다.[66] 다만 Götz 등은 경찰의 위험방지임무에 비추어, 불개입에 대해선 공익상의 충분한 이유가 필요하며, 이유 없는 해태는 위험방지임무의 자의적 위반임을 지적하였다. 그리하여 그는 행정청이 중요한 이유 없이 손을 놓고 있거나 필요한 수단을 행사하지 않은 경우에는 재량행사에 하자가 있다고 주장하였다. 즉, 법익에 대한 모든 종류의 위험에서 '정당치 못한 수동성에 의한 재량축소(Ermessensreduktion kraft ungerechtfertigte Passivität)'가 고려될 수 있다 하였다.[67] 그러나 이러한 주장에 대해선, 그러한 재량하자가 사법심사의 범주에서도 재량축소를 정당화시키는지 여부가 의문스럽다는 지적이 있다.[68] 한편 Knemeyer는 지배적 견해가 경찰편의주의에 대해 사후의 사법심사 관점에서 주로 논의하였음을 비판하면서 행정절차법제정이후에는 사전적 관점도 중요함을 지적하였다. 그리하여 그는 경찰법상의 재량규정인 가능규정은 경찰상의 일반적 행위원칙에 의해서 제한된다고 주장하였다.[69]

### 3. 國家의 基本權保護義務와 裁量縮小

독일 연방헌법재판소의 1975년의 낙태판결[70]을 계기로 등장한 국가의 기본권보호의무이론은 주관적 공권론은 물론, 행정법과 헌법과의 관계 등에 새로운 전기를 가져왔다. 현대사회가 리스크사회(Risikogesellschaft)화될수록 그것의 영향은 더할 것이다.[71] 국가의 기본권보호의무는 본래 인간존엄성의 경우에는 독일 기본법의 명문

---

65) ders, a.a.O., S.400ff.

66) Schenke, in: Steiner(Hrsg.), Bes. VerwR, 5.Aufl., 1995, Rn.69ff.; Friauf, in: Schmidt- Aβmann (Hrsg.), Bes. VerwR,10.Aufl.,1995, Rn.63ff.; Gusy, a.a.O., Rn.309ff.; Thomas Würtenberger, in: Achterberg/Püttner (Hrsg.), Bes. VerwR, II, 1992, Rn.185.

67) ders., Allg. Polizei-und Ordnungsrecht, 11.Aufl., 1993, Rn.267, 269; Wilke, Der Anspruch auf behördliches Einschreiten im Polizei-, Ordnungs-und Baurecht, in: Festschrift für Scupin, 1983, S. 831(840ff.). Vgl. OVG Berlin NJW 1983, 777.

68) Di Fabio, a.a.O., S.224. Steinberg 역시 동주장은 행정청이 제3자의 신청을 묵살하거나 자신의 불개입 의사를 확실치 않은 이유제시로 숨김에 따른 불쾌함을 제거하고자 하는 데 그 의의가 있지만, 재량축소의 본래 취지·내용을 곡해하는 문제점이 있다고 지적하였다. Ders., Grundfragen des öffentlichen Nachbarrechts, NJW 1984, S.463.

69) ders., Polizei-und Ordnungsrecht, 5.Aufl.,1993, Rn.93. 특히 그는 舊著에서 경찰실무상으로 재량(결정재량과 선택재량)이 실제론 존재하지 않는다고 강조하였다. Vgl. Ders., a.a.O., 2.Aufl., 1985, Rn.92.

70) BVerfGE 39, 1. 그 이후에는 BVerfGE 46, 160; 49, 89; 53, 30; 56, 54; 77, 170; 77, 381; 79, 174; 88, 203.

71) Vgl. 정태호, 기본권 보호의무, 한국공법학회 제66회 학술발표회(1997.3.15), 103면 이하; 이승우, 기본권 보호의무와 공권이론, 고시연구, 1993. 9; Isensee, Das Grundrecht als Abwehrrrecht u. staatliche Schutzpflicht, in: Isenssee / Kirchhof(Hrsg.), HStR Bd. V, 1992 § 111; H.H. Klein, Die grundrechtliche Schutzpfli-

규정(동법 제1조 제1항 제2문)으로부터 직접 성립하였는데, 그것이 낙태판결 이래로 생명·신체보전의 법익(동법 제2조 제2항 제1문)에로 확대된 것이다. 그리하여 기본권에 의해서 보호되는 법익을 타인의 위법한 개입으로부터 지켜야 할 국가적 의무가 기본권에서 직접 생겨날 수 있게 되었다. 이러한 논의는 기본권을 객관적 원리로 이해하는 데서 출발한다. 개개사건에서 작위의무로 강화되는 기본권보호의무는 위협받는 법익보호에 적합한 결정만이 적법하도록 경찰(질서)행정청의 재량을 제한한다. 따라서 그것의 시인이 재량축소를 초래하는 것은 당연하다.

Isensee는 경찰법을 포함한 위험방지법상의 편의주의가 기본권보호의무와 모순되진 않지만, 경찰은 자신의 재량을 보호의무에 합치하도록 행사해야 한다고 지적하였다. 그리고 기본권보호의무는 결정재량과 선택재량을 조종하며, 일찍이 Jellinek가 언급한 유해성의 한계를 정하는 셈이 되어, 재량영으로의 축소를 초래할 수 있음을 지적하였다. 그리고 기본권보호의무로 인해 경찰은 위험에 처한 국민을 돕지 않은 경우에는 그 자신이 정당함을 밝혀야 한다고 지적하였다.[72)]

Isensee가 지적하듯이, 일정한 위험상황에서 재량이 목적에 유용한 하나의 수단으로 축소될 순 있으나, 적합한 수단으로써 위험에 대처하는 한, 경찰편의주의는 수단선택의 자유 즉, 선택재량으로 여전히 존속한다 할 것이다. 따라서 선택재량까지도 포함하는 재량영으로의 축소가 인정되지 않는 한, 기본권보호의무를 매개로 하더라도 위험에 처한 사람은 경찰개입청구권이 아닌 소위 무하자재량행사청구권만을 가질 뿐이다. 물론 장차 기본권보호의무에서 당연히 기본권보호청구권이 인정된다면 문제는 다를 것이다. 한편 기본권보호의무가 개별법이나 헌법상으로 논증적으로 전개·시인되더라도 해결되어야 할 문제 하나가 여전히 있다. 그것은 기본권보호의무를 성립시키는 생명과 건강상의 손상이나 위험이 과연 언제 존재하느냐 하는 것이다. 여기선 앞에서 본 판례의 경향을 다시금 상기해야 한다.

## Ⅵ. 行政의 自己拘束에 의한 裁量縮小

행정의 자기구속(Selbstbindung)은 행정에 고유한 기능영역에서 스스로가 정한 決定準則에 구속된다는 것에 특별한 의미가 있다.[73)] 따라서 행정의 자기구속은 행정의 재량영역에 통용되며, 행정재량이 하나의 적법한 행위선택만으로 제한될 수 있는 상황을 의미한다. 오늘날 일반적으로 평등원칙으로부터 도출하는 행정의 자기구속은

cht, DVBl. 1994, S.489ff.; J. Dietlein, Die Lehre von den grundrechtlichen Schutzpflichten, 1992.

72) ders., a.a.O., §111 Rn.167.

73) 행정의 자기구속에 관해선 김남진, 행정법의 기본문제, 1994, 91면 이하 참조.

오랜 행정관습, 즉 행정관례(Verwaltungspraxis) 및 동일한 행정활동을 보장하는 행정규칙, 즉 裁量準則에 의해서 성립한다. 특히 후자가 중요한 성립요건이다.

1988년에 독일 연방행정법원은 독일인과 결혼한 이란인의 귀화허가사건에서, 국적법 제8조 제1항으로 인해 가족의 국적일치의 원칙이 복수국적회피의 이익보다 바로 우위에 있진 않다고 전제하고서, 독일에서 계속 체류한 귀하허가신청자의 경우 그가 장기간(비록 62년에서 68년 사이의 공백은 있지만 1957년 이래로) 계속적으로 독일에 체류하였으며, 독일인과 오랫동안 혼인을 지속하고 있고, 고령인 점 등을 고려하여 귀화허가재량이 귀화허가청구권(Einbürgerungsanspruch)으로 응축된다고 지적하였다. 그리하여 동 법원은 관계 행정청 역시 행정관례상으로 20년 계속 체류하고 독일인과 15년간 혼인을 영위한 후에는 이란의 동의가 없더라도 복수국적을 감수하고서 귀화허가를 해 주려고 하는 점을 들어, 이를 재량축소에 관한 적절한 근거로 삼았다.[74] 그리고 연방행정법원은 도로건축에 필요한 부지를 일부는 매수하고 일부는 무상양여를 받은 Gemeinde가 무상양여를 받은 몇몇 경우에 경제적 보상을 해주었다면, Gemeinde는 평등원칙에 따라 (무상양여를 받은) 다른 경우에도 보상을 해주어야 한다고 판시하여, 평등원칙에 의한 재량축소를 인정하였다.[75] Mannheim 고등행정법원 역시 Gemeinde가 건물벽철거에 보조금을 지급하였으면, 보조금지급거절의 적법성·위법성은 촌락발전준칙이 아닌 종전의 행정관례, 즉 평등원칙의 위배여부에 따라 판단되어야 한다고 판시하였다.[76]

한편 행정의 자기구속에 의한 재량축소가 시인되더라도, 다수의 행위가능성이 여전히 남아있으면 의무이행판결을 통해 선택재량을 부인할 순 없다. 그리고 같은 것은 같게 다른 것은 다르게 취급해야 하는 평등원칙에 비추어, 평등원칙에 근거한 행정의 자기구속을 통한 재량축소는 나름대로 한계·제약이 있다. 사안이 재량준칙상의 전형적인 것이 아니라 이형적인 것인 경우에는, 재량준칙을 따르지 않더라도 무방하며, 이는 곧 재량축소가 일어나지 않음을 의미한다. 이 점은 재량이란 본시 개별적 정의를 지향하는 개별적 재량행사가 원칙인 점에서도 그러하다. 그리고 불법에서는 평등원칙이 통용되지 않는 점도 재량축소를 제약한다. 끝으로 행정관습법을 부정하려는 새로운 현상 역시 무시할 순 없다.

통상 행정의 자기구속이 일반·추상적인 데 대해서, 개별·구체적 성질을 갖는 행정의 자기구속이 있을 수 있다. 이러한 자기구속은 대표적으로 확약을 통해서 성

74) BVerwG NJW 1989, 1446(1447).

75) BVerwG NJW 1979, 561.

76) VGH Mannheim NVwZ 1987, 253(254).

립한다. 그 밖에도 고권적 사실행위나 위법상태에 관한 행정청의 묵인 등에 의해서도 성립한다. 개별・구체적 자기구속의 경우에도 하나의 행위가능성만이 허용되도록 행정청의 재량자유가 제한(축소)될 수 있다. 독일 연방행정법원은 원칙적으로 공무원에겐 승진에 관한 법적 청구권이 인정되지 않음을 전제하고서, 개개사건의 특별한 사정에 비추어 특정한 공무원의 승진이외의 다른 모든 결정은 재량하자가 있도록 승진결정상의 재량이 제한될 수 있다고 지적하였다. 그리하여 동 법원은 승진이 법적 구속력있는 방식으로 공무원에게 확약된 경우에는 재량제한(축소)이 있을 수 있지만, 당해 사건에선 그러한 확약이 없다고 하였다. 아울러 동 법원은 고용주인 국가 등의 배려의무(Fürsorgepflicht)는 공무원의 관직(Amt)에 국한되기에 승진결정상의 재량을 제한하지 않는다고 지적하였다.[77] 독일 연방헌법재판소는 체류허가가 서면이나 구술에 의한 신청에 기하여 정례적이고 제한없이 반복적으로 연장된 경우에는, 신뢰보호관점하에서 중대한 이유 없인 체류허가연장신청을 거부할 수 없을 정도로 행정청의 (연장결정상의) 재량이 심대하게 제한될 수 있음을 지적하였다.[78]

일반적으로 앞에서 본 일반・추상적 자기구속이 평등원칙에 그 근거를 두고 있다면, 개별・구체적 자기구속의 경우에는 평등원칙보다는 신뢰보호원칙에서 그 근거를 찾을 수 있다.[79] 따라서 개별・구체적 자기구속을 통해 재량축소를 인정하기 위해선, 행정청이 관계자의 신뢰를 훼손해야 한다. 생각건대 오늘날 신뢰보호원칙이 중시되어 개별・구체적 자기구속의 경우에는, 원칙과 예외 관계의 역전을 가져오면서 재량축소가 인정된다. 즉, 매우 중요한 다른 이유만이 예외적으로 재량여지의 (재)개시를 정당화시킬 수 있을 정도로 신뢰보호는 재량을 강력히 제한한다 할 것이다. 물론 신뢰보호가 절대적이진 않으며, 사정변경의 원칙이 통용되는 점은 유의해야 한다.

## Ⅶ. 上位法에 의한 裁量縮小

### 1. 法律優位의 原則과 裁量縮小

법률우위의 원칙에 따라 행정청의 모든 재량행위는 당연히 헌법을 포함한 상위법령에 위반해서는 아니 된다. 재량을 부여한 개별법상의 규정은 그것이 속한 법원론

77) BVerwGE 15, 3(7).

78) BVerfGE 49, 168(186).

79) 한편 신뢰보호원칙의 이론적 근거와 관련해서 종전에는 법적 안정성, 법치국가원리에서 찾는 이가 많았지만, 근래에는 기본권에서 찾고자 하는 이가 늘어가고 있다. Vgl. Pieroth, Die neuere Rechtsprechung des Bundesverfassungsgerichts zum Grundsatz des Vertrauensschutzes, JZ 1984, S.971ff.

적 체계내에서만 존재하진 않으며, 재량행사에는 상위법규범을 고려해야 한다. 엄밀히 말해서, 우리가 앞에서 본 재량축소의 사례는 법원이 법률우위의 원칙에 바탕을 두고서 행정청의 재량을 축소한 것으로 보아도 무방하다. 한편 재량행위에 대해 법률우위의 원칙이 통용됨은, 재량규범에 의해 규율된 사안이 위계상으로 재량규범과 겹치는 상위규범에 의해서 동시에 규율될 수 있음을 의미한다.

재량에 대한 가장 흔한 겹침(Überlagerung)은 상위법 특히 헌법에 의한 것이다. 일각에서는 재량영으로 축소를 가져오는 재량규범의 겹침이 재량규범과 동위인 심지어는 하위인 법에 의해서도 가능하다고 지적한다.[80] 특정한 법효과에 관한 청구권이 개별법규정에 의거해서 관계자에게 성립하였다면, 그 규정과 동위인 재량규정에 따른 재량행사가 영으로 축소될 수 있을 것이다. 다만 -재량준칙에서처럼- 하위인 법에 의한 재량규범겹침은 그 내용이 행정의 자기구속을 바탕으로 전개되고 있기에, 그 자체가 특별하진 않다.

### 2. 基本權拘束과 裁量縮小

행정법의 위상이 헌법의 집행법인 이상, 헌법 및 기본권은 당연히 재량행사를 비롯한 행정법에 영향을 미친다. 따라서 이하에서는 기본권구속을 받은 재량행사의 경우를 독일의 판례를 통해 살펴보고자 한다. 다만 평등원칙이 적용된 경우는 이미 앞에서 행정의 자기구속에서 논하였다.

#### (1) 귀화허가와 (기본법 제6조 제1항에 따른) 혼인·가족의 보호

여기선 1988년 9월 27일에 함께 내려진 일련의 판례가 문제된다. 독일 연방행정법원은 귀화허가신청자가 국적법 제8조 제1항의 요건을 충족하면, 귀화허가상의 재량이 귀화허가를 해야 할 의무를 질 정도로 축소된다고 전제하고서, 재량을 행사할 때 당해 행정청은 귀화허가가 국익에 부합하는지 여부는 물론, 기본법 제6조 제1항에 따른 국가질서상의 혼인·가족에 대한 특별한 보호 및 그에 따른 가족의 국적통일을 고려해야 한다고 지적하였다.[81] 하지만 동 법원은 가족의 국적통일이 이중국적의 회피보다 당연히 앞서는 것은 아니기에, 독일인과 혼인한 귀화허가신청자에겐 이중국적을 감수하더라도 귀화허가가 내려져야 한다는 식의 (귀화허가상의) 재량축소란 원칙적으로 있을 수 없으며, 동시에 국적법 제9조 제1항 제1호에서 입법자가 내린 평가와도 일치하지 않는다고 지적하였다. 동 법원은 재량축소를 혼인·가족의 보호와 가족의 국적통일에서 직접 이끌어 내지 않고, 앞에서 보았듯이 행정관례에 의

80) Gern, a.a.O., S.1199.

81) BVerwG NJW 1989, 1446ff. Vgl. BVerwGE 67, 177; 77, 164; 80, 249.

거한 행정의 자기구속에서 그것을 시인하였다. 그리하여 1957년에서 1962년까지 독일에서 공부하면서 1961년에 독일인과 결혼하였으며, 비록 중간(1962~1976)에 공백은 있지만 1974년 이래로 기한 없는 체류허가를 받고서 계속 독일에서 살아온 이란인에게, 이중국적을 감수하고서 귀화허가를 해 주어야 할 의무가 있다(즉, 재량축소의 인정)고 동 법원은 판시하였다.

반면 49세의 이란인이 1961년에 독일(서독)에 건너와 1965년에서 1971년까지 동독에서 의학을 공부한 후 1972년에 독일로 다시 돌아와 그 후부터 계속 독일에서 의사로서 활동하였음에도 불구하고, 연방행정법원은 행정관례상 15년의 혼인기간이 요구되는 데 비해 그가 독일인과 결혼한 지가 9년에 불과하여 매우 짧음을 들어, 항소심과는 달리 귀화허가거부가 무방하다(즉, 재량축소의 불인정)고 판시하였다.[82]

그리고 1960년에 동독에 건너가 1965년에 독일인과 결혼해서 1969년에 독일(서독)로 이주하여 망명권자로 받아들여진 이란인에 대해서, 연방행정법원은 그가 기대가능한 범위내에서 이란국적을 상실키 위해 노력하지 않음을 들어, 행정청이 귀화허가를 해 주어야 할 의무가 없다고 판시하였다.[83] 그리고 원고에게 망명비호권(기본법 제16조 a 제1항)이 있더라도, 이중국적을 감수하고서 귀화허가를 발급하게끔 하지는 못함을 지적하였다. 동일한 맥락에서 연방행정법원은 귀화허가가 거부되어선 안됨을 의미하는 (귀화허가상의) 재량축소는 신청자가 종전의 국적을 포기할 수 있는 것이 기대가능한 경우에는 원칙적으로 일어나지 않는다고 지적하면서, 독일인 후손이지만 외국인인 신청자가 자신의 (여기서도 이란) 국적을 포기하지 않으려 함을 들어 귀화허가거부처분이 적법하다고 판시하였다.[84]

(2) 체류허가와 (기본법 제16조 a 제1항에 따른) 망명비호권

시리아인이 관광비자로 독일에 여행을 와서, 자신을 망명자로 인정해 줄 것과 망명절차중에 체류허가를 발급해 줄 것을 신청하였다. Berlin 경찰청장은 그에게 망명신청에 관한 기한부 증명서를 발부하고, 구외국인법(AuslG) 제2조 제1항의 체류허가는 발급을 거절하였다. 이에 시리아인이 행정심판을 제기하였지만, 기각재결이 내려졌다. 그리고 그가 제기한 소에 대해 Berlin행정법원은 인용판결을 내렸지만, Berlin 고등행정법원은 상위법(기본법 제16조 제2항 제2문 ; 현재에는 기본법 제16조a 제1항)에 의하더라도 망명승인 전엔 망명신청자에게 체류허가발급에 관한 청구권이 부여되지 않음을 들어 원고패소판결을 내렸다. 이 사건에서 독일 연방행정법원은 구외국인법

82) BVerwG NJW 1989, 1441ff.
83) BVerwG NJW 1989, 1438ff.
84) BVerwG NJW 1991, 2226ff.

제2조 제1항 제2문에 따라 외국인의 체류가 독일의 국익을 침해하면 체류허가가 반드시 거부되어야 하되, 그밖에는 행정청이 의무에 적합한 재량에 의해서 결정을 내린다고 전제한 다음, 특별한 사정에서 의무에 적합하게 재량을 행사하면 신청한 체류허가의 발급 이외에는 다른 가능성이 존재하지 않을 수 있음(재량영으로의 축소의 인정)을 지적하였다. 그리하여 동 법원은 사안에서 기본법 제16조 제2항 제2문과 외국인법 제40조 제1항을 고려하여, 행정청의 재량이 체류허가를 발급할 의무를 질 정도로 축소된다고 판시하였다.[85] 아울러 동 법원은 망명신청자 역시 망명자로 밝혀질 때까지 망명비호권을 규정한 기본법 제16조 제2항 제2문(현재는 제16조a 제1항)에 따른 보호를 받는다고 보았다.

(3) 거리예술행위에 대한 도로특별사용허가(기본법 제5조 제3항에 따른)와 예술의 자유

우리는 인도상에서 예술행위(라는 것)가 벌어지는 광경을 자주 목격한다. 인도상에 스피커, 앰프, 조형미술품등과 같은 일정한 보조시설을 설치하고서 예술행위를 하기 위해선, 도로의 특별사용에 따른 허가가 필요함은 의문이 없다. 그러나 기타치며 노래한다든지, 마임을 한다든지 하는 것처럼 일정한 (고정된) 보조시설없이 예술행위를 할 경우에 특별사용허가가 있어야 하는지가 문제된다.[86] 여기선 이러한 거리예술행위(Straβenkunst)가 도로의 보통사용이나 특별사용에 해당하는지 여부뿐만 아니라, 그것이 헌법상의 예술의 자유에 의해서 어느 정도로 보호되어야 하는지, 도로법상의 공용지정목적인 교통개념을 어떻게 이해해야 하는지가 논의의 초점이다. 사실 그것을 특별사용으로 보아야 특별사용허가상의 재량축소문제가 생겨난다.

인도에서 일반인을 향해 기타를 치며 노래하는 것과 관련하여, Mannheim고등행정법원(제1부)은 그것이 보통사용을 넘어선 것이어서 요허가적 특별사용에 해당한다고 판시하였다.[87] 연방행정법원 역시 같은 입장에서 인도상의 거리음악연주를 요허가적 특별사용으로 보는 것이 연방법, 특히 기본법 제5조 제3항 제1문상의 예술자유보장과 일치한다고 판시하였다.[88] 여기서 동 법원은 예술(자유)이란 그것의 독자성과 고유한 법칙성 안에서는 법률유보 없이 보장받지만, 그렇다고 한계 없이 주어지진 않으며, 다른 사람들의 헌법상 보호받는 지위, 즉 공공도로에 대한 장애 없는 보통사용과 도로교통상의 안전 등에 그것의 한계가 있다고 지적하였다. 다만 동 법원은 말미에 특별사용허가에 관한 재량결정에선 서로 충돌하는 기본권적 지위가 그때그때의 중요성의 정도에 따라 균형이 이루어져야 하며, 그로 인해 개개사건에서 예술자

85) BVerwGE 62, 207(209f.).
86) 이에 관해선 이일세, 공물의 사용관계에 관한 연구, 고려대 박사학위논문(1991), 84면 이하 참조.
87) OVG Mannheim NJW 1987, 1839.
88) BVerwG NJW 1987, 1836.

유를 위해 재량축소마저 야기될 수 있다고 지적함으로써, 재량축소의 가능성을 제시하였다.

한편 Mannheim고등행정법원(제14부)은 그림자그림(Scherenschnitten)을 만들어 파는 것과 관련하여, 종전에 동 법원의 제1부가 취한 입장과 정반대의 판결을 내렸다.[89] 여기서 동 법원(제14부)는 연방헌법재판소가 (예술자유에 관한)상당한 기본권보호는 광범한 예술개념을 통해서만 보장될 수 있으며, 따라서 예술개념을 가치평가하여 축소한다든지, 다른 헌법규정에 의한 한계를 확대해석이나 유추한다든지 하여 예술자유보장을 제한해서는 아니 된다고 강조한 점을 먼저 지적하였다. 그리고 동 법원은 공용지정목적인 도로법상의 교통이 오늘날 지배적 견해에 의하면 장소이동이라는 좁은 의미의 교통뿐만 아니라 소위 의사소통적 교통까지 의미한다고 지적하였다. 그리하여 州도로법상의 교통개념과 보통사용은 헌법상의 예술자유보장에 의해서도 겹쳐 있으며, 아울러 이러한 기본권의 관점에서 해석·제한되어야 한다고 지적하였다. 이러한 전제에서 동 법원 제14부는 앞서 제1부가 이상과 같은 문제를 다루지 않고, 예술행위에 대해 특별사용에 관한 규정을 적용함이 예술자유보장에 배치되는지 여부와 예술자유가 재량결정에 어떻게 영향을 미치는지를 심사한 것은, 첫 번째 단계를 생략하고 곧바로 두 번째 단계의 논의를 전개한 셈이라고 비판하였다. 제14부는 보통사용을 헌법합치적으로 제한할 경우, 기본권적 보호를 받는 제3자의 지위가 과도하게 침해되어 도로상의 예술행위가 일반적인 용납가능성의 한계를 넘어섰는지 여부가 구체적인 개개사건에서 심사되어야 한다고 지적하였다. 그리하여 제14부는 당해사건에서 제3자의 그러한 지위가 구체적이고 과도하게 침해되었음을 인정할 수 없다 하여, 인도상의 그림자그림 제작·판매가 특별사용이 아닌 보통사용에 해당한다고 판시하였다.

한편 이상의 Mannheim고등행정법원 제14부 판결에 대한 상고심에서 연방행정법원은 동판결을 파기환송하였다.[90] 인도상의 거리예술행위를 특별사용으로 본 동 법원은 제14부가 인도상의 그림자그림 제작·판매를 보통사용으로 보아야 할 헌법적 명령(원칙)을 예술자유보장으로부터 도출한 점이 잘못임을 지적하면서, 비록 거리예술행위가 기본권적 보호를 받는 제3자의 지위를 구체저으로 침헤히지 않디라도 예술자유보장이 그것을 반드시 보통사용으로 보게끔 하지는 않는다고 판시하였다. 동 법원은 특별사용에 따른 허가의 필요성으로 거리예술행위가 저해되긴 하나 예술자유의 침해는 극히 미미하다고 지적하였다. 반면 동 법원은 특별사용에 따른 허가를

89) OVG Mannheim DÖV 1989, 128ff.
90) BVerwG NJW 1990, 2011ff.

받아야 할 의무는 의도한 도로사용의 허용성만을 담고 있는 형식적인 한계에 불과하며, -충돌하는 기본권적 지위의 균형이 문제되는 한- 허가상의 재량은 실제적 조화의 원칙에 따라서 행사되어야 한다고 지적하였다. 그리하여 동 법원은 거리예술가의 연주가 기본법 제2조 제1항, 제3조 제1항에 의해서 보호되는 교통참여자의 권리, 기본법 제14조 제1항상의 인접주민의 사용권, 그 밖의 다른 기본권(예컨대 현저한 소음공해가 있는 경우의 기본법 제2조 제2항) 모두를 중대하게 침해하지 않으면, 원칙적으로 (허가상의) 재량은 축소되고 그에 따라 허가발급에 관한 청구권이 성립한다고 판시하였다.

결론적으로 거리예술행위를 보통사용에 해당하는 것으로 보건 특별사용에 해당하는 것으로 보건, 특히 후자에선 원칙과 예외 관계의 역전과 다름없이 재량축소가 시인되기 때문에 양자간에 현격한 차이란 없다. 다만 예술자유라는 기본권을, 넓은 교통개념을 바탕으로 보통사용개념을 파악·이해하는 데서부터 고려해야 하는지, 아니면 특별사용에 따른 허가상의 재량을 행사할 때 비로소 고려해야 하는지의 차이가 있을 뿐이다.[91]

(4) 정치적 선전행위에 대한 도로특별사용허가와 (기본법 제5조 제1항과 제21조 등에 의한) 의사표현의 자유 등

유인물 배부를 비롯한 의사표현행위는 그것의 내용이 정치적이든 종교적이든 상업적이든 도로상에 일정한 보조시설(예: 삼각스탠드, 탁자, 게시판, 현수막)없이 행해질 경우에는 도로상의 普通使用에 속한다. 따라서 특별사용상의 허가는 필요치 않으며, 단지 다른 이의 보통사용을 침해할 가능성에 따른 한계·제한이 문제된다(독일의 다수 문헌과 판례가 취하는 입장). 하지만 도로상에 보조시설을 설치하고서 행하는 의사표현행위는 의사소통적 교통개념마저 넘어선 것이어서 특별사용에 속한다(물론 이 역시 의사소통적 교통에 해당하므로, 다른 이의 보통사용과 조화를 이룰 수 있는 한 보통사용에 속한다고 보는 견해·판례도 있다).[92]

정당이 도로에서 일정한 보조시설을 설치하고서 행하는 정치적 선전행위 역시 도로의 특별사용에 속한다. 다만 독일 연방행정법원은 선거기간중의 그것에 대해선 취급을 달리하고 있다. 원고인 (합법적인) 독일공산당(DKP)이 지방선거를 위해서 총 680군데의 현수막설치장소를 신청했는데, 당해 행정청은 이를 거절하고 140군데만을 허용하였다. 하급행정법원은 당해 행정청이 제공된 전체 5800군데를 등급을 나누어서 배분하는 것은 무방하나, 충분한 선거운동이 불가능할 정도로 적게 원고에게

91) Steinberg/Hartung, Straßenkunst als Gemeingebrauch oder als Sondernutzung?, JuS 1990, S.797.

92) 이에 관한 독일의 사정에 대해선 이일세, 앞의 글, 75면 이하 참조.

할당하였음을 지적하여 원고승소판결을 내렸다. 나아가 항소법원은 최소한 340군데의 특별사용허가가 내려져야 함을 들어 당해 행정청의 결정을 위법이라 판시하였다. 더욱이 항소법원은 제1심법원과는 달리 등급화된 기회균등의 원칙에 따른 분배 자체가 허용되지 않으며, 형식적인 평등대우가 이루어져야 한다고 강조하였다. 상고심인 연방행정법원은 항소심이 장소배분에서 등급나눔의 가능성을 부인한 점은 연방법을 위반하였지만, 그 밖의 다른 이유에선 항소심의 견해가 맞다고 판시하였다. 여기서 동 법원은 민주국가를 위한 선거의 중요성과 선거를 위한 정당의 중요성을 들어, 정당의 현수막설치에 관한 허가결정상의 행정재량은 통상 정당에게 허가청구권이 성립할 정도로 현저히 제한된다고 지적하였다.[93] 다만 보조시설을 설치하고서 행하되 선기기간중의 선거운동의 일환이 아닌 정치적 의사표시행위는, 그것이 정당이든 비정당이든 재량축소 없이 허가가 꼭 필요한 특별사용에 속한다.[94]

(5) 집회금지구역내의 집회승인과 (기본법 제8조에 따른) 집회의 자유 등

독일 집회법(VersG) 제16조 제1항과 집회금지구역법(BannmG) 제3조에 의하면, 연방입법기관과 연방헌법재판소의 집회금지구역내에서 옥외집회를 갖는 것은 금지되나, 연방내무장관이 연방입법기관 및 연방헌법재판소의 首長의 동의로 얻어 그 금지의 예외를 허용할 수 있다(가능규정). 여기서의 예외허용은 우리가 일반적으로 말하는 예외적 승인(Ausnahmebewilligung)에 해당한다.

(통제에 따른) 허가가 그것이 유보된 예방적 금지를 해제하는 데 대해서, 예외적 승인은 면제가 유보된 억제적 금지를 해제하는 것이다.[95] 양자의 본래의 차이점은, 전자가 통제목적을 위해 금지된 일반적인 활동자유를 회복시켜 준다는 점에서 일종의 한계를 설정한 셈이 되는데 대해서, 후자는 사회적으로 유해하거나 바람직스럽지 못하여 일반적으로 금지된 행위를 특별한 예외적 경우에 허용해 준다는 점에서 일종의 울타리를 넘어서 국민의 권리영역을 확대하는 것이다. 그러나 허가의 전제가 되는 예방적 금지와 예외적 승인의 전제가 되는 진압적(억제적)금지의 차이에 대해선 과대평가된 구석이 있다. 그것은(독일의 경우) 예외적 승인이 입법자가 법문에 '예외', '예외적으로', '중대한 사유가 있을 경우', '불공평한 부당행위를 피하기 위해서' 등의 표현을 사용한 경우에 인성될 뿐만 아니라, 헌법상으로도 특히 과잉금지원칙을 고려하여 반드시 꼭 필요한 경우가 있을 수 있기 때문이다. 이러한 점에서 예방적

93) BVerwGE 47, 280ff.

94) BVerwG DÖV 1981, 226.

88) 예외적 승인에 관해선 김남진, 앞의 책, 236면; Wolff/Bachof/Stober, a.a.O., §9 Rn.55. 追論: 본서 249면 이하 참조.

금지와 진압적 금지간에는 양적인 차이만 있을 뿐 질적인 차이는 없다는 주장[96]은 경청할만하다. 생각건대 양자의 차이점, 특히 인정폭에서의 그것이 행정작용은 물론 사법심사에서 충분히 반영되어야 한다. 예외적 승인에 관한 결정은 보통 재량에 속하기에, 예외적 승인의 신청자는 자신의 신청에 대한 무하자재량행사청구권 정도만을 갖되, 재량영으로 축소의 경우에는 예외적 승인에 관한 법적 청구권이 인정된다. 이를 위한 규준으로 평등원칙과 과잉금지원칙이 거론된다.[97]

호주수상이 독일방문을 기화로 본의 프레스센타에서 남극보호를 위한 주장을 공론화하려고 기자회견을 가졌다. 이에 환경보호단체 그린피스의 회원인 원고가 연방입법기관의 집회금지구역에 위치한 프레스센타 앞의 인도에서 지원성격의 집회를 갖고자 집회금지구역법 제3조의 예외를 신청하였다. 서면으로 답을 듣기에 앞서 전화접촉에서 연방내무부장관이 예외적 승인에 의문을 표하였으므로, 그 회원은 사전예방적으로 집회금지구역밖에서의 집회를 신청하여 확인을 받았다. 하지만 그 회원은 재차 원래의 예외적 승인에 대해 응답해 줄 것을 요청하였다. 이에 집회다음날에 연방내무부는 원하는 집회가 집회금지구역밖에서 거행되었음을 이유로 예외적 승인을 거부하였다.

이 사안에서 먼저 문제가 된 것은 계속적 확인소송(Fortsetzungsfeststellungsklage)의 허용성인데, 하급행정법원이 각하한 데 비해 Münster고등행정법원은 원고가 확인의 정당한 이익을 갖는다 하여 그것의 허용성을 시인하였다. 동 법원은 집회금지구역법 제3조에 따른 예외적 승인은 재량으로, 그것을 행사하기 위한 규준은 집회금지규정의 구조·의미·목적 및 기본법 제8조 제1항의 내용으로부터 얻어질 수 있으며, 예외적 승인이 지닌 원칙과 예외 관계가 재량행사로 말미암아 전도되어서는 아니 된다고 지적하였다. 그리하여 예외적 승인을 정당화시키는 특별한 사정이 있어야만 그 예외가 허용될 수 있으되, 그렇다 하여 예외적 승인이 반드시 내려져야 하는 것은 아니라고 하였다. 동 법원은 예외적 승인을 정당화시키는 특별한 사정에 대해서, 평등원칙과 과잉금지원칙에 의해서만 예외적 승인상의 재량이 영으로 축소될 수 있음을 지적하였다. 다만 동 법원은 집회금지구역에서의 예외적 승인이 과거에 네 차례만 있었고 그것도 두 건은 25년 전 일이었음을 들어, 당해사건에선 재량축소의 논거로서 평등원칙이 부적절하고 과잉금지원칙이 적합하다고 하였다. 그리하여 집회금지구역법의 목적은 입법부 등 헌법기관에 대한 외부로부터의 압력을 배제하기 위함인데, 당해사건에선 연방의회가 휴회중이었다는 점, 집회의 목적이 단지 호주입

96) Schwabe, Das Verbot mit Erlaubnisvorbehalt, JuS 1973, S.133ff.

97) Schwarze, Demonstrationen vor den Parlamenten, DÖV 1985, S.220.

장을 지원하기 위함인 점, 집회가 호주수상의 기자회견장인근에서 거행되어야 효과적인 점 등을 고려할 때, 예외적 승인이 거부됨에 따른 집회장소의 선택이 제한된 것과 입법기관의 업무능력을 위한 진압적 금지의 중요성이 전혀 합리적 비례관계에 있지 않다고 지적하였다.[98] 생각건대 당해 사건에서 집회자유가 재량축소의 직접적 논거는 되지 못했지만, 논의의 전체적 전개에서 바탕은 되었다.

(6) (건설법전 제35조 제2항에 따른) 옥외영역에서의 건축계획안의 승인(건축허가)과 재산권보장

독일 건설법전(BauGB) 제35조는 특권이 부여된 건축계획안(동조 제1항)과 그 밖의 건축계획안(동조 제2항)을 구별하여 규정하고 있다.「그 밖의 건축계획안은 그것의 집행이나 활용이 공적 이익(öffentliche Belange)을 침해하지 않을 때에는 개개사건에서 승인될 수 있다」고 규정한 동조 제2항에 따라서, 옥외영역에서의 건축행위금지의 원칙은 그 밖의 건축계획안에 대해서 기본적으로 통용된다. 물론 건축행위가 일반적으로 금지되는 것은 아니며, 동규정으로 가중된 허용요건이 과해진 셈이다. 특권이 부여된 건축계획안의 경우에는 공적 이익에 배치되지 않으면 충분한 반면, 그 밖의 건축계획안의 경우에는 그것이 공적 이익을 침해하지 않을 것이 요구된다. 이는 후자의 경우에는 건축계획안이 공적 이익을 침해할 때에는 허가받을 수 없음(genehmigungsunfähig)을 의미한다.[99]

문제는 독일건설법전 제35조 제2항이 가능규정인 점이다. 만약 문언그대로 가능규정으로 해석한다면, 이는 공적 이익을 통한 정당화를 도외시하고 건축자유를 제한함으로써 독일 기본법 제14조의 재산권보장과 일치하지 않을 우려가 있다. 일찍이 항소심인 Münster고등행정법원은 건축계획안이 공적 이익을 침해하지 않더라도 반드시 허가가 발부될 필요까진 없으며, 재량논거에서 거부되어도 괜찮다고 판시하였지만, 상고심인 연방행정법원은 항소심의 그러한 태도가 기본법 제14조의 재산권보장에 정면으로 배치됨을 지적하였다. 그리하여 건축계획안이 공적 이익을 침해하지 않는 경우에는, 건설법전 제35조 제2항의 적용과 관련하여 재량여지가 행정청에게 전혀 주어지지 않는다고 판시하였다.[100] 한편 이에 대해선 Ortloff가 반론을 제기하였다. 그는 동조항을 재량규범으로 해석하면 동조항의 합헌성에 의문이 야기된다고 하는 주장이 분명치 않음을 지적하고서, - 재량에 통용되는 일반원칙에 따라 재량영

98) OVG Münster DVBl. 1994, 541. Vgl. BVerfGE 20, 150(157).

99) Vgl. Oldiges, in : Steiner(Hrsg.), a.a.O., Rn.202ff.; Krebs, in : Schmidt-Aβmann(Hrsg.), a.a.O., Rn. 137; Erbguth, in : Achterberg/Püttner(Hrsg.), a.a.O., Rn.337ff.

100) BVerwGE 18, 247; 25, 261; BGH NJW 1981, 982.

으로의 수축 등이 고려될 수 있으되- 법규정상 엄연히 가능규정으로 되어 있음에도 불구하고 연방행정법원 등의 종래 판례가 그것을 의무규정으로 보려고 함은 바람직하지 않다고 강하게 비판하였다.[101)]

이상의 문제는 이미 앞에서도 본 재량소멸 바로 그것이다. 즉, 통상 재량행사에서 요구되는 관점까지도 어떠한 사안이 행위성립요건에 해당하는지를 판단하면서 함께 고려되었기에, 행위성립요건의 충족여부에 관해 일정한 판단이 서면 재량행사에서 요구되는 이익형량은 배제되고 곧바로 법효과를 선택한다. 하지만 앞에서 보았듯이, 가능규정이 의무규정으로 전환된다는 식의 규범변천의 주장은 피하는 것이 바람직하다.

한편 독일 건설법전 제31조는 일정한 요건이 충족하면 건축상세계획의 확정에 관한 예외를 승인하거나 그 확정을 면제시킬 수 있도록 규정하고 있다(가능규정). 여기선 일정한 요건이 충족하면 예외적 승인이나 면제에 관한 법적 청구권이 존재하는지, 즉 재량축소가 일어나는지 여부가 다투어지고 있다. 일각에서는 확고한 법적 청구권을 인정하는 데 대해서,[102)] 일각에서는 동규정이 도시건축에 관한 바람직한 질서의 구축이라는 공익에 이바지하는 점을 들어 (실체에 관한) 법적 청구권은 물론, 무하자재량행사청구권 조차도 부정하고 있다.[103)]

## Ⅷ. 行政節次의 再審査에 관한 請求權과 裁量縮小

독일 행정절차법 제51조는 불가쟁적 행정행위의 재심사(Wiederaufgreifen)를 규정하고 있다.[104)] 그에 따르면 i) 당해 행정행위의 기초가 된 사실·법상태가 사후에 관계인에게 유리하게 변경된 경우, ii) 관계인에게 유리한 새로운 증거가 존재하는 경우, iii) 민사소송법 제580조에 따른 확정판결에 대한 재심사유가 존재하는 경우, 행정청은 불가쟁력이 발생한 (당초의) 행정행위의 폐지·변경에 관한 관계인의 신청에 대해서 결정을 내려야 한다. 즉, 행정절차법 제51조의 요건이 충족되면 행정청은 재심사할 의무를 지며, 그에 대응하여 관계인은 (절차)재심사청구권 및 새로운 실체

101) Ortloff, Ermessen in §35 II BauGB - Hat das Gesetz doch recht?, NVwZ 1988, S.320ff.

102) VG Münster DVBl. 1967, 298; OVG Münster NJW 1966, 1833.

103) VGH Mannheim BauR 1990, 340.

104) 우리의 경우 1987년의 행정절차법안은 독일의 그것을 참조하여 행정처분의 재심사를 규정하였으나(동법안 제33조), 현행의 행정절차법은 그에 관한 규정을 두고 있지 않다. 이 점 역시 현행의 행정절차법이 과거의 안보다 뒤진 하나의 예에 해당한다. 독일의 경우 연방행정법원이 재심규정을 두지 않는 절차법은 위헌이라 판시한 판결(BVerwGE 39, 197ff.)이 계기가 되어 동제도가 정착되었다는 점은 우리로 하여금 여러 가지를 느끼게 한다.

결정에 관한 청구권을 갖는다. 물론 이 청구권이 당초결정의 폐지 및 새로운 결정에 의한 대체에 관한 청구권을 뜻하진 않는다.

한편 불가쟁적 행정행위의 재심사를 광의로 새기면, 행정행위의 직권취소와 철회 및 양자를 포괄하는 폐지(Aufhebung)까지도 그에 포함된다. 그런데 행정행위의 폐지와 그에 따른 재심사는 원칙적으로 행정청의 재량에 속한다. 이 점이 독일 행정절차법 제51조에 의한 협의의 행정절차의 재심사와는 구별되는 점이다. 그리하여 과거 독일의 다수설은 이러한 재심사에 대한 무하자재량행사청구권과 (재량축소의 경우에는) 재심사청구권이 관계인에게 인정되지 않는다고 보았으며, 현재에도 일부는 이러한 입장을 취한다. 그러나 오늘날의 다수 경향은 주관적 공권과 그것의 요건에 관한 논의에 바탕을 두고서 그러한 청구권을 인정한다. 즉, 재량규정인 행정행위의 취소・철회규정(독일 행정절차법 제48조 제1항, 제49조 제1항)은 공익뿐만 아니라 개인의 사익을 위해서도 존재한다는 점, 존속력과 배치되지 않으며 사실 행정청이 갖는 재심사・취소・철회에 관한 권능으로 이미 행정행위의 존속력은 깨뜨려졌다는 점을 논거로 들고 있다.

후자의 입장에서 재심사에 대한 무하자재량행사청구권과 재심사청구권을 시인하면, 과연 어떠한 경우에 재심사의무와 재심사청구권을 발생시키는 재량영으로의 축소가 성립하는지가 문제된다. 선행 행정행위의 위법성만으론 취소・철회의무를 성립시키는 데 충분치 않으며, 다음에서 보듯이 판례상으로 특별한 경우에 그것이 인정되었다.

독일 연방행정법원은 전쟁포로보상청구사건에서, -법・사실상태의 변경의 경우를 제외하고선- 행정청이 불가쟁적 행정행위로 인해 완료된 절차를 재심사(재개)할 의무를 지지 않음을 전제한 다음, 행정청의 재량에 속하는 재심사는 기본법 제3조에 따른 평등원칙에 의해서 구속된다고 판시하였다.[105] 이는 행정청이 동종의 사건에서 절차를 재심사하여 보충적 결정을 내림으로써 행정관례와 행정의 자기구속을 만들었다면, 사물적합한(합사실적) 고려에 의해서만 개개사건에서 이러한 관례로부터 벗어날 수 있다는 것이다. 그리고 당해 결정이 법률 그 자체에 규정되어 있는 사물법칙성(Sachgesetzlichkeit)을 자의적 방법으로 깨뜨리지 않아야만 사물적합(합사실적)하게 된다고 지적하였다.

연방행정법원은 전쟁으로 인한 물적 피해에 대한 보상사건에서, (행정청이든 법원이든) 법적 견해의 변경은 법률에 의한 법상태의 변경이 아님을 들어, 불가쟁적 행정행위가 추후에 최고법원의 판례에 따라 위법한 것으로 판명되었다 하여 행정청이

105) BVerwGE 26, 153(155ff.).

불가쟁적 행정행위에 의해 완료된 절차를 재심사할 의무를 원칙적으로 지진 않는다고 판시하였다.[106] 동 법원은 법적 안정성의 원칙이 실질적 정의의 원칙에 못지 않음, 즉 양자가 동위임을 전제하고서, 구제절차가 완료된(불가쟁력이 발생한) 이상 법적 안정성의 원칙에 따라 불가쟁적 결정의 유지가 전적으로 참을 수 없을 경우에만 그 결정의 제거에 관한 청구권을 부여해야 한다고 지적하였다. 그리하여 앞서의 판례(BVerwGE 26, 153)를 참조하여, 재심사청구권이 기본법 제3조의 평등원칙의 관점하에서 주어질 수 있음을 지적하였다.

연방행정법원은 1974년 병역거부에 따른 대체복무(Grundersatzdienst)로 인한 생계보조금지급사건에서, 존속력있게 완료된 절차를 재심해야 하는지 여부 및 그것의 범위에 관한 결정은 생계보장법상으로 행정청의 의무에 적합한 재량에 해당하며, 관계인은 사안처리를 새로이 개시함에 관해 무하자재량행사청구권을 갖는다고 판시하였다.[107] 그리고 행정청의 재심사의무는 사실·법상태의 변경이나 민사소송법의 재심사유가 주장되거나 (일정한 사건에선)새로운 증거가 존재하는 경우에 인정됨을 먼저 지적한 다음, 사안처리를 새로이 개시하는 것(재심사)만이 하자 없는 재량행사가 되기 위해선 불가쟁력이 발생한 당초결정의 위법성만으론 충분치 않다고 지적하였다. 그리하여 새로운 사안처리, 즉 재심사청구권은 당초결정의 유지가 전적으로 참을 수 없는 경우(BVerwGE 28, 122), 행정청이 당초결정의 불가쟁력을 원용함은 선량한 풍속 또는 신의·성실의 원칙에 명백히 반하는 것으로 여겨지는 경우(BVerwG DVBl. 1968, 918)에만 인정되어야 한다고 판시하였다. 한편 연방행정법원은 1984년 판례에서도 1974년의 그것을 바탕으로 여전히 이러한 입장을 취하고 있다.[108] 동 판례가 재심사여부의 재량이 특별한 경우엔 영으로 제한(verengen)될 수 있으며, 그리하여 예외적으로 재심사청구권이 성립될 수 있다고 기술한 점은 특기할 만하다.

한편 Münster고등행정법원은 관계인이 자신의 신청에 대해 행정청이 이미 결정내린 것으로 착각하여 행정심판을 미리 제기하였다면, 행정청은 신청에 대해 결정내릴 때 -조언·정보제공의무에서도 선행행위의 관점에서도- 그가 행정심판을 새로이 제기할 필요성이 있음을 특별히 가르쳐 주어야 한다고 지적하였다.[109] 그리하여 동 법원은 행정청이 그러한 언급을 하지 않았으면, 행정청은 재심사여부를 결정함에 있어 자신의 비난가능한 행위로 인해 당초결정의 불가쟁력이 발생하였다는 점을 고

106) BVerwGE 28, 122(126). 한편 최고법원의 판례변경이 있는 경우 대부분 이처럼 재심사청구권 및 재심사의무를 부인하나(BVerwG NVwZ 1988, 143; BVerwGE 95, 935). 시인된 예도 있다(BVerwGE 17, 260f.; 35, 237; BSozGE 36, 123f.).

107) BVerwGE 44, 333(335ff.).

108) BVerwG NVwZ 1985, 265.

109) OVG Münster NVwZ 1986, 134f.

려해야 한다고 지적하면서, 행정청으로 하여금 새로운 결정을 내리도록 의무지웠다.

엄밀히 보아, 행정절차의 재심사에서의 재량축소에 관한 논의는 법치국가원리상의 두 가지 원칙, 즉 행정의 법률구속의 원칙(달리 말하면 실질적 정의의 원칙)과 법적 안정성의 원칙간의 충돌을 둘러싸고 전개되고 있다. 오늘날 양자의 관계에 대해선, 일반적으로 어느 한쪽도 다른 한쪽보다 우위에 있지 않다고 보고 있다. 결론적으로 행정의 법률구속의 원칙을 법적 안정성의 원칙보다 앞세워 재심사의무 및 재심사청구권을 인정하기 위해선, 당초결정의 위법성만으론 충분치 않고 그 밖의 특별한 논거, 즉 특수한 사정이 요구됨을 이상의 판례에서 잘 알 수 있다.

## Ⅸ. 裁量縮小의 排除

재량축소가 도식적으로 이루어져서는 아니 되기에, 일정한 경우에는 재량축소 및 그에 따른 개입의무가 배제되어야 한다. 재량축소의 배제는 재량축소의 한계, 재량축소의 요건의 일부로 달리 표현할 수 있다. 사실 재량축소에 관한 논의가 아직 충분치 못한 지금 그것의 요건, 한계 등을 만족스러울 정도로 정연하게 서술하기란 어렵다.

Drews/Wacke/Vogel/Martens는 개입의무의 성립에선 다음의 다섯 가지 관점이 고려된다고 기술하였다.[110] ⅰ) 구체적 사건에서 개입이 허용되어야 한다. 다만 사권보호와 관련해선 경찰보충성의 원칙이 적용된다. ⅱ) 위험이나 장해의 정도가 중요하다. 다만 소소한 경우엔 개입할 필요가 없지만 극히 중대한 손해발생의 경우에 국한해서도 아니 된다. ⅲ) 경찰개입허용성에 관한 결정에는 위험의 정도와 예상손상에 관한 개연성판단이 요구된다. 다만 개연성정도가 엄격히 요청되되 너무 지나쳐서는 안된다. ⅳ) 여러 임무를 수행하는 경찰은 더 중요한 임무를 우선시킬 수 있으므로, 경찰개입의무는 다른 임무가 절박하지 않은 경우에만 성립할 수 있다. ⅴ) 위험이나 장해의 정도와 그것의 방지에 소요될 비용간에 비교형량을 하여야 한다. 다만 여기선 과잉금지원칙의 준수여부에 관한 판단에서와는 달리 경찰조치의 불이익한 결과뿐만 아니라, 소요되는 인적·물적 비용까지도 고려해야 한다. 생각건대 ⅰ) 내지 ⅲ)은 재량축소의 원인·사유에서 이미 보았기에, 재량축소의 배제와 관련해선 ⅳ)와 ⅴ)를 주목할 필요가 있다(물론 이것이 절대적 구별은 아니다).

Friauf 등은 ⅰ) 중대한 위험으로 국민의 생명, 건강 등의 중요한 법익이 위협받고 있으며, ⅱ) 경찰이 이러한 위험을 다른 동등한 법익을 등한시 하지 않고서 방지

110) ders., a.a.O., S.401f.

할 수 있는 경우에는 경찰의 개입결정만이 의무에 적합한 재량행사로 간주될 수 있다고 본다.[111] Götz는 다음과 같이 재량의 기능을 논하면서 재량축소의 배제를 염두에 둔 듯 싶다. 즉,「구체적 임무가 시간·공간적으로 충돌하고 인적·물적 수단이 한정되면, 행정청은 덜 중요한 일에 앞서 더 중요한 일을 할 가능성을 지녀야 한다; 행정청은 안전과 질서의 보호가 개입이외의 방법으로 보장되고 있거나 보장될 수 있으면, 개입하지 않을 수 있어야 한다」.[112]

한편 이상에서 살펴 본 재량축소의 배제논거는 개입이 사실상 가능한지 그리고 법적으로 기대가능성이 있는지의 관점에서 음미할 수 있다.[113] 가령 한 정치집단이 시가행진을 갖고자 하는데 폭력행사의 용의까지 지닌 반대세력이 위협을 가할 경우, 집회자유 등에 의해서 그 시가행진에 경찰보호가 법적으로 꼭 필요하다 할 수 있지만, 만약 일정한 시점·장소에 경찰력을 지체 없이 투입하지 못할 상황이라면, 이러한 보호는 사실상 불가능하기에 경찰에 대해 의무를 지울 순 없다고 보아야 한다. 그런데 이 경우 경찰이 그들의 생명에 지장 없이 그리고 무기를 꼭 사용해야 할 필요 없이 그 시위대를 보호하기엔 너무나 턱없이 적은 인적·물적 수단을 보유하였다면 사정이 다르다. 여기선 사실상의 가능성의 문제에서 기대가능성(Zumutbarkeit)의 문제로 탈바꿈한다. 통상 기대가능성(수인가능성)은 개인의 권리에 대한 국가적 개입의 제한논거 다시 말해 개인적 희생의 한계로서 기능하지만, 반대로 국가가 개인에 의해서 주관적으로 강제될 수 있는 의무상황에 봉착하였을 때 국가 자신의 책임을 면하기 위해서 그것이 주장될 수도 있다. 후자와 관련해선 행정상의 결과제거청구권의 요건·한계에서 수인가능성(기대가능성)이 제시되는 것을 생각하면 된다. 국가로 보아선 기대가능성이 무의미한 결정을 정당하게 피하기 위한 마지막 버팀의 일종이다. 따라서 국가에 대해 개입의무를 지우는 것이 언제나 반드시 요구되진 않으며, 긴급상황에서는 비록 개입에 관한 주관적 권리가 존재하더라도 국가가 개입의무로부터 벗어날 여지는 있다 하겠다. 오늘날 국가의 기본권보호의무 등의 진전에 따라, 대부분의 행정상 법률관계가 국가와 상대방 국민간에 형성된 쌍방적 관계에서 국가와 이익이 대립된 두 부류의 국민간에 형성된 삼각적 관계로 변모했다. 그러기에 법적 의무를 지게 되는 공권력은 이러한 이익의 상충속에서 자신의 고유한 기능·역할을 다하기 위해 기대가능성이나[114] 비례성과 같은 일종의 상대화원칙을 주

111) Friauf, a.a.O., Rn. 64; Gusy, a.a.O., Rn.309; Würtenberger, a.a.O., Rn.185. 우리의 경우 류지태 교수가 행정기관의 개입의무의 배제를 언급하고 있다. 동인, 앞의 책, 86면.

112) ders., a.a.O., Rn.267.

113) Vgl. Di Fabio, a.a.O., S.230f.

114) 물론 기대가능성을 과잉금지원칙의 표현으로 보기도 한다. Vgl. OVG Münster NVwZ 1994, 705;

장할 수 있어야 할 것이다. 결론적으로 앞에서 본 재량축소의 이유가 긍정되더라도 개입이 사실상 불가능하거나 기대불가능하면, 예외적으로 행정청에게 재량이 여전히 존재할 수 있다.

## X. 맺으면서

재량은 그것의 본질에 비추어 행정법학이 부단히 고심해야 할 테제의 하나이다. 이상에서 본 재량축소에 관한 논의는 올바른 재량론을 구축하기 위한 노력의 일환이다. 비록 논의의 대부분이 독일의 경우를 빌어 왔지만, 분명 현재 및 장래를 위해 하나의 시발점이 된다. 물론 독일에서도 최근 들어와서 문헌이 하나 둘씩 출현하고, 판례상으로도 하나의 통일된 착안점에 바탕하여 전개되고 있지 못한 것이 사실이다. 이하에서는 앞서의 내용을 다시금 정리함으로써, 재량축소에 관한 현재의 논의 상황을 분명히 하여 맺음말에 갈음하고자 한다.

개별적 정의를 지향하는 재량의 본질에는 법효과의 제한을 의미하는 재량축소의 가능성이 담겨져 있으되, 원칙과 예외 관계에서 재량축소현상을 바라보아야 한다. 물론 일정한 경우에는 원칙과 예외 관계의 역전과 함께 재량축소가 초래되기도 한다. 재량축소의 요건이 충족되더라도 당해 규범 및 그에 의거한 행정결정이 기속규범·기속행위로 변화하진 않으며, 나아가 개입의무의 발생이 곧바로(선택재량까지 인정되는 경우에는) 행위선택의 자유까지 소멸시키진 않는다. 따라서 재량여지가 완전히 축소됨을 의미하는 재량영으로의 축소가 일어나지 않는 한, 특정행위의 발동·발급을 내용으로 하는 행정개입청구권은 인정되지 않으며, 설혹 그것을 행사하더라도 무하자재량행사청구권 정도에 그쳐서 독일의 경우에는 지령판결이 내려지는 데 그친다.[115]

Gern처럼 재량규범해석을 통한 경우와 재량규범겹침에 의한 경우를 나누어 살펴보면 재량축소요건을 파악하기가 쉬울 수 있겠지만, Gern이 재량규범해석을 통한 재량축소에서 내세우는 행위요건의 집약적 충족이란 내용은 국가의 기본권보호의무 등에 의해서 재량제한적 외부법규에서도 충분히 끌어낼 수 있다.[116] 따라서 우리는

---

Ossenbühl(Fn.44), a.a.O., S.269ff.; Lücke, Die Grundsätze der Verhältnismäßigkeit und Zumutbarkeit, DÖV 1974, S.769ff.

115) 한편 우리 행정소송법상의 부작위위법확인소송(부작위위법확인판결)이 독일의 지령소송(지령판결)의 내용까지 포함하는지 여부가 문제될 수 있다. 추론: 거부처분취소판결과 부작위위법확인판결은 선택의 여지를 여전히 남긴다는 점에서 행성청을 완전히 구속하지 않기에, 독일의 의무이행판결과는 결정적으로 차이가 있다. 오히려 무하자재량행사청구권에 상응하는 독일의 지령판결에 걸맞다.

116) 한편 그 밖에도 Di Fabio는 재량수권목적에 비추어 행정청에게 형량해야 할 더 이상의 가능성이 열려져 있지 않는 경우를 재량축소의 내적 사유로 들고 있으며, Gern 역시 형량해야 할 하나의 법익이 다른 법익

재량제한적 상위법에 천착하여 재량축소를 바라보아야 한다. 그러나 상위법의 영향이라는 관점을 재량제한의 요인으로서 재량행사에 도식적으로 끌어들이는 것은 재량결정에 관한 사법심사의 측면에서 의문스럽다. 이 점은 앞에서 보았듯이, 독일 연방행정법원이 광범한 형성여지가 행정청에게 부여되어 있고 다른 공익을 상응하게 고려할 수 있음을 들어, 독일인과 혼인한 귀화허가신청자에 대해 이중국적을 감수하더라도 귀화허가가 내려져야 한다는 식의 (귀화허가상의) 재량축소란 원칙적으로 없다고 판시한 데서도 잘 알 수 있다. 만약 재량제한적 상위법을 재량행사에 도식적으로 반영하면, 재량에 대한 사법심사가 여러 기본권간에 형량하는 식의 자유로운 논증의 위험에 너무 쉽게 압도되어 버릴 우려가 있다. 아울러 개입의무를 발생시키는 위험 또는 장해의 정도·수준을 완화하여 해석함으로 인해 법의 집행부전(Vollzugsdefizit)이 초래될 우려도 있다. 따라서 재량에 속하는 행정결정 가운데 어느 하나를 재량축소란 의미에서 재량범주로부터 확정적으로 배제하기 위해선, 기본권도그마틱의 원칙에 따라서 당해 결정의 위헌성이 적극적으로 확인되어야 한다. 그리하여 그것으로부터 재량제한적 언명이 구체적으로 도출되어야 한다. 우리는 가뜩이나 독일의 경우 행정법원이 과잉금지원칙을 무기로 삼아 행정행위의 적법성을 심사함으로써 사실상 행정의 재량영역이 소멸되어, '법치국가의 소송국가로의 전락', '법치국가의 과잉비대' 등의 평가가 내려지고 있는 실정인 점도 무시해선 아니 된다.

끝으로 재량영으로의 축소가 인정된다 하더라도, 행정청에 요구된 실체적 결정이 과연 사실적으로 가능한지, 기대가능성이 있는지 여부가 검토되어야 한다. 즉, 사실적 가능성과 기대가능성이 인정되어야만 비로소 행정개입청구권이 성립한다.

* 현대공법학의 재조명(김남진 교수 정년기념논문집), 법학논집(고려대학교 법학연구소) 특별호, 1997, 57면 이하 소수.

* 追論: 새만금판결과 같은 일탈의 예를 제외하고선, 판례는 (제3자에 대한) 행정개입청구권의 인정에 매우 소극적이다. 그리고 의무이행소송이 직접 제도화되지 않은 현행 행정소송법하에선 행정개입청구권이 아닌 무하자재량행사청구권 정도가 실현될 수 있을 뿐이다. 이에 관한 상세는 본서 87면 이하 참조.

---

보다 추상적·구체적 가치성에서 우월하면 결과적으로 재량축소가 초래 될 수 있음을 지적하였다.

# 제 3 장

# 行政法上의 禁止와 그것의 解除에 관한 小考



## Ⅰ. 行政法上의 禁止類型에 관한 槪觀

한계가 없는 자유란 있을 수 없다. 모든 행위는 일정한 요건에서 금지되거나 허용된다. 어떤 행위를 금지하거나 허용함에 있어 법기술적으론 크게 두 가지 선택방안이 존재한다: 행위를 일반적으로 허용하면서 개개사건을 위해 금지하는 것(금지유보부 허가·허용)과 일반적으로 금지하면서 개개사건에서 허용하는 것(해제유보부 금지). 그리고 양자의 사이에 단순한 신고의무(신고유보부 금지)와 같은 중간적 유형이 있다.

문제는 해제유보부 금지를 일원적으로 보느냐 아니면 이원적으로 보느냐에 있다. 독일의 전통적인 다수 견해는 (해제유보부)금지의 유형을 허가유보부 예방적 금지(präventives Verbot mit Erlaubnisvorbehalt)와 법적용면제유보부 억제적 금지(repressives Verbot mit Befreiungsvorbehalt)로 나누고 있듯이, 우리의 행정법문헌 역시 근자에는 대부분 후자에 관해서 언급하고 있다.[1]

(통제)허가유보부 예방적 금지에서 금지는 전적으로 형식적인 성질을 지닌다. 원칙적으로 사회적으로 유가치하거나 적어도 무해무익한 일정한 행위가 개별사안에서 실체법과 일치하는지 여부를, 행정청으로 하여금 사전에 심사할 수 있게 하기 위해

1) 김남진, 행정법 I, 1997, 250면 이하; 김동희, 행정법 I, 1999, 260면 이하; 김철용, 행정법 I, 1999, 135면; 류지태, 행정법신론, 1998, 67면 이하; 홍정선, 행정법원론(상), 1999, 299면 이하; 홍준형, 행정법총론, 1997, 184면; 박균성, 행정법총론, 1999, 233면 이하; 김성수, 행정법 I, 1998, 211면 이하.

서, 입법자가 이들 행위를 금지한다. 따라서 통제허가는 예외적 승인과는 달리 상대방에게 원래 헌법상으로 귀속하는 것만을 그에게 부여하기에, 실체적으론 일반적 행위자유를 회복시키는 데 그친다. 이처럼 일반적으로 존재하는 형식적인 사전금지는 허가절차의 집행을 보장하려는 예방적 목적을 지닌다.[2]

반면 입법자가 원칙적으로 사회적으로 유해하다고 보아 일정한 활동을 미연에 방지하기 위해 엄격히 금지한 경우에는 예외적 승인(혹은 법적용면제)[3]유보부 억제적 금지에 해당한다. 그 자체가 법적으로 금지되고 헌법상 인정된 자유권밖에 놓인 행위가 개별적 정당성의 이유에서-이는 개인의 이익을 위해서나 전적으로 공익을 위해서도 존재한다- 예외적 승인(법적용면제)을 통해서 예외적으로 허용되고, 그로 인해 국민의 권리영역이 확대된다. 물론 입법자가 사회적으로 유해한 행위를 완전히 금지할 순 있다. 예방적 금지는 통제허가가 예정되어 있다는 의미에서 잠정적 성격을 지닌 반면, 억제적 금지는 해제유무에 관계없이 일단은 종국적 성격을 갖는다.

허가유보부 금지는 때에 따라선 금지유보부 허가와 구별해야 한다. 하지만 후자는 허가를 필요로 하지 않는 행위가 일정한 요건에서 금지될 수 있음을 의미하는 데 지나지 않는다. 예컨대 옥내집회는 원칙적으로 아무런 신고도 없이 행할 수 있으나, '집회 및 시위에 관한 법률' 제18조에 의해서 해산명령을 받아서 금지될 수 있다.[4]

허가유보부 금지와 금지유보부 허가의 사이에 신고(통지)유보부 금지(Verbot mit Anzeigevorbehalt)가 있다. 이에 의하면 의도한 행위가 사전에 행정청에게 신고된 경우에만 허용된다. 행정청은 신고(통지)유보부 금지를 통해서 그 계획안에 대해 위법성을 심사하고, 경우에 따라선 금지를 발할 가능성을 갖는다(예; '집회 및 시위에 관한 법률' 제6조 제1항에 따른 옥외집회의 신고의무). 따라서 신고해야 할 계획안은 금지되지 않는 한 신고함으로써 충분하다.[5] 이러한 신고의무를 위반하면 원칙적으로 행정벌이 내려질 순 있지만, 그 의무위반사실로 바로 일정 행위의 금지가 정당화되는 것은

---

2) Rupp는 허가유보부 금지의 유형이 과거 관헌주의 국가관에는 맞을지 모르지만, 자유적 · 기본권적 관념에는 부합하지 않는다는 점을 들어, 금지유보부 허가가 기본권적 자유에 적합하다고 지적하였다(NJW 1966, 2037, 2039). 한편 독일 연방헌법재판소는 허가유보부 금지가 법치국가에서도 허용되는 법기술적 수단의 하나임을 인정하였다(BVerfGE 9, 83(87); 18, 353; 20, 161f.).

3) 우리가 일반적으로 쓰는 의무면제는 대개 'Erlaß'에 해당하기에 독일 문헌상의 'Dispens'나 'Befreiung'과는 구별해야 한다. 오히려 후자는 법적용을 배제하거나 법적용상의 특례를 인정하는 식으로 원칙적인 금지를 해제한다. 따라서 후자를 법적용면제나 (법적용상의)특례인정으로 부르는 것이 적절하다. 그리고 독일 문헌상의 'Ausnahmebewilligung'을 '예외적 허가'로 옮긴 문헌이 적지 않은데, 통상의 허가와는 그 본질이 다르다는 점에서 '예외적 승인'으로 부르는 것이 적절하다.

4) 한편 금지유보부 허가의 존재이유에 대해선 부정적으로 보기도 한다.

5) 종종 신고로 보기 어려울 정도로 전혀 형식적 요건을 갖추지 못한 신고의 경우에도 수리되어야 신고제의 취지에 부합한다고 주장된다. 그러나 신고제의 취지를 수리거부를 배제하면서 무조건인 수리의무로 이해하는 것은 피해야 한다. 추론: 여기서의 신고는 금지해제적 신고에 해당하는데, 그밖에 정보제공적 신고유형이 있다. 追論: 상세는 본서 109면 이하 참조.

아니다.[6)]

## Ⅱ. 行政法上의 禁止類型에 따른 解除의 類型[7)]

### 1. (統制)許可

통제허가(협의의 허가)의 전형적인 예가 건축허가, 영업허가, 일정한 시설(설치 및 운영의)허가 등이다. 예컨대 건축허가를 통해서 건축계획안이 실정법과 일치함이 확인된다(건축허가의 확인적 부분). 여기서 건축허가는 수입・출항허가증이나 세무서의 납세필증(Unbedenklichkeitsbescheinigung)처럼 더 이상 고려할 필요가 없음을 확인하는 데 지나지 않는다. 아울러 건축허가가 있어야 비로소 건축계획안에 따른 공사집행이 허락되고 지장을 받지 않는다(건축허가의 지시・지령・형성명령적 부분, 금지해제). 이처럼 허가는 그것이 승낙한 모든 것이 적법하게 되는 형식적인 요건에 불과하다.

허가에 관한 법적 유보는 관계행정청이 사회생활에 대해 예방적으로 통제하는 데 기여한다(소위 개시통제, Eröffnungskontrolle). 그리고 통제허가란, 국민의 권리영역을 확대하는 행정행위와는 달리 헌법상으로 원래 국민에게 귀속하는 것만을 국민에게 되돌려 줌으로써, 실체적으론 일반적인 활동의 자유(건축자유, 영업자유, 재산권행사의 자유)만을 회복시킨다. 예외적 승인(법적용면제)과는 달리, 허가란 그 허가이전에 이미 잠재하는 개인의 권능을 현실화한 데 불과하다. 즉, 대상행위의 행사가 예방적 이유에서 발급시점까지 연기된데 지나지 않는다. 예방적 금지에서 통제허가가 발해지지 않을 경우, 이는 형식적으로 보면 수익적 행정행위의 거부이고, 실체적으로 보면 자유와 재산권에 대한 개입이다. 왜냐하면 거부란 처음엔 잠정적인 데 불과한 금지를 종국적인 것으로 확정하는 셈이기 때문이다.[8)] 한편 독일의 경우에는 통제허가의 거부가 위법하다면 그 관계인에게 수용유사적 침해(공용제약유사적 개입)에 따른 보상청구권이 인정될 수 있다고 한다.[9)]

국민이 허가를 받아야 할 사항(건축)을 허가 없이 시행한 경우, 형식적인 위법성과 실체적인 위법성이 구분되어야 한다. 즉, 그 무허가건축행위는 허가가 없는 점에서 형식적으로 위법하나, 아울러 허가거부를 정당화시키는 규정에 반해야, 다시 말

---

6) Ehlers, in: Erichsen(Hers.) Allg. VerwR, 1995, §1 Rn.34.

7) 사실 강학상의 특허 역시 억제적 금지가 전제된 것이나, 여기선 논의의 집중을 위해 제외하기로 하고, 차후에 행정규제 전반을 다룸에 있어선 함께 논하려 한다.

8) Ehler, a.a.O., §1 Rn.33; Wolff/Bachof/Stober, VerwR I, 1994, §46 Rn.41; Maurer, Allg. VerwR, 1997, §9 Rn.52.

9) Vgl. BGH, VerwRspr. 20(1968), 48. 현실적으로 통제허가의 거부사유가 지나치게 광범하여 자연적 자유의 회복이란 통제허가의 본질이 몰각될 경우가 많음을 생각할 때 참고할 만하다.

해 허가거부사유에 해당해야 비로소 실체적으로도 위법하다. 따라서 허가를 받아야 할 건축행위를 필요한 허가 없이 행하면, 행정청은 허가발급시까지 공사의 중지를 요구할 수 있으되, 이미 조성된 것의 철거까지 요구할 수 있기 위해선 그 건축행위가 실체법적으로도 위법해야 한다.[10]

## 2. 例外的 承認(法適用免除)

### (1) 예외적 승인의 존재이유

경험상 일정한 금지가 관철됨에 있어 예외가 전혀 없다곤 할 수 없다. 일반적인 행정법적 형식유형론(Formentypik)에 맞춰서 정립된 추상적이고 일반적인 규율에선 당연히 적용상의 부당함과 어려움이 생길 수 있다. 즉, 구체적으로 법을 적용함에 있어 당해사안과의 괴리에 따른 곤란함과 어려움은 추상적·일반적 법규정으로부터 생겨날 수 있거니와, 애시당초 구체적 사건을 전혀 고려하지 않은 데서도 비롯할 수 있다. 예외유보(Ausnahmevorbehalt)는 개별적 정당성의 견지에서 이러한 부당함과 어려움을 제거하면서, 행정청으로 하여금 특별한 이형적인 사건에선 일반적인 금지로부터 벗어날 수 있게 한다.[11] 다시 말해, 예외적 승인(법적용면제)제도는 개개사건의 특별성에 관한 고려의 소산이다.

한편 통제허가의 경우와는 달리 예외적 승인의 거부는 종국적인 금지를 다시 확인하는 셈이 되어 원칙적으로 기본권적 개입에 해당하지 않는다. 허가가 일종의 길을 차단하는 울타리(차단기)를 높이 올린 셈이 되는 데 대해서, 예외적 승인은 일종의 울타리(넘어서는 아니 될 선)를 넘어섬을 허용하는 셈이다.

### (2) 예외적 승인의 예

금지에 대한 예외인정은 명시적이거나 의미상으로 법적 수권(예외유보)을 필요로 하되, 통상의 금지가 있게 한 공익을 능가하는 근거에서만 부여될 수 있다.

국회의사당 등의 청사 또는 저택의 경계지점으로부터 1백 미터 이내의 장소에서는 옥내집회 또는 시위를 해서는 아니 되되, 다만 행진의 경우에는 예외로 한다('집

---

10) 이는 독일의 판례(BVerwGE 19, 162; BVerwG DÖV 1978, 413; OVG NW NWVBl. 1987, 19ff.)와 문헌상의 일반적인 태도이다. 후술하겠지만 이러한 형식적 위법성과 실체적 위법성의 나눔이 허가와 예외적 승인의 구분의 바탕이 되었다. 그러나 우리의 경우 통제허가가 지닌 형식적인 면과 실체적인 면이 잘 반영되지 못한 채 논의되고 있다. 이는 예방적 금지 및 통제허가가 자유권에 바탕을 두고 있음을 간과한 것이다. 한편 독일에서도 이러한 나눔은 그들의 건축법, 영업법 등에서 통용될 뿐, 그들의 하천법(WHG)에선 통용되지 않는다. 이는 하천법상의 하천이용허용을 일종의 특허로 보아 그것이 억제적 금지를 전제로 함을 시사한다. Vgl. BVerwG DÖV 1978, S.413f.

11) BVerwGE 40, 269(271f.); 41, 1(6); 48, 123(127ff.); BVerwG DÖV 1988, S.424; OVG Saarlouis DÖV 1974, S.277.

회 및 시위에 관한 법률' 제11조). 그리고 학교환경위생정화구역안에선 소정의 행위 및 시설을 해서는 아니 되되, 상대정화구역안에선 학습과 학교보건위생에 나쁜 영향을 주지 않는 소정의 행위 및 시설은 제외한다(학교보건법 제6조 제1항).[12] 독일의 경우 집시법 제16조와 집회금지구역법(Bannmeilengesetz)에 따라서 의회의 일정한 반경안에선 옥외집회가 금지되되, 집회금지구역법 제3조에 의해서 그 금지로부터 예외가 주어질 수 있다. 그리고 일정한 요건에서 건축법상의 강제규정의 적용이 면해질 수 있다(건설법전 제31조 제2항 참조).[13]

한편 금지의 억제적 성격은 일단 명문상으로 예외나 특례가 인정되면 짐작하기 쉬우나, 금지와 그것의 해제유형을 문언의 표현에만 의거해서 판단함은 적절하지 않다. 예컨대, 대마관리법 제5조상의 대마취급자허가 및 그 전제가 된 금지는 동법의 목적과 제3조 등에 비추어 통제허가로서의 건축허가와는 본질적으로 궤를 달리 한다고 보아야 한다. '총포·도금·화약류 등 단속법'에 따른 총포 등의 소지금지와 소지허가(동법 제10조 이하)도 동일하다. 이 점에서 토지수용법상의 타인의 토지에의 출입허가(제9조) 역시 자연적 자유의 회복으로 보기 어렵기에 예외적 승인에 해당한다.[14] 개발제한구역내의 소정의 건축행위에 관한 허가와 관련해선, 그러한 건축행위가 사회적으로 유해하고 그 구역내에선 행위제한이 원칙이라고 보면 예외적 승인에 해당할 것이나, 반면 개발제한구역이란 상대적으로 가중된 행위제한을 받는 데 지나지 않는다고 보면-이는 현행 개발제한구역제에 관한 비판적인 태도를 담고 있다-원래의 자연적 자유를 회복시키는 통제허가에 해당한다 하겠다. 물론 독일에서도 허가에 해당하는 'Erlaubnis'와 'Genehmigung'이 실질적으로 예외적 승인을 의미하기도 한다.

(3) 예외적 승인의 요청

추상적 위험성을 규정한 금지규범상의 요건이 일반적으로 고려되어야 하기 때문에 개개사건에서 상황의 구체적인 위험성에 좌우되어선 아니 될 때(예컨대 도로교통

12) 그러나 사건명(정화구역안에서의금지행위해제심의신청에대한금지처분취소)에서 잘 알 수 있듯이, 대법원이 1996.10.29. 선고 96누8253판결에서 금지해제신청에 대한 (해제)거부를 소정의 금지행위 및 시설을 계속적으로 금지하는 것으로 이해하여 (유흥주점 영업행위)'금지처분'으로 표현함은 적절치 못하다. 왜냐하면 억제적 금지는 해제유무에 관계없이 일단은 종국적이기 때문이다. 이 판결에 대한 평석으로 졸고, 행정법상 억제적 금지에 대한 예외적 승인, 저스티스 제47호, 1998.3, 133면 이하 참조.

13) 한편 이채롭게도 Wolff 등은 특별한 예외유보가 있으면(예: 집회금지구역법 제3조, 연방공무원법 제7조 제2항, 연방건설법전 제31조 제1항, 바이에른 주건축법 제7조 제2항·제4항 등) 예외적 승인(Ausnahmebewilligung)으로, 특별한 예외유보 없이 일반적인 수권규정에 의해서 강행규정이 적용이 배제되면(예; 연방건설법전 제31조 제2항, 헤센 주건축법 제68조 등) 법적용면제(Dispens,Befreiung)로 나누어 기술한다. Vgl. Wolff/Bachof/Stober, a.a.O., §46 Rn.46, 47. 그러나 이는 명문상으로 예외적 승인과 법적용면제로 기술되어 있기에 그러할 뿐, 실제적인 의의란 없다.

14) 김남진·박상희, 土地公法論, 1994, 130면.

법 제15조에 따른 최고·최저속도의 초과·미달운전의 금지)에는, 비록 기본권에 의거한 다 하더라도 결코 예외적 승인이 강제되진 않는다.[15] 그 이유는 예외적 승인이란 본시 법규정이 갖는 일반성·추상성에 대응해서 개별적 정당성을 구하는 데서 비롯되었기 때문이다.

그러나 추상적 위험성만을 목표로 한 금지가 비전형적인 사건에서 자유를 심대하게 제한할 경우도 많이 있다.[16] 이 경우 입법자는 일반적인 금지요건을 정립함에 있어, 기본권과 관련해서 정당한 목적의 달성과 적합하고 필요한 수단의 투입이라는 두 가지 상이한 요청에 직면한다. 여기서 입법자는 과잉금지의 원칙에 의해서 예외유보를 규정할 권능을 가짐과 아울러 의무를 진다.[17] 다시 말해, 모든 법률적 금지란 과잉금지의 원칙에 의거해서 헌법적인 예외적 승인(법적용면제)의 유보하에 있는 셈이다.

따라서 개개사건에서 필요성의 원칙이 심대하게 침해되면 될 수록, 혹은 관련 사익과 금지상의 공익간에 상당성이 현저히 결여되면 될수록, 그 금지를 일률적이고 무차별적인 것으로 파악해선 아니 된다. 그리하여 예외사건으로서 예측되고 유형화될 수 있는 경우에는, 금지요건을 내용상으로 제한하거나 예외규정을 발함과 함께 관계인에게 (광의의) 행정개입청구권에 해당하는 예외발급(예외적 승인)청구권을 부여함으로써, 처음부터 금지로부터 제외시켜야 한다. 그러나 현실적으로 예외성 여부를 사전에 예측하는 것과, 그 예외적 경우를 일반적으로 규율하기란 지극히 어렵다. 따라서 예외적 승인(법적용면제)을 재량행위로 규율할 필요가 있다. 이는 예외적 승인의 경우 재량행위가 원칙임을 의미한다(후술).

한편 일반적인 금지요건과 관련한 예외적 승인의 요청 문제는 궁극적으로 금지 자체의 합헌성 여부에 직결된다. 그러나 예외의 인정이 법률상의 금지원칙에 역전을 가져와선 아니 되며, 법률의 보호법익을 본질적으로 침해해서도 아니 된다.[18] 일찍

---

15) Schwabe, Das Verbot mit Erlaubnisvorbehalt, JuS 1973, S.137.

16) 사실 억제적 금지 역시 관념상으론 예방적 금지와 마찬가지로 추상적 위험과 관련이 있다. 요컨대 후자가 미리 배려된 절차상에서 사실상태의 심사가 결여됨으로 인해 야기된 추상적 위험과 관련이 있는 데 대해서, 전자는 삶의 경험과 지배적인 사회관에 비추어 전형적인 사건과 연관된 추상적 위험과 관련이 있다.

17) Gromitsaris, Die Unterscheidung zwischen präventivem Verbot mit Erlaubnisvorbehalt und repressivem Verbot mit Befreiungsvorbehalt, DÖV 1997, S.404; Maurer, a.a.O., §9 Rn.55; Erichsen, Baudispens und Übermaßverbot, DVBl. 1967, 270f.; Schwabe, a.a.O., S.137. Schenke도 예외적 승인의 부여를 통해 개개사건의 특수성이 고려되어야 는 점에서 이들이 과잉금지의 원칙과 깊이 연관된다는 점을 지적하였다. Ders., in: Steiner(Hrsg.), Bes. VerwR, 5.Aufl.1995, II J Rn.312. 그러나 이에 대해선 반론도 상당하다. 특히 Ossenbühl은 과잉금지의 원칙을 통해 입법자로 하여금 예측가능한 예외요건을 스스로 규정할 의무를 지우는 것은 행정재량이 발붙일 수 없게 만들고, 그러한 예외요건이란 예측가능성과 구별의 측면에서 한계를 지닐 수밖에 없다고 지적하였다. 아울러 모든 법률상의 금지가 헌법적인 법적용면제유보아래 있는 셈이 된다고 강하게 반박하였다. Ders., Tendenzen und Gefahren der neueren Ermessenslehre: Freiheit, Verantwortung, Kompetenz, 1994, S.514, Fn.56. 사실 이 논문은 본래 1968년에 DÖV(S.618ff.)에 게재된 것이다.

이 Schwarze는 몇몇 하급판례와 문헌이 집회금지구역내라 하더라도 그 집회가 관련 보호기관(대표적으로 의회)을 표적으로 삼지 않거나 그 기관의 협의와 결정에 대해 구체적인 위험상황이 존재하지 않는 경우에는 예외적 승인이 내려져야 하는 것으로 보는 데 대해서, 이는 독일 집회법 제16조의 명확한 법률취지인 원칙적 금지에 배치된다고 주장하였다.[19] 그가 이러한 태도를 취하는 배경에는 집회금지구역의 설정을 관헌국가시절의 유물로서 보다는 오히려 의회의 기능을 확보하기 위한 민주적 헌법국가의 정당한 수단의 일종으로 보는 데서 연유한다.

## Ⅲ. 豫防的 禁止와 抑制的 禁止의 區分에 관한 論議

### 1. 兩 禁止 區分의 沿革

일찍이 R. Thoma가 예방적 금지와 억제적 금지를 나누었다. 본시 O. Mayer가 허가유보부 경찰금지(Polizeiverbot mit Erlaubnisvorbehalt)라는 하나의 개념을 정립하여,[20] 당시에 많은 찬동을 받았다. O. Mayer는 동 금지란, 공동체질서에 무조건적으로 장애를 끼치진 않지만 개개사건의 사정에 따라서 장애를 초래할 수 있는 삶의 표현(Lebensäußerung)에 대항하여 행해진다고 보았다. 해서 활동의 개시시점에 심사의 필요성이 있으며, 아울러 있음직한 위험에 대해 감시조치를 취하기 위해 금지의 형식을 사용한 셈으로 보았다.

O. Mayer식의 허가유보부 경찰금지를, Thoma가 본질적으로 상이한 두 가지-허가획득원칙(Erlaubniseinholungsgebote)[21]과 진정한 허가유보(echte Erlaubnisvorbehalte)-로 나누었다.[22] 후에 그는 판례평석[23]에서 진정한 허가유보대신 경찰상의 법적용면제나 예외적 승인이라 불렀다. Thoma는 예외적 승인부 금지는 공공의 질서에 관한 장해를 방지함에 기여해야 한다고 보면서, 여기서의 질서를 생활영역에서 성취된 확고한 문화상태(Kulturzustand)로 이해하였다. 그는 기본적으로 질서위반과 위법성을 동일하게 보지 않았다. 위법성이 법규정에 대한 위반을 표시한 데 대해서, 질서위반이란 국가내의 사회관이나 경제관과 일치하지 않는 행위나 상태와 관련이 있다고 보았다. 그에 따르면 질서위반의 모든 상태가 위법하진 않나. 해서 억제적 금지의 경

18) Wolff/Bachof/Stober, a.a.O., §46 Rn.45.

19) ders., Demonstration vor den Parlamenten, DÖV 1985, S.213ff.

20) O. Mayer, VerwR I, 3. Aufl. 1924, S.239ff.

21) 여기서 오늘날 우리가 자주 말하는 (통제)허가의 원칙적인 기속성을 짐작할 수 있다고 여겨진다.

22) R. Thoma, Der Polizeibefehl im Badischen Recht, 1906, S.341f.

23) R. Thoma, Anmerkung zu PrOVG, Entscheidung vom 29. 10. 1925-ⅢA 6.25, VerwArch. 1927, S. 247ff. Vgl. E. Rudolf Huber, AöR 1952, S.113ff.

우 질서위반과 위법성이 일치하는 것으로 간주되어서 그것의 구속력이 인정된다고 한다. 즉, 억제적 금지란 전형적인 사건으로부터 거의 확실하게(압도적 개연성으로) 성립할 위험의 인식가능성의 문제와, 질서위반성과 위법성의 일치가능성의 문제가 이미 해소되었다는 것을 전제로 한다고 보았다.

사실 Thoma의 이러한 주장의 시발 및 그것이 설득력을 얻을 수 있는 바탕에는, 당시(오늘날까지도) 건축경찰에서 형식적인 건축법과 실체적 건축법간에 구별이 지워져서, 무허가건축물의 철거가 무허가였다는 형식적 이유에서가 아닌 실체적 이유에 의해서만 행해질 수 있다고 본 데서 기인한다.[24]

한편 Thoma도 지적하였듯이, O. Mayer가 경찰허가의 이름으로 전개한 이론구성은 엄밀히 말해 예외적 승인부 금지에 전적으로 걸맞다 하겠다. O. Mayer가 법령이 경찰하명을 규율하면서 개개사건에서(경찰하명으로부터의) 예외(Ausnahme)를 승인할 수 있는 수권을 부여하였을 때, 허가유보부 경찰금지가 존재한다고 본 데서도 이를 잘 알 수 있다.

### 2. 兩 禁止 區分에 따른 結果

양금지의 구분을 통해 실제적으로 얻어지는 중요함은, 다음과 같이 기본권영역에서의 행정재량의 허용성 여부, 행정개입청구권(행정행위발동청구권)[25]의 성립여부와 입증책임분배에 있다.

예방적 금지의 경우 그것의 해제여부를 행정재량에 맡기는 것이 기본권보호에 배치되어 위헌인 반면, 억제적 금지의 경우엔 그러한 것이 전혀 문제되지 않고 오히려 필요하다고 한다(후술).

허가유보부 예방적 금지의 경우, 법적 요건이 존재하면 개인(신청인)은 허가발급청구권(행정개입청구권)을 갖으며, 이 청구권은 기본권에 의해서 보장을 받는다. 반면 억제적 금지의 경우에 예외적 승인은 통상(원칙적으로) 재량에 속한다. 예방적 금지에서 통제허가가 발해지지 않을 경우, 이는 형식적으로 보면 수익적 행정행위의 거부이고, 실체적으로 보면 자유와 재산권에 대한 개입이다. 고로 여기엔 법률유보원칙이 통용되어야 하고, 원칙적으로 거부에 앞서 관계인에게 청문 등이 있어야 한다.

예외적 승인(법적용면제)유보부 억제적 금지의 경우에는 출발부터가 다르다. 그

---

24) 사실 O. Mayer 역시 양자의 구별에 관해서 자세히 언급하고 있는 점에 비추어, 그가 양 금지의 구분의 본질을 이미 제시하지 않았을까 여겨진다. Ders., a.a.O., S. 241, Fn.4.

25) 우리의 경우 행정개입청구권을 광의와 협의로 나누어 후자가 일반적으로 통용되고 있는데, 그것의 정의상 '타인에 대해'라는 요소가 결정적이지 않으므로 구태여 광의·협의로 나누기보다는 광의로 이해하는 것이 바람직하다.

까닭은 예외적 승인이란 개인의 권리영역을 확대시키기에, 그것을 거부하더라도 이는 원칙적으로 기본권에 관한 개입이 결코 아니기 때문이다. 물론 그렇다고 그 거부에 청문이 없어도 무방하다 함은 아니다. 따라서 억제적 금지의 경우 관계자는 당해 요건이 충족하더라도 보통은 예외적 승인(법적용면제)에 관한 무하자재량결정청구권만을 가질 뿐이다.[26]

예방적 금지는 일정한 행위의 일반적인 거부를 목표로 하지 않고, 오히려 효과적인 국가의 사전통제를 위해서 기술적인 요건만을 제공하고자 한다. 당해 행위 그 자체는 실체적으로 허용되어야 하고, 최대한 사회적으로 바라는 바다. 기본적으로 양 금지의 차이점은 대립된 원칙·예외관계에 있다.[27] 예방적 금지의 경우 원칙적으로 허가가 발급되어야 하고, 한정된 사건에서 극히 예외적으로만 거부되어야 한다. 반면 억제적 금지의 경우엔 금지가 보통(Normalfall)이고, 해제(예외적 승인, 법적용면제)가 예외이다. 따라서 예방적 금지의 경우, 허가를 신청하는 국민이 아니라 국민에게 부담을 지우는 국가가 거부사유의 존부에 관해서 즉, 자신의 기본권적 개입에 관해서 입증해야 한다. 다시 말해, 거부요건이 입증될 수 없는 한, 허가가 부여되어야 한다. 억제적 금지의 경우에는 정반대이다.[28] Di Fabio는 양 금지에 따른 입증책임분배문제는 음식점영업법이나 의약품법이나 동일하다고 지적하였다.

### 3. 兩 禁止 區分에 대한 소극적 움직임

독일의 다수 견해와 판례는 예방적 금지와 억제적 금지를 구별하고자 하나, 그에 대한 반론 내지 구별완화의 주장도 적지 않다. 아래에선 독일의 문헌을 참조하여 공공질서의 축소, 양 금지의 중첩, 행정재량축소법리와 입증책임의 분배가 양 금지의 구분에 대해 미치는 영향을 살펴보고자 한다.[29]

---

26) Vgl. BVerfGE 25, 112(115); BVerwGE 16, 301(307); 19, 87(90f.); BVerwG DVBl. 1969, S.361. 그러나 판례상으로 허가발급청구권의 성립을 부인한 것이지 그에 갈음해서 무하자재량행사청구권을 인정한 것은 아니다. 이른바 해제청구권에 해당하는 행정개입청구권의 성립문제는 다음에서 볼 해제행위의 재량성 여부에 관한 논의와 관련해서 살펴보려 한다. 다만 무하자재량행사청구권의 존재이유에 대해선 깊이 있는 검토가 요구된다. Vgl. F. Hufen, Verwaltungsprozeßrecht, 1994, §14 Rn.93, §15 Rn.27f.

27) Di Fabio, Risikoentscheidungen im Rechtsstaat, 1994, S.204ff.

28) 행정소송상의 입증책임분배와 관련해서 행정법독자분배설이 법률요건분류설(일반원칙설)과 크게 다르지 않지만, 재량행위의 경우에는 원고가 재량의 일탈·남용사실에 대한 입장책임을 진다고 강조한다. 이러한 태도는 재량행위에 대한 사법심사제도 자체를 形骸化할 우려가 있다. 행정상의 금지의 해제(허가든, 예외적 승인이든)와 관련해선, 오히려 금지와 그것의 해제의 성격을 고려해야 함에도 판례와 대부분의 문헌은 이 점을 간과하고 있다. 이 문제에 대해선 졸고, 약사법상의 의약품(특히 신약)제조허가의 특질과 입증책임에 관한 소고, 공법연구 제27집 제2호, 1999.6, 511면 이하 참조.

29) Gromitsaris, a.a.O., S.407f.; Schwabe, a.a.O., S.133ff.; Friauf, Das Verbot mit Erlaubnisvorbehalt-OVG Lüneburg, VerwRspr. 12.Nr.6, JuS 1962, S.422(423f.).

(1) 지배적 사회 · 윤리관의 규범화와 복수화(다양화)

과거 Thoma가 질서위반과 위법성의 관계라는 표제 아래에서 언급한 문제들은 오늘날 경찰법상의 공공질서의 개념과 관련해서 다루어지고 있다. 오늘날 경찰권발동의 요건상으로 '공공의 질서'조항이 대개 '공공의 안녕'조항에 의해서 커버되고 있기에, 그것은 개괄조항에서 단지 흠결을 메우는 보완적 기능만을 수행할 뿐이다.[30] 무엇이 지배적 사회 · 윤리관인지의 물음과 관련하여 법외적 가치표상과 규범표상을 조사하는 데는 설문지 등의 사회조사의 방법이 동원되나, 현실적으로 여러 어려움이 있다. 그 결과 억제적 금지가 전제한 법률적 금지와 문화적 금지의 일치가 조사절차와 통제절차에 의해 대체되어 간주되는 경향에 있다. 이는 지배적 사회 · 윤리관의 법규범화를 통해서 '공공의 질서'조항이 적용될 여지가 거의 없게 된 데 따른 것이다.

(2) 입법테크닉상의 불분명한 구분

독일의 다수 입장은 양 금지의 차이점을 입법테크닉에서 찾고자 한다. 즉, 억제적 금지는 명문상으로 '예외(제외)'나 '법적용면제'가 부여되도록 규정한 데서 존재한다는 것이다(예, 우리 관광진흥법 제7조 제3항, 독일 연방장거리도로법(BFerStrG) 제9조 제1 · 제8항 등 참조). 이러한 법규정은 금지가 원칙이고, 그것의 해제가 예외이어야 함을 제시한다. 따라서 법규정의 취지를 살리기 위해선 예외의 참의미를 간직할 수 있을 정도로 극소수의 이해관계인에게만 대상 행위가 허용될 수 있어야 한다.

그러나 예외란 참된 의미가 유지되기 위해서, 과연 어느 정도로 해제되어야 할런지 분명치 않다. 그리고 이와 같은 논거는 실체적으로도 그다지 효과적이지 못하다. 우리의 경우 공중위생업법 등의 영업제한을 배제하는 것 등을 내용으로 하는 관광특구의 지정(관광진흥법 제23조의2)이 빈번하게 행해진 결과, 원칙과 예외관계의 전도가 느껴짐이 좋은 예이다.

그리고 입법테크닉상의 차이점이 결코 양 금지의 질적 상이함에 대한 증빙(Indiz)이 되지 못함은, 양 금지가 중첩될 수 있다는 점에서도 잘 알 수 있다. 예방적 금지만이 적합한 분야에선 대개 많은 경우 그 금지가 해제되어야 하기에 억제적 금지식으로 규정할 순 없지만, 억제적 금지는 종종 법기술적으로 예방적 금지처럼 '일정한 행위는 허가를 필요로 한다'거나 '허가가 다음의 경우에만 거부될 수 있다'는 식으로 규정되곤 한다.[31]

30) 김남진, 행정법 II, 1996, 256면 이하; F. Schoch, Grundfälle zum Polizei-und Ordnungsrecht, JuS 1994, S. 571(575). '공공의 질서'개념의 위상에 관한 자세한 논의는 서정범, 경찰권발동에 관한 연구, 고려대 박사학위논문, 1992, 41면 이하 참조.

31) Brohm, Ermessen und Beurteilungsspielraum im Grundrechtsbereich. Zugleich ein Beitrag zu den Genehmigungsvorbehalten zur Sicherung von Stadtfunktionen(§§22, 172 BauGB), JZ 1995, S.369(374).

요컨대 입법자의 의도와 입법테크닉에 의존하여 양 금지의 차이점을 찾아선 곤란하다. 허가대상활동이 지닌 사회적 바람직함이나 사회적 유해성이 양 금지의 구별의 착안점과 일치되지 않는다. 그리고 오늘날 법률상의 금지의 내용이 법률의 측면에서 빠짐없이 규정되고 있지 않다. 다시 말해, 허가발급을 위해서 어떠한 요건이 충족되어야 하는지가 법규정을 통해서 모두 밝혀지지 않는다. 오늘날 법외적으로 축적된 학문적 지식이 불확정법개념에 관한 전형(기준척도)로서 여겨지고 있으며,[32] 그것이 법적으로 수용되어 법률상의 허가요건에 직접 포함되고 있다. 유해화학물질관리법 제20조에 따른 취급제한유독물영업의 허가와 같은 것이 좋은 예가 된다. 결국 양 금지 및 해제의 구별이 추상적으론 가능할 법하나, 각 개별 법령상의 금지·해제요건을 보자면 그 구별이 완연하지 않다.

(3) 행정재량축소 도그마틱의 도입[33]

(획득할) 허가가 통제적인 성격을 지녔는지 아니면 법적용면제적 성격을 지녔는지 여부는 그 신청행위의 유해성에 좌우되기보다는, 오히려 구분의 결과에 천착하여 그 신청행위가 허가발급시점에 (법률상으로 예정된) 법적 지위-행정개입청구권-에 기인하는지 여부에 좌우될 수 있다. 예방적 금지에서의 허가가 행정재량에 따라 좌우되어선 아니 되지만, 억제적 금지에서의 예외적 승인은 대개 행정재량에 맡겨져 있다는 사실은 인정하더라도(후술), 행정개입청구권의 성립여부로 금지의 성격을 가늠하는 데는 다소 문제가 있다. 왜냐하면 그 자체 위법한 행위의 예외적인 허용이 경우에 따라선 과잉금지의 원칙에 의거하여 요구될 수 있고, 이 경우 재량축소를 통해서 관계인에게 예외적 승인에 관한 청구권이 인정될 수 있기 때문이다. 따라서 허가발급의무가 양 금지의 경우 모두에 성립할 수 있으므로, 금지위반의 법효과의 측면에서도 양 금지의 차이점을 찾기란 매우 어렵다.

(4) 입증책임분배상의 유사화

앞에서 보았듯이, 전통적으로 억제적 금지의 경우에는 국민이 예외적 승인(법적용면제)요건의 충족을, 반면 예방적 금지의 경우에는 행정청이 거부요건의 충족을 입증해야 한다. 그러나 국가에 의한 위험방지와 리스크배려의 분야에서 관련 법규가 절차법적으로도 실체법적으로도 자유권을 제한하면 할수록, 법규상의 예방적 금지의 요건은 예외적 승인(법적용면제)유보부 억제적 금지의 모습에 더욱 근접하게 된다

32) C. Gusy, Leistungen und Grenzen technisher Regeln-am Beispiel der Technischen Baunormen, VerwArch, 1988, S.68(76).

33) 행정재량의 축소에 관해선 졸고, 행정재량의 축소에 관한 고찰, 현대공법학의 재조명(김남진 교수 정년기념논문집), 법학논집 특별호(고려대학교 법학연구소), 1997, 57면 이하. 追論: 본서 212면 이하 참조.

(양 금지의 중첩). 그 결과 과거와는 달리 금지유형에 따라 입증책임을 분명히 귀속시킨다는 것은 곤란하다. 입법자가 위험상황에 관한 불확실성만으로 개입의 근거가 충분하게끔 만든 경우가 바로 그러한 상황이다.[34]

경찰법상으론 입증책임에 관한 논의가 원칙적으로 행위의 무위험성에 바탕을 두고 있어서, 대개 개입하는 행정청이 위험상황에 관한 입증책임을 진다. 반면 대기환경보전법 등은 동법 제11조과 동법령 제4조 등을 통해서 대기오염물질배출시설의 허가절차상으로 시설운영자에게 대기오염방지시설의 설치의무를 비롯하여 허가신청시에 원료의 사용량 등을 예측한 내역서와 배출시설 및 방지시설의 설치내역서 등을 제출할 의무를 부과한다. 행정청이 그 배출시설운영자가 확실히 의무를 이행하리라 예측하였을 때 허가가 발급된다. 결국 누가 입증책임을 지는지에 관한 결정은 모든 이익을 포함시켜서 형량결정에 의거해서 내려져야 할 것이다.[35] 원자력법상의 발전용 원자로 및 관계시설의 건설허가절차에서도 경찰법에서와는 달리 안전성의 이유에서 우선 위험성이 일단 추정된다. 동법 제11조 제1항상의 모습은 허가유보부 예방적 금지이지만-이러한 사정은 독일 원자력법 제7조 제2항과 동일하다-, 고도의 안전성요청을 통해서 이미 억제적 금지에 근사하게 되어,[36] 동법 제12조의 허가기준과 관련해선 신청자에게 불리하게끔 입증책임분배가 이루어진다 하겠다.[37]

### 4. 中　結

공통된 징표를 제시함과 아울러 모든 금지를 두 가지 유형으로 나누려 함에는, 그 나눔을 통해 질서와 표현상의 성과를 가져와 허가요건의 다양성에 관해 개관하는 데 기여함과 동시에, 개개사건에서의 규범정립을 조종하기 위함이다. 그러나 한편으론 일치하지만 다른 한편으론 상이한 요소를 드러내는 어떤 금지요건이 존재할 경우, 그 나눔에 어려움이 따르는 것은 당연하다. 사실 양 금지는 결과적으로 그 자체의 위험성으로 인해 금지된 것만을 저지하지, 위험스럽지 않거나 바람직스러운 것을 저지하진 않는다. 금지성격이란 구체적인 규범을 고려해서만 확실히 판단내릴 수 있긴 하지만, 이들 법규범에만 의거해선 아니 될 뿐더러, 나아가 그 성격을 일반화시켜 말해서도 아니 된다.

결국 양 금지의 일치함과 상이함이 최대한 다양한 단계(등급)에서 생겨날 수 있기

---

34) Di Fabio, a.a.O., S.207, 209(Fn.100).

35) T. Berg, Beweismaß und Beweislast im öffentlichen Umweltrecht, 1995, S.133, 135, 137.

36) 우리의 법규상으론 행정청의 권한을 간접적으로 규정할 따름이고, 대부분의 문헌이 이를 기속행위로 새기고 있지만, 독일의 경우 거부재량이 부여되어 있기에 억제적 금지에로의 접근이 한층 분명히 느껴진다.

37) Berg, a.a.O., S.164f.

에, 적용할 금지요건은 법률목적, 구체적인 생활영역, 영역(분야)별 중요점, 기본권적인 목적과 수단의 규범화를 충분히 고려해야만 구체화될 수 있다 하겠다. 이 점에서, 금지유형의 나눔에 일정한 결과(예컨대 허가발급청구권의 존부)를 당연히 결부시켜 논하는 것은 바람직스럽지 않다.

결론적으로 양 금지는 양적으로서의 구분만을 가져올 뿐인데 질적인 구분을 당연히 동반하는 것으로 보는 등, 그 구분에 관한 논의가 과대평가된 감이 없지 않다.[38] 이상의 논의에서도 느낄 수 있듯이, 오늘날 양 금지는 도그마틱상으로 유사화와 결합의 경향을 띄고 있다. 따라서 법도그마틱적 관점에서 양 금지의 성립상의 관련성을 연구함이 필요하다. 사실 독일의 경우 입법자와 행정의 기본권구속성이 양 금지에 관한 행정법석 도그마틱에 미친 영향을 기본법시행이후 곧바로 의식하지 못하여, 논의가 양자 구별이 도입된 바이마르 공화국시절 당시의 논의수준에 고착된 느낌마저 든다.

## Ⅳ. 行政分野別 禁止類型에 관한 概觀[39]

### 1. 操縱法上의 豫防的 禁止(할당적 허가, kontingentierte Erlaubnisse)

일반적으로 경찰법을 비롯한 감시법상의 예방적 금지의 의미와 목적이란, 추상적인 위험상황이 결코 실현되지 않도록 하기 위함이다. 기본권적으로 부여된 자유행사에 수반하는 이러한 추상적 위험상황은 법률상의 요건에서 유형화되어 있다. 그런데 기본적으로 수요지향적이면서 할당적(한정적)으로 부여되는 허가(kontingentierte Erlaubnisse)나 분배결정은, 위험상황과는 무관하게 행해지며 아울러 시장참여자에게 규제적 영향을 미친다. 이들에 의해서 예방적 금지가 해제된 경우, 그 예방적 금지는 일종의 조종적 기능을 수행한다. 그에 따라서 감시법상의 허가유보에 조종법적인 관리유보(Bewirtschaftungsvorbehalt)가 겹치는 셈이 된다.

이와 같은 경우에 여느 예방적 금지와 마찬가지로 허가발급청구권이 성립할지가 문제된다. 참고로 독일 여객운수사업법(Personenbeförderungsgesetz) 제13조 제4항 제1문은 「신청된 택시허가(Taxengenehmigung)는 그로 인해 해당지역의 택시사업이 위

38) Wolff/Bachof/Stober, a.a.O., §46 Rn. 44.; Schwabe, a.a.O., S.135. Drews 등도 금지규범의 목적을 도외시하고 형식적으로만 고찰하면, 법적용면제와 협의의(통제)허가가 동일해 진다는 점과 과거 프로이센경찰행정법(PrPVG) 제40조 제1항과 제42조의 적용에서 법적용면제도 경찰허가처럼 다루어 졌다는 점을 지적하였다. Drews/Wacke/Vogel/Martens, Gefahrenabwehr, 9.Aufl., 1986, S.356.

39) 현재 행정법문헌들이 해제의 모습에 초점을 맞추고 있는데, 그렇다 보니 전통적인 기술에서 벗어나지 못하고 있다. 허가를 특허와 애써 구별하려 한다든지, 허가를 명령적 행위로 이해한다든지 하는 것이 좋은 예이다. 행정현실에 부합하는 해제의 바른 모습은 그 전제인 금지의 성격을 바탕으로 하여야만 구축될 수 있다.

협받음으로써 공공의 교통이익이 침해될 때에는 거부되어야 한다」고 규정하고 있다. 이와 관련해서 독일 연방행정법원은 기존 택시업의 영업활동에 위험을 끼치지 않을 최대치에 관한 행정청의 적법한 예측이 없을 때, 그 신청자가 예약명부를 고려하건데 제대로 꾸려갈 수 있을지가 지극히 의심스럽다는 사정을 행정청이 실증적으로 제시하지 못하면, 동법 제13조 제1항의 허용요건을 충족한 신청자에게 택시허가발급청구권이 인정된다고 판시하였다.[40]

생각건대 할당적(한정적)으로 허가가 부여되더라도, 헌법 제15조의 직업선택의 자유(독일기본법 제12조 제1항)에 의거해서 허가발급청구권이 성립할 수 있다 하겠다. 우리의 경우 여객자동차운송사업면허와 유선방송사업허가를 여기에 비견할 수 있으리라 여겨지나, 일반적으로 이들은 특허기업의 특허로 다루어진다. 이처럼 객관적 요건에 바탕을 두고서 허가를 할당적으로 부여하려 함은 일종의 객관적 사유에 의거해서 직업의 자유를 제한함을 의미한다. 따라서 그러한 제한은 단순히 공익을 증대하거나 기존업자의 지위를 보존하기보다는 공익에 대해 명백하고 현존한 위험을 끼치는 것을 막는 데서 정당화될 수 있다(단계이론의 제3단계). 한편 극히 한정적으로 허가를 부여할 경우, 한편으론 직업의 자유, 경제상의 자유, 평등의 원칙과, 다른 한편으론 균형 있는 국민경제의 성장 및 존속보호의 논거간에 갈등관계가 조성된다. 요컨대 오늘날 전세계적으로 불고 있는 탈규제화 및 경쟁의 전면화의 움직임이 여기서 가늠추가 된다 하겠다.

### 2. 操縱法上의 抑制的 禁止(특허, Konzessionen)

허가제나 특허제는 공히 사전통제의 방식이지만, 전자가 소극적으로 공공의 안녕・질서유지(위험방지)를 목적으로 하는 데 대하여, 후자는 적극적으로 공공의 복리증진을 목적으로 한다. 따라서 특허가 전제하는 금지는 규제적 금지로서, 공익사업을 무분별하게 벌리는 것을 미연에 방지할 뿐만 아니라 규제하고자 한다. 또한 이러한 금지는 관리유보(Bewirtschaftungsvorbehalt)를 설정하는 셈이 되어, 구체적 사건에서 특허를 받은 행위가 공익의 적극적 증진에 합치하는 경우에만 해제된다. 그리하여 일반적으로 특허의 부여를 행정재량으로 보고, 아울러 그것에 관해 법적 청구권을 인정하지 않는다. 이러한 점에서 특허는 전통적인 의미에서의 억제적 금지를 전제하는 것으로 간주된다. 앞서의 예방적 금지와 비교해 보건대, 여기서의 금지대상인 사업은 독점의 필요성이 매우 강하게 인정되어야 한다. 이 점에서 특허의 대상을

---

40) BVerwGE 82, 295(299ff.).

축소하는 것, 다시 말해 조종법상의 억제적 금지를 예방적 금지로 바꿔 파악하는 것이 규제완화와 자율화에 부응한다 하겠다. 사실 개인택시운송사업면허를 전적으로 특허를 보는 데, 문제가 없지 않다.[41]

### 3. 사회적으로 유해한 영업활동의 特許(免許)上의 抑制的 禁止

영리의 목적으로 도박을 개장한 자는 3년 이하의 징역 또는 2천만원 이상의 벌금에 처하고(형법 제247조), 법령에 의하지 아니한 복표를 발매한 자는 3년 이하의 징역 또는 2천만원이하의 벌금에 처한다(동법 제248조 제1항). 이에 반해서「사행행위등 규제 및 처벌특례법」은 사행행위영업을 하고자 하는 자는 소정의 시설을 갖추어 지방경찰청장의 허가를 받도록 규정하고 있다. 여기서의 허가의 법적 성격이 당연히 건축허가와 같은 통제허가일 순 없다. 또한 비록 허가요건상으로 공공복리의 증진·상품의 판매전시·관광진흥 및 관광객유치촉진 등을 내세우지만 특허란 본시 국민생활에 필수적인 서비스를 제공하는 공익사업을 대상으로 하는 점에서 통상의 특허와도 다른 점이 있다.

허가냐 특허냐 하는 이분적 구분을 따르면 후자에 해당할 것이나, 엄밀히 보아 예외적 승인에 속한다. 따라서 동허가의 전제가 되는 금지는 당연히 억제적일 수밖에 없다. 한편 동허가의 존재이유 즉, 그 억제적 금지의 해제근거에는 이상에서 살펴본 예외적 승인의 경우와는 다른 점이 있다. 과벌의 바탕이 되는 사회적 유해성이 개개사건에서 결여되어서 법률의 도식화된 엄격함을 완화하기 위해서가 아니라, 사행행위영업의 부분적인 합법화를 통해서 그로 인한 위험을 제한하기 위해서, 동 허가가 존재한다. 이 점은 동법의 목적이 과도한 사행심의 유발을 방지하고 선량한 풍속을 유지하기 위함(동법 제1조)에 있음에서 잘 알 수 있다. 따라서 통상의 예외적 승인의 경우와는 달리 사행행위영업허가의 부여는 그 전제가 되는 금지의 기본권적

41) 허가와 특허의 異同에 관한 현재의 논의가 지나치게 공통점보다는 차이점에 치중하고 있는 점에서, 오늘날 전개되고 있는 행정법학의 이론적 발전을 충분히 반영하지 못한 듯 싶다. 허가를 부자연스럽게 명령적 행정행위로 봄이 그 예이다. 양자가 재량행위인지 기속행위인지 여부는 기본적으로 관계규정의 성격에 의거해서 판단해야 한다. 따라서 관계규정에서 그 점을 확인하기 어려우면 모르되, 재량유무로 양자를 구별함은 피해야 한다. 또한 독일의 판례에서도 보았듯이, 일정한 요건이 충족되면 특허에 관해 법적 청구권이 성립할 수 있음도 유의해야 한다. 사법적 권리보호의 측면에서 양자의 차이점은 제3자와 관련해서 있을 뿐, 수범자(행위상대방)와 관련해선 있지 않다. 다시 말해, 허가를 통해 얻어진 이익은 수범자로선 당연히 법적 보호를 받는 권리일 수밖에 없다. 허가가 자연적 자유의 회복이고 그 회복된 자유가 기본권에 해당할진데, 그 이익이 법의 보호 저편에 있다 함은 적절치 않다. 그리고 양자가 제3자(경쟁자)와 관련해서 보호의 차이를 나타냄은 양자의 본질 및 출발점에 비추어 당연하다. 왜냐하면 허가는 누구든지 할 수 있음을 전제한 것인데 반해서, 특허는 독점적 경영권의 설정을 핵심적 내용으로 하기 때문이다. 우리의 특허에 해당하는 독일의 Verleihung(수여, 양여)은 특허사업이 본래 국가가 독점적 경영권을 지닌 국가독점사업이라는 점을 잘 나타낸다. 생각건대 특허를 광의의 허가로 이해하여 양자의 공통점과 차이점(특히, 대상사업상의 차이와 요건기준상의 차이 등)을 논하는 것이 요망된다. Vgl. Wolff/Bachof/Stober, a.a.O., §46 Rn.36ff.

관련성에 바탕을 두어선 아니 되고, 공적 이익의 실현에만 바탕을 두어야 한다.[42] 동법 제5조에 의한 허가요건상으로 각호의 내용에 '…를 위하여 특히 필요하다고 인정되는 경우'란 문구를 덧붙인 점 역시 동법상의 허가가, 통상의 특허는 물론 통상의 예외적 승인과도 다소간 다른 면이 있음을 암묵리에 보여준다(특허적 성격과 예외적 승인적 성격의 중첩). 관광진흥법 제5조의2에 따른 카지노업 영업허가 역시 마찬가지이다.

## V. 禁止解除의 전제인 당해 禁止의 合憲性 여부

허가가 유보되어 있든 예외적 승인(법적용면제)이 유보되어 있든 그것의 전제가 되는 금지는 기본권과 관련해서 합헌성이 검토되어야 한다.

### 1. 豫防的(暫定的) 禁止의 경우

활동이 의문스럽지 않은 분야에 심사가 유보된 예방적(잠정적) 금지를 덧붙이는 것이 과연 허용되는지가 문제된다. 헌법은 언론·출판·집회·결사에 대한 허가나 검열을 인정하지 않음으로써(제21조 제2항), 그와 같은 것을 명시적으로 규정하고 있을 뿐이다. 그러나 불허가결정 이전에 어떤 행위가 저질렀다 손 치더라도, 그 행위가 지닐 위험성에 비추어 사전심사에 관해 국가에게 정당한 이익이 없을 경우에는 예방적·잠정적 금지란 허용되어선 아니 된다.

심사절차(통제절차)란 그것이 대처해야 할 위험에 상응하지 않으면 아니 된다. 즉, 국가통제의 양태와 범위는 대처할 실제 상황에 적합하여야 한다.[43] 여기선 아래에서 볼 과잉금지의 원칙이 결정적인 가늠자가 된다. 사실 자연적 자유의 회복인 허가에까지 가지 않고, 그 자유를 본래 그대로 누리게 하는 것이 오늘날의 시대조류인 탈규제화·자율화·민간화에 부합한다.

### 2. 抑制的(終局的) 禁止의 경우

억제적(종국적) 금지가 기본권적으로 어느 정도로 허용되는지, 즉 그러한 금지의 합헌성심사는 다음의 네 가지 단계에서 행해져야 한다.[44] 사실 이 문제는 기본권영역에서 예외적 승인(법적용면제)에 대해 재량을 부여함이 허용되는지 여부를 검토함

---

42) 앞에서 예외적 승인의 예로 든 총포소지허가, 대마취급자허가, 마약취급자면허를 보면, 일정한(소극적·적극적) 자격요건을 들고 있을 뿐 다른 특허처럼 공익증진과 관련한 요건을 들고 있지 않다.

43) BVerfGE 20, 150(155).

44) Ossenbühl, a.a.O., S.515ff.

에 있어 결정적인 선결문제가 된다.

첫번째로, 일정한 법률상의 억제적 금지가 기본권적 관점하에서 별 의문이 없는지 여부는 일반적으로 답해질 순 없고, 관련 기본권의 보호영역에 의거하여 판단한다. 여기선 일반적으로 관련 기본권(예: 행복추구권, 직업의 자유, 재산권 등)이 쉽게 확인될 수 있지만, 간접적 기본권개입과 직접적 기본권개입간의 문제도 제기된다.

두번째로, 억제적 금지는 헌법 제37조 제2항에 의거해서 가늠되어야 한다. 즉, 자유와 권리의 본질적인 내용을 침해하는 법률상의 금지는 기본권제한의 한계를 벗어났기에 애시당초 위헌이다. 그래서 예컨대 일반적인 직업금지(직업결정의 자유의 제한)는 단계이론(Stufentheorie)에 따라 특별히 공익에 대한 명백하고 현존하는 위험을 저지하기 위한 경우를 제외하고선 위헌이다. 이 점에서 마약취급자가 아닌 자의 마약취급금지(마약법 제4조)는 문제가 없다.

세번째로, 법률상의 금지를 정당화시킬 수 있는 공익이 입증가능해야 한다. 일찍이 독일의 헌법재판소는 이러한 요청을 재산권과 직업을 규율하는 법률에서 수립하였다.[45] 역사적으로 과거 전제국가나 관헌국가에서 나타난 전형적인 폐해가 공익을 고려하지 않은 법률이었다. 따라서 금지에 관한 정당화근거로서의 공익이 요구됨은 민주국가에선 원칙적으로 자명하다.

그러나 금지동기로서의 공익의 필요성 자체론 생각만큼이나 문제해결의 많은 점이 얻어지진 않는다. 이유인 즉, 공익개념이란 대표적인 불확정법개념으로서 너무 애매모호해서 헌법재판에 대해 확실한 결정규준을 제공하기 어렵기 때문이다. 따라서 공익개념의 구체화가 요구되는데, 이 경우 '의심스러우면 자유에 유리하게'(in dubio pro libertate)라는 기본권적 자유추정이 비록 조악하지만 착안점을 제시한다. 그밖에 공익개념의 구체화는 그때그때 관련 기본권과의 관계에서만 비로소 가능하다. 이 경우 특별한 기본권도그마틱의 수준에 좌우된다 하겠다.

네번째로, 법률상의 금지는 과잉금지의 원칙(광의의 비례원칙)에 의거해서 가늠되어야 한다. 동 원칙이 당해 억제적 금지가 기본권을 심대하게 침해하였는지 여부를 판단함에 있어 결정적인 척도가 된다.[46] ⅰ) 법률상의 금지는 추구하는 법질서(입법) 목표를 달성하는 데 적합하여야 한다(적합성의 원칙). ⅱ) 자유제한적 개입이 꼭 필요하여야 한다. 즉, 법률상의 금지를 통해 최소한의 개입이 선택되어야 한다(필요성의 원칙). ⅲ) 법형성의 수단으로서의 자유제한이 입법자가 추구하는 목적과 비교해서 상당해야 한다. 즉, 당해 금지로 비롯된 불이익이 그로부터 얻어지는 이익을 능가하

45) BVerfGE 8, 71.

46) 이 점은 Schwabe도 마찬가지로 지적한다. Ders., a.a.O., S.135f.

면 그러한 금지를 통한 자유제한을 해서는 아니 된다(상당성의 원칙). 이와 같이 과잉금지원칙의 준수여부를 심사하면, 기본권적 자유추정이 강화될 뿐만 아니라, 법치국가원리에 따른 정당한 입법도 강제된다.[47] 사실 이러한 비례성심사는 억제적 금지에만 통용되는 것이 아니라, 허가유보부 예방적 금지나 금지유보부 허가에도 통용된다.[48]

## Ⅵ. 禁止解除行爲의 裁量行爲性 여부

이상에서 보았듯이 양금지의 구분을 통해 실제적으로 얻어지는 중요함은 통제허가에 대해선 법적 청구권이 성립하는 데 대해서, 예외적 승인의 발급은 행정청의 재량에 맡겨져 있는 점이다. 이와 관련해서 이들 금지해제행위(통제허가, 예외적 승인)가 기속행위인지 재량행위인지, 나아가 금지해제행위를 재량행위로 규정하는 것이 아무런 문제가 없는지 검토되어야 한다.

### 1. 豫防的 禁止의 解除의 경우

독일의 구집회법(Sammlungsgesetz)과 관련해서, 일찍이 독일 연방헌법재판소는 허가의 법적 의의가 잠정적 제지를 폐지함에 있음을 전제하고서, 허가유보(제)가 기본권으로부터 파생한 실체적 권리 그 자체를 저해하지 않고, 법률상으로 기본권주체에게 형식적인 권리행사제한의 폐지를 요구할 수 있는 권리가 부여될 때, 비로소 그 허가유보가 기본권의 본질에 합치한다고 주장하였다. 해서 동법상의 허가가 행정청의 재량에 해당하여 집회신청자에게 허가에 관한 법적 청구권이 부여되지 않는다는 점을 이유로 그 허가유보(제)가 위헌이라 판시하였다. 아울러 입법자란 기본권행사영역에선 국가의 개입가능성이 있는 권리영역을 스스로 제한하지 이를 행정청의 재량에 맡겨선 아니 되기에, 허가가 어떠한 요건에서 부여되어야 하는지, 어떠한 이유에서 거부될 수 있는지가 법규상으로 분명히 제시되지 않았음을 강조하였다.[49] 이러한 판례의 태도는 자신의 기본권행사가 허가유보에 좌우되는 경우, 법률에 규정된 소정의 거부사유가 존재하지 않으면 그 신청자에겐 허가발급청구권이 부여되어야 함을 의미한다.

---

47) 권영성, 헌법학원론, 1998, 322면 이하 참조.

48) 예컨대 학교보건법 제6조는 학교환경위생정화구역안에서의 일정한 행위 및 시설을 금하고 있는데, 이러한 금지는 이상의 논의를 바탕으로 보건데 나름의 정당성을 갖는다. 졸고, 행정법상 억제적 금지에 대한 예외적 승인, 저스티스 제47호, 1998.3, 142면 이하 참조.

49) BVerfGE 20, 150(155, 157, 158); Vgl. BVerfGE 8, 71(76); 34, 165(200); 41, 378(399); 46, 120(157).

일찍이 Friauf는 이러한 판례의 태도에 공감하여, 권력분립주의와 법치국가원리에 비추어 입법자는 헌법적으로 기본권행사를 행정재량에 좌우되게 해선 아니 된다고 주장하였다. 그리고 법률(입법자) 그 자체가 국가의 개입가능성있는 권리영역에 관해서 한계를 그어야 하고, 그러한 경우에만 법률상의 결정을 개개사건에서 집행하도록 행정에 대해 수권할 수 있을 뿐이라고 전제하고서, 기본권행사와 관련이 있는 한, 자유로운 허가가 유보된 예방적 금지란 오늘날의 행정법학에선 더 이상 설 자리가 없다고 강조하였다.[50]

이러한 주장의 이면에는 허가유보부 금지 자체를 과거 관헌국가의 유산으로 파악한 듯 싶다. 그러나 허가에 대해 매우 좁은 재량한계안에서 재량여지를 부여하는 그 자체는 기본권적 관점에서 보더라도 결코 의문스럽지 않으며, 기본권으로 말미암아 그러한 재량수권이 금지되어야 한다는 것은 더욱 적절치 못하다.[51] 오늘날 설득력을 더해가는 본질성이론의 요청에 따라 재량의 대상・내용・목적・범위가 정해진 경우에는-물론 여기에는 우리뿐만 아니라 독일의 헌법재판소의 결정례가 방향을 제시할 것이다-, 기본권영역에서도 예방적 금지의 해제에 대해 재량결정이 허용된다 하겠다. 따라서 이 점에서 행정재량의 허용성 여부를 양 금지 구분의 효과의 하나로 드는 것 역시 적절치 않다.

한편 독일 연방헌법재판소는 자신의 이러한 태도를 사안에 따라 수정하였다. 원자력법(AtomG) 제7조상의 시설허가와 관련해서 동 재판소는 종전의 입장을 전제로 하면서도, 원자력법의 특별성을 고려하여, 동법의 입법자가 특별하고 예상치 않은 상황을 대비해서 행정청에게 허가거부의 가능성을 주기 위해 거부재량을 부여함으로써 특별한 의도를 존재케 한 점은 전혀 문제될 수 없다고 지적하였다. 즉, 무제한적 재량만을 기본권위반으로 본 셈이다. 아울러 재량부여로 인해 신청자가 겪는 법적 불안정성은 법치국가적으로 감수해야 할 한계내에 있음을 확고히 하였다.[52]

우리 행정법문헌상으로 다수는 통제허가를 기속행위(기속재량행위)로 보는 데 대해서, 김남진 교수님은 기속행위의 일반성을 시인하되 기속행위와 재량행위 모두가 있을 수 있음을 지적하고,[53] 박윤흔 교수님은 원칙적으론 기속재량이나 예외적으로 자유재량인 경우도 있다고 지적한다.[54] 생각건대 기속행위인지 재량행위인지 여부

---

50) ders., a.a.O., S.424f.; Vgl Menger/Erichsen, HöRspr., VerwArch. 58(1967), 281ff.; Dellian, Der Rechtsanspruch auf wasserrechtliche Erlaubnisse, DVBl. 1969, 303ff.

51) Wolff/Bachof/Stober, a.a.O., §46 Rn.41; Ossenbühl, a.a.O., S.513; M. Bullinger, Das Ermessen der öffentlichen Verwaltung, JZ 1984, S.1001ff.

52) BVerfGE 49, 89(145ff.).

53) 동인, 앞의 책, 252면.

54) 동인, 최신행정법강의(상), 1997, 346면. 동인은 그 예로서 자연공원법 제23조상의 공원구역안에서의 점

의 물음과 발급(개입)청구권의 존부의 물음은 구별해야 한다. 즉, 허가발급청구권의 인정이 곧바로 당해 허가의 기속행위성으로 나아가진 않는다. 통제허가상의 재량규정에 관해 독일 판례가 태도를 바꾼 사정에서 이러한 점을 시사받을 수 있다.

요컨대 기속행위인지 재량행위인지 여부는 근거규정(의무규정이나 재량규정)에 의거해서 판단해야 한다. 따라서 법문상으로 예방적 금지의 해제에 재량이 부여되어 있음에도 불구하고 이를 당연시 기속행위로 보는 태도는 지양되어야 한다. 그 경우 행정재량축소의 인정을 통해서 허가발급청구권(행정개입청구권)을 성립시킬 수 있다.[55] 물론 예방적 금지의 해제의 경우에는 억제적 금지의 해제의 경우에 비해 재량축소가 널리 인정될 수 있음은 당연하다.

## 2. 抑制的 禁止의 解除의 경우

억제적 금지는 그 자체가 종국적인 것이어서 기본권에 대해선 매우 엄격하다. 이는 억제적 금지엔 극히 이례적으로 예외가 부가됨을 의미한다. 입법자 스스로 예외를 행위요건에 맞춰 기속적으로 규율한 때에는 일반적으로 기본권과의 마찰(충돌)이 없다.

그러나 법률이 예외적 승인(법적용면제)유보를 예정(규정)하고 그 여부를 행정재량에 맡긴 때에는 사정이 다르다. 예외적 승인(법적용면제)에 관한 재량수권의 참뜻은, 개개사건에서 법률상의 행위요건엔 해당하지만 당해 법률이 지닌 규준적인 핵심내용과는 걸맞지 않는 경우에 직면하여 법률이 지닌 도식화와 엄격함을 완화시키는 데 있다.[56] 대상이 되는 구체적 사건이 법문상의 표현에도 불구하고 규준(이 되는)적인 법률핵심내용과 상위한지 여부는 사전에 행위요건상으로 유형화되지 못할 뿐만 아니라, 사전에 배려하여 규율하기도 대개 어렵다. 따라서 억제적 금지의 본질에 비추어 그것의 해제에 행정재량을 부여함은 불가피하게 요구된다(독일의 일반적 경향).

---

용・사용허가(개발허가)를 들면서, 이는 미관보호를 위하여 일반적으로 개발이 금지되는 지역에서 특별한 사정이 있는 경우에 개발금지를 해제하여 개발을 허용하는 것이어서 자유재량에 속한다고 주장한다. 비록 특별한 사정을 제시하고 예외허가제란 표제를 달아서 통상적 허가와의 차이는 느껴지나, 그것만으론 당해 허가의 재량성을 충분히 설명하지 못한다. 요컨대 당해 허가와 관련한 개발행위가 사회적으로 유해하고 자연공원구역내에선 행위제한(동법 제36조의 금지행위)이 원칙이라고 보면 예외적 승인에 해당하고, 반면 그 구역이란 상대적으로 가중된 행위제한을 받는 데 지나지 않는다고 보면 원래의 자연적 자유를 회복시키는 통제허가에 해당한다. 즉, 자연적 자유의 회복인지 아니면 자유의 신장인지에 좌우된다. 오히려 자연공원은 공물의 일종이고 일반적으로 특허를 재량행위로 보는 점에서, 당해 허가를 도로의 점용허가와 마찬가지로 특허로 볼 수 있다. 사실 특허가 전제하는 금지는 앞에서 본대로 예외적 승인에서처럼 억제적 성격을 지닌다.

55) 우리의 많은 문헌은 재량축소로 인해 재량행위가 기속행위(구속적 행위)로 구조적으로 바뀌는 規範變遷(Normumwandlung), 즉 재량행위의 기속행위화가 일어난다고 본다. 이는 바람직스럽지 않다. 그 까닭은 재량축소논거가 당해규정의 성질을 변화시킬 순 없으며, 행위효과를 제한하는 재량축소는 본질적으로 이형적 경우로서 원칙과 예외의 관계에서 파악해야 할 것이기 때문이다.

56) Mußgnung, Der Dispens von gesetzlichen Vorschriften, 1964, S.94.

요컨대 법문상으로 재량이 명백히 부여되어 있지 않더라도, 법문상 기속행위임이 분명하지 않는 한, 예외적 승인은 재량행위로 보아야 한다. 마약취급자면허(마약법 제7조), 대마취급자허가(대마관리법 제5조), 총포제조업허가('총포·도금·화약류 등 단속법' 제4조) 등이 그 예이다. 따라서 '정화구역안에서의금지해제심의신청에대한금지처분취소'사건[57]에서 법원이 비록 논거를 충분히 제시하진 않았지만, 금지해제여부가 재량행위에 속하는 것으로 본 점은 타당하다. 더욱이 동판결에서 구시대적 잔영인 자유재량이란 명칭을 전혀 사용하지 않음 역시 바람직스럽다.[58]

한편 예외적 승인(법적용면제)에 행정재량을 부여하더라도 기본권영역에 저촉되진 않는다. 왜냐하면 그 예외적 승인(법적용면제)이란 조밀하게 연결된 법률적 속박을 개별·구체적으로 완화시켜 주기 때문이다. 궁극적으로 과잉금지의 원칙에 의거해서 예외적 승인의 요청을 끌어내면, 헌법적으로 모든 법률적 금지가 예외적 승인(법적용면제)의 유보하에 있는 셈이 된다. 따라서 입법자 역시 예외요건을 사전에 확고히 할 수 없다면, 수인할 수 없는 금지효과를 감안하여 '요건 없는' 예외적 승인(법적용면제)유보를 규정하면서 그 예외결정을 행정에게 맡길 수 있다 할 것이다. 사실 독일 문헌에서 들고 있는 것처럼 '현저히 곤란한 경우'에 원칙으로부터 벗어남을 허용하는 것 역시 '요건없는' 예외적 승인(법적용면제)유보인 셈이라 할 것이다. 생각건대 예외적 승인(법적용면제)이란 입법자의 완전한 금지에 대한 감소(마이너스)를 의미하기에, 그것에 관한 재량수권 자체가 기본권의 관점에서 아무런 의문점을 야기하지 않는다.[59]

물론 그로 말미암아 입법자가 행정재량을 위한 임의적인 여지를 행정에 부여할 우려가 있다. 일찍이 양 금지의 구분에 회의적인 Friauf는 예외허용이 완전히 금지된 것에 대한 감소이고 따라서 별 의문 없이 행정의 재량에 맡겨질 수 있다는 생각은 설득력이 없다고 지적하였다. 그리하여 그는 행정의 재량결정이 관련 기본권과 일치될 수 있는 경우에만, 억제적 금지의 해제를 재량행위로 함이 허용되는 것으로 간주될 수 있다고 강변하였다.[60] 이러한 Friauf의 주장은 행정청의 재량남용을 사전

57) 대법원 1996.10.29. 선고 96누8253판결.

58) 그러나 행정행위의 재량성·기속성은 원칙적으로 행위효과의 선택여부에 좌우되기에, 법원이 행위성립요건에 불확정법개념이 사용되어 그것의 일의적 확정이 어려운 경우까지 재량론으로 다룬 것은 적절치 못하다. 따라서 엄밀히 말해 당해 규정은 법률(행위)요건면에서는 불확정법개념을, 법률(행위)효과면에서는 재량수권을 담고 있는 결합(융합·혼합)규정(Koppelungsvorschriften)에 해당한다. 결합규정을 어떻게 다루어야 하는지에 대해선 졸고(주 33), 66면 이하; 서정범, 불확정법개념과 판단여지, 현대공법학의 재조명(김남진 교수 정년기념논문집), 법학논집 특별호(고려대학교 법학연구소), 1997, 133면 이하 참조.

59) BVerfGE 9, 137(147f.), 338(353f.); BVerwGE 16, 301(307); Ossenbühl., a.a.O., S.514f. 그러나 Ossenbühl은 앞에서 보았듯이 과잉금지의 원칙에 의거해서 예외적 승인의 요청을 도출하는 것은 행정재량의 설자리를 몰각시킨다고 반론을 폈다.

60) ders., a.a.O., S.425f.

에 저지할 수 있다는 점에서 참고할 만하다. 아울러 나아가 경우에 따라선 억제적 금지를 기본권합치적 해석을 통해서 예방적 금지로 전환시킨다든지, 개개사건에서 재량축소의 방법을 통해서 해제청구권을 성립시킬 수 있다.[61] 그리고 결정적으로 과잉금지의 원칙에 의거한 예외적 승인의 요청을 시인하면, 재량인정에 따른 위험을 차단할 수 있다. 하지만 행정재량의 허용성 문제를 다룸에 있어서 법률이 규정한 금지의 성격과 범위에 따른 허용성이 선결적으로 검토되어야 하기 때문에, 이 문제는 궁극적으로 그러한 금지에 관한 합헌성 심사로 귀착된다.

## Ⅶ. 맺으면서

오늘날의 시대사상인 개방화·자율화·민간화로 인해 행정에 대해선 탈규제·규제완화가 요구된다. 행정법학이 이러한 시대적 소임을 다하기 위해선 행정규제의 바른 모습을 알아야 하는데, 여기선 바탕이 되는 법제도에 관해 깊이 있게 통찰할 필요가 있다. 행정이 행정목적을 달성하기 위해 허가제·특허제·신고제·인가제 등을 빈번히 사용함에도 불구하고, 그것들이 전제하고 있는 금지의 유형에 대해선 별로 논의되고 있지 않다. 그것들의 해제의 바른 모습을 정립하려면 우선 금지유형이 규명되어야 한다. 예외적 승인이 독일에서 20세기 초엽에 등장했음을 감안하면, 종래 예방적 금지와 억제적 금지간의 차이점을 전혀 감안하지 않고 허가와 특허간의 지극히 피상적인 異同 등을 논하려는 태도는 하루바삐 시정되어야 한다.

* 헌법규범과 헌법현실(권영성 교수 정년기념논문집), 1999.1., 547면 이하 소수.

* 追論: 이 글은 그 연전에 발표한 졸고(행정법상 억제적 금지에 대한 예외적 승인, 저스티스 제47호, 1998.3; 행정법상의 억제적 금지에 대한 예외적 승인에 관한 소고, 법정고시, 1998.4)에서 부분적으로 다룬 문제에 관한 전체 내용에 해당한다. 여기서의 접근은 행정법상의 신고제에 관한 논의로 이어진다.

* 참고문헌: 김남진, 예외적 승인, 판단여지의 문제 등, 법제 508호(2000.04): 기부금품모집허가의 성질 등, 법률신문 2873호(2000.4.6.); "기부금품모집허가의 성질등" 재론, 법률신문 2887호(2000.5.25.); 이원우, 허가·특허·예외적 승인의 법적 성질 및 구별, 행정작용법론(김동희 교수 정년기념논문집), 2005, 120면 이하; 졸고, 산림훼손허가의 법적 성질, 판례월보 1998년 9월호, 34면 이하.

---

61) Vgl. Schwabe, a.a.O., S.139f.; Gromitsaris, a.a.O., S.403.

# 제 4 장

# 私權形成的 行政行爲와 그 廢止의 問題點에 관한 小考

－對象判決: 大法院 2003.5.30. 선고 2003다6422判決－



## Ⅰ. 事案의 概要 및 當事者의 主張

### 1. 사안의 개요

(1) 원고 법인(사단법인 대한기독상이군인의집 성화원)은 민법상의 비영리(종교) 사단법인으로, 1995. 11. 27. 자유건설 주식회사(이하, '소외 회사'라 한다)와 사이에 원고 법인은 그 기본재산인 청구취지 기재 부동산(이하, '이 사건 부동산'이라 한다)을 소외 회사에게 넘겨주고, 그 대가로 소외 회사는 원고 법인에게 원고 법인 소유인 구평제일교회를 증축하여 주고 부산 사하구 괴정동 1065 일원에 건설중인 괴정3차 자유아파트 23채를 유・무상 공급하기로 하는 내용의 이 사건 교환계약을 체결하고, 같은 해 12. 27. 원고 법인의 주무관청이던 문화체육부장관으로부터 기본재산전환인가를 받은 후 1996. 4. 25. 소외 회사에게 이 사건 부동산에 관하여 부산지방법원 사하등기소 접수 제34043호로 같은 달 19.자 매매를 원인으로 한 소유권이전등기를 마쳐 주었다.

(2) 위 기본재산전환인가에 의하면, 원고 법인은 이 사건 부동산을 공정한 시가에 처분하되, 처분금은 전액 취득재산 매입비 및 건축비용으로 사용할 것이며, 취득재산은 원고 법인의 기본재산으로 편입하여 사업목적에 제공하여야 하고, 이를 이행하지 않으면 위 기본재산전환인가를 취소할 수 있도록 되어 있다.

(3) 소외 회사는 이 사건 부동산에 관하여, 주식회사 한국주택은행으로부터 대출을 받으면서 채권최고액이 18억 4,000만 원으로 된 위 같은 등기소 1997. 3. 7. 접수

제17564호 근저당권설정등기를 해주었고, 그 후 주택사업공제조합에게 위 같은 등기소 1997. 5. 12. 접수 제38036호로 같은 달 9.자 신탁을 원인으로 한 소유권이전등기를 해 주었다.

(4) 소외 회사는 그 후인 2001. 6. 22. 이 법원에서 파산선고를 받아 파산하였고, 한편, '행정권한의 위임 및 위탁에 관한 규정' 제28조 제2항에 따라 종교관계 비영리법인의 설립허가취소, 해산신고의 수리 기타 지도·감독에 관한 권한을 위임받은 부산광역시장은 같은 해 8. 25. 원고 법인에 대하여 위 조건의 불이행을 이유로 위 기본재산전환인가를 취소하였다.

(5) 주식회사 한국주택은행은 피고 주식회사 국민은행에 합병(등기 : 2001. 11. 1.)되었고, 주택사업공제조합은 주택건설촉진법(법률 제5908호) 부칙 제5조의 규정에 의하여 피고 대한주택보증 주식회사로 조직변경(등기 : 1999. 6. 3.)되었다.

### 2. 소송당사자의 주장

원고 법인은, 비영리 사단법인이 그의 기본재산을 처분함에 있어 필요한 주무관청의 인가는 그 효력발생요건이라 할 것인데, 원고 법인이 이 사건 부동산의 처분(이 사건 교환계약)에 관하여 주무관청으로부터 받은 인가처분이 그 조건의 불이행으로 취소되었다면, 취소의 효력에 따라 이 사건 교환계약 및 소외 회사 명의의 소유권이전등기가 소급적으로 무효가 되고, 그 결과 무효로 된 그 소유권이전등기에 터 잡아 이루어진 피고 주식회사 국민은행 명의의 근저당권설정등기 및 피고 대한주택보증 주식회사 명의의 소유권이전등기 역시 무효라고 주장하면서, 위 각 무효등기의 말소를 구한다. 이에 대해 피고들은, 위 인가조건의 성질이 행정행위의 부관 중 철회권유보이므로 위 인가조건의 불이행을 이유로 위 인가가 취소되었다 하더라도 그 취소의 효력은 소급효가 없으며, 특히 신뢰보호의 원칙상 위 인가 이후에 법률적 이해관계를 가진 제3자인 피고 주식회사 국민은행과 피고 대한주택보증 주식회사에 대하여는 위 취소의 소급효가 적용되어서는 아니 된다는 취지의 주장을 한다.

## Ⅱ. 對象判決 등의 要旨

### 1. 대상판결의 요지

(1) 원심(부산고법 2002. 12. 13. 선고 2002나6982판결)은, 민법상의 비영리(종교) 사단법인인 원고가 1995. 11. 27. 소외 자유건설 주식회사(이하 '자유건설'이라 한다)와 기본재산인 이 사건 부동산에 관하여 교환계약을 체결하고, 같은 해 12. 27. 주무관청인

문화체육부장관으로부터 기본재산전환인가를 받아 1996. 4. 25. 이 사건 부동산에 관한 소유권이전등기를 경료해 준 사실, 기본재산전환인가의 인가조건에 의하면, 원고는 이 사건 부동산을 공정한 시가에 처분하되, 처분금은 전액 취득재산 매입비 및 건축비용으로 사용할 것이며, 취득재산은 원고의 기본재산으로 편입하여 사업목적에 제공하여야 하고, 이를 이행하지 않거나 신청서상 허위가 발견될 시에는 기본재산전환인가를 취소할 수 있으며, 취득재산에 관하여 준공일로부터 4개월 이내에 소유권이전(보존)등기를 마치지 못할 시에는 기본재산전환인가의 효력이 상실되는 것으로 기재되어 있는 사실, 자유건설은 1997. 3. 7. 소외 주식회사 한국주택은행(피고 주식회사 국민은행으로 합병되었다.)으로부터 자금을 차용하고 이 사건 부동산에 관하여 채권최고액 금 18억 4,000만 원의 근저당권설정등기를 경료해 주고, 같은 해 5. 12.에는 소외 주택사업공제조합(피고 대한주택보증 주식회사로 조직이 변경되었다.)에게 신탁을 원인으로 한 소유권이전등기를 경료해 준 후 1998. 2.경 부도를 내고 2001. 6. 22. 파산선고를 받은 사실, 그러자 '행정권한의 위임 및 위탁에 관한 규정' 제28조 제2항에 따라 문화체육부장관의 권한을 위임받은 부산광역시장이 2001. 8. 25. 인가조건의 불이행을 이유로 직권으로 이 사건 부동산에 관한 기본재산전환인가를 취소한 사실을 각 인정한 다음, 주무관청의 조건부인가가 인가조건 불이행을 이유로 취소되어 소급적으로 무효가 되었으므로 그 인가에 의하여 이루어진 이 사건 부동산에 관한 자유건설 명의의 소유권이전등기와 이에 터 잡아 경료된 피고들 명의의 각 등기는 모두 원인무효의 등기라고 판단하였다.

(2) 행정행위의 취소는 일단 유효하게 성립한 행정행위를 그 행위에 위법 또는 부당한 하자가 있음을 이유로 소급하여 그 효력을 소멸시키는 별도의 행정처분이고, 행정행위의 철회는 적법요건을 구비하여 완전히 효력을 발하고 있는 행정행위를 사후적으로 그 행위의 효력의 전부 또는 일부를 장래에 향해 소멸시키는 행정처분이다.

그러므로 행정행위의 취소사유는 행정행위의 성립 당시에 존재하였던 하자를 말하고, 철회사유는 행정행위가 성립된 이후에 새로이 발생한 것으로서 행정행위의 효력을 존속시킬 수 없는 사유를 말한다고 할 것이다.

이 사건 기본재산전환인가의 인가조건으로 되어 있는 사유들은 모두 위 인가처분의 효력이 발생하여 기본재산 처분행위가 유효하게 이루어진 이후에 비로소 이행할 수 있는 것들이고, 인가처분 당시에 그 처분에 그와 같은 흠이 존재하였던 것은 아니므로, 위 법리에 의하면, 위 사유들은 모두 인가처분의 철회사유에 해당한다고 보아야 하고, 인가처분을 함에 있어 위와 같은 철회사유를 인가조건으로 부가하면서 비록 철회권 유보라고 명시하지 아니한 채 조건불이행시 인가를 취소할 수 있다는 기재를 하였다 하더라도 위 인가조건의 전체적 의미는 인가처분에 대한 철회권을 유보한 것이라고 봄이 상당하다.

그럼에도 불구하고, 원심이 이와 다른 견해에서 부산광역시장의 위 처분이 기본재산전환인가의 취소에 해당한다는 이유로 위 인가처분이 소급하여 무효가 되었다고 판단한 것은 기본재산전환인가의 인가조건의 성격에 관한 법리를 오해함으로써 판결에 영향을 미친 위법을 범한 것이라 할 것이다.

(3) 그러므로 원심판결을 파기하고, 사건을 다시 심리·판단하게 하기 위하여 원심법원에 환송하기로 하여 관여 대법관의 일치된 의견으로 주문과 같이 판결한다.

### 2. 원심판결(부산고등법원 2002.12.13. 선고 2002나6982판결)의 요지

(1) 살피건대, 민법 제40조 제4호, 제42조 제2항에 의하면 비영리 사단법인의 기본재산에 관한 사항은 정관의 필요적 기재사항으로서 기존의 기본재산을 처분하거나 새로이 기본재산으로 편입하는 등의 기본재산의 변경은 정관의 변경을 초래하기 때문에 주무관청의 인가를 받아야 효력이 있다고 할 것이고, 따라서 비영리 사단법인의 기본재산의 처분행위에 대한 주무관청의 인가가 조건부인가로서 그 인가가 후에 조건의 불이행을 이유로 취소되었다면 특별한 사정이 없는 한 그 인가는 소급적으로 무효가 되고 그 인가에 의하여 이루어진 위 기본재산의 처분행위도 소급적으로 무효가 된다고 할 것이다.

위 법리와 인정사실에 비추어 보면, 비영리 사단법인인 원고 법인이 이 사건 교환계약에 따라 주무관청인 문화체육부장관으로부터 조건부인가를 받아 자유건설에게 그 기본재산인 이 사건 부동산의 소유권을 이전한 행위는 이후 문화체육부장관으로부터 권한의 위임을 받은 부산광역시장이 위 인가조건의 불이행을 이유로 위 인가를 취소함으로써 특별한 사정이 없는 한 위 인가는 소급적으로 무효가 되고 위 인가에 의하여 이루어진 이 사건 부동산의 소유권이전행위도 소급적으로 무효가 된다고 할 것이다. 또한 당심 변론종결일 현재까지 위 취득재산에 대한 공사는 완공되지 않은 채 중단되어 있어 언제 준공이 될지 알 수 없는 상태이고, 자유건설이 파산한 점에 비추어 위 인가의 조건 중 "취득재산에 관하여 준공일로부터 4개월 이내에 소유권이전(보존)등기를 마치지 못할 시에는 위 기본재산전환인가의 효력은 상실된다"라는 당연 효력상실 문언에 의하여도 위 인가는 소급적으로 그 효력을 상실하고, 따라서 이 사건 부동산의 소유권이전행위가 소급적으로 무효가 된다고 볼 수가 있을 것이다.

따라서 위 인가취소에 따라 자유건설 명의로 이 사건 부동산의 소유권을 이전한

행위가 소급적으로 무효가 됨으로써 그 소유권은 다시 원고에게 귀속되고, 무효인 자유건설 명의의 소유권이전등기에 터 잡아 이루어진 피고 국민은행 명의의 근저당권설정등기 및 피고 대한주택보증 명의의 소유권이전등기 역시 무효의 등기라 할 것이므로, 피고들은 모두 원고에게 피고들 명의의 위 각 등기를 말소할 의무가 있다고 할 것이다.

(2) 피고들의 주장에 대한 판단

피고들은, 위 인가조건의 성질이 행정행위의 부관 중 철회권유보이므로 위 인가조건의 불이행을 이유로 위 인가가 취소되었다 하더라도 그 취소의 효력은 소급효가 없으며, 특히 신뢰보호의 원칙상 위 인가 이후에 법률적 이해관계를 가진 제3자인 피고 주식회사 국민은행과 피고 대한주택보증 주식회사에 대하여는 위 취소의 소급효가 적용되어서는 아니된다는 취지의 주장을 한다.

그러므로 먼저 위 인가조건의 성질이 행정행위의 부관 중 철회권유보에 해당하는지 여부에 관하여 보건대, 위 인가조건에 철회권유보라는 명문의 기재가 없는 점, 위 인가조건의 기재에서 "위 인가조건을 이행하지 않거나 신청서상 허위가 발견될 시에는 위 기본재산전환인가를 취소할 수 있다"라고 하여 직접적으로 '취소'라는 문언을 사용하고 있고 또 취득재산에 관하여 준공일로부터 4개월 이내에 소유권이전(보존)등기를 마치지 못할 시에는 위 기본재산전환인가의 효력은 상실된다고 하여 당연 효력상실 문언을 사용하고 있는 점 등 위에서 인정된 제반 사정에 비추어 보면 위 인가조건의 성질이 철회권유보라고 단정하기 어렵다고 할 것이고 달리 이를 인정할 증거가 없다.

나아가 제3자인 위 피고들에 대하여는 위 인가취소의 소급효가 적용되어서는 아니 되는지에 관하여 보건대, 행정행위의 취소는 원칙적으로 소급효가 있는 점, 원고는 앞서 본 바와 같은 종교적, 공익적 목적을 가진 비영리법인인 점, 이 사건 부동산이 원고 법인의 기본재산인 점, 이 사건 교환계약을 통하여 원고 법인은 이 사건 부동산을 제공하였지만 그 대가로 받은 이익이 없는 점, 원고 법인이 이 사건 부동산의 소유권을 회복하여 자유건설 명의의 소유권이전등기를 말소하더라도 피고 국민은행의 근저당권설정등기와 피고 대한주택보증의 소유권이전등기를 말소하지 하지 않으면 원고 법인에게 실제적으로 아무런 이익이 없는 점, 위 제3자이의의 소에 대한 원고 법인의 승소판결의 판시취지가 원고 법인이 위와 같은 조건부인가를 받아 자유건설에게 그 기본재산인 이 사건 부동신의 소유권을 이전한 행위는 부산광역시장이 위 인가조건의 불이행을 이유로 위 인가를 취소함으로써 소급적으로 무효가 되어 이 사건 부동산의 소유권은 원고 법인에게 귀속되었으므로 자유건설 명의의 소유권에 터 잡아 이루어진 위 근저당권에 기한 강제집행을 불허한다는 내용이었음에도 주택은행이 항소하지 않음으로써 그 판결이 그대로 확정된 점 등과 그 밖에 이 사건 변론에 나타난 제반 사정에 비추어 보면, 제3자인 위 피고들의 신뢰를 보호하는 것보다 위 인가의 취소에 소급효를 인정하여 원고 법인을 보호하는 것이 이익균형의 원칙상 보다 합리적이라고 봄이 상당하다 할 것이다. 따라서 피고들의 위 주장은 어느 모로 보나 이유없어 받아들이지 아니한다.

(3) 결 론

그렇다면 원고 법인의 이 사건 청구는 이유있어 이를 인용할 것인바, 이와 결론을 달리한 제1심 판결은 부당하여 이를 취소하고 원고 법인의 항소를 받아들여 위와 같이 인용하기로 하여 주문과 같이 판결한다.

### 3. 제1심판결(부산지법 2002. 5. 17. 선고 2001가합18714판결)의 요지

(1) 살피건대, 이 사건 부동산의 처분 당시 원고 법인의 주무관청이던 문화체육부장관이 위 기본재산전환인가를 하면서 원고 법인으로 하여금 이 사건 부동산을 공정한 시가에 처분하되, 처분금 전액을 취득재산 매입비 및 건축비용으로 사용할 것이며, 취득재산은 원고 법인의 기본재산으로 편입하여 사업목적에 제공하게 하고, 이를 이행하지 않으면 위 인가를 취소할 수 있도록 하였고, 그 후 원고 법인의 주무관청이 된 부산광역시장이 원고 법인이 위 취득재산을 취득할 수 없다는 이유로 위 인가를 취소하였음은 앞서 본 바와 같다.

그런데, 문화체육부장관이 위 기본재산전환인가를 하면서 정한 재산취득 및 취득재산의 기본재산으로의 편입은 장래에 발생하는 것으로서 이는 위 인가처분의 성립과는 아무런 관계없는 철회사유라고 봄이 상당하다 할 것인바, 문화체육부장관이 위 사유를 규정하면서 그것이 이행되지 않을 경우에는 위 인가처분을 취소할 수 있다고 하였다면 이는 위 인가처분에 대한 철회권을 유보한 것이라 할 것이고, 그 후 부산광역시장이 위와 같이 유보된 철회권을 행사하여 위 인가처분을 취소한 것으로 보아야 할 것이다(가사, 부산광역시장의 위 인가처분의 취소가 하자 있는 행정처분의 취소에 해당한다 하더라도, 행정처분 취소에 소급효가 있는지 여부는 취소사유, 취소시기, 취소되는 행정처분의 성질, 행정처분의 취소로 인하여 취소의 상대방이나 제3자가 받게 될 불이익의 정도 등을 종합적으로 판단하여야 할 것인바, 위 인가처분의 취소사유가 장래에 발생한 것인 데다가, 그 취소로 인하여 제3자인 피고들이 받게 될 불이익이 전혀 예측할 수 없었던 것이고, 그 정도 또한 매우 큰 점 등을 고려하여 보면, 위 인가처분의 취소에는 그 소급효가 없다고 봄이 상당하다).

(2) 따라서 부산광역시장의 위 인가처분의 취소가 소급효 있는 취소권의 행사임을 전제로 하는 원고 법인의 위 주장은 이유없다.

(3) 결 론

그렇다면, 이 사건 교환계약이 소급적으로 무효로 되어 이 사건 부동산에 대한 소유권이 원고 법인에게 있음을 전제로 한 원고 법인의 피고들에 대한 이 사건 청구는 이유 없어 이를 모두 기각하기로 하여 주문과 같이 판결한다.

## Ⅲ. 問題의 提起

대상판결 등에서 쟁점사항은 기본적으로 사안을 행정행위의 취소의 차원에서 접근할 것인지 아니면 행정행위의 철회의 차원에서 접근할 것인지 여부에 관한 논의에서 비롯되고 있다. 이는 폐지(취소나 철회)에 따른 기본행위의 효력이 소급적으로 소멸하는지 아니면 폐지당시로부터 소멸하는지 여부를 논증하기 위함이다. 그리하여 원심은 전자의 입장에서, 대상판결과 제1심판결은 후자의 입장에서 접근하여, 사안상의 인가조건이 철회권유보인지 여부에 대한 상이한 판단을 바탕으로 결론을 도출하였다.[1)]

이상과 같은 논증에 근본적인 의문점이 제기될 수 있다. 행정행위의 취소나 철회의 구분에 따른 효과발생상의 차이점-당초 행정행위의 효력의 소멸의 시점상의 차이점(소급적 소멸여부)-에 관한 일반적 논의를, 법률행위의 완성을 목적으로 한 인가에 대해서 아무런 의문 없이 그대로 대입하였다는 것이다. 보충행위이자 완성행위로 일컫는 이른바 인가는 허가(특허)나 하명과 비교해서, 법률행위(기본행위)의 효력을 완성시키는 독특한 성격을 지녀서, 분명 논의상의 다름이 있을 수 있을 터인데 이에 대한 모색이 전혀 없었다. 이런 법률행위의 효력을 완성시키는 행위와 관련해서 부관의 허용성 뿐만이 아니라, 폐지(취소나 철회)의 허용성 및(가능한 경우엔) 그 효과에 대해서도 기본적인 회의조차 보이지 않았다.

이런 불찰의 원인은 과연 어디서 비롯된 것인가? 바로 인가의 본질에 관한 이해의 부족에서 비롯되었다고 여겨진다.[2)] 즉, 통상 인가를 기본행위의 보충행위이자 완

1) 대상판결에 관한 상세는 許富烈, 행정청이 종교단체에 대하여 기본재산전환인가를 함에 있어 부가한 인가조건이 취소사유인지 철회사유인지 여부에 관한 판단기준, 대법원 판례해설 제44호, 2004.1., 146면 이하 참조.

2) 한편 법률언어의 용어형성력이 학문적 영역을 위해서도 매우 중요하다는 점에서, 동의(Zustimmung), 허가(Erlaubnis), 인가(Genehmigung)를 그 語義에 맞춰 정립하는 것이 관건이다. 독일 민법은 제182조 내지 제184조에서 용어상으로 -비록 일관되진 않지만- 사전동의(허가, Einwilligung))와 사후동의(인가, 추인)를 구분한다. 이런 구분이 공법에서도 실체적 타당성을 지닐 것이다. 해서 특히 공법에 따른 일방적 법률행위에 대한 동의는 원칙적으로 형성권의 행사전에 존재하여야 한다. 그러나 공법법률은 개념상으로 사법과는 다른 길을 걸었다. 가령 독일 연방오염방지법(BImSchG) 제4조에서 원칙적으로 설비의 가동전에 구해야 할 동의를 “인

성행위로 정당하게 자리매김하긴 하였지만, 그것의 본질이 사권형성(privatrechtsgestaltend)에 있음을 간과한 것이다. 사권형성적 행정행위는 공법과 사법의 경계에 놓이기에, 당연히 그것을 다룸에 있어 곤란함이 초래된다. 그것은 늘 양법질서(공법과 사법)에서 異物質(Fremkörper)로 여겨졌으며, 그런 사정은 오늘에도 변함이 없다. 따라서 이하에선 사권형성적 행정행위로서의 인가에 관한 이해를 바탕으로 하여, 기본재산처분행위허가의 법적 성격, 사권형성적 행정행위에 대한 부관의 허용성, 사권형성적 행정행위의 폐지에 관하여 검토하고자 한다. 덧붙여 인가조건이 과연 부관인지 나아가 어떤 부관에 해당하는지도 철회권의 유보와 결부시켜 살펴보겠다.

한편 허가, 면허, 인가나 승인과 같은 법률용어상의 무분별한 사용으로 인가의 본연에 걸맞지 않은 것조차 명칭에 사로잡혀 인가적 법리를 대입하다 보니, 결국 경우에 따라선 허가와 다를 바 없는 인가마저 등장하곤 하여 인가의 법리는 '고르디오스의 매듭'처럼 심각한 난맥에 처하였다. 무엇을 사권형성적 행정행위의 일종으로서의 인가로 파악할 것인지, 그리고 판례나 문헌상의 인가로 취급되는 것들이 과연 인가가 맞는지가, 민법에서의 이른바 단속규정과 효력규정에 관한 논의와 아우러져 검토되어야 한다. 이는 차후로 미루고자 한다.[3]

## Ⅳ. 越境的, 境界的 存在로서의 私權形成的 行政行爲에 관한 理解의 基礎

### 1. 私權形成的 行政行爲의 연혁

형성적 행정행위는 이로써 권리나 법(권리)관계가 성립, 변경, 제거되는 행정행위뿐만 아니라, 가령 허용되거나 인가되거나 승낙되거나 허가된 행정행위도 해당한다.[4] 형성적 행정행위 가운데, 그것의 법효과를 압도적으로 또는 전적으로 사법에서

---

가(Genehmigung)"로 표현하였다. 정반대로 독일 반경쟁제한법(GWB)은 민사법적 용례상 인가에 해당하는 것을 허가(Erlaubnis)라고 표현한다. 따라서 독일에서 공법적 의미에선 "인가"는 사전에서든 사후에서든 공히 가능할 수 있으며, 이런 사정은 우리의 경우에도 그러하다. 이런 용어상의 난맥으로 인가의 본연에 걸맞지 않은 것조차 명칭에 사로잡혀 인가적 법리를 대입하다 보니 결국 경우에 따라선 허가와 다를 바 없는 인가마저 등장하곤 한다. 이에 관한 논의는 차후로 미루고자 한다. 결국 일찍이 K. Kormann이 한 제안, 의사표시에 대한 동의는 인가로, 사실행위에 대한 동의는 허가(Erlaubnis)로 표기하고자 한 제안(Ders., System der rechtsgeschäftlichen Staatsakte, 1910, S.88)은 공히 관철되지 않는다.

3) 이 글을 준비하면서 국내문헌으론 특히 선정원 교수의 글("인가론의 재검토", 행정법연구 제10호, 2003.10., 171면 이하)과 김종보 교수의 글("강학상 인가와 정비조합 설립인가", 행정법연구 제10호, 25면 이하)을 통해서 많은 시사점을 얻었다. 선정원 교수는 "인가론"의 구체적 내용은 물론 그것에 관한 독일에서의 논의 및 일본과 우리나라에서의 수용을 논하였다. 김종보 교수는 강학상의 인가이론의 구조를 살핀 다음 이에 의거하여 -판례가 취하는- 정비조합의 설립인가에 대해 많은 의문점을 제시한다.

4) 그런데 "형성적"(gestaltend)의 용례가 통일되지 못하다. 가령 Wolff/Bachof/Stober는 명령과 금지를 명하는 처분을 광의의 형성적 행정행위로 파악한다. Ders., VerwR Ⅱ, 6.Aufl., 2000, §46 Rn.4.

발휘하게 하는 행정행위가 "사권형성적" 행정행위이다.[5] "사권형성"의 효과를 도모하기 위해 법기술상으론 전통적으로 -가령 민법 제42조의 정관변경의 허가처럼- 민사적 행위의 유효성(효력발생)을 고권적 의사표시에 좌우케 하는 방식을 취하였다. 그리하여 사법적 효과는 사적 의사표시에 의해서도 고권주체의 활동에 의해서도 발생하는 것이 아니라, 사법적 수단(계약체결)과 행정행위(인가)간의 공동작용에 의해서 비로소 발생한다.[6]

Otto Mayer가 프랑스행정법이론으로써 독일 행정법학에서도 행정행위가 중심적 위상을 갖는다고 확고히 하기 전에는, 고권적 행위에 의한 사법형성적 효과는 그 자체로서 인정되었다.[7] 그러나 이런 (부분법)유월적 관점은 Otto Mayer에 의해 공박을 당하였다. 그는 사법규정의 공법에의 유추적용은 물론 공사법에 공통된 법제도의 존재를 강력히 부인함과 동시에, 직접적 사법적 효과를 지닌 공법적 법제도란 존재하지 않는다고 강변하였다.[8] 이 때문에 비교적 늦게 다시 말해, 제1차 세계대전이후에 비로소 법학의 인식에 들어 왔다고 한다.[9]

## 2. 私權形成的 行政行爲의 槪念

무엇이 사권형성적 행정행위에 속하는지에 대해선 논란이 있다.[10] 이는 사권형성적 행정행위를 어떻게 개념 설정할 것인가의 물음이다.[11] 먼저 사법영역에 대해서

---

5) Vgl. H.U. Erichsen, in: ders.,(Hrsg.), Allg. VerwR, 11.Aufl., 1998, §12 Rn.21; J. Ipsen, Allg. VerwR, 2.Aufl., 2001, Rn.332, 390.

6) Stelkens/Bonk/Sachs, VwVfG, 6.Aufl., 2001, §35 Rn.141. Bullinger는 이런 공동작용을 "비독립적 인가"로 표현하였다. Ders., Die behördliche Genehmigung privater Rechtsgeschäfte und ihre Versagung, DÖV 1957, S.761(764).

7) 상세는 M. Stolleis, Geschichte des öffentlichen Rechts in Deitschland, Bd.Ⅱ: Staatsrechtslehre und Verwaltungswissenschaft 1800-1914, 1992, S.394ff., 401ff.,

8) ders., VerwR Bd.I., 1923, S.117f. 한편 Otto Mayer의 입장과 관련해서, 그가 직접적으로 민사적 효과를 미치는 공법적 법제도란 결코 존재하지 않는다고 보았다고 확정하는 데 대해서 Manssen은 약간의 異議를 단다. 공용개입(공용침해, 공용제약, Enteignung)에 관한 Otto Mayer의 고찰을 통해 본 즉, 그 역시 직접적으로 민사법적 효과를 미치는 행정행위를 인정하였다고 지적한다. Ders., a.a.O., S.274f. Otto Mayer의 기본입장에 대한 시각상의 차이를 떠나, 행정적 공용개입은 사권형성적 행정행위로선 그다지 의미를 갖지 못한다. 왜냐하면 이것은 사법의 전형적인 행위형식을 침범하지 않고 그래서 한편으론 결코 새로운 조종가능성을 실현하지 않으며, 다른 한편으론 비교적 낮은 문제가능성만을 성립시키기 때문이다.

9) Vgl. E. Jacobi, Grundlehren des Arbeitsrechts, 1927, S.27, 97, 137, 415f.; H. Bürckner, Der privatrechtsgestaltende Staatsakt, 1930, S.10ff.; W. Kroeber, Das Problem privatrechtsgestaltenden Staatsakts, 1931, S.13ff.(A. Tschentscher, Der privatrechtsgestaltende Verwaltungsakt als Koordinatiosinstrument zwischen öffentlichem Recht und Privatrecht, DVBl. 2003, 1424ff.에서 재인용).

10) 심지어 각종의 증명이나 등기건에서의 행정적인 사법행위(die administrativen Justizakte)가 행정절차법의 법기술적 의미상의 행정행위는 아님에도 불구하고, 단지 실질적으로 행정행위로서, 그리고 오로지 이런 의미에서만 사권형성적 행정행위로 간주되어야 한다고 한다. Vgl. A. Tschentscher, a.a.O., S.1424(1426f.).

11) 한편 사권형성적 행정행위란 존재를 인정할 때 행정행위의 개념적 징표 가운데 법효과의 발생의 영역이 문제될 수 있지만, 행정행위의 "효과"가 공법영역에 빈번히 존재하긴 하나, 필연적인 것은 아님을 유의해야 한다. 이런 점이 공법적 의사표시와 차이를 빚는다. 의사표시는 그것이 속한 법영역에서만 효과를 발휘하고,

어떤 식으로 행정법적 영향이 발현되는지를 살펴보고자 한다. 여기에는 현행 법제도에 관한 세심한 분석이 따라야 한다. 간단히 보자면, ⅰ) 행정법적 행위가 사적 법률(권리)관계의 효력발생(유효성)을 위한 요건일 수 있다(예: 토지거래계약을 위한 행정청의 허가). ⅱ) 행정법적 행위가 사법적 관계를 발생이나 변경을 직접적 목표로 삼을 수 있다(예: 금융감독위원회가 구 '금융산업의 구조개선에 관한 법률' 제14조 제2항에 의하여 내린 계약이전결정[12]; 독일 건설법전(BauGB) 제24조 이하, 제28조 제2항에 따른 선매권(Vorkaufrecht)의 행사).[13] ⅲ) 행정법적 행위나 행정법적 규범이 제3자보호적 효과나 금지효를 발휘할 수 있다(예: 최저임금법상의 최저임금결정, 위반건축물과 관련하여 민간사업자에 대한 공급중지요청, 반사적 이익의 침해에 대한 국가배상배제). ⅳ) 사적 법률관계를 맺을 공법적 의무 역시 존재할 수 있다(예: 특허기업의 체약강제). 이 가운데 전반적인 체약강제를 사권형성적 행정행위의 범주에 포함시키는 것은 부적절한 면이 있다. 왜냐하면 이는 결코 행정행위개념상의 개별사건적 규율이 아니기 때문이다. 또한 ⅲ)의 경우에 앞의 둘에 비하면 그 사권형성의 긴밀도가 직접적이지 않다. 따라서 사권형성적 행정행위란 나름의 고유한 범주을 설정함에 있어선 ⅰ)과 ⅱ)의 경우를 대상으로 하는 것이 바람직하다.[14]

최근의 문헌 가운데 G. Manssen이 다수의 문헌에서 적시된 예를 쫓아서 사권형성적 고권행위(행정행위)의 개념의 윤곽을 나름대로 설정하고자 하였다.[15] 공법과 사법의 얽힘으로 인해 "형성"이란 부분은 파악하기가 쉽지 않다. 그리하여 그는 개념정립의 기준으로 다음과 같이 전개한다. 즉, ⅰ) 일반적인 사법관련성은 불충분하다. 따라서 사법상황에 대한 가중적, 창설적 영향미침이 요구된다. ⅱ) 무조건적인 효과의 발생이 필요하다. 따라서 -환경기준의 확정과 같은- 민법을 위한 행정법의 "평가규준"은 고유한 사권형성의 범주에서 제외되어야 하며, 아울러 단지 지침적, 방향적인 효과가 아니라, 구속적, 무조건적인 효과를 지닌 사상만이 사권형성적인 것으로

---

결코 이들 법영역을 넘어서 "형성"하지 않는다. 가령 공법적 계약은 공법적 권리와 의무를, 사법적 계약은 사법적 권리와 의무를 초래할 뿐이고, 사권형성적 효과를 지닌 공법적 계약이란 존재치 않는다. G. Manssen, privatrechtsgestaltung durch Hoheitsakt, 1994, S.275f.

12) 대법원 2002.12.26. 선고 2002다12727판결; 2002.4.12. 선고 2001다38807판결.

13) Wolff/Bachof/Stober는 이를 특히 사권형성적 행정행위라 부른다. Ders., VerwR Ⅰ, 11.Aufl., 1999, §22 Rn.73.

14) 독일에서 사권형성적 행정행위의 예로 운위되는 것은, 품종보호의 설정, 통화법(WährG) 제3조에 따른 인가(BVerwG NJW 1996, 3223 이 판례는 사권형성적 인가가 계약당사자의 권리를 자동적으로 설정하는 것은 아님을 제시한다), 건축행정청의 수인하명(OVG Weimar LKV 1997, 368f.), 선매권(Vorkauftsrecht)의 행사, 토지거래인가(BVerwG BauR 1977, 408), 농지(임지를 포함한)거래법(GrdstVG)에 따른 인가(BGH NJW 1982, 2251f.), 사법적 보수(대가)를 위한 병원보육법상의 확정(OVG Hamburg NJW 1984, 683), 정관의 인가(VGH Mannheim NJW 1985, 1573f.), 반경쟁제한법(GWB) 제35조에 따른 보호처분, 중증장애인의 해고를 위한 사회복지청의 동의(BVerwGE 91, 7, 9) 등이다. Vgl. Stelkens/Bonk/Sachs, VwVfG, §35 Rn.140.

15) G. Manssen, a.a.O., S.19ff.

여겨진다. 결국 자율상실(Autonomieverlust)의 성질의 유무이다. iii) 사법상황에 대한 직접적인 영향미침이 필요하다. 즉, 사권형성적 국가행위를 인정하기 위한 기본조건은 사법상황과의 직접적인 관련성이 존재하는 것이다.

그리하여 G. Manssen은 사권형성적 국가행위를 다음과 같이 개념정의를 내린다. 즉, 사권형성적 국가행위란, i ) 직접적으로 사법적 권리능력을 발생이나 폐지하는 공법적 성질의 고권적 법적 행위, 또는 ii ) -그것이 사법상황의 변경을 목적적으로 초래할 정도로 또는 그것이 사법적 법상황의 형성을 위한 법률상의 필수적 요건일 정도로- 직접적으로 사적 법률행위나 사법적 권리의무시스템을 목표로 하는 공법적 성질의 고권적 법적 행위이다.[16]

### 3. 私權形成的 行政行爲의 基本類型

사권형성적 고권행위의 법률적 사용을 위해 양적으로 가장 중요한 분야가 사적 법률행위를 위한 인가(Genehmigung)의 발급이다. 여기서 사권형성적 행정행위는 사법상황의 변경을 위한 필요요소에 해당한다. 따라서 "혼합성립요건의 범주에서의 사권형성적 행정행위"나 "공동적 사권형성적(privatrechtsmitgestaltend) 행정행위"라 일컬어진다. 사적 법률행위의 효력발생(유효성)이 필요허가의 발급의 법적 조건하에 놓인다. 다시 말해, 사권의 법효과의 발생이 법률에 의해서 고권적 개별조치의 정지조건이나 해제조건하에 놓인다. 이런 상황은 일종의 법정 부관(조건)에 해당하여, 관련 사권주체의 자율적 의사에 합치하는 진정한 권리설정행위적 조건과는 구별된다. 그럼에도 불구하고 행정의 의사표시는 마치 그것이 사권주체의 고유한 의사표시인 양 사법적 효과를 직접적으로 발생시킨다.

다른 경우에 행정행위가 사법상황의 변경을 위한 요소로서가 아니라, 그 자체로 전적으로 사권형성적의 결과를 가져다 준다. 다시 말해, 일정한 사적 법률행위와 관련을 갖긴 하지만, 사법적 사상과 협력하지 않고서 (그것이 의도한) 사법적 법효과를 발생시킨다. 따라서 그것은 공동적 사권형성적이지 않고, "단독적 사권형성적"(privatrechtsalleingestaltend)인 셈이다.

요컨대 단독적 사권형성적 행정행위는 그것의 규율내용에 의거하여 권리변경을 야기한 것인 반면, 공동적 사권형성적 행정행위는 그것의 규율의 효과가 전체적 행

16) 한편 종종 Manssen을 비롯하여 일반적으로 사권형성적 "고권행위" 혹은 "국가행위"라고 운위되는 데 대해서, A. Tschentscher는 그런 식의 일반화는 도그마틱적으로 의미롭지 않다고 비판한다. 이유인 즉, 첫째로 그렇게 하면 사법입법자의 모든 입법행위까지 포함될 우려가 있으며, 둘째로 비송적 사법적 행위 말고도 쟁송상의 모든 행위마저도 사권형성의 범주에 모아질 것이고, 셋째로 심지어 민사법원의 모든 형성판결도 사권형성적 고권행위로 간주될 것이라고 한다. Ders., a.a.O., S.1424(1427).

위의 측면에서 성립요소의 이행 내지 불이행에 국한된다.[17] 그런데 이런 식의 구분함이 결코 아카데믹한 흥미에만 머물진 않는다. 오히려 헌법적 배경을 갖는다. 공동적 사권형성적 행정행위의 수권은 사적 법률행위 전체가 아니라 부분요소와만 관련이 있다. 이 점은 과잉금지의 원칙에 의해 중요하게 요구된다. 왜냐하면 권리변경을 위한 기타의 효력요건이 어느 정도로 주어져 있는가의 물음과 관련해서, 공법은 이런 방법으로 가능한 넓은 적용의 장을 사적 합의에게 맡기기 때문이다.[18] 이는 공동적 사권형성적 행정행위의 보충행위적 성격에 비롯된 당연한 것이다.

## V. 私權形成的 行政行爲에 대한 附款의 許容性과 당해 認可條件의 性格

### 1. 私權形成的 行政行爲에 대한 附款의 許容性

부관의 부가는 주된 행정행위로써 의도하는 규율을 개별사례의 특별한 여건, 특히 구체적 사례에서의 관련 공익과 제3자의 권리보호의 필요에 조응하는 데 이바지한다. 심지어 경우에 따라선 대립된 공익이나 관련한 권리나 제3자의 보호되어야 할 이익이 부관에 의해서도 충분히 고려될 수 있을 때나, 행정청이 비례의 원칙에 따라 거부해선 아니 될 허가의 수익자의 권리를 보호하기 위해서도 부관은 동원될 수 있다. 그런데 법률이 부관의 부가를 특별히 규정하지 않은 경우, 부관의 불허용성은 일반적인 법원칙, 특히 법규정의 상관관계와 목적, 수권된 행정행위의 본질로부터 생겨난다. 그리하여 귀화허가와 같은 신분변경, 정년보장공무원의 임명, 성명변경의 경우에는 부관과 친하지 않다(nebenbestimmungsfeindlich).[19] 이와 마찬가지로 독일 많은 문헌에선 사권형성적 행정행위에는 사법률행위에 허용되지 않을 부관이 부가되어선 아니 된다고 지적된다. 즉, 가령 소유권양도의 인가는 기한부나 조건부 행정행

---

17) 이처럼 단독적 사권형성적 행정행위의 개념설정에서 법률적 수권이 규정한 규율효과를 목표로 삼아야 한다. 만약 그렇지 않으면 자칫 행정행위로부터 빚어진 결과에 초점을 맞춘 나머지 인가발급은 공동적 사권형성적이고, 그 거부는 단독적 사권형성적이라는 형식논리적인 서술이 가능할 수 있다.

18) 한편 이런 식의 분류에 대해서 A. Tschentscher는 공법과 사법의 조정의 관점에서 분류한다. 그리하여 첫번째 유형으로, -전시나 재난과 같은 비상시를 대비한 강제계약(Zwangsvertäge)이나 기타 명령된 계약(diktierte Verträge)처럼- 내용상으로도 그것이 不在시의 사적 자치의 활동을 위한 방치를 의미하는 경우를, 두번째 유형으로, -게마인데의 선매권처럼- 은폐된, 의사무관한 의무지움보다는 한층 덜 개입적으로 사적 자치에 영향을 미치는 경우를, 세번째 유형으로, -임대료조종규정에 의한 인가필요처럼- 사적 자치적 의사자유와 형성자유에 직접적으로 조종적, 내용변경적 개입을 하긴 하지만, 이런 식의 개입 자체가 평시 그것이 추구하는 공익의 중요성에서 타당한 경우로 나눈다. 그는 위에서의 단독적 사권형성적 유형을 사적 자치의 제약정도에 의거하여 나눈 셈이다. 특기할 점은 그는 두번째 유형에서의 행정행위가 순전히 공동적 사권형성적이라 파악한다. Ders., a.a.O., S.1424(1428).

19) Vgl. Kopp/Ramsauer, VwVfG 8.Aufl., 2003, §36 Rn. 5, 그러나 Stelkens 등은 이런 행정행위에 대해서 조건이 아닌 다른 부관 특히 부담의 경우에는 부가가능성을 배제하지 않는다. Ders., VwVfG §36 Rn.62.

위가 아니며, 분필인가의 경우에도 마찬가지라고 한다.[20] 한편 Manssen은 모든 사권형성적 행정행위가 조건과 친하지 않는 것은 아니고, 이런 것이 당해 법률적 근거에서 비롯되는 한에 있어서만 그것이 조건과 친하지 않다고 주장한다.[21] 그런데 사권형성적 행정행위를 넘어서 형성적 행정행위에 대해서도 부담의 부관적대성을 인정하려는 견해가 있긴 하지만,[22] 다수는 형성적 성격만으로 부관의 원칙적 배제를 도출하진 않는다. 물론 사권형성적 행정행위라 하더라도 입법자가 명시적으로 부관의 부가를 규정하는 것이 원천적으로 불허되는 것은 아니다.[23]

이상과 같은 논의에 비추어, 사안의 특성을 염두에 두고서 대상사안에서의 인가조건의 존재 자체에 대한 일말의 의문도 품지 않은 채, 그것의 성격을 규정하는 데 초점을 둔 내상판결의 입장에 대해선 부정적으로 일단 보고자 한다.

특기함 점은 정관변경허가에서의 부관의 허용성과 관련하여 우리 판례는 (기속)재량성여부를 대입하여 판단을 내린다. 즉, 대법원 2002.9.24. 선고 2000두5661판결 [공2002.11.15.(166), 2577]에서 대법원은 「법규정에 사회복지법인의 설립이나 설립 후의 정관변경의 허가에 관한 구체적인 기준이 정하여져 있지 아니한 점 등에 비추어 보면, 사회복지법인의 정관변경을 허가할 것인지의 여부는 주무관청의 정책적 판단에 따른 재량에 맡겨져 있다고 할 것이고, 주무관청이 정관변경허가를 함에 있어서는 비례의 원칙 및 평등의 원칙에 적합하고 행정처분의 본질적 효력을 해하지 않는 한도 내에서 부관을 붙일 수 있다」고 판시하였다.[24] 그런데 여기선 사단법인의 정관변경의 허가를 두고서, 일반적인 논의에 좇아 인가로 본 원심과는 달리 대법원은 특별한 언급을 함이 없이 명문 그대로 '허가'로 보면서 논증한 소이가 무엇인지 궁금하다. 새삼 부관의 허용성 문제를 대상행위의 재량성유무에서 바라보는 기왕의 태도에 변화가 필요함이 확인된다. 한편 대법원은 2005.9.28. 선고 2004다50044판결

20) BGH NJW 1981, S.980f.

21) ders., a.a.O., S.300.

22) VG Potsdam NVwZ 1994, 925; B. Wolnicki, Zum Akzessorietätsprinzip bei der Systemfeststellung nach §6 Ⅲ VerpackV- zugleich zur Nebenbestimmungsfeindlichkeit von rechtsgestltenden Verwaltungsakt, NVwZ 1994, 872ff.

23) Vgl. 독일 연방전기요율법 (BTO-Elt) §12 Abs.4 S.1은 요금인가에 철회권이 유보를 부가할 것을 요구한다.

24) 반면 원심인 부산고법 2000.5.26. 선고 99누3294판결은 「사회복지법인의 정관변경허가의 법적 성격은 법률행위의 효력을 보충하여 주는 인가로써, 그 인가 여부는 행정청의 자유재량이 아니라 기속재량에 속한다 할 것인데, 기속재량행위에는 부관을 붙일 수 없고 가사 부관을 붙였다 하더라도 이는 무효이므로 위 정관변경허가에 붙여진 위 부관은 무효이고, 한편 위 부관의 내용이 정관변경허가에 객관적으로 중요한 요소에는 해당하지 않으므로 그 부관 부분만이 무효일 뿐 정관변경허가 전체가 위법하다고 할 수는 없으며, 따라서 원고가 위 부관에 정해진 의무를 이행하지 않았다 하여 피고로서는 부관에 유보된 허가취소권을 행사할 수는 없다 할 것이고, 달리 위 정관변경허가를 취소할 법령상의 근거를 찾아볼 수 없으므로, 원고에 대한 정관변경허가를 취소한 피고의 이 사건 처분은 위법하다」고 판시하였다.

에서, "공익법인의 설립·운영에 관한 법률 제11조 제3항과 관련하여 기본재산처분허가의 법률적 성질이 형성적 행정행위로서의 인가에 해당한다고 하여 조건으로서의 부관의 부과가 허용되지 아니한다고 볼 수는 없고, 다만 구체적인 경우에 그것이 조건, 기한, 부담, 철회권의 유보 중 어느 종류의 부관에 해당하는지는 당해 부관의 내용, 경위 기타 제반 사정을 종합하여 판단하여야 할 것이다"고 판시하였다.

### 2. 당해 認可條件에 대한 接近方法

대상판결을 비롯한 전심판결에서 주된 쟁점의 근원은 바로 법률용어사용의 문제이다. 즉, 여기서의 인가"조건"과 "취소"의 용어가 과연 본연의 그 의미인지를 두고서 다투어진다. 원심은 「인가조건에 철회권유보라는 명문의 기재가 없는 점, 위 인가조건의 기재에서 위 인가조건을 이행하지 않거나 신청서상 허위가 발견될 시에는 위 기본재산전환인가를 취소할 수 있다 라고 하여 직접적으로 '취소'라는 문언을 사용하고 있고 또 취득재산에 관하여 준공일로부터 4개월 이내에 소유권이전(보존)등기를 마치지 못할 시에는 위 기본재산전환인가의 효력은 상실된다고 하여 당연 효력상실 문언을 사용하고 있는 점 등 위에서 인정된 제반 사정에 비추어 보면 위 인가조건의 성질이 철회권유보라고 단정하기 어렵다」고 하면서, 사안을 행정행위의 취소의 차원에서 접근하는데, 다만 인가조건에 대한 태도를 나타내진 않는다. 반면 제1심과 상고심은 인가조건상의 "취소"에 대해 단순 문리적 접근에서 벗어나서 행정행위의 철회의 차원에서 접근하여 당해 인가조건을 철회권의 유보로 파악한다.

통상 행정법규상의 개념이나 용어가 표현 그대로의 것이 아닌 경우가 많아서, 실질적 접근을 통해서 이것들의 성격(본질)을 가늠하는 것은 일반적으로 용인되고 있다. 가령 조건을 부관 전체로 치환한다거나 취소 역시 철회를 포함한 것으로 이해한다거나 하는 식의 접근이 그 예이다. 따라서 사안의 취소의 본질은 행정행위의 취소와 철회의 본질에 견주어 판단되어야 한다. 기본적으로 행정행위의 취소는 성립당시의 하자를 바탕으로 한 반면, 행정행위의 철회는 새로운 사정의 발생을 바탕으로 한다. 인가조건의 내용을 살펴본 즉, 대상판결이 지적한 것처럼 대개 기본재산처분행위가 유효히 성립한 이후에 그 이행여부가 문제된다.[25] 따라서 행정행위의 철회차원의 접근이 바람직하다.

원심은 인가조건의 성격을 언급함이 없이, 적시된 조건의 불이행시에 취소할 수

---

25) 여기서 기본재산처분허가의 조건을 조건적 부관으로 본 대법원 2005.9.28. 선고 2004다50044판결의 사안과 다름을 유의하여야 한다. 즉, 대상판결의 사안에선 기본재산처분이 이미 법률행위로 성립한 반면에, 2004다50044판결에선 아직 기본재산처분이 법률행위로 성립하지 않은 단계이다.

있다는 점과, 취득재산에 관하여 준공일로부터 4개월 이내에 소유권이전(보존)등기를 마치지 못할 시에는 기본재산전환인가의 효력이 상실되는 것으로 기재되어 있는 점을 취소인정의 논거로 삼는다. 인가취소와 직접 관련되지 않은 인가조건의 부분이 마치 실효적 모습을 띄고 있어 해제조건으로 봄 직하기에 그 논의가 쉽지 않다. 그런데 인가조건의 이런 부분으로 말미암아 인가조건을 상고심과 제1심처럼 철회권유보로 보는 것에 대해 타당한 반론이 제기될 수 있다. 사실 철회권의 유보는 조건이나 기한과 결부될 수도 있기 때문이다.[26]

### 3. 管見-당해 認可條件의 性格

사권형성적 행정행위에 대한 부관의 허용성에 소극적 입장을 취할 때 문제는 당해사안의 인가조건의 성격을 어떻게 설정할 것인가이다. 우선 과연 여기서의 인가조건이 철회권의 유보로서 독립된 -나름의 창설적인- 부관으로서의 의미를 갖는지 검토될 필요가 있다. 우선 부관으로서의 철회권의 유보의 존재이유를 살펴보고자 한다.

철회권의 유보를 통해서, 행정청은 행정행위 그 자체에서나 법규정에서 자세히 규정된 일정한 사정이 존재할 때 철회권유보부 행정행위를 전부나 일부를 장래를 향해 철회하고 이로써 그것의 효력을 소멸시킬 권능을 갖는다. 통상의 철회에 견주어 존재의 독자적 의의가 의문시되긴 하지만, 통상의 철회에서와는 달리 상대방의 신뢰보호가 배제되는 점에서 나름의 존재이유를 대부분 긍정한다. 다만 통상의 철회와 대비하여 철회권의 유보를 어떻게 설정하여야 할 것인지가 문제된다. 그것을 독립된 부관으로 자리매김하기 위해선 철회권의 유보의 의미가 창설적(konstitutiv)이어야 한다. 독일의 경우 법률에 의해 특별한 철회권의 유보가 없더라도 철회가능하거나 그밖에 폐지나 수정가능한 행정행위의 경우에는 철회권의 유보가 통용될 수 없다.[27] 즉, 철회의 허용성이 이미 법률 규정으로부터 직접 생겨날 경우엔, 철회행사에 주된 행정행위에 대한 부관이 필요하지 않는다. 만약 이런 경우에 철회권의 유보가 있다면, 그것은 앞으로의 철회행사가능성을 예고하는 것과 같이 선언적 의의만을 지닐 뿐, 결코 직접적인 법적 중요성-신뢰보호의 배제-을 갖지는 않는다.[28] 우리의 경우 행정절차법에 관련 규정을 미련해 놓고 있지 않을 뿐 더러 판례는 수익적 행정행위의 철회와 관련하여 '근거불요설'을 견지하고 있기에, 독일에서의 경우보다 철회

26) Kopp/Ramsauer, VwVfG, §36 Rn.28.

27) Kopp/Ramsauer, VwVfG, §36 Rn.25. 독일 행정절차법 제49조 제2항 제1호는 명시적으로 철회권의 유보와 법규정에 의한 철회의 허용을 구분하고 있다.

28) 물론 철회권의 유보를 통해서 법률규정이 정한 것 이상으로 특별한, 엄격하거나 완화된 요건에 철회가 결부된다면 평가는 다르다. Vgl. BVerwGE 95, 224.

권의 유보의 인정에 더 엄격할 필요가 있다. 왜냐하면 철회의 사유로 제시되는 것들이 그대로 철회권의 유보의 사유로 이행될 수 있다면, 그 자체가 신뢰보호의 원칙을 무색하게 만들기 때문이다.[29] 오히려 법률이 명시적으로 요구하는 경우에 한하여 철회권의 유보를 인정하는 것도 하나의 모색이 된다.

대법원이 판시한 바와 마찬가지로, 제시된 인가조건의 사유들은 실상 -마지막 실효적 조건은 제외하고선- 모두 인가처분의 철회사유에 해당한다. 따라서 창설적 철회권의 유보에 대해서만 법적 의미를 부여할 때, 이들 인가조건은 일반적인 철회사유 가운데 일부에 대한 주의적, 선언적 유보(조건)에 불과하다.

## Ⅵ. (특히 共同的) 私權形成的 行政行爲의 廢止(取消와 撤回)의 問題

### 1. 일반적인 행정행위의 廢止와는 다른 점

한편 "취소"의 어의를 둘러싼 대상판결 등의 논증에선, 최소나 철회에 따른 효과가 相異한다는 점이 인가조건의 성격을 규명하기 위한 착안점이 되기도 한다. 즉, 취소의 소급효, 철회의 미래효란 도식이 논증의 착안점이다. 그런데 공동적 사권형성적 행정행위 즉, 인가의 폐지의 문제는 보통의 행정행위의 폐지와는 결정적으로 다른 구석이 있다. 즉, 법률행위인 기본행위의 존재이다.

기본재산전환(처분)의 행정청의 인가는 직접적으로 사권형성적 효과를 지닌다. 우선적으론 유동적으로 효력이 발생하지 않은(schwebend unwirksam) 법률행위가, 인가됨으로써 그 법률행위의 성립당시로 소급적으로 유효하게 된다.[30] 그런데 인가행정청이 나중에 인가의 취소나 철회를 표시할 경우엔, 일련의 물음이 제기된다. 맨 먼저 사권형성적 행정행위의 폐지가 허용되는지 여부가 의문스러울 수 있다. 만약 이것이 시인된다면, 인가의 반대행위(Konträrakt)가 이전에 인가된 법률행위의 효력에 대해서 어떤 영향을 미칠 것인지가 문제된다. 여기선 인가폐지가 법률행위의 유효성 그 자체를 전혀 터치하지 않거나 반대로 제거할 수 있을 것인 바, 후자의 경우엔 쟁송법적 물음, 즉, 인가폐지처분의 수범자가 아닌 계약당사자에게 어떤 권리보호수단이 열려 있는지가 제기된다. 이하에선 독일에서의 논의를 중심으로 살펴보고자 한다.

---

29) 사실 독일에서의 과거의 통설인 사권형성적 행정행위의 폐지(취소・철회)불가론을 그대로 우리네의 논의에 대입하면 난맥상은 한층 여실하다.

30) 대법원 1966.11.29. 선고 66다1668판결.

## 2. (계약)認可의 廢止에 관한 私法上의 論議

독일 사법에선 예외없이 인가의 비철회성이 받아들여지고 있다.[31] 논거로 비철회성이 법적 안정성과 명확성의 원칙에 부합한다는 것이다. 즉, 그때까지 불명료한 유동적 상태의 법상황이 인가를 통해서 분명해지게 되기 때문에, 그 인가결정은 관계자와 제3자를 위하여 종국적이어야 한다는 것이다.[32] 이밖에도 인가의 비철회성은 독일 민법의 체계로부터도 비롯된다고 하여, 독일 민법 제183조상으로 철회성은 사전동의(Einwilligung)에 대해서만 인정되기 때문이라고 한다. 그러나 이런 것과 무관하게도, 독일 민법 제119조 이하의 착오나 기망에 따른 인가의 취소의 가능성은 여전하다.[33] 이 경우 착오와 기망은 인가 그 자체와 관련이 있어야 하고, 요인가적 법률행위와만 관련이 있어선 아니 된다.[34]

## 3. (계약)認可의 廢止에 관한 公法上의 論議 現況

오랫동안 독일의 통설은 사적 법률행위의 공법적 인가 역시 철회와 취소가 불가하다고 여겼다.[35] 이에 소위 "사권형성적 행정행위의 특별한 존속력 이론"이 주창된다. 다만 독일 민법 제183조 제1문을 준용하여, 행정행위의 형성효가 아직 발생하지 않았거나 사적 법률행위가 아직 행해지지 않았던 경우엔, 그렇지 않다.[36] 하지만 때때로 인가가 허위 표기나 기타 부정하게 얻어진 것과 같은 특별한 경우에는 예외적으로 폐지가능성이 있다고 주장되곤 하였다.[37] 폐지불가설의 가장 주요한 근거는 바로, 신뢰보호의 고려이다. 폐지불가설에 의하면, 인가이후엔 대상 법률행위의 효력에 관한 논의가 전적으로 민사법적 차원에서 전개될 뿐이다. 한편 우리의 경우 대부분의 행정법문헌은 사권형성적 행정행위의 폐지불가론을 직접적으로 주장하진 않고, 그것을 단지 취소와 철회의 제한의 예로 들고 있다.

그러나 70년대에 들어와서 U. Steiner의 주장을[38] 기점으로 하여 사권형성적 행

---

31) BGHZ 40, 156(164)=NJW 1964, 243.

32) Leptien, in: Soergel, BGB, At 2, 13.Aufl., 1999, §184 Rn.2.

33) Leptien, in: Soergel, BGB, At 2, 13.Aufl., 1999, §184 Rn.2.

34) BGHZ 111, 3396(347)=NJW 1990, 3085.

35) Vgl. E. Forsthoff, Lerb. des VerwR Ⅰ, 10.Aufl., 1973, S.270f.; Wolff/Bachof/Stober, VerwR Ⅱ, §51 Rn.82; RGZ 103, 104(107); BGHZ 84, 70(71); Kopp/Ramsauer, VwVfG, §48 Rn.15, §49 Rn.18a. 그러나 Kopp/Ramsauer는 다소의 의문을 피력한다. 그 밖의 문헌은 G. Manssen, a.a.O., S.295 Fn.133. 참조.

36) RGZ 106, 142; F. Ossenbühl, Die Rücknahme fehlerhafter begünstigender Verwaltungsakte, 2. Aufl., 1965, S.130.

37) 이미 M. Bullinger, Die behördliche Genehmigung privater Rechtsgeschäfte und ihre Versagung, DÖV 1957, S.761(764).

38) U. Steiner, Bindungswirkung und Bestandskraft der fingierten Bodenverkehrsgenehmigung, DVBl.

정행위 역시 일반적 원칙에 따라서 철회나 취소될 수 있다는 견해가 점차 확산되었다.[39] 사적 법률행위의 안정성의 관점은 취소 내지 철회에 관한 재량행사시에 충분히 고려될 수 있다는 생각이 새로운 견해의 바탕이다. 사권형성적 행정행위를 행정행위의 폐지(취소와 철회)에 관한 일반적 시스템에 편입(통합)시키는 것이 타당하다는 논거로 다음의 점이 제시된다: 오늘날의 이해에 의하면 독일 행정절차법 제48조 제2항에 속하지 않는 행정행위의 경우에, 신뢰보호는 동법 제48조 제3항에 의한 재산보전에 의해서 보장될 뿐만 아니라, 동법 제48조 제1항에 의한 재량결정의 테두리에서도 보장된다는 점, 입법자는 그 사이에 다수의 사례에서 사권형성적 행정행위를 위한 명시적인 철회규정을 만들었다는 점.[40]

요컨대 권리형성적 행정행위의 폐지의 불가의 입장에서 벗어나면, 그 권리형성적 행정행위가 본질에 비추어 종국적인 성격을 가져야 할 것인지 여부, 그리고 이로부터 취소의 장해가 생겨나는지 여부가 심사되어야 한다. 그리하여 오히려 답은 사권형성적 효과가 개개사례에서 수범자와 제3자의 권리영역에 대해서 어느 정도로 미치는지의 물음에 좌우된다. 여기선 소급효적(ex tunc) 취소나 미래효적(ex nunc) 취소가 관련인의 이익에 적합한지 여부가 또한 심사되어야 한다.[41]

### 4. 認可廢止의 效果

취소와 철회는 유효한 행정행위로부터 그것의 효력(Wirksamkeit)를 박탈하는 것을 목표로 삼는다. 이들은 행정행위의 효력(통용)과 존속을 제거한다. 행정행위의 취소와 철회의 효과발생시점과 관련하여 행정법문헌에선 취소의 경우에 미래효와 소급효 모두가 인정될 수 있음을 긍정함에도 불구하고-오히려 수익적 행정행위를 대상으로 한 즉, 미래효적 취소가 원칙인양 여겨진다-[42], 판례는 여전히 취소의 소급효(ex tunc), 철회의 미래효(ex nunc)란 단순 도식을 견지하고 있으며, 전후사정을 살피지 않은 채 이런 도식을 무리하게 단순 대입시키곤 한다. 반면 독일의 경우 행정절차법을 통해서 철회에는 미래효만이 인정되나, 취소의 경우엔 소급효와 미래효가 선택재량적으로 인정되고 있다(동법 제49조 제1항 제1호, 제48조 제1항).

---

1970, S.34(37).

39) BVerwGE 54, 257-NJW 1978, 338; OVG Münster NVwZ 1987, 155f.; G. Manssen, a.a.O., S.294ff.; D. Zacharias, Rücknahme und Widerruf von Vertragsgenehmigung, NVwZ 2002, 1306ff.

40) 이런 입법상황은 vgl. G. Manssen, a.a.O., S.296f.

41) Stelkens/Bonk/Sachs, VwVfG, §48 Rn.102.

42) 이런 사정은 독일의 경우에도 마찬가지이다. Stelkens/Bonk/Sachs, VwVfG, §48 Rn.113.

(1) 취소의 경우

인가반대행위 즉, 인가폐지로 인가의 존속과 법적 효력은 폐지처분의 발급시점부터 소멸된다. 그리하여 (인가대상인) 사적 법률행위로선 필요한 인가가 더 이상 존재하지 않는다. 다시 말해, 소급효적 취소의 경우에는 인가당시부터(처음부터) 철회의 경우에는 철회시점부터 그렇다. 처음부터 사적 법률행위를 위한 인가가 없었을 경우, 그 법률행위는 효력을 발생하지 않았던 것이 된다. 이유인 즉, 그 법률행위가 유동적 효력불발생의 상태(Zustand schwebender Unwirksamkeit)를 벗어나지 않았거나, 유동적 효력불발생의 상태가 인가거부에 의해서 종국적인 효력불발생(무효)의 상태로 이행하였기 때문이다. 그리하여 (이전의) 계약당사자간의 관계를 매개하는 법적 근거가 더 이상 존재하지 않는다. 이전에 인가된 법률행위의 민사법적 효력과 관련해서 보자면, 인가의 취소는 궁극적으로 민법의 의사표시의 취소(Anfechtung)와 동일하다. 이미 급부의 교환이 일어났다면, 비채변제반환청구권(condictio indebiti)의 원칙에 따른 청산이 일어날 수밖에 없을 것이다.

그런데 이런 상관관계에서, 사적 법률행위의 안정성을 고려한 즉, 사권형성적 행정행위의 취소의 가능성을 미래효적 취소만이 허용되도록 제한할 필요는 없는지 여부가 문제된다. 이에 대해서, 사권형성적 행정행위에 대한 소급효적 취소를 일반적으로 배제한다는 것은 필요치 않다고 주장된다. 그 논거로 법률행위의 안정성은 독일 행정절차법 제48조 제1항에 따른 재량행사의 테두리에서 충분히 고려될 수 있다는 점, 최소의 효력발생의 시점을 정함에서도 재량이 인정된다는 점, 사적 법률행위의 존속에 관한 제3자의 보호되어야 할 신뢰는 계약관계의 종료를 위한 계약당사자의 가능성을 고려한 즉, 기껏해야 예외적 경우에나 인정될 수 있다는 점을 든다.[43]

(2) 철회의 경우

사권형성적 행정행위의 철회의 경우에 그 법효과(결과)는 취소에서와는 다르다. 철회의 경우에, 당초의 행정행위는 철회 이전에는 통용력을 지녔다. 즉, 사적 법률행위는 인가로써 유효하게 되었으며, 철회시점까진 그 유효함에 변함이 없다. 그러나 문제되는 것은, 바로 인가의 철회 이후 과연 그 사적 법률행위(계약)의 효력에 어떤 영향을 미치는지이다.

이런 물음에 대한 손쉬운 해결방안의 하나가, 인가 이후엔 그 사적 법률행위는 "소위 사법에로 해방된다"고 하여,[44] 공법적 인가와 사법적 법률행위간의 견련을 없

43) D. Zacharias, a.a.O., S.1306(1308).
44) M. Bullinger, a.a.O., S.761(764).

애는 것이다. 종전에 사권형성적 행정행위의 폐지가능성에 대한 반대논거로서 여겨졌던 이런 주장이 타당할 것 같으면, 사권형성적 효과를 이미 발생시킨 다음에는 그 인가의 법적 운명은 아무런 법적 의미를 갖지 않을 것이다-단, 소급효적 취소는 제외하고서-. 이에 대해선 대체적으로 두 가지의 점에서 의문이 제기된다. 먼저 인가의 효과(결과)가 다름 아닌 인가로부터의 해방인 셈인데, 이를 뒷받침할 수 있는 논거가 명백하지 않다. 다른 하나는, 인가폐지는 반대행위로서의 그것의 본연의 기능을 실제 이행할 수 없거나 기껏해야 시늉차원에서 이행할 수 있을 뿐이다. 왜냐하면 인가의 권리형성적 효과가 철회를 통해서 더 이상 제거될 수 없고, 그로 말미암아 인가의 직접적 규율내용-권리형성적 효과-이 철회 이후에도 계속 유지될 것이기 때문이다. 결과적으로 공법적 인가와 사법적 법률행위간의 견련을 없앤다면, 사권형성적 행정행위의 경우엔 그것의 철회에 대해서 전통적인 철회의 의의와는 다른 의의가 인정되어야 할 것이다(이를테면 변종적 철회).[45]

여기선 형성된 사법관계의 존속이 인가의 불가변적 존속에 의존하는지 여부가 핵심물음이다.[46] 사적 법률행위(계약)당사자가 인가의 존속을 명시적으로나 추단적으로 계약의 조건으로 삼은 때에는, 인가의 철회가 사적 법률행위(계약)의 무효도 초래한다. 그런데 추단적 경우를 위해선, 법률행위의 인가필요성에 관해 양당사자가 단지 인식한 것만으론 충분치 않다. 만약 계약상의 합의가 존재하지 않으면, 인가와 관련한 규정의 해석을 통해서, 입법자가 견련을 규정하거나 전제로 하였는지 여부가 탐구되어야 한다. 물론 인가의 법효과(결과)를 인가 자체와는 분리시키거나 새로운(변종적) 철회유형을 만드는 것 역시 입법자에게 허용된다. 그러나 행정청은 해당 법률적 규율 없이 사법관계의 인가존속에의 의존을 명하거나 제거하여선 아니된다.

## Ⅶ. 맺으면서 -斷絶的 思考로부터의 벗어남-

"취소"의 어의를 둘러싼 대상판결 등의 논증에선, 최소나 철회에 따른 효과가 상이한다는 점이 인가조건의 성격을 규명하기 위한 착안점이 되기도 한다. 즉, 취소의 소급효, 철회의 미래효란 도식이 논증의 착안점이다. 행정행위의 철회의 관점에서

45) 한편 농지(임지를 포함한)거래법(GrdstVG)의 분야를 위해서, 토지등기부상으로 집행되었거나 소유권의 명의변경이나 가등기(vormerkung)의 등재가 토지공부청에 신청되었을 때는, 인가폐지는 인가된 법률행위의 효력을 무관하게 만든다는 견해가 주장되나(W. Böhringer, Genehmigungspflichtige Rechtsgeschäfte nach der Grundstücksverkehrsordnung, DtZ 1993, S.141(143)), Zacharias는 이로부터 인가의 철회가 항상 사적 법률행위에 대해 아무런 영향을 미치지 않는다는 것이 필연적으로 도출되진 않는다고 반론을 제기한다. D. Zacharias, a.a.O., S.1306(1308).

46) D. Zacharias, a.a.O., S.1306(1308f.).

논증을 한 대법원의 입장이 타당하긴 하나, 관련 논의에서 인가의 본질적 징표인 “사권형성성”에 대한 세심한 숙고가 보이지 않음은 아쉽다. 이런 아쉬움은 나름의 논증의 바탕이자 귀결이기도 한 인가조건의 법적 성격을 바라볼 때도 마찬가지이다. 사권형성적 행정행위를 여타 다른 행정행위와 완전히 달리 구성되어야 할 유별한 존재로 인정할 수 없거니와, 그렇다고 보통의 행정행위에 통용되는 것을 그대로 대입시키기 어려운 내용 구성 또한 존재한다.

오늘날 융합과 통합은 같은 영역 안에서 뿐만 아니라, 전혀 이질적인 영역 간에서도 빈번하게 행해지고 있다. 월경적, 경계적 존재는 다름 아닌 이런 융합의 결과물이며, 오늘의 상황에선 새삼스런 대상이 결코 아니다. 경계인적 삶을 살았다고 하는 송두율 교수의 건에서 볼 수 있듯이, 우리의 일상에서 경계적 존재나 대상은 늘 논쟁의 중심에 선다. 마찬가지로 이젠 행정법학으로서도 더 이상 사권형성적 행정행위와 같은 월경적, 경계적 존재를 논증의 곤란함으로 부지불식간에 외면하기보다는, 그것을 논쟁대상으로 삼아 그것에 정당한 법적 의의를 부여하여야 한다. 종래의 단절적 사고로부터 벗어나 전체를 아우르는 통찰이 그 출발점이다.

* 행정판례연구 제11집, 2006.6., 151면 이하 소수.
* 追論: 여기서의 논의는 행정법상의 인가여부의 물음으로 이어진다(후술).

# 제 5 장

# 行政法上 認可의 認定여부와 관련한 問題點에 관한 小考



## Ⅰ. 처음에 -'고르디오스의 매듭'이 되어버린 認可論-

용어와 개념은 학문적 노력의 출발점이자, 귀결점이다. 학문의 생명력을 유지하지 위해선, 용어와 개념을 그 본연에 맞게 조성하고 부단히 조응시켜야 한다. 설득력 있는 논증을 바탕으로 하는 법학에선 용어와 개념의 엄밀성과 정치성이 더욱 요구된다. 그럼에도 불구하고 행정법에선 용어와 개념의 불일치가 다른 법영역에서보다 한층 빈번히 나타난다. 특히, 특허, 허가 등과 같이 국가가 개인의 자유영역에 개입하는 장에서 그러하다. 용어의 난맥상은 독일이라고 예외는 아니다. 독일 민법에선 -비록 일관되진 않지만- 사전동의(허가)와 사후동의(인가, 추인)가 구분됨에도 불구하고, 공법영역에선 가령 독일 연방오염방지법(BImSchG) 제4조는 설비가동전의 동의를 "인가(Genehmigung)"로 표현하며, 반경쟁제한법(GWB)은 민사법적 용례상 인가에 해당하는 것을 허가(Erlaubnis)라고 표현한다. 심지어 전혀 인가와 어울리지 않는 건축허가에 해당하는 용어가 "Baugenehmigung"이다. 따라서 독일에서 공법적 의미에선 "인가(Genehmigung)"는 사전에서든 사후에서든 공히 가능할 수 있으며, 그 의미가 굴절되기도 한다. 결국 일찍이 Kormann이 행한 제안 -의사표시에 대한 동의는 인가로, 사실행위에 대한 동의는 허가(Erlaubnis)로 표기하자는 제안-[1] 은 관철되지 않는다.

1) ders., System der rechtsgeschäftlichen Staatsakte, 1910, S.88.

우리의 경우 용어와 개념상의 난맥은 독일의 경우보다 더 극심하다. 한말 국권침탈 이후 문물과 제도를 일본을 거쳐 수입할 수밖에 없었기에, 대부분의 법제도는 제대로 된 계수가 아니라 이식의 산물일 따름이었다. 그 결과 개념과 본질에 부합하지 않게 옮긴 많은 용어들이 여전히 문헌과 법률에서 검증 없이 사용되고 있다. 사실 용어와 개념(및 실질)의 용례와의 괴리는 피할 수 없으며, 본질에 걸맞게 법도그마틱을 정립하는 것이 법학의 과제이다. 당연히 법적 논증을 함에 있어서, 대상의 표면상의 명칭에 완전히 구속되지 않고, 관련 법규정의 상관관계속에서 용어와 개념의 체계정합성을 논증한 다음에(또는 이와 동시에) 관련 법적 쟁점을 논증하여 해결의 방안을 모색하여야 한다. 그럼에도 불구하고 기성의 틀에 얽매인 용어와 개념을 전적으로 논증의 착안점으로 삼아 관련 법규정의 체계를 파악하곤 한다. 용어와 개념에 포획된 이런 논증은 다름 아닌 본말의 전도이다.[2]

동의, 허가, 특허, 인가, 예외적 승인을 그 어의에 맞춰 정립하는 것이 행정법적 관건이다.[3] 그러나 허가, 특허, 인가와 같이 도그마틱상으로 어느 정도의 분명한 윤곽을 갖는 법제도의 경우에도 동요가 일어나곤 하며, 더군다나 "승인"이나 "결정"과 같은 경우에는 쉽지 않은 성질규명이 뒤따라야 한다. 상대적으로 그 동안 "인가"에 관해 깊이 있는 논의가 별로 없는 가운데, 인가의 본연에 걸맞지 않은 것조차 명칭에 사로잡혀 인가적 법리를 대입하다 보니, 결국 경우에 따라선 허가와 다를 바 없는 인가마저 등장하였다. 그 결과 인가의 법리가 다름 아닌 '고르디오스의 매듭'이 되어 버렸다. 인가를 기본행위의 보충행위이자 완성행위로 정당하게 자리매김하긴 하였지만, 그것의 본질이 사권형성(privatrechtsgestaltend)에 있음을 간과한 데 따른 소산이다. 따라서 이하에선 사권형성적 행정행위로서의 인가에 관한 이해를 바탕으로 하여, 판례와 문헌상에서 인가로 인정되는 것들의 문제점을 검토하고자 한다.[4]

---

2) 이런 예가 바로 이른바 '처분적 법률(명령, 조례)'의 개념이다. 독일 문헌상의 'Maßnahmegesetze'를 이제까지 의례적으로 처분(적) 법률로 옮겼고, 그 연장에서 독일의 'Maßnahmesatzungen'에 해당하는 조례를 '처분적 조례'라고 부른다. 이들에 관한 현재의 명칭은 적절하지 않다. 독일 행정절차법 제35조상의 '행정행위'의 정의에서 나타나듯이, 처분, 조치 그리고 결정은 상위개념인 '행정행위'의 하위개념이어서, 처분이든 조치이든 별반 다르지 않다고도 볼 수 있겠지만, 우리의 경우 강학상의 행정행위를 실무상으론 행정처분으로 통칭하여 부르기에 처분이란 개념은 조치에 비해 곧바로 행정행위성을 연상케 하여, 처분법률이 취소소송의 대상이 될까하는 무익한 물음이 제기된다. 日人學者(山田 晟)의 "ドイツ法律用語辭典"(1984)에서도 'Maßnahmegesetz'을 措置法으로 바르게 옮겨 놓고 있다(251면). 상세는 졸고, 措置的 命令 내지 個別事件規律的 命令에 대한 權利保護에 관한 小考, 법조 제554호, 2002.11., 90면 이하; 명령(법률하위적 법규범)에 대한 사법적 통제에 관한 小考, 고시연구, 2004.6., 159면 이하 참조.

3) 이들의 구분에 관해선 특히 졸고, 행정법상의 금지와 그것의 해제에 관한 소고, 헌법규범과 헌법현실(권영성 교수 정년기념논문집), 1999, 547면 이하; 이원우, 허가·특허·예외적 승인의 법적 성질 및 구별, 행정작용법(김동희 교수 정년기념논문집), 2005, 120면 이하 참조.

4) 이 글은 한국행정판례연구회 제204차 월례발표회(2006.2.17.)에서, 사권형성적 행정행위와 그 폐지의 문제점에 관한 소고 -대상판결: 대법원 2003.5.30. 선고 2003다6422판결- (행정판례연구 제11집, 2006.6., 151면 이하)를 발표한 것이 계기가 되어 작성되었다.

## Ⅱ. 共同的 私權形成的 行政行爲로서의 認可의 意義

### 1. 私權形成的 行政行爲의 沿革

형성적 행정행위는 이로써 권리나 법(권리)관계가 성립, 변경, 제거되는 행정행위 뿐만 아니라, 가령 허용하거나 인가하거나 승낙하거나 허가하는 행정행위도 해당한다.[5] 형성적 행정행위 가운데, 그것의 법효과를 압도적으로 또는 전적으로 사법에서 발휘하게 하는 행정행위가 "사권형성적" 행정행위이다.[6] "사권형성"의 효과를 도모하기 위해 법기술상으론 전통적으로 -가령 민법 제42조의 정관변경의 허가처럼- 민사적 행위의 유효성(효력발생)을 고권적 의사표시에 좌우케 하는 방식을 취하였다. 그리하여 사법적 효과는 사적 의사표시와 고권주체 가운데 어느 하나에 의해서 발생하는 것이 아니라, 사법적 수단(계약체결)과 행정행위(인가)간의 공동작용에 의해서 비로소 발생한다.[7]

사권형성적 행정행위는 공법과 사법의 전선에 놓이기에, 당연히 그것을 다룸에 있어 곤란함이 초래된다. 그것은 늘 양법질서(공법과 사법)에서 이물질(Fremkörper)로 여겨졌으며, 그런 사정은 오늘에도 변함이 없다. 이런 곤란함과 더불어 그것의 존재자체가 공법으로선 적잖이 생경하게 여겨졌다. 사실 Otto Mayer가 프랑스행정법이론으로써 독일 행정법학에서도 행정행위의 중심적 위상을 확고히 하기 전에는, 고권적 행위에 의한 사법형성적 효과는 그 자체로서 인정되었다.[8] 그러나 이런 (부분법) 유월적 관점은 Otto Mayer에 의해 공박을 당하였다. 그는 사법규정의 공법에의 유추적용은 물론 공사법에 공통된 법제도의 존재를 강력히 부인함과 동시에, 직접적 사법적 효과를 지닌 공법적 법제도란 존재하지 않는다고 강변하였다.[9] 이 때문에 비교적 늦게 다시 말해, 제1차 세계대전이후에 비로소 법학의 인식에 들어 왔다고 한다.[10] 한편 Otto Mayer의 입장과 관련해서, 그가 직접적으로 민사적 효과를 미치는

---

5) 그런데 "형성적"(gestaltend)의 용례가 통일되지 못하다. 가령 Wolff/Bachof/Stober는 명령과 금지를 명하는 처분을 광의의 형성적 행정행위로 파악한다. Ders., VerwR Ⅱ, 6.Aufl., 2000, §46 Rn.4.

6) Vgl. H.U. Erichsen, in: ders.,(Hrsg.), Allg. VerwR, 11.Aufl., 1998, §12 Rn. 21; J. Ipsen, Allg. VerwR, 2.Aufl., 2001, Rn. 332, 390.

7) Stelkens/Bonk/Sachs, VwVfG, 6.Aufl., 2001, §35 Rn.141. M. Bullinger는 이런 공동작용을 "비독립적 인가"로 표현하였다. Ders., Die behördliche Genehmigung privater Rechtsgeschäfte und ihre Versagung, DÖV 1957, 761(764).

8) 상세는 M. Stolleis, Geschichte des öffentlichen Rechts in Deitschland, Bd.Ⅱ: Staatsrechtslehre und Verwaltungswissenschaft 1800-1914, 1992, S.394ff., 401ff.

9) ders., VerwR Bd.l., 1923, S.117f.

10) Vgl. E. Jacobi, Grundlehren des Arbeitsrecht, 1927, S.27, 97, 137, 415f.; H. Bürckner, Der privatrechtsgestaltende Staatsakt, 1930, S.10ff.; W. Kroeber, Das Problem privatrechtsgestaltenden Staatsakts,

공법적 법제도란 결코 존재하지 않는다고 보았다고 확정하는 데 대해서 Manssen은 약간의 異議를 단다. 공용개입(공용침해, 공용제약, Enteignung)에 관한 Otto Mayer의 고찰을 통해 본 즉, 그 역시 직접적으로 민사법적 효과를 미치는 행정행위를 인정하였다고 지적한다.[11] Otto Mayer의 기본입장에 대한 시각상의 차이를 떠나, 행정적 공용개입은 사권형성적 행정행위로선 그다지 의미를 갖지 못한다. 왜냐하면 이것은 사법전형의 행위형식을 침범하지 않고 그래서 한편으론 결코 새로운 조종가능성을 실현하지 않으며, 다른 한편으론 비교적 낮은 문제가능성만을 성립시키기 때문이다.

### 2. 私權形成的 行政行爲의 槪念

무엇이 사권형성적 행정행위에 속하는지에 대해선 논란이 있다.[12] 이는 사권형성적 행정행위를 어떻게 개념 설정할 것인가의 물음이다.[13] 먼저 사법영역에 대해서 어떤 식으로 행정법적 영향이 발현되는지를 살펴보아야 한다.[14] 최근의 문헌 가운데 G. Manssen이 다수의 문헌에서 적시된 예를 쫓아서 사권형성적 고권행위(행정행위)의 개념의 윤곽을 나름대로 설정하고자 하였다.[15] 공법과 사법의 얽힘으로 인해 "형성"이란 부분은 파악하기가 쉽지 않다. 그리하여 그는 개념정립의 기준으로 다음과 같이 전개한다. 즉, ⅰ) 일반적인 사법관련성은 불충분하다. 따라서 사법상황에 대한 가중적 창설적 영향미침이 요구된다. ⅱ) 무조건적인 효과의 발생이 필요하다. 따라서 -환경기준의 확정과 같은- 민법을 위한 행정법의 "평가규준"은 고유한 사권형성의 범주에서 제외되어야 하며, 아울러 단지 지침적인, 방향적인 효과가 아니라, 구속

---

1931, S.13ff.(A. Tschentscher, Der privatrechtsgestaltende Verwaltungsakt als Koordinatiosinstrument zwischen öffentlichem Recht und Privatrecht, DVBl. 2003, 1424ff.에서 재인용).

11) ders., Privatrechtsgestaltung durch Hoheitsakt, 1994, S.274f.

12) 심지어 각종의 증명이나 등기건에서의 행정적인 사법행위(die administrativen Justizakte)가 행정절차법의 법기술적 의미상의 행정행위는 아님에도 불구하고, 단지 실질적으로 행정행위로서, 그리고 오로지 이런 의미에서만 사권형성적 행정행위로 간주되어야 한다고 한다. Vgl. A. Tschentscher, a.a.O., S.1424(1426f.).

13) 한편 사권형성적 행정행위란 존재를 인정할 때 행정행위의 개념적 징표 가운데 법효과의 발생의 영역이 문제될 수 있지만, 행정행위의 "효과"가 공법영역에 빈번히 존재하긴 하나, 필연적인 것은 아님을 유의해야 한다. 이런 점이 공법적 의사표시와 차이를 빚는다. 의사표시는 그것이 속한 법영역에서만 효과를 발휘하고, 결코 이들 법영역을 넘어서 "형성"하지 않는다. 가령 공법적 계약은 공법적 권리와 의무를, 사법적 계약은 사법적 권리의 의무를 초래할 뿐이고, 사권형성적 효과를 지닌 공법적 계약이란 존재치 않는다. G. Manssen, a.a.O., S.275f.

14) 독일에서 사권형성적 행정행위의 예로 운위되는 것은, 품종보호의 설정, 통화법(WährG) 제3조에 따른 인가(BVerwG NJW 1996, 3223 이 판례는 사권형성적 인가가 계약당사자의 권리를 자동적으로 설정하는 것은 아님을 제시한다), 건축행정청의 수인하명(OVG Weimar LKV 1997, 368f.), 선매권(Vorkaufsrecht)의 행사, 토지거래인가(BVerwG BauR 1977, 408), 농지(임지를 포함한)거래법(GrdstVG)에 따른 인가(BGH NJW 1982, 2251f.), 사법적 보수(대가)를 위한 병원보육법상의 확정(OVG Hamburg NJW 1984, 683), 정관의 인가(VGH Mannheim NJW 1985, 1573f.), 반경쟁제한법(GWB) 제35조에 따른 금지처분, 중증장애인의 해고를 위한 사회복지청의 동의(BVerwGE 91, 7, 9) 등이다. Vgl. Stelkens/Bonk/Sachs, VwVfG, §35 Rn.140.

15) G. Manssen, a.a.O., S.19ff.

적, 무조건적 효과를 지닌 사상만이 사권형성적인 것으로 여겨진다. 결국 자율상실(Autonomieverlust)의 성질의 유무이다. iii) 사법상황에 대한 직접적인 영향미침이 필요하다. 즉, 사권형성적 국가행위를 인정하기 위한 기본조건은 사법상황과의 직접적인 관련성이 존재하는 것이다.

그리하여 G. Manssen은 사권형성적 국가행위를 다음과 같이 개념정의를 내린다. 즉, 사권형성적 국가행위란, i) 직접적으로 사법적 권리능력을 발생이나 폐지하는 공법적 성질의 고권적 법적 행위, 또는 ii) -그것이 사법상황의 변경을 목적적으로 초래할 정도로 또는 그것이 사법적 법상황의 형성을 위한 법률상의 필수적 요건일 정도로- 직접적으로 사적 법률행위나 사법적 권리의무시스템을 목표로 하는 공법적 성질의 고권적 법적 행위이다.[16]

## 3. 私權形成的 行政行爲의 基本類型에 따른 認可의 位相

사권형성적 고권행위의 법률적 사용을 위해 양적으로 가장 중요한 분야가 사적 법률행위를 위한 인가(Genehmigung)의 발급이다. 여기서 사권형성적 행정행위는 사법상황의 변경을 위한 필요요소에 해당한다. 따라서 "혼합성립요건의 범주에서의 사권형성적 행정행위"나 "공동적 사권형성적(privatrechtsmitgestaltend) 행정행위"라 일컬어진다. 사적 법률행위의 효력발생(유효성)이 필요허가의 발급의 법적 조건하에 놓인다. 다시 말해, 사권의 법효과의 발생이 법률에 의해서 고권적 개별조치의 정지조건이나 해제조건하에 놓인다. 이런 상황은 일종의 법정 조건(Rechtsbedingung)에 해당하여, 관련 사권주체의 자율적 의사에 합치하는 진정한 권리설정행위적 조건과는 구별된다. 그럼에도 불구하고 행정의 의사표시는 마치 그것이 사권주체의 고유한 의사표시인 양 사법적 효과를 직접적으로 발생시킨다. 언필칭 완성행위이자 보충행위로 운위되는 "인가"는 "공동적 사권형성적(privatrechtsmitgestaltend) 행정행위"에 해당한다.

다른 경우에 행정행위가 사법상황의 변경을 위한 요소로서가 아니라, 그 자체로 전적으로 사권형성적의 결과를 초래한다. 다시 말해, 일정한 사적 법률행위와 관련을 갖긴 하지만, 사법적 사상과 협력하지 않고서 (그것이 의도한)사법적 법효과를 발생시킨다. 따라서 그것은 공동적 사권형성적이지 않고, 단독적 사권형성적(privatre-

---

16) 한편 종종 Manssen을 비롯하여 일반적으로 사권형성적 "고권행위" 혹은 "국가행위"라고 운위되는 데 대해서, A. Tschentscher는 그런 식의 일반화는 도그마적으로 의미롭지 않다고 비판한다. 이유인 즉, 첫째로 그렇게 하면 사법입법자의 모든 입법행위까지 포함될 우려가 있으며, 둘째로 비송적 사법적 행위 말고도 쟁송상의 모든 행위마저도 사권형성의 범주에 모아질 것이고, 셋째로 심지어 민사법원의 모든 형성판결도 사권형성적 고권행위로 간주될 것이라고 한다. Ders., a.a.O., S.1424(1427).

chtsalleingestaltend)인 셈이다. 금융감독위원회가 구 '금융산업의 구조개선에 관한 법률' 제14조 제2항에 의하여 내린 계약이전결정[17]과 독일 건설법전(BauGB) 제24조 등의 선매권(Vorkaufrecht)의 행사[18]가 "단독적 사권형성적(privatrechtsalleingestalt-end) 행정행위"에 해당한다. 한편 "단독적 사권형성적(privatrechtsalleingestaltend)행정행위"와 관련해선, 직접 그로부터 비롯된 법효과가 사법적인 것이어서 그것이 과연 행정행위인지 여부가 논란이 될 수 있다. 이 문제는 우리와는 달리, 명문으로(연방행정절차법 제35조) 행정행위의 개념정의에서 "영역조항"(Gebietaklausel)을 통해 행정행위의 공법영역에서의 발함을 요구하는 독일의 경우에 특히 제기된다. 그리하여 과거 게마인데의 선매권행사가 공법영역상의 조치에 해당하는지 아니면 게마인데의 사법형식의 의사표시에 해당하는지 여부가 대립적으로 논의되었다. 하지만 오늘날 영역조항이란 근거규정의 공법적 성격을 요구하는 것으로 봄과, 아울러 그것이 행정행위의 법효과가 사법영역을 목표로 삼는 것을 배제하는 것은 아니라고 한다.[19] 그 결과 대부분 게마인데의 선매권행사를 행정행위로 보며, 실정법 역시 그 뜻을 분명히 하였다. 비록 우리의 처분개념정의상으론 영역조항을 특별히 언급함이 없이 '공권력의 발동'만을 언급하긴 하였지만, 독일에서의 논의(행정행위에 의한 사법적 효과발생의 인정)를 그대로 대입하더라도 문제가 되지 않는다.[20]

요컨대 단독적 사권형성적 행정행위는 그것의 규율내용에 의거하여 권리변경을 야기한 것인 반면, 공동적 사권형성적 행정행위는 그것의 규율의 효과가 전체적 행위의 측면에서 성립요소의 이행 내지 불이행에 국한된다.[21] 그런데 이런 식의 구분지움이 결코 아카데믹한 흥미에만 머물진 않는다. 오히려 헌법적 배경을 갖는다. 공동적 사권형성적 행정행위의 수권은 사적 법률행위 전체가 아니라 부분요소와만 관련이 있다. 이 점은 과잉금지의 원칙에 의해 중요하게 요구된다. 왜냐하면 권리변경을 위한 기타의 효력요건이 어느 정도로 주어져 있는가의 물음과 관련해서, 공법은

17) 대법원 2002.4.12. 선고 2001다38807판결; 2002.12.26. 선고 2002다12727판결; 2003.5.30. 선고 2002다23826판결. 2002다12727판결에 관해서, 임채웅, 금융기관의 구조개선에 관한 법률에 의한 계약이전결정의 효과, 대법원 판례해설 제42호, 2003.7., 308면 이하 참조.

18) Wolff/Bachof/Stober는 이를 특히 사권형성적 행정행위라 부른다. Ders., VerwR Ⅰ, 11.Aufl., 1999, §22 Rn.73.

19) Vgl. Stelkens/Bonk/Sachs, VwVfG, §35 Rn.137; Ipsen, a.a.O., Rn.332.

20) 이상의 논의는 행정재산의 목적외 사용과 관련한 국유재산법 제24조를 둘러싼 논의에서 도움을 준다. 과거 동조가 사용허가의 철회에 잡종재산의 임대차규정을 준용한 점이 그 사용허가를 사법적 의사표시로 보는 중요한 근거가 되기도 하였지만(참조: 대법원 1964.9.30. 선고 64누102판결), 행정행위의 사권형성효과의 가능성을 긍정하면 동조의 개정 전이라도 그 주장은 설득력이 떨어진다.

21) 이처럼 단독적 사권형성적 행정행위의 개념설정에서 법률적 수권이 규정한 규율효과를 목표로 삼아야 한다. 만약 그렇지 않으면, 자칫 행정행위로부터 빚어진 결과에 초점을 맞춘 나머지 인가발급은 공동적 사권형성적이고, 그 거부는 단독적 사권형성적이라는 지극히 형식논리적인 서술이 가능할 수 있다.

이런 방법으로 가능한 넓은 적용의 장을 사적 합의에게 맡기기 때문이다.[22] 이는 공동적 사권형성적 행정행위의 보충행위적 성격에 비롯된 당연한 것이다.

## Ⅲ. 公法的 行爲에 대한 認可의 問題

인가의 대상은 법률(적)행위이다. 대부분의 국내문헌들은 인가대상이 되는 법률적 행위에는 사법행위는 물론 공법행위도 당연히 포함되는 것으로 기술한다. 그리하여 후자의 예로 공공조합의 설립인가, 공공조합의 정관변경 등을 들고 있다. 대부분의 문헌에서 지방채기채의 인가를 공법행위의 예로 들지만, 지방채기채는 일종의 금전소비대차에 해당하여 사법행위에 해당한다.[23]

공법적 행위도 인가의 대상으로 삼을 수 있다면, 위에서 본 (공동적)사권형성적 행정행위를 우리네 인가로 바로 등치시킬 순 없다. 그런데 종래 공법적 행위를 대상으로 한 인가의 예로 든 것이 과연 그러한지 검토하고자 한다. 우선 여기선 공행정주체와 행정행위의 상대방에 대비시켜 공행정객체에 관한 논의를 살펴본다. 시원적 공행정주체인 국가를 제외한 공공단체나 공공조합 등 파생적 공행정주체는 그 구성원을 상대로선 공행정주체이나, 경우에 따라선 국가를 상대로 행정객체의 처지에 놓이기도 한다. 공공단체는 확장된 국가의 기관이자 간접적 국가행정조직의 일환으로서, 그 기능・역할은 국가행정(조직)의 부담을 경감시키는 데 있다(자치와 분화의 원칙: Prinzip der Selbstverwaltung und der Dezentralisation). 공공단체와 그 구성원간에, 공공단체와 국가감독기관간에 다툼은 공법적 성질을 지닌다. 공법행위를 보충하여 그것의 법률효과를 완성하는 데, 과연 인가란 통제메카니즘이 적절한지 세심한 검토가 필요하다. 사법의 영역에선 사적 자치의 존재로 말미암아 국가의 개입은 적잖이 후견적 성격을 가지며, 완성행위로서의 인가는 그 같은 성격을 여실히 보여준다. 그러나 행정행위가 전적으로 공법적 효과만을 발휘하는 경우엔, 법효과의 발생을 기본적으로 행정이 주도하여야 한다. 만약 법효과의 발생을 주도는 관련 당사자가 하고

---

22) 한편 이런 식의 분류에 대해서 A. Tschentscher는 공법과 사법의 조정의 관점에서 분류한다, 그리하여 첫번째 유형으로, -전시나 재난과 같은 비상시를 대비한 강제계약(Zwangsvertäge)이나 기타 명령된 계약(diktierte Verträge)처럼- 내용상으로도 그것이 不在시의 사적 자치의 활동을 위한 방치를 의미하는 경우를, 두번째 유형으로, -게마인데의 선매권처럼- 은폐된, 의사무관한 의무지움보다는 한층 덜 개입적으로 사적 자치에 영향을 미치는 경우를, 세번째 유형으로, -임대료조종규정에 의한 인가필요처럼- 사적 자치적 의사자유와 형성자유에 직접적으로 조종적, 내용변경적 개입을 하긴 하지만, 이런 식의 개입 자체가 평시 그것이 추구하는 공익의 중요성에서 타당한 경우로 나눈다. 그는 위에서의 단독적 사권형성적 유형을 사적 자치의 제약정도에 의거하여 나눈 셈인데, 특기할 점은 그는 두번째 유형에서의 행정행위를 순전히 공동적 사권형성적이라 파악한다. Ders.., a.a.O., S.1424(1428).

23) 동지: 김철용, 행정법 I, 2006, 199면.

행정은 그저 추인하는 정도에 머문다면, 공권력의 행사주체로서의 그것의 지위와는 상부하지 않는다. 종국적 결정에 앞서 당사자의 의견의 수렴이나 협력(동의)을 얻는 것은 별개이다.

한편 문헌과 판례가 공법행위의 인가로 드는 것들이 과연 앞서의 인가의 징표를 담고 있는지 검토하고자 한다. 먼저 대법원 2000.9.5. 선고 99두1854판결 등에서, 주택건설촉진법에서 규정한 바에 따른 관할시장 등의 재건축조합설립인가는 불량·노후한 주택의 소유자들이 재건축을 위하여 한 재건축조합설립행위를 보충하여 그 법률상 효력을 완성시키는 보충행위일 뿐임을 분명히 한다. 그런데 주택재개발·재건축조합의 법적 성격에 유의하여야 한다. 이는 행정법상의 공행정주체의 일종인 공공조합에 해당하는데, 엄밀히 보아 공공조합은 그것의 실질에 비추어 다름 아닌 공법상의 사단법인이다. 따라서 비록 그 구성원만을 인적 대상으로 하지만 국가로부터 공권력을 위임받는 셈인데, 행정청이 인가를 통해 보충적으로만 개입할 뿐이라는 것은 타당하지 않다. 여기서 보충행위로서의 인가의 부당함은, 비영리법인의 설립에서의 허가주의와 비교하면 완연하다. 따라서 재건축조합설립인가는 진정한 인가라 할 수 없다(그것의 실질은 후술함). 요컨대 보충행위이자 완성행위로서의 인가의 대상이 되는 것은, 사법관계에서 당사자간에 행한 사법행위에 국한하여야 한다.

## Ⅳ. 共同的 私權形成的 行政行爲로서의 認可를 인정하기 위한 착안점

대부분의 문헌은 허가를 명령적 행위의 일종으로 설정한 다음, 대상, 상대방, 신청요부, 효과와 관련해서 허가와 인가와의 차이점을 기술하고 있다. 어떤 행정행위를 인가로 볼 것인가? 이 물음은 기본적으로 행정법규상의 용어가 그것의 본연에 걸맞지 않게 사용되는 것이 상례인 데서 비롯된다. 이른바 "처분적 명령(조례)"의 경우처럼, 오해를 자아내는 용어를 사용하는 것도 문제지만, 법률규정상의 표상이 왕왕 그것의 본질에 합치하지 않아 논증의 혼란함을 증폭시키곤 한다. 대표적인 예가 신고나 등록과 같은 것이다. 따라서 인가여부의 물음을 선석으로 법문상의 표현에 의거하여 접근하는 것은, 자칫 인가가 아닌 인가(변종적 인가?)를 제도화할 우려가 있다. 행정의 작용형식의 체계에선, 행위의 성질을 법형식을 위주로 판단하되, 그것이 명백히 형식선택의 남용이라야 실질적 관점이 통용된다.[24] 인가여부의 물음에서도

24) 상세는 졸고, 행정의 작용형식의 체계에 관한 소고, 공법연구 제30집 제4호, 2002.6., 297면 이하 참조. 追論: 본서 187면 이하 참조.

마찬가지이다. 따라서 인가의 관련 근거규정을 통해서, (진정한) 인가의 본질이자 인가를 다른 형성적 행정행위와 구별되게 하는 결정적인 기준인 보충행위적 성격과 완성행위적 성격이 확인되어야 한다. 전자와 관련해선, 기본행위에 대한 인가의 부종성(Akzessorietätsprinzip)이, 후자와 관련해선, 기본행위를 위한 인가의 법정조건성이 충족되어야 한다. 요컨대 인가의 본질이 추인인 점에 비추어, 인가가 먼저 성립한 법률행위의 효력요건에 해당한다는 점과 인가이전의 법상태가 법률행위의 효력이 (유동적으로) 발생하지 않은(unwirksam) 점이 결정잣대이다.[25] -허가란 용어를 사용한 점은 제외하고- 사단법인의 정관변경에 관한 민법 제42조처럼 양자의 징표를 분명히 나타내는 경우에는 큰 문제가 되지 않지만, 그렇지 않은 경우에는 간단치 않다. 따라서 법문에서 인가란 용어를 사용하더라도, 관련 규정을 통해서 이상과 같은 인가의 본질적 징표가 확인되지 않으면, 인가로 보아선 아니 된다.

법률용어의 사용에 그다지 면밀한 주의를 기울이지 않는 입법현실에서, 허가 역시 본연의 그것과는 괴리가 있는 경우가 종종 생기곤 한다. 허가가 모두 강학상의 자연적 자유의 회복의 의미에서의 허가는 아닌 것이다. 그런데 허가와 관련해선, 허가위반행위가 토지거래계약허가(「국토의 계획 및 이용에 관한 법률」 제118조 제6항)처럼 법률에 의해 또는 (단속규정에 대비된) 효력규정을 동원한 판례에 의해 효력이 부인된다.[26] 결과만을 보면 기본행위의 효력불발생이나 무효를 가져다 주기에 인가와 다를 바 없다고도 할 수 있지만, 여기선 기본행위(법률행위)의 유동적 효력불발생(schwebende Unwirksamkeit)을 전제로 한 추인적 성격을 발견할 수 없다.[27] 그런데 이런 허가를 사전통제메카니즘인 본래의 허가와 동일한 차원에서 논하는 것 역시 문제가 있다. 양자는 분명히 다르다. 이런 상황을 설득력있게 논증하기 위해선, 허가위반행위의 사법적 무효(나 효력불발생)를 인가인정의 필요요건으로 보는 것이다. 무허가행위가 효력불발생(이나 무효)이 되더라도 추인적 성격이 확인되지 않는 한, 그 허가는

---

25) 여기서 용어사용의 주의가 요구된다. 법률행위의 효력이 발생하지 않은(unwirksam) 것과 법률행위가 무효인(nichtig) 것은 결과만을 보면 같지만, 그 원인에서 각기 다른 차원에 속한다. 전자는 아직 법률행위의 성립요건이나 효력요건이 모두 충족되지 않은 소산인 반면에, 후자는 이들 요건을 충족하여 일단 그 법률행위의 법효과가 발생하긴 하나 하자로 인하여 처음부터 그 법률행위의 법효과가 발생하지 않은 양 되는 것이다. 이 점에서 토지거래계약허가제와 관련하여 판례와 문헌에서 "유동적 무효"로 기술하는 것은 바람직하지 않다. 이런 용어사용에서의 불찰이, 인가인정여부를 논함에 있어 논증의 어려움을 야기하는 원인이 되기도 한다.

26) 민법에서의 강행규정, 효력규정, 단속규정의 개념과 용례 및 강행법규의 판단기준에 관해선, 특히 김재형, 민법론 I, 2004, 25면 이하 참조.

27) 비록 대법원 1991.12.24. 신고 90다12243전원합의체판결이 유동석 효력불발생을 바탕으로 '토지거래계약허가'의 성격을 인가로 분명히 하였지만, 법규정상 그것이 허가로서 사전적 통제로서 기능하는 점을 배제할 순 없다. 따라서 행정법문헌에선 이를 허가의 효과와 인가의 효과가 합쳐진 인가의 존재로 소개하곤 한다. 양승두, 행정행위의 내용상 분류에 관한 고찰, 서원우 교수 화갑기념논문집, 1991, 367면 이하; 홍준형, 행정법총론, 2001, 223면.

진정한 인가로 되지 아니 하되, 그렇다고 본래의 허가도 아니다. 결론적으로 이런 허가는 "부진정한 인가"로서 인가적 요소(무허가행위의 무효)와 허가적 요소(사전적 통제)를 함께 지닌다 하겠다.[28] 그런데 행정법규위반행위가 사법적으로 유효인지 무효인지 하는 사법적 평가를 연계시켜 인가성여부를 가늠하는 것은 다분히 도치적 논증이다. 따라서 허가위반행위에 대한 입법적 판단(예: 민법 제42조, 「국토의 계획 및 이용에 관한 법률」 제118조 제6항)에 의거함이 없이 그것이 효력규정위반으로 그 효력이 부인된다고 하여, 이를 해당 허가를 -부진정일 망정- 인가로 변용케 하는 근거로 삼아선 곤란하다.[29] 왜냐하면 인가제도란 사적 자치가 통용되는 사법영역에 대한 국가의 개입의 일종인 점에서, 그것의 효과발생영역과 무관하게 공법체계에 속하기 때문이다.

'부진정 인가'와 같은 인가·허가(특허)의 혼합물이 과연 국가개입의 메카니즘의 체계에서 바람직한지 여부의 물음은 차치하고서, 그것의 양성적 성격으로 인해 그것을 본래의 허가 및 인가와 구별되게 법적으로 취급하는 것이 정당화될 수 있다. 종래 사안을 인가와 허가의 양극단에서 바라본 나머지, 반대로부터 기왕의 틀에 의거하여 제기되는 나름의 정당한 의구심을 애써 무시할 수밖에 없었다. 이런 식의 논증이 그런 난처함을 벗어나는 계기가 되지만(후술 참조), 하루바삐 재량행위인정여부나 부관의 가능성·허용성여부 등과 관련한 기왕의 스테레오 타입에서 벗어나는 것이 正道이다.

## V. 判例와 文獻上 認可의 인정여부에 관한 檢討

입법에서 규정된 인가가 종종 그것의 본질과는 거리가 있곤 한다. 더욱이 판단이 유보된 '승인'의 등장으로 혼란은 가중된다. 이하에선 판례와 문헌에서 인가로 인정되거나 인정될 법한 것을 중심으로 과연 이들이 인가의 본연에 부합하는지 여부를 검토하고자 한다. 이는 사적 영역에 대한 국가의 개입체계에 관한 논의를 바탕으로 한다.

---

28) 이를 곧바로 '인허가'나 '인허'로 명명할 수도 있지만, 그것과 인가와 허가를 합쳐 통칭하는 '인·허가'와 구별되지 않는 점이 있다.

29) 가령 「보조금의 예산 및 관리에 관한 법률」제35조상의 재산처분승인의 경우, 동규정이 효력규정에 해당하여 무승인재산처분이 무효가 된다(대법원 2004.10.28. 선고 2004다5556판결) 하더라도 여기서의 승인은 인가가 될 순 없다. 동 판결에 대해선 정선재, 보조사업자가 보조금에 의하여 취득한 부동산을 중앙관서의 장의 승인 없이 처분한 경우의 효력, 대법원 판례해설 제52호, 2005.6., 35면 이하 참조.

### 1. 학교법인의 임원에 대한 감독청의 취임승인-진정 인가

* 대법원 1987.8.18. 선고 86누152판결【이사장취임승인처분무효확인, 이사취임승인처분무효확인】

대법원 1987.8.18. 선고 86누152판결이래로, 시종 학교법인의 임원에 대한 감독청의 취임승인은 인가이고, 학교법인의 임원선임 행위는 민사쟁송으로 다투어야 한다고 판시한다. 사립학교법 제20조 제1항(임원은 정관이 정하는 바에 의하여 이사회에서 선임한다)과 제2항(임원은 관할청의 승인을 얻어 취임한다)에 비추어 임원의 선임행위⇒승인⇒취임의 순서로 진행된다. 따라서 여기서의 승인은 선임행위에 대한 추인인 셈이어서, 아무런 의문없이 인가에 해당한다. 오히려 주목할 점은, 기본행위가 선재하고 이를 승인을 통해 추인하는 과정이다.

### 2. 주택개량사업관리처분계획인가-진정 인가

* 대법원 1994.10.14. 선고 93누22753판결【주택개량사업관리처분계획인가처분취소】
* 대법원 2001.12.11. 선고 2001두7541판결【관리처분계획변경인가처분무효확인】

관리처분계획인가의 법적 성질을 논하기에 앞서 관리처분계획의 법적 성질이 문제된다. 판례는 대법원 1996.2.15. 선고 94다31235전원합의체판결 이래로 관리처분계획을 행정처분으로 판시하였다.[30] 그런데 94다31235전원합의체판결 이전에, 대법원 1994.10.14. 선고 93누22753판결은 구 도시재개발법 제41조에 의한 행정청의 관리처분계획인가처분을 보충행위로서 인가로 설정하였다.[31] 양자간에 부조화가 존재한다. 무릇 보충행위로서의 인가는 아직 효력이 불발생한 기본행위를 전제로 하는데, 그 기본행위가 -잠정적 행정행위를 제외하고선- 대개 종국적 법효과를 발생시키는 행

30) 판결요지: 「구 도시재개발법(1995. 12. 29. 법률 제5116호로 전문 개정되기 전의 것)에 의한 재개발조합은 조합원에 대한 법률관계에서 적어도 특수한 존립목적을 부여받은 특수한 행정주체로서 국가의 감독하에 그 존립 목적인 특정한 공공사무를 행하고 있다고 볼 수 있는 범위 내에서는 공법상의 권리의무 관계에 서 있다. 따라서 조합을 상대로 한 쟁송에 있어서 강제가입제를 특색으로 한 조합원의 자격 인정 여부에 관하여 다툼이 있는 경우에는 그 단계에서는 아직 조합의 어떠한 처분 등이 개입될 여지는 없으므로 공법상의 당사자소송에 의하여 그 조합원 자격의 확인을 구할 수 있고, 한편 분양신청 후에 정하여진 관리처분계획의 내용에 관하여 다툼이 있는 경우에는 그 관리처분계획은 토지 등의 소유자에게 구체적이고 결정적인 영향을 미치는 것으로서 조합이 행한 처분에 해당하므로 항고소송에 의하여 관리처분계획 또는 그 내용인 분양거부처분 등의 취소를 구할 수 있으나, 설령 조합원의 자격이 인정된다 하더라도 분양신청을 하지 아니하거나 분양을 희망하지 아니할 때에는 금전으로 청산하게 되므로(같은 법 제44조), 대지 또는 건축시설에 대한 수분양권의 취득을 희망하는 토지 등의 소유자가 한 분양신청에 대하여 조합이 분양대상자가 아니라고 하여 관리처분계획에 의하여 이를 제외시키거나 원하는 내용의 분양대상자로 결정하지 아니한 경우, 토지 등의 소유자에게 원하는 내용의 구체적인 수분양권이 직접 발생한 것이라고는 볼 수 없어서 곧바로 조합을 상대로 하여 민사소송이나 공법상 당사자소송으로 수분양권의 확인을 구하는 것은 허용될 수 없다」. 동지: 대법원 2002.12.10. 선고 2001두6333판결 등.

31) 동지: 대법원 2000.9.5. 선고 99두1854판결; 2001.12.11. 선고 2001두7541판결.

정처분에 해당한다면, 분명 기왕의 인가와는 거리가 있다. 일찍이 이 같은 문제점을 김종보 교수가 지적하였다.[32] 여기서 김종보 교수는 인가를 '계획확정행위'로 설정하여, 인가(및 고시)전의 관리처분계획은 행정내부적 의미만을 지닌 단순한 행정계획의 안에 불과하고, 인가를 통해서 그것이 확정되어 처분으로서의 모습을 갖추어서 결국 '인가된 관리처분계획'이 취소소송의 대상이 되어야 한다고 주장한다.

관리처분계획인가에 기왕의 인가론을 대입시킨 것이 타당한지 여부의 물음은 차치하고서, 관리처분계획인가에 대한 앞서의 태도(대법원 1994.10.14. 선고 93누22753판결)가 과연 관리처분계획의 처분성인정과 상부하는지 여부에 대해서 의문을 가졌을 법한데, 93누22753판결의 재판부가 그대로 참여한 전원합의체의 판결에선 아쉽게도 그런 점을 발견할 수 없다. 요컨대 판례상으론 양자의 입장이 상황을 달리 하여 병존하는 셈이다. 94다31235전원합의체판결을 좇으면 관리처분계획인가는 행정처분에 대한 인가인 셈이 된다. 기왕의 인가론에서 기본행위는 법률행위이어야 한다. 해서 행정처분 역시 법적 행위이어서 인가론으로 구성하더라도 문제가 없다고 볼 수도 있지만, 이는 인가론의 본연의 모습과는 전혀 부합하지 않는다. 한편 인가론을 그대로 대입하기보다는, 가령 관리처분계획은 예비결정이나 잠정적 처분으로, 이에 대한 인가는 본처분이나 종국적 처분으로 전환시키는 식으로 논증할 수도 있다. 그러나 이 또한 예비결정이나 잠정적 행정행위에 관한 본연의 논의와는 동떨어진 것이다. 요컨대 94다31235전원합의체판결은 관리처분계획인가의 인가적 접근을 무색케 만들어 버렸다.

관리처분계획인가의 법적 성격에 관한 논의와는 별도로, 94다31235전원합의체 판결이 판시하였듯이, 과연 관리처분계획이 행정처분인가? 이 물음에 대한 답은 분양처분의 법적 성질과 결부시켜 구해야 한다. 먼저 관리처분계획과 관련한 구 도시재개발법상 여러 규정을 살펴본다. 구 도시재개발법상 제18조 제1항 제9호에 따라 관리처분계획은 총회의 결의를 거쳐야 한다. 시장·군수 또는 구청장외의 시행자는 분양신청기간이 경과한 때에는 법이 정하는 바에 의하여 대지 및 건축시설에 관한 관리처분계획을 정하여 시장·군수 또는 구청장의 인가를 받아야 하는데(구 도시재개발법 제34조 제1항). 이 관리처분계획에는 분양설계, 분양대상자의 주소 및 성명 등의 사항을 정하여야 한다(동조 제4항). 시장·군수 또는 구청장은 관리처분계획을 인가하는 때에는 그 내용을 관보 또는 공보에 고시하여야 한다(동조 제6항). 이 고시가 있은 때에는 종전의 토지 등의 소유자·지상권자·전세권자·임차권자등은 법 제38조

32) 동인, 관리처분계획의 처분성과 그 공정력의 범위, 행정판례연구 제7집, 2002, 317면 이하.

제4항의 규정에 의한 분양처분의 고시가 있는 날까지 종전의 토지 등에 대하여는 이를 사용하거나 수익할 수 없다. 다만, 시행자의 동의를 얻은 경우에는 그러하지 아니하다(동조 제8항). 시장·군수 또는 구청장외의 시행자는 재개발사업에 관한 공사를 완료한 후 준공검사를 받아야 하며, 시장·군수 또는 구청장은 이에 검사필증을 시행자에게 교부하고 공사의 완료를 공고하여야 한다. 시행자는 공고가 있을 때에는 지체없이 확정측량을 하고 토지의 분할절차를 거쳐 관리처분계획대로 분양처분을 하여야 한다. 시행자가 분양처분을 하고자 할 때에는 관리처분계획에서 정한 사항을 분양받을 자에게 통지하고 그 내용을 고시한 후 이를 시장·군수 또는 구청장에게 보고하여야 한다(제38조). 그리고 대지 또는 건축시설을 분양받은 자는 법 제38조제4항의 규정에 의한 분양처분의 고시가 있은 날의 다음날에 그 대지 또는 건축시설에 대한 소유권을 취득한다(제39조 제1항).

분명한 점은 법규정상 '대지 및 건축시설에 대한 권리의 확정'은 관리처분계획이 아닌 분양처분에서 직접 발생한다는 점이다. 이에 판례는 분양처분을 '항고소송의 대상이 되는 처분'으로[33] 또는 '공법상 처분'으로[34] 본다. 이를테면 분양처분은 일종의 단독적 사권형성적 행정행위인 셈이다.[35] 관리처분계획은 행정처분인 분양처분의 근거이자 기준의 기능을 하며, 분양처분은 관리처분계획을 집행하는 셈이 된다. 법효과의 직접적, 종국적 발생을 근거로 분양처분의 처분성을 인정한다면, 그것의

---

33) 대법원 1989.9.12. 선고 88누9763판결.

34) 대법원 1995.6.30. 선고 95다10570판결.

35) 그런데 분양처분의 실질에 관해서, 88누9763판결은 환지처분과 동일하다는 식으로 표현하였지만, 95다10570 판결은 환지처분에 관한 대법원 1991.6.14. 선고 90다카22575판결(… 환지처분 그 자체로는 아무런 권리의 득상, 변동을 생기게 하는 것은 아니고 이런 효과는 직접 법률의 규정에 의하여 생기는 것이므로 …)에 연계하여 다음과 같이 판시하였다:「도시재개발법에 의한 재개발사업에 있어서의 분양처분은 재개발구역 안의 종전의 토지 또는 건축물에 대하여 재개발사업에 의하여 조성되거나 축조되는 대지 또는 건축 시설의 위치 및 범위 등을 정하고 그 가격의 차액에 상당하는 금액을 청산하거나, 대지 또는 건축 시설을 정하지 않고 금전으로 청산하는 공법상 처분으로서, 그 처분으로 종전의 토지 또는 건축물에 관한 소유권 등의 권리를 강제적으로 변환시키는 이른바 공용환권에 해당하나, 분양처분 그 자체로는 권리의 귀속에 관하여 아무런 득상·변동을 생기게 하는 것이 아니고, 한편 종전의 토지 또는 건축물에 대신하여 대지 또는 건축 시설이 정하여진 경우에는 분양처분의 고시가 있은 다음날에 종전의 토지 또는 건축물에 관하여 존재하던 권리관계는 분양받는 대지 또는 건축 시설에 그 동일성을 유지하면서 이행되는 바, 이와 같은 경우의 분양처분은 대인적 처분이 아닌 대물적 처분이라 할 것이므로, 재개발사업 시행자가 소유자를 오인하여 종전의 토지 또는 건축물의 소유자가 아닌 다른 사람에게 분양처분을 한 경우 그러한 분양처분이 있었다고 하여 그 다른 사람이 권리를 취득하게 되는 것은 아니며, 종전의 토지 또는 건축물의 진정한 소유자가 분양된 대지 또는 건축시설의 소유권을 취득하고 이를 행사할 수 있다.」 이는 분양처분이 설권행위가 아니라 단지 법효과의 발생을 단지-법적 의미에서가 아니라 사실적 의미에서- 확인하는 데 지나지 않다는 것인데, 이런 논증은 관련법규정의 체계에 반한다. 인가된 관리처분계획에 반한 분양처분은 하자가 중대하고 명백하여 무효로 되어, 착오로 빚어진 법률관계 역시 당연히 무효가 된다는 식으로 논증하였어야 한다. 95다10570판결에 관한 평석으로, 유승정, 도시재개발법에 의한 분양처분의 성질, 법조 제472호, 1996.1., 125면 이하 참조. 그밖에 환지처분의 성질에 관해선, 김종보, 토지구획정리사업법상 환지처분의 실질, 행정법연구 제4호, 1999.4., 181면 이하; 김충묵, 환지처분의 법적 성격, 토지공법연구 제10집, 2000.8., 181면 이하 참조.

근거이자 기준인 셈인 관리처분계획에 대해서 처분성을 인정하는 것은 모순이다. 이 점에서, 94다31235전원합의체판결이 "분양신청 후에 정하여진 관리처분계획의 내용에 관하여 다툼이 있는 경우에는 그 관리처분계획은 토지 등의 소유자에게 구체적이고 결정적인 영향을 미치는 것으로서 조합이 행한 처분에 해당한다"고 판시한 것은,[36] 법규정은 물론 분양처분의 처분성 인정과도 배치된다. 분양처분의 출발점인 관리처분계획 그 자체가 소유자에게 구체적이고 결정적인 영향을 미치는 것은 당연하다. 하지만 이를 법적 성질을 가늠하는 데 결부시키는 것은 무리가 있는 논증이다. 그런데 대법원 1999.8.20. 선고 97누6889판결은 구 토지구획정리사업법상의 환지계획과 관련해서, 관리처분계획의 처분성을 인정한 94다31235 전원합의체 판결과 사실상 배치되는 입장을 취하였다: 「토지구획정리사업법 제57조, 제62조 등의 규정상 환지예정지 지정이나 환지처분은 그에 의하여 직접 토지소유자 등의 권리의무가 변동되므로 이를 항고소송의 대상이 되는 처분이라고 볼 수 있으나, 환지계획은 위와 같은 환지예정지 지정이나 환지처분의 근거가 될 뿐 그 자체가 직접 토지소유자 등의 법률상의 지위를 변동시키거나 또는 환지예정지 지정이나 환지처분과는 다른 고유한 법률효과를 수반하는 것이 아니어서 이를 항고소송의 대상이 되는 처분에 해당한다고 할 수가 없다.」 환지계획과 관리처분계획이 영역상의 차이만 있을 뿐, 그 법적 의의가 동일하다는 점에서, 97누6889판결은 94다31235전원합의체판결을 우회적으로 파기한 셈이다.[37] 그 뒤에 대법원 2002.12.10. 선고 2001두6333판결은 94다31235전원합의체판결을 따라 관리처분계획의 처분성을 인정하였다.

관련 판례의 입장을 따르면, 관리처분계획=조합이 행한 처분, 관리처분계획인가=관리처분계획에 대한 법률상의 효력을 완성시키는 보충행위, 분양처분=공법상 처분의 등식이 성립한다. 그런데 필자처럼 관리처분계획의 처분성을 부인하면, 관리처분계획인가의 보충행위성이 의혹없이 긍정될 수 있긴 하나, 여기에는 기본행위로서의 관리처분계획의 법적 성질이 문제된다. 그럼 과연 관리처분계획은 분양처분에 대해서 어떤 관계에 서며, 그 성질은 무엇인가? 기왕의 인가론처럼 기본행위가 공법적

---

36) 이는 개별공시지가결정의 처분성을 인정한 판례가 행한 논증은 연상시킨다. 즉, 대법원 1993.1.15. 선고 92누12407판결은 개별공시지가결정(개별토지가액의 결정)이 토지초과이득세, 택지초과소유부담금 또는 개발부담금 산정 등의 기준이 되어 국민의 권리, 의무 내지 법률상 이익에 직접적으로 관계된다고 하여 그것의 처분성을 인정한 바 있었다. 이는 공법영역에서 법효과는 일반 추상적 국가행위⇒개별 구체적 국가행위로의 이행과정에서 실현되는 메카니즘을 간과하고, 직접성의 의미를 과도하게 평가한 나머지 법적 판단을 先取한 셈이다. 애초에 개별공시지가(결정)를 처분으로 인정하지 않고, 행정처분의 기준으로서 구체적인 과세처분의 위법사유의 차원에서 다루는 식으로 접근하였다면, 불필요한 공박(가령 하자의 승계 문제)은 생기지 않았으리라는 아쉬움이 있다.

37) 동 판례에 대한 비판적 평석으로 김남진, 대법원의 처분개념에 대한 의문, 법률신문 제2844호(1999.12.13.), 14면; 김종보, 환지계획의 처분성, 공법연구 제28집 제3호, 2000.3., 281면 이하 참조.

행위도 될 수 있다고 보면 그다지 문제가 되지 않지만, 필자처럼 인가를 전적으로 사권형성적 행정행위로 자리매김할 경우엔 사정이 다르다. 그런데 이미 재개발조합이 성립한 후의 상황이긴 하지만, 앞에서 본, 재건축조합설립인가 및 재건축조합설립행위에 관한 논의가 참고가 된다. 행정처분에 대한 법규범의 위상을 견주어 본 즉, 관리처분계획은 조합구성원들의 합의의 산물로서 총회에서 의결된 자치규약의 일종으로 볼 수 있다.[38] 따라서 그것은 정관마냥 당연히 구속력을 갖으며, 실질은 조합설립행위처럼 사법적 행위에 해당한다.[39] 결국 관리처분계약인가는 아무런 의문없이 인가로 자리매김할 수 있다. 환지계획의 인가의 경우에도 이상과 같이 논증할 수 있다.

### 3. 민법 제46조의 재단법인의 정관변경허가-부진정 인가

* 대법원 1996.5.16. 선고 95누4810전원합의체판결【법인정관변경허가처분무효확인】

대법원 1996.5.16. 선고 95누4810전원합의체판결은, 제45조, 제46조 소정의 재단법인의 정관변경허가에 대해서 표현 그대로 허가로 보았던 종전의 입장(대법원 1979. 12.26. 선고 79누248판결과 1985.8.20. 선고 84누509판결 등)을 바꿔 그것의 실질이 인가임을 판시하였다. 이 같은 입장의 변경으로 말미암아, -허가는 자유재량, 인가는 기속재량, 자유재량은 행정소송의 비대상이라는- 기왕의 틀을 문언에 쫓아 그대로 대입함으로써 빚어진 부적절함이 저지된다.[40] 이미 많은 행정법문헌에선 기왕의 틀 자체

---

38) 종전의 토지 또는 건축물에 대한 소유권 등이 관리처분계획의 인가고시와 함께 '분양받을 권리'로 잠정적으로 변환하는데, 이것이 실은 '조합원의 지위'를 의미하는 것에 불과하다는 지적(유승정, 앞의 글, 135면-136면)이 시사적이다.

39) 민사법학에선 사단법인설립행위를 둘러싸고 그것이 합동행위인지 단체적 성질의 계약인지 논란이 되고 있다.

40) 한편 정관변경에서의 허가를 인가로 볼 때, 민법 제32조상의 비영리법인설립의 허가의 법적 성격이 문제된다. 이를 두고서 민법학의 문헌에선 '허가주의'와 '인가주의' 등의 논란이 있다. 그런데 여기서 양자를 둘러싼 논란은 행정법학에서의 논의와는 거리가 있다. 즉, 민법학에선 '허가주의'를 법인설립에 관하여 행정청에게 자유재량이 인정된다는 의미에서, '인가주의'를 법정요건을 갖추면 당연히 법인설립을 거부할 수 없다는 의미에서 바라본다. 즉, 자유재량의 인정여부가 관건이다. 그 결과 일부 행정법문헌이 법인설립의 허가를 인가로 이해하는 점 등을 들어, '허가주의'상의 허가는 행정법상의 강학상의 허가가 아님을 강조하면서, 법인설립에 관한 민법학자들의 설명이 행정법학자의 설명과 상치되는 것이 아님을 주장되기도 한다. 과거 법인설립과 정관변경의 허가를 자유재량으로 구성하여 불허가처분에 대해 행정소송의 대상성을 부정한 대법원 1979.12.26. 선고 79누248판결과 1985.8.20. 선고 84누509판결이 95누4810전원합의체판결에 의해서 폐기되었다. 그러나 95누4810전원합의체판결이 정관변경의 사안이기에, 법인설립허가와 관련하여서 인가주의로 바뀐 것인지 논란이 될 수 있다. 그리하여 법인설립행위의 핵심이 정관작성임을 들어 법인설립허가와 정관변경허가를 동일하게 인가로 파악하여야 한다고 주장된다(김용찬, 사회복지법인의 정관변경허가의 법적 성질 및 부관의 허용, 대법원판례해설 제43호, 2003.7., 115면-118면). 현재의 민법개정안에서도 헌법상 보장된 결사의 자유를 보장하기 위하여 허가주의를 인가주의로 바꾸고자 한다. 여기에는 검토해야 할 점이 있다. 대법원 1979.12.26. 선고 79누248판결 등이 극명하게 보여주듯이, 재량 특히 자유재량과 기속재량에 관한 그릇된 이해가 문제의 根源이다. 재량성여부를 행정소송의 대상적격성(처분성여부)과 연계하지 않으면 문제되지 않는 사항이다. 거부가능성의 인정여부를 갖고서 여기서의 국가개입의 성질을 가늠한다는 것은 타당하지 않다. 비영리법인설립에 대한 국

에 대한 근본적인 의구심이 피력될 뿐만 아니라, 근본적인 방향전환까지 주장되고 있다. 이런 행정법학적 움직임에 대한 법원의 소극적 대응이 문제이긴 하지만, 이와는 별개로 관련 법규정의 구조와 관련한 세심한 검토가 필요하다. 민법 제45조에 의거한 정관규정에 의한 변경의 경우와 민법 제46조에 의거한 목적 등의 변경의 경우가 법문이 다르다. 전자에선 사단법인의 정관변경에 통용되는 민법 제42조 제2항이 준용되는 반면에, 후자에선 설립자가 주무관청의 허가를 얻어 설립의 취지를 참작하여 그 목적 기타 정관의 규정을 변경할 수 있다. “(사단법인의) 정관의 변경은 주무관청의 허가를 얻지 아니하면 그 효력이 없다”는 민법 제42조 제2항이란 정관의 변경은 허가를 얻어야 비로소 유효하게 됨을 의미한다. 여기서의 허가가 문언 그대로 허가인지 여부는 그것의 실질이 사전적 통제인지 아니면 추인적 성격을 지니는지에 좌우된다. 재단법인의 경우와는 달리 사단법인의 경우, 정관변경 그 자체가 사단법인의 동일성 그 자체를 훼손하지 않기에, 법규정이 명시적으로 허가의 사전통제적 의미를 표현하지 않는 이상, 이를 허가로 보는 것은 무리이고, 인가로 볼 수밖에 없다. 비록 재단법인의 경우에 사단법인의 경우보다는 정관변경이 어렵다 하더라도, 이런 논증이 민법 제45조에 대해서 그대로 통용될 수 있다.[41]

하지만 민법 제46조의 경우엔 사정이 다르다. 여기선 허가의 사전적 존재를 명시적으로 요구하고 있다. 재단법인의 경우에 정관변경은 예외적 상황이라는 점, 더군다나 정관에서 예정하고 있지 않은 변경에 해당한다는 점에 주목하여야 한다. 결국 여기서의 허가는 정관변경에 관한 주무관청의 사전적 통제로서의 의미를 가질 수밖

---

가의 개입(허가든 인가든)의 실질은 전체 법질서에서 가늠되어야 한다. 이는 민법 제31조와 관련해서 논의되어야 한다. 법인은 기본적으로 법인격을 부여하는 근거법률에 의해 성립하되, 비영리법인의 경우에는 허가를 얻어야 한다. 민법 제31조와 제32조는 법인의 법인격이 근거법률(한국은행법, 한국산업은행법 등)이나 행정청의 허가에서 비로소 부여됨을 규정한 것이다. 양자는 공히 권리능력을 부여하는 창설적 형성적 성격을 갖는다. 이를테면 전자는 -용어상의 문제가 있지만- 이른바 법규특허에 해당하고, 후자는 행정행위로서의 특허에 해당한다(동지: 森泉 章, 公益法人の設立不許可處分における主務官廳の裁量權と司法審査, 法律時報 別冊 私法判例リマークス no.1, 1990, 7면). -인가의 인정근거규정인 제42조 제2항의 존재를 떠나서- 민법 제42조, 제45조 등의 허가를 인가로 자리매김하여야 할 근거는 바로 제32조에 의해 이미 법인격을 부여받았기 때문이다. 본시 허가란 사전적 통제이고, 인가는 추인적 성격을 가짐을 생각할 때, 이미 허가받아 용인된 정관을 변경할 때 또다시 허가를 받아야 함은 논리에 맞지 않다. 한편 독일 민법상의 관련규정과 비교한 즉, 여기서의 허가가 과연 제대로 사용된 것인지 고민이 필요하다. 독일 민법 제33조(정관변경) 제2항은 「각각의 정관변경에 대해, 사단(Verein)의 권리능력이 특허(Verleihung, 일반적으로 사전허가에 상응하는 Erlaubnis가 아님) 에 의하여 취득된 경우에는, 주의 추인(인가)(Genehmigung)이, 특허가 연방참의원에 의해 행해진 경우에는, 연방참의원의 추인(인가)이 필요하다.」고 규정하고 있다. 여기서 이원우 교수의 지적-행정행위의 종류에 대한 난맥상이 행정법을 넘어서 영향을 미쳤다는 점과 이 문제를 번역상의 차이에서 비롯되었다는 점-(동인, 앞의 글, 121면 주3) 참조)은 의미롭다. 한편 민법문헌에서 인가주의 예로 들고 있는 것들(가령 지방변호사나 대한변호사회, 상공회의소, 농업협동조합 등의 인가)은 실은 보충행위로서의 인가가 아니라, 실질이 경우에 따라선 공행정주체로서의 지위까지도 포함한 법인격을 부여하는 특허에 해당한다. 이에 관해선 재건축조합설립인가와 관련해서 후술한다.

41) 한편 제42조의 경우에는 법문 그대로 허가로 보기도 한다. 이영준, 민법총칙[한국민법론 I], 2005, 853면 이하 참조.

에 없는데, 그 결과 과연 그것을 전적으로 사전적 통제로서만 포착해야 하는가의 물음이 던져진다. 민법 제46조만을 고립적으로 보자면, -발생하기 어렵긴 하나- 허가 없이 행한 정관변경의 효력은 이른바 효력규정·단속규정여부와 결부되는 문제이며, 이런 변경이 변경등기하여야 제3자에게 대항할 수 있다는 것(민법 제54조)도 별개의 문제일 수 있다. 그렇지만 관련규정의 체계에 비추어 입법자가 민법 제42조 제2항을 통해서 무허가정관변경은 궁극적으로 효력이 되는 식의 논증(인가적 논증)을 기본으로 삼았다고 보면 사정이 다르다. 따라서 민법 제46조의 허가는 -이를테면 부진정한 인가로서- 사전통제적 의미뿐만 아니라, 효력발생요건적(인가적) 의미까지도 갖는다.

### 4. 공익법인의 설립·운영에 관한 법률상의 기본재산처분허가-부진정 인가

* 대법원 2005.9.28. 선고 2004다50044판결【소유권말소등기】

「공익법인의 설립 및 운영에 관한 법률」 제11조 제3항이, 「공익법인은 기본재산을 매도·증여·임대·교환 또는 용도변경을 하거나 담보로 제공하거나 대통령령이 정하는 일정금액이상을 장기차입하고자 할 때에는 주무관청의 허가를 받아야 한다」고 규정하고 있다. 종래 대법원 1998.12.11. 선고 97다9970판결 등은 동 규정을 강행규정으로 파악하여 이에 위반하여 주무관청의 허가를 받지 않고 공익법인의 기본재산을 처분하는 것은 무효가 된다고 판시하였다.[42] 한편 대법원 2005.9.28. 선고 2004다50044판결은, 이 기본재산처분(행위)허가를 -인가인 양- 처분행위에 대한 보충행위이자 완성행위로 보면서도, 명시적으로 인가란 표현을 하지 않는다. 여기서 대법원의 이중적 접근이 느껴진다.[43] 통상 (민법학에서의)통설과 판례는[44] 추인을 단독행위로 본 즉, 단독행위에는 원칙적으로 조건(부관)을 붙일 수 없다. -기본재산처분허가를 인가로 봄에도 불구하고- 대법원은 단독행위의 조건부가불허를 착안점으로 삼아 제기되는 정당한 의문을 수용하지 않았다. 앞에서 보았듯이, 보충행위로서 부종성을 특징으로 하는 인가는 완성행위로서 일종의 법정부관(조건)에 해당한다. 보충

42) 동지: 대법원 1989.7.11. 선고 87다카2406판결; 1984.12.1. 84마591결정 등.

43) 이런 점은 구 사회복지사업법 제25조상의 사회복지법인의 정관변경허가(현행 동법 제17조 제2항상 인가)와 관련하여 원심(부산고법 2000.5.26. 선고 99누3294판결)과 대법원 2002.9.24. 선고 2000두5661판결을 비교하면 완연하다. 즉, 원심은 정관변경허가의 법적성격은 법률행위의 효력을 보충하여 주는 인가로써, 그 인가여부는 행정청의 자유재량이 아니라 기속재량에 속한다 할 것이고, 기속재량행위에는 부관을 붙일 수 없고 가사 부관을 붙였다 하더라도 이는 무효라고 판시하였다. 반면 대법원은 시종 정관변경허가란 용어를 사용하면서, 사회복지법인의 정관변경을 허가할 것인지의 여부는 주무관청의 정책적 판단에 따른 재량에 맡겨져 있다고 할 것이고, 주무관청이 정관변경허가를 함에 있어서는 비례의 원칙 및 평등의 원칙에 적합하고 행정처분의 본질적 효력을 해하지 않는 한도 내에서 부관을 붙일 수 있다고 판시하였다. 동 판결에 관한 상세는 김용찬, 앞의 글, 105면 이하 참조.

44) 대법원 1995.11.14. 선고 95다28090판결 등.

행위이자 완성행위인 인가에 대한 부관의 부가는 사법관계를 불안정한 상태에 놓이게 하며, 동시에 행정청이 당사자의 의사에도 불구하고 기본행위인 사법행위를 직권적으로 변경을 하는 것을 의미한다. 그런데 앞에서 본 것처럼 허가위반행위의 무효성만으로 기본재산처분허가를 인가로 자리매김하는 것은 곤란하다. 여기서의 허가로부터 인가의 본질인 추인적 성격을 확인할 수 있는지가 관건이다. 즉, 허가이전에 기본재산처분행위가 유동적 효력불발생의 상태에 있어야 한다. 먼저 관련 법규정의 구조에서 이 물음에 대한 답을 찾고자 한다. 동 법률 제11조 제3항은, 「공익법인은 기본재산을 …하고자 할 때에는 주무관청의 허가를 받아야 한다」고 규정하고 있기에, 여기서의 허가는 장래의 처분행위를 주안점으로 한 사전적 통제의 성격을 지닌다. 이런 사정은 사안을 통해서도 확인할 수 있다. 엄격한 입상을 취한다면, 여기서의 허가는 유동적 효력불발생을 전제로 한 추인적 성격을 갖지 않기에, 결코 인가가 될 수 없다. 그러나 동법률의 입법목적이 법인의 설립・운영에 관한 민법의 규정을 보완하는 데 있음(동법 제1조)을 상기할 때, 민법규정과의 조화가 이루어져야 한다.[45] 더군다나 동 법률 제11조 제3항을 강행규정으로 파악하여 무허가의 기본재산처분이 무효라는 것은, 일찍이 대법원 1966.11.29. 선고 66다1668판결이 재단법인의 기본재산 처분행위를 정관변경에 해당하기에 (허가를 거친) 정관변경이 수반되지 않는 기본재산 처분행위는 그 효력을 발생할 수 없다고 판시한 데서 비롯되었다. 또한 이런 기조는 견지되고 있다.[46] 그 결과 (지금과 동일한) 민법규정에 의거한 동판결의 논증이 지금껏 다른 특별법상의 기본재산처분조항에 그대로 투영될 수 있다.[47] 따라서 민법 제46조의 허가처럼, 여기서의 기본재산처분허가 역시 부진정 인가로서 사전통제적 의미뿐만 아니라, 효력발생요건적(인가적) 의미까지도 포함하는 것으로 보아야 한다.[48] 결국 전자적 측면으로 인해 부관의 부가에 따른 의구심이 가지게 된다.

---

45) 공익법인의 법적 제 문제에 관한 상세는 윤철홍, 공익법인에 관한 소고, 법학논총 제10집(숭실대학교 법학연구소), 1997, 129면 이하 참조.

46) 특히 대법원 1978.8.22. 선고 78다1038・1039판결은, 재단법인의 기본재산편입행위란 기부행위의 변경에 속하는 사항이므로 주무관청의 인가가 있어야 그 효력이 발생한다고 판시하였다.

47) 한편 대법원 2003.5.30. 선고 2003다6422판결은 민법상의 비영리(종교) 사단법인에서의 사안임에도 불구하고, 공익법인의 설립・운영에 관한 법률상의 기본재산처분허가(인가)와 관련한 논증을 대입하였다. 동 판결은 취소의 소급효, 철회의 소급효의 도식을 인가조건의 문제에 대입하여 인가조건을 철회권의 유보로 파악하여 해결책을 도모하였다. 본래 인가는 부관과 친하지 않은 구석이 있다. 이런 인가에 신뢰보호를 후퇴시키는 철회권의 유보를 덧붙이는 것은 신뢰보호를 완전히 무색케 한다. 더욱이 인가조건사항이 통상의 철회사유에 해당하기에, 사권형성적 행정행위에 관한 이해가 한층 요구된다. 이 판결에 관한 상세는 허부열, 행정청이 종교단체에 대하여 기본재산전환인가를 함에 있어 부가한 인가조건이 취소사유인지 철회사유인지 여부에 관한 판단기준, 대법원 판례해설 제44호, 2004.1., 146면 이하 참조.

48) 사립학교법 제28조 제1항에 따른 금원차용허가 역시 부진정 인가로서 양성적 의미를 갖는다. 대법원 2000.9.5. 선고 2000다2344판결 등.

### 5. 채광계획인가, 토지구획정리사업시행인가-사업시행허가

판례는 채광계획인가가 기속재량인지 자유재량인지에 대해서만 언급하지 그것의 본질이 무엇인지는 별반 논하지 않고 있다.[49] 광업법 제47조는 '채광계획의 인가'란 표제하에, 「① 광업권자는 채광을 개시하기 전에 대통령령이 정하는 바에 의하여 채광계획서를 작성하여 산업자원부장관의 인가를 받아야 한다. 이를 변경하고자 할 때에도 또한 같다.<개정 1993・3・6, 1997・12・13, 1999.2.8> ② 광업권자는 제1항의 규정에 의하여 채광계획의 인가를 받지 아니하고는 광물을 채굴 및 취득할 수 없다. … ④ 광업권자는 제46조 제2항의 규정에 의한 탐광실적의 인정일로부터 1년 이내에 채광계획의 인가를 받아 광물을 채굴하여야 한다.」고 규정하고 있다. 광업권자가 수립한 채광계획은 그 자체 법적 행위가 아니라, 채광에 관한 하나의 사업안과 흡사하다. 따라서 법률행위를 보충하는 인가가 성립할 수 없다. 채광계획인가 없인 광물의 채굴 등을 금하는 광업법 제47조 제2항에 비추어. 여기서의 인가는 보충행위로서가 아니라, 사전적인 금지해제적 성격을 갖는다. 이런 점은 동법 제46조가 탐광의 경우엔 탐광계획의 신고를 규정하고 있는 것과도 상부한다. 일종의 특허를 통해서 광업권의 설정을 받은 광업권자로선 -2년 이내로 사업개시할 의무가 있긴 하나- 기본적으로 사업(채광, 탐광)의 자유를 누린다. 따라서 여기서의 채광계획의 인가는 사업시행(채광)을 허용하는 일종의 허가라 하겠으며, 채광계획은 허가요건인 셈이다. 구 토지구획정리사업법 제9조에서의 사업시행인가 역시 마찬가지이다.

### 6. 사립학교법 제17조 제4항에 의한 감독청의 이사회 소집승인-허가

* 대법원 1993.4.23. 선고 92누15482판결【이사회 소집승인처분취소】

구 사립학교법 제17조 제4항은, 「이사회를 소집하여야 할 경우에 그 소집자가 궐위되거나 또는 이를 기피함으로써 7일이상 이사회의 소집이 불가능할 때에는 재적이사 과반수의 찬동으로 관할청의 승인을 받아 이를 소집할 수 있다」고, 현재(개정 2005.12.29)는 「이사회를 소집하여야 할 경우에 그 소집권자가 궐위되거나 또는 이를 기피함으로써 7일 이상 이사회의 소집이 불가능할 때에는 재적이사 과반수의 찬동으로 이를 소집할 수 있다. 다만, 소집자가 이사회의 소집을 기피한 경우에는 관할청의 승인을 얻어야 한다」고 규정하고 있다. 여기서 판례는 이사회소집을 기본행위로 삼아 승인을 이를 위한 보충행위로 논증한다. 비록 인가란 명칭을 사용하지 않지만, 기본행위, 보충행위란 용어를 사용하였기에 인가적 접근을 한 셈이다. 과연 여기서

49) 동지: 대법원 1993.5.27. 선고 92누19477판결.

의 승인이 인가인가? 관련 법문을 보면 여기서의 승인은 이사회소집에 대한 사전적 통제의 모습을 띤다. 더군다나 기본행위라 일컫는 이사회소집은 법효과의 발생을 의욕하는 법적 행위가 아니라, 하나의 준비행위에 지나지 않는다. 따라서 판례의 인가적 접근은 본연의 인가론과는 거리가 멀다. 사립학교법에 따른 학교법인의 임원에 대한 감독청의 취임승인과 여기서의 이사회소집승인은 전혀 다른 성격이다. 여기서의 승인은 다름 아닌 허가에 해당한다.

### 7. 재건축조합설립인가-특허

* 대법원 2005.4.29. 선고 2004다7002판결【재건축조합설립무효확인등】

* 대법원 2002.3.11. 자 2002그12결정【재건축조합임시총회소집허가】

* 대법원 2000.9.5. 선고 99두1854판결【재건축조합설립인가처분무효확인등】

앞에서 본 것처럼, 인가의 대상이 되는 기본행위를 사법행위에 국한하면, 과연 재건축조합설립인가는 무엇에 해당하는가? 판례는 조합설립행위를 기본행위로, 인가를 그에 대한 보충행위로 구성한다. 재건축조합이 민법상의 조합처럼 전적으로 사법적 지위를 갖는다면, 인가를 보충행위로 설정하는 식의 법도그마틱이 설득력이 있다. 하지만 '도시및주거환경정비법' 제18조 제1항에 의해 재건축조합은 법인이 된다. 또한 판례는 구 주택건설촉진법 제44조 제1항 소정의 설립인가를 받지는 못한 지역주택조합이 비법인 사단으로서의 실체를 갖추고 있다고 판시하였다.[50] 요컨대 재건축조합은 민법상의 조합과는 거리가 멀다. 재건축조합이 공공조합, 즉, 공법상의 사단으로서 공권력을 행사할 수 있는 공행정주체에 해당한다면, 사정이 다르다. 인가를 단순히 보충행위로 설정하는 것은, 재건축조합의 법적 지위나 권능과 관련한 법규정의 취지와 상부하지 않는다. 당연히 인가 자체에 무게 중심이 놓여야 한다. 그렇다면 재건축조합설립인가는 재건축조합에 사단처럼 법인격을 부여한다는 점에서 특허에 해당한다 하겠다. 이처럼 인가에 대해 창설적 성격을 부여하여 보충행위성을 부인하면, 종전에 기본행위로 일컫는 조합설립행위의 법적 성격이 문제된다. 당연히 조합설립행위는 인가의 대상인 기본행위가 될 수 없고, 그 자체로서 독립된 의의를 지닌다. 인가받은 재건축조합이 법인으로 되기에, 여기서의 조합설립행위는 특허로서의 인가를 받기 위한 요건으로서의 의의를 갖는다. 따라서 조합설립행위를 둘러싼 다툼은 민사적 성격을 지니되, 그것의 하자를 이유로 인가처분에 대해 행정소송을 제기할 수도 있다. 사법행위에 대한 보충행위로서의 인가의 경우, 그것이 내려지면 사법행위가 효력을 발생하기에 당연히 논의의 장은 사법영역에로 이전되는 셈이 되

50) 대법원 1998.6.26. 선고 97누2801판결 등.

어 버린다. 따라서 기본행위의 하자를 구태여 민사쟁송의 장이 아닌 행정소송의 장에서 다투는 것은 권리보호의 이익(협의의 소의 이익)에 배치된다. 재건축조합설립인가를 아무런 의문 없이 인가로 받아들인 첫 판례인 대법원 2000. 9. 5. 선고 99두1854 판결은, 진정한 인가에 통용되는 이 같은 내용을 전혀 인가에 해당하지 않는 경우에까지도 자동적으로 대입한 셈이어서 타당하지 않다.

한편 대법원 2002.3.11. 자 2002그12결정은, "조합설립인가행위는 그 대상이 되는 기본행위를 보충하여 법률상 효력을 완성시키는 보충행위로서, 이러한 인가의 유무에 따라 기본행위의 효력이 문제되는 것은 구 주택건설촉진법(2003. 5. 29. 법률 제6916호 주택법으로 전문 개정되기 전의 것)과 관련한 공법상의 관계에서이지 주택조합과 조합원 사이의 내부적인 관계에까지 영향을 미치는 것은 아니다"라고 판시하였다.[51] 이 논증은 전후의 내용이 서로 모순이다. 공법적 수단인 인가를 보충행위로 설정할 때, 그것의 대상인 기본행위의 효력은 조합설립행위의 당사자(및 그 소산)를 중심으로 발생한다. 따라서 보충행위로서의 인가는 기본행위를 완성하는 데만 이바지할 뿐이어서, 인가여부에서 비롯된 기본행위의 효력유무가 공법적 차원에서 문제가 된다는 것은 인가적 논증구조에는 배치된다. 주택조합과 조합원 사이를 내부적인 관계로 치부하는 것 역시 의문스럽다. 주택조합이 공행정주체(공법상 사단, 공공조합)로서 법률이 수권한 공권력을 조합원에게 행사한다는 것과 맞지 않다. 인가가 내려진 다음 공행정주체로서 법정권능을 행사하는 경우와 인가전의 조합설립행위가 문제되는 상황은 법적 취급을 달리해야 한다. 전자가 공법적 사건이라면, 후자는 민사적 사건이다. 이들 양자를 정연하게 다루기에는 기왕의 인가적 접근이 모순을 야기한다. 오히려 앞에서처럼 조합설립행위(의 성립)를 특허로서의 인가를 위한 요건의 하나로 설정하고, 이는 전적으로 민사적 차원의 문제로 보는 것이 바람직하다.[52]

그런데 이처럼 조합설립인가를 특허로 자리매김하면, 재건축조합장의 명의변경과 같은 인가받은 사항을 변경할 경우에 곤란스러울 수 있다. 현행 도시및주거환경정비법 제16조 제1항이 "…인가받은 사항을 변경하고자 하는 때에도 또한 같다.…"고 규정하고 있으며, 이런 법상황은 종전에도 그러했다. 문언대로라면 인가사항변경 역시 인가를 받아야 하고, 판례 역시 아무런 의문 없이 이를 인가로 받아들인다.[53] 재건축조합이 법인으로 성립된 다음에 일어난 변경사항은 전적으로 사전적 통제의 지배를 받도록 하는 것이 합당하다. 따라서 조합설립인가를 특허로 자리매김하면,

51) 대법원 2005.4.29. 선고 2004다7002판결.

52) 대법원 2002.3.11. 자 2002그12결정과 관련 그 밖의 인가이론적 물음에 대해선 김종보, 강학상 인가와 정비조합 설립인가, 행정법연구 제10호, 2003. 10., 339면 이하 참조.

53) 참조: 대법원 1995.12.12. 선고 95누7338판결.

변경사항에 대한 인가는 실은 허가로 자리매김하는 것이 논리적일 뿐더러 바람직하다. 여기서의 인가를 실질적인 허가로 해석하는 것이 가능하긴 하나, 이 또한 굴절된 접근이다. 하루바삐 입법적 개선을 강구하는 것이 요망된다.

### 8. 공유수면매립법상 매립공사의 준공인가-특허-

공유수면매립법은 공유수면매립의 과정을, 매립면허⇒실시계획인가⇒매립공사의 시행⇒준공인가⇒매립지의 소유권취득으로 설정하고 있다. 즉, 공유수면을 매립하고자 하는 자는 행정청으로부터 공유수면매립의 면허를 받은 다음, 실시계획을 작성하여 해양수산부장관 또는 시·도지사의 인가를 받은 다음에 매립공사에 착수하고, 매립공사를 준공한 때에는 준공인가를 신청하여 이를 받음으로써 매립지의 소유권을 취득한다(동법 제9조, 제15조, 제17조, 제25조, 제26조). 여기서의 준공인가는 기본행위 자체가 존재하지 않기에, 당연히 보충행위가 될 수 없다. 이는 일종의 회전문처럼 매립공사의 시행의 완료점이자, 매립지의 소유권취득의 기점이 된다. 따라서 공유수면매립법상 준공인가는 매립공사가 실시계획에 맞게 시행되었다는 점을 확인하는 부분(확인적 요소)과 매립지의 소유권을 취득케 하는 부분(형성적 요소)을 공유한다. 독일의 판례는 건축허가를 확인적 부분과 처분적 부분으로 구성된 행정행위로 본다.[54] 즉, 건축허가란 건축법상의 요청이 존재함, 다시 말해 건축의 적법성을 확인한다는 것을 의미하고, 이 확인이 건축시행을 허용해 주는 처분적 부분을 위한 요건이 된다. 이런 점에서 건축허가에는 예방적 건축금지를 폐지하는 형성적 효과가 인정된다.[55] 이런 관점은 여기서의 준공인가에 그대로 투영된다. 결국 여기서의 준공인가는 설권행위인 특허에 해당한다.

### 9. 자동차운수사업계획(차고지)변경인가-변경행위(특허의 변경)

보충행위로서의 인가의 대상 즉, 기본행위는 사법적 행위이다. 대상이 사법적 행위라면, 행정행위로서의 인가의 성립은 애초부터 부정된다. 자동차운수사업계획은 그 자체가 직접적인 법적 효과를 발생시키지 않기에, 인가의 대상이 될 수 없다. 그럼에도 불구하고 법규정은 '인가'란 용어를 사용하여서, 혼란이 빚어진다. 여기선 관련규정을 통해서[56] 자동차운수사업계획에 대해서 어떤 법적 의의가 주어지는지가

54) BVerwGE 48, 242(245); 69, 1.

55) 이런 구성은 헌법상의 재산권보장에서 근거지워진 건축자유를 전제로, 허가적격성의 문제인 실체적 불법(materielle Illegalität)과 허가취득여부의 문제인 형식적 불법(formelle Illegalität)으로 나누는 것과 이어진다. 그러나 건축의 자유에 회의적인 입장 즉, 그것이 개별법령에 의해 창설된 것으로 보는 입장에선, 건축허가의 성질을 확인적 부분은 제거하고 건축권(das Recht zu bauen)이 비로소 창설적으로 부여되는 것으로 보기도 한다. Vgl. Finkelnburg/Ortloff, Öffentlches Baurecht, Bd.II, 4. Aufl., 1998, S.119ff.

탐문되어야 한다. 구 자동차운수사업법 제6조는 물론 현행 여객자동차운수사업법 제6조에서 사업계획은 면허여부를 판단하는데 기준(요건)의 하나로 기능한다. 따라서 사업안일 따름인 그 자체는 독립된 법적 의의를 갖지 않으며, 당연히 법적 행위가 될 수 없다. 만약 구 자동차운수사업법 제13조 제1항과 현행 여객자동차운수사업법 제11조 제1항 본문상의 사업계획변경인가를 보충행위인 인가로 이해하면, 동조 제2항이 등록사업의 경우에는 사업계획변경에 등록을 요구하는 것과는 법문구조상 맞지 않다. 더군다나 제1항 및 제2항 단서가 경미한 사업계획변경의 경우에는 신고사항으로 규정하고 있다. 나아가 법문상 운수사업계획인가에선 본래의 인가가 지닌 추인적 성격을 전혀 발견할 수 없다. 오히려 그것은 사전적 개입수단으로서의 의의를 가지며, 그 본질은 변경행위로서의 면허변경에 해당한다.

### 10. 도시계획사업의 실시계획에 관한 인가 등-허가적 측면과 특허적 측면을 함께 지니는 허용행위

구 도시계획법 제25조 등이 규정한 도시계획사업의 실시계획의 인가가 과연 보충행위로서의 인가에 해당하는지 의문스럽다. 일종의 사업안에 해당하는 실시계획 자체가 보충이 요구되는 법적 행위일 리 없기 때문이다. 동 법률 제25조와 동법 시행령 제25조와 제26조의 규정내용에 따르면, 행정청이 아닌 시행자의 경우엔(실시계획 인가사항을 포함한) 도시계획사업허가만으로 충분하고 실시계획의 인가가 따로 요구되지 않는다.[57] 즉, 도시계획사업허가에 실시계획의 인가사항이 포함되어 있다. 실시

56) 참조: 구 자동차운수사업법제6조(면허 등의 기준)

①자동차운송사업의 면허기준은 다음과 같다.<개정 1981.12.31, 1986.12.31, 1989.12.30, 1994.8.3>

1. 당해 사업계획이 당해 노선 또는 사업구역의 수송수요와 수송력공급에 적합할 것

2. 당해 사업계획이 장기경영에 적합할 것. 다만, 일시적인 수요에 응하기 위하여 일정한 기간을 정하여 한정면허를 하는 경우는 그러하지 아니하다.

3. 최저의 면허기준대수·보유차고면적 및 부대시설 등 교통부령이 정하는 기준에 적합할 것

4. 당해 사업이 공익상 필요하며 또한 적절할 것

②자동차운송사업의 등록기준은 다음과 같다.<신설 1986.12.31>

1. 교통부령이 정하는 자동차대수와 차고 등 시설을 보유할 것

2. 당해 사업의 재정적 기초가 교통부령이 정하는 기준에 적합할 것

제13조 (사업계획변경)

①자동차운송사업자가 사업계획을 변경하고자 할 때에는 교통부장관의 인가를 얻어야 한다. 다만, 교통부령이 정하는 경미한 사항의 변경은 교통부장관에게 신고하여야 한다.<改正 1981.12.31>

②제4조 제1항 단서의 규정에 의하여 자동차운송사업의 등록을 받은 자가 사업계획을 변경하고자 할 때에는 제1항 본文의 규정에 불구하고 교통부장관의 사업계획변경등록을 받아야 한다. 다만, 교통부령이 정하는 경미한 사항의 변경은 교통부장관에게 신고하여야 한다.

57) 동법 시행령 제25조 (비행정청의 도시계획사업 시행허가) ①행정청이 아닌 사가 도시계획사업을 시행하기 위하여 법 제24조제1항의 규정에 의한 허가를 받고자 할 때에는 다음 각호의 사항을 기재한 도시계획사업시행허가신청서를 당해 도시계획을 입안한 시장·군수에게 신청하여 그 허가를 받아야 한다.<개정 1981.9.25, 1982.10.23>

1. 사업시행지, 2. 사업의 종류 및 명칭, 3. 사업시행자의 성명 및 주소(법인인 경우에는 법인의 명칭·주소

계획의 인가가 행정청이 시행자로 되는 경우에만 요구된다면, 그것은 행정내부사이다. 일종의 다단계적 업무집행의 일환이어서, 상급과 하급의 행정기관 상호간에, 국가와 지방의 행정기관의 상호간에 사물관할차원에서 권한행사가 문제될 뿐이다. 한편 구 도시계획법을 대체한 지금의 「국토의 계획 및 이용에 관한 법률」은, 다른 행정청이 아닌 시행자의 경우 "지정"을 받아야 하되, 행정청과 동일하게 실시계획의 인가를 받도록 규정하고 있다(동법 제86조와 제88조). 따라서 여기서 비행정청인 시행자가 작성한 실시계획에 대한 인가가 문제될 수 있다. 그러나 실시계획 자체가 법적 행위가 아닌 이상 여기서도 보충행위로서의 인가는 존재하지 않는다. 동법 제92조 등에 비추어 실시계획의 인가에는 관련 인·허가가 의제되며, 이를 기화로 도시계획사업의 시행자는 적법하게 수용사업을 시행할 수 있다는 점에서, (비행정청시행자가 작성한) 실시계획의 인가는 도시계획시설사업의 실시에 대한 -때론 허가적 측면을 때론 특허적 측면을 함께 지니는-[58] 허용행위에 다름이 아니다.

구 주택건설촉진법 제33조 제1항과 제4항 및 이를 대체한 현행 주택법 제16조와 제17조에서의 사업계획승인은 도시계획사업의 실시계획에 관한 인가와 마찬가지로 -때론 허가적 측면을 때론 특허적 측면을 함께 지니는- 허용행위에 다름이 아니다. 학교시설사업촉진법 제4조에 따른 학교시설사업 시행계획에 관한 감독청의 승인 역시 동일하다.

---

와 대표자의 성명·주소), 4. 토지 또는 건물의 소유자와 토지수용법 제4조제3항의 관계인의 성명, 주소, 5. 사업의 착수 및 준공예정연월일

②제1항의 허가신청서에는 다음 각호의 서류를 첨부하여야 한다.<신설 1981.9.25, 1982.10.23>

1. 위치도 및 계획평면도, 2. 재원조서, 3. 공사설계도서(건축법등 다른 법령에 의하여 준공검사를 받는 사업 또는 건축법 제8조의 규정에 의한 건축협의를 받는 사업인 경우에는 개략설계도서), 4. 사용 또는 수용할 토지 또는 건물의 조서, 지번 및 지목과 소유권 이외의 권리의 명세서, 5. 도시계획사업의 시행으로 인하여 그 기능이 대체되어 용도폐지될 국가 또는 지방자치단체의 재산에 대한 조서 및 도면과 2이상의 감정평가기관의 감정평가서, 6. 도시계획사업으로 새로이 설치할 공공시설의 조서 및 도면과 그 설치비용계산서

③시장·군수는 제1항의 규정에 의한 허가를 하고자 할 경우에 그 도시계획사업의 시행지가 다른 시장·군수의 관할 행정구역에 속하는 때에는 당해 관할시장·군수와 협의하여야 한다.<개정 1976.1.28, 1982.10.23>

④제1항의 규정에 의한 허가를 받은 자는 제1항제3호의 사항에 변경이 있는 때에는 시장·군수에게 이를 신고하여야 한다.<신설 1988.2.16>

제26조 (실시계획의 인가) ①시장·군수나 그 이외의 행정청이 도시계획사업의 시행자(이하 "시행자"라 한다)로서 법 제25조제1항의 규정에 의한 도시계획사업의 실시계획(이하 "실시계획"이라 한다)의 인가를 받고자 할 때에는 제25조제2항각호의 사항을 기재한 신청서를 관할 도지사를 거쳐 건설부장관에게 제출하여야 한다.<개정 1981.9.25, 1982.10.23>

②제1항의 신청서에는 다음 각호의 서류를 첨부하여야 한다.<신설 1981.9.25, 1982.10.23>

1. 위치도 및 계획평면도, 2. 재원조서, 3. 개략설계도서, 4. 사용 또는 수용할 토지 또는 건물의 조서, 지번 및 지목과 소유권 이외의 권리의 명세서, 5. 도시계획사업의 시행으로 새로이 설치할 공공시설 또는 대체될 공공시설과 기존의 공공시설의 조서 및 도면

58) 허가와 특허를 사전적 허용에 초점을 두고서 다함께 형성적 행정행위로 바르게 자리매김하면, 그것의 구분은 법효과상의 차이에 불과하기에 양자를 일도양단식으로 택해야 함을 피할 수 있다.

### 11. 어업권이전인가, 광업법상의 사업휴지인가, 남북교류협력에관한법률에 의한 협력사업자승인 및 협력사업승인-예외적 승인

수산업법 제18조 제1항은, 「어업권은 이를 이전·분할 또는 변경할 수 없다. 다만, 어장관리법에 의한 어장정화·정비에 의하여 변경하는 경우, 어업권(마을어업권을 제외한다)을 등록후 어업을 개시한 날(다음 각호의 1에 해당하는 날을 말한다. 이하 같다)부터 1년이 경과된 후 해양수산부령이 정하는 바에 따라 시장·군수 또는 자치구의 구청장의 인가를 받아 이전·분할 또는 변경하는 경우 또는 법인의 합병이나 상속에 의하여 이전이나 분할하는 경우에는 그러하지 아니하다」고 규정하고 있다. 법문상 어업권이전인가에선 본래의 인가가 지닌 추인적 성격을 전혀 발견할 수 없다. 오히려 그것은 사전적 개입수단으로서의 의의를 갖는다. 어업권이전을 사전에 허용하는 셈이 되기에, 강학상 허가에 해당할 수도 있겠지만, 법문의 구조나 입법의 목적에 비추어, 나아가 어업권의 부여가 일종의 설권행위로서 특허에 해당한다는 점에서, 오히려 (어업권의 이전에 대한) 예외적 승인에서 접근하는 것이 바람직하다.

광업법 제45조 제2항은, 「광업권자가 대통령령이 정하는 부득이한 사유로 인하여 제1항의 기간내에 사업을 개시할 수 없을 때에는 기간을 정하여 산업자원부장관의 인가를 받아야 한다.」고 규정하여 사업휴지인가제를 둔다. 여기서의 인가 역시 보충행위로서의 성격을 전혀 갖지 못하고, 사전적 통제로서 기능을 한다. 동조 제1항에 의해서, 광업권자는 광업권의 설정등록일부터 2년이내에 대통령령이 정하는 바에 의하여 사업(탐광 또는 채광을 말한다. 이와 같다)을 개시하여야 한다. 사업휴지제도는 이런 사업개시의 의무의 이행을 일정기간 면제시키기 위함이다. 결국 여기서의 사업휴지인가는 의무면제를 의미하기도 하는 예외적 승인에 해당한다.

「남북교류협력에 관한 법률」에 의해, 협력사업을 하고자 하는 자는 대통령령이 정하는 바에 의하여 통일원장관의 승인을 얻어야 하며(동법 제16조 제1항), 이 협력사업의 승인을 얻은 자가 협력사업을 시행하고자 할 때에는 매 사업마다 통일원장관의 승인을 얻어야 한다(동법 제17조 제1항). 즉, 협력사업자와 협력사업에 대한 이중적 승인제가 시행되고 있다. 여기서의 승인은 당연히 보충행위가 아니다. 그 사안의 성격상 예외적 승인의 차원에서만 접근이 가능하다.

## Ⅵ. 맺으면서

인가의 용어와 개념에 포획된 사고가 경로의존성(path dependency)으로 인해 고착화되어 버려, 본래의 인가와 전혀 다른 형상이 조성되었다. 사고의 틀이 담을 내용을 가늠하곤 한다. 가령 본래의 행정법상의 권한의 위임과는 전혀 근본이 다른 기관위임을 위임의 체계속에서 무리하게 논증한 나머지 결국에는 그 위임론 자체도 본연의 모습을 유지할 수 없게 되었다. 나비효과(butterfly effect)가 초기조건에의 민감성(senstivity to initial conditions)에서 비롯되듯이, 사권형성적 행정행위로서의 인가에 관한 이해의 부족이 결국 인가 자체의 독립된 특성마저 무색하게 만들었다. 사실 월경적, 경계적 존재는 가능한 외면하고 싶지만, 현실에서든 법학에서든 피할 수 없는 대상이다. 비록 논증이 곤란하다고 하여, 사권형성적 행정행위를 더 이상 법도그마틱법의 사각지대에 놓이게 하여선 아니 된다. 이를 여타 다른 행정행위와 완전히 다른 유별난 존재로 인정해서도 아니 되지만, 보통의 행정행위에 통용되는 것을 그대로 대입해서도 아니 된다. 일찍이 공자가 이름부터 바로 잡는 것(必也正名乎)이 나라경영의 시발임을 강조하였듯이, 논의의 출발점은 인가의 본질에 부합하게 개념을 사용하는 것이거니와, 용어와 개념의 오용을 광정(匡正)하는 것 역시 시급한 과제이다.

* 저스티스 제91호, 2006.6., 127면 이하 소수.

# 제 6 장

# 이른바 "準法律行爲的(準權利設定行爲的) 行政行爲"와의 訣別에 관한 小考



## Ⅰ. 처음에 -이른바 "準法律行爲的 行政行爲"에 관한 논의의 현황

행정법문헌들은 민법상의 법률행위의 개념[1]을 차용하여 '법률행위적 행정행위'와 '준법률행위적 행정행위'의 틀을 행정행위의 분류체계의 하나로 정립하였다. 이에 대해서 특히 김남진 교수님은 진작부터 '준권리설정행위적(준법률행위적, rechtsgeschäftsähnliche) 행정행위' 가운데 확인만이 독립된 행정행위성을 갖기에 '준권리설정행위적(준법률행위적) 행정행위'라는 카테고리를 유지할 필요가 없다고 그것의 해체를 주장하였고,[2] 다음과 같이 지적하였다. 즉, 「부인설의 주장은 행정행위는 법률의 구체화 또는 집행으로서의 성질을 가지는 까닭에 행위자의 의사의 요소는 중요한 의미

1) 여기선 성문화된 용어인 "법률행위"가 과연 그것의 본질적 의미에 부합하는지 검토되어야 한다. 이에 해당하는 독일어인 "Rechtsgeschäft(e)"를 일본민법에서 "법률행위"로 번역한 이래 우리 역시 이를 답습하고 있다. 하루바삐 본질왜곡적인 이런 용어를 버리고, 신유철 교수가 제시한 대로 "권리설정행위"로 번역하여 정립하는 것이 바람직하다. 신유철 교수는 당시의 일본의 법학자들이 "법률행위"로 번역한 所以를, 근대 사법이 지향하는 사적 자치의 이념을 제대로 파악하지 못한 것과 법(Recht)과 법률(Gesetz)도 구별하지 않음으로써 법률실증주의적 사고를 갖고 있었던 것에 두고 있다. 이에 관한 상세는 신유철, 21세기 한국민사법학의 과제, 『안암법학』 제13호, 2001.11., 210면 이하; 이진기, 법률개념, 법률문징, 법체계-민법개징시안과 관련하어-, 『비교사법』 제9권 제4호, 2002.12., 148면 이하 참조.

2) 동인, 『행정법의 기본문제』, 1994, 195면 이하 참조.

를 가지지 않는다는 것을 그 이유로 삼는다. 사실 법률행위적 행정행위의 경우 행정청의 의사표시를 요소로 한다지만, 그 경우의 행정청의 의사는 공무원의 심리적 의사가 아니라 법안에 화체된 입법자의 의사로서의 의미를 가진다. 동시에 법률행위적 행정행위와 준법률행위적 행정행위의 구별은 부관을 붙일 수 있느냐 없느냐를 판단하는 기준이 된다고 하나, 그것조차 의심스럽고 보면, 그 양자의 구별은 별로 주요치 않음을 상기할 필요가 있다」[3)]

이 같은 구별무의미론에 명시적으로 동조하는 문헌이 있다.[4)] 반면 일부 문헌은 이 같은 비판적 지적의 타당성은 수긍하되, 법규의 내용에 따라서는 행정청에 일정한 판단권이 부여되어 있는 경우와 행정청의 판단 등의 정신작용에 일률적으로 법적 효과를 결부시킨 경우가 있는데, 전자의 경우엔 행정청의 판단권의 한계 내에서는 그 의사내용에 따라 법적 효과가 발생된다는 점은 부인할 수 없기에 이런 한도 내에서는 전통적 구분에 기본적인 문제점은 없다고 본다.[5)] 다만 이런 문제점의 인식과 지적에도 불구하고, 행정법문헌상으론 종전의 분류체계가 그대로 통용되고 있는 실정이다.

## Ⅱ. "準權利設定行爲的(準法律行爲的) 行政行爲"에 관한 독일과 일본에서의 논의

일찍이 Forsthoff가 지적하였듯이,[6)] 행정행위는 그에게 부여된 법효과를 발생시킨다는 점에서 그것에는 표시적 요인이 내재한다. 그 결과 행정행위를 행정의 의사표시(Willenserklärung)로 파악하는 것과 사법에서 차용된 권리설정행위개념을 행정행위에로 이행시키는 것이 초래되었다. 일찍이 많은 학자들이 포괄적이고 체계상의 관심사에서, 사법과 공법상의 법적으로 의미있는 활동을 권리설정행위란 하나의 개념으로 합일시킴으로써 법적으로 의미있는 모든 활동에 관한 -법의 통론의 핵심부분으로서- 포괄적인 하나의 체계에 도달하고자 하였다. 그 대표자가 K. Kormann이었지만, -행정법관계에 대한 사법규정의 적용에서 잘 보여주듯이- 민법과 행정법의 본질적 방법론적 나눔을 고수한 O. Mayer조차도 의사표시와 권리설정행위란 표현

3) 동인, 『행정법 Ⅰ』, 2003, 195-196면.

4) 정하중, 『행정법총론』, 2002, 209면; 김성수, 『일반행정법』, 2001, 171면 이하.

5) 김동희, 『행정법Ⅰ』, 2003, 232면. 다만 김동희 교수는 양자의 구분의 실익이 재량권의 인정 또는 부관의 허용성의 여부에 있을 정도라면 이를 가지고 구태여 이처럼 二大範疇로 구분할 필요성까지는 없는 것인지 모른다고 한다. 박균성 교수 역시 이와 비슷한 입장에서 전통적인 구별이 이론상 전혀 무의미하진 않지만, 그 구별의 실익은 없다고 본다. 동인, 『행정법론(상)』, 2003, 230-231면.

6) ders., Lehrbuch des Verwaltungsrechts, 1973, S.205..

을 사용하는 데 주저하지 않았다.[7] 요컨대 지금과 같은 분류의 원류는 일찍이 K. Kormann이 1910년에 출간된 그의 저서("System der rechtsgeschäftliche Staatsakte")에서 민법상의 권리설정행위(법률행위)와 준권리설정행위(준법률행위)의 구별을 이용하여 행정행위의 범위를 확장시키려 하였던 시도에서 찾을 수 있다.[8] 그런데 지금 우리 문헌상에서 준권리설정행위적 행정행위의 내용으로 제시되는 '확인', '공증', '통지' 그리고 '수리'와 비교하면, Kormann은 '통지'(Mitteilung), '공증'(Beurkundung) 그리고 '수리'(수령, Entgegennahme)를 이에 포함시키고, '확인'(Feststellung)은 권리설정행위적 행정행위로 본다. 한편 일본의 경우엔 우리와 마찬가지로 일반적으로 이상의 네 가지를 거론하는데, 그밖에도 상벌을 포함시키는 학자들도 있었다고 한다.[9] 반면 현재의 독일 대부분 문헌은 우리와 같은 분류방식 대신에 '명령적 행정행위', '형성적 행정행위' 그리고 '확인적 행정행위'와 같은 분류를 택하고 있다. 물론 상계표시(Aufrechnungserklärung)와 같은 행정청의 의사표시가 논의되나, 이들은 행정행위가 아니라 비처분적 행정활동의 범주에서 문제된다.[10]

우리의 전통적인 구분·분류의 시발인 일본에선 특히 塩野 宏 교수가 민법의 '법률행위론'에 준거하여 전개된 법률행위적 행정행위와 준법률행위적 행정행위의 구분이 그들 명치헌법하에서 확립되어 현재에까지 인계되어 온 점을 지적한 다음, 그런 분류에 강한 의문을 표하고 있다. 즉, 공증에 대해선 일본의 판례가 공적 증명력만으로는 행정행위로서의 자격을 부여하고 있지 않다는 점, 통지에 대해선 일본의 판례가 명령적 행위와 동일하게 취급하는 식으로 그것에 준법률행위로서 독립된 자리매김을 하고 있지 않다는 점, 수리에 대해서 구체적인 법효과가 부여되는 경우에 과연 이를 명령적 행위와 형성적 행위와 별도로 독립한 행정행위의 종류로서 취급해야 할지 의문스럽고, 수리의 관념은 행정절차법상으로도 존재하지 않는다는 점을 지적하였다.[11]

독일에서 민법상의 의사표시나 권리설정행위개념이 행정법에 통용되는 데 대한 대표적인 비판자가 바로 Forsthoff이다. 그는 행정행위를 사법적 의미상의 권리설정행위적(법률행위적) 의사에 맡기려는 모든 시도는 거부되어야 함을 주장한다. 그는

7) ders., Verwaltungsrecht I, 1924, S.94f.

8) Kormann의 주장과 관련한 내용은 선정원 교수의 글: 독일 행정법상의 행정행위 확장이론들의 등장과 발전, 『공법연구』 제27집 제2호, 1999.6, 522면 이하를 참조하였음을 밝혀둔다.

9) 선정원, 앞의 글, 523면 주)18 참조.

10) 특히 Wolff/Bachof/Stober, Verwaltungsrecht Bd. 2.Aufl., 2000, §53. 여기서 주목을 끄는 것은, 표명자의 법효과지향적 의사와는 무관하게 법효과를 발생시키는 지식표명이나 의사표명(Wissens- oder Willensäußerungen)에 해당하는 준권리설정행위적 표시(rechtsgeschäftsähnliche Erklärungen)에 통지, 공증이나 교시 등은 거론되지만, 수리에 대한 언급은 없다는 점이다.

11) 동인: 서원우/오세탁(共譯), 『日本行政法論』, 1996, 94-95면.

행정행위가 행정청과 관련인간의 법관계를 발생, 변경, 소멸시킨다는 사고에 의해서 비로소 권리설정행위적 의사가 행정의 고권적 작용에 이전하는 것이 가능하다는 점과 이런 식으로 행정행위를 민사적 법형식에 맞추는 것은 법조국가적(justizstaatlich) 고찰방식에서 비롯하였다는 점을 지적한 다음, 오늘날에는 이 같은 고찰방식은 극복되었음을 강조하였다. 행정행위란 민법에 비견되는 (행정과 개개인간의) 법관계를 함유하고 있지 않다고 보기에, Forsthoff는 관련인의 협력하에 성립하는 행정행위조차도 이를 공권력의 일방적인 발산(Emanation)이지 결코 그 이상은 아니라고 분명히 하였다. 아울러 행정행위를 그것을 발급하는 공무원의 심리적 의사의 표현으로 파악하는 것은 결코 있을 수 없으며, 정신병자인 공무원의 행정행위일망정 적법하고 본질적으로 타당한 이상, 유효하고 하자가 없음을 지적하였다. 다시 말해, 행정행위란 공무원의 심리적 상황에서 판단을 내려선 아니 되고, 전적으로 행정작용의 객관적 의미관련성의 테두리 안에서 판단을 내려야 한다는 것이다.[12] 요컨대 Forsthoff는 행정행위를 표시로 여기나, "의사표시"로 보는 데는 극렬하게 반대한다.[13] 아울러 Wolff/Bachof/Stober 역시 Kormann이나 Kruse처럼 행정행위를 법관계를 발생이나 변경하기 위한 (일방적인) 권리설정행위로 보더라도, 행정행위란 그에게만 통용되는 특별한 행정법규의 지배를 받는다는 점에서, 행정행위가 사법의 권리설정행위와는 현저히 상이하다는 사실이 간과되어선 안 된다고 강조한다.[14]

## Ⅲ. 이른바 "準法律行爲的 行政行爲"로서의 '公證'의 問題點

### 1. "公證"에 관한 일반적 논의

'공증'에 관한 논의를 살펴본 즉, 일반적으로 공증이란 특정한 사실 또는 법률관계의 존부를 공적으로 증명하는 행위를 말한다. 그리고 종래 통설은 확인은 특정한 법률사실이나 법률관계에 관한 의문 또는 분쟁이 있음을 전제로 하여 행하는 판단표시행위인 데 대해서, 공증은 의문이나 분쟁을 전제함이 없이 행하는 인식표시행위라고 하여 양자를 이른바 준법률행위적 행정행위로 각기 독립하여 자리매김하고 있다. 아울러 공증의 공통된 효과는 공증된 사항에 대해 반증에 의하지 않고는 전복될 수 없는 공적 증거력을 발생하는 점에 있다고 보기에, 반증이 있게 되면 누구든지 공증의 취소를 기다림이 없이 그것을 전복시킬 수 있다고 한다.

12) ders., a.a.O., S.206f.

13) 반면 Erichsen은 처분 등이 규율로서의 성질을 갖는 것은 그것의 표시내용에 비추어 법효과의 설정을 지향할 때인 점에서, 행정행위가 행정법적 의사표시의 카테고리에는 어울린다고 지적하였다. Ders., in: Allgemeines Verwaltungsrecht, 10.Aufl., 1995, §12 Rn.22.

14) ders., a.a.O., §45 Rn.4.

그런데 법원은 공증의 일종인 지적공부의 등재와 관련하여, 지적공부상의 등재 및 지적공부의 복구신청을 거부하거나 그 등재사항에 대한 변경신청을 거부한 것의 처분성을 일관하여 부인하고 있다.[15] 그 논거로 지적공부에 기재된 일정한 사항을 변경하는 행위는 행정사무집행의 편의와 사실증명의 자료로 삼기 위한 것으로, 이로 인하여 당해 토지에 대한 실체상의 권리관계에 변동을 가져오는 것이 아니고, 토지 소유권의 범위가 지적공부의 기재만에 의하여 증명되는 것도 아님을 들고 있다. 그리하여 류지태 교수는 공증행위가 실체적 권리관계의 변동과 관련을 갖는 경우에는 판례와 마찬가지로 행정행위성을 인정할 수 없고, 반면 여권의 발급이나 국가시험합격증서의 발급과 같이 실체적 권리관계의 변동을 대상으로 하지 않는 경우에는 행정행위성을 인정할 수 있다고 본다.[16]

## 2. 管 見

요컨대 오늘날 '공증(된 것)'의 처분성에 대한 짙은 의구심은 한편으론 그것에서 비롯된 '공적 증거력'에 관한 통설적 이해와, 다른 한편으론 법원이 행정청의 지적관련한 공부상의 일련의 행위에 대해서 일관되게 처분성을 부인한 사정으로부터 생겨났다고 여겨진다. 전자와 관련해선, 과연 반증이 있으면 누구든지 공증의 취소 없이도 그 공적 증거력을 전복시킬 수 있는지가 현행 민사소송법의 관련 규정에 의거해서 검토되어야 한다. 증거력(증거가치, 증명력)이란 일정한 증거자료가 요증사실의 인정에 이바지하는 정도 즉, 법관의 확신을 일으키는 데 영향을 주는 힘, 다시 말해 증거자료의 심증형성력을 말한다. 서증을 보자면, 문서가 증거력을 갖기 위해선 우선 그것이 진정하게 성립된 것이어야 하고(형식적 증거력), 그 다음에 그 내용이 요증사실의 증명에 이바지하는 가치를 가져야 한다(실질적 증거력). 이런 증거력의 평가는 법관의 자유심증에 의하나(민사소송법 제202조), 문서의 작성방식과 취지에 의하여 공무원이 직무상 작성한 것(공문서)으로 인정한 때에는 이를 진정한 공문서로 추정됨으로써(동법 제356조 제1항), 형식적 증거력의 차원에서 문서의 진정성립이 추정되며, 아울러 실질적 증거력의 차원에서도 공문서에 대해선 그 기재내용의 진실성이 추정되는 예가 많다고 한다.[17] 이상과 같은 소송법의 일반적 논의에 비추어 보자면, 공증이 지닌 공적 증거력과 반증간에는 직접적인 상관관계를 설정하기가 어렵지 않다.

---

15) 대법원 1991.12.14. 신고 91누8357판결; 1995.12.12. 선고 95누9747판결; 2002.4.26. 선고 2000누7612판결 등. 追論: 그러나 대법원 전원합의체판결(2004.4.22. 선고 2003두9015)을 통해서, 지목변경신청의 거부를 거부처분으로 봄으로써, 종래의 법원의 입장이 180° 바뀌었다.

16) 동인, 『행정법신론』, 2003, 123면.

17) 정동윤, 『민사소송법』, 1995, 545면 이하 참조.

따라서 김남진 교수님이, -반증이 있게 되면 누구든지 공증의 취소를 기다림이 없이 그것을 전복시킬 수 있다고 하는- 통설적 이해는 행정행위에게 인정되는 공정력을 부인한 셈이 된다는 점에서, (통설적 이해에 따른다면) 공증의 행정행위성에 대해 의문이 제기될 법하다고 정당하게 지적하였다.[18] 그런데 비록 반증이 공적 증거력의 심증형성력을 약화시켜 그것을 스스로 전복시킬 수 있다 하더라도, 여기선 증거력의 판단이 기본적으로 법관의 자유심증주의에 의한다는 점을 출발점으로 삼아야 한다. 종래의 통설과 같이 공문서의 고양된 증거력에 초점을 맞추는 태도에는 근본적인 변화가 요구된다. 왜냐하면 과연 그것을 처분개념정의에서 요구되는 '법효과의 발생'에 포섭시킬 수 있는지 의문스럽기 때문이다. 따라서 단순한 증명기능에 그쳐선 곤란하고, 등재 등에 대해서 실정법이 규율적 성격을 부여하거나 -그렇지 않은 경우엔- 행정청이 이를 법적 구속력이 있는 것으로 하고자 해야 한다. 즉, 법률이 등재에 부여하는 효과가 규율적 성격인지 여부가 관건이다.[19]

한편 종래 통설이 확인과 공증을 이른바 준법률행위적 행정행위로 각기 독립하여 자리매김하고 있는 데 대해서, 김남진 교수님은 확인이 일반적으로 공증(증명서 등의 발급)의 형식으로 대외적으로 표시되어 양자의 구별이 확실치 않다는 점에서 공증을 독자적인 행정행위로 보는 것에 대해 강한 의문을 제기하고 있다.[20] 확인적 행정행위는 법상황을 구속적으로 확인하고 그리하여 행정청과 수범자에게 법효과를 증명하는 의사와 함께 행해진다는 점을 유의하여야 한다. 독일의 경우 일찍이 W. Jellinek[21]가 '공증적 행정행위'(der beurkundende VA)[22]를 확인적 행정행위의 하위경우로 여겼듯이, 대부분의 문헌이 양자의 관계를 그처럼 설정하고 있다.[23] 요컨대 확인적 행정행위 전반의 틀에서 공증의 처분성 물음을 논의하여야 한다.

## Ⅳ. 이른바 "準法律行爲的 行政行爲"로서의 "通知"의 問題點

### 1. "通知"에 관한 일반적 논의

행정법의 대부분의 문헌에 의하면, "통지"란 특정인 또는 불특정다수인에 대해 특정한 사실을 알리는 행위를 말하고, 이를 특정한 사실에 관한 관념을 알리는 행위

18) 동인, 『행정법 I』, 2002, 234면. 동지: 정하중, 『행정법총론』, 2002, 228면.

19) Lässig, Registereintragungen als Verwaltungsakt?-BVerwGE 77, 268, JuS 1990, S.459(463f.).

20) 동인, 앞의 책, 234면. 비슷한 지적: 정하중, 앞의 책, 227면.

21) ders., Verwaltungsrecht, 3.Aufl., 1931, S.260.

22) 한편 Lässig는 '공증적 행정행위'란 개념이 그들 행정절차법 제35조 제1문상 요구되는 규율적 성격과 조치의 단순한 증명기능간의 구분지움에 이바지 못함을 지적하였다. Ders., a.a.O., S.463.

23) Vgl. Stelkens/Bonk/Sachs, VwVfG, 5. Aufl., 1998, §35 Rn.147; Peine, Allgemeines Verwaltungsrecht, 5. Aufl., 2000, Rn.143-144.

(예: 특허출원의 공개, 귀화의 고시 등)와 의사를 알리는 행위(예: 토지수용에 있어서 사업인정의 고시[24], 대집행의 계고, 조세체납자에 대한 독촉 등)로 나눈다. 아울러 통지는 그 자체가 독립된 행정행위이므로 이미 성립한 행정행위의 효력발생요건으로서 통지나 고지와는 구별되어야 하며, 통지의 효과는 행위자의 의사의 내용에 따라 발생하는 것이 아니라, 그에 관한 관계법령의 규정에 따라 발생한다고 한다.

## 2. 독립된 행정행위로서의 "通知"의 존재에 관한 의문

한편 통지의 독자적 행정행위성 나아가 준법률행위적 행정행위 자체의 범주에 대해 근본적인 의문을 피력한 김남진 교수님은, 내용(법효과)을 표준으로 할 때 사업인정의 고시는 형성적 행위(특허)로, 대집행의 계고와 납세의 독촉은 각각 작위하명과 급부하명의 성질을 갖는다고 볼 수 있다고 지적한다.[25] 이런 반론에 착안하면, "통지" 자체의 처분성에 관한 논의의 시발은 행정절차법 제2조 제2호 등에서 채택한 처분개념정의 즉, 「'처분'이라 함은 행정청이 행하는 구체적 사실에 관한 법집행으로서의 공권력의 행사 또는 그 거부와 그밖에 이에 준하는 행정작용을 말한다」이다. 요컨대 법률상으로 행정청의 통지행위에 어떠한 법효과가 수반되지 않을 때에는 그것은 사실행위에 불과하다는 점을 유의하여야 한다.[26] 그리하여 현재 문헌상 거론되는 "통지"의 효과가 과연 그러한지 먼저 검토해 보고자 하는데, 이는 "통지"의 독립성 여부의 물음에 직결된다.

'특허출원의 공개'(특허법 제64조)를 보자면, 그것 자체가 특허출원에 관하여 특허공보를 통해서 알리는 것임에는 분명하다. 그리고 출원공개 이후에는 특허출원인이 그 특허출원된 발명을 업으로서 실시한 자에게 특허출원된 발명임을 서면으로 경고할 수 있는 등 그에 따른 법효과가 발생한다(동법 제65조). 그런데 동조상의 법효과를 살펴보면, 그것들이 특허출원인에게 부여됨을 알 수 있다. 즉, '특허출원의 공개'의 본질은 특허허가가 내리기 전에 그 특허출원인을 위하여 그에게 법적 권리를 부여하는 형성적 행위에 해당한다.

'토지수용에서의 사업인정의 고시'('공익사업을위한토지등의취득및보상에관한법률' 제22조)를 보자면, 고시 그 자체가 법규정에 의거하여 독립된 법효과를 과연 가져다 주는지 의문스럽다. 동법 제19조와 제20조에 의하여 (공익사업을 수행하는) 사업시행자가 공익사업의 수행을 위하여 필요하여 토지 등을 수용·사용하고자 할 때에는 건

24) 한편 다수의 지적과는 달리, 김성수 교수는 이를 의사의 통지가 아닌 단순한 사실 또는 관념의 통지로 보고 있다. 동인, 앞의 책, 236면.

25) 동인, 앞의 책, 265면.

26) 김동희, 앞의 책, 279면.

설교통부장관의 사업인정을 받아야 한다. 그리고 동법 제22조 제3항은 사업인정이 고시한 날로부터 그 효력을 발생한다고 규정하고 있다. 따라서 사업인정 그 자체가 법적 성질을 가질 뿐이고, 그것의 고시는 단지 그것을 외부적으로 알려 대외적 효력을 발생시켜서 그것을 성립시켜주는 데 불과하다. 다시 말해, 사업인정의 고시는 독자적 의미를 갖지 못하고, 사업인정(결정)의 존재요건이자 성립요건이다.[27]

'귀화의 고시'(국적법 제17조)를 보자면, 국적취득이란 귀화의 효과는 벌써 귀화허가가 신청자에게 통지됨으로써 발생하지, 그 고시로부터 비롯되지 않는다. 즉, 동법 제17조가 국적의 취득과 상실에 관한 사항이 발생한 때에 '그 뜻'을 관보에 고시하도록 규정하고 있기에, 귀화의 고시가 귀화의 효과와 관련하여 법적 의의를 갖지 않음은 자명하다.[28]

'대집행의 계고'를 보자면, 그것의 법적 의의를 세심히 살펴보아야 한다. 통상 대집행의 절차는 계고, 대집행영장에 의한 통지, 대집행의 실행, 비용징수의 4단계로 나누어 진행된다고 여기며, 이들 각각의 단계에 대해 -그것의 성질상의 차이점과는 별도로- 독립된 행정처분적 성격을 부여하고 있다. 그리하여 이들 상호관계를 하자승계론을 대입시킨다. 과연 이들 각각의 단계가 독립된 의미를 갖는지 세심한 고려가 필요하다. 이런 고려의 착안점을 행정대집행법의 관련규정이 제공하는데, 동법 제2조 · 제3조 · 제7조 등에 비추어 동법상의 '대집행' 즉, 동법 제2조에 의한 '처분'이란 '당해행정청이 스스로 의무자가 하여야 할 행위를 한 것과 제3자로 하여금 이를 하게 한 것'이다. 즉, 대집행의 실행 자체만이 대집행(처분)일 뿐, 계고나 대집행영장의 통지는 대집행(처분)의 사전절차에 지나지 않고, 비용징수는 대집행(처분)의 후속절차에 지나지 않는다. 다시 말해, 비용징수의 경우엔 그 자체 독립된 별개의 급부명령으로 자리매김하여야 하나, -동법 제3조의 표제 '대집행의 절차'가 보여주듯이- 계고나 대집행영장의 통지는 대집행(처분)을 하기 위한 절차적 의미만을 지니지 결코 독립된 법적 의의를 갖지 못한다. 따라서 종래 판례와 문헌에서 계고처분이란 용어처럼 계고를 당연히 처분으로 보아온 것에 재고가 요구된다. 물론 대집행만을 처분을 볼 때 초래되는 권리보호상의 곤란함 -가령 대집행실행의 성질상 현행법상의 진압적 구제가 실효성이 없고, 예방적 부작위소송과 같은 수단만이 주효하다는 점-

27) 참조판례: 「토지수용법 제14조에 의한 토지수용을 위한 사업인정은 단순한 확인 행위가 아니라 형성행위이고, 당해사업이 비록 토지를 사용할 수 있는 사업에 해당된다 하더라도 행정청으로서는 그 사업이 공용수용을 할 만한 공익성이 있는지의 여부를 모든 사정을 참작하여 구체적으로 판단하여야 하는 것이므로 사업인정의 여부는 행정청의 재량에 속한다 할 것이다」(대법원 1992.11.13. 선고 92누596판결).

28) 이런 관점에서 '당연퇴직의 통보'를 독립된 행정처분으로 보지 않은 판례(대법원 1985.7.23. 선고 84누374판결)와, '공매결정'이나 '공매통지'의 행정처분성을 부인한 판례(대법원 1998.6.26. 선고 96누12030판결)는 정당하고 지극히 당연하다.

을 고려한다면, 계고처분의 존재이유가 수긍될만하다. 한편 독일의 행정강제집행법이 우리의 계고에 해당하는 'Androhung'에 대해서 행정행위에게 허용된 권리구제수단이 주어진다고 규정함(동법 제18조 제1항)에도 불구하고, 그것의 법적 성질에 관한 논의가 분분하다. 하물며 그런 특별규정을 두지 않고 단지 대집행에 관한 행정쟁송을 규정할 뿐인 우리의 법상황에선, 계고처분의 인정은 재고되어야 한다. 물론 독일의 경우처럼, 계고처분의 인정이 입법정책적으로(de lege ferenda) 강구될 순 있지만, 이를 가지고 준권리설정행위적 행정행위의 존재의 당위성을 삼아선 곤란하다.[29]

한편 폐기물관리법 제26조 제2항상의 '(부)적정통보' 에 대해서 판례는 처분성을 인정하였다.[30] 이런 적정통보처분을 준권리설정행위적 행정행위로서의 '통지'로 보기도 하나,[31] 오히려 종국적인 폐기물처리업허가에 선행된 예비적 성질과 확인적 성질을 갖는 것으로 봄직하다.

## V. 이른바 "準法律行爲的 行政行爲"로서의 "受理"의 問題點

### 1. "受理"에 관한 일반적 논의

행정법의 대부분의 문헌에 의하면, 일반적으로 "수리"란 타인의 행정청에 대한 행위를 유효한 행위로 받아들이는 즉, 수령하는 행위를 말한다. 그리고 단순한 사실인 '도달'이나 '접수'와는 달리, 행정청이 타인의 행위를 유효한 것으로 판단하여 수령한다는 점에서, 인식의 표시행위이자 수동적 의사행위에 해당한다고 한다. 그리고 수리에 어떠한 법률효과가 발생하는가는 개별법령이 정하는 바에 따라 다른데, 사법상의 효과가 발생하거나(혼인신고의 수리) 행정청에게 결정·재정 등을 행할 의무와 같은 공법적 효과를 발생시키기(행정심판청구의 수리)도 한다고 한다. 아울러 -수리를 요하는 신고의 일환으로서- 사인의 부작위의무의 해제(수산업법 제44조)와 같은 공법적 효과도 발생한다고 한다.

---

29) 지면관계상 이와 관련한 상세한 논의는 차후에 전개하고자 한다. 追論: 여기선 통지처분의 독립된 존재의미에 관한 강한 의구심을 갖고서 계고의 처분성을 부인하는 식으로 가능한 통보(통지)를 다른 것으로 인식하고자 하였다. 그러나 그 뒤에 발표한 글(통보처분의 독립된 인정여부에 관한 소고, 고시연구 2006.9., 95면 이하)에선 범주로서의 준법률행위적 행정행위와의 결별이란 기조를 견지하면서도, 여기서의 입장을 수정하여 통보처분의 독자적 의의를 새롭게 지리매김하고자 하였다. 追論: 본서 329면 이하 참조.

30) 대법원 1998.4.28. 선고 97누21086판결. 이 판결에 관한 논의는 홍준형, 판례행정법, 1999, 263면 이하; 이원일, 대법원판례해설 1998 상반기, 500면 이하. 권은민, 폐기물처리업 허가권자가 한 '부적정통보'의 법적 성질, 행정판례연구 제6집, 2001, 127면 이하 참조. 追論: 본서 486면 이하 참조.

31) 김성수, 앞의 책, 236면 이하.

## 2. 독립된 행정행위로서의 "受理"의 존재에 관한 의문

앞서의 통지에서처럼 "수리" 자체의 처분성에 관한 논의에서도 행정절차법 제2조 제2호 등에서 채택한 처분개념정의를 중심으로, 현재 문헌상 거론되는 "수리"의 효과가 과연 그러한지 검토해 보고자 한다. 이는 "수리"의 독립성여부의 물음에 직결된다.

먼저 「혼인은 호적법에 정한 바에 의하여 신고함으로써 그 효력이 생긴다」는 민법 제812조 제1항, 「혼인의 신고는 그 혼인이 제807조 내지 제81조 및 전조 제2항의 규정 기타 법령에 위반함이 없는 때에는 이를 수리하여야 한다」는 동법 제813조 및 호적법상의 관련조항을 고려하고서 '혼인신고의 수리'를 보자면, 과연 정보제공적 신고의 일종으로 여겨지는 혼인신고에서의 '수리'가 혼인의 성립을 좌우할만한 독립된 의미를 가지는지 의문스럽다. '법률혼주의'가 사실혼을 완전히 배격하고 반드시 국가의 승인하에서만 혼인이 성립한다는 것을 의미하지 않는 한, 혼인신고의 수리에 비중을 두는 것은 바람직하지 않다. 법률혼주의에 따라 혼인관계가 국가에 알려지고 그 사실이 공부에 등재됨으로써 대외적으로 증명된 혼인관계가 성립한다는 점에서, 그 수리는 신고에 따른 등재를 하기 위한 업무처리상의 한 과정에 불과하다. 따라서 여기서의 '수리'를 그저 '접수' 차원을 넘어서 공부상의 등재라는 법적 의미를 지닌 '처리'까지 포함한 의미로 파악하지 않는 한, 그 수리에 대해서 독립된 법적 행위성을 부여하기란 곤란하다 하겠다.[32] 그러나 수리의 무의미성을 바로 그 불수리(수리거부)의 무의미성으로 연결해선 안 된다.[33]

'이의신청'이나 '행정심판청구'의 경우에도, 그 신청이나 심판청구의 수리 그 자체가 -해당 법률에 의하든- 그것에 대한 심리·재결과 같은 직무를 행할 의무와 같은 법효과를 발생시킨다고 하는 것은 의제적이라 하겠다. 왜냐하면 그 신청이나 심판청구의 수리는 그것에 대한 심리·재결로 나아가는 과정의 일환에 해당하여, 독립된 의미를 갖지 않기 때문이다. 그리고 공무원의 사표수리의 경우 그 수리가 '접수'를 넘어서 법적 의미를 지닌 '처리'까지 포함함으로써 여기에 '면직처분적 요소'까지 깃들어 있다면 모르지만, 그렇지 않은 이상 현행 공무원법상 단순한 사표수리만으론

32) 설혹 그런 의미로 파악한다 하더라도 그 수리의 의의는 '수령한다는 점'보다는 공증의 내용에 가깝다.

33) 여기서 문제될 수 있는 것이 바로 혼인신고의 불수리(수리거부)의 물음이다. 이에 대한 바른 접근은 통념화된 여러 전제-신고에는 자기완결적 신고와 행정요건적 신고가 있다, 거부처분의 성립에는 신청대상이 처분일 것이 요구된다, 수리거부는 거부처분적 성격이다 등-로부터 벗어나야 비로소 가능하다. 요컨대 혼인신고의 불수리는 호적법 제125조상의 불복신청의 대상인 호적사건에 관한 위법 또는 부당한 처분에 당연히 포함된다.

공무원관계의 소멸의 법효과가 발생하지 않는다.

이상에서 보았듯이, 수리에 대해 독립된 행정행위성을 인정하기 위한 요건의 측면에서 문헌상의 적시된 법효과의 존재가 수긍될 수 없기에, 당연히 그것은 행정절차법 등의 처분에 해당하지 않는다. 그런데 '수리'를 독립된 행정행위로 볼 수 있게 한 법제도가 등장했는데, 그것은 다름 아니라 이른바 "수리를 요하는 신고제"이다. 이것의 성립에 준권리설정행위적 행정행위로서의 '수리'에 관한 종전의 이해가 영향을 미쳤음은 당연하듯이, 역으로 준권리설정행위적 행정행위로서의 '수리'를 유지케 한 결정적인 근거가 "수리를 요하는 신고제"이다. 따라서 오늘날 수리의 물음은 당연히 여기에 초점이 모아져야한다.[34)]

## Ⅵ. 맺으면서 -"準法律行爲的 行政行爲"와의 訣別

결론적으로 종래 문헌상의 통념화된 행정행위의 분류체계 즉, '권리설정행위(법률행위적) 행정행위'와 '준권리설정행위(준법률행위적) 행정행위'에 관한 근본적인 인식 변화가 요구된다. 이상에서 보았듯이, 민법의 권리설정행위와 준권리설정행위 개념에 터 잡은 분류체계, 나아가 그것들의 내용이 현행 행정법질서에 부합하지 않을 뿐더러 그 존재이유가 긍정되지 않는다. 기성의 체계와의 결별에는 그것에 대한 아쉬움과 미련은 물론 변화에 대한 불확실성이 수반된다. 이젠 설득력있는 논리전개를 은연중에 저지한다는 점에서 -적어도 구별무의미론을 취한다면- 종래의 분류체계와는 결연히 결별하는 것이 요망된다. '허가'를 語意 뿐만 아니라 그 본질에도 반하게 명령적 행정행위로 보는 것이, 기존의 분류체계가 '프로크루스테스의 침대'가 될 우려가 있음을 여실히 보여준다. 하루바삐 명령적 행정행위, 형성적 행정행위, 확인적 행정행위로 3분하는 분류체계를 근간으로 하여 논의가 전개되어야 한다.

* 고시연구 2003년 10월호, 14면 이하 소수.

* 참고문헌: 최영규, 행정행위의 분류, 행정작용법론(김동희 교수 정년기념논문집), 2005, 19면 이하; 선정원, 행정행위의 유형론, 행정작용법론(김동희 교수 정년기념논문집), 2005, 57면 이하; 졸고, 통보처분의 독립된 인정여부에 관한 소고, 고시연구 2006.9., 95면 이하.

---

34) 이에 관해선 졸고, 이른바 수리를 요하는 신고의 문제점에 관한 소고, 한국행정판례연구회 제173차 월례발표회 발표문, 2003.6.20, 4면 이하 참조(동명으로 행정판례연구 제8집, 2003.12., 63면 이하 所收).

# 제 7 장

# 通報處分의 독립된 認定與否에 관한 小考



## Ⅰ. 관련 주요판례

* 대법원 2006.4.20. 선고 2002두1878전원합의체판결 【경정결정신청거부처분취소】

[다수의견] 과세관청의 소득처분과 그에 따른 소득금액변동통지가 있는 경우 원천징수의무자인 법인은 소득금액변동통지서를 받은 날에 그 통지서에 기재된 소득의 귀속자에게 당해 소득금액을 지급한 것으로 의제되어 그 때 원천징수하는 소득세의 납세의무가 성립함과 동시에 확정되고, 원천징수의무자인 법인으로서는 소득금액변동통지서에 기재된 소득처분의 내용에 따라 원천징수세액을 그 다음달 10일까지 관할 세무서장 등에게 납부하여야 할 의무를 부담하며, 만일 이를 이행하지 아니하는 경우에는 가산세의 제재를 받게 됨은 물론이고 형사처벌까지 받도록 규정되어 있는 점에 비추어 보면, 소득금액변동통지는 원천징수의무자인 법인의 납세의무에 직접 영향을 미치는 과세관청의 행위로서, 항고소송의 대상이 되는 조세행정처분이라고 봄이 상당하다.

[대법관 김영란의 반대의견] 소득금액변동통지란 과세관청이 내부적으로 법인의 사외유출된 소득에 대하여 법인세법 제67조 및 구 법인세법 시행령(2001. 12. 31. 대통령령 제17457호로 개정되기 전의 것) 제106조가 정하는 바에 따라 소득의 귀속자와 소득의 종류 등을 확정하는 소득처분을 한 다음, 그 소득처분의 내용 중 법인의 원천

징수의무 이행과 관련된 사항을 기재하여 원천징수의무자에게 고지하는 절차로서, 법인의 원천징수의무를 성립·확정시키기 위한 선행적 절차에 불과하여 원천징수의무자의 법률적 지위에 직접적인 변동을 가져오는 것은 아니므로, 이를 항고소송의 대상이 되는 행정처분이라고 할 수 없다.

[대법관 손지열의 반대의견] 소득금액변동통지는 그 통지의 실질이나 기능을 직시한다면 행정처분으로 보는 것이 타당하겠으나, 현재 대통령령으로 규정되어 있는 소득금액변동통지를 부과처분과 유사한 행정처분으로 볼 경우에는 구 소득세법 시행령(2000. 12. 29. 대통령령 제17032호로 개정되기 전의 것) 제192조 제2항은 조세법률주의에 위배된 명령으로 위헌으로 볼 수밖에 없고, 소득금액변동통지를 행정처분으로 보지 않고 단순히 조세징수에 관한 절차적 규정으로 보는 종전의 대법원판례가 법령의 문언에 정면으로 반한다든가 심히 불합리하다든가 하는 점은 찾아보기 어려우므로, 현행 법령의 해석으로는 종전의 판례를 유지하여 위헌의 문제를 피하는 것이 현명할 것으로 본다.

[다수의견에 대한 대법관 이강국, 고현철의 보충의견] 소득금액변동통지는 원천징수의무자인 법인의 납세의무에 직접 영향을 미치는 과세관청의 행위로서 항고소송의 대상이 되는 조세행정처분이라고 볼 이론적 근거가 충분하고, 또 종전의 판례하에서 소득금액변동통지를 받은 원천징수의무자는 그 원천징수의무의 성립 여부나 범위에 관하여 다투기 위해서는 당해 원천세액을 자진 납부하지 아니하고 납부불성실가산세의 제재를 받으면서 징수처분이 있기를 기다렸다가 그 징수처분에 대한 취소소송으로 다툴 수밖에 없었는데, 이는 납세자의 권리보호에 미흡하고 형평에도 맞지 않는다고 할 것이므로 소득금액변동통지 자체를 항고소송의 대상으로 삼아 불복청구를 할 수 있도록 보장하여 주는 것이 진정으로 납세자의 권리보호와 조세정의에 부합한다.

* 대법원 2003.11.14. 선고 2001두8742판결 【농지처분의무통지처분취소】

구 농지법(2002. 1. 14. 법률 제6597호로 개정되기 전의 것) 제10조 제1항 제7호, 제2항, 제11조에 의하면, 농지의 소유자가 정당한 사유 없이 같은 법 제8조 제2항의 규정에 의한 농업경영계획서의 내용을 이행하지 아니하였다고 시장 등이 인정한 때에는 그 사유가 발생한 날부터 1년 이내에 당해 농지를 처분하여야 하고, 시장 등은 농지의 처분의무가 생긴 농지의 소유자에게 농림부령이 정하는 바에 의하여 처분대상농지·처분의무기간 등을 명시하여 해당 농지를 처분하여야 함을 통지하여야 하며, 위 통지에서 정한 처분의무기간 내에 처분대상농지를 처분하지 아니한 농지의 소유자에 대하여는 6개월 이내에 당해 농지를 처분할 것을 명할 수 있는바, 시장 등 행정청은 위 제7호에 정한 사유의 유무, 즉 농지의 소유자가 위 농업경영계획서의 내용을 이행하였는지 여부 및 그 불이행에 정당한 사유가 있는지 여부를 판단하여 그 사유를 인정한 때에는 반드시 농지처분의무통지를 하여야 하는 점, 위 통지를 전제로 농지처분명령, 같은 법 제65조에 의한 이행강제금부과 등의 일련의 절차가 진행되는 점 등을 종합하여 보면, 농지처분의무통지는 단순한 관념의 통지에 불과하다고 볼 수는 없고, 상대방인 농지소유자의 의무에 직접 관계되는 독립한 행정처분으로서 항고소송의 대상이 된다.

* 대법원 2004.4.22. 선고 2000두7735전원합의체판결 【교수재임용거부처분취소】

기간제로 임용되어 임용기간이 만료된 국·공립대학의 조교수는 교원으로서의 능력과 자질에 관하여 합리적인 기준에 의한 공정한 심사를 받아 위 기준에 부합되면 특별한 사정이 없는 한 재임용되리라는 기대를 가지고 재임용 여부에 관하여 합리적인 기준에 의한 공정한 심사를 요구할 법규상 또는 조리상 신청권을 가진다고 할 것이니, 임용권자가 임용기간이 만료된 조교수에 대하여 재임용을 거부하는 취지로 한 임용기간만료의 통지는 위와 같은 대학교원의 법률관계에 영향을 주는 것으로서 행정소송의 대상이 되는 처분에 해당한다.

* 대법원 1966.10.31. 선고 66누25판결 【건물철거계고처분취소】

대집행의 계고행위는 본법 소정의 처분에 포함되므로 계고처분 자체에 위법있는 경우에도 항고소송의 대상이 된다.

## Ⅱ. "通報(通知)"의 처분성에 관한 행정법문헌상의 논의[1)]

행정법의 대부분의 문헌은 민법상의 법률행위와 준법률행위의 구분에 맞춰 법률행위적(권리설정행위적) 행정행위와 준법률행위적(준권리설정행위적, rechtsgeschäftsähnlich) 행정행위로 나누어 후자의 범주로 확인, 공증, 통부(통지), 수리를 설정 인정하고 있

1) 독일의 Androhung, Ankündigung, Mitteilung에 해당하는 우리 네 용어가 각기 분별하여 사용되고 있지 않다. 일반적으로 처분성을 논할 때 '통지'란 용어가 사용되는데, 이는 행정행위의 성립요건이자 존재요건(통상은 효력요건으로 잘못 칭한다)인 通知(Bakanntgabe)와의 혼란을 야기한다. 독일어 'Bakanntgabe'의 경우 그 어의에 따른 통지(또는 고지)가 걸맞지만, Androhung, Ankündigung 등의 경우 알림 그 자체를 상정하면 통보나 통고 등으로 옮길 필요가 있다. 따라서 이 글에선 대부분의 문헌에서의 용례와는 달리 통지 대신 통보를 의도적으로 사용하기로 한다-사실 계고와 관련하여 보자면 통고가 더 낫지만, (잘못 명칭이 붙여진) 통고처분의 비처분성이 장애가 된다-. 다만 Androhung의 경우엔 그것의 본래 의미가 협박인 점에서, 日人이 옮긴 '戒告'로 구태여 옮기고자 한다.

다. 이처럼 통보(통지)처분의 독립적 의의를 긍정하는 입장에 의하면, "통보(통지)"란 특정인 또는 불특정다수인에 대해 특정한 사실을 알리는 행위를 말하고, 이를 특정한 사실에 관한 관념을 알리는 행위(예: 특허출원의 공개, 귀화의 고시 등)와 의사를 알리는 행위(예: 토지수용에 있어서 사업인정의 고시[2], 대집행의 계고, 조세체납자에 대한 독촉 등)로 나눈다. 아울러 통보(통지)는 그 자체가 독립된 행정행위이므로 이미 성립한 행정행위의 효력발생요건으로서 통지나 고지와는 구별되어야 하며, 통보(통지)의 효과는 행위자의 의사의 내용에 따라 발생하는 것이 아니라, 그에 관한 관계법령의 규정에 따라 발생한다고 한다.

그러나 통보처분의 독자적 행정행위성에 대해 근본적인 의문이 제기된다. 즉, 내용(법효과)을 표준으로 할 때 사업인정의 고시는 형성적 행위(특허)로, 대집행의 계고와 납세의 독촉은 각각 작위하명과 급부하명의 성질을 갖는다고 볼 수 있다고 주장된다.[3]

이른바 준법률행위적 행정행위의 범주가 독립된 통보처분을 인정하기 위한 근거점이 되곤 한다. 행정행위의 분류에서 오랫동안 확고히 굳어진 통념적 구상(법률행위적 행정행위와 준법률행위적 행정행위) 및 특히 후자의 존재의의를 둘러싸고 의견이 분분하다. 즉, 일찍이 김남진 교수님은 '준법률행위적 행정행위' 가운데 확인만이 독립된 행정행위성을 갖기에 '준법률행위적 행정행위'란 독립된 범주가 필요치 않으며 그것의 해체를 주장하였고,[4] 그리하여 부관부가에서의 상이함의 존재여부를 견주어 양자의 구별 자체가 무의미하다고 지적된다.[5] 이 같은 구별무의미론에 명시적으로 동조하는 문헌[6]이 있는 반면에, 일부 문헌은 이 같은 비판적 지적에 수긍하여 양자의 구별의 실익 차원에서 2대범주적 구분의 필요성에 회의를 품으면서도 여전히 일정한 한도내에선 전통적 구분에 기본적인 문제점은 없다거나,[7] 전통적인 구별이 이론상 전혀 무의미하진 않다고 본다.[8] 그런데 기왕의 분류체계의 문제점에 관한 인식과 공감대가 상당하게 조성되어 있음에도 불구하고, 행정법문헌상으론 종전의 분류체계가 그대로 통용되고 있는 실정이다. 즉, 이 같은 기왕의 분류체계에 대한 강력한 비판이 결코 기왕의 분류체계를 대체하진 못하였으며, 심지어 나름의 설득력이 존재함에도 불구하고 대안형성의 단계까지도 가지 못하였다.[9]

---

2) 한편 다수의 지적과는 달리, 김성수 교수는 이를 의사의 통지가 아닌 단순한 사실 또는 관념의 통지로 보고 있다. 동인, 『일반행정법』, 2004, 235면.
3) 김남진/김연태, 『행정법 Ⅰ』, 2006, 228면.
4) 동인, 『행정법의 기본문제』, 1994, 195면 이하 참조.
5) 김남진/김연태, 앞의 책, 187면.
6) 정하중, 『행정법총론』, 2005, 213면; 김성수, 앞의 책, 171-172면.
7) 김동희, 『행정법Ⅰ』, 2006, 237-238면.
8) 박균성, 『행정법론(상)』, 2006, 230-232면.

## Ⅲ. 독립된 행정행위로서의 "通報處分"의 인정근거

그런데 전통적인 행정행위 분류체계에 관한 기본인식의 차이를 넘어서, 통보처분의 가능성 여부와 그것의 독립성 여부를 세심하게 검토할 필요가 있다.[10] 전자의 물음과 관련해선 "통보" 자체의 처분성여부에 관한 논의가 행해져야 하고, 후자의 물음과 관련해선 처분성인정을 바탕으로 독립된 범주로서 그것을 설정할 수 있는지가 다루어져야 한다. 후자의 물음은 통보로부터 비롯된 법효과가 과연 기왕의 행정행위의 틀에서 벗어나 알림이란 통보의 본질에 부합하는 나름의 형상을 제공하는지 여부가 관건이다. 무엇보다 논의의 시발은 행정절차법 제2조 제2호 등에서 채택한 처분개념정의 즉, 「'처분'이라 함은 행정청이 행하는 구체적 사실에 관한 법집행으로서의 공권력의 행사 또는 그 거부와 그밖에 이에 준하는 행정작용을 말한다」이다.

요컨대 법률상으로 행정청의 통보행위에 어떠한 직접적 법효과도 수반되지 않을 때. 가령 그것이 법적 효과가 발생하지 않는 단순한 사실 또는 관념의 통보인 경우에는 그것은 사실행위에 불과하다. 그런데 알림을 뜻하는 통보(통지)의 다의적 의미에서 그 개념을 법적으로 포착하기란 쉽지 않다. 심지어 가령 고지, 통고나 정보제공작용(경고, 추천, 시사) 등도 알림작용에 포함시킬 수 있다. 이런 까닭에 통보에 관한 기왕의 논의가 일정 범위에서 난맥에 처할 수밖에 없었다. 따라서 통보에서의 알림이란 현상적 차원에서 벗어나 무엇의 알림인지를 되새겨 볼 필요가 있다. 즉, 통보 그 자체가 (무엇에 대한) 알림이므로, 통보의 처분성여부는 그것의 대상이자 내용과 연계하여 검토되어야 한다. 따라서 통보의 처분성이 문제되는 대상은 바로 "행정조치(Maßnahme)의 통보"라 하겠다.

여기서도 결정적으로 중요한 것은, 통보 그 자체로 인해 일정한 권리가 발생, 변경, 소멸되거나 확인될 것인지 여부이다. 따라서 해당 조치의 요건이 존재하며, 그리하여 그것의 실행은 전적으로 통보의 집행을 의미한다는 식의 결정이 통보를 통해서 구속적으로 내려지게 될 경우엔, 통보로부터 직접적인 법효과의 발생이 인정된다. 하지만 행정청이 절차를 이런 식으로 2단계로 설정하고자 함은 원칙적으로 받아

9) 일찍이 필자는 대안형성을 넘어 기왕의 분류체계를 타파하기 위한 시도를 하였다. 참고: 졸고, 이른바 "準法律行爲的(準權利設定行爲的) 行政行爲"와의 訣別에 관한 소고, 고시연구 2003.10, 14면 이하. 追論: 본서 318면 이하 참조.

10) 기왕의 졸고(이른바 "準法律行爲的(準權利設定行爲的) 行政行爲"와의 訣別에 관한 소고)에서 통지처분의 독립된 존재의미에 관한 강한 의구심을 갖고서 계고의 처분성을 부인하는 식으로 가능한 통보(통지)를 다른 것으로 인식하고자 하였다(21면-24면). 이 글에선 범주로서의 준법률행위적 행정행위와의 결별이란 기조를 견지하면서도, 관련한 종전의 입장을 수정하여 통보처분의 독자적 의의를 새롭게 자리매김하고자 한다.

들여질 순 없다. 다만 행정청이 법적으로 구속받고자 하는 경우(확약의 경우), 추후행위를 위한 법적 근거를 통보하자마자 확고히 하고자 하는 경우(부담유보의 경우), 또는 개별법이 두/세단계의 형성을 규정한 경우엔 그렇지 아니 하다. 특히 마지막의 경우를 보자면, 거래보호와 법적 안정성의 고려에서 통보된 조치의 (소급적) 파기가 저지됨으로써 절차의 2단계적 형성에 의해 관련인의 권리보호가 앞당겨지게 될 때에 비로소 받아들여 질 수 있다. 이런 논증을 바탕으로 독일에선 확약, 강제수단의 계고(Androhung), 수공업자명부상의 예정된 등재의 통보에 대해선 처분성이 인정되고, 반면 은퇴통보, 운항일지부담의 계고, 외국인의 경고, 해직의 통보, 병역의무자구인의 계고 등에 대해선 부인된다.[11]

요컨대 통보의 대상을 연관지어 통보로부터 (통보대상이 지닌) 직접적인 법효과의 발생이 인정되면, 통보처분이 성립할 수 있다. 그런데 비록 행정행위의 종류에 定員은 없다지만, 통보처분의 존재는 결과선취적 성격을 지니기에, 그것의 인정이 자칫 무분별한 처분성확대에 따른 난맥을 초래할 수 있다. 따라서 여기서 관건은, 관련 근거법령이 거래보호와 법적 안정성에 의거하여 당사자 등을 보호하기 위해 독립된 통보처분의 매개로 한 특별한 단계를 두었는지 여부이다. 한편 행정행위의 분류상, 통보처분으로부터 비롯된 법효과의 내용에 비추어 보건데, 오히려 그것은 명령적, 형성적 또는 확인적 행정행위에 위치할 수 있다(통보처분의 이중성). 한편 이런 통보처분의 이중성에 착안하여 전적으로 후자의 측면에 초점을 맞추고 강조할 것 같으면, 통보처분이 불필요하다는 주장 역시 설득력을 갖는다. 엄밀히 보자면, 준법률행위적 행정행위의 범주를 부인하는 점을 출발점으로 삼고 결국 처분성인정에 다다를 것 같으면, 통보처분의 존재에 대한 상이한 입장은 그다지 큰 의미를 가지지 않는다.

## Ⅳ. 대상사안의 개별 검토

현재 문헌과 판례상 거론되는 "통보"의 효과가 과연 이상에서 언급한 독립된 처분범주로서 통보처분을 자리매김하는 데 충분하지 여부를 검토해 보고자 한다.

### 1. '특허출원의 공개'

'특허출원의 공개'(특허법 제64조)를 보자면, 그것 자체가 특허출원에 관하여 특허공보를 통해서 알리는 것임에는 분명하다. 그리고 출원공개 이후에는 특허출원인이 그 특허출원된 발명을 업으로서 실시한 자에게 특허출원된 발명임을 서면으로 경고

11) 이상의 내용은 vgl. Stelkens/Bonk/Sachs, VwVfG Kommentar, 6. Aufl., 2001, §35 Rn.55.

할 수 있는 등 그에 따른 법효과가 발생한다(동법 제65조). 이상의 논의에서 보자면 그것은 독립된 통보처분에 해당할 수 있다. 그런데 동조상의 법효과를 살펴보면 그것들이 특허출원인에게 부여됨을 알 수 있다. 즉, '특허출원의 공개'의 본질은 특허가 내리기 전에 그 특허출원인을 위하여 그에게 법적 권리를 부여하는 형성적 행위에 해당한다.

### 2. '토지수용에서의 사업인정의 고시'

'토지수용에서의 사업인정의 고시'('공익사업을위한토지등의취득및보상에관한법률' 제22조)를 보자면, 고시 그 자체가 법규정에 의거하여 독립된 법효과를 과연 가져다 주는지 의문스럽다. 동법 제19조와 제20조에 의하여 (공익사업을 수행하는) 사업시행자가 공익사업의 수행을 위하여 필요하여 토지 등을 수용・사용하고자 할 때에는 건설교통부장관의 사업인정을 받아야 한다. 그리고 동법 제22조 제3항은 사업인정이 고시한 날로부터 그 효력을 발생한다고 규정하고 있다. 따라서 사업인정 그 자체가 법적 성질을 가질 뿐이고, 그것의 고시는 단지 그것을 외부적으로 알려 대외적 효력을 발생시켜서 그것을 성립시켜주는 데 불과하다. 다시 말해, 사업인정의 고시는 독자적 의미를 갖지 못하고, 사업인정(결정)의 존재요건이자 성립요건이다.[12] 즉, 통보와 구별된 통지에 불과하다.

### 3. '귀화의 고시'

'귀화의 고시'(국적법 제17조)를 보자면, 국적취득이란 귀화의 효과는 벌써 귀화허가가 신청자에게 통지됨으로써 발생하지, 그 고시로부터 비롯되지 않는다. 즉, 동법 제17조가 국적의 취득과 상실에 관한 사항이 발생한 때에 '그 뜻'을 관보에 고시하도록 규정하고 있기에, 귀화의 고시가 귀화의 효과와 관련하여 법적 의의를 갖지 않음은 자명하다.[13]

---

12) 참조판례: 「토지수용법 제14조에 의한 토지수용을 위한 사업인정은 단순한 확인 행위가 아니라 형성행위이고, 당해사업이 비록 토지를 사용할 수 있는 사업에 해당된다 하더라도 행정청으로서는 그 사업이 공용수용을 할 만한 공익성이 있는지의 여부를 모든 사정을 참작하여 구체적으로 판단하여야 하는 것이므로 사업인정의 여부는 행정청의 재량에 속한다 할 것이다」(대법원 1992.11.13. 선고 92누596판결).

「토지수용법, 도시계획법 등 관계 법령의 규정에 의한 사업인정은 건설부장관이 공익사업의 시행자에게 그 후 일정한 절차를 거칠 것을 조건으로 하여 일정한 내용의 수용권을 설정해 주는 행정처분의 성격을 띠는 것으로서, 그 사업인정을 받음으로써 수용할 목적물의 범위가 확정되고 수용권자로 하여금 목적물에 대한 현재 및 장래의 권리자에게 대항할 수 있는 일종의 공법상의 권리로서의 효력을 발생시키는 것이다」(대법원 1995.12.5. 선고 95누4889판결).

13) 이런 관점에서 '당연퇴직의 통보'를 독립된 행정처분으로 보지 않은 판례(대법원 1985.7.23. 선고 84누374판결)와, '공매결정'이나 '공매통지'의 행정처분성을 부인한 판례(대법원 1998.6.26. 선고 96누12030판결)는 정당하고 지극히 당연하다.

### 4. 폐기물관리법상의 폐기물처리사업계획(서)의 '(부)적정통보"

폐기물관리법 제26조 제2항상의 '(부)적정통보'에 대해서 판례는 처분성을 인정하였다.[14] 여기선 근거법령에 의거하여 적정통보제도의 본질을 먼저 규명하여야 한다.[15] 폐기물처리(업)허가절차가 단순히 허가신청과 그에 대한 허부결정이라는 일단계적 절차라면, 적정통보는 일종의 준비행위에 해당하고 구속력 등과 같은 법적 의의를 갖지 않는다. 그러나 이미 그것의 처분성은 인정되고 있으며, 제도적 취지가 허가신청상의 사전편의제공차원을 넘어섰다고 판단된다. 요컨대 적정통보와 폐기물처리업허가는 전체를 위하여 긴밀한 상관관계에 서면서도, 각기 나름의 의의를 가짐과 동시에 독립되게 처분성을 인정받고 있다. 이런 법형상에 해당하는 것이 바로 다단계적 행정절차(Das merhstufige Verfahren)이다.[16]

적정통보제도를 다단계적 행정절차에서 포착한다고 할 때, 과연 그것이 사전결정인지 아니면 부분허가인지가 검토되어야 한다. 전자가 (생각으로) 구분지울 수 있는 개개의 허가요건, 가령 전체구상이나 부지선정에 관한 것이라면, 후자는 사실적(실체적)으로 구분지울 수 있는 설비부분의 설립과 운영에 관한 것이다. 요컨대 폐기물관리법상의 관련규정에 의거하여 판단해 볼 때, 적정(적합)통보는 사전결정에 해당하지만,[17] 통보처분이기도 하다.[18]

### 5. '대집행의 계고'

통상 대집행의 절차는 계고, 대집행영장에 의한 통지, 대집행의 실행, 비용징수의 4단계로 나누어 진행된다고 여기며, 이들 각각의 단계에 대해 -그것의 성질상의 차이점과는 별도로- 독립된 행정처분적 성격을 부여하고 있다. 그리하여 이들 상호관계에 하자승계론을 대입시킨다. 이들 각각의 단계가 어떤 독립된 의미를 갖는지 세심한 고려가 필요하다. 이런 고려의 착안점을 행정대집행법의 관련규정이 제공한다. 동법 제2조・제3조・제7조 등에 비추어 동법상의 '대집행' 즉, 동법 제2조에 의한 '처

14) 대법원 1998.4.28. 선고 97누21086판결. 이 판결에 관한 논의는 홍준형, 『판례행정법』, 1999, 263면 이하; 이원일, 대법원판례해설 제30호, 1998.11., 500면 이하. 권은민, 폐기물처리업 허가권자가 한 '부적정통보'의 법적 성질, 행정판례연구 제6집, 2001, 127면 이하 참조.

15) 이에 관해선 특히 졸고, 國土利用計劃變更申請權의 例外的 認定의 問題點에 관한 小考, 행정판례연구 제10집, 2005, 30면 이하 참조. 追論: 본서 486면 이하 참조.

16) 사전결정과 부분허가와 같은 중간결정을 내용으로 하는 다단계적 행정절차와 구분되어야 할 것이 다단계적 행정행위(merhstufiger Verwaltungsakt)이다. 이는 다른 행정청이나 심지어 다른 행정주체의 협력(동의 등)가 내려진 다음에 비로소 발해질 수 있는 것이다. 여기선 다른 행정청이나 다른 행정주체의 협력(동의 등) 그 자체가 독립되어 처분성을 갖는지가 논란거리이다.

17) 김동희, 앞의 책, 225면; 홍정선, 행정법원론(상), 2006, 270면.

18) 김성수, 앞의 책, 236면.

분'이란 '당해행정청이 스스로 의무자가 하여야 할 행위를 한 것과 제3자로 하여금 이를 하게 한 것'이다.[19] 즉, 대집행실행 자체만이 대집행(처분)일 뿐, 계고나 대집행영장의 통지는 대집행(처분)의 사전절차에 지나지 않고, 비용징수는 대집행(처분)의 후속절차에 지나지 않는다. 일단 비용징수의 경우엔 그 자체 독립된 별개의 금전급부하명에 해당한다. 그리고 -동법 제3조의 표제 '대집행의 절차'가 보여주듯이- 계고나 대집행영장에 의한 통지는 대집행(처분)을 하기 위한 절차적 의미를 강하게 갖는다. 절차행위의 경우 그것의 처분성은 독립된 규율효과를 발휘하는지 여부에 좌우된다.[20] 관련 법규정을 살펴본 즉, 대집행영장에 의한 통지는 대집행실행에 바로 들어가기 위한 절차 이상의 의미를 가진다고 보기는 어렵다. 따라서 그것의 처분성을 인정하는 것은 곤란하다. 이에 반해 계고의 경우엔 이행기간을 설정하여 의무자로 하여금 대집행실행을 피할 수 있게 하는 점에서 대집행실행을 위한 단순한 절차적 의미를 넘는다고 하겠다. 오히려 의무자를 보호하기 위해 입법자가 나름의 절차적 보호장치를 마련한 것이다. 이런 점을 착안점으로 삼는다면, 대집행영장에 의한 통지와 계고에 대해 정당하게 구별되게 접근할 수 있다. 실체법적 의의를 지닌 계고는 절차차원에서도 독자적 의의를 지니기에 당연히 처분성이 인정되어야 한다. 즉, 계고처분은 대집행실행의 통보처분이면서도 본래의무에 대한 재하명의 성격도 갖는다. 그렇지만 계고처분의 인정을 준법률행위적 행정행위란 범주의 정당성으로 오해하여선 곤란하다.

## 6. 재임용거부의 취지로 한 임용기간만료의 통지

이른바 서울대 미대 '김민수 교수사건'에서 대법원은 재임용기간만료 이후에 재임용거부를 다툴 수 있는 원고적격을 인정함으로써 -비록 해당 당사자는 물론 행정법학계로서도 만시지탄일지언정- 행정법도그마틱의 발전을 가로 막는 대표적 장애물 하나를 제거하였다. 이 같은 호평을 무색하게 만드는 것이 동판례상의 기술부분 -임용기간만료의 통지- 이다. 자칫 이 같은 설시가 소송대상을 통보처분으로 보았다는 오해를 낳기에 충분한데, 실제 일부 문헌에서 그렇게 소개되기도 한다. 그러나 여기서 시인은 동 판례의 표제-교수재임용거부처분취소-처럼 거부처분사건이다. 만약 단순한 임용기간만료의 통지가 소송대상이라면, 신청권의 존부를 원고적격여부에 결부시켜 논증한 판례의 설시부분과 부합하지 않는다. 동판례의 제1심판결인 서울

19) 여기서 우리의 경우 자기집행적 대집행실행에서 권력적 사실행위적 논증에 의하지 않더라도 그것의 처분성을 인정할 착안점을 발견할 수 있다-이런 법상황의 당부의 물음은 별개이다-. 반면 독일의 경우 다수입장은 대집행실행을 정당하게 사실행위로 보아 일반이행소송을 통한 권리구제를 허용한다.

20) Kopp/Ramsauer, VwVfG Kommentar, 8. Aufl., 2003, §35 Rn.65.

행정법원 2000.1.18. 선고 99구683판결은 그 같은 오해유발적 표현을 하지 않은 채 재임용거부결정의 통지를 문제 삼지 않고 바로 재임용신청거부를 문제로 삼아 거부처분으로 인정하였다. 그런데 이와는 달리 2심판결인 서울고법 2000.8.31. 선고 2000누1708판결은 재임용거부결정 및 그 통지 모두가 행정처분이 될 수 없다고 판시하였다.

대법원이 소송대상을 임용기간만료의 통지로 삼으면서도 그에 '재임용거부의 취지로 한'이란 관형어를 덧붙이는 논증을 한 所以가 무엇인지 궁금하다. 결국 이런 기술로 말미암아 임용기간만료의 통지는 재임용거부처분인 셈이다. 과거 재임용거부의 사안에서 임용기간만료에 따른 당연퇴직의 법리에 의거하여 그것의 통지의 처분성을 부인하곤 하였다.[21] 2000두7735전원합의체판결은, 이 같은 선례를 임용갱신제의 시행을 고려하지 않은 채 대입시킨 소산은 아닌지 궁금할 따름이다.[22] 요컨대 여기서의 재임용거부의 취지로 한 임용기간만료의 통지를 통보처분으로 자리매김하여선 아니 된다.

### 7. 농지법상의 농지처분의무통지

먼저 여기선 농지법(2002. 1. 14. 법률 제6597호로 개정되기 전의 것) 제10조와 제11조의 구조를 검토하여야 한다. 동법 제10조 제1항에 따라, 소정의 사유(동항 제1호 내지 제7호)가 발생하면 농지처분의무가 추상적 일반적으로 성립하고, 그 다음 제2항에 따라 기왕에 추상적으로 성립한 농지처분의무가 구체화, 개별화된다. 여기서 제2항의 통지는 일반적, 추상적인 법효과(농지처분의무)를 개별적 구체적인 것으로 전환시킨다. 그렇다면 여기서의 통지는 어떤 대상의 알림이 아니라, 대상 그 자체이거나 대상의 (대외적) 성립요건에 해당한다. 따라서 여기서의 통지는 통보처분이 아니라, 농지처분하명 그 자체이거나 그것의 성립요건 또는 존재요건으로서 자리매김할 수 있다. 한편 동법 제11조 제1항상의 농지처분명령의 경우엔 사정이 다르다. 이는 농지처분재하명인 점에서 일종의 행정대집행에서의 계고처분을 연상시킨다.

## Ⅴ. 맺으면서 - 實事求是的 접근을 통한 새로운 분류체계의 도입 -

이상에서 통보처분으로 운위되어 온 대상에 대해서 간략히 살펴보았다. 다만 원천징수의무자에 대한 소득금액변동통지와 관련한 대법원 2006.4.20. 선고 2002두

21) 대법원 1997.6.23. 선고 96누4305판결 등.

22) 이경운 교수 역시 대상판결이 아직 당연퇴직논리를 유지하고 있으며, 통지표현에 따른 오해의 소지가 있다고 지적한다. 동인, 교수재임용에 관한 대법원판례의 변경과 그 의의, 행정판례연구 제10집, 2005, 69-70면.

1878전원합의체판결은 지면 관계상 검토를 하지 못하였다. 다수의견은 종전과는 달리 원천징수의무자에 대한 소득금액변동통지를 독립된 통보처분으로 본다. 여기서 다수의견, 반대의견과 다수의견보충의견은 각기 나름의 설득력이 있는 논증을 치열하게 보여 주었다. 매우 호평할 만하면서도 무거운 시사점을 던진다. 다른 지면에서 논구하겠지만, 원천징수의무자가 과세관청의 행정보조인의 지위를 갖는 점과 원천징수의무는 납세의무와는 엄연히 구별된다는 점에서 다수의견이 원천징수제도의 본질 및 세법의 체계에는 부합하는지 여부가 세심히 검토되어야 한다.

종래 독립된 처분으로 통보처분을 자리매김함에 있어서, 그것의 본질을 규명하는 데 소홀하면서, -가령 '대집행영장에 의한 통지'처럼- "통지"란 표현에 지나치게 집착한 평가를 내리곤 하였다. 여기에는 이른바 준법률행위적 행정행위의 범수에 사로잡힌 묵수적 사고의 틀이 존재한다. 분류와 종류는 대상의 체계화를 위한 한 방편일진데, 그것이 체계화를 방해한다면 이는 모순일 뿐더러, 분류 자체가 자칫 프로크루스테스의 침대가 되어버린다. 이 점에서, 통보처분의 효과에 착안하여 그것의 존재를 무시하고 다른 대체적 처분성을 주장하는 것이, 구각을 탈피하는 데 더 효과적, 직접적 방안이 될 수도 있다. 관건은 행정법학에서 대표적인 앙시엥레짐에 해당하는 법률행위적 행정행위와 준법률행위적 행정행위의 분류체계에서 하루바삐 벗어나는 것이다. 개개의 행정작용에 대한 실사구시적 접근을 통해 새로운 분류체계가 도입되어야 한다.

* 고시연구 2006년 9월호, 95면 이하 소수.

* 追論: 여기서의 논의는 행정법상의 고시에 대한 체계적 접근의 모색으로 이어진다. 졸고, 행정법상의 고시의 법적 성질에 관한 소고, 고시계 2008.2. 참조.

# 제 8 장

# 擬制的 行政行爲에 관한 小考



## Ⅰ. 문제제기

우리의 국토이용관리법 제21조의3 제6항(현행 '국토의 계획 및 이용에 관한 법률' 제118조 제5항)은 소정의 기간내에 토지거래계약허가증의 교부 등이 없을 때에는 당해 기간 만료일 다음날에 허가가 있는 것으로 본다고 규정하고 있다. 그리고 건축법 제9조 제1항은 허가대상건축물이라 하더라도 일정한 경우에는 신고함으로써 건축허가를 받은 것으로 본다고 규정하고 있다.[1)]

독일 연방오염방지법(BImSchG) 제15조 제2항에 의하면, 허가가 필요한 시설의 장소·상태·운영을 변경하고자 하는 신고를 하였을 경우에, 당해 행정청은 지체 없이 적어도 신고 후에 1개월 이내에 그 변경이 허가를 필요로 하는지 여부를 심사하여야 한다(동항 제1문). 그리고 계획수행자(신고자)는 행정청이 허가불필요를 통지하거나 1개월 이내에 아무런 표명을 하지 않으면 그 즉시 원하는 변경을 할 수 있다(동항 제2문). 이 밖에도 간소화 경향에 부응하여 독일의 거의 모든 주 건축법이 간소화된 신고절차를 도입하였는데, 특히 몇 주에선 간소화된 허가절차에서 소정의 기간

1) 우리의 경우에 동조상의 건축허가의제적 건축신고와 가령 주택건설촉진법 제38조 제2항 단서상의 건축신고의 차이점이 판례(대법원 1999.10.22. 선고 98두18435판결; 1999.4.27. 선고 97누6780판결)와 문헌상으로 전혀 논의되고 있지 않다. 분명히 법문상으로 구별되고, 뒤에 보듯이 존속보호유무에서 신고자의 법적 지위가 확연히 다름에도 불구하고, 이 점을 간과한 것은 문제가 있다. 이러한 경향의 원인은 신고제에 관한 근본적 이해의 출발점 -수리여부와 신고대상행위의 무관련성, 수리행위의 원칙적인 무의미성- 에서 연유한 것으로 여겨진다.

경과로 허가가 부여된 것으로 간주되었다[2].

의제적 행정행위는 독일에선 이미 30년보다 훨씬 전에 법학적으로 논의되었다.[3] 당시에 문제가 되었던 것이 연방건설법(BBauG) 제19조 제4항 제3문에 따른 의제적인 토지거래허가인데, 동 규정은 토지의 분필·양도에 필요한 토지거래인가(Bodenverkehrs-genehmigung)는 신청한 후에 2개월 이내에 거부되지 않으면 발급된 것으로 본다(gilt als erteilt)고 규정하였다. 현재의 건설법전(BauGB) 제19조 제3항에도 동일하게 규정하고 있다. 독일의 경우에 의제적 행정행위라는 법형상이 아직껏 도그마틱적으로 확고히 되지 않은 채로, 행정의 신속화·탈규제화의 와중에, 특별행정법의 여러 영역에서 받아들여졌다고 Caspar는 지적하였다.[4]

## Ⅱ. 의제와 의제적 행정행위의 개념[5]

법학에서 의제(Fiktion)라 함은 실제로 존재하지 않는 사안을 인정하도록 법률상으로 확정되어 있는 것을 의미한다.[6] 일찍이 Müller는 명문의 규정에 의해서 인용·부인결정이 내려진 것으로 여겨질 때, 의제적 행정행위가 존재한다고 보았다.[7] 원칙적으로 법학적 의제의 의미·목적에 따라서, 상이한 성립요건을 완전히 동일하게 다루어선 아니 되고, 동일한 법효과만이 공통되어야 한다.

어떠한 상황의 발생과 더불어 행정행위가 발해진 것으로 간주된다는 식으로, 법률이 행정행위의 발급을 결정주체의 의사와 무관한 상황의 발생으로 대체하는 경우에, 그 행정행위는 의제적 행정행위가 된다.[8] Caspar는 의제요건으로 기간경과를 강조하여, 의제적 행정행위란 일정한 행위를 통상 수익적으로 허용하는 결정인데, 이는 행정청 스스로가 발하는 것이 아니라, 법률상의 기간이 경과한 후에 법규범에 의해서 (발해진 것인양) 간주되는 것이라 정의 내렸다.[9] 의제적 행정행위의 존재의 요건

2) 예: §67 Abs.5 Hess BauO; §63 Abs.7 M-V BauO.

3) Vgl. Müller, Über den fiktiven Verwaltungakt, DÖV 1966, S.704f.

4) ders., Der fiktive Verwaltungsakt-Zur Systematisierung eines aktuellen verwaltungsrechtlichen Instituts, AöR 125(2000), S.131(131).

5) 의제적 행정행위란 표현에는, 그것이 다소간에 행정절차법 제2조 제2호와 독일 행정절차법 제35조상의 행정행위의 모든 징표를 충족하지 않았다고 하는 전제나 느낌이 깔려있다. 사실 의제적 행정행위란 용어·개념의 사용에는 그것이 독립된, 나아가 특별한 행정행위의 일종임이 시사될 수 있는데, 엄밀히 보아서 행정행위의 효과가 의제된 것이어서 그 자체를 바로 행정행위로 부르는 것은 문제가 있다. 바로 이 점이 뒤에서 볼 그것의 행정행위성에 관한 이유 있는 異議提起의 근원이라 하겠다.

6) Creifelds, Rechtswörterbuch, 8. Aufl. 1986, S.420.

7) ders., a.a.O., S.704.

8) Jachmann, Die Fiktion im Öffentlichen Recht, 1998, S.249ff.

9) ders., a.a.O., S.131(131). 독일 문헌상 우리의 의제적이란 의미로 'fiktiv'와 'fingiert'가 다 같이 사용되는데, 다만 Ortloff는 어감상 전자가 더 낫다고 한다. Vgl. Ortloff, Die fiktive Baugenehmigung, in: FS für K. Gelzer, 1991, S.223(223).

은, 신고 · 동의 · 허가절차상으로 행정청에 대해서 결정기간을 정해 놓고서 그 기간의 경과한 후에는 -기간 연장의 가능성을 두면서- 원하는 허용이 발해진 것으로 본다고 하는 법규정이다. 이러한 경우에 행정청이 법(권리)외관(Rechtsschein)적 성립요건(즉, 의제근거)의 발생을 저지하고자 한다면, 우선은 소정의 기간 내에 자신의 결정을 스스로 내려야 한다. 여기서 당사자는 자신이 계획한 바를 진행시키는 데 있어서 어느 정도 안정성을 누린다. 즉, 의제규정이 통용되는 범위에서는, 당사자는 최대한 정해진 기간까진 어떤 식이든 결정이 내려지리라는 것을 예상할 수 있다. 이미 의제규정의 목적과 관련해서 Müller가, 의제적 허용에는 국민을 과도하게 길게 불확실한 상태에 두는 것은 용인할 수 없다는 식의, 다시 말해 처리를 끝없이 기다려야 한다는 것을 국민에게 요구해서는 아니 된다는 고려가 바탕이 된다고 확인하였다.[10]

## Ⅲ. 의제의 효과 - 의제적 행정행위의 내용 -

의제의 내용이자 효과와 관련해선 두 가지의 입장이 강구될 수 있다. 의제적 행정행위는 규정에 맞춰서 정식으로 성립하는 행정결정의 발급만을 대체하는 것인가? 아니면 그것을 넘어서 법외관적 성립요건이 의제 자체의 실체적 적법성에까지 확대될 수 있는가? 후자의 입장에 서면, 의제적 행정행위에 대해서 반박할 수 없는 적법성추정이 인정되어 그것에 대한 사후적 통제 · 심사(즉, 폐지)가 불가능하게 된다. 그렇다면 의제적 행정행위가 전통적인 절차에서 행해지는 행정행위보다 더 강한 존속력을 인정받는 셈이 된다.[11] 이러한 점은 본시 신속한 처리에 초점을 맞춘 관련규정의 의미 · 목적에 배치될 뿐만 아니라, 법치국가적 원리에도 반한다 할 것이다. 결국 의제규정의 효력은 허가발급의 절차를 대체시키는 데 있고, 이러한 절차법적 기능을 넘어서는 의미-특히, 허가의 내용이나 실체적 위법의 부재에 관한 언명과 같이-가 부여되진 않는다.[12] 다시 말해, 의제의 발생으로, 마치 신청자에게 행정행위가 발급된 것처럼 되지만, 결코 그가 통상의 명시적 행정행위보다 나은 법적 지위를 획득하지는 않아야 한다. 왜냐하면 명시적인 결정이 내려졌다면 거부될 법한 경우에도 행정청의 해태로 의제적 행정행위가 성립할 수 있는데, 이처럼 위법할 수 있는 경우까지도 행정청의 의사에 의거한 통상의 행정행위보다 더 강한 존속보호를 누리는 것

10) ders., a.a.O., S.704.

11) 사실상 이것은 취소금지에 해당한다. 이에 관해선 vgl. Simon/Gräber, Rücknehmbarkeit der fingierten Bodenverkehrsgenehmigung?, DÖV 1971, S.725(726).

12) Vgl. Ortloff, Abschied von der Baugenehmigung-Beginn Beschleunigten Bauens?, NVwZ 1995, S.112(113); Knoke, Rechtsfragen der Rücknahme von Verwaltungsakten, 1989, S.48.

은 타당치 않다.[13)]

## Ⅳ. 의제적 행정행위의 법적 성질 문제

허가의제에 대해서 어떠한 법적 성격을 부여할지는 다툼이 있으며, 이 문제 특히 의제적 행정행위의 취소의 문제와 관련해서 논란이 되고 있다.

독일의 판례에 의하면, 의제적 허가는 명시적인 통상의 행정행위와 동일하고 후자에 통용되는 행정절차법상의 관련규정에 의해서도 제거될 수 있다고 한다.[14)] 일부 견해는 의제적 행정행위의 행정행위적 성질을 출발점으로 삼는다.[15)] 동일한 입장에서 행정청의 적극적·소극적 행위가 동일한 점을 근거로 내세우기도 한다.[16)] 그러나 다른 한편에선 의제적 행정행위를 묵시적 행정행위로 인정한다.[17)] 또한 Obermayer 등은 행정행위를 행정행위로 판단내리는 데 반대하면서도, 법효과상으론 통상의 행정행위의 그것과 동일하게 한다.[18)] 그러나 독일연방행정법원이 의제적 허가를 긍정하기 전에, OVG Münster는 의제적 행정행위 자체를 전면적으로 부인하였다. 즉, 의제적 허가는 하나의 사안 즉, 기간의 경과에 해당하기에, (특히 인인에 의해서) 쟁송취소나 폐지(취소·철회)될 수 없으며, 아울러 행정행위의 하자에 관한 법원칙도 통용되지 않을 뿐더러 그것의 발급에 관한 소송도 허용되지 않다고 판시하였다. 나아가 동법원은 그 표현 자체도 잘못임을 지적하였다.[19)]

행정청이 아무런 행위도 하지 않은 채 있는 상태를 우리나 독일의 행정절차법의 처분개념상의 '법집행으로서의 공권력의 행사'와 '조치'로 파악하는 데, 어려움이 따른다. 즉, 의제적 법적 행위에는 행정청의 표시가 없다. 실마리는 바로 부작위인데, 그것이 행정청의 측에서 발한 '법집행으로서의 공권력의 행사'와 '조치'는 아니지만, 입법자의 독자적 판단에 의해서 그것이 되어버린 셈이다. 문제되는 것이, 이 경우 과연 법적 규율이 존재하는가이다. 행정행위의 징표로서의 법적 규율은 그 행정청의

---

13) 이에 관해선 특히 Steiner, Bindungswirkung und Bestandskraft der fingierten Bodenverkehrsgenehmigung, DVBl. 1970, S.34(39); Simon/Gräber, a.a.O., S.725(726).

14) BVerwGE 31, 274(276); 48, 81(87); VGH München BayVBl. 1992, S.341.

15) Stelkens, in: Stelkens/Bonk/Sachs, VwVfG, 5.Aufl. 1998, §35 Rn.43; Kopp/Schenke, VwVfG, 11.Aufl. 1999, §35 Rn.12.

16) Menger/Erichsen, Höchstrichterliche Rechtsprechung zum Verwaltungsrecht, VerwArch59(1968), S.275(281).

17) Schmaltz, Zur Bindungswirkung der fiktiven Bodenverkehrsgenehmigung nach §21 BBauG, NJW 1968, S.1078ff.

18) ders., VwVfG, 3.Aufl. 1999, §35 Rn.22; Meyer, in: Meyer/Borgs, VwVfG, 2.Aufl. 1982, §35 Rn.23; Gelzer/Birk, Bauplanungsrecht, 5.Aufl. 1991, Rn.1752.

19) OVG Münster DÖV 1968, S.58(59).

조치가 법적 효과의 발생을 직접적으로 의도하여야 한다는 의미이다.[20] 여기선 당연히 궁극적으로 목적한 바가 있는 행위가 요구된다.

법적 의제에 법효과가 발생하긴 하나, 이는 행정청 스스로가 만든 것이 아니라, 특히 기간경과 이후에 -우리 건축법 제9조의 건축허가의제적 건축신고의 경우에는 신고와 동시에- 자동적으로, 다시 말해 행정청의 의사와는 무관하게 발생한 것이다. 즉, 의제규정은 자기집행적 규범이자 법률상의 승락규정이다.[21] 여기선 법적용행위를 통한 별도의 전환행위가 필요치 않다. 그리고 의제가 지닌 자동성(Automatismus) -이는 기간의 경과로 허가 등이 발급된 것으로 간주한다는 의미이다- 으로 인해서, 행정청이 나름의 결정을 할 여지가 전혀 없다. 따라서 통상의 행정행위가 지닌 개별화・구체화의 징표가 의제적 행정행위의 경우엔 존재하지 않는다.[22]

의제(Fiktion)에 대한 근원적인 의문점은 차치하고서라도 통상의 행정행위가 지닌 징표에서 보자면, 의제적 행정행위의 성질, 나아가 그것의 존재가 의문스러움은 당연하다. 행정청의 의사와는 전혀 관계가 없는 단순한 기간경과를 행정청이 의욕한 조치와 결코 동일시 할 순 없다.[23] 허가의제를 묵시적 행정행위로 보는 것도 문제가 있다. 묵시적 행정행위의 경우에도 단지 통지형식상의 변용이지 행정청의 의사는 담겨져 있어야 하기 때문이다. 나아가 의제규정이 통상 법문상으로 "발급된(받은) 것으로 본다"고 규정하고 있는 점에 비추어 보아도 행정행위로서의 허가 자체가 이루어진 것이 아니라, 오로지 그 법적 상황이 허가의 효력・법효과와 동일시되어야 한다. 이 점에서, 의제를 통해서 행정행위 자체가 아닌 그것에 통용되는 법규정만이 준용되는 셈이다.[24] 따라서 허가의제에 대해서 행정행위적 성질을 부인하더라도, 마치 행정행위가 행해진 것과 같은 상황이므로 행정행위와 관련한 규정(특히 하자와 폐지에 관한 규정)을 적용하는 데 문제가 없다. 다만 그 적용이 유추적용인지 아니면 직접 적용인지가 문제된다.

---

20) Maurer, Allgemeines Verwaltungsrecht, 13.Aufl. 2000, §9 Rn.6ff.

21) Fluck가 연방오염방지법 제15조 제2항 제2문의 규정에 후자의 개념을 사용하였지만, 그는 동 규정을 의제규정으로 여기지 않았다. Ders., Änderungen genehmigungsbedürftiger Anlagen nach §§15, 16 BImSchG i.d.F. der Beschleunigungsnovelle, VerwArch 88(1997), S.265(288). 아울러 Moormann은 법률상의 집행승락이라 말하였다. Ders., Die Änderung des Bundes Immissionsschutzgesetzes durch das Gesetz zur Beschleunigung und Vereinfachung immissionsschutzrechtlicher Genehmigungsverfahren, UPR 1996, S.408(417), S.417.

22) 이 점은 Koch 등이 강조하였다. Koch/Rubel, Allgemeines Verwaltungsrecht, 2 Aufl., 1992, S.30.

23) Wagner, Aufhebung fingierter Bodenverkehrsgenehmigung, BayVBl. 1970, S.237(238).

24) Vgl. Steiner, a.a.O., S.34(39); Jobst-Wagner, Anzeige und Anzeigeverfahren in der Verwaltungsrechtsordnung, 1996, S.134. 그리고 연방오염방지법 제15조 제2항 제2문에 의한 허가면제표시의 의제와 관련해서 Kutscheidt(Die wesentliche Änderung industrieller Anlagen, NVwZ 1997, S.111(116))와 Moormann a.a.O., S.417와 Führ(Anlagenänderung durch Anzeige, UPR 1997, S.421(427f.)) 등은 행정행위적 성질을 부인한다.

## V. 의제적 행정행위의 절차법적 문제점

### 1. 행정절차법상의 규정과 원칙의 적용문제

의제적 행정행위를 통상의 행정행위와 똑같이 보면, 의제적 행정행위에 행정절차법의 처분규정 및 행정행위개념이 전제가 된 행정절차법 규정이 직접 적용해야 하는 것은 자명할 것이다.[25] 그러나 의제적 행정행위에 대해서 통상의 행정행위가 갖는 법효과를 직접 그대로 인정하는 데 대한 근거가 전혀 없다. 그처럼 인정하기 위해서는, 입법자가 행정행위에 관한 규정이 직접적으로 통용된다는 점을 적용지시(Verweisung)의 방식으로 명시적으로 규정했어야 한다.[26] 그리고 통지의 요건(독일 행정절차법 제41조 제1항과 제43조 제3항)이나 행정행위의 명확성과 형식에 관한 요건(독일 행정절차법 제37조)이 의제적 행정행위에는 존재하지 않기 때문에, 이상과 같은 직접 적용의 주장은 명백히 모순이라 할 것이다.[27]

따라서 규율흠결을 행정절차법규정을 유추적용하여 메우는 것이 강구된다. 의제적 행정행위란 법형상에 행정절차법규정이 유추적용되기 위해선, 일반적인 공법상의 유추의 허용성에 견주어 동일한 이익상황을 요건으로 한다. 이와 관련해선 먼저 의제적 행정행위란 법형상이 행정절차법과 행정소송법의 체계안에 편입될 수 있는지, 즉, 그것의 적응가능성을 개개의 관련문제에서 탐구해야 한다(후술).

한편 행정행위에 관한 여러 규정을 의제적 행정행위에 유추 적용함에 있어선, 우선적으로 또한 종국적으로 헌법상의 심사가 필요하다. 행정법상의 유추(Analogie)는 결코 개입영역에선 허용되지 않는 것으로 여겨진다. 이는 법률유보원칙을 근간으로 하는 법치국가원리에 따른 것이다. 따라서 관련 개입규범과 직접적으로 일치하지 않은 경우에, 행정의 개입수권을 의제의 방식으로 확대 적용하는 것은 헌법적으로 허

25) Fluck는 연방오염방지법 제15조 제2항 제2문의 의제적 허가면제표시의 경우를 의제로 보지 않았기에 행정행위의 취소규정이 유추적용된다고 주장하였다. 반면 유전공학법 제12조 제7항 제3문상의 의제적 동의는 행정행위규정의 직접적 적용을 받는다고 보았다. Ders., a.a.O., S.265(291).

26) 한편 Jachmann처럼 행정의제를 적용지시규범으로 파악하면, 의제규범의 해석에서 의제대상을 찾는 것을 통해서 어떠한 규정이 그때그때의 행정행위에 적용될 것인지 밝혀지게 된다. Ders., a.a.O., S.249f. 하지만 비록 의제와 적용지시간에 자동성이란 공통의 특징이 있지만, 적용지시란 본래 법률경제적 목적에서 적용지시대상규범(즉, 적용지시객체)을 적용지시근거규범(즉, 적용지시주체)에 편입시키는 것임을 유의해야 한다. 행정법상의 적용지시에 관해선 vgl. Ossenbühl, Die verfassungsrechtliche Zulässigkeit der Verweisung als Mittel der Gesetzgebungstechnik, DVBl. 1967, S.401ff.; Clemens, Die Verweisung von einer Rechtsnorm auf andere Vorschriften-insbesondere ihre Verfassungsmäßigkeit, AöR 111(1986), S.63ff.; Brugger, Rechtsprobleme der Verweisung im Hinblick auf Publikation, Demokratie und Rechtsstaat, VerwArch. 78(1987), S.1ff. 追論: 본서 157면 이하 참조.

27) 이런 연유에서 Caspar는, 비록 언어사용상으론 다루기가 그리 쉽지 않다 하더라도, 의제적 행정행위에 갈음해서, 의제적 허용결정이라 부르는 것이 더 정확하다고 지적하였다. Ders. a.a.O., S.140.

용되지 않는다. 해서 독일 연방헌법재판소는 1996.8.14.자 결정에서, 행정의 법률적합성에 비추어 고권적 개입의 경우에는 유추가 금지된다는 점을 처음으로 분명히 하였다.[28]

그러나 법적 지위를 확대하는 것은 유추금지에 속하지 않는다. 처음 보아선, 개입근거로서의 관련규정(특히 독일 행정절차법 제48·49조)을 유추 적용한다는 것이 부담적 유추처럼 보여질 수 있으나, 그러한 유추적용마저 없는 상황과 비교해 보면 반드시 그렇지만은 않다. 즉, 동 규정의 유추적용이 없을 경우에는, 행정청이 법외관의 성립을 언제든지 변경할 수 있는 권능을 가질 것이다. 다시 말해, 수익적 행정행위가 없음으로 인해서, 행정청으로선 이미 성립한 의제를 사후에 임의적으로 제거하는 데 전혀 지장을 받지 않을 것이다. 따라서 행정행위의 폐지에 관한 규정을 유추적용한다고 해서, 행정의 개입권능이 확대되기보다는 오히려 정반대로 행정청이 권능행사에 있어서 중대하게 제한을 받는 셈이 된다. 이 점에서 특히 수범자로선 제한적이나마 존속보호를 누리기에, 그 유추는 자신에게 전적으로 유리하다 하겠다.

### 2. 행정절차법상의 규정과 원칙의 구체적 적용

#### (1) 행정행위의 통지에 관한 규정

먼저 행정행위의 통지에 관한 규정(우리 행정절차법 제21조, 독일 행정절차법 제41조)은 의제적 행정행위에 적용되지 않는다. 이는 기한경과 후에 행정청의 별다른 허용결정 없이도 원하는 바를 형식적·법적으로 행할 수 있기 때문에 당연하다.[29] 통지된 행정행위의 효력발생은 행정행위의 통지를 기점으로 삼기 때문에, 통지규정의 적용배제는 당연히 그것(독일 행정절차법 제43조)의 적용이 배제된다. 왜냐하면 형식논리적으로 통지가 없는 이상 당연히 그 행위는 부존재하고 행위가 아닌 것(Nicht-Akt)이 되어서 효력을 발생시킬 수 없기 때문이다. 이러한 결론은, 그러한 법형상에 행정행위적 성질이 없고, 또한 행정절차법규정에로의 준용이 없기에 필연적이다.

따라서 의제적 행정행위란 법형상의 법외관(Rechtsschein)이 언제 성립하는 것과 관련해선, 의제규정상의 기간경과가 규준이 된다. 또한 의제의 자세한 내용 또한 행

---

28) BVerfG NJW 1996, 3146. 한편 독일 연방재정법원은 종전에는 납세의무자에게 유리한 유추만을 허용한 태도를 버리고, 1983.10.20.자 판결에서 조세법은 물론 보통의 행정법에도 유추금지란 성립치 않으며, 심지어 개입행정에서도 행정의 법률적합성원칙으로부터 하등의 유추금지가 도출되지는 않는다고 판시하였다. BFHE 139, 561(567)=NVwZ 1984, 823f. 행정법상의 유추에 관해선 vgl. Konzak, Analogie im Verwaltungsrecht, NVwZ 1997, S.872ff.; Gern, Aktuelle Probleme des KommunalabgabenrechtsAnalogie im Abgabenrecht, NVwZ 1995, S.1145ff.

29) 여기서 문제되는 것은 의제적 행정행위를 특히 제3자가 다툴 때 기준시점을 언제로 잡는가이다. 이는 뒤에서 볼 실권의 법리의 문제이기도 하다.

정청에게 제출한 신고로부터 생겨난다.[30] 결국 행정행위가 존재하지 않기에, 행정행위의 내용상 명확성에 관한 규정(독일 행정절차법 제37조) 또한 적용되지 않는다. 따라서 당사자가 의제적 행정행위로부터 자신에게 무엇이 생겨날지 알 수 있으면, 법치국가원리적 명확성의 요청과 관련해선 문제가 되지 않는다 하겠다.

(2) 행정행위의 무효 · 폐지에 관한 규정

의제적 행정행위의 경우에 하자발생이 매우 쉽다는 점에서 행정행위의 무효・폐지에 관한 규정이 적용될 수 있는지가 문제된다. 여기선 행정청이 여러 이유에서 신청의 적법성을 개략적이나마 심사할 수 없음에도 불구하고 존속력있는 법효과가 생겨난다는 우려를 고려해야 한다. 따라서 행정행위의 무효규정(독일 행정절차법 제44조)의 유추적용이 본질에 비추어 절대적으로 필요한 것으로 판명된다.[31] 만약 무효규정의 적용을 배제하면 다음과 같은 터무니없는 결과가 초래될 수 있다. 즉, 명백히 허가요건을 결한 경우에 내려진 행정청의 결정은 무효가 되는 데 반해서, 전적으로 부작위로 인해 생긴 권리외관은 무효와 무관하게 되어 존속력이 부여될 수 있다.

따라서 "중대한 하자"가 있는 신청의 경우에는 의제적 행정행위가 애초에 무효가 된다. 또한 인용결정 자체가 명백히 무효의 법효과를 발생시킨다면, 비록 부작위로 인하여 의제적 행정행위가 성립했다 하더라도 법적 평가를 달리할 수 없다. 즉, 이 경우에도 무효를 인정해야 한다. 그리고 제출한 신청(신고)이 의제적 행정행위의 내용을 정하는 점을 고려할 때, 불명료성과 명백한 흠결에 대해서도 신청자에게 불리하게끔 무효를 인정하는 것이 이치에 맞다. 우리의 건축법 제9조상의 건축허가의제적 건축신고의 문제점 특히 인인보호와 관련해서 이러한 논의는 매우 유용하다.[32]

실체적 법규정을 위배한 즉, 위법한 신청(신고)과 적법한 의제의 경우에도 동일한 이유에서 취소・철회규정(독일 행정절차법 제48조・49조)을 알맞게 유추적용하는 것이 요구된다. 그럼으로써 의제적 행정행위의 폐지의 경우에도 신뢰보호의 원칙이 고수될 수 있다. 따라서 수범자가 의제적 행정행위의 존속을 믿고서 투자・건축시공 등의 일정한 행위를 하였다면, 자신에게 책임이 없는 한 의제적 행정행위의 폐지로 인한 재산상 손실은 당연히 보상되어야 한다.[33]

---

30) 이는 의제적 행정행위의 확인적 효과 및 그로 인한 존속보호가 어느 정도까지 미치는가의 문제인데, 근거규정의 허용요건에만 국한하지 다른 규정의 그것에는 미치지 않는다. 다시 말해서, 독일의 간소화된 허가절차의 경우에는 당해 규정상의 (보통보다 한정된) 요건을 충족한 것으로 간주된다. 반면 우리의 건축법 제9조상의 건축신고의 경우에는 동법 제8조 제4항의 요건을 충족한 것으로 간주된다. 따라서 우리의 의제적 건축허가에 대해서 통상의 건축허가와 동일한 법효과가 자칫 인정될 수 있다.

31) Caspar, a.a.O., S.142.

32) 물론 의제적 규정을 담고 있지 않는 주택건설촉진법 제38조 제2항 단서의 경우에는 이상의 논의가 당연히 통용되지 않는다.

그런데 허용결정이 없는 본래의 신고절차(예: 우리 주택건설촉진법 제38조 제2항 단서)의 경우에는, 계획안수행자(건축주 등)는 행정청의 사후개입을 감안하지 않으면 안되기에, 의제적 행정행위에 비견되는 신뢰보호를 누리지 못한다. 여기선 계획안의 사후적 위법성의 리스크가 원칙적으로 그 자신에게 지워진 셈이다.[34)]

## Ⅵ. 의제적 행정행위의 쟁송법적 문제점

### 1. 의제적 행정행위에 대한 소송형태

의제적 행정행위가 통상 수익적 효과를 발생시키므로 수범자로선 당연히 문제를 삼지 않는다. 따라서 그것의 폐지만이 수범자가 이의제기할 것인데, 이 경우 그는 의제적 행정행위의 폐지에 대해서 아무런 문제없이 취소소송을 제기할 수 있다. 의제적 행정행위가 제3자효를 발생시킬 경우의 제3자보호가 문제되나, 여기서 그 제3자효 행정행위가 통상의 것인지 의제적인 것인지는 전혀 중요하지 않다. 따라서 취소소송이 올바른 소송형태이다.

한편 Hansmann은 연방오염방지법 제15조 제2항상의 행정청의 허가면제표시에 대해선 인인의 취소쟁송을 인정하는 반면에, 동항상의 의제적 (허가)면제표시와 관련해선, 행정청의 표명이 없음을 들어 취소소송을 부인하고, 관련 인인이 행정청에 대해서 허가필요사항임을 표명하는 것을 내용으로 하는 의무이행소송을 제기해야 한다고 지적하였다.[35)]

---

33) 독일의 경우엔 이것이 행정절차법 제48조 제3항과 제49조 제6항에 의해서 일반적으로 인정되는 반면에, 우리의 경우엔 개별법(예; 국유재산법 제28조 제3항, 도로법 제80조 제2항 등)에서 인정되는 데 불과하다. 그런데 그 개별법령에서 수익자에게 책임을 귀속시킬 수 없는 사유, 가령 사실적·법적 상황의 변화나 중대한 공익상의 필요 등과 관련하여, 그로 인한 재산상의 손실에 대한 보상청구권이 전혀 규정된 바 없다면, 재산권보장의 측면에서 그 관련 규정은 위헌이라 할 것이다. 우리의 경우 사후적 입법을 통해서 기존의 영업자유·직업의 자유가 내용적으로 제한받는 예가 빈번하다. 여기에는 단순히 경과기간을 설정하는 것만이 아니라, 재산권과 관련한 내용·한계결정과 법률에 의한 공용제약(공용침해)간의 경계설정이 논의의 출발점이다. 이러한 점은 독일에서 지금까지 격론이 벌어지고 있는 원전폐쇄(Atomausstieg)와 관련한 논의에서 잘 알 수 있다. 이에 관해선 vgl. Di Fabio, Der Ausstieg aus der wirtschaftlichen Nutzung der Kernenergie, 1999; Roßnagel/Roller(Hrsg.), Die Beendigung der Kernenergienutzung durch Gesetz, 1998; Schmidt-Preuß, Rechtsfragen des Ausstiegs aus der Kernenergie, 2000; Ossenbühl, Verfassungsrechtliche Fragen eines Ausstiegs aus der friedlichen Nutzung der Kernenergie, AöR 124(1999), S.1ff.; Rodi, NJW 2000, S.7ff.; Komorowski, NuR 2000, S.432ff.

34) 이러한 점은 건축신고절차에서 통상 행정청이 개입을 했어야 했는데 지연하여 건축주 등이 이미 건축을 착공·완공한 경우에도 문제가 된다. 공사중지·철거명령과 같은 사후의 개입에 대해선 앞서의 취소·철회규정의 손실보상청구권이 강구될 수 없다. 그것은 실제로 통상의 행정행위는 물론 의제적인 것까지도 취소·철회되지 않았기 때문이다. 물론 관련인에게는 경우에 따라선 지무상 불법행위에 대한 국가배상청구권이 인정될 수 있다. 이 점에서 우리의 경우에 행정행위 의제적 신고와 일반적 신고가 당연히 구별되어야 하는 점을 분명히 알 수 있다. 즉, 전자의 경우에는 원칙적으로 존속보호·신뢰보호를 누리는 데 대해서, 후자의 경우에는 그러한 보호를 인정할 근거가 없다.

35) ders., Beschleunigung und Vereinfachung immissionsschutzrechtlicher Genehmigungsverfahren, NVwZ

## 2. 의제적 행정행위에 대한 취소소송의 제소기간

의제적 행정행위는 통지가 불필요하기에, 당사자는 물론 특히 제3자에게 알려지지 않음은 당연하다. 따라서 여기선 통상의 취소소송의 제소기간을 적용하기 위한 첫 번째 출발점 자체가 없다. 이 점에서 제소기간과 관련한 상황은, 통지되지 않은 건축허가를 다루는 인인소송에서의 그것에 비견될 수 있다. 즉, 실권의 법리(Verwirkung)가 적용된다.

인인에게 허가결정이 통지되지 않는 경우에는 그에 대해선 제소기간이 당연히 진행되지 않는다. 이러한 경우 형식논리상으로 인인(제3자)은 시간적으로 무제한적으로 심지어 건축물이 완공된 이후에 수년이 흘렀더라도 이의를 제기할 수 있나 할 것이다. 하지만 법률상의 제소기간이 결코 진행되지 않는다는 사실과는 무관하게, 쟁송은 실권법리의 바탕이 된 신의·성실의 사고의 지배를 받는다. 따라서 인인이 충분한 이유 없이 자신의 이의제기를 필요한 정도를 넘어서 장시간 조용히 참은 경우에는 쟁송이 허용되지 않는다.[36] 독일 판례는 실권기간을 설정함에 있어서 잘못된 불복고지의 경우에 제소기간이 1년을 연장시키는 행정법원법 제70조 제1항과 제58조 제2항의 법사고를 끌어들였다. 따라서 이의제기와 취소소송의 쟁송상의 가능성이 1년 이내에 실효되게 되었다. 물론 이 기간은 절대적이지 않기에, 당사자간에 조성된 신뢰상황에 비추어 단축·연장될 수 있다. 실권기간의 개시를 위해선 인인이 알게 된 시점 내지 인인이 알았어야 할 시점을 목표로 삼았다. 이러한 내용의 실권의 법리는, 건축법을 넘어서 그 밖의 제3자와 관련한 법률관계에도 확대 적용되어야 한다.[37]

한편 우리의 판례는 제3자효 행정행위와 관련해서, 제3자보호를 위하여 행정심판법 제18조 3항의 제척기간의 적용을 배제할 정당한 사유가 있는 경우에 해당한다고 판시하였다.[38] 그러나 이 경우에 제3자가 180일이 지난 후 과연 언제까지 심판청구를 할 수 있는가가 문제된다. 제3자보호 뿐만 아니라 수범자보호도 고려해야 하는데, 여기에 실권의 법리가 적절하게 방향을 제시할 것이다. 물론 행정쟁송법상의 관련규정이 입법적으로 예컨대 제3자에 대한 명시적 규정을 둔다든지 하여 개선이 이루어지는 것이 바람직하다.

---

1997, S.105(108). 동지: Kutscheidt, a.a.O., S.111(116).

36) BVerwGE 44, 294(300); 78, 85(88ff.); BVerwG NVwZ 1988, 532; NVwZ-RR 1991, 111.

37) Seidel, Öffentlich-rechtlicher und privatrechtlicher Nachbarschutz, 2000, §9 Rn.617.

38) 대법원 1989.5.9. 선고 98누5150판결.

### 3. 의제적 행정행위에 대한 잠정적 권리구제

행정소송법 제23조 제2항의 집행정지가 인정될 수 있는지 여부는, 전적으로 의제적 행정행위의 법적 성질에 관한 결정에 좌우된다. 의제적 행정행위를 통상의 행정행위와 다를 바 없다고 보면, 당연히 제3자는 집행정지제도를 통하여 잠정적 권리구제를 받을 수 있다. 제3자로선 그 행정행위가 침익적일 따름이기에, 제3자효 행정행위와 관련된 잠정적 권리구제는 그 자체로는 더 이상 문제가 될 수 없다. 문제는 집행정지제도의 실효성 확보차원에서, 수범자(수익자)가 집행정지결정을 무시하고 공사를 속행한다거나, 허가필요시설을 계속 운영한다거나, 혹은 일정 공간을 업소로 계속 이용하는 경우이다. 독일의 경우 그들 행정법원법 제80조a 규정을 두기 전에는 잠정적 명령제도(동법 제123조)를 통해서 이 문제를 해결하려고 하였지만,[39] 이제는-비록 명문상 담겨져 있지는 않지만- 대부분 동법 제80조a 제1항 제2호와 제3항에 의거하고 있다.[40] 즉, 인인은 잠정적 건축중지하명이나 잠정적 이용금지하명을 신청할 수 있다.

한편 의제적 허가나 동의에 대해선, 본안에서 취소소송을 고려하지 않는 반대견해에 의하면, 제3자는 이에 대하여 잠정적 명령을 제기하여야 한다.[41] 이러한 주장에 대해선 만약 손쉬운 집행정지가 아닌 잠정적 명령만을 제기하게끔 한다면, 법률상의 의제의 경우에 수범자가 통상의 행정행위의 경우보다 훨씬 더 유리할 수도 있다는 평가상의 모순에 빠져버릴 우려가 있다.

## Ⅶ. 절차신속화의 수단으로 의제적 행정행위를 확대도입하는 것의 문제점

절차신속화·사적화의 열렬한 주창자인 Jäde를 제외하고선, 많은 이들이 그것의 실제효과에 의문을 갖는다. 그러나 실제적인 효과성의 문제는 차치하고, 과연 의제적 행정행위가 행정절차를 신속화하기 위해서, 행정의 전 영역에로까지 확대되어야 할 유효한 수단인지 여부가 검토되어야 한다.

---

39) OVG Bremen BauR 1985, 300(303).

40) OVG Berlin NVwZ-RR 1993, 458; VGH Kassel NVwZ-RR 1996, 309; Schoch, Der vorläufige Rechtsschutz im 4. VwGO-Änderungsgesetz, NVwZ 1991, S.1121(1125); Finkelnburg/Jank, Vorläufiger Rechtsschutz im Verwaltungsstreitverfahren, 4.Aufl., 1998, Rn.841.

41) 독일 연방오염방지법 제15조 제2항 제2문의 의제적 허가면제표시와 관련해서 Kutscheidt, Hansmann 등이 이러한 입장을 취하였다.

### 1. 법률을 통한 확대의 문제

의제규정의 확대와 관련해선 먼저 권력분립원리에 따른 의문이 성립한다. 사실 이러한 규율방식은 법률집행을 전적으로 행정의 임의에 맡겨버리는 것이다. 즉, 통제(심사)를 포기하는 것과 이를 통해서 유효한 법효과를 발생시키는 것이 전적으로 행정청에게 맡겨지는 셈이 된다. 그리고 구체적으로 표명된 행정결정은 사후심사가 가능한 데 대해서, 행정당국이 이처럼 법적용을 하지 않을 경우에는, 법률과 법률구속의 구분 자체가 매우 불분명해진다. 행정청의 해태가 가령 의도한 부작위의 결과인지 아니면 단지 일반적인 집행부전에서 비롯하였는지 여부를, 의제규정으로 인해서 대외적으론 알 수가 없다. 그리고 자칫 행정청의 해태에 대한 법효과의 인정이 법률집행의 부재에 대한 알리바이로서 주장될 수도 있는데, 그러면 집행부에 관한 법치국가적 통제(심사)가 곤란을 겪게 된다. 의제규정의 확대가 자칫 현재의 법률집행의 문제를 심화시킬 우려가 있다.[42] 의제규정을 개별법상의 전체적인 허가절차에 전면적으로 확대 적용한다고 하면, 더 이상 법률 자체가 규준이 되지 못하고, 전적으로 행정당국의 의사가 규준이 될 것이다. 따라서 의제규정의 계속적인 확대는, 실제로 법률구속 및 행정청의 통제를 법치국가원리에 비추어 의문스럽게 완화시키는 결과를 초래한다. 아울러 더 이상 법률에 합치하지 않고 투명하지도 않은 행정현실이 가일층 촉진될 우려가 있다.

행정의 감시부재(해태)를 허가성립과 연계시키는 식의 의제규정은, 국가의 기본권보호의무의 관점 하에서도 의문스러울 수 있다. 의제규정의 도입에 있어서, 입법자는 국가의 기본권보호의무를 특히 고려해야 한다. 국가의 기본권보호의무는 무엇보다도 입법자의 역할을 제고시키는 매개인데, 이는 안전과 위험방지라는 전통적인 국가목적이 다시금 새롭게 부각된 데서 연유한다. '의심스러우면 자유에 유리하게'(in dubio pro libertate)의 원칙에서 '의심스러우면 안전에 유리하게'(in dubio pro securitate)의 원칙으로 선회하였다는 것이, 이러한 현상을 상징적으로 표현한다.[43]

물론 입법상의 형성여지가 있기에, 국가의 통제(심사)책임의 철폐 그 자체가 바로 과소보호금지의 원칙(Untermaßverbot)에 위반한다고 할 수는 없다. 하지만 국민의 생

---

42) 일찍이 Lübbe-Wolff는 환경법상의 연성법률(Soft-Law)이 집행부전의 원인이라고 비판하였다. Ders., Vollzugsprobleme der Umweltverwaltung, NuR 1993, S.217(220f.).

43) 국가의 기본권보호의무에 관해선, vgl.정태호, 기본권보호의무, 현대공법학의 재조명(김남진 교수 정년기념논문집), 법학논집 특별호(고려대학교 법학연구소), 1997, 361면 이하; Faber, Gesundheitliche Gefahren des Tabakrauchens und staatliche Schutzpflichten, DVBl. 1998, S.745ff.; Möstl, Probleme der verfassungsprozessualen Geltendmachung gesetzgeberischer Schutzpflichten, DÖV 1998, S.1029ff.

명·신체의 안전이나 환경보호와 관련하여 적합하다고 입증된 핵심적인 절차규범이 의제규정으로 인하여 무력화되는 경우에는, 행정절차의 신속화란 목표를 후퇴시켜야 한다. 따라서 입법자가 개인의 생명·신체의 안전이나 환경의 사전배려와 관련이 있는 행정절차, 가령 약사법·원자력법·환경관련법 등에서 규정하고 있는 핵심적인 허가사항에 의제적 방식을 도입한다면, 이는 과소보호금지의 원칙에 배치된다 할 것이다.[44] 즉, 결정기간의 단순한 경과만으로, 국가감시체계상으로 허가가 지닌 정당성을 대신할 수는 없다. 결론적으로 의제규정의 확대는 부수적 범위(영역) 즉, 예방적 통제의 중요치 않은 범주에서만 큰 문제없이 강구될 수 있다.

### 2. 수범자의 보호 문제

대부분이 주장하듯이, 의제적 행정행위에 높은 폐지의 리스크가 결부되어 있고, 행정청의 사후적 통제(심사)의무가 광범하게 인정되면, 의제규정이 수범자인 계획안 수행자에게 이롭지만은 않다.[45] 통상의 행정행위에 비해서, 의제적 행정행위의 수범자는 법적 안정성과 관련해서 명백한 손상을 겪게 된다. 즉, 그는 행정청이 자신의 신청을 실제로 심사를 하였는지 아니면 빠듯한 결정기간을 그냥 지나쳤는지 여부를 확신할 수가 없다.

그런데 수범자의 열악한 지위는 제3자가 의제적 행정행위에 대해서 행정쟁송을 하는 경우에도 역시 그러하다. 의제적 행정행위의 경우에는 통지가 전혀 없기에, 행정쟁송법상의 취소쟁송의 제소기간·이의제기기간이 애시당초 적용될 수 없다. 따라서 여기선 앞에서 본 것처럼 전적으로 실권의 법리에 의거해야 한다. 수범자는 당연히 의제 이후에도 자신의 계획안에 대한 취소쟁송의 가능성을 염두에 두지 않으면 아니 된다. 결국 비록 행정절차법·행정쟁송법상의 관련 규정이 유추적용된다 하더라도, 의제적 행정행위의 경우에는 절차의 공식적 주지(周知)가 없다는 결정적인 이유에서, 통상의 행정행위의 경우보다 저하된 존속보호가 부여됨을 피할 수 없다. 물론 의제적 행정행위마저 존재치 않는 경우(예: 주택건설촉진법 제38조 제2항 단서)에 비하면, 저하될망정 존속보호를 어느 정도 누린다 하겠다. 가령 건축허가의제적 건축신고의 경우(건축법 제9조)에는 의제적 행정행위의 폐지를 밟은 다음에 비로소 철

44) 한편 이러한 관점에서 보면, 우리의 생명공학육성법은 매우 심각한 문제점을 지니고 있다. 즉, 동법 제14조(검정 및 임상)와 제15조(실험지침의 작성, 시행 등) 등에서 국가의 감시체계의 근간을 진혀 정립해 놓지 않은 점에서 국가의 기본권보호의무를 저버렸다고 하겠다. 동법의 문제점은 사실 오로지 산업화·경제적 관점만이 담겨져 있는 제1조의 목적조항에서도 분명히 드러난다. 생명공학에 대한 시각은 기본적으로 '육성'이 아닌 '생명보호·인간의 존엄성'에 맞춰져야 한다. 이 점에서 보면 동법은 그 이름에서부터 문제가 있다.

45) 이 점에서 의제규정이 의도하는 신속화를 중화시켜 버릴 우려가 있다. Vgl. Ortloff, a.a.O., S.228f.

거명령을 발해야 한다.

한편 의제를 통해서 어느 정도 법적 안정성을 도모할 수 있다 하더라도, 수범자로 하여금 정식의 통상의 허가절차를 밟을 수 있는 가능성을 열어주는 것이 바람직하다. 그래서 수범자가 시간적 절감과 그에 따른 리스크라는 비용·편익의 형량(Kosten-Nutzen-Abwägung)을 통해 자기선택과 자기책임을 부담한다. 이와 비슷한 예가 독일의 일부 주 건축법에 있다. 즉, Brandenburg 주 건축법 등(§69 Abs.1 BbgBauO; §65a LBauO Rh-Pf)은 건축주에게 허가면제의 경우에도 건축허가를 신청할 수 있는 선택권을 부여하고 있다. 우리의 건축법 제9조에 따른 건축신고의 경우에도 건축주가 제8조에 의거하여 건축허가를 신청할 수 있는가? -동법 제9조에 대한 현재의 이해와 인식으로선, 이와 같은 일은 전혀 발생하지 않겠지만, 신고제와 의제적 행정행위에 관한 새로운 이해가 구축되면 이 물음은 당연히 제기될 것이다-. 결론부터 말하면, 건축주에게 건축신고와 건축허가 양자의 선택권이 부여되어 있다. 왜냐하면 동법 제9조 제1항의 본문에 '제8조의 규정에 해당하는 허가대상건축물이라 하더라도' 신고로써 족하게끔 규정되어 있기 때문이다. 다시 말해, 현행 건축법 제8조와 제9조의 구조상으로, 신고대상건축물은 허가대상건축물의 진부분집합에 해당한다.

* 법제 제520호(2001.4.), 55면 이하 소수.

* 참고문헌: 송영선, 인허가의제제도에 관한 법제연구, 한국법제연구원, 2005.11.; 정태용, 인·허가의제제도에 관한 고찰, 법제 530호, 2002.2.; 권수철, 인·허가의제제도(인·허가의제제도)의 법적 성격과 사후감독에 관한 소고, 법제 535호, 2002.7.; 선정원, 기한방식에 의한 인·허가규제의 한계와 행정내부규제의 개혁, 행정법연구 7호(2001.하반기), 2001.9.; 졸고, 건축허가의제적 건축신고와 일반적인 건축신고의 차이점에 관한 소고, 판례월보 2001년 5월호, 13면 이하.

# 제 9 장

# 自動的 行政行爲(컴퓨터行政行爲)에 관한 小考



## Ⅰ. 처음에-꿈이 현실이 된 "e-정부"

"꿈이 현실이 됩니다"라는 문구가 그저 광고의 카피문구에 그치지 않는다. "e-정부", "e-행정", "e-도서관", "e-상거래", "e-아파트" 실로 "e-00"의 전성시대이다. 그리하여 "전자정부"란 용어가 "e-정부"에 비하면 약간의 구식의 뉘앙스까지 풍기는 듯하다. 본래 "전자정부"란 개념은, 1993년 미국 클린턴 행정부가 국민들의 삶의 질을 향상시키고 경제에 활력을 불어넣는 데 정보기술을 사용하고자 시작된 개념이다. 이는 정보통신기술을 활용하여 행정활동의 모든 과정을 혁신함으로써, 정부의 업무처리가 효율적이고 생산적으로 개선되고, 정부의 고객인 국민에 대하여 질 높은 행정서비스를 제공하는 지식정보사회형 정부를 말한다. 그리고 좁은 의미로는, 대민행정 측면, 내부행정처리 및 정책결정의 측면, 조달 등의 세 측면이 전자적으로 상호유기적인 작용을 하면서 온라인 네트워크를 통해 공공재화나 서비스를 상호간에 제공하는 것을 의미한다.

전자정부시대를 열기 위하여 이미 2001.3.28.에 '전자정부구현을 위한 행정업무 등의 전자화촉진에 관한 법률'(법률 제6439호)이 제정되었으며, 전자정부 싸이트(https://www.egov.go.kr)가 개설되어 운용되고 있다. 그리고 행정절차법 역시 2002.12.30.자 개정을 통해 전자방식의 송달이나 처분방식을 규정함으로써(동법 제14조, 제24조), 전자적 행정절차(elektronisches Verwaltungsverfahren)가 구축되었고, 전자적 행정행위(elektronischer Verwaltungsakt)가 존재하게 되었다.[1] 유럽 역시 유럽연합을 가장 경쟁력있고 역동적인 지식기반 사회로 만들기 위하여, 전자정부가 "e-유럽 2005 행동계획(Action Plan)-모두를 위한 정보사회"의 주된 목표임을 강조한다.[2] 특히 독일의 경우엔 2003.2.1.부터 발효되는 제3차 행정절차법개정법률이 행정과 시민간의 전자적 커뮤니케이션의 요건과 보장에 관한 특별한 규율을 도입하였고(동법 제3조a 등), 그들의 조세기본법(AO)과 사회법전도 이를 수용하였다(§87 a AO, §36 a SGB Ⅰ).[3] 그리하여 우리와 마찬가지로 전자적 행정절차 및 이에 의거한 전자적 행정행위가 공인되었다.

요컨대 인터넷이 일상화된 현재의 전자정부시대에 상응하게 행정법의 체계를 형성하는 것이 현하의 과제이다.[4] 그리하여 행정정보화・자동화와 관련한 행정법적 여러 물음을 다룸에 있어, 조직법・작용법・절차법・책임법상의 기존의 파라다임이 별 의문없이 혹은 수정해서 통용될 수 있는지, 아니면 새로운 파라다임이 창안되어야 하는지를 심도있게 논의하여야 한다. 여기선 자동적 행정행위(컴퓨터행정행위, 행정자동처분)에 관한 일련의 연구[5]의 연장에서, 그것의 실체적 문제점 즉, 행정자동화와 자동적 행정행위(행정자동처분)의 개념, 그것의 법적 성질 및 그 논거, 행정자동화와 정보화가 법치국가원리에 부합하는지 여부, 자동적 행정행위상의 컴퓨터프로그램의 법적 성질과 그 통제방안, 자동적 행정행위의 효력과 흠(하자), 그리고 자동적 행정행위의 폐지 등을 다루고자 한다.[6] 아울러 인공지능연구에 바탕을 두고서 법학

1) 전자적 행정행위와 이 글의 글감인 자동적 행정행위와는 엄연히 구분된다(후술).

2) 최근 유럽의 기업과 시민들의 전자정부활용의 통계에 관해선 참조: http://epp.eurostat.cec.eu.int/cache/ITY_OFFPUB/KS-NP-05-009/EN/KS-NP-05-009-EN.PD.

3) 독일에서의 전자정부와 관련한 행정절차법상의 논의에 관해선 vgl. Laubinger, Elektronisches Verwaltungsverfahren und elektronischer Verwaltungsakt, Festschrift für K. König, 2004, S.517ff.; Schliesky, Auswirkungen des E-Government auf Verfahrensrecht und kommunale Verwaltungsstrukturen, NVwZ 2003, S.1322ff.; Schmitz, Änderungen des Verwaltungsverfahrensrechts durch moderne Informationstechniken, BVerwG-Festgabe 50 Jahre Bundesverwaltungsgericht, 2003, S.677ff.; Schmitz/Schlatmann, Digital Verwaltung?-Das Dritte Gesetz zur Änderung verwaltungsverfahrensrechtlicher Vorschriften, NVwZ 2002, S.1281ff.; Schlatmann, Anmerkungen zum Entwurf eines Dritten Gesetzes zur Änderung verwaltungsverfahrensrechtlicher Vorschriften, DVBl. 2002, S.1005ff.

4) 참고문헌: 김남진, 정보화사회와 행정법체계의 재구성, 월간고시, 1991.8; 홍준형, 초고속정보통신기반의 구축과 행정법, 고시계, 1995.11; 동인, 21세기 정보시대에 있어 행정법의 변화와 과제, 한국공법학회 제72회 학술발표회, 1997.11.15., 53면 이하; 정보사회에 대비한 일반법 연구(Ⅰ,Ⅱ), 정보통신정책연구원(통신개발연구원), 1997, 1998; 이종영, 독일의 전자정부법제, 한국법제연구원, 2001.12; 박균성, 프랑스의 전자정부법제, 한국법제연구원, 2001, 11; 임지봉, 미국의 전자정부법제, 한국법제연구원, 2001.12; 유진식, 가상공간시대의 행정과 법, 인터넷법률, 제23호, 2004.5, 1면 이하.

5) 이에 관해선 졸고, 행정자동절차에 관한 법적 고찰, 고려대 박사학위논문, 1993.6; 행정자동화와 행정절차, 법제연구 제11호, 1996.9; 행정자동결정의 통제에 관한 고찰, 법학연구(충북대 법학연구소) 제9권, 1998. 11; 행정자동결정에 대한 사법심사, 현대법학의 과제와 전망(김윤구 교수 화갑기념논문집), 1999.11. 참조.

6) 흔히 행정자동결정이라 부르는데, 장차 변할지 모르지만 현재에는 그것의 법적 성질을 행정행위로 보는

적 전문가 시스템의 도입이 강구될 수 있는데, 그것의 도입에 따른 문제점 즉, 그것에 의한 행정결정의 처분성 여부와 합헌성 여부를 다루고자 한다.

## Ⅱ. 行政自動化와 行政自動節次의 概念

### 1. 行政自動化의 概念

과학기술적 지원을 받아서 행정업무를 수행하는 경우와 자동화를 구분하기 위해서 우선 후자의 징표를 살펴보겠다.[7)]

우선 개개의 업무작업이 기계에 의해서 행해질 뿐만 아니라, 작업과정상의 완결된 순환이 자율조정적·자율통제적으로 기계에게 맡겨져 있을 때, 자동화라 말할 수 있다.[8)] '기계화'(Mechanisierung)의 경우 모든 작동이 사람에 의한 조종을 받는 데 대해서, 자동화의 경우 기계에 의해서 업무가 수행되는 중에는 사람에 의한 조종이 전혀 통용되지 않는다. 다시 말해, 비록 프로그램의 조종을 받긴 하나 활동의 일부단계에서 기계가 어느 정도의 자주성을 가진다는 것(자동성)과 기계에 의해서 만들어진 결과에 대해 사람이 그 단계에서 추후심사를 행할 수 없다는 것이 자동화의 특징이다.[9)]

한편 자동화에 관한 개념정의상의 착안점을 사용하는 장치의 성격에서 찾는 것도 의미롭다. 해서 싸이버네틱 시스템이 사용되었을 때만이 자동화라고 말하거나,[10)] 자동화를 전자데이타처리시설의 도입(배치)과 동일시 여겼다.[11)] 따라서 결정과정의 정보처리단계가 더 이상 인식론적으로 실행되는 것이 아니라, 자동데이타처리시설, 즉 컴퓨터를 통해서 실행되는 경우에 비로소 결정과정을 자동화했다고 할 수 있다.[12)]

한편 자동화와 자동화하는 것의 개념은 구분되어야 한다. 일찍이 Zeidler는 자신

---

데 거의 의견의 일치를 보고 있다. 따라서 그것을 자동적(자동) 행정행위(automatisierter Verwaltungsakt)나 컴퓨터행정행위(Computerverwaltungsakt) 내지 행정자동처분으로 부르는 것이 좋을 듯하다.

7) 자동화에 관한 개괄적 이해는 졸고, 앞의 글(행정자동절차), 7면 이하 참조. 한편 행정자동화에서 선행되어야 할 논의는 과연 어떠한 행정활동이 자동화가능한지 여부인데, 여기선 특히 재량행위와 불확정법개념이 문제된다. 이에 관해선 졸고, 행정자동기계결정의 법적 성질 및 그의 능부, 공법연구 제22집 제3호, 1994. 6.; Lazaratos, Rechtliche Auswirkungen der Verwaltungsautomation auf das Verwaltungsverfahren, 1990, S. 219ff.; Polomski, Der automatisierte Verwaltungsakt, 1993, S.53ff. 참조.

8) Brinckmann, Verwaltungsautomation, 1974, S.31; Bull, Automation in der Verwaltung?, JR 1965, S. 178(179); Ostermann, Grundlagen der kommunalen Informationtechnologie, in: Ostermann/Langguth/Kassner(Hrsg.), Informationtechnologie für die Verwaltung, 1987, S. 1(24); Dergrandi, Die automatisierte Verwaltungsverfügung, 1977, S.17, 18.

9) Polomski, a.a.O., S. 23f.

10) Ostermann, Automation in der Verwaltung-Realität und Zukunftsverwaltung, Die Verwaltung, Bd. 3(1970), S.129(131).

11) Jähnig, Automation in der öff. Verwaltung, DÖV 1970, S.465(466).

12) 이 점 또한 행정자동절차의 주요 징표 가운데 하나에 해당한다.

견해의 근간이 된 논문에서 양자의 분명한 구분 가능성을 부인하고, 그 대신 "행정의 기술화"란 개념을 선택하였다.[13] 그 이후 Bull과 Schönig 등은 양자가 동일하다고 보았다. 그러나 어문상 나누는 것이 좋을 듯하다. 즉, 자동화하는 것(Automatisierung)은 사람의 활동을 자동장치로서 계속적으로 대체하는 활동을 의미하고, 자동화(Automation)란 이런 활동으로 인한 상태 즉, 이러한 발전의 최후단계를 의미한다.[14]

초고속정보통신기반의 구축이 한걸음 한걸음 실현되어 가고 있는 오늘날에 있어서, 정보통신(커뮤니케이션)기술을 바탕으로 한 정보화와 자동화는 당연히 구분되어야 한다. '정보화'란 정보를 생산·유통·활용하여 사회 각 분야의 활동을 가능하게 하거나 효율화를 도모하는 것을 말한다(정보화촉진기본법 제2조 제2호). 그리고 자동화가 본질적으로 데이터처리만을 포함한 데 비해, '정보'는 광 또는 전자적 방식으로 처리하여 부호·문자·음성·음향 및 영상 등으로 표현한 모든 종류의 자료 또는 지식을 말한다(동법 제2조 제1호). PC의 대량보급으로 촉발된 정보화는 자동화된 데이터처리의 차원을 넘어 PC통신을 통해서 처음으로 국민과의 기술적 커뮤니케이션까지 가능케 한다. 아울러 정보화는 프로그래밍의 측면에서 제기되는 자동화의 기술적 한계를 해소시킬 것이다. 정보통신기술에 바탕을 둔 정보화에 자동화가 배척되지 아니 한다. 자동화는 이런 정보화의 일부이며, 행정자동화와 그로 인한 자동적 행정행위는 행정정보화의 시작에 불과하다.[15] 그리하여 대량성과 동형성(동종성)을 개념적 징표로 하는 자동적 행정행위에서 그것과 직접 관련이 있는 사항을 제외하면, 그에 관한 논의의 대부분은 행정정보화나 전자정부의 포괄적 논제에서도 여전히 통용될 수 있을 것이다. 행정행위를 전송으로 통지하는 것이 대표적 예다. 요컨대 정보화의 개념에 자동화가 부분집합으로서 자리를 잡으며, 이들의 공통기반이 바로 전자화이다.

## 2. 決定過程自動化의 樣態

여기에는 다음의 두 가지 경우로 구분될 수 있다. 하나는, 전체 결정과정의 개개의 단계에서 자동데이타처리시설이 사용되지만, 그것의 산출(Output)만은 명백히 사람에 의해서 행해지는, 즉 최종결정행위만은 여전히 사람이 행하는 경우이다. 다른 하나는, 최종의 결정단계까지도 포함하여 자동화함으로써, 그 과정을 종결시키는 산출마저도 자동데이타처리시설로부터 직접 도출되는 경우이다. 이 경우 최종의 결정안을 통지하는 데 사람이 개입할 수 있으며, 물론 그것마저 자동화될 수도 있다. 양

13) ders., Über die Technisierung der Verwaltung, 1959, S.2.

14) Lazaratos, a.a.O., S.39; Fiedler, Automatisierung im Recht und juristische Informatik, JuS 1970, S.67(70).

15) 정보화의 특징 및 그것과 자동화의 상관관계에 대해선 vgl. Polomski, a.a.O., S.32ff.

자의 구별은 절차법적으로 대단히 중요한 의미를 갖는다.

우리 행정절차법안(1996)과 독일 일반행정절차법 · 조세기본법 · 사회행정절차법은 행정행위를 발하기 위한 일련의 행정과정을 자동화하는 데 대하여 특별한 의미를 부여하고 있으며, 따라서 예외적인 법적 효과를 결부시키고 있다. 즉, 당해 규정들은 요식성, 이유제시 및 청문과 관련하여 일종의 절차완화를 규율하고 있다.[16] 그런데 이러한 절차완화는 앞에서 본 후자의 경우, 즉 결정과정의 종결단계마저도 자동화한 경우처럼 고도의 자동화수준에 달한 경우에만 유보될 수 있다 하겠다. 왜냐하면 원칙과 예외의 체계상 예외에 해당하는 절차완화란 최대한 억제되어야 하며, 더구나 일련의 결정과정에 인간의 행위가 개재되어 있다 함은 절차완화를 정당화시킬 수 없기 때문이다. 따라서 최종결정행위만은 여전히 사람이 행하되, 그밖에는 컴퓨터에 의해서 실행되는 경우에는 절차완화에 해당하는 예외규정이 적용되지 않는다. 이처럼 자동화의 수준에 따라 실정법의 적용을 달리 한다면, 전자의 경우는 "자동데이타처리보조(지원)절차"나 "행정자동보조절차"로, 후자의 경우는 "행정자동절차"(자동적 행정절차, automatisiertes Verwaltungsverfahren)나 "자동데이타처리절차"로 부르는 것이 바람직하다.

### 3. 行政自動節次의 主要 徵表

#### (1) 大量性과 同形性(同種性)

행정자동화란 그 자체가 목적이 아니라, 무수히 같은 모양으로 반복되는 대량행정의 사상을 처리하기 위한 수단이자, 통제할 수 없을 정도로 광범위한 복잡성을 축소시키는 원동력에 해당한다. 독일 행정절차법 등이 대량의 동종처분과 행정자동결정에 대하여 동일한 법적 효과를 결부시킨 사실은, 그들 입법자들 역시 행정자동절차의 대량성과 동종성을 전제하고 있음을 엿보게 한다. 그러나 동종성이란 모든 행정행위가 하나의 법적 근거 및 사안에 의거한 경우에만 인정할 수 있으며,[17] 엄밀히 보아서 행정자동결정은 대개의 경우 동종적(gleichartig)이기보다는 동형적(gleichförmig)인 점을 간과해서는 아니 된다. 양자가 엄격히 구분되어야 함에도 대체로 같게 혹은 전자를 포괄적으로 이해하고 있다. 따라서 여기선 아쉽지만 타협적으로 이해하고자 한다.

---

16) 우리 행정절차법안(1996) 제26조 제1항 제2호; §§28(2) Nr.4, 37(5), 39(2) Nr.3 VwVfG. 그러나 현행 행정절차법이 제정되면서 행정자동결정에 관한 명문상의 근거가 될 용어(대량의 동종처분) 대신에, 단순 · 반복적 처분이란 용어가 채택되었다. 그리고 독일 행정절차법의 경우에 과거에는 제37조 제4항이었지만, 제3차개정법률에 따라 동조 제5항으로 바뀌었다.

17) Stelkens/Bonk/Leonhardt, VwVfG Kommentar, 1998, §28 Rn.59.

한편 행정자동절차가 행해지는 상황을 "대량절차"(Massenverfahren)라고 명명하는 것은 타당하지 않다. 대량절차란 원래는 개별절차인데, 다만 이례적으로 많은 사람이 참여함으로써 다수의 직무행위가 동시에 필요하게 된 데 불과하다.[18] 이에 반하여, 행정자동절차의 경우에는 다수의 행정행위를 발하기 위한 대량의 동형절차가 문제된다. 따라서 대량절차보다는 "대량행정"이나 "대량적 행정행위"라는 용어를 사용하는 것이 바람직하다.

(2) 最終産物의 法的 行爲로서의 性質

과거 Zeidler는 행정자동절차에 따른 자동화된 최종산물에 대해서 법적 성격을 부인하여 행정제품으로 파악하려 하였지만, 오늘날에는 모두가 그것을 법적 행위로 보고 있다. 그리고 자동화된 최종산물(행정자동결정)이란 외부효를 발생시키는 다수의 동형적 결정이라 할 것이므로, 행위형식상으로 행정행위에 해당한다고 하는 데 의견이 일치한다(뒤에서 보겠지만, 그 논거에 관해선 다툼이 있다). 따라서 계약을 통하여 행정목적을 수행할 필요성과 아울러 그의 유용성에 대한 인식이 높아지고 또한 현대국가에서의 행정기능의 확대와 관련하여 공법계약이 증가한다 하더라도, 공법계약은 원칙적으로 행정자동절차에 친숙하지 않다. 물론 공법계약이 한층 일상적인 행위수단이 된다면, 사전에 인쇄되고 유형화된 계약양식을 작성하는 식으로 행정이 바뀔 것이라고 주장할 수도 있다. 그러나 그와 같은 계약에 행정이 아직 익숙하지 못한 것이 사실이다.

독일 행정절차법등은 행정자동절차의 최종산물이 당연히 행정행위임을 전제하고서 이에 관하여 규율하고 있다. 그러나 민사영역에서 자동화된 의사표시와 컴퓨터 등을 통한 계약의 예가 급속히 출현하고 있는 사실은, 행정자동절차의 최종산물의 법적 성질을 논함에 있어서 앞으로의 방향을 예견하게 한다. 법적 성질이 행정처분이 아닌 행정자동결정의 가능성을 염두에 둔다면, 처분성논의를 필요로 하는 '행정자동결정'이란 용어가 나름의 의미를 지닌다(후술 참조).

4. 行政自動節次의 槪念

자동화된 행정절차 즉, 행정자동절차가 특별한 절차유형에 해당한다고 보기는 어렵다. 이러한 점은 우리나 독일의 행정절차법이 행정자동절차에 관해서 총괄적으로 규율하고 있지 않은 사실에서도 잘 알 수 있다. 그럼에도 불구하고 행정자동절차의 경우에 법적 효과라는 측면에서 청문이나 이유제시의 생략과 같은 결과가 발생할

18) Schmel, Massenverfahren vor den Verwaltungsbehörden und den Verwaltungsgerichten, 1982, S.59.

수 있다는 사실을 감안한다면, 그 개념을 명백히 할 필요가 있다.

결론적으로 행정자동절차(자동데이타처리절차)라 함은 「다수의 동형적(동종적)인 행정행위를 자동데이타처리에 의거해서 발하는 대량의 동형(동종)절차」라 정의내릴 수 있다.[19]

한편 행정자동절차의 허용성이 문제될 수 있다. 이는 행정자동결정의 허용성과도 직접 관련이 있다. 독일의 경우 절차진행의 간단성이나 합목적성 등과 같은 절차적 목표가 행정절차의 무형식의 원칙(행정절차법 제10조)에 규정되어 있다. 동법 동조는 자동화를 지원하는 것(Automationsunterstützung)의 허용성을 위한 개괄조항으로 여겨진다. 그리고 실제적으로 절차의 이러한 무형식성은 자동화의 중요한 기본조건(Grundbedingung)인데, 이는 정보통신기술에로의 이행의 과정에서도 고려해야 한다. 우리 행정절차법에 절차재량의 근거가 되는 그와 같은 규정이 없음은 아쉽다.[20]

## Ⅲ. 行政自動決定의 槪念과 法的 性質

자동화 그 자체는 결코 행정행위가 아니고, 행정내부에서 이루어지는 준비활동에 불과하다. 왜냐하면 그 자체로선 아무런 법적 효과를 가져다 주지 않고 따라서 결코 규율을 담고 있지 않기 때문이다. 근자에 행정의 다른 행위형식에 높은 평가가 내려지지만, 행정행위는 앞으로도 행정을 위해선 불가결한 수단이다. 개입행정에 있어선 행정 자체에 의한 그것의 집행가능성이 중요하다. 행정의 자동화는 다시금 행정행위의 위상을 절상시켜 주는데, 그것은 데이터조사의 필수적인 엄밀성을 확고히 하기 위해서 행정이 활발히 활동해야 하기 때문이다.

아래에선 컴퓨터에 의한 행정행위의 발급이 행정절차법 제2조 제2호와 행정심판법(및 행정소송법) 제2조 제1호상의 처분개념(행정청이 행하는 구체적 사실에 관한 법집행으로서의 공권력의 행사 또는 그 거부와 그밖에 이에 준하는 행정작용)상으로 포섭될 수 있는지 여부를 살펴보겠다.

### 1. 行政自動決定의 槪念

행정자동결정이란 행정자동절차의 최종산물로서 산출된 행정결정을 의미한다. 행정자동보조절차에서 발해지는 결정은 이에 해당하지 않으므로, 성립과정에 보조

19) 한편 행정자동절차라는 용어사용과 개념정의를 논할 경우 행정의사결정・집행에 관련된 일체의 과정을 의미하는 광의의 행정절차개념을 염두에 두어야 한다. 이러한 점에서 여기서의 절차(Verfahren)는 엄밀히 보아 처리하는 방법이나 방식에 더 가깝다 할 것이다.

20) 이에 관해선 졸고, 행정자동절차, 26면 이하; Polomski, a.a.O., S. 107ff.; Lazaratos, a.a.O., S.65ff.

수단으로 자동기계가 동원되었다 하더라도 그 결정은 결코 여기서의 행정자동결정이 아니다. 이 점은 Maurer 역시 바르게 나타내었다. 즉, 행정절차를 종결짓는 결정은 자동장치에 의해서 만들어지고, 행정청은 이 결정안(결과)을 -전자식으로도 행해질 수 있는- 통지를 통해 효력을 발생시키는 데 한정되는 경우에만, 행정자동결정이 있을 수 있다는 것이다.[21]

행정자동결정에서 법률규범이란 더 이상 개별・구체적인 사례의 동인으로 해석되기보다는, 장래의 많은 불확정한 적용사례를 위하여 프로그래밍하는 시점에 예측한 것에 해당한다. 보통 프로그래밍은 나중에 구체적 사례를 처리해야 할 동일인에 의해서 이루어 지지 않고, 다른 공동참여자, 특히 오늘날에는 프로그램의 복잡성으로 전문가의 팀에 의해서 이루어진다. 따라서 전통적인 행정행위가 성립에서 일원적 모습을 지녔다면, 성립에 있어서 상이한 사람의 참여하에 두 가지 업무부분으로 분장되는 것이 행정자동결정의 또 다른 특징이다.

행정자동결정의 예로, 학생의 학교배정, 세금을 비롯한 공과금부과결정, 연금 등 수익금의 결정, 주차료 등 공공시설의 사용료결정을 비롯한 도로교통상의 조치를 들 수 있다. 정보화의 진전 상황에 맞춰서 그 예는 증가할 것이다.

### 2. 電子的 行政行爲와의 구별

전자적 행정절차(elektronisches Verwaltungsverfahren)란, 전자적 방식으로 진행되는 행정절차이다. 행정과 시민과의 커뮤니케이션이 전자적 방식으로 행해지더라도, 그것의 법효과와 결과에서 종래의 문서 등의 방식에 의한 경우와 하등 다를 바 없다는 것이 출발점이다. 전자서명을 중핵으로 하는 전자적 행정절차에 의해서 발해지는 행정행위가 전자적 행정행위(elektronischer Verwaltungsakt)이다. 전자적 행정행위와 자동적 행정행위와는 -규율상의 상위와 실질적 이유에서- 엄연히 구분된다. 전자적 행정절차는 전자식 전달방식에 착안을 두고서 설정된 것이다. 따라서 전자적 행정행위 역시 전달(송부)의 방식에 초점을 맞춘 고찰의 소산이다. 즉, 종전의 문서나, 구술에 의한 방식이 아니라, 이메일이나 첨부파일 등과 같은 정보통신기술에 따른 전자적 방법이 동원된다. 통상 AD 105년 후한의 채륜이 종이를 발명한 이래로, 종이는 2000년 이상 미디어의 황제로 여겨졌다. 전자적 행정행위의 본질은 바로 종이란 미디어의 포기이다. 따라서 결정의 내용이 컴퓨터에 의해 확정되지 않고, 행정청에 의한 전통적인 방법에 의해 확정된다 하더라도, 전자적 행정행위가 성립하는 데는 아무런 문제가 없다. 이 점에서 결정의 전달방식이 아닌 -컴퓨터에 의한- 결정의 확정

21) Maurer, Allg. VerwR, 15. Aufl., 2004, §18 Rn.5.

방식 그 자체에 착안점을 둔 자동적 행정행위와는 당연히 거리가 있다. 그러나 양자의 본질적 차이점에도 불구하고, 가령 자동적 행정행위가 전자식으로 전달되는 경우처럼, 실제론 양자는 항상 서로 교차한다. 다시 말해, 전자적 행정행위와 자동적 행정행위의 교집합이 존재한다. 이 점에서 종래 자동적 행정행위에 관한 절차법적 논의는 그대로 통용되기가 어렵다. 명문규정의 미비나 불비에서 다듬어진 도그마틱이 변화된 미디어 환경으로 기능부전을 드러낸다. 요컨대 이제 전자방식의 자동적 행정행위는 물론, 전자적 행정절차 전반에 관한 논의가 새롭게 진행되어야 한다.[22]

### 3. 行政自動決定의 法的 根據

독일의 경우 행정절차법 등이 청문·이유제시·서명 등의 예외규정에서 '자동장치를 이용한 행정행위'(VAe mit Hilfe automatischer Einrichtungen)라 규정하고 있으므로, 행정자동결정의 실정법적 근거에 대해서 더 이상 논의할 필요가 없다. 다만 행정자동결정 자체의 합헌성 여부, 법학적 전문가 시스템을 통해서 행해진 행정결정이 자동장치를 이용한 행정행위로서의 행정자동결정에 포섭될 수 있는지 여부는 논의될 수 있다.

우리의 경우 이유제시(부기)의 제외사유로 1987년의 행정절차법안은 '자동장치에 의한 처분'을 직접적으로 규정하였으나(동법안 제28조), 1996년의 행정절차법안은 '대량의 동종처분'을 들었고(동법안 제26조 제1항 제2호), 제정된 행정절차법은 '단순·반복적 처분 또는 경미한 처분'을 들고 있다. 이런 변화가 행정자동결정 역시 원칙적으로 이유제시가 있어야 한다는 것인지, 행정자동결정을 단순·반복적 처분 등의 일종으로 본 것인지 알 수 없다. 전자라면 일단 환영할 만하나, 후자라면 문제가 된다. 왜냐하면 행정자동결정의 특징이 대량성과 동형성(동종성)인 점에서 다소 무리가 있겠지만, 그것의 존재를 행정절차법안의 '대량의 동종처분'에서나 찾을 수밖에 없기 때문이다. 따라서 우리의 경우 독일과는 달리 행정자동결정의 존재를 확인할 수 있는 명시적 근거가 없기에, 그것의 법적 성질에 관한 논의가 한층 중요하다.

### 4. 行政自動決定의 法的 性質

아래에선 이런 종류의 성립이 행정절차법 등의 처분에 관한 원칙적인 개념정의에 부합하는지 여부를 검토하려 한다. "행정청에 의한 조치(결정)"란 징표가 의문을 야기한다. 컴퓨터에 의해 결정이 자동적으로 성립됨에도 불구하고 행정청의 표시행위

22) 전자적 행정행위에 관해선 vgl. Maurer, a.a.O., §18 Rn.16ff.; Schliesky, a.a.O., S.1325; Schmitz/ Schlatmann, a.a.O., S.1286.

에 바탕을 둘 수 있는지 여부가 밝혀져야 한다.[23]

### (1) Zeidler의 行政製品理論

Zeidler가 문제를 제기하기 전에도 자동화된 행정결정에 관한 논의는 있었지만, 일반적으로 Zeidler가 그와 관련한 문제점을 맨 처음 체계적으로 다루었다고 보고 있다. Zeidler는 일련의 논문[24]에서, 자동데이타처리에 의해서 행해진 행정결정이 행정법의 전통적인 도그마틱에 아무런 의문 없이 접목될 수 있는지, 새로운 법구성으로써 "미지의 세계"(terra incognita)로 들어가는 것이 필요한지 여부를 다루었다.

그에 따르면 전통적인 행정행위에서는 포섭과정은 물론 결과의 경우에도 그 통일성이 특징인 데 빈하여, 행정지동결정에서는 자동장치의 운전개시는 인간의 의사에 의존하지만 그것의 구체적인 실행은 더 이상 인간의 의사에 따르지 않고 자동적으로 이루어지고 있는 점이 특징이라고 한다. 그리하여 그는 자동장치가 수행하는 전체적인 결정과정을, 행정법의 체계에 완전히 적합하게 되는 사상(행정작용: Verwaltungshandlung)과 순전히 기술적이고 제품화된 사상(행정제품: Verwaltungsfabrikat)으로 이분하였다. 이상의 논의를 바탕으로 Zeidler의 주장을 요약하면 다음과 같다.

첫째로, 행정자동화로 인하여 공무원이 법집행으로부터 배제됨으로써 전체과정을 지배하는 인간의 의사가 결여되기 때문에 행정자동결정이란 전통적인 의미의 행정행위로 볼 수 없다. 둘째로, 공무원에 대한 귀속가능성과 그에 의한 통제가 결여되어 있음을 언급하기 위하여 행정자동절차의 산물인 결정을 특히 행정제품이라 부를 수 있다. 자동데이타처리시설(컴퓨터)은 오로지 기술상의 제 법칙에 따라 가동되어야 한다. 셋째로, 행정에 있어 적법성과 위법성이라는 규준은 오로지 인간이 행한 행위방식에 대해서만 적용될 수 있기 때문에, 법률이 의도하는 바가 컴퓨터에 의하여 달성된다든지 아니면 벗어난다든지 하는 경우란 있을 수 없다. 말하자면 행정제품인 행정자동결정에 대해서는 그것이 기술적으로 타당한지 여부만을 판단내릴 수 있을 뿐, 적법성이나 위법성을 논할 수 없다. 따라서 행정자동결정에 하자가 있는 경우에는 행정상의 손해보전제도의 전통적인 범주에 해당하지 않기 때문에, 위험책임법리를 통해서만 도그마틱적으로 만족스러운 해결을 도모할 수 있다고 한다.[25]

---

23) 여기에는 自動化된(電子的) 意思表示에 관한 民事法上의 論議를 아울러 살펴보아야 한다. 참조: 오병철, 전자거래의 민사법적 규율방안, 정보사회에 대비한 일반법 연구(II), 정보통신정책연구원, 1998, 43면 이하; 동인, 전자적 의사표시에 관한 연구, 연세대 법학박사학위논문, 1996; 김용직/지대운, 정보사회에 대비한 민사법 연구 서론, 정보사회에 대비한 일반법 연구(I), 통신개발연구원, 1997.

24) Zeidler, Über die Technisierung der Verwaltung, 1959; Verwaltungsfabrikat und Gefährdungshaftung, DVBl. 1959, S.681ff.; Zur Technisierung der Verwaltung. Eine Entgegnung, DVBl. 1961, S.493ff.

25) 사실 Zeidler가 주장한 행정제품이론이란, 논제에서도 나타나 있듯이 위험책임법리를 통하여 효과적인 권리구제를 도모하기 위함이다.

### (2) Zeidler의 行政製品理論에 대한 批判

Zeidler의 행정제품이론은 그것의 법이론적 결함으로 인하여 그것이 주창된 당시에도 의문이 제기되었으며, 오늘날에는 동감을 표하는 문헌을 거의 찾아 볼 수 없다. Zeidler의 행정제품이론에 대한 비판의 주요내용은 다음과 같다.

첫째로, 법규범이란 오로지 인간에 대해서만 발해질 수 있다는 사실이 결코 인간의 활동만이 법적으로 중요하다는 것을 의미하지는 않는다. 왜냐하면 법적 관련성은 규범의 수범자로부터 생기는 것이 아니라, 인간활동영역외의 결과에 법적 효과를 결부시킬 수 있는 규범의 내용으로부터 생기기 때문이다.[26] 둘째로, 행정행위가 적법한지 여부는 전적으로 법(규범)의 규준에 의하여 확정될 수 있지, 행정행위에 관여한 공무원의 인간적 행위가 그에 대하여 영향을 미치는 것은 아니다. 따라서 행정자동결정에 대해서도 적법성·위법성 여부를 판단내릴 수 있다고 보아야 한다.[27] 셋째로, 공무원이 터미널을 통하여 입력한 데이타가 인간이 만든 컴퓨터프로그램과 결합하여서 순전히 기계에 의한 그 다음의 과정을 완전히 결정한다고 보면, 비록 처리과정의 독자성은 인정되지만 당해 결정을 자동데이타처리시설 그 자체에 귀속시킬 수는 없다. 따라서 Zeidler처럼 전통적인 행정행위를 법적인 부분과 제품화된 부분으로 나누는 것은 무의미하다. 넷째로, Zeidler는 행정청의 권한규정·귀속규정 대신에 행정을 집행하는 사람의 의사에 바탕을 두고서 행정작용을 정립하려는 오류를 범하였다는 점이 지적된다.[28]

결론적으로 행정법적 고찰의 관점에서는 당해 결정이 행정청에 대하여 귀속될 수 있는지 여부만이 문제되기 때문에, 행정행위가 육체를 갖춘 기능주체에 의하여 의욕되었는지 아닌지는 그 행정행위의 법적 관련성을 위하여 결정적인 기준이 되지 못한다고 하는 것이 Zeidler의 견해에 대한 비판의 핵심이다.[29]

### (3) 結 語

독일의 경우 Zeidler의 행정제품이론이 시발점이 되어 그에 관한 논의가 활발히

---

26) Luhmann, Recht und Automation in der öffentlichen Verwaltung, 1966, S.32; Bull, Verwaltung durch Maschinen, 1964, S.79.

27) Müller-Heidelberg, Verwaltungsrechtliche Probleme des maschinell hergestellten Verwaltungsakts?, DVBl. 1961, S.12f.; Bull, a.a.O., S.80ff.

28) Badura, in: Erichsen/Martens(Hrsg.), Allg.VerwR(1992), §41 Rn.13; Luhmann, a.a.O., S.30ff.; Müller-Heidelberg, a.a.O., S.11.

29) 한편 근자에 와서 특히 Garstka가 Zeidler의 주장에 관심을 표하였다. 그는 Zeidler의 주장의 반론의 논증이, 한편으로 행정법학이 행정활동의 법적 성질에 관해 높은 요청을 전개하였으나, 다른 한편으론 행정현실상 불가결한 자동결정이 이러한 요청을 충족시킬 수 없다는 식의 딜레마에 대한 반작용으로 평하였다. 아울러 행정행위를 개인적으로 매우 긴밀히 담당자에게로 귀속시키는 것은 법치국가원리의 중요한 측면으로 간주되어야 한다고 지적하였다. Ders., Jhrb. der Rechtssoziologie und Rechtstheorie, Bd. 7(1980), S.233(235, 236).

행해져서, 오늘날에는 행정자동결정을 전통적 행정행위와 동일하게 보는 것이 일반적이다. 아울러 이러한 논의의 현황이 연방 행정절차법 등에 명문화되기에 이르렀다. 그리하여 일부는 이러한 논쟁이 이미 끝난 것으로 간주하거나,[30] 최종산물의 행정행위성을 상세한 근거를 제시하지 않으면서 시인하고 있다.[31] 다른 이들은 Zeidler식의 나눔이 가능하긴 하나 법적으론 의미가 없다고 치부한다.[32] 하지만 행정행위성의 논거에 관해선 입장이 나뉘는데, 이에 대해선 다음에서 자세히 살펴보고자 한다.

우리의 경우 김남진 교수님은 「자동결정이라고 하지만 근본적으로 인간의 도움없이는 행해질 수 없다. 최소한 공무원이라고 하는 인간이 작성한 프로그램을 필요로 한다. 그 프로그램에 입각하여 구체적 조치로서의 행정자동결정이 행해지는 것이다. 그러한 의미에서 그 프로그램과 행정자동결정은 명령(행정규칙)과 행정행위의 관계를 이룬다고 볼 수 있다」고 하여, 행정자동결정은 "대부분" 행정행위의 성질을 가진다고 본다.[33] 대부분의 문헌 역시 행정자동결정의 행정행위성을 인정하거나 긍정한다.[34] 그리고 행정자동결정이 행정청이 작성한 프로그램에 입각하여 행해지고 있는 점을 논거로 들고 있음은, 독일에서의 다수의 경향과 상통한다.

한편 장차 (개정)행정절차법 등이 행정자동결정의 행정행위성을 전제로 그것을 규정한다 하더라도, 행정자동절차의 최종산물을 언제나 행정행위로 보는 데는 문제가 있다. 왜냐하면 행정청의 의사표시의 형상에는 가장 핵심이 되는 행정행위 뿐만 아니라, 확약·확언·부관 등도 있기 때문이다. 그리고 민사영역에서 자동화된 의사표시와 컴퓨터 등을 통한 계약의 예가 급속히 출현하는 점에 비추어, 앞으로 행정자동장치에 의한 공법계약의 체결 또한 전혀 불가능하지만은 않을 것이다. 앞에서 언급하였듯이, 이 점에서 행정자동결정을 곧바로 행정행위(자동적 행정행위, 행정자동처분)로 等値시키는 것은 다소간 문제가 있다.

---

30) Kerkau, Automatische Datenverarbeitung-Kybernetik in Rechtswissenschaft und Praxis, 1970, S.43; Müller-Heidelberg, Rechtsfragen der elektronischen Datenverarbeitung in der öffentlichen Verwaltung, Recht im Amt 1970, S.101(102); Schönig, Rechtliche Auswirkungen der Technisierung der Verwaltung auf das System der öffentlich rechtlichen Ersatzleistungen, 1973, S.94.

31) Stelkens/Bonk/Leonhardt, VwVfG, § 37 Rn.56.

32) Maaß, Zur Fragen der Haftung und Verantwortlichkeit im Bereich der Automatischen Datenverarbeitung, DVBl. 1961, S. 7(9).

33) 金南辰/金連泰, 행정법 I, 2005, 361면.

34) 朴鈗炘, 최신행정법강의(상), 2004, 311면; 金鐵容, 행정법 I, 2005, 318면; 金東熙, 행정법 I, 2005, 246면; 石琮顯, 일반행정법(상), 2003, 236면; 李光潤/金珉昊, 최신행정법론, 2002, 210면; 洪井善, 행정법원론(상), 2005, 398면; 張台柱, 행정법개론, 2005, 417면; 鄭夏重, 행정법총론, 2004, 207면; 柳至泰, 행정법신론, 2005, 306-307면; 홍준형, 행정법총론, 2001, 487면;; 朴均省, 행정법총론, 2005, 342면; 金性洙, 일반행정법, 2004, 403면; 韓堅愚, 행정법(Ⅰ), 1997, 567면; 강현호, 행정법총론, 2005, 394면.

### 5. 行政自動決定의 行政行爲性 論據에 관한 論議

행정자동결정이 행정행위 즉, 자동적 행정행위인지 여부는 일단 처분(행정행위)의 개념적 징표에 의거해서 판단내릴 수 있는데, 특히 행정청의 행위(조치)인지 여부가 중요하다. 그런데 행정자동결정의 경우엔 행정청과 행정행위간에 관계가 없거나 완화되어 있다는 점이 문제이다. 따라서 행정자동결정이 행정행위에 해당함을 출발점으로 삼을 경우, 담당자와 절차산물간에 존재하는 완화된 관계가 중요하지 않은 사소한 것에 불과하다는 점을 설명해야 한다. 행정행위성의 논거에 관한 (독일에서의) 논의를 살펴봄으로써, 특히 행정자동결정을 전문가시스템에 의해서 발할 경우와 관련한 특별한 문제점을 바람직하게 논구할 수 있다.

#### (1) 프로그램에 의한 操縱(프로그램拘束, 프로그램高權): 프로그램조종(구속·고권)설

오늘날의 통상의 시스템의 경우 진행이란 모든 국면에서 인간의 의사에 의해서 결정되어 있다. 그리하여 행정자동결정에서 행정청의 조치가 존재함에 관한 논거로서, 많은 이들은 프로그램에 의한 데이타처리장치의 조종, 다시 말해 프로그램구속(Programmbindung)과 프로그램고권(Programmhoheit)을 내세운다. 즉, 기계의 활동이 남김없이 완전히 사람에 의해서 정하여져 있다는 것이다.[35] 그래서 행정자동결정(자동적 행정행위)의 경우 사람이 행할 부분은 전적으로 프로그램작성의 시점 당시로 앞당겨져 정해져 있는 셈이다. 그리하여 예측하지 못한 장애가 기계에 생겼을 때에는 프로그램구속을 벗어나 독립성을 갖는다고 할 수 있겠지만, 이는 책임법적으로만 중요할 뿐이라고 한다.[36]

프로그램이 컴퓨터의 기능을 위해 핵심적인 중요성을 지니기에, 그것이 컴퓨터로부터의 최종산물(output)을 행정청에게 연계시키는 데 있어서 열쇠가 됨은 당연하다. 그런데 예기치 않은 기술상의 장애가 발생하면, 그 결과에 대해 인간(프로그램)에 의한 조종이 있다고 전혀 말할 수 없다. 따라서 프로그램구속의 입장에 서면, 그러한 프로그램조종이 없더라도 "행정청"의 결정이 존재할 수 있는지 여부가 논란이 될 것이다(후술).

#### (2) 行政廳에로의 歸屬可能性: 귀속설

독일의 일부 학자들은 프로그램의 조종(구속)보다는 또는 그것과 병행해서, 행정

35) Erichsen, in: Erichsen/Ehlers(Hrsg.), Allg. VerwR, 2002, §12 Rn.12; Maurer, a.a.O., §18 Rn.6; Kerkau, a.a.O., S.1; Maaß, a.a.O., S.7(9); Dergrandi, a.a.O., S.74; Schönig, a.a.O., S.96.

36) 이에 관해서는 졸고, 행정자동결정의 통제에 관한 고찰, 법학연구(충북대 법학연구소) 제9권, 1998, 132면 이하 참조.

이 임무를 이행하기 위해서 의식적으로 그런 장치를 사용하였기에 컴퓨터의 도입에 따른 결과에 대해 책임을 지지 않으면 아니 된다는 점을 강조하였다. 그런데 여기에는 논거의 착안점을 마련(구입)결정에 두는 입장과 구체적인 이용결정에 두는 입장 둘로 나뉜다.[37]

전자의 경우, 결과산물의 그러한 귀속가능성을 이미 컴퓨터시설을 마련(구입)하기로 한 결정에 의거하여 시인한다. 즉, 행정청이 착오(에러)가 배제될 수 없는 가능성에도 불구하고 컴퓨터와 같은 시설을 사용하였다면, 그것의 산물을 자신의 고유한 활동과 마찬가지로 그 자신에게 귀속시키는 보증을 한 셈이라고 한다.[38] 성립하는 결정을 구속적으로 만들고 국민으로 하여금 그것을 고려할 것을 요구하는 이가, 다름 아닌 바로 행정청이다. 따라서 행성청은 컴퓨터시실의 사용으로부터 생겨날 수 있는 자신에게 불리한 결과에 대해서도 책임을 지지 않으면 아니 된다고 한다.

후자의 경우, 구체적인 행정행위를 통지할 경우에 있어서의 행정청의 의사로부터 그러한 귀속가능성이 도출된다고 한다. 이 입장에선 첫 번째 입장이 취하는 주장 즉, 모든 행정행위에 대해 마련(구입)결정을 통해서 보증책임이 승인된다는 것은 거부되어야 한다고 비판한다. 그리하여 실은 구체적인 사례의 처리를 위해 시설을 이용하였을 때, 행정청에의 귀속을 위한 연결점이 될 수 있는 인간에 의한 결정이 또다시 내려진 셈이라고 한다. 한편 이러한 귀속을 위해서 무엇이 중요한가를 놓고서, 각기 구체적인 소관 담당자의 의사,[39] 결정권한있는 행정청의 구성원의 의사,[40] 또는 심지어 가상의 "행정청의사"[41]가 중요하다고 주장되고 있다. 요컨대 후자의 입장에 따르면, 불가결한 것은 구체적 사례에서의 컴퓨터이용에 관한 의사일 뿐이지, 결정내용과 관련한 의사는 결코 아니다.

(3) 結 語

보통의 경우라면 컴퓨터와 그것에 의해서 성립한 결정이 지닌 프로그램구속성만으로도, 행정청의 결정이 존재함에 관한 충분한 논거가 된다. 그러나 이처럼 행정청의 결정을 프로그램으로 결합시키는 논증은 예기치 않은 컴퓨터상의 하자의 경우에는 주효하지 못한다. 프로그램구속을 목표로 삼는 견해와는 달리, "귀속설"(Zurechnungs-

37) 반면 Polomski는 귀속이 구입결정이나 구체적인 이용결정에 의거하였는지 여부는 상관이 없다고 지적하였다. Ders., a.a.O., S.80.

38) Fiedler, Rechenautomaten im Recht und Verwaltung, JZ 1966, S.689(694); Bull, a.a.O., S.67; Mutius, Zu den Formerfordernissen automatisierter Verwaltungsentscheidungen, VerwArch. 67(1976), S. 116(116); Tuncr, Datenübermittlung als Verwaltungsakt ?, ÖVD/ online 1982, Heft 7, S.75(78).

39) Szymanski, Computerstrafverfügung-Maschinenjustiz oder angemessenes Hilfsmittel zur Bewältigung von Verfahrensmassen, Zeitschrift für Verkehrsrecht 1986, S.361ff.

40) Degrandi, a.a.O., S.73.

41) Müller-Heidelberg, a.a.O.(Fn.27), S.101(102).

theorie)은 예기치 않은 컴퓨터상의 하자가 발생하더라도 "행정청"의 결정이 존재함을 시인하는 데 아무런 의문이 없게 한다. 독일 행정절차법 제정 당시에 동법의 입법자는, 프로그램구속에 의해서 확고해진 컴퓨터가 단순히 보조기능을 수행하리라는 인식에서 출발하였다. 허나 예기치 않은 기술상의 고장의 경우, 컴퓨터는 보조수단으로서의 그것의 지위에서 벗어나 버린다. 그 결과 입법자의 의사에 따르면, 그 시설의 사용이란 구체적인 사례에서 불가능하게 될 것이다. 그리고 컴퓨터는 더 이상 입법자의 생각대로 단순한 보조기능을 수행하는 데 머무르지 않는다. 그러한 점에 있어서, 귀속설은 컴퓨터와 같은 종류의 시설도입의 허용성을 행정절차법으로부터 끌어내는 것보다 더 큰 의미를 지닌다. 즉, 귀속설이 위험영역에 따라서 리스크배분을 행하는 새로운 도그마틱적 발전에 가장 쉽게 합치할 뿐만 아니라, 뒤에서 보겠지만, 법학적 전문가시스템에 의한 행정자동결정의 문제의 해결에도 이바지한다 하겠다.[42]

### 6. 法學的 專門家시스템의 展開에 따른 새로운 問題點

#### (1) 法學的 專門家시스템의 機能과 發展水準

컴퓨터공학상의 발전으로 목하 새로운 현실문제가 나타날 수 있는데, 그 중의 하나가 바로 법학적 전문가시스템이다. 이는 제5형식(차원)의 인공지능연구와 관계가 있다.[43] 법학적 논의를 전개하기 위한 바탕을 조성하기 위해서, 먼저 이들 전문가시스템의 기능과 발전수준을 지금껏 사용하고 있는 데이타처리장치(컴퓨터)와 구별해서 살펴 보아야 한다. 행정자동화의 범주에서 사용되고 있는 컴퓨터의 경우, 프로그램에 의거해서 모든 행위요건에 대해 법효과가 정확히 귀속된다; 양자가 나눌 수 없을 정도로 서로 서로 결합되어 있다. 그렇게 프로그램이 형성되어 있기에, 프로그래머가 각기 모든 것에서 기계활동의 결과를 사전에 알 것이 요구된다. 즉, 컴퓨터는 단지 사람이 생각한 바를 따라 갈 뿐이다. 따라서 컴퓨터 도입의 정당성은 이러한 작업을 사람보다 더 빨리 더 확실히 할 수 있다는 사실에만 있다.

전문가시스템이란「전문가들이 가지고 있는 지식을 지식베이스에 저장하여 전문가뿐만 아니라 비전문가라 하더라도 그 지식을 이용할 수 있도록 한 시스템」을 말한다. 전문가시스템이 전통적인 컴퓨터시스템과 비교하여 가장 중요한 차이점은, 후자가 알고리즘을 사용하는 데 대해서 전자는 상대적으로 목표상태에 가까이 가는 과정인 휴리스틱(heuristic)을 사용한다는 점이다. 전문가시스템(Expertensystem)은 현존상태(Ist-Zustand)의 정식화라는 한정된 효용을 넘어서 질적 문제처리(추론)까지 가

42) Polomski, a.a.O., S.80. 이 점에서 필자는 종전의 프로그램구속설의 입장을 수정하고자 한다.
43) Clemens, Die elektonische Willenserklärung-Chancen und Gefahren, NJW 1985, S.1998(2002).

능케 함으로써, 전문적 지식과 경험이 요구되는 비정형적·비구조적인 문제를 해결하는 데 도움을 준다. 따라서 전문가시스템은 반드시 최적인 해답은 아니지만, 어느 정도 만족할 만한 결론을 도출해 낸다.

법학적 전문가시스템의 징표는 소위 "지식(앎)에 기반을 둔 형성"(wissensbasierte Gestaltung)이다.[44] 지식기반은 그때그때의 현행법에 상응한다. 따라서 "규율시스템"은 그때그때의 현행법에 바탕을 두고서 문제상황에 대한 답을 구하는데, 여기서 그것은 법논리의 원칙에 입각하고 있다. 이러한 컴퓨터공학의 목표는, 법학전문가에 의한 업무를 시뮬레이션하기 위함이다. 이 점에서 법학적 전문가시스템을 "전문가대체적 시스템"이라고도 부를 수 있다.

이러한 시스템과 관련하여 법학적으로 중요한 점은 특히 당초에 입력한 데이타로부터 해결책까지의 길(과정)이 자세히 정해져 있지 않다는 사실 즉, 알고리즘의 배제이다. 그 규율시스템(Regelsystem)은 모든 상황에 대한 일정한 답을 담고 있는 것이 아니라, 시스템이 일정한 상황에서 어떻게 운영되어야 하는지에 관해 일반적인 보조적 규율만을 규정할 뿐이다. 여기서 그 규율시스템은 유추와 가정에 의해서도 작동할 수 있거니와, 휴리스틱(발견적 교수법, Heuristiken)을 사용할 수도 즉, 개연성에 의해서도 작동할 수 있다. 이러한 컴퓨터공학기술에는 많은 문제가 여전히 존재한다. 사람에 의한 형상과 마찬가지로 "배우는 자동장치" 역시 배움의 시간이 필요하다. 법학적 전문가시스템에 관해 정연하게 논의하기에 아직 이른 감이 있다.[45] 물론 머지않아 급격한 발전의 모습이 우리 앞에 나타날 것이다.

(2) 法學的 專門家시스템의 導入의 모습

행정행위를 발함에 있어 법학적 전문가시스템의 도입은 두 가지의 모습을 갖는다. 따라서 이 두 가지 상이한 이용양태는 구분되어 논해져야 한다. 첫번째 이용양태로, 그러한 시스템을 -전문가든 일반인이든 관계없이- 이용자를 위한 자문시스템으로서 활용할 수 있다.[46] 이 경우 사람은 전문가시스템과의 대화를 통해서 문제해결

---

44) Eberle, Software in der Rechtswissenschaft, CR 1988, S.258(260); Fiedler, Orientierung über juristische Expertensysteme, CR 1987, S.325(327); Bönninger/Bönninger, Expertensystem JUREX im Dienste juristischer Entscheidungsfindung, Staat und Recht 1989, S.379(380).

45) 그래서 Zanziger 등은 전문가시스템이 투명성과 관리가능성을 지녀야지만 법률가에게 유용할 수 있다고 지적하였다. Zanziger, Workschop Juristische Expertsystem, CR 1990, S.810(810); Gobel/Schmalz, Probleme beim Einsatz juristischer Expertsysteme in der Rechtspraxis, CR 1986, S.510(515). Colombus 역시 같은 입장이나 그런 요청이 과연 이루어질지 의문을 피력했다. 이유인 즉, 게개의 사람이 관리할 수 있도록 하기 위해선 처리단계가 엄청나게 많이 있어야 하기 때문이라고 한다. Colombus, Juristische Expertsysteme-der Subsumtionsautomat vor der Tür?, in: Kipp/Reuß(Hrsg.), Festschrift für Günter Berge, 1989, S.163(165, 172).

46) Fiedler, a.a.O., S.325(326); Bönninger/Bönninger, a.a.O., S.379(380).

책을 발전・전개시킨다. 이들의 다양한 모습은 여기서 더 이상 다룰 필요가 없다. 그 이유인 즉, 사람이 최종결정을 내린다는 점에서 그러한 시스템은 일종의 문서보관(정리)의 영역에 속한다고 할 수 있다. 다시 말해, 여기서의 주제인 행정자동절차가 아닌 행정보조절차에 불과하기 때문이다.

그래서 두번째 이용양태, 즉 행정행위를 사람에 의한 후속적이거나 수반된 통제 없이 발함에 있어서의 결정모듈(결정변환장치, Entscheidungsmodul)로서 법학적 전문가시스템을 도입한 경우가 중요하다. 그러한 이용양태는 급격히 변화하는 규범내용을 담고 있는 법영역에서 나타난다고 하는데, 그 실례로 독일 화물운송법(Güterverkehrsrecht)을 들고 있다.[47] 한편 동법에는 행정행위의 전자적 송달을 위한 독일에서의 첫번째 착안점이 있다.

두번째 이용양태처럼 법학적 전문가시스템의 도입의 양태가 행정청의 결정의 종결로서 모습을 띨 경우에는, 이것이 행정절차법 등의 처분개념정의와 합치할지 여부가 검토되어야 한다. 왜냐하면 그것만이 행정자동결정(절차)에 해당할 수 있기 때문이다. 이러한 검토는 앞에서 본 행정자동결정의 처분성 논거에 관한 논의를 바탕으로 행해져야 한다.

### (3) 行政節次法上의 處分槪念과의 합치성 여부

#### (가) (독일) 행정절차법상의 관련규정에 의한 검토

우리의 경우 행정절차법에 자동적 행정행위(행정자동처분)에 관한 직접적이든 간접적이든 언급이 전혀 없기에, 여기선 독일 행정절차법을 중심으로 살펴보겠다. 전통적인 데이터처리시설에 의해서 행정행위를 발할 수 있는지에 대해서, 독일 행정절차법의 입법자는 동법 제28조 제2항 제4호, 제37조 제5항, 제39조 제2항 제3호의 규정을 통해서 간접적이나마 시인하였다. 그러나 전문가시스템의 도입(배치)까지도 이들 규정으로써 커버될는지 여부는 의문스럽게 여겨진다.

먼저 역사적 해석에서 보자면 명백히 부정된다.[48] 동법의 대상이 증명하듯이, 입법자는 자동장치의 엄격한 프로그램구속을 근거로 삼았다. 그런 종류의 전문가시스템을 개발하기 위한 착안점이 처음 있었을 당시에, 행정절차법제정을 위한 협의가 비로소 이루어졌다는 점은 중요한 사실을 시사한다. 즉, 그런 상황임에도 불구하고, 당시에 입법자는 단순한 보조기능을 지닌 시설만을 규정하고 이를 "이용해서"란 말

47) Endrös, Rechtsprechung und Computer in den neunziger jahren, 1988, S.24. 그는 전문가시스템이 종전 시점에 규준이 된 법을 확인하는 데 매우 적합하다고 여겼다. 반면 조세법의 경우엔, 상응한 지식기반을 상상할 수 없다고 여길 정도로 담당자에 대한 요구가 많기 때문에, 전문가시스템이 적합하지 않다고 지적하였다.

48) Stelkens/Bonk/Leonhardt, VwVfG, § 37 Rn.59; Giehl, Moderne Informationsund Kommunikationstechniken, BayVBl. 1988, S.321(326).

로 표현하였다. 이러한 사정은 당시에 입법자가 컴퓨터공학의 다른 형태는 허용하지 않으려 하였다는 사실을 확인하는 데 중요한 증빙이 된다.

체계적 해석의 경우에도 마찬가지 결론에 도달한다. 이상의 동법상의 세 가지 규정은 일반적인 법원칙(절차요청)에 대한 예외사항이므로, 당연히 좁게 해석해야 한다. 따라서 새로운 컴퓨터공학의 발전을 연계시키는 것은 애시당초 고려에 들어가지 않았다.

나아가 목적적 해석의 경우에도 마찬가지이다. 행정직원이 업무를 재량이나 판단여지가 전혀 없이 일정하게 처리할 경우에, 행정직원에게 대량적인 업무량을 경감시켜주기 위함이 당시 입법자의 의도였다. 따라서 새로운 지식을 전개하기 위해서 컴퓨터를 도입한다는 것은 선혀 예정되시 않았다고 하겠다.

요컨대 전문가시스템을 통해서 행정행위를 발할 가능성은 독일 행정절차법상으론 허용되고 있지 않다. 동법 제28조 제2항 4호 등의 규정에 관해 현재 행해지는 해석을 보자면, 심지어 행정이 그러한 것을 도입할 가능성조차도 부인된다. 따라서 계속된 연구를 통해 이러한 형태의 행정행위를 발함이 합법성을 갖는다 하더라도, 지금 현재로서는 법률개정이 없다면 독일 행정절차법 제28조 제2항 4호 등의 예외규정이 결코 전문가시스템에 대해 적용될 순 없다.[49]

(나) 프로그램조종 논거에 의한 검토

행정자동결정의 처분성을 시인하기 위해서 제시되는 프로그램조종의 논거가, 전문가시스템의 경우에 어느 정도로 적절한지는 불분명하다. 전문가시스템의 경우에도 결정발견에 사람이 원천적으로 참여하지만, 그 이후엔 컴퓨터를 자신의 최종적 조종으로부터 자유롭게 해 준다. 따라서 그 결정의 내용을 미리 말하는 것은, 전문가시스템이 취하는 다수의 선택과정과 평가과정으로 말미암아 불가능하다.

일찍이 Neeße는 사람이 "프로그래밍된 것을 프로그래밍하는 데" 국한되는 경우에도, 사람의 기계에 대한 지배(우위)가 위태롭게 되지 않는다고 지적하였다.[50] 사람이 갖는 결정권능이란 전적으로 위로 이행하고 집중된다는 점을 이유로 들었다. 그러나 Neeße는 기계의 이러한 조종의 경우에 있어 양적인 차이점을 간과하였다. 종전의 프로그래밍과는 달리 전문가시스템의 경우, 비록 의식적이고 의욕적이라 하더라도, 나름의 고유한 결정을 내리기 위한 활동여지가 컴퓨터에게 부여될 것이다. 따라서 전문가시스템에 의한 결정이 프로그램구속의 논거에 바탕을 두고서 행정청의 조치로서 간주될 수 있기 위해서는, 컴퓨터가 지닌 나름의 조종이 배제되지 않으면

49) Polomski, a.a.O., S. 86.

50) ders., Rechts- und Organisationsprobleme der Automation im öffentlichen Bereich, Zeitschrift für Beamtenrecht 1967, S.353(353).

아니 된다고 하겠다.

(다) 행정청에로의 귀속가능성 논거에 의한 검토

귀속가능성의 논거는 우선 보아 전문가시스템의 배치의 경우에도 적용할 수 있을 것 같다. 즉, 임무를 수행하기 위해서 의식적으로 법학적 전문가시스템을 배치(도입)한 행정청은, 전통적인 데이터처리시설에서와 마찬가지로, 그것의 결과에 대해서도 책임을 져야 한다고 논증할 수 있다. 그러나 행정 스스로 전문가시스템의 완화된 프로그램구조에 의거해서 내려져서 그 결정의 내용을 더 이상 상세히 예상할 수 없음에도 불구하고, 그런 종류의 귀속의사가 동결정을 행정행위로 분류하기에 충분할지 여부는 여전히 의문스럽다.

Lazaratos은 전문가시스템에 의해 발해진 결정을 다음의 두 가지 조건아래서 행정행위로 보려고 하였다.[51] 첫째로, 일회적인 프로그램통제해제(Programmfreigabe)대신에 전문행정부서가 지식기반에 의거해서 시간적으로 일련의 통제를 행해야 한다. 둘째로, 알고리즘이 프로그램안에서 확정되어 있어야 한다. 다시 말해, 시스템의 개개단계의 내용 및 그것의 일련의 과정이 확정되어 있지 않으면 아니 된다고 하였다. 반면 결과를 달성하는 데 어느 만큼의 프로그램단계가 꼭 필요한지는 귀속가능성의 시인에서 결코 중요하지 않다고 하였다. 그리하여 컴퓨터프로그램에 관한 권한부여가 행정청의 결정(귀속가능성)의 시인이 되기 위해선 알고리즘의 확정성이 유지되어야 한다고 보는 Lazaratos로서는, 전문가시스템과 같이 불확정된 알고리즘이 적용될 경우에는 그 최종산물의 행정행위성을 부인한다. 따라서 그는 전문가시스템이 단지 행정자동보조절차에서만 사용된다고 지적하였다.

이상의 Lazaratos의 견해에 대해, Polomski는 다음과 같이 강하게 비판하였다.[52] 즉, "전문가시스템의 주된 적용영역이란 새로운 지식의 형성, 심지어 불확정된 알고리즘을 전제로 한다는 점이다. 이런 목표가 개개단계의 내용은 물론 일련의 연속과정까지도 사전에 확정되어 있어야 달성될 수 있는 것은 아니라고 지적하였다. 그리고 Lazaratos가 설정한 한계에는, 묵시적으로 전문가시스템의 결과의 귀속가능성을, 행정당국이 시스템진행에 관해 확정된 정도로 통제와 조종을 할 수 있는 경우에 국한하여 시인하려는 의사가 있다고 하겠다. 그러한 제한이 사정에 따라선 국민을 통제받지 않은 결과로부터 보호할 것이다. 하지만 실제로 행정당국이 통지를 통해서 그 결정이 대국민적 구속력을 지니게 만든 경우에는, 행정당국이 그 결정을 행정행위로 이해하려고 하는 의사가 있는 셈인데, (Lazaratos가 제시한) 이런 제한은 행정의

51) ders., a.a.O., S. 275ff.

52) ders., a.a.O., S. 88ff.

의사에 반함에 틀림없다"고 지적하였다.

Polomoski의 견해에 따르면, 여기선 귀속을 위해서 행정청의 대외적 의사에 전적으로 좌우되는지 여부 또는 그 의사가 수범자를 보호하기 위해서 법적 고찰을 통해서 제한될 수 있는지 여부가 결정적으로 중요한 물음이다.

행정이 분명한 의사표명을 통해서 행정행위로서의 분류에 관해서 결정을 내릴 수 있다고 하면, 전문가시스템의 결과의 귀속의 경우에도 이러한 의사를 목표로 삼는 것이 당연하다. 최종적으로 그러한 분류는 국민에게도 유리하다. 이는 이러한 규율의 결과와 사법통제에 있어서 바람직한 법적 안전성을 가져다 준다. 만약 행정행위로서의 분류를 관계인이 그 결정에서 인식할 수 없는 행정의 통제정도에 좌우된다면, 행정행위가 지닌 명료성은 손상될 것이다. 전문가시스템에 따른 활동의 결과는 고유한 의사에 따라서 행정청에게 귀속되어야 하기에, 그것의 행정행위성에는 아무런 의문이 없다. 하지만 결과의 사전예상가능성의 정도는 법치국가적 원리에 견주어 중요하다. 그러나 이 경우 Lazaratos와는 달리 행정행위의 존재(해당성)가 아니라, 그것의 적법성이 문제된다. 따라서 여기선 전문가시스템에 의해 행해진 행정행위에 관한 적법성 내지 합헌성의 문제로 다시 귀착한다(후술).

## Ⅳ. 自動的 行政行爲(行政行爲의 自動化)가 法治國家의 原理에 합치하는지 여부

헌법의 제정·개정 당시에 헌법의 기초자들이 과학기술발전의 외연을 잘 알 수 없었기에, 당연히 헌법전에는 행정의 기술화란 문제가 전혀 언급이 되지 않았다. 그럼에도 불구하고, 헌법이 행정자동화와 관련해서 제기되는 여러 문제점을 위해서 결코 무의미하진 않다. 물론 법치국가, 사회국가, 민주주의와 같은 개념은 정보기술의 시대에서 새롭게 정립되어야 한다.

법치국가의 원리는 완결된 행정결정의 경우는 물론, 자동화된 행정절차에도 통용된다.[53] 법치국가원리로부터 행정의 법률적합성, 법적 안정성, 신뢰보호 및 규율의 획정성과 명확성이 발현된다. 자동화된 대량결정에서 기술화된 개별사안처리가 가능한 정보화로 이행됨으로써, 법치국가원리는 중대한 도전에 직면한다.[54] 이는 다름 아닌 자동화 및 정보화의 위험에 관한 공법적 논의이다.

53) 그래서 행정자동절차와 관련한 예외규정을 법치국가원리의 측면에서 검토하여야 한다. 이에 관해선 졸고, 행정자동절차, 72면 이하 참조.

54) Eberle, Die öffentliche Verwaltung vor den Herausforderungen der Informationsgesllschaft, Die Verwaltng 1987, S.459(462).

따라서 자동적 행정행위가 법치국가원리(특히 그것에서 파생된 행정의 법률적합성의 원칙과 과잉금지의 원칙 등)와 관련해서 헌법적 의문이 있는지를 검토해 보고자 한다. 먼저 자동화 내지 정보화에 관한 법치국가원리의 요청을 검토해 보아야 한다. 여기선 정보기술과 커뮤니케이션기술에 바탕을 둔 정보화로의 이행 및 법학적 전문가시스템에 의해서 성립한 행정행위의 특별한 문제점 역시 특별히 고찰할 만하다.[55]

### 1. 行政의 法律適合性

법치국가원리에서 발현된 것 가운데 가장 중요한 것이 행정의 법률적합성의 원칙이다. 허나 이 원칙은 행정이 법률과 법밖에서 활동하는 것을 저지하긴 하나, 행정활동에서 활용해야 할 업무수단에 관해선 구체적인 언급을 하지 않는다. 이 점은 우리와는 달리 이 원칙을 명문(기본법 제20조 제3항)으로 규정하고 있는 독일의 경우에도 마찬가지이다. 요컨대 행정활동에 컴퓨터 등을 투입하는 것이 그 자체로선 위헌이 아니지만, 이러한 판단이 개개의 현상에도 통용되는지 여부 및 그 정도는 검토해 보아야 한다.[56]

행정에 대한 이러한 구속으로, 당연히 행정활동이 적법이냐 위법이냐의 범주에서 가늠될 수 있어야 한다. 앞에서 보았듯이, 일찍이 Zeidler는 "행정제품"에 대해서 인간에 의한 활동이 결여되었기에 위법・적법의 가능성을 부인하였다. 그러나 적법성의 심사는 객관적인 결과에 의거하지 결과성립의 과정에 의거하지 않기 때문에, 이러한 점에서 Zeidler의 견해는 타당성이 떨어진다.

#### (1) 法律優位의 原則

헌법과 법률(법규범)이 행정 및 행정에 관한 그 밖의 규율(즉, 행정활동)에 우선한다는 것이 법률우위의 원칙이다. 동원칙은 컴퓨터프로그래밍에 있어서도, 개개의 처분에 있어서도 적용된다.[57] 컴퓨터프로그램은 법적 근거를 충실하게 재연(재현)하여야 한다. 그런데 이러한 프로그래밍이 재량규범의 경우엔 불가능하다. 따라서 법률

---

55) 그밖에도 자동적 행정행위에 대해서는 다른 헌법원칙이 많은 영향을 미친다. 우선 기본권은 그것이 구체적인 의의를 지닐 경우에 행정절차법과의 상호작용안에서 영향을 미칠 수 있다. 이러한 점은 자동적 행정행위에서 절차요청(이유제시와 청문 등)의 생략이 문제될 때 여실히 드러난다. 그리고 사회국가원리 또한 행정자동결정의 허용성의 한계에 대해서 간접적으로 영향력을 미친다. 그리하여 동 원칙으로부터, 사회보장보험기관이 전자데이타처리를 도입함에 있어서의 한계가 생겨날 수 있다거나, 광범하게 이루어지고 있는 자동화의 경향에 배치되게끔 국민과 직접 대면할 의무가 생겨날 수 있다. 그러나 다른 면에서 보면, 컴퓨터의 도입은 실제적인 정보상의 장애를 제거함으로써 국민에게 유리하게끔 상황을 조성하여 "복지국가의 한계" 역시 바꿔놓는다. 끝으로 민주주의 원리는 자동적 행정행위를 위해서 중요할 수 있다.

56) 행정의 법률적합성의 원칙은 '법률의 법규창조력', '법률우위의 원칙'과 '법률유보의 원칙'으로 나누어 볼 수 있는데, 여기선 뒤의 둘을 중심으로 고찰한다.

57) Dergrandi, a.a.O., S.90.

우위의 원칙을 투영시킨다 하더라도, 자동화된 법적용을 위하여 재량규범을 전부 남김없이 엄밀히 하는 것, 다시 말해 기속규정화하는 것(Totalexaktifizierung)은 허용되지 않는다.

그런데 전자데이타처리를 통해서 행정으로 하여금 일상의 정례적인 업무로부터 벗어나게 해 준 결과, 행정청의 정보제공의무 등이 충실히 이행될 수 있다. 그러한 점에 있어서 컴퓨터통신기술이 전적으로 행정의 법률구속을 효과적으로 구현하는데 기여할 수 있다.[58] 심지어 담당자의 자의가 배제된다는 점에서 보면 자동절차가 한층 법치국가원리에 부합하게 여겨지는 일면도 있다.

(2) 法律留保의 原則

법률유보의 원칙은 행정이 법률에 근거하여, 또는 법률의 수권에 의하여 행해져야 함을 의미한다. 위에서 본 법률우위의 원칙이 행정의 모든 영역에 통용되는데 대해서, 법률유보의 원칙은 그것의 적용영역을 둘러싸고 논의가 활발하다. 사실 이러한 적용영역을 정하기란 매우 어렵다. 따라서 개개의 기본권의 성질, 행정의 구체적인 사안 등에 비추어 개별・구체적으로 법률유보의 원칙의 적용범위를 검토하여 할 것이지만, 궁극적으로 독일연방헌법재판소가 취한 "본질성이론"에 쫓아서 검토하는 것이 바람직하다.[59] 본질성이론에 따르면, 자유와 재산권에 대한 개입의 경우 말고도 행정결정이 국가에서의 공동생활을 위해서 본질적으로(심대하게) 중요하다 할 경우에는 반드시 의회가 제정한 형식적 의미의 법률이 필요하다. 행정결정이 그러한 영향을 미친다는 점은, 특히 기본권과 관련한 영역은 물론, 근본적인 정치・사회적 중요성에 관한 물음의 경우에도 받아들여진다. 이하에선 "본질성"의 문제를 자동화와 정보화의 측면에서 나누어서 검토해 보고자 한다.

(가) 자동화단계에서의 논의

행정의 자동화는 처음에는 법률적 근거없이 행해졌다. 컴퓨터의 배치로 인해 초래될 광범한 구조변화를 고려함이 없이, 컴퓨터공학이 행정에 도입되었다. 이 또한 입법상의 원칙적인 결정에 바탕을 두기보다는, 행정 당국이 자신의 행정조직력으로 일방적으로 결정을 내렸다. 여기에는 입법자가 행정시스템에 미칠 자동화의 효과를 전혀 예측할 수 없어 아무런 조치를 취하지 않았다는 점도 한 이유가 된다.

이러한 사정은 독일의 경우도 마찬가지이다.[60] 즉, 1955년에 연방보험청(Bundesanstalten

---

58) Reinermann, Neue Technologien in der öffentlicher Verwaltung, VOP 1987, S. 49(54).

59) 우리의 헌법재판소 역시 본질성이론에 동조하는 듯하다. 헌법재판소 1999.5.27. 98헌바70결정 등. 追論: 그러나 본질성이론의 본연을 받아들였다고 판단하는 데는 주저되는 구석이 있다. 본서 11면 이하 참조.

60) Ossenbühl, Verwaltungsverfahren zwischen Verwaltungseffizienz und Rechtsschutzauftrag, NVwZ 1982, S.465(470).

für Versicherte)이 컴퓨터를 맨 먼저 도입한 반면, 그와 관련한 법적 규율은 1976년 행정절차법을 통해서 비로소 만들어졌다. 그리하여 행정절차의 자동화는 행정절차법 제28조 제2항 4호, 제37조 제4항(지금은 제5항)과 제39조 제2항 3호의 규정을 통해서 사후적으로 정당화되었다. 왜냐하면 청문생략 등과 같은 예외규정을 통해서 입법자가 행정활동의 자동화를 원칙적으로 시인한 셈이기 때문이다. 따라서 독일의 경우 오늘날의 관점에 비추어 자동화에 대해선 법률유보의 원칙으로부터 아무런 의문점이 없다.

우리의 경우 과거 1987년의 행정절차법안에는 자동적 행정행위(자동장치에 의한 처분)를 직접적으로 규정하였으며(동법안 제28조), 1996년의 동법안은 대량의 동종처분을 들었다(동법안 제26조 제1항 제2호). 그러나 현행법상으론, 행정활동을 자동화의 형식으로 행함에 관한 직접적인 단서를 찾기란 어렵다. 구태여 찾는다면, 단순·반복적인 처분을 통해 자동적 행정행위를 포섭할 수 있을 뿐이다. 하지만 정보화촉진기본법에 의하여, 공공기관의 장은 행정업무의 정보화와 의료·교육·문화 및 환경의 정보화 등 공공분야의 정보화를 추진하여야 한다(동법 제11조 제1항). 그리고 '전자정부구현을 위한 행정업무 등의 전자화촉진에 관한 법률'에 의하여, 행정기관은 전자정부의 구현을 촉진하고 지식정보화시대의 국민의 삶의 질을 향상시키도록 이 법을 운영하고 관련 제도를 개선하여야 하며(동법 제4조 제1항), 아울러 행정기관의 주요 업무는 전자화되어야 하며, 전자적 처리가 가능한 업무는 특별한 사유가 있는 경우를 제외하고는 전자적으로 처리되어야 한다(동법 제8조). 이 같은 전자적 처리의 원칙이, 행정행위를 발함에 있어 정보통신(IT)기술을 도입하는 것을 가늠할 수 있는 척도가 될 수 있다. 따라서 자동적 행정행위란 형식 자체를 위법으로 보기는 어렵다. 물론 절차생략의 당부를 떠나서, 과거의 행정절차법안처럼 그 행위에 관한 직접적인 근거가 될 만한 규정을 마련하는 것이 요망된다.

(나) 정보화로의 이행단계에서의 논의

한편 이상에서 보았듯이, 독일 행정절차법의 입법자가 내린 결정이 자동화의 근거로서 유리한 것이 사실이지만, 그것이 오늘날 정보통신기술에 의한 정보화로의 이행단계까지도 정당화시킬지 여부는 의문스럽게 여겨진다. 자동화는 정보화의 일부분에 불과하고, 따라서 그러한 논증은 이를테면 小가 大를 포함하는 식이 되어서 곤란하다. 물론 입법자가 행한 일회적인 승인(시인)이 모든 때에 통용될 순 없다. 그리고 정보통신기술에 의한 정보화가 "행정자동화의 신기원"으로 이해되기에, 이러한 事象을 본질성이론에 적응시키려 함이 최소한 시도되어야 한다.

Frankenbach/Reinermann의 견해에 따르면, 정보통신기술의 도입 역시 행정이 지닌 조직과 인적상의 고권(우위)에 의해서 커버된다고 한다.[61] Gruber는 여기선 이미 법률유보의 원칙에 합치할 기존 규범의 집행만이 관계될 뿐이라는 점을 근거로, 동원칙이 적용되지 않는다고 주장하였다.[62] 반면 Reinermann은, 데이터의 광범한 통합이 일어날 때에는 이런 영역에서의 결정이 본질적이라고 긍정하였다.[63] Bahl은 정보통신기술의 부분적 측면 즉, ISDN의 도입과 관련해서 Reinermann과 동일한 태도를 취하였다. 이유인 즉, 이러한 새로운 전산망이 자기정보확정권 및 기본권과 관련한 영역과 관련이 있기 때문이라고 하였다.[64] Gruber는 임무의 상응한 정당성만을 목표로 삼고 절차의 정당성을 목표로 삼지 않음으로써, 법률유보의 원칙의 적용범위를 축소시켰다. 이는 절차를 통한 기본권보호의 필요성을 무시한 것이다. 사실 그러한 보호의 필요성은 다양한 기술적 가능성과 더불어 증가한다. 물론 자동화에 비해 정보화는 이 가능성을 엄청나게 증폭시킬 것이다. 그런데 정보화의 법적 근거의 필요성은 무엇보다도 개인정보(데이터)보호에서 생겨난다. ISDN으로부터 비롯될 광대한 실제적 압력을 감안하면, 정보통신기술에 의한 정보화로의 이행에 대해선 의회에 의한 정당성(법적 근거)을 확보하는 것이 바람직스럽게 여겨진다.[65] 한편 법적 근거를 마련함에 있어, 지속적인 발전의 불확정성을 감안해서 무조건적으로 특별한 "자동화규정"을 둘 필요는 없고, 오히려 예산법이나 정보화에 의해서만 이행될 수 있는 업무를 의식적으로 발함으로써 간접적인 정당화도 가능하다고 지적한다.[66]

그런데 우리의 경우 앞에서 보았듯이, '정보촉진기본법'과 더불어 '전자정부구현을 위한 행정업무 등의 전자화촉진에 관한 법률'에 의하여, 행정정보화에 관한 법적 근거의 문제가 포괄적으로 해결된 셈이다.

(다) 자동적 행정행위를 발하기 위해서 전문가시스템을 도입(배치)할 경우

앞에서 보았듯이, 법학적 전문가시스템을 이용해서 발한 행정결정의 경우에도, 그러한 활동이 행정청에게 귀속될 수 있기 때문에 행정절차법 제2조 제2호상의 처분에 해당한다. 행정청에로의 귀속을 위해선 행정이 나름의 의사를 가졌는지 여부만이 규준이 되기 때문이다. 하지만 그러한 결정이 처분성을 갖는다고 하여, 행정행위를 발하는 것 자체의 적법성 내지 합헌성 여부를 당연히 문제를 삼을 수 없다고 보

61) ders., Benutzungsorientierte und bürgerfreundliche Informationstechnik für kleinere Kommunalverwaltung, 1984, S.6.

62) ders., Verwaltungsentscheidungen vom Computer, 1971, S.17.

63) ders., 40 Jahre Bundesrepublik Deutschland- 4 EDV Phasen in der öffentlichen Verwaltung, VOP 1989, S.126(150).

64) ders., Informationsgesellschaft als Flucht aus dem Arbeitsrecht, in: Roßnagel(Hrsg.), Freiheit im Griff, Informationsgesellschaft und Grundgesetz, 1989, S.107(116).

65) Polomski, a.a.O., S.98.

66) Degradi, a.a.O., S.156-158.

는 것은 성급하다. 후자의 측면에선 인간과 결과간의 관련성 완화와 아울러 결정의 예측가능성 결여가 검토되어야 한다.

법률상의 권한규정과 마찬가지로 행정의 법률(법)에의 구속은, 모든 개개의 행정결정에 대해서 사람이 직접적으로 책임을 질 것을 필요로 한다.[67] 그런데 법치국가에서 책임을 진다는 것은 통제(심사)에 바탕을 둔다. 즉, 결정의 성립에 영향을 미친 자만이 그것의 결과에 대해 책임을 져야 한다. 그러나 전문가시스템의 경우엔 이러한 통제가능성이 결여되어 있다. 결정발견의 마지막 국면(단계)에서 업무담당자는 의식적으로 결정을 컴퓨터에 내맡긴다. 이처럼 결정에 관해 종국적으로 책임을 지지 않으려 하는 것 즉, 결정에의 영향가능성을 체계상으로 포기하는 것은, 국민보호를 위해서 법적으로 시인해서는 아니 된다.

그런데 행정이 그런 종류의 결정을 자신에게 귀속시킬 수 있으며, 그 결정이 위법할 경우엔 행정구제가 이루어 질 수 있다는 점만으로, 행정의 법률적합성이 만족스럽게 실현된다고 보기는 어렵다. 과학기술의 리스크가 어떤 이유에서든 결정의 통제를 포기한 자에게 실현될 수 있다. 이러한 사람들을 보호하기 위해서, 행정은 결정발견의 초기수준에서 위법한 결정을 피하기 위한 모든 것을 행할 의무를 진다. 따라서 행정결정을 법학적 전문가시스템을 통해서 컴퓨터에 내맡기는 것은, 비록 그 결정이 우연히 내려지지 않고 법학적 논리의 원칙에 따라 내려졌다 하더라도, 행정의 이런 의무에 부합하지 않는다.

그리고 전통적인 법적 결정이란 도그마틱적 옳음과 개별적 정당성(정의)를 연결시키는 데 대해서, 전문가시스템의 경우엔 처음 언급한 측면(관점)이 우위를 점한다. 이는 결정발견에서 존재하는 특별한 인간적 요소를 소멸시킨다. 여지껏 기계가 내린 결정이 사람에 의해서 사전에 정해져 있었기에, 사람에 대한 기계의 지배(우위)라고는 결코 말할 수 없었다. 그러나 원천적인 결정부분이 전문가시스템에 맡겨지면, 곧바로 인간과 기계간에 설정된 기존의 위상관계가 위태롭게 될 것이다.[68]

결론적으로 내용을 사전에 알 수 없는, 기계에 의한 결과까지도 행정에게로 귀속될 수 있게 하려는 것은, 행정의 법률구속에 합치하지 않는다. 따라서 법학적 전문가시스템을 통해서 발해진 행정행위는 위헌일 것이다.[69]

---

67) Stelkens/Bonk/Leonhardt., VwVfG, § 37 Rn. 59. 동지: Giehl, a.a.O., S. 321.

68) Polomski는 결정의 도그마틱적 최적합성에 대한 일방적인 우위에 유리하도록 결정발견에서 특별한 인간적 요소를 상실한다는 것은, 법학에선 이미 오래전에 극복된 개념법학과 법률실증주의의 기억을 불러일으킨다고 지적하였다. Ders., a.a.O., S.102.

69) Polomski는 행정행위를 발하기 위해 전문가시스템을 배치하는 것은 현행 행정절차법의 측면에서 허용되지 않을 뿐더러, 입법정책적으로도(de lege ferenda) 배제되어야 한다고 강변한다. Ders., a.a.O., S.102.

## 2. 過剩禁止의 原則

과잉금지의 원칙 역시 법치국가원리의 발현양태이다. 이 밖에도 동원칙은 최대한 광범한 기본권보호의 원칙으로부터 도출되는데, 그리하여 오늘날에는 신뢰보호의 원칙과 더불어 공법을 지배하는 양대 일반적 법원칙으로서 간주될 수 있다. 동원칙의 내용은 요컨대 수단과 조치의 목적간에 합리적 비례관계가 유지되어야 한다는 것이다. 자동적 행정행위와 관련해선, 결정의 준비의 측면과 최종의 완성된 처분의 측면에서 나누어 이 원칙의 적용을 살펴볼 수 있다.

### (1) 행정자동절차와 과잉금지의 원칙

개개의 행정영역에서 자동화(자동절차화)가 이미 보편적으로 이루어진 마당에 그것 자체에 대해서 문제를 삼는 것은 부적절하다. 그리고 자동화와 종전의 업무수행을 형량을 해본 즉, 통상 합리화의 효과가 매우 커서 자동화로의 이행이 요구되기까지 한다. 따라서 전적으로 예외적 사례에서만 자동화된 절차 그 자체가 상당하지 않을 수 있다.

특히 데이터보호와의 상관관계에서 자동절차가 지나치다고 즉, 과잉금지의 원칙에 위배된다고 간주될 수 있는데,[70] 이러한 점은 행정당국이 시간과 비용을 절감하기 위한 목적으로 국민에게 기본권침해의 높은 위험성을 지우는 절차의 경우에도 있을 수 있다. 그리하여 망명거부절차나 병역거부절차를 자동화하는 것은, 관련 조직과 절차가 지닌 기본권적 중요성에 비추어 과잉금지의 원칙에 위배된다고 한다.[71] 그리고 국민의 이유 있는 이의가 적시에 고려될 수 없는 경우에 있어서의 자동절차 역시 동원칙에 반하는 것으로 여겨진다. 결론적으로 자동절차로 이행된다고 해서, 자동화된 임무에 입법자가 의도하지 않은 우위가 인정되는 식으로 임무수행상의 선별을 가져와선 아니된다.

### (2) 개개의 자동적 행정행위와 과잉금지의 원칙

이밖에 개개의 자동적 행정행위도 과잉금지의 원칙에 위배될 수 있을 것이다. 컴퓨터기술의 도입으로 여러 분야에서 행정의 능력이 증대되어, 과거 시간적·인적 부족으로 간과될 수밖에 없었던 행정분야까지 별 어려움 없이 집약적으로 처리할 수 있다. 약소한 세액마저도 누락 없이 독촉이 행해지듯이, 국민으로선 컴퓨터에 의거한 업무수행과 관련해선 당해 결정이 가차 없이 집행되리라는 인식을 갖는다. 이처

70) Wedde, Verwaltungsautomation und Verfassungsrecht, in: Roßnagel(Hrsg.), a.a.O., S.67(72); Degrandi, a.a.O., S.105.

71) Polomski, a.a.O., S.103.

럼 국민이 법규의 엄격한 집행으로 인해 종전에 비해 불리한 처지에 놓여 있다고 느끼는 것은 당연하다. 하지만 종전의 상태가 위법이었음에도 불구하고 법이 제대로 집행되지 않은 것이기에, 그러한 사정을 신뢰보호를 위한 근거로 끌어들일 순 없다.[72]

## V. 自動的 行政行爲上의 프로그램의 法的 性質

### 1. 컴퓨터프로그램의 法的 性質

#### (1) 行政行爲로 보는 견해

유일하게 Kerkau만이 프로그램을 그것의 기능에 비춰 데이터입력에 의거한 행정행위로, 다시 말해 발생기에 있는 행정행위(VA in statu nascendi)로 보았다.[73] 이에 대한 반론으로 다음과 같은 점이 지적된다. 첫째로, 컴퓨터프로그램의 경우 아직 확정되지 않은 다수의 사건을 위하여 성립하고 외부효를 지닌 규율을 담고 있지 않다. 둘째로, 프로그램설정시점에 처분의 모든 요소가 행정에 속할 우려가 있다. 셋째로 행정이 입력데이타 말고도 프로그램을 변경할 수 있으며, 추가적으로 개별처리를 이유로 자동처리를 전적으로 포기할 수도 있다. 요컨대 행정자동결정이 특정한 개별사안을 구속적으로 확정한다는 점에서 개별적·구체적인 것과는 달리, 컴퓨터프로그램의 경우에는 동일하게 통용될 수 있는 하나의 규율이 불특정다수의 사람과 사건에 대하여 발해졌다는 점에서 일반적·추상적이라 할 수 있다는 것이 반론의 핵심이다.

#### (2) 法規命令으로 보는 견해

컴퓨터프로그램의 일반적 추상적 성격은 규범정립에 해당한다. 그래서 집행부의 위임을 통해서 만들어지는 점을 착안해서, 그것을 법규명령으로 보는 견해도 있을 수 있다.[74] 독일 문헌상으로 이러한 입장에 선 것을 확인하기 어려우나, 만약 이 입장에 서면 컴퓨터프로그램의 변경은 자동적 행정행위의 폐지(철회)사유가 될 것이다. 그러나 이 견해 역시 배제된다. 왜냐하면 프로그램은 직접적으로 국민에게 영향을 미치기보다는 전적으로 행정 공무원에 대해 발해지며, 그것을 발하기 위한 법적 수권이 존재하는 경우란 거의 없기 때문이다.

---

72) BVerwGE 5, 1(8).

73) ders. Rechtliche Probleme maschinell erstellter Bescheide, ÖVD 1971, Heft 3, S. 106(108).

74) 강현호 교수는, 행정의 자동결정이 통상적으로 공무원이 작성한 프로그램에 입각하여 행하여지기에, 행정자동결정프로그램이란 처분성있는 법규명령으로서의 성질을 지닌다고 주장한다. 동인, 앞의 책, 394면.

### (3) 行政規則으로 보는 견해-多數의 견해

컴퓨터프로그램을 행정행위나 법규명령으로 보지 않고 그것의 일반적·추상적 성격을 시인하는 것이 다수의 입장이다. 여기에 본질적으로 상이한 착안점에서 출발한 두 가지 흐름이 있다. 일부는 프로그래밍을 법규적용을 위한 단순한 준비작업으로 보아, 그것이 전통적인 도그마틱상의 기준으로 분류될 수 없다고 주장한다.[75] 반면 압도적 다수는 그것이 일반적 추상적 규율을 발하나 직접적인 대외적 효과를 발생시키지 않음을 이유로, 행정규칙으로 본다.[76]

요컨대 일반적·추상적인 컴퓨터프로그램은 개별사건과 관련하지 않고 프로그래밍한 결정의 전형(Muster)에 합치한다.[77] 따라서 행정절차에서 컴퓨터프로그램을 작성한다는 것은 법이론적 의미에서 규범적용에 해당한다기보다는 규범정립에 해당한다고 할 수 있으며, 그 컴퓨터프로그램은 행정규칙으로서의 법적 성질을 갖는다.

그런데 실제적으로 컴퓨터프로그램을 행정규칙으로 볼 것 같으면, 향상된 버전을 늘 새롭게 지속적인 행정실무를 위한 출발점으로 삼을 수 있기 때문에, 프로그램상의 어려움을 즉시 반응시킬 수 있다는 식으로 유연하다는 장점을 갖는다. 그렇지만 다음의 두가지 사항을 염두에 두어야 한다. 첫째로, 컴퓨터프로그램은 그것의 특별한 중요성으로 인해 언제든지 명시적으로 다른 법형식 예컨대 조례나 법규명령으로 발해질 수 있다는 점이다. 해서 독일 연방장학법(BAFöG)은 처음으로 법률에 규정된 장학금을 전산화(알고리즘화)시킨 프로그램진행계획을 별첨으로 담고 있다. 둘째로, 프로그램이 법률상의 규준을 정확히 복사한 데 지나지 않는 적용영역, 예컨대 조세행정이나 공무원봉급산정의 경우에는, 그 프로그램이 행정법적으로 의미로운 나름의 기능을 사실상 전혀 갖지 않을 수 있다. 따라서 그 영역에서의 프로그램작성·변경은 단순한 내부적인 사전준비활동(행위)로 여겨질 법하다.

한편 컴퓨터프로그램을 행정규칙으로 보면, 그것의 변경은 철회사유가 되지 않는다. 나아가 "법적 상황"이 바뀌지 않았기에, 절차재심사 역시 제외될 수 있다. 그러나 Bull은 프로그램변경을 국민에게 유리한 "새로운 사정"으로 해석함으로써, 자동적 행정행위에 있어서 절차재심사의 가능성을 확대하려 하였다.[78]

---

75) Bull, a.a.O., S.71; Maaß, a.a.O., S.7(8).

76) Stelkens/Bonk/Leonhardt, VwVfG §37 Rdnr.61; Schmidt, Die Programmierung von Verwaltungsentscheidungen, AöR 96(1971), S.352; v.Mutius, a.a.O, S.116; Degrandi, a.a.O, S.77; Scholz, Technisierung der Verwaltung. Steuerungs- und Kontrollproblem für den demokratischen Rechtsstaat, BayVBl. 1981, S.196; Gruber, a.a.O, S.87; Ehlers, Die öffentliche Verwaltung im technischen Zeitalter, Jura 1991, S.337(341).

77) Schmidt, a.a.O., S.3; Scholz, a.a.O., S.196.

78) ders., a.a.O., S.140.

## 2. 行政規則으로서의 컴퓨터프로그램의 效力

행정규칙의 법규성을 인정하는 견지에서는, 행정규칙의 외부적 효력을 직접적인 것이며 법규적 효력을 갖는 것으로 본다.[79] 이러한 관점에서는, 자동화된 규범적용의 요건과 기초로서의 컴퓨터프로그램 역시 행정조직내부에서만 효력을 발생하지 않고, 외부에 대해서도 직접적인 법규적 효력을 발생한다고 볼 것이다. 따라서 행정규칙에 관하여 법규설을 취하면 여기서 컴퓨터프로그램의 법적 성질에 관하여 특별히 상론할 필요가 없다고 여겨진다. 물론 넓은 법규개념을 취할 경우엔, 그것이 내부법규인지 아니면 외부법규인지, 나아가 전자에서 직접적 효과를 발생하는지 아니면 간접적 효과를 발생하는지가 논의될 수 있다.

비법규설을 취하는 대다수의 학자들은 코드화된 컴퓨터프로그램이 행정규칙으로서의 성질을 갖기 때문에, 행정내부활동을 형성하기 위하여 행정이 발하는 직무명령, 훈령 및 규칙과 결코 다르지 않다고 하였다. 입력된 프로그램과 그에 따른 운영지침 등의 수범자는 기계만이 아니라,[80] 우선적으로는 공무원이 된다. 따라서 이들은 이러한 운영지침을 통하여 행정자동절차상의 제요청을 준수할 것이다. 이러한 점에서 자동데이타처리와 관련한 행정규칙들은 규정에 적합하게 업무를 집행하기 위한 필요조건에 해당한다고 여겨진다. 따라서 컴퓨터프로그램은 국민에 대해선 단지 고양된 사실적 의의(효력)만을 지닐 뿐이다.

주지하듯이, 행정규칙에는 여러 가지 유형이 있는데, 각 유형의 내용은 실제적으로 공행정의 기능영역과 일치한다. 컴퓨터프로그램의 경우 규범해석규칙이나 재량준칙 등과 같은 행정조종(통제)적 행정규칙이나, 조직규칙의 유형 가운데 어느 하나에 속한다기보다는 이들 유형의 여러 요소를 겸비하고 있다. 즉, 적합하다고 예상되는 사안처리를 제시함으로써 행정결정을 흡사 선결하는 것과 다름없기 때문에, 코드화된 컴퓨터프로그램은 첫째로, 모든 법률의 경우에 나타나곤 하는 법적 문제점을 명확히 하는 데 기여하고, 둘째로 행정재량을 행사하기 위한 구체적 규준을 제시하고, 셋째로 해석결론을 확정함으로써 판단여지를 제한하며, 넷째로 알고리즘에 담겨진 일괄화와 평가준칙을 통하여 법집행의 과정을 간소화한다고 볼 수 있다.[81] 한편

79) Ossenbühl, in: Erichsen/Ehlers(Hrsg.), a.a.O., §6 Rn.44ff.; Lorenz, Der Rechtsschutz des Bürgers und die Rechtsweggarantie, 1973, S.37ff.; Krebs, Zur Rechtsetzung der Exekutive durch Verwaltungsvorschriften, VerwArch 70(1979), S.269ff.; Beckmann, Die gerichtliche Überprüfung von Verwaltungsvorschriften im Weg der verwaltungsgerichtlichen Normenkontrolle, DVBl. 1987, S.616ff.

80) 한편 Bull은 이러한 논거로써 컴퓨터프로그램이 행정규칙으로서의 성질을 가짐을 부인하였다. Ders., a.a.O., S.77.

81) Scholz, a.a.O., S.197f.

이와 달리 자동데이타처리운영지침(ADV-Dienstanweisung)의 경우에는 원칙적으로 내부적인 직무수행에 대해서만 관련이 있다고 할 것이다.

### 3. 行政規則으로서의 컴퓨터프로그램에 대한 司法審査

#### (1) 컴퓨터프로그램에 관한 통상적인 司法審査

행정규칙의 하자효과와 관련해서, 하자있는 법규명령에 관한 논의상황과 마찬가지로 무효가 된다는 입장과, 행정행위처럼 하자가 중대하고 명백하여야 무효가 되고 그렇지 않으면 취소가능성에 그친다는 입장으로 나뉜다. 행정규칙 그 자체는 처분성이 결여되어 있기 때문에 행정소송의 대상이 되지 못한다. 따라서 행정규칙에 대해서는 공정력이 인정되지 않으며, 그 결과 "흠이 있어 취소할 수 있는 행정규칙"이란 관념은 성립하지 않는다.[82] 그런데 행정규칙의 성립·효력요건상의 흠을 그대로 행정규칙의 무효로 대입시키는 다수의 입장은 재고되어야 한다. 하자발생으로 인해 야기되는 것(하자효과)이 무효나 취소가능성에 해당하는지를 논하기 위해선, 우선 해당작용으로 인해 어떠한 법효과가 직접적으로 발생을 하여야 한다. 해당규범이 해당작용으로부터 발생한 직접적인 법효과의 적법여부를 판단하는 기준이 되어야만 그것의 재판규범성이 인정된다. 행정규칙의 하자를 법규명령과 행정행위의 경우에 비견해서 논하는 것은 적절치 못하다. 요컨대 행정규칙은 행정과 司法이 구속되어야 할 법규범도, 행정법의 법원도 아니다. 하자있는 행정규칙에 대해선 그와 관련한 최종행위를 대상으로 삼아서 간접적으로 다투어야 한다.

한편 하자있는 행정규칙에 대한 사법적 통제와 관련해선, 대부분의 문헌이 헌법 제107조 제2항: 「명령, 규칙…이 헌법이나 법률에 위반되는 여부가 재판의 전제가 된 경우에는 대법원이 이를 최종적으로 심사할 권한을 가진다」에 의거하여 이른바 구체적 규범통제를 주장한다.[83] 그런데 동규정은 재판규범성을 갖는 법규범(명령)을 대상으로 한 것이며, 여기서 '규칙'에는 재판규범성이 본래 부정되는 행정규칙이 포함되지 않아야 한다. 왜냐하면 재판규범이 되지 못하는 규범이란 재판의 전제의 대상으로 등장할 순 없기 때문이다. 행정규칙에 대한 사법심사는, 법관이 별도의 규정 없더라도 당연히 수행할 수 있는 부수적 심사에 해당한다.[84] 요컨대 독립하여 컴퓨

82) 한편 朴鈗炘 교수는 「당해 행정규칙에 의하여 직접 국민의 권익이 침해되었다고 인정되고, 국민이 행정규칙 그 자체를 직접 다투지 아니하고는 도저히 구제를 받을 수 없는 특별한 사정이 있는 경우에는 행정규칙의 처분성을 인정하여 그것을 직접 다투는 행정쟁송을 제기할 수 있다」고 주장하고 있다. 朴鈗炘, 앞의 책, 269면. 同旨: 張台柱, 앞의 책, 355면.

83) 한편 일반적으로 통용되는 具體的, 抽象的 規範統制의 나눔은 규범통제의 실질을 제대로 반영하지 못한 구석이 있다. 이런 점은 졸고, 命令(法律下位的 法規範)에 대한 司法的 統制에 관한 小考, 고시연구 2004. 6., 162면 이하.

84) 이 점에서 행정규칙을 법규명령에 비견해서 법규명령적 논의를 그대로 대입시키는 것은 행정규칙의 본

터프로그램의 효력을 소송에 의하여 다투는 것은 허용되지 않으며,[85] 구체적인 자동적 행정행위에 대한 취소소송이나 부작위위법확인소송의 범주에서 그 프로그램을 부수적으로 심사하여야 한다. 그리하여 프로그램상의 하자로 이들 자동적 행정행위가 법령에 위배될 경우, 그것은 위법하고 취소되어야 한다.

(2) 컴퓨터프로그램에 관한 豫防的 司法審査의 도입 문제

한편 행정자동절차의 경우 실제적 결정이 프로그래밍단계에서 먼저 행해진다고 할 것 같으면, 주관적 권리의 침해를 바탕으로 한 기존의 권리구제절차를 행정자동화의 측면에서 수정할 필요성이 있는지 여부가 문제된다. 그리하여 일각에서는 추상적 규범통제소송에 매우 근접하는 "예방적 프로그램통제소송"(präventive Programmkontrollklage)을 인정함으로써, 컴퓨터에 관한 예방적 통제권한을 법원에 대하여 부여할 것을 입법정책적으로 주장하고 있다. 이와 같은 소송은 한편으론 규범심사의 양태상으로 구체적인 행정행위와의 관련 없이도 가능하고, 다른 한편으론 그것의 결과가 비참가자에게도 구속력을 미친다. 아래에선 그와 같은 소송의 도입의 당부, 특히 입법정책적 견지에서의 당부를 검토하고자 한다.

(가) 찬성의 논거

새로운 소송양태를 통한 프로그램심사를 지지하는 측에선, 컴퓨터프로그램이 행정자동결정에서 매우 중요하다는 점과, 이러한 소송이 프로그램하자에 특별한 영향을 미침을 강조한다.[86] 즉, 먼저 이러한 소송을 통해 일종의 추상적인 심사가 이루어지면, 그 행정자동결정의 장래의 다수의 수범자가 위법한 결정이 내려질 상황을 맞이하지 않을 것이고, 사회적인 약자집단이 법에 호소함을 종종 그만 두는 것을 감안하면 당해 소송을 통한 이러한 장점은 매우 중요하게 여겨진다고 한다.

행정이 통상 프로그램변경에 대해 주저 내지 거부하는 사정 역시 그러한 종류의 소송을 인정하는 데 매우 중요한 의의를 지닌다고 한다. 따라서 이러한 소송은 행정으로 하여금 소송결과에 따라 프로그램을 변경하게끔 만든다. 하지만 이에 대해선 요구되는 프로그램변경에 막대한 비용이 소요되어 행정으로 하여금 그러한 요청을 거부하게끔 만들었다는 지적이 있다. 이런 지적에 대해, 오늘날 여러 행정주체의 수많은 프로그램의 연결(접속)로 인해 프로그램변경이란 예측불가능한 접속효과와 교체효과를 다루는 것 정도에 불과하다는 반론을 개진한다.

---

질에 어긋날 뿐더러, 법질서의 위계를 훼손하며, 궁극적으로 행정규칙에 관한 논의의 난맥상을 초래한다.

85) Redeker, Der elektronisch übermittelte Verwaltungsakt, NVwZ, 1986, S.545(546); Schmidt, a.a.O., S. 353; Grimmer, Die Automation und das Verhältnis der Verwaltung zum Bürger, DÖV 1982, S.257(260).

86) Redeker, a.a.O., S.545(546); Grimmer, Die Funktion des Rechts in der automatisierten Verwaltung, DVR 1980, S.323(335); Brickmann, Gerichtliche Kontrolle von strikt geregeltem Verwaltungshandeln, 2. Aufl., 1977, S.28f.

(나) 반대의 논거

행정소송법에 규정된 모든 소송유형은 행정활동에 관한 사후심사를 지향하고 있으며, 법원에 의해 보장된 권리구제란 원칙적으로 억제적 성질을 지닌다.[87] 소송절차에서 법원은 이처럼 원칙적으로 소극적 역할을 수행하는데(구체적 사건성), 예방적 프로그램소송은 이와 같은 역할로부터 일탈할지 모른다는 것이 반대론의 핵심이다.[88]

컴퓨터프로그램에 관한 사법심사가 가능한 빨리 가장 좋게 행해지기 위해선, 그것이 그 프로그램에 의거해서 행정행위가 발해지기 전에 행해지는 경우만이다. 사실상 모든 프로그램이 그러한 구속을 받을 수밖에 없을 것이기에, 행정절차의 기능이 광범한 범위에서 사법심사단계로 옮겨갈 것이다. 이처럼 기존의 권리구제체계로부터 벗어나기 위해선, 무명항고소송를 비롯한 법정외소송의 능부가 문제될 뿐만 아니라, 현행의 통제유형이 효과적인 권리구제의 요청에 더 이상 부합하지 않을 경우에만 고려될 수 있다 할 것이다.[89] 행정법상의 흠결의 보충과 마찬가지로 헌법상 요구되는 권리구제상으로 흠결이 있을 경우, 이 흠결은 실체적으로 가장 가까운 구제방법에로의 유추를 통해서 메워져야 한다. 따라서 그러한 종류의 흠결이 자동적 행정행위와 관련해서 존재하는지 여부가 먼저 고려되어야 한다.

개인적 권리구제를 위한다는 측면에서 보면, 새로운 소송을 통한 개선의 불가피성이 인정되지 않을 수 있지만, 반면 장래의 수범자의 보호가 문제되는 한, 흠결이 있을 수 있다. 전통적인 행정행위에서와는 달리, 위법인 행정행위가 광범하게 발하는 것을 프로그램의 통제를 통해 사전에 제지할 가능성은 있다. 그러나 반대론자들은 장래의 수범자를 보호해야 한다는 것이 헌법상 요구되는 사법심사의 임무에 해당하지 않음을 강조한다. 행정소송의 직접적 목적과 기능은 개인의 권리구제에 있다는 것이다(주관적 소송의 원칙). 여기엔 국민이 그 스스로 자신의 고유한 이익을 주장하여야 한다는 인식이 깔려 있다.

---

87) 이러한 원칙으로부터의 예외가 다름 아닌 예방적 부작위소송이다. 일찍이 판례는 현행 행정소송상으로 이를 허용되지 않는다고 판시하였다(대법원 1987.3.24. 선고 86누1182판결). 다만 독일의 경우 우리와 마찬가지로 명문상 인정되고 있지 않지만, 판례는 기본법 제19조 제4항의 효과적인 권리구제의 요청에 의거해서 인정하고 있다. 우리의 경우엔 그것의 존부가 문제되나, 그들의 경우엔 그것의 허용요건의 충족이 문제될 뿐이다. 한편 지금 진행중인 행정소송법개정과 관련하여, 법무부의 개정안은 예방적 부작위소송을 예방적 금지소송의 이름으로 도입하고자 한다(동 개정안 제4조 제4호, 제48조 이하). 학계에서의 주장을 수용한 점이 일단 긍정적이라 하겠지만, 여기에는 몇 가지 선결물음이 충분히 해명되어야 한다. 사법심사의 본질과의 마찰을 야기하는 그런 소송형태를 제도화하기보다는, 판례를 통해 극히 이례적으로 인정되도록 여건을 조성하는 것이 바람직하다. 그 출발점이 바로 소송종류상의 개괄주의이고, 집행정지의 원칙화이다. 이에 관해선 졸고, 행정소송의 종류의 체계에 관한 소고, 현대공이론의 제문제(석종현 박사 회갑기념논문집), 2003, 663면 이하.

88) 대표적으로 Degrandi, a.a.O., S.160,166ff.

89) 독일의 경우 이 요청을 기본법 제19조 제4항으로부터 도출할 수 있는 데 대해서, 우리의 경우 헌법 제27조의 재판청구권 및 법치국가원리에서 근거를 찾을 수 있다. 여기서 소송종류의 개괄주의는 당연한 귀결이자 요청이다.

현실적으로 점점 가속적으로 이루어지는 정보통신기술의 발전 역시 프로그램에 관한 그러한 통제의 도입에 부정적 영향을 미친다고 한다. 정보기술의 필연적인 변화로 인해 행정이 그러한 통제를 위한 구제방법을 깡그리 소진시킬 것이라 한다. 그리하여 새로운 프로그램의 도입이 매우 지체될 것이고, 이는 결국 프로그램이 행정실무에 사용되기 전에 벌써 노후한 것으로 평가받을 지도 모른다고 지적한다.

(다) 소 결

컴퓨터프로그램을 변환하여 표준형을 재현하는 데는 막대한 경비가 소요되기 때문에, 광범한 자동화현상에 직면하여, 법원이나 행정청으로선 좀처럼 행정의 자동화된 업무방식에 변경을 가져오는 결정을 내리려 하지 않을 것이다. 행정자동절차상의 흠은 흠있는 자동적 행정행위 및 그로 인한 손해를 대량적으로 발생시키는데, 부인할 수 없는 사실은 그 흠의 원인이 1차적으로는 아주 사소한 프로그래밍상의 실수에서 기인한다는 점이다. 이러한 점에서 예방적 통제가 필요하다는 주장은 일단 수긍할 만하다. 하지만 우리의 경우에는 본안적(직접적) 규범통제 자체가 인정되지 않기 때문에, 주관적 권리의 침해를 바탕으로 한 기존의 권리구제의 체계를 수정하기 전에는 곤란한 것으로 여겨진다. 원칙적으로 행정규칙의 재판규범성이 부인되며, 행정규칙의 외부적 효력은 단지 간접적·사실적인 데 지나지 않는다는 점에서 더욱 그러하다.

결론적으로 자동적 행정행위의 장래의 수범자를 보호할 필요는 있지만, 컴퓨터프로그램에 관한 예방적 사법심사란 현행 실정법상으로 인정될 수 없다. 그리고 법원에 대하여 컴퓨터프로그램에 관한 예방적 통제권한을 부여하면 법원의 부담가중을 초래할 것이며, 더군다나 권력분립의 원리상으로도 문제가 없지 않다. 왜냐하면 법원이 그것을 통하여 행정청의 고유한 결정을 위한 제 규준과 기준에 대하여 결정내리는 셈이기 때문이다.[90] 따라서 입법정책적으로도 컴퓨터프로그램에 관한 예방적 사법심사는 인정되어선 아니 된다.[91]

## Ⅵ. 自動的 行政行爲의 效力과 흠(하자)

### 1. 序 言

(독일 행정절차법 제43조 제3항과 제44조상의) 무효원인에 해당하는 하자가 없는 한,

90) Vgl. Kopp, Handlungsspielräume der Verwaltung und Kontrolldichte gerichtlichen Rechtsschutzes, in: Götz/Klein/Starck(Hrsg.), Die öffentliche Verwaltung zwischen Gesetzgebung und richterlicher Kontrolle, 1985, S.160.

91) 한편 Degrandi는 자동데이타처리절차를 통제하기 위한 가능하고도 효과적인 수단으로 옴부즈만을 들었다. Ders., a.a.O., S.166ff.

행정행위는 수범자에 대한 통지로서 효력(Wirksamkeit)을 발생하며, 그렇게 성립된 유효한 행정행위는 그의 내용 또는 대상에 따라 상이한 구속력(Verbindlichkeit)을 발생한다. 이러한 사정을 통해 행정의 행위능력의 불가결성(긴요함)과 법률적합성의 원칙간에 균형을 조성하려 한다. 법규범과는 달리, 행정행위의 경우엔 그것의 효력발생에 그 내용의 적법성이 요구되진 않는다. 다시 말해, 위법한 행정행위의 경우에도 법적 안전성을 위하여 모든 관련인에 대해서 구속력을 지니며, 권한 있는 기관(법원, 처분청과 감독청)만이 그것을 쟁송이나 직권에 의해서 취소할 수 있다.

행정행위의 이러한 구속력(공정력)의 발생으로 인해, 한편으론 국민이 그 규율을 먼저 따라야 하고, 다른 한편으론 행정청 역시 자신이 발한 행정행위에 구속된다 하겠다. 왜냐하면 행정행위의 폐지가 (독일의 경우 행정절차법 제48조와 제49조의) 일정한 엄격한 요건하에서만 가능하기 때문이다.

아래에선 행정행위의 효력·구속력에 관한 통상적인 논의가 자동적 행정행위의 경우에도 통용되어야 하는지 여부를 검토하고자 한다.

## 2. 自動的 行政行爲의 無效原因(하자)

독일 행정절차법은 행정행위의 무효·취소의 구별기준을 입법적으로 해결하였다. 즉, 동법은 행정행위의 무효원인(동법 제44조 제2항: 절대적 무효원인)과 비무효원인(동조 제3항)을 나열함과 동시에, 그 밖의 사항에 관해서는 흠이 중대하고 고려할 수 있는 모든 사정을 합리적으로 평가하여 명백한 때 무효로 하고 있다(동조 제1항: 상대적 무효원인). 반면 우리의 경우 행정행위의 무효·취소의 구별기준이 전적으로 판례나 학설에 맡겨져 있는데, 기본적으로 독일의 상대적 무효원인을 구체적 사례에 적용한 셈이다.

그런데 행정자동절차에서 그 하자가 과연 언제 -중대·명백설의 일반원칙(독일의 상대적 무효원인)에 따라 행정행위의 무효를 초래할 정도로- 중대하고 명백할지가 의문스럽다.[92] 여기선 한편으론 법질서와의 불일치의 정도(범위)에, 다른 한편으론 합리적인 관찰자로서 하자에 관한 인식(식별)가능성에 좌우된다. 물론 법률의 체계상으로 행정행위의 무효(원인)는 절대적인 예외이어야 한다는 점을 고려해야 한다.

독일 문헌상으로, 행정행위의 상대적 무효원인의 예로서 명백히 권한 없는 행정청에 의해서 발해진 경우, 절대적으로 허용되지 않거나 불확정된 법효과를 명하는 경우가 거론된다. 그리고 자동적 행정행위의 경우엔 상대적 무효원인으로 특히 두

92) 그리고 독일 행정절차법 제44조 제2항과 제3항에 따른 무효원인을 위한 법률상의 열거목록(사항)을 적용함에 있어서도 자동화에 기인한 특수성은 전혀 반영되지 않았다. 자동적 행정행위를 위한 동법상의 예외규정은 이러한 목록작성에 아무런 영향을 미치지 않는다.

번째의 것, 다시 말해 하자있는 이유제시와 고장난 신호등의 신호가 논의되는데, 이를 중심으로 살펴보고자 한다.

(1) 理由提示上의 瑕疵의 경우

Gagel은 자동적 행정행위상의 이유제시가 불충분하면 즉, 이유제시가 전혀 없다거나 이유제시가 개개사건과 충분한 관련이 없는 경우에 그것의 무효를 초래할 수 있다고 주장하였다.[93] 그는 법률과는 달리 행정행위는 모든 주관적인 판단을 배제해야 한다는 논거를 들었다. 즉, 충분한 이유제시가 결여되어 명료성이 보장되지 않을 경우, 규율복종의무를 수범자에게서 기대할 순 없다고 한다.

그러나 이유제시하자에 관하여 그처럼 광범하게 효과를 인정하는 것은 거부되어야 할 것이다. 독일 행정절차법의 입법자는 동법 제45조 제1항 제2호(하자의 치유)와 제46조(절차·형식하자의 효과)를 통해서, 행정행위를 절차적 위법성으로 폐지하기 위해선 결정의 이유제시의 결여만으로는 불충분하다는 점을 분명히 하였다. 만약 하자있는 이유제시가 동법 제44조 제1항에 따라서 행정행위의 무효를 초래한다면, 이는 하자치유 등에 관한 입법자의 이상과 같은 생각과는 배치될 것이다. 이유제시의무를 공고히 하는 것이 중요함은 당연하지만, 그것의 결여나 미비를 무효원인으로 보려는 태도는 과잉반응일 수 있다.[94] 우리 경우 판례가 이유제시를 결한 행정행위에 대해서 대개는 취소원인으로 보고 있기에, 별문제가 되지 않는다.[95] 다만 결여된 이유제시가 간접적으로 규율내용의 불명확(불확정)성을 야기할 경우, 그것이 무효와 관련될 수 있을 것이나, 이 경우 무효의 원인은 하자있는 이유제시가 아니라, 규율내용의 불명확(불확정)성에 있다.

(2) 고장난 信號燈의 경우

앞에서 보았듯이, 교통신호등의 신호는 자동적 행정행위에 해당하는데, 일찍이 Bull은 고장난 신호등의 신호가 무효일 수 있다는 점을 주장하였다.[96] 이 경우 행정의 규율의사와 객관적 표시간의 연계가 붕괴되어 있다고 한다. 다시 말해, 행정청은 전적으로 합리적이고 합사실적인 규율만을 발하려고 하나, 고장난 신호등에는 이것이 결여되어 있다는 것이다.

하지만 이 경우에도 신호에 의한 규율(Regelung)의 무효(성)은 부인되어야 할 것이다. 인적이 드문 도로상의 빨간 신호와 같이 교통사정에 맞지 않는 신호의 경우에,

93) ders., Kommentar zum Arbeitsförderungsgesetz, 1990, vor § 142 Rn.51.
94) Polomski, a.a.O., S.196.
95) 대법원 1984.5.9. 선고 84누116판결 등.
96) ders., a.a.O., S.145ff.

그것이 전적으로 규율의 위법성을 초래한다는 점은 시인된다.[97] 그런데 이 경우 그럼에도 불구하고, 운전자가 도로교통상의 위험을 가능한 적게 하기 위해서 교통사정에 맞지 않는 신호를 주의한다는 점이 중요하다 -이는 고장난 신호등의 신호의 경우에도 마찬가지이다-. 만약 그러한 신호가 무효라면, 애시당초 그런 종류의 주의의무란 성립하지 않을 것이다. 생각건대 그릇되게 발해진 신호를 무시할 필요성에 부응하는 바른 방도는, 그것의 무효를 인정하는 것이 아니라, 절차중지를 통해서 궁극적인 위반이 무벌성(Straflosigkeit)을 갖게 하는 것이다.[98] 그리고 규율의사와 객관적인 표시간에 중단이 있다고 해서, 더 이상 "행정청의 조치"가 없다는 식의 결론을 내릴 순 없다. 결국 고장난 신호등의 신호라 하더라도, 행정행위의 효력발생을 위한 "추정"이 도출될 수 있는 현재의 법체계를 고려해야 한다.

결론적으로 전반적으로 자동적 행정행위의 영역에서도 무효는 극히 드문 예외이다. 따라서 이유제시의 결여에 대해서도 고장난 신호등의 신호에 대해서도 무효원인을 인정할 순 없다. 이는 당연히 법적 안전성의 관점에서 환영받을 만하다. 생각건대 과학기술적 진보를 통해 자동적 행정행위가 점점 더 많이 발해지면, 이런 영역에서도 독일 행정절차법처럼 취소원인과 무효원인에 관해 법적으로 규정하는 것이 요망될 것이다. 물론 이런 바램이 이루어지려면, 전통적인 행정행위의 경우에 대해서 그러한 요청이 먼저 실현되어야 한다.

### 3. 自動的 行政行爲의 效力發生에 대한 일반적인 의문

자동적 행정행위상의 무효와 관련한 의문과 관계없이, Grimmer는 자동적 행정행위에 대해서 행정행위의 효력에 관한 기존의 전통적인 논의를 적용하는 것이 법정책적으로 의문스럽다고 지적하였다.[99] 그는 논거로 도그마틱은 행정 내지 절차방식의 일정한 수준에 연관되어 있다는 점을 들었다. 그리하여 먼저 자동적 행정행위가 일정기간이 경과한 다음에야 비로소 구속력이 있게 되는, "법적 주장"으로서의 성질만 지니지 않을지 여부를 고려해야 한다고 주장하였다.

이에 반해서 독일의 많은 학자들은, 행정자동결정을 행정절차법 제35조 제1문상의 행정행위로 봄으로써, -입법자 스스로 예외를 규정하지 않는 한- 처분에 관한 동법의 모든 규정 및 동법 제43조 제1항(행정행위의 효력)의 적용가능성이 초래되었다고 강조한다.

97) Müller-Heidelberg, a.a.O.(Fn. 27), S.101(104).

98) Obermayer는 고장난 신호등의 신호가 단순한 위법성을 띤다고 지적하였다. Ders., Grundzüge des Verwaltungsrechts und des Verwaltungsprozeßrecht, 1975, S.93.

99) ders., a.a.O., S.323(334).

입법자가 동법을 발할 당시에 자동적 행정행위의 문제점을 알았기에 필요하다고 여겼다면 예외규정(이유제시의 생략이나 부호의 사용 등)을 두었을 터인데, 하물며 오늘에 비해 당시에 기술적 문제와 하자율이 더 컸음에도 불구하고, 이와 같은 예외성이 동법 제43조 제1항에는 보이지 않는다. 이러한 사정에서 실제적으로 대다수의 견해가 타당하게 여겨진다. 아울러 효력발생이 행정행위의 본질적인 확고한 징표인 점을 주의해야 한다. 만약 입법자가 자동적 행정행위의 경우에 효력발생이나 공정력을 배제하였다면, 이러한 제한은 법적 안전성에 대해 광범한 영향을 미칠 것이다. 사실 위법한 행정행위의 율(수)이 이례적으로 높게 될 경우엔 그런 필요성이 있을 것이나, 오늘날의 컴퓨터공학의 발전에 힘입어 자동적 행정행위의 하자율은 전통적인 행정행위에서보다 매우 낮다.

### 4. 自動的 行政行爲에 있어서 存續力

전통적인 행정행위와 마찬가지로 자동적 행정행위의 경우에도 형식적 존속력(불가쟁력) 내지 실질적 존속력(불가변력)을 발생시킬 수 있는지 여부가 다투어지고 있다. 행정행위에 대한 쟁송이 불가능하게 되는 불가쟁력과 관련해서, 자동적 행정행위라 하더라도 특별한 점은 없다. 왜냐하면 자동적 행정행위에 대해 행정소송법 등에서 특별한 예외규정을 두고 있지 않을 뿐더러, 그런 지적도 없기 때문이다.

행정행위의 실질적 존속력(불가변력)을 판결의 실질적 기판력에 상응한 것으로 이해하는 입장에선, 결정이 한편으로 완결된 사안에 바탕을 두고 있고, 다른 한편으로 소송과 유사한 정식적 행정절차에 따라서 발해졌을 때에만 실질적 존속력이 가능한 것으로 간주한다.[100] 이런 입장에 의하면 확인판단적·준사법적 행정행위만이 불가변력을 발생시킨다고 한다.[101] 그러나 여기에는 특히 관계인이 가장 넓은 범위내에서 행정절차에서 자신의 입장을 주장할 기회를 가질 것을 필요로 한다. 물론 자동적 행정행위의 경우엔 우리 행정절차법 제21조 제4항 제3호와 제22조 제4항에 의거해서 의견청취가 생략될 가능성이 크다. 그러나 확인판단적·준사법적 행정행위 자체

100) Bull, a.a.O., S.139; Forsthoff, Lehrbuch des Verwaltungsrechrs, 1973, S.253ff.; Wolff/Bachof/Stober, Verwaltungsrecht I , 2000, §50 Rn.14ff. 특히 뒤의 두 문헌은 존속력(Bestandskraft)가 아닌 확정력(기판력)에 해당하는 Rechtskraft란 용어를 여전히 사용하고 있다.

101) 사실 실질적 존속력의 외양은 취소·철회의 제한과 다를 바 없다. 그런데 이 실질적 존속력에 갈음해서 그리고 그것과 상관관계에서, 확정력(Rechtskraft), 법존속성(Rechtsbeständigkeit), 규준성(Maßgeblichkeit), 폐지불가성(Unaufhebbarkeit), 불가변성(불가변력, Unabänderbarkeit), 구속성(Verbindlichkeit), 구성요건적 효력(旣成的 效力, Tatbcstandswirkung), 확인적 효력(Feststellungswirkung), 기결적 효력(präjudizielle Wirkung), 실질적 구속효(materielle Bindungswirkung), 구속력(Bindungskraft)의 개념이 사용되고 있는 독일의 사정을 감안하면, 행정행위의 실질적 존속력은 여전히 '미지의 수'로 평가되고 있음은 당연하다. 이런 사정에 관해선 vgl. Seibert, Die Bindungswirkung von Verwaltungsakten, 1989, S.132ff. 그는 실질적 존속력의 이론구성은 틀렸기에 그 개념이 불필요하다고 결론을 내렸다(a.a.O., S.188).

가 자동화하기 곤란하기 때문에, 불가변력을 통상의 행정행위의 취소에 결부시키지 않는 한, 자동적 행정행위와 불가변력은 무관하다고 할 수 있다.

## Ⅶ. 自動的 行政行爲의 廢止(取消 · 撤回)

행정자동결정의 법적 성질을 행정행위로 보았기에, 필시 그것의 폐지에 관해서 전통적인 행정행위의 경우와 다를 바 없다. 효력(발생)에 관한 규정과 마찬가지로, 독일 행정절차법 제48조 이하에선 행정행위의 취소 · 철회와 관련해서 자동적 행정행위의 특수성이 전혀 규정되어 있지 않다. 따라서 독일 행정절차법상의 (일반)규정이 그대로 적용될 수 있다.[102] 아래에선 이런 입장에 서되, 자동적 행정행위의 폐지와 관련해서 자동화로 인한 여러 문제점을 살펴보고자 한다.[103]

### 1. 暫定的인 자동적 행정행위의 문제

오늘날 "잠정적(가) 행정행위"의 증가로 인하여 전통적인 행정행위의 폐지(취소 · 철회)가 그대로 통용되지 않는 영역이 늘어가고 있다. 사후심사유보하에서 당초처분의 변경가능성을 예정하는 잠정적 행정행위가 갖는 결정적인 특징은, 국민의 신뢰보호가 배제된다는 점이다.[104] 일찍이 독일 조세기본법은 제164조와 제165조에서 사후심사 유보부조세확정(Steuerfestsetzung unter Vorbehalt der Nachprüfung)과 잠정적 조세확정(Vorläufige Steuerfestsetzung)을 두었다.[105] 그리고 독일 연방행정법원은 이러한 법사상(사고)을 일반화하여 즉, 명문의 개별적 근거 없이도 그런 종류의 잠정적 행정행위가 허용된다고 보았다.[106] 그리고 약사법상의 의약품제조허가처럼, 국민의 안전과 밀접한 관련을 지닐 뿐만 아니라 동시에 과학기술적 한계를 배태한 리스크 결정의 경우에는 잠정성이 통상의 모습이 될 것이다.[107]

---

102) Maurer, a.a.O., § 18 Rn.11f.; Degrandi, a.a.O., S.132; Schönig, a.a.O., S.97.

103) 한편 자동적 행정행위상의 오기 · 오산 등과 같은 誤謬에 대한 訂正은 졸고, 행정자동절차상오류의 정정에 관한 소고, 안암법학 창간호, 1993.9., 229면 이하 참조.

104) 잠정적 행정행위에 관한 국내 문헌으로 金南辰, 행정법의 기본문제, 1994, 299면이하; 柳至泰, 가행정행위의 개념, 월간고시, 1993.11; 孟長燮, 가행정행위의 법리, 고시연구, 1991.5. 참조.

105) 한편 우리의 문헌상으로 잠정적 행정행위의 예로서, 부가가치세법 등에서 납세신고에 의하여 일단 과세처분의 효과를 발생케 한 다음에 과세관청이 경정결정 등에 의하여 세액을 확정짓는 것을 들고 있다. 하지만 여기에는 납세의무의 확정방식을 먼저 고려해야 한다. 법인세, 부가가치세, (양도소득세 제외한)소득세 등의 세목에 대하여는 신고납세제도를, 소득세 중 양도소득세, 상속세, 증여세 등의 세목에 대하여는 부과과세제도를 채택하고 있다. 후자에서의 신고가 단지 협력의무를 이행한데 불과한 반면, 전자에서의 신고는 그로 인해 납세의무가 구체적으로 확정되긴 하나 단지 사인의 공법행위에 지나지 않다. 따라서 모든 세목에서의 경정결정이 아닌 부과과세세목의 경우에만, 과세관청이 처음 내린 조세확정(과세표준과 세액의 결정)이 잠정적 행정행위에 해당할 수 있다(소득세법 제114조 등 참조).

106) BVerwGE 67, 99(103).

107) Vgl. Di Fabio, Risikoentscheidungen im Rechtsstaat, 1994, S. 307ff.

그러나 잠정적 행정행위와 관련해선, 종래의 행정행위의 폐지에 관한 논의가 통용되지 않을 뿐더러, 그것의 바탕이 붕괴된다는 점을 주의해야 한다. 국민은 통상 종국결정에서 이로움을 갖기에, 그 결정을 토대로 자신의 행위를 정할 수 있다. 사후변경이 자유롭다는 점에서 행정당국은 의당 잠정적인 자동절차를 확대하려 할 것이나, 이러한 확대는 국민에게 일방적인 부담을 끼친다. 예컨대 행정행위가 지닌 중요한 기능에 해당하는 법적 안정성의 실현이, 무망해질 우려가 있다. 그리하여 Polomski는 명시적인 조세기본법을 제외하고선, 자동적 행정행위가 내려지는 모든 영역에서 잠정적 행정행위를 확대・인정하려는 태도는 지양해야 한다고 강변한다.[108] 그리고 조세법영역에서도 일찍이 Tipke가 전자식 세액사정절차를 잠정적 과세결정으로 보는 것은, 종국결정에 관한 관계인의 이익을 도외시하였음을 들어 재량하자일 수 있다고 지적하였다.[109]

## 2. 自動的 行政行爲上의 撤回事由와 관련한 문제점

### (1) 撤回權의 留保에 따른 撤回

이상과 같이 자동적 행정행위의 용이한 변경을 가능케 하기 위한 잠정성의 부여가 허용되지 않는다면, 그와 동일한 효과가 철회권의 유보를 통해 성취될 수 없을지 여부가 문제된다. 자동적 행정행위의 데이타처리상의 하자는 통상 행정행위의 위법성을 야기하지만, 大는 小를 포함하기에(a maiore ad minus) 철회권의 유보를 비롯한 철회사유가 위법한 행정행위에 대해서도 적용가능하다.[110] 따라서 어쩌면 위법・적법한 모든 자동적 행정행위에 정례적으로 철회권유보가 부여될 수 있을지 모른다.

독일의 경우 행정행위가 기속행위에 해당하면 행정절차법 제36조 제1항에 의해서 원칙적으로 철회권의 유보를 비롯한 부관을 붙일 수 없다. 따라서 철회권유보부 행정행위는 재량행위의 테두리내에서만 생각할 수 있을 것이나, 재량행위의 자동화는 원칙적으로 그 자체가 배제된다.[111] 그런데 Maurer는 재량준칙에 의거하여 재량행사가 제한되듯이, 컴퓨터프로그램이 행정규칙이기에 재량행사제한에 해당하는 자동화가 자동적 행정행위에 허용될 수밖에 없다고 보았다.[112] Maurer의 견해를 따를 것 같으면, 이러한 행정의 자기구속의 영역에서 행정자동결정에 대한 철회권유보가

108) ders., a.a.O., S.215f.

109) ders. Die Bestandskraft von Steuerverwaltungsakten, NJW 1962, S.1040(1043).

110) Maurer, a.a.O., §11 Rn.19; Kopp/Ramsauer, VwVfG, 2003, § 49 Rn.59; Stelkens/Bonk/Leonhardt, VwVfG § 49 Rn.6; VGH Kassel, NVwZ 1984, S.382(383).

111) 이에 관해선 졸고, 행정자동기계결정의 법적 성질 및 그의 능부, 공법연구 제22집 제3호, 1994.6., 381면 이하 참조. Polomski 역시 기본적으로 재량행위의 자동화를 부인한다. Vgl. Polomski, a.a.O., S. 58.

112) ders., a.a.O., §18 Rn.11.

정당한 재량행사를 의미할지 여부가 논란이 된다. Polomoski는 독일 행정절차법 제49조 제2항이 적법한 수익적 행정행위의 철회를 광범하게 배제하려고 하고 따라서 그것의 허용성을 열거사항에 연결시킨 점을 논거로 들면서, 모든 자동화된 재량결정에 철회권의 유보를 붙인다는 것은 입법자의 의도에 반할 것이라고 주장하였다.[113]

우리의 경우 유보된 철회권의 행사에만 초점을 맞춰 논의할 뿐 그것의 허용성에 대해선 무심한 편이다. 심지어 판례상으로 수익적 행정행위이기만 하면 명문의 근거 규정이 없더라도 철회를 할 수 있을 뿐더러,[114] 부관도 붙일 수 있다.[115] 상황이 이렇기에 독일보다 자동적 행정행위에 철회권의 유보를 붙임을 허용해선 더욱 아니 된다. 나아가 입법정책적으로도 자동적 행정행위에 대한 법률상의 특별한 철회가능성은 부인되어야 한다.[116] 왜냐하면 행정자동절차가 기능상으로 높은 안정성을 지녀서 그러한 철회가능성 자체가 필요치 않은 것으로 여겨지며, 아울러 그러한 규정은 국민에게 현저한 부담을 지울 것이기 때문이다.

#### (2) 法令改正에 따른 撤回

철회사유 중 법령개정과 관련해선 자동적 행정행위의 폐지를 위한 특수성이 생겨날 수 있을 것이다. 혹시나 행정이 법률상의 규준을 알고리즘으로 더 낫게 전환시킨 새로운 프로그램을 사용할 수 있는 경우가 법규정의 변경으로 이해될 수 있다. 소프트웨어의 Version-Up은 매우 빈번히 이루어지고 있기에, 이런 견해는 법령의 개정에 따른 철회를 현저히 확대시킬 것이다. 통상 법령의 개념에는 형식적 법률, 법규명령, 조례만이 포함되지 행정규칙은 포함되지 않는다. 따라서 컴퓨터프로그램의 변경이 법령개정에 해당하기 위해서는 그 프로그램이 어떠한 법적 성질을 갖는지가 중요하다. 요컨대 그것이 행정규칙이 아닌 법규명령에 해당하여야 철회가 가능할진대, 앞에서 보았듯이 대다수는 그것을 행정규칙으로 본다. 따라서 프로그램변경이 결코 철회사유가 될 순 없다.

### 3. 自動的 行政行爲의 廢止上의 特殊性

#### (1) 信賴保護低下의 問題

일찍이 Bull은 수령자가 결정상의 기재를 통해서 그 결정이 행정자동절차에서 발해졌음을 알 수 있는 한, 자동적 행정행위의 경우에는 신뢰보호가 정당화되지 않는

113) ders., a.a.O., S.217.
114) 대법원 2002.11.26. 선고 2001두2874판결 등.
115) 대법원 1997.3.11. 선고 96다49650판결 등,
116) Polomski, a.a.O., S.217; Degrandi, a.a.O., S.133 Fn.5.

다고 주장하였다.[117] 반면 그는 그런 종류의 기재가 없으면 자동적 행정행위와 전통적 행정행위를 동일하게 취급하려고 하였다. 그의 견해에 의하면, 개략적인 심사에 더해서 행정처분이 기계에 의하여 완성되었다는 사실이 신뢰보호배제를 위하여 결정적이라 하겠다. 한편 그는 이런 신뢰보호배제를 메우려고 자동적 행정행위의 경우엔 절차재심사의 가능성을 국민에게 유리하게 '새로운 사실상태'를 확대해석하는 식으로 확대하고자 하였다.

그러나 행정행위의 자동화로 인해 신뢰보호가 배제되는 양 주장하는 것은 바람직스럽지 않다. 사실 Bull이 자신의 주장에서 외형상으론 상응한 기재가 없더라도 그 행정행위가 컴퓨터를 이용해서 만들어졌음이 드러나는 경우에는 신뢰보호원칙이 통용되는 양 기술한 것은 모순이라 여겨진다. 그리고 Bull의 주장에는 자동적 행정행위의 경우엔 하자율이 전통적인 행정행위에서보다 더 높아서 국민이 신뢰할 만하지 않다는 점이 묵시적으로 바탕에 깔려 있다. 하지만 자동적 행정행위의 하자율이 높다는 점은, 오늘날의 기술수준에서 확인할 수도 없거니와 수긍하기도 어렵다. 결론적으로 자동적 행정행위에 신뢰보호배제를 결부시킴은 정당하지 못하다. 나아가 점점 더 행정임무의 자동화(전자식화)가 이루어지는 현실을 감안하면, Bull의 견해에 따를 경우 신뢰보호원칙의 훼손을 가져와, 자칫 행정이 일방적으로 자동화(전자화된) 업무처리를 택하여 의식적으로 자신에게 유리한 그와 같은 결과를 얻고자 할 우려도 있다.

### (2) 失權의 法理에 의한 取消·撤回權制限의 問題

실권의 법리에 의한 취소·철회권제한과 관련해서, 우리의 경우 과거 1987년의 행정절차법안(제31조 제2항 등)에는 규율하였지만 현행의 법에는 이를 두지 않았다. 그러나 판례상으론 반영되고 있다.[118] 그런데 독일의 행정절차법은 행정행위의 취소는 물론 철회도, 행정청이 폐지를 정당화시키는 사실 즉, 폐지사유를 안 시점으로부터 1년 이내에만 가능하도록 규정하고 있다(동법 제48조제 4항, 제49조 제2항). 그런데 현재 독일 연방행정법원은 동법상의 폐지사유를 아는 것(Kenntnis von Tatsachen)을, 행정행위를 위해 규준이 되는 사실을 충분히 고려하지 않았다거나 법적으로 잘못 평가했다는 점을 인식하는 것(Erkenntnis)으로 여긴다. 다시 말해, 위법성과 같은 폐지사유를 단순히 아는 것만으론 불충분하고, 폐지사유에 해당하는 사실로부터 폐지의 논거를 적극적으로 결론내릴 것이 요구된다.[119] 현재의 독일 연방행정법원의 입

117) ders., a.a.O., S.140.

118) 대법원 1987.9.8. 선고 87누373판결.

119) BVerwGE 70, 356ff.= BVerwG Grs, NJW 1985, S. 819ff. 이 판결은 동조항상의 사실이 행정행위를 발하기 위해서 규준이 되는 사안에 속하는 사정만이 해당할 수 있다고 본 동법원의 종전의 태도(BVerwGE 66,

장에 의하면, 폐지의 기한이 국민에게 부담이 되게끔 사실상 연장되는 셈이 된다. 여기선 동법상의 기한이, 위법성과 같은 폐지사유를 알고 난 뒤에 개시될 처리기한(Bearbeitungsfrist)인지 아니면 모든 사실이 밝혀진 다음에 개시될 결정기한(Entscheidungsfrist)인지 여부가 관건이다. 현재의 독일 연방행정법원의 태도에 대해선, 찬부의 두 입장이 활발히 개진되고 있다. 전자가 동조항이 행정행위의 발함이 아닌 그것의 취소 등에 관한 점을 강조하면서 취소 등과 관계된 중요한 전체 사안을 고려해야 함을 들어 동조하는 데 대해서, 후자는 동조항의 본문과 입법자의 의사에 배치된다고 비판한다.[120]

한편 정보통신기술을 통해 행정의 정보화가 이루어졌을 때, 행정행위의 폐지를 위해 중요한 정보가 이미 행정청의 데이터기억장치엔 담겨져 있음에도 불구하고, 소관 담당자가 불러내지 않아서 그것의 존재를 현실적으로 알지 못하는 경우가 있을 수 있다. 현행 독일 연방행정법원의 입장을 따를 것 같으면, 이런 식의 지체까지 행정행위의 수범자에게 부담이 전가될 우려가 있다. 독일 연방행정법원의 현재의 태도를 자동적 행정행위에 그대로 적용하면 부당한 결과가 초래된다. 따라서 자동적 행정행위의 경우엔 독일 행정절차법 제48조와 제49조상의 앎(Kenntnis)을 기억장치에의 도달로써 시인해야 한다. 그리고 행정으로 하여금 전자사서함을 매일 비울 의무를 지울 것을 성문화하는 것도 좋은 방안이다.[121] 이 방안은 정보화 시대에 폐지기한의 개시를 둘러싼 이상의 문제를, 수인할 수 없는 부담을 국민에게 전가시키지 않고서 해결하는 데 참조할 만하다.

## Ⅷ. 맺으면서

정부혁신위원회가 종이 없는 'e-형사절차'의 구축을 위하여 현재 마스터플랜을 수립중이라고 2005년 3월 14일 밝혔다. 이에 의하면, 국민들의 형사사법 관련민원은 물론 수사. 재판. 형집행에 이르는 모든 형사사법 업무가 하나의 네트워크에서 처리되는 통합형사사법체계가 이르면 2007년 구축된다. 그리하여 사건의 증거수집 등 수사, 구속영장, 보석, 기소 등 절차가 전자하된 자료를 통해 온라인으로 처리됨으로써 소위 '종이 없는 수사', '종이 없는 전자법정'이 구현될 것이라 한다. "산업화에는 늦었지만, 정보화에는 앞서가자"라는 의제가 운위되던 때가 90년대 초엽인 걸 생각하

61)를 완전히 변경한 것인데, 그 후에도 여전히 견지되고 있다(BVerwG NVwZ 1986, 119; NVwZ 1987, 500).

120) 특히 vgl. Kopp, DVBl. 1985, 431ff.; Schoch, NVwZ 1985, 882ff.; Knoke, Rechtsfragen der Rücknahme von Verwaltungsakt, 1989, S.249ff.

121) Ehlers, a.a.O., S.58(62).

면, 실로 전자정부의 시대이다. 전자시대의 기반인 IT기술을 선도하며, 손꼽는 초고속정보통신망을 구축한 현실에, 새로움에 지나칠 정도로 환호하는 정서가 결합한 우리의 경우에, 다른 나라에 비견할 수 없을 정도로 사회 전영역에서의 정보화, 전자화가 진행되고 있다. 종종 규범이란 정보화와 전자화에 대해 불편한 존재인 양 여겨지곤 한다. 그러나 규범의 궤와 정보화의 궤가 서로를 외면할 때, 사이버의 혁명은 트로이목마처럼 재앙의 원천이 될 수 있다. 현실과의 직접적 만남의 증대 없이 진정한 사이버혁명이 달성될 수 없듯이, 민주화 · 시민사회의 형성 없이 정보화에 앞서갈 수 없다. 이상에서 살펴보았듯이, 자동적 행정행위는 기본적으로 사람에 의한 전통적인 그것과 본질적인 면에서 다르진 않다. 그러나 관련 논의를 통해 제기된 물음이, 정보시대에서의 행정법의 현대화에 이바지한다. 이 점에서 자동적 행정행위 및 전자적 행정절차에 관한 깊이 있는 논의를 위한 전제로서, 실체적 내용까지 망라한, 행정법 통칙으로서의 행정절차법의 정비가 시급하다.

* 행정작용법론(김동희 교수 정년기념논문집), 2005.5., 163면 이하 소수: 이 글은 졸고(행정자동결정(자동적 행정행위)의 실체적 문제점에 관한 소고, 공법연구 제28집 제4호, 2000. 6., 225면 이하)를 수정 · 보완한 것이다.

# 제 10 장

# 行政行爲의 附款의 許容性 問題에 관한 小考



## Ⅰ. 관련 주요판례

* 대법원 1995.6.13. 선고 94다56883판결

일반적으로 기속행위나 기속적 재량행위에는 부관을 붙일 수 없고 가사 부관을 붙였다 하더라도 무효이다.

건축법 소정의 건축허가권자는 건축허가신청이 건축법, 도시계획법등 관계 법규에서 정하는 어떠한 제한에 배치되지 않는 이상 당연히 같은 법조 소정의 건축허가를 하여야 하므로, 법률상의 근거 없이 그 신청이 관계 법규에서 정한 제한에 배치되는지의 여부에 대한 심사를 거부할 수 없고, 심사 결과 그 신청이 법정요건에 합치하는 경우에는 특별한 사정이 없는 한 이를 허가하여야 하며, 공익상 필요가 없음에도 불구하고 요건을 갖춘 자에 대한 허가를 관계 법령에서 정하는 제한사유 이외의 사유를 들어 거부할 수 없다.

건축허가를 하면서 일정 토지를 기부채납하도록 하는 내용의 허가조건은 부관을 붙일 수 없는 기속행위 내지 기속적 재량행위인 건축허가에 붙인 부담이거나 또는 법령상 아무런 근거가 없는 부관이어서 무효이다.

* 대법원 1997.3.11. 선고 96다49650판결

수익적 행정행위에 있어서는 법령에 특별한 근거규정이 없다고 하더라도 그 부관으로서 부담을 붙일 수 있으나, 그러한 부담은 비례의 원칙, 부당결부금지의 원칙에 위반되지 않아야만 적법하다.

지방자치단체장이 사업자에게 주택사업계획승인을 하면서 그 주택사업과는 아무런 관련이 없는 토지를 기부채납하도록 하는 부관을 주택사업계획승인에 붙인 경우, 그 부관은 부당결부금지의 원칙에 위반되어 위법하지만, 지방자치단체장이 승인한 사업자의 주택사업계획은 상당히 큰 규모의 사업임에 반하여, 사업자가 기부채납한 토지 가액은 그 100분의 1 상당의 금액에 불과한데다가, 사업자가 그 동안 그 부관에 대하여 아무런 이의를 제기하지 아니하다가 지방자치단체장이 업무착오로 기부채납한 토지에 대하여 보상협조요청서를 보내자 그 때서야 비로소 부관의 하자를 들고 나온 사정에 비추어 볼 때 부관의 하자가 중대하고 명백하여 당연무효라고는 볼 수 없다고 한 사례.

* 부산고법 2000.5.26. 선고 99누3294판결

사회복지법인의 정관변경허가의 법적 성격은 법률행위의 효력을 보충하여 주는 인가로써, 그 인가 여부는 행정청의 자유재량이 아니라 기속재량에 속한다 할 것인데, 기속재량행위에는 부관을 붙일 수 없고 가사 부관을 붙였다 하더라도 이는 무효이므로 위 정관변경허가에 붙여진 위 부관은 무효이고, 한편 위 부관의 내용이 정관변경허가에 객관적으로 중요한 요소에는 해당하지 않으므로 그 부관 부분만이 무효일 뿐 정관변경허가 전체가 위법하다고 할 수는 없으며, 따라서 원고가 위 부관에 정해진 의무를 이행하지 않았다 하여 피고로서는 부관에 유보된 허가취소권을 행사할 수는 없다 할 것이고, 달리 위 정관변경허가를 취소할 법령상의 근거를 찾아볼 수 없으므로, 원고에 대한 정관변경허가를 취소한 피고의 이 사건 처분은 위법하다.

* 대법원 2002.9.24. 선고 2000두5661판결

사회복지사업에 관한 기본적 사항을 규정하여 그 운영의 공정·적절을 기함으로써 사회복지의 증진에 이바지함을 목적으로 하는 구 사회복지사업법(1997. 8. 22. 법률 제5358호로 전문 개정되기 전의 것)의 입법 취지와 같은 법 제12조, 제25조 등의 규정에 사회복지법인의 설립이나 설립 후의 정관변경의 허가에 관한 구체적인 기준이 정하여져 있지 아니한 점 등에 비추어 보면, 사회복지법인의 정관변경을 허가할 것인지

의 여부는 주무관청의 정책적 판단에 따른 재량에 맡겨져 있다고 할 것이고, 주무관청이 정관변경허가를 함에 있어서는 비례의 원칙 및 평등의 원칙에 적합하고 행정처분의 본질적 효력을 해하지 않는 한도 내에서 부관을 붙일 수 있다.

* 대법원 2005.9.28. 선고 2004다50044판결

공익법인의 기본재산의 처분에 관한 공익법인의 설립·운영에 관한 법률 제11조 제3항의 규정은 강행규정으로서 이에 위반하여 주무관청의 허가를 받지 않고 기본재산을 처분하는 것은 무효라 할 것인데, 위 처분허가에 부관을 붙인 경우 그 처분허가의 법률적 성질이 형성적 행정행위로서의 인가에 해당한다고 하여 조건으로서의 부관의 부과가 허용되지 아니한다고 볼 수는 없고, 다만 구체적인 경우에 그것이 조건, 기한, 부담, 철회권의 유보 중 어느 종류의 부관에 해당하는지는 당해 부관의 내용, 경위 기타 제반 사정을 종합하여 판단하여야 할 것이다.

## Ⅱ. 行政行爲의 附款의 許容性에 관한 論議 現況

행정행위의 부관의 허용성 및 가능성에 관한 논의는 준법률행위적(준권리설정행위적) 행정행위와 기속행위의 경우와 관련하여 행해지고 있다. 언필칭 종래의 통설적 이해-"부관은 행정청의 주된 '의사표시'의 효과를 제한하기 위해 붙이는 것이므로 의사표시를 요소로 하지 않는 준법률행위적 행정행위에는 붙일 수 없다", "재량행위에만 부관을 붙일 수 있고 기속행위(또는 기속재량행위에)에는 붙이지 못한다"-를 두고서 논의가 분분하다. 그동안 이에 대한 비판이 지속적으로 제기되어 온 결과,[1] 지금은 정반대의 입장이 문헌상 다수의 입장이 되어 버렸다고 평해진다. 물론 개개 입장에 다소의 차이가 있음은 사실이나. 가령 준법률행위적(준권리설정행위적) 행정행위의 경우에 법률적 근거가 필요하다는 입장이 있는 반면, 특별히 법률적 근거를 거론하지 않는 입장도 있다.[2] 그러나 이런 다수 경향에 대해서, 김동희 교수님은 기본적으로 종래의 통설적 입장을 견지하면서, 법률요건충족적 부관은 준법률행위적 행정행위의 경우에도 가능하다고 본다. 아울러 새로운(지금의 다수적) 견해가 기속행위에서의 부관가능성을 법률적 근거가 있는 경우와 법률요건충족적 부관인 경우에 견주어 인정하는 한, 그것이 종래의 통설적 입장과 내용적으론 다를 바 없다고 지적한다.[3]

---

1) 관련 문헌을 거슬러 살펴 본 즉, 특히 김남진, 행정행위의 부관의 한계-부관의 가능성을 중심으로-, 한태연 박사 회갑기념논문집, 1977.9., 472면 이하 참조.

2) 이런 다수 입장(긍정설)의 현황에 관해선 특히 김철용, 행정법 I, 2006, 237-238면 참조.

3) 동인, 행정법 I, 2006, 293-294면.

## Ⅲ. 問題의 提起

행정행위의 부관의 허용성(및 가능성)의 물음과 관련한 판례를 살펴본 즉, 준법률행위적(준권리설정행위적) 행정행위와 관련해선 해당 판례를 찾을 수 없다. 여기서의 부관의 가능성(허용성)의 물음은, 근원적으로 준법률행위적(준권리설정행위적) 행정행위라는 범주를 인정한 데서 비롯하였다. 그런 범주를 적극적이든 소극적이든 전제하는 바탕에 선다면, 법률행위적(권리설정행위적) 행정행위에서와는 구별된 부관허용성의 인정근거를 제시하여야 한다. 법률적 근거의 존재가 허용성 물음을 위한 착안점이 될 순 없다. 따라서 의사표시적 요소에 터 잡은 기왕의 부관개념정의를 버리는 것이 한 방편도 될 수 있지만, 준법률행위적(준권리설정행위적) 행정행위와 법률행위적(권리설정행위적) 행정행위라는 범주적 구분 자체를 폐기하는 것이 정도이다.[4] 기왕의 분류체계에 대한 비판에 머물러선, 요령부득의 기술을 벗어나기 어렵다.

이상의 대법원 1995.6.13. 선고 94다56883판결처럼, 판례상 부관의 허용성 물음은 종래 기속행위와 재량행위에 견줘 제기되었다. 즉, 재량행위에만 부관을 붙일 수 있다는 것이다. 그런데 대법원 1997.3.11. 선고 96다49650판결이 수익적 행정행위에 대한 일반적인 부관의 허용성을 인정하였다. 이 같은 판례의 입장을 평면적으로 고찰하면, 본체인 행정행위(주된 규율)가 수익적 행정행위에 해당하면, 구태여 기속행위, 재량행위인지 여부를 검토할 필요가 없지 않느냐 라는 결과가 빚어진다. 동 부관의 허용성과 관련하여 이제까지의 논의를 無化시킬 수도 있음에도 불구하고, 이에 관한 논의가 殆無하다. 그런데 판례는 사안에 따라선 여전히 기속행위, 재량행위 여부로 부관의 허용성을 가늠하곤 한다. 즉, -대법원 2005.9.28. 선고 2004다50044판결처럼- 대상행위의 특수성(가령 보충행위이자 완성행위로서의 인가)을 전혀 고려하지 않은 채, 오로지 그것의 재량행위성 여부의 물음으로 접근한다. 종래의 관련 논의에서 법률적 수권의 문제를 간과된 데 따른 소산으로 여겨진다.

이하에선 부관의 허용성 물음을 수권근거의 차원에서 검토하는 것을 바탕으로, 주된 규율(본체인 행정행위)의 특수성의 문제 역시 이에 견줘 검토하고자 한다.

---

4) 동지: 김남진/김연태, 행정법 I, 2006, 236면. 그리하여 필자는 대안형성의 필요성을 넘어 기왕의 분류체계를 타파하기 위한 시도를 하였다. 졸고, "이른바 "준법률행위적(준권리설정행위적) 행정행위"와의 결별에 관한 소고", 고시연구 2003.10., 14면 이하 참조. 追論: 본서 318면 이하 참조.

## Ⅳ. 行政行爲의 附款의 許容性과 授權根據의 問題

### 1. 심사단계

침익(부담)적 부관의 부가는, 수범자(상대방) 등으로선 제한없는 규율에 대한 "차감(마이너스)"이 제공된다는 점에서, 본체인 행정행위의 수권의 범주에 속한다.[5] 따라서 원칙적으로 부관부가에 별도로 특별한 수권은 요구되지 않는다. 이런 맥락에서 부관의 허용성의 심사는 우선 다음과 같이 3단계로 진행될 수 있다.[6] 주된 규율의 본질상 부관과 친하지 않는 경우가 아닌 한, 행정행위에 부관을 부가할 수 있는지 여부의 물음은 전적으로 입법자가 명시적으로 부관의 부가를 금지, 허용, 요구한 데 따른다(1단계: 특별한 법규정에 의한 심사단계). 문제는 그런 규율이 없는 상황이다. 이에 수익적 행정행위에 대한 침익(부담)적 부관의 허용성은, 수익적 행정행위의 발급에 관한 청구권이 성립하는지 아니면 그것의 발급이 행정청의 재량에 속하는지 여부에 결정적으로 좌우된다(2단계: 본체인 행정행위의 기속행위, 재량행위여부에 따른 심사단계). 마지막으로 세 번째 단계로 '부관부가의 재량행사에 관한 심사'가 행해진다. 여기선 지면관계상 1, 2단계에 초점을 맞춰 논의를 전개한다.

### 2. 수익적 기속행위의 경우

우리의 경우 기속적 행정행위의 부관부가에 관한 독일 행정절차법 제36조 제1항과 같은 법규정이 없는 이상, 기속행위에서의 부관부가는 전적으로 행정법도그마틱에 맡겨져 있다. -독일 행정절차법 제36조 제1항처럼- 수익적 행정행위의 발급에 관한 청구권, 즉 수익적 기속행위의 경우, 부관부가가 법률적으로 허용되거나 법률요건충족을 위한 것일 때 한하여 그것이 허용된다. 기속행위에서 부관의 부가는 다름 아닌 청구권의 제한이기에 당연히 법률적 수권이 요구된다. 또한 기속행위라 하더라도 법률요건충족적 부관이 예외적으로 허용되는 이유는, 그것이 요건불비에 따른 거부행위에 비하면 완화된 수단인 셈이고,[7] 청구권성립을 저지하는 거부사유가 부관을 통해 미연에 제거될 수 있기 때문이다. 요컨대 독일의 입법례를 좇아 법률요건충족적 부관의 허용성(가능성)을 시인하더라도 전혀 문제되지 않는다.

---

5) 독일에선 행정절차법 제36조의 부관규정이 실체법적 수권으로 될 수 있는지 아니면 이밖에 추가적인 법률적 수권이 있어야 할지 의견이 분분하다. 부담적 부관의 부가는 본체인 행정행위의 수권의 범주에서 행해질 수밖에 없다고 보는 Kopp/Schenke는 동조가 본체인 행정행위의 발급을 전제로 하는 점 등을 들어, 동조를 (부관부가의) 부수적 수권으로 본다. Ders., VwVfG Kommentar, 8.Aufl., 2003, §36 Rn.39.

6) vgl. Kopp/Schenke, VwVfG, §36 Rn.40.

7) 홍정선, 행정법원론(상), 2006, 397면.

그렇지만 대법원 1995.6.13. 선고 94다56883 판결이 잘 보여주듯이, 우리 판례는 기속행위에 대한 부관부가가 절대적으로 불가하다는 입장을 취하고 있다. 원칙적 입장으로선 타당하지만, 그것의 수정가능성 즉, 법률요건충족적 부관의 부가가능성을 원천 봉쇄한 것은 문제이다. 기속행위가 법치국가원리상의 법적 안정성의 요청에 부합하는 측면을 분명히 갖긴 하지만, 그것의 負의 효과인 기계적 법집행에 따른 부작용 역시 사소하지 않다. 사안에 따라선 기속행위임에도 불구하고 부관부가의 필요성이 시인될 수도 있는데, 행위시점에 완전한 요건충족을 요구하는 도식적 입장만을 고집한다면, (추후에 요건을 충족한) 절차의 무익한 반복이 초래될 수밖에 없다. 이는 절차경제적 차원에서 수범자는 물론 행정으로서도 그다지 바람직스럽지 않다. 우리의 경우 판례가 기속행위와 재량행위의 구분을 궁극적으로 해당행위의 성질에 의거하여 행한다는 점에서 특히 그러하다.

따라서 앞으로 기속행위와 관련한 관심은 부관부가가능성 자체가 아니라, 법률요건충족적 부관의 부가가능성에 모아져야 한다. 그렇지만 우리의 경우 법률이 명시적으로 법률요건충족적 부관의 부가가능성을 언급하지 않는 한, 이를 관철하기란 어렵다. 왜냐하면 판례가 기속행위에 부가된 부관 자체를 무효로 보기 때문이다. 따라서 대법원 1988.4.27. 선고 87누1106판결에서 처음 등장한, "기속행위에 부가된 부관의 무효 원칙"을 수정하지 않고선, 한 걸음도 나아갈 수 없다. 일찍이 동 판례에 대한 김남진 교수님의 강력한 비판과 마찬가지로,[8] 허용성의 물음과 하자(위법)효과의 물음이 분명 구분됨에도 불구하고, 전자에 의거하여 무효도그마원칙을 도출한 판례의 입장은 부당하다.[9] 부관에 관한 행정법도그마틱의 발전을 결정적으로 가로막는다. 과거 일본의 통설이었지만, 지금은 강력한 비판을 받는 田中二郎의 문헌(행정법총론, 1957, 317-318면)에서 유래한 듯한 우리 판례의 태도는 하루바삐 시정되어야 한다.

법률요건충족적 부관의 부가가능성을 시인하더라도, 물론 법정외 요건을 부관으로 요구할 순 없다.[10] 독일에선 여기서의 요건충족이, 법률상의 (청구권)요건이 (일회적으로) 충족되었다는 점(Erfülltwerden)을 확보하기 위함인지 아니면 변함없이 충족되고 있는 점(Erfülltbleiben)까지 확보하기 위함인지 다툼이 있다. 양자를 동일하게 보는 입장에선 이런 확보기능이 계속적 행정행위에서 요건의 존속에 대해서도 확대될 수 있다고 보는 반면,[11] 반대의 입장에선 요건충족이 의심의 여지가 없는 이상 앞

8) 동인, 행정법의 기본문제, 1994, 983면 이하.

9) 동지: 이영무, 건축허가에 부수해서 부과된 기부채납부관의 허용성과 그 효력, 민사법연구 제9집, 2001, 125면 이하.

10) 동지: 김용섭, 행정행위의 부관에 관한 법리, 행정법연구 제2호, 1998.4., 195면.

11) 대표적으로 vgl. Erichsen/Ehlers, Allg. VerwR, 12. Aufl., 2002, §14 Rn.10.

으로의 요건누락에 관한 의구심과 무관하게 부관없는 행정행위가 발급되어야 하되, 이는 차후 철회차원의 문제라고 한다.[12]

### 3. 수익적 재량행위인 경우

독일 행정절차법 제36조 제2항과 같은 규정이 없는 이상, 수익적 재량행위의 경우에도 기속행위에서처럼 부관부가 문제는 전적으로 행정법도그마틱의 몫이다. 대부분의 문헌에서 그 자체에 대한 별다른 문제점이 제기되지 않는다. 앞에서 본 것처럼, 재량적인 본체인 행정행위에 관한 법률적 수권규범은, 그것에 부가된 부관을 위해서도 법률유보의 요청을 충족한다. 이점에서 대법원 1997.3.11. 선고 96다49650판결의 경우 수익적 행정행위가 재량행위라는 것을 생략하고, 바로 수익적 행정행위성에서 부관부가가능성을 논증한 것으로 봄직하다.

한편 급부행정에서의 자금조성결정처럼 본체인 행정행위에 실체적 수권이 없어도 되는 경우엔, 수권근거의 문제가 특별한 의의를 갖는다. 이에 Stelkens 등은, 자금조성의 제공에 아무런 수권근거가 요구되지도 않는데, (자금조성에 당연히 결부되는) 부관이라는 '부차적 전쟁터'에 이런 문제를 새로이 전개한다는 것은 모순이라고 지적한다. 그리하여 구태여 자금조성에 대한 수급자의 동의를 부관부가의 수권으로 삼는 식의 우회적 논증을 할 필요가 없다고 한다. 심지어 다른 부관과는 달리 독립된 집행가능성을 지닌 작위의무를 성립시키는 부담의 경우에도, 자금조성영역에서의 아무런 법률적 수권이 없더라도 그것의 부가가 허용된다고 한다.[13]

그런데 재량행위와 관련해서, Erichsen의 주장이 흥미롭다. 그는 부담을, 다른 부관(기한, 조건, 철회권유보)과 구분한다. 후자의 경우는 행정행위상의 수익을 제한하는 셈이지만, 수범자에게 본래의 것을 넘어 침익하진 않는다. 반면 부담부 수익은 제한 없는 수익의 차감이 아니라, 독립된 의무의 강제집행가능성을 제시한다. 그리하여 여기서 부담의 부가는 법률적 수권을 필요로 하며, 이런 요청은 설령 개개사례에서 수익이 침익을 능가하더라도 소멸하지 않는다고 강변한다.[14] 부수적 수권으로나마 기능할 수 있는 행정절차법상의 관련규정조차 마련되어 있지 않아, 부관의 제 문제가 전적으로 행정법도그마틱에 맡겨져 있는 우리로선, 이상의 Erichsen의 견해가 중요한 시사점을 제공한다.

---

12) 대표적으로 vgl. Stelkens/Bonk/Sachs, VwVfG Kommentar, 6.Aufl., 2001, §36 Rn.68.

13) ders., VwVfG, §36 Rn.74c. Kopp/Schenke 역시 비슷한 입장을 취한다. Ders., VwVfG, §36 Rn.39a.

14) ders., a.a.O., §14 Rn.11. 이와 비슷한 지적으로 류지태, 행정법신론, 2006, 161면 참조.

### 4. 侵益(負擔)的 행정행위의 경우

우리의 판례는 궁극적으로 해당행위의 성질에 의거하여 기속행위와 재량행위의 구분을 행한다. 그리하여 침익행위는 판례상 원칙적으로 기속행위에 해당할 진데, 여기에 수익적 행정행위를 대상으로 한 이상의 논의를 그대로 대입할 수 있는지 검토가 필요하다. 한편 -경우에 따라- 침익행위가 재량행위에 해당할 경우엔, 부관 자체가 일종의 침익의 차감이기도 하여 허용성에 따른 문제는 별반 생기지 않는다. 참고로 독일의 경우 행정절차법 제36조 제2항이 재량행위 일반을 대상으로 하기에, 조건, 기한과 철회권유보가 침익행위에도 부가될 수 있으되, 다만 동항 제4호, 제5호상의 부담과 부담유보의 경우엔 규정본문에서 수익자를 결부시키기 때문에, 이들은 당연히 침익행위엔 부가될 수 없다. 그런데 침익행위의 철회가 동 행정절차법 제49조 제1항에 의해서도 가능한 고로, 철회권유보는 실제적 관심거리가 되지 않는다고 한다.[15]

기속적 침익행위의 경우, 문제되는 것이 수익적 기속행위에서처럼 법률요건충족적 부관을 부가할 수 있는지 여부이다. 독일의 경우를 보자면, 행정절차법 제36조 제1항 자체가 "청구권(Anspruch)"이란 표현을 사용함으로써 수익적 기속행위만을 대상으로 하기에, 법률요건충족적 부관은 기속적 침익행위의 경우 전혀 불가능하다.[16] 이런 규정의 유무와 관계없이, 법치국가원리 및 법적 안정성의 원칙에 비추어, 기속적 침익행위의 경우 당연히 그것의 성립요건이 충족되어야만 비로소 행해질 수 있다 하겠다. 따라서 독일에서의 논의가 그대로 통용되어야 한다.[17] 한편 제3자효 행정행위인 경우에 수익, 침익 여부의 판단척도를 누구로 삼을 것인지에 따라 법률요건충족적 부관의 부가가능성이 문제될 수 있는데, '진정한 제3자효 행정행위(제3자에 대한 침익적 효과를 지닌 수익적 행정행위)'의 경우엔 하등 문제가 되지 않지만, '顚倒된 제3자효 행정행위(제3자에 대한 수익적 효과를 지닌 침익적 행정행위)'의 경우엔 당연히 부정적으로 보아야 한다.

## V. 行政行爲의 附款의 許容性과 주된 규율의 特殊性

법률이 부관의 부가를 특별히 규정하지 않은 경우, 부관의 불허용성은 일반적인 법원칙, 특히 법규정의 상관관계와 목적, 수권된 행정행위의 본질로부터도 생겨난다.

15) Stelkens/Bonk/Sachs, VwVfG, §36 Rn.66.

16) Stelkens/Bonk/Sachs, VwVfG, §36 Rn.66a.

17) 마찬가지로 명시적 규율이 없는 한, '暫定的 侵益行爲(侵益的 假行政行爲)' 역시 허용되지 않을 것이다.

그리하여 귀화허가와 같은 신분변경, 정년보장공무원의 임명, 성명변경의 경우에는 부관과 친하지 않다(nebenbestimmungsfeindlich). 이와 마찬가지로 독일 많은 문헌에선 공동적 사권형성적 행정행위로서의 인가에는 부관이 부가되어선 아니 된다고 지적된다.[18] 한편 Manssen은 모든 사권형성적 행정행위가 조건과 친하지 않는 것은 아니고, 그런 점이 당해 법률적 근거에서 비롯되는 한에 있어서만 그것이 조건과 친하지 않다고 주장한다.[19] 그리고 사권형성적 행정행위를 넘어서 형성적 행정행위에 대해서도 부담의 부관적대성을 인정하려는 견해가 있긴 하지만,[20] 다수는 형성적 성격만으로 부관의 원칙적 배제를 도출하진 않는다.

부산고법 2000.5.26. 선고 99누3294판결은, 사회복지법인의 정관변경허가의 법적 성격을 인가로 보고서, 인가의 기속재량행위성에서 부관의 불허용성을 논증하였다. 하지만 상고심인 대법원 2002.9.24. 선고 2000두5661판결은 사회복지법인의 정관변경허가를 인가로 보지 않고, 시종 법규정상의 표현 그대로 허가로 보면서 원심과 정반대의 논증을 하였다. 나아가 대법원 2005.9.28. 선고 2004다50044판결은 인가의 기속행위, 재량행위를 논하지 않은 채, 곧바로 부관의 부가 자체가 문제되지 않는다는 입장을 취한다.[21]

부관의 허용성 문제를 궁극적으로 대상행위의 기속성, 재량성 여부에 의거하여 바라보는 데 따른 논증의 흐름을 잘 보여준다. 독일에서의 경향처럼 추인(사후동의)으로서의 인가에 대한 부관부가의 불허용성을 고수하는 한, 대법원의 입장에 동의하기 어렵다. 그런데 이들 사안이 추인으로서의 "진정한 인가"에 해당하는지 검토가 필요하다. 요컨대 사안에서의 허가는 "부진정 인가"로서 인가적 요소(무허가행위의 무효)와 허가적 요소(사전적 통제)를 함께 지니기 때문에, "진정 인가"에서와는 달리 부관부가의 허용성을 긍정할 수 있다.[22]

## Ⅵ. 맺으면서

앞에서 본 것처럼, 부관의 허용성 물음과 관련한 공방이 거의 30년을 경과하였기에, 그것에 관한 문제제기의 단계를 지난 지 오래되었다. 이미 상당수의 문헌에서 부

18) Vgl. Kopp/Ramsauer, VwVfG §36 Rn. 5; Stelkens/Bonk/Sachs, VwVfG §36 Rn.62.

19) Ders., Privatrechtsgestaltung durch Hoheitsakt, 1994, S.300.

20) B. Wolnicki, Zum Akzessorietätsprinzip bei der Systemfeststellung nach §6 Ⅲ VerpackV zugleich zur Nebenbestimmungsfeindlichkeit von rechtsgestltenden Verwaltungsakt, NVwZ 1994, 872ff.

21) 한편 대법원 2000.1.28. 선고 98두16996판결은 재단법인임원취임승인(인가)의 비기속성을 판시하였다.

22) 상세는 졸고, 行政法上 認可의 認定여부와 관련한 問題點에 관한 小考, 저스티스 제91호, 2006.6., 134-136면, 142-144면 참조. 追論: 본서 292면 이하.

명한 방향전환이 행해진 듯하다, 그렇지만 논의를 좀 더 깊숙이 진행시키면, 부관의 허용성 물음에 관한 판례의 태도는 전혀 변함이 없고, 문헌상의 논의 역시 '마이웨이식'으로 전개되는 모습이다. 이젠 문제제기와 비판을 넘어 그에 따른 행정법도그마틱의 정립을 모색할 때이다.

* 고시연구 2006년 11월호, 87면 이하 소수.

# 제3편 行政作用法論-行政立法論 등

# 제 1 장

# 民主的 法治國家에서 議會와 行政의 共管的 法定立에 따른 法制處의 役割에 관한 小考



## Ⅰ. 처음에-法的 性質과 法的·實際的 意義간의 심각한 不調和[1)]

개별사례의 결정을 위한 법적 원칙(규율)과 규준의 수요는 엄청나다. 이는 비단 오늘날에야 비로소 그런 것은 아니다. 과거보다 월등 넓은 범위를 점하였음에도 불구하고, 법률은 규범과 규율의 수요의 적은 부분만을 충족할 뿐이고, 숫자상으론 법규범의 두 번째 층으로서 법규명령이 월등하다.[2)] 그러나 주지하듯이, 이런 두 번째 층만으로도 충분치 않다. 모든 법질서에선 세 번째 층으로서 행정규칙, 지침(Guide-lines), 고시(Notes)나 유사한 이름의, 행정부에 의한 법정립(Rechtssetzung)의 산물이 존재한다. 복잡하고 중층적인 사실관계에서 법질서로선 법규정의 세 번째 범주는 불가피한 즉, 모든 법질서에선 규율의 세 단계(층)의 피라미드가 존재한다. 행정규칙이 양적으로 으뜸의 자리를 차지한다는 사실만으로, 행정규칙의 실제적 중요성, 특히 행정을 위한 중요성은 아무리 높이 평가해도 부족하다. 법률과 법규명령보다 훨씬 광범하고 상세한 규정이기에, 행정규칙은 일반적 법률개념에서 개개사례상의 구체

1) 이 글은 한국행정판례연구회·법제처가 공동주관한 관학협동 Workshop(2006.12.8 9.)에서 발표한 것을 수정, 보완, 추가한 것이다.

2) 독일의 경우 거의 4-5배에 달한다고 한다. H. Schneider, Gesetzgebung, 3.Aufl. 2002, Rn.231.

적 결정에로의 긴 도정에서 중요한 역할을 한다. 즉, 행정규칙은 법률과 법규명령의 구조적 미완성된 법을 개인을 위하여 보충하거나, 구체화하거나 해석함으로써, 법률개념과 개별결정 간의 넓은 간격을 메우고 구조화한다. 이에 당연히 개인을 위하여 엄청난 효과를 발생시킨다. 그럼에도 불구하고 행정규칙은 정당하게 법정립론(입법론)의 중심에 서지 못하였다. 행정규칙의 태생적 낙인-비법규성-이 아직 가시지 않았기 때문이다.

행정규칙의 법적·실제적 중요성과 그 법적 성질간에 엄청난 괴리와 모순이 존재한다. 여기서 분업적 법정립과 법정립피라미드의 이런 현실을 어떻게 포착하고 구조적으로 다루어야 할지, 아울러 행정규칙의 (대외적) 구속효 물음을 어떻게 답해야 할지, 행정법도그마틱으로선 곤경에 봉착한다.[3] 법규명령과 행정규칙을 양축으로 하는 행정입법론[4]에서, 이상의 물음은 폭넓은 설득력이 담보되는 답을 내리기가 극히 어려운 항시적 주제이다.[5] 더군다나 문제의 근원(수권법률)과 다툼의 장소(법률하위적 법규범)가 달라서 논의의 혼란이 가중된다. 최근 우리의 판례와 행정실무상의 중대한 변화는, 기왕의 행정규칙론의 패러다임에 의미로운 결정적 충격파를 던진다. 이하에선 현재 상황에서 행정규칙의 위상을 새롭게 모색하여,[6] 그에 따른 법제처의 자리매김과 대응을 강구하고자 한다.

---

3) R. Wahl, Verwaltungsvorschriften: Die ungesicherte dritte Kategorie des Rechts, in: Festgabe 50 Jahre Bundesverwaltungsgericht, 2003, S.571.

4) 행정입법의 용어사용에 대한 의문이 제기될 수 있다. 행정입법을 의회입법에 대립된 위치에 설정하여 그것의 예외로서 접근하는 경우에는, 자연 헌법상의 법규명령의 예를 제한적으로 볼 것이며, 행정규칙을 행정입법의 차원이 아닌 다른 차원에서 논의할 것이다. 그러나 행정입법에서의 '입법'을 '법률정립'(Gesetzgebung)이 아닌 '법정립'(Rechtssetzung)에서 바라보면, 전혀 다른 논의를 진행시킬 수 있다(참조: 헌법재판소 2004.10.28. 99헌바91전원재판부결정). 종래 '법률정립'(Gesetzgebung)을 입법으로 명칭을 붙여 사용한 慣性的 理解를 바로 잡을 필요가 있다. 이런 기본인식의 변화를 긍정하면, 무엇보다도 법령보충적 규칙의 문제를 의회입법원칙의 예외의 관점이 아닌 진정한 '행정입법'의 차원에서 바라 볼 수 있다. 필자는 종전에 전자의 입장에 섰는데, 이 글에선 후자의 입장에서 논의를 전개하고자 한다. 여기선 '행정입법'을 "행정에 의한 법(규범)의 정립 및 그에 따른 법규범"으로 정의하고자 한다.

5) 관련 문헌을 일별해 보면, 70년 말에서 80년 초엽에 행정규칙의 성질(법규성)의 문제는 우리 행정법학계의 중심화두로 다루어졌다. 행정법학으로선 백가쟁명의 소중한 역사일 뿐더러, 그 당시 先學들의 치열한 논쟁이 오늘의 우리 행정법학의 자양분이 되었다. 새삼 학문이 당대에 그치지 않고, 숙성과 축적의 과정임을 여실히 느낀다.

6) 우리의 대부분의 법제는 繼受가 아닌 移植의 소산이다. 그리하여 학문후진국으로선 피할 수 없는 비교법적 고찰이, 正反合의 과정에서 진행되는 진정한 비교법적 고찰에 이르기보다는 자칫 移植의 또 다른 형태에 머물곤 한다. 외국의 법제의 정확한 내용을 파악하고 이를 우리에 접목시킨다는 것은 至難한 일이긴 하나, 우선적으로 법제의 두 대상의 異同에 관한 논의가 필요하다. 새삼 崔仁勳이 「원시인이 되기 위한 문명한 이시」에서의 지적: "외국문화는 어떤 것이든지 받아들여도 좋다. 다만 原物形으로 받아들일 것이 아니라, 그것을 요소로 분해해서 구조식을 알아내고, 다음에는 소재는 국산자재든 수입자재든 간에 완제품을 국내생산을 하여 저렴한 가격으로(즉 정신적 낭비-외국숭배·물신숭배를 줄이고) 지식시장에 내놓는 일이 바른 태도일 것이다"은 많은 것을 시사한다.

## Ⅱ. 行政規則에 관한 스탠다드공식과 判例上의 변화상

### 1. 행정규칙에 관한 스탠다드공식

우리는 물론 독일에서의 판례와 통설의 행정규칙에 관한 스탠다드공식은, 기본적으로 그것의 비법규성을 바탕으로 다음과 같다: i) 행정규칙은 결코 법이 아니다(Nicht-Recht). 그것은 내부법(규범)이긴 하나, 결코 외부법(규범)은 아니다. ii) 행정규칙은 결코 '객관적 법'을 제공하지 않고, 개인을 위해서 구속효를 갖지 않는다. iii) 행정규칙은 하위 행정청만을 구속하지, 결코 법원을 구속하지 않는다. iv) 행정규칙은 '실질적 법'에 속하지 않으며,[7] 법원에 의해서도 (외부)법규범과 마찬가지로 해석될 순 없다. v) 행정규칙은 사법통제의 규준이 아니라, 그 대상이다.[8] vi) 행정규칙은 개인에 대해서 (외부관계상으로) 직접적으로 효과를 발휘하지 않고, 행정관례와 평등원칙에 의거하여 간접적으로 효과를 발휘한다(자기구속설).[9] vii) (독일에서 거듭 주장되는 것으로) 이형적인 개별사례를 위하여 행정규칙에는 항상 불문의 유보가 내재되어 있다.[10]

### 2. 행정규칙에 관한 판례의 변화상에 관한 개관

행정규칙의 소위 비법규성을 바탕으로 한, 스탠다드공식에 대해 최근 중대한 변화가 일어났다. 기본적으로 독일에서의 자기구속설을 취하지 않는 우리 판례상으로선, 재판규범성으로 귀착되는 행정규칙의 대국민적, 대사법적 구속효가 인정되는 경우를 중심으로 살펴본다. 관련 문제의 상황은 형식과 실질을 달리하는 법현상에 즈음하여 극명하게 표출되었다. 즉, 법규명령형식의 행정규칙, 행정규칙형식의 법규명령의 문제이다.[11] 위임명령에 의한 재량준칙(위임재량준칙)의 문제인 전자의 물음에서, 다수 문헌은 법규명령으로 볼 것을 주장하였지만, 법원은 대통령령을 제외하고선 여전히 행정규칙으로 보고 있다. 그렇지만 최근 의미로운 변화가 생겨났다. 법령

---

7) 법원으로서 행정규칙은 속하지 않는 실질적 법만을 전적으로 자신의 결정 근거로 삼을 수 있다. 다만 행정규칙에서 주장된 법률해석을 나름의 확신에서 따를 수 있다. BVerwGE 107, 338, 340.

8) BVerfGE 75, 214, 227.

9) 그러나 이하에서 상술하겠지만, 우리 판례상으론 수용되고 있지 않다. 독일 판례론 vgl. BVerwGE 19, 48, 58; 34, 278, 280.

10) Ossenbühl, in: Erichsen/Ehlers, Allg. VerwR, 12.Aufl., 2002, §6 Rn.52. 이형적인 사례에서 벗어남에 관해선 vgl. BVerwG DÖV 1979, 793; DÖV 1985, 682.

11) 이 같은 용어의 사용이 과연 문제의 본질이나 법규명령과 행정규칙의 근본이해에 부합하는지는 새삼 숙고되어야 한다. 이를 "규칙유사적 명령"이나 "명령유사적 규칙"으로 명명하는 것도 한 방편이지만, 여기선 일단 문헌상의 통례를 따른다.

보충적 행정규칙의 문제인 후자의 물음에선, 판례와 다수 문헌은 실질에 의거하여 법규명령(의 가능성)으로 보지만, 반대의 입장에선 이런 유형의 행정규칙 자체에 대해서 위헌까지도 주장하고 있다. 그러나 '금융산업의 구조개선에 관한 법률' 제2조 제3호 가목 등 위헌소원 사건'(헌법재판소 2004.10.28. 99헌바91전원재판부결정)에서, 헌법재판소는 이 물음에 대한 분명한 태도를 제시하였다. 후자의 물음과 관련해선 뒤에서 보도록 하고, 여기선 전자의 물음을 논하고자 한다.

대법원 2006.6.22. 선고 2003두1684전원합의체판결은 법규명령(부령)형식의 행정규칙의 문제에서 종전과 같으면서도 그 기조는 다른 입장을 취하였다. 과거 대법원 1995.10.17. 선고 94누14148전원합의체판결은 근거규정('제재처분의 기준')의 성질(비법규성)에 연계하여, 그것에 의거한 당초처분으로 인해 후행가중처분을 받을 불이익의 법적 의미(법률상의 이익)를 부정하였다. 하지만 이번 전원합의체판결의 다수의견은 비록 '제재처분의 기준'에 대해선 종전과 동일한 입장(행정규칙)을 취하면서도, 동 기준에 의거하여 정해진 당초처분의 내용이 후행처분에 대해 법률상 불이익을 발생시킨다는 식의 논증을 하였다.[12] 근거규정의 법적 성질과 유리시켜 처분성을 처음 논증한 대법원 2005.2.17. 선고 2003두14765판결의 기조가,[13] 이번 전원합의체판결로 굳어진 셈이지만, 이에 더해서 행정규칙의 차원에서도 중대한 영향이 발생하였다. 행정규칙인 동 기준에서 사실상의 불이익을 넘어서 법률상의 불이익이 발생하였음이 시인된 것이다. 비록 이번 판결이 「제재적 행정처분의 가중사유나 전제요건에 관한 규정이 법령이 아니라 규칙의 형식으로 되어 있다고 하더라도, 그러한 규칙이 법령에 근거를 두고 있는 이상 그 법적 성질이 대외적·일반적 구속력을 갖는 법규명령인지 여부와는 상관없이, 관할 행정청이나 담당공무원은 이를 준수할 의무가 있으므로 이들이 그 규칙에 정해진 바에 따라 행정작용을 할 것이 당연히 예견되고, 그 결과 행정작용의 상대방인 국민으로서는 그 규칙의 영향을 받을 수밖에 없다.」고 판시하여 동 기준을 대국민적, 대법원적 구속효를 명시적으로 인정한 것은 아니지만, 행정규칙으로서의 그것의 대국민적 직접적인 외부효를 인정한 셈이다. 여기서 해명되어야 할 점은, 대국민적 구속효가 곧바로 대사법적 구속효를 의미하는 것은 아니지만,[14] 고시의 처분성을 인정한 판례가 시사하듯이,[15] 외부효를 부인하기 위한

12) 참조: 졸고, 失效한 行政處分에 대한 權利救濟에 관한 小考, 법률신문 제3507호, 2006.11.20.

13) 동판결의 이런 의의에 관해선, 졸고, 근거규정의 성질과 처분성여부의 상관관계에 관한 소고, 법률신문 제3375호, 2005. 7.4. 일찍이 필자가 예측한 것처럼, 제재적 행정처분과 관련한 리딩판결인, 대법원 1995.10.17. 94누14148전원합의체판결의 도식(부령인 제재처분기준 ⇒ 행정규칙 ⇒ 사실상 불이익의 인정)이 동판결의 획기적인 논증방식에 의해 붕괴되었다.

14) B. Remmert, Rechtsprobleme von Verwaltungsvorschriften, Jura, 2004, S.728(733).

15) 대법원 2006.9.22. 선고 2005두2506판결; 2004.5.12. 2003무41결정; 2003.10.9. 2003무23결정; 2004. 5.12.

근거로서 양자를 엄격히 구분하는 것은 문제가 있다. 사실 대사법적 구속효는 궁극적으로 행정규칙의 재판규범성여부에 직결되며, 이에 법원으로선 행정규칙의 비법규성이라는 통설이 자신의 통제권(심사권)을 온존시켜준다는 점에서 매우 이로운 틀이다. 종종 위임재량준칙을 결정근거로 삼기도 하지만,[16] 법원으로선 그런 일을 재량심사의 결과에 따른 우연의 일치로 치부하지, 위임재량준칙의 구속효를 인정함으로써 자신의 판단여지를 축소시키는 어리석음(?)을 범하진 않을 것이다. (특히 독일의) 통설로선 판례가 행정규칙을 외부법으로까지 보지 않는 점이 만족스럽다. 이런 법상황이 통설과 판례 모두에게 만족스럽기 때문에, 독일도 그렇지만 우리의 경우 통설(소위 비법규설)이 태생적 취약점에도 불구하고 지금껏 견지되는 이유가 여기에 있다.[17] 이는 궁극적으로 행정에 대한 사법통제의 차원에서 다루어질 문제이다. (위임)재량지침의 외부효의 인정을 사법심사의 제한으로 보는 것은 바람직하지 않다. 위임재량준칙의 외부효(구속성)가 인정되더라도, 재량의 개별적 행사의 원칙상 예외적 상황에서의 그것의 적용배제는 당연할 뿐더러 규범통제의 길이 열려져 있다. 즉, 법관은 어떤 경우에도 재량결정에 대한 심사(통제)를 할 수 있다.[18] 요컨대 형식적 기준에 의하든 실질적 기준에 의하든 별개의견처럼 법규명령으로 보았어야 함에도 불구하고 종전의 입장을 고수한 결과, 행정규칙의 패러다임상의 변화를 가져다 줄 중요한 동인이 본의와 다르게 마련되었다.

그런데 행정규칙이 대국민적으로 직접적인 구속효를 발생시키는 예가 또 있다.

---

2003무41결정:「어떠한 고시가 일반적・추상적 성격을 가질 때에는 법규명령 또는 행정규칙에 해당할 것이지만, 다른 집행행위의 매개 없이 그 자체로서 직접 국민의 구체적인 권리의무나 법률관계를 규율하는 성격을 가질 때에는 행정처분에 해당한다」. 그리하여 보건복지부 고시인 '약제급여・비급여목록 및 급여상한금액표'(보건복지부 고시 제2002-46호로 개정된 것), 약제 및 치료재료의 산정기준 등에 관한 보건복지부 고시, 향정신병 치료제의 요양급여에 관한 보건복지부 고시가 항고소송의 대상으로 처분성이 인정되었다. 이들 판례를 다룸에 있어서, 고시를 행정입법으로 전제하는 것은 피해야 한다. 고시의 법적 성질이 그것의 내용에 의해 가늠된다고 보면, 행정입법 차원에서 이들 판례에 접근하는 것은 곤란하다. 이에 관한 상세는 졸고, 條文形式을 띤 告示의 處分性 認定에 따른 問題點에 관한 小考 , 저스티스 제98호, 2007.6 참조. 그리고 형식과 실질의 괴리 문제점에 관한 상세는 참조: 졸고, 措置的 命令 내지 個別事件規律的 命令에 대한 權利保護에 관한 小考, 법조 제554호, 2002.11., 90면 이하; 이른바 처분적 시행규칙의 문제점에 관한 소고, 법률신문 제3478호, 2006.7.27. 김남진 교수님 역시 법규명령이나 조례가 '처분'의 성질을 갖는다 하더라도, '규범통제'라는 正道를 통해 문제를 해결해야 함을 역설한다. 동인, 행정상 확인소송의 가능성과 활용범위, 고시연구, 2005.5. 追論: 졸고, 行政法上의 告示의 法的 性質에 관한 小考, 고시연구, 2008. 2. 참조.

16) 가령 대법원 1993.6.29. 선고 93누5635판결:「같은법시행규칙 제53조에 따른 별표 15의 행정처분기준은 행정기관 내부의 사무처리준칙을 규정한 것에 불과하기는 하지만 규칙 제53조 단서의 식품 등의 수급정책 및 국민보건에 중대한 영향을 미치는 특별한 사유가 없는 한 행정청은 당해 위반사항에 대하여 위 처분기준에 따라 행정처분을 함이 보통이라 할 것이므로, 행정청이 이러한 처분기준을 따르지 아니하고 특정한 개인에 대하여만 위 처분기준을 과도하게 초과하는 처분을 한 경우에는 재량권의 한계를 일탈하였다고 볼 만한 여지가 충분하다」. 이 판시부분과 관련하여, 김동희 교수님은 행정의 자기구속의 법리가 수용될 시발로 평가하였다. 동인, 대중음식점 영업정지처분취소와 행정의 자기구속원칙, 법률신문 제2287호, 1994.2.14.

17) R. Wahl, a.a.O., S.571(581f., 585f.).

18) A. Leisner, Verwaltungsgesetzgebung durch Erlasse, JZ 2002, S.219(227).

바로 성전환자에 대한 호적상 성별기재의 정정을 허용한, 대법원 2006.6.22. 2004스42전원합의체결정에 따라 제정된「성전환자의 성별정정허가신청사건 등 사무처리지침」(대법원 호적예규 제716호 2006. 9.6.)이다. 관련 법령이 전혀 마련되지 않은 여건에서 제정된 동지침은 이른바 법률대위적 규칙(gesetzesvertretende Verwaltungs-vorschriften)에 해당한다. '성별정정의 허가기준'(동지침 제6조)과 같은 본질적인 입법사항을 담고 있는 동 지침은 그것의 위헌(위법)성과는 별도로,[19] 행정규칙의 차원에선 패러다임변화의 촉매제가 된다. 사실 일찍이 판례는 '개별토지가격합동조사지침(1990.4.14. 국무총리훈령 제241호로 제정되어 1991.4.2. 국무총리훈령 제248호로 개정된 것)'이 모법률을 위한 집행명령으로서 법률보충적인 구실을 하는 법규적 성질을 갖는다고 판시하여,[20] 통설적 이해와의 현저한 편차를 노정하였다(당부의 물음은 차치하고서).

통상 행정규칙은 조직규칙, 규범해석규칙, 재량준칙, 규범구체화규칙, 간소화규칙, 법률대위규칙으로 나뉘는데, 조직규칙과 규범해석규칙을 제외하고선 분명 과거와는 다른 법적 조명이 비춰지고 있다. 위임재량준칙에 대해서도 판례의 기왕의 입장변화에 따라 불원간 근본적인 변화가 예상된다. 이미 행정규칙론에선 옛 것은 가고 새것이 왔다 하겠다.[21] 결론적으로 행정규칙의 비법규성은 앙시엥레짐적 패러다임이며, 그로 인한 난맥상은 '고르디오스의 매듭'이 되어 버렸다.

## Ⅲ. 行政規則에 관한 旣往의 論議의 問題點-새로운 論議의 着眼點

### 1. 用語使用에 따른 問題

행정규칙에 관한 논의의 출발점이 "법규"의 이해에 있다. 가령 "행정규칙은 법규가 아니되, 법(또는 법규범)이다", "행정규칙은 법규이되, 내부법규이고 법규범(외부법

19) 참조: 졸고, 「성전환자의 성별정정허가신청사건 등 사무처리지침」의 問題點에 관한 小考, 법률신문 제3493호, 2006.9.25.

20) 대법원 1994.2.8. 선고 93누111판결.

21) 한편 우리와는 차이가 있게, 자기구속설이 통설로 지배하는 독일에선 판례가 행정규칙 전반에 대해 나름의 일관된 기조(외부효의 원칙적 부정)를 저변에 두고서, 특별한 개별영역(가령 자금조성법, 조세법, 사회법과 공무원법)에선 강한 구속효를 부여하였으며, 또한 가령 기술법과 환경법의 복잡한 실체문제의 경우엔 스스로 도그마틱의 사슬로부터 해방하기 위해 (예외적으로 법원을 구속하는) 규범구체화규칙이란 새로운 범주를 고안하였다. 사실 그럼으로써 법원은 옳은 평가에 대한 부담과 책임을 면한 셈이었다. 서로 조화하기 힘든 원칙과 예외의 결합은 그 자체가 양자간의 분명한 경계를 제공할 수 없다. 가령 그동안 공무원법상의 부조규정(Beihilfevorschften)은 법적 효력에서 별 이의없이 법률과 법규명령처럼 취급되었는데, 2004년에 독일연방행정법원은 동규정이 법률유보원칙을 충족하지 못하였다고 판시하였다(BVerwGE 121, 103). 동판결에 대해, J. Saurer, Verwaltungsvorschriften und Gesetzesvorbehalt, DÖV 2005, S.587ff. 는 행정규칙의 외부효와 구속효에 관한 최고법원의 새로운 방향을 제시하며, 행정규칙의 적용영역을 현저히 축소시킨다고 호평하였다. 독일의 판례경향을 통해 중요한 시사점을 얻을 수 있긴 하나, 우리와의 다른 구석(가령 권력구조, 행정의 위상 등)을 늘 유의하여야 한다.

규)가 아니다", "행정규칙은 비법은 아니지만, 내부법규범이고, 외부법규범은 아니다", "행정규칙은 특별한 종류의 규범이다" 등등 분분하다.[22] 법학에서 개념과 용어가 지닌 정의력를 고려 할 때,[23] 그것의 오늘의 법률상황과 사실상황에 맞는 이해만으로도 무익한 논의의 상당부분을 축소시킬 수 있다. 본래 "법규"(Rechtssatz)는 주지하듯이, 독일 19세기의 입헌주의시대에 창안된 개념이다. 이미 1916년에 Richard Thoma가, 법규(법규범)의 개념이 다의적이어서 우리의 가장 탁월한 국법학자들이 무익한 다툼에 휩쓸려 들어갔다고 기술한 바 있다고 한다.[24] 약간의 가감은 있지만, 이러한 확인은 오늘날에도 여전히 통용될 수 있다.

일세기에 걸친 상이한 법규에 관한 정의를 낱낱이 서술하기란 불가능하다.[25] 하지만 중요한 사실은, 현재에 다양하게 사용되는 법규개념이 역사적으로 낡아빠신 것이거나 도그마틱적으로 좁은 시각에서 만들어졌음에도 불구하고, 일반적으로 통용되는 정의로서 주장되고 있다는 점이다. 이러한 사정이 행정법의 법원에 관한 시각을 현저히 좁힐 뿐만 아니라, 행정규칙에 관한 이해를 방해한다. 전통적인 습속적 법규개념에 의하면, 법률과 법을 동일시 여기는 바탕에서, '시민의 자유와 재산과 관련이 있고 그것에 개입하는 규율'로 법규가 정의 내려진다. 당연히 국가의 내부영역(행정의 내부적 조직과 국가의 영조물)은 법규로부터 해방구인 셈이다. 나아가 후기입헌주의시대를 지배한, P. Laband, G. Jellinek의 법(법규)개념 -인격주체상호간의 의사의 범위를 정해주는 것- 및 침투불가한 권리주체로서의 국가의 성격이 아우러져서, 국가의 내부질서는 독립된 권리주체간의 한계설정에 해당하지 않아서, 개념정의상으로 이미 법외적 사항이었다. 그런데 이런 역사적, 습속적 법규개념을, 법이론적(rechtstheoretisch) 법규개념 -전제된 성립요건에서 권리와 의무를 성립시키거나 일정한 성립요건에 일정한 권리와 의무를 연결시키기 위하여 정해진 규정(명제)- 으로 대체하여 정의내리고 사용한다 하더라도, 실제 많은 것을 얻지 못한다. 즉, 이젠 행정규칙과 특별명령을 바로 비법(Nicht-Recht)이라 낙인을 찍을 수 없다 뿐이지, 그것의 본질(직접적 외부효의 부인)에는 하등의 변화가 생겨나진 않는다. 도리어 앞에서의

22) 독일의 경우 판례상 "행정규칙은 법규범이 아니다", "행정규칙은 법규적 성질을 갖지 않는다", "행정규칙은 실질적 법이 아니다"고 설시되곤 하였다. BVerwGE 58, 45(49); 107, 338(340).

23) 가령 곧바로 처분성이 인정되는 양 誤解를 낳는 '처분적' 명령(조례)이란 용어는 하루바삐 시정되어야 한다. 日人學者(山田 晟)의 "ドイツ法律用語辭典"(1984)에서도 'Maßnahmegesetz'을 措置法으로 바르게 옮겨 놓고 있다(251면).

24) In: Festgabe Mayer, 1916. S.176.

25) 참고로 H. Kelsen에 의하면, 법규범은 법기관에 의해 창조되고 법기관에 의해 적용되며 권리주체에 의해 준수되는 것인 반면에, 가언판단으로서 법규(법명제)는 이런 법규범에 의해 규정된 성립요건들 간의 관계를 법학이 서술한 규정(명제)에 해당한다. Ders., Reine Rechtslehre, 2.Aufl., 1983, S.73.: 변종필/최희수(공역), 순수법학, 길안사, 1999, 130면 이하.

용례가 보여주듯이, 이런 법이론적 법규개념은 습속적 법규개념이 여전히 통용되는 현실에선, 개념의 난맥을 야기한 구석도 있다.

결국 행정규칙의 법원성 내지 법규성의 문제는 법원개념의 광협을 둘러싼 용어상의 일이기 때문에, 문제원인은 결코 법규의 정의에 있지 않다.[26] 이 점에서 종래 행정규칙의 문제를 법규성(법규적 효력)의 차원이 아닌, 그것의 직접적 외부효(구속력)의 차원에서 접근하는 것이 바람직하다. 이런 식으로 논의를 새롭게 하는 것이 궁극적으로 기왕의 논의와 크게 다를 바 없다손 치더라도, 적어도 직접적 외부효가 인정된 행정규칙을 '법규명령'으로 부르는 것은 피할 수 있다.[27] 나아가 기왕의 행정규칙의 개념정의 역시 손질이 필요하다. 행정규칙이 異論없이 내부적으론 직접적 구속효를 발생시킴에도 불구하고, "법적 규율"(rechtliche Regelungen)로서의 징표가 捨象된 그것의 개념정의로 인해 관련 논의가 무익한 소모와 불필요한 오해를 겪고 있다. 물론 여기서의 "법적"의 의미를 "규범적 구속효"로 보는 것은, 행정규칙의 직접적 외부효를 인정할 것인지 여부에 관한 것이기에, 별개이다.

## 2. 行政規則의 成立歷史에 따른 問題

독일 19세기 입헌주의의 주된 관심사는, 군주와 그에 부수한 행정부(집행부, Exekutive)의 독립된 규범정립권을 억누르는 것이었다. 그 후 명령도그마틱의 고전적 근거를 구축한 G. Jellinek는 '독립된' 즉, '헌법에 맞는' (헌법에 직접적으로 바탕을 둔) 법규명령과, '비독립된' (그 존재와 효력이 특별한 법률에 의해서 정해지는) 법규명령으로 나누면서, 다음과 같이 주장하였다: 「법률무관한 행정의 규칙제정권은 존재하지 않으며, 외부규범적 법규는 전적으로 의회 및 의회의 명시적 수권을 받은 행정부(집행부)만이 발할 수 있다. 행정명령은 특수한 국가적 성질을 갖지 않는다. 그것은 모든 행정에 의해 '자신의 권한에 복종하는 분야안에선' 고유한 권리에서 발해질 수 있긴 하나, 결코 실질적 법률로 전화될 수 없을 것이다. "신민의 권리와 의무는 행정의 행위에 의해서 독립되게 창설되어선 아니 된다"」.[28] 그리고 동일한 시기에 P. Laband가 법이론적 근거로서 불침투설(Impermeabilitätslehre)을 제시하였다. 이에 따라 국가내부영역에서, 법으로부터 자유로운 일종의 해방구로서 발해진 행정규칙은 법규가

---

26) Vgl. F. Ossenbühl, in: Erichsen/Ehlers, a.a.O., §5 Rn.7ff.; H. Maurer, Allg.VerwR, 16.Aufl., 2006, §24 Rn.2ff.

27) 가령 판례는 법규적 효력이 있는 행정규칙을 바로 법규명령이라 명칭을 붙여, 정연한 사고를 방해하곤 한다. 일찍이 김남진 교수님은 대법원 1987.9.29. 86누484판결을 규범구체화규칙으로 인정하여 행정규칙의 대외적 구속력을 명시적으로 인정한 최초의 판결례로 보면서, 대법원이 동훈령을 "법규명령"으로 부른 것은 시정되어야 한다고 정당하게 지적하였다. 동인, 행정법의 기본문제, 1994, 192면.

28) ders., Gesetz und Verordnung, 1887, S.366ff., 389.

아니다. 이것이 Jellinek의 법규정과 행정규정(규칙)간의 구분을 심화시켰고, 독일 빌헬름 2세 시대의 국가학은 간단없이 이에 바탕을 두었다.[29] 여기에 O. Mayer에 의해 창시된 이른바 특별권력관계의 법형상은 (침투불가한) 국가의 내부영역과 외부영역간의 구분에 연계될 뿐만 아니라, 행정규칙의 법규성질의 결여를 근거지우기도 한다: "행정규칙에는 '일반권력관계에 근거한' 일반적 통용이 결여된다".[30] 이런 이유로 행정규칙에 관한 독일 행정법원의 규범통제 역시 50년대 중반에도 부인되었다.

하지만 행정규칙의 외부효를 부인한 전통적 견해를 성립시킨, 입헌국가적, 안티-행정부적 이의는 오늘날 그 근거를 상실하였다. 독일은 물론 우리 역시 의회법률의 행정입법(행정에 의해 정립된 규범)에 대한 우위는, 절대적이고, 전혀 훼손되지 않았으며, 사법적으로 담보된다. 입헌국가적 갈등은 독일의 경우에 이미 지난 일이며, 우리로선 전혀 경험한 바가 없다. 따라서 이런 사정이 행정규칙의 외부효를 더 이상 원칙적으로 방해하여선 아니 된다. 특히 특별권력관계의 토대인 불침투설과는 이미 결별하였다. 그럼에도 불구하고 특별권력관계론에서 비롯된 내부영역과 외부영역의 공간적 범주상의 이원주의는 지금까지도 독일 공법학을 지배하여. 행정규칙에 관한 전통적 통설이 여전히 주효하고 있다. 나아가 내부법규와 외부법규간의 구분이 어떤 이유로 어떤 내용으로 여전히 견지되는지의 물음 역시 심도있게 다루어지지 않고 있다. 이런 현상에 대해 가령 F. Ossenbühl은 체념적으로, "존재론적으로 정해져 있는 요소"로서 "내부와 외부"를 언급하고,[31] P. Lerche는 독일 국법학은 외부효적(außwirksam) 사건(사상)을 일방적으로 목표로 삼는다고 말하였다.[32]

H.H. Rupp가 정당하게 지적하였듯이,[33] 행정규칙의 전통적인 적용영역이 특별권력관계와 급부행정이었는데, 그동안에 이들 영역에서도 의회의 법률유보가 실현되었다. 행정규칙의 전통적 이해는 다름 아닌 특별권력관계와 불침투설의 殘痕일 따름이다. 그것은 결고 溫故의 대상이 아니다. 독일과 다른 역사적 전통을 겪고 그들의 법제를 일본을 통해 이식받은 우리로선, 오히려 독일보다 일세기 전의 殘影을 더 쉽게 지울 수 있다.

### 3. 接近方式상의 差異에 따른 問題

행정규칙의 직접적 외부효를 부인하는(비법규성) 것을 견지하는 독일의 소위 통설은, 곤혹스런 현실(행정규칙의 사실적 외부효)을 자기구속의 법리를 매개로 자신의 기

29) 가령 G. Anschütz, Grundzüge des Deutschen Staatsrechts, 1903, S.603.
30) ders., Deutsche Vewaltungsrecht, Bd. I , 3.Aufl., 1924, S.74.
31) ders., AöR 92(1967), S.1(4).
32) ders., in: Maunz/Dürig, GG, Art.84 Rn.95.
33) ders., JZ 1991, S.1032(1034).

조를 허물지 않고 대처하였다. 즉, 평등원칙이나 신뢰보호원칙을 전환규범으로 삼아 행정관례를 터 잡아 행정규칙에 위반한 행위의 위법을 논증하였다. 이런 우회적 방도는 대표적인 독일 행정법문헌(특히 H. Maurer)을 통해 우리에게 소개되어, 행정규칙의 직접적 외부효를 부인하는 입장(사실적, 간접적 구속력설, 통설)에선 그것을 당연히 채용하였다.[34] 이런 논증의 방법을 헌법재판소 역시 채용하였다.[35] 그렇지만 법원은 시종 이런 접근을 하지 않고, 재판규범성을 비롯한 대외적 구속력을 오로지 법규명령이냐 아니면 행정규칙이냐 하는 이원적 방식으로 검토하고 있다. 당연히 형식적 기준이 아닌 실질적 기준에 의거하여, 처음부터 법적 성질을 재단한다. 즉, 행정규칙 특히 재량준칙이 지닌 간접적인 대외적 효력을 인정하기보다는 처음부터 대상규범의 법적 성질을 가늠짓는 것으로 대신한다. 이런 다른 접근기조가 현하의 문제(이른바 법형식과 법실질의 괴리현상)에 그대로 이입되어, 공감하는 접점을 찾기 어렵게 할 뿐 더러, 논의상황을 혼란스럽게 만들기도 한다. 그런데 이런 법원의 태도가 중요한 시사점을 던진다. 우리의 경우 독일의 통설적 기조(사실적, 간접적 구속력설)에서 손쉽게 벗어날 수 있다는 것이다.

### 4. 외국, 특히 독일과 우리의 基本構造상의 差異에 따른 問題

먼저 독일의 법제(기본법 제80조)를 보자면, 동조상의 표제가 "법규명령"(Rechtsverordnung)이고, 재위임은 그것이 위임(수권)법률이 명시한 경우에 한하여 허용되며, 명령의 제정에 기본적으로 연방참사원의 동의를 필요로 한다.[36] 이런 법상황이 우리의 경우에 고려되어야 한다. 우리의 경우 강학상의 법규명령 개념이 명문상 사용되지 않고,[37] 수임자를 중심으로 대통령령 등의 명칭이 사용되기에, 의회입법원칙의 예외인 셈인 법규명령의 목록은 그 자체로서 개방적일 수 있다.[38] 나아가 헌법

---

34) 간접적 구속력설(효력설)과 직접적 구속력설(효력설)의 상세는 서원우, 전환기의 행정법이론, 1997, 335면 이하.

35) 헌법재판소 1990.9.3. 90헌마13결정: 「행정규칙이 법령의 규정에 의하여 행정관청에 법령의 구체적 내용을 보충할 권한을 부여한 경우, 또는 재량권행사의 준칙인 규칙이 그 정한 바에 따라 되풀이 시행되어 행정관행이 이룩되게 되면, 평등의 원칙이나 신뢰보호의 원칙에 따라 행정기관은 그 상대방에 대한 관계에서 그 규칙에 따라야 할 자기구속을 당하게 되고, 그러한 경우에는 대외적인 구속력을 가지게 된다 할 것이다」.

36) 심지어 그들은 일반행정규칙의 제정에도 연방참사원의 동의를 요구한다(독일 기본법 제84조 제2항).

37) 사실 독일의 "Rechtsverordnung"을 '법규명령'으로 옮긴 것이 관련 논의를 어지럽게 하였다. 당시 "법규"(Rechtssatz)는 일종의 명제인 셈인데, 그것의 명령적 발현형태(모습)에 그 명칭을 그대로 접목시킴으로써 가령 이른바 법규적 효력의 존재만으로 법규명령을 칭하는 오류가 빚어지곤 하였다. 생간건대 의회에서 제정된 법규범이 법률이라면, 행정에서 제정된 법규범을 "법령"이라 명명했으면, 관련 논의의 상당한 소모적 부분이 불식되고 더 생산적인 결과를 거둘 수 있었을 것이다. 지금의 법령의 용례가 법률과 법규명령을 합친 것으로 굳어진 것이 아쉬울 따름이다.

38) 이 점에서 헌법상 행정입법의 형식의 예시성은 당연히 도출된다. 참조: 헌법재판소 2004.10.28. 99헌바91전원재판부결정.

제75조 등은 법률에 대비한 법규명령의 근거규정일 따름이기에, 행정규칙의 직접적 외부효(이른바 법규적 효력)의 인정은, 물론 그 같은 시스템을 제도화함에 따른 헌법적 의문은 제기되지 아니 한다-물론 본질성이론에 따른 법률유보가 여전히 견지된다는 전제하에서(후술참조)-.

그런데 행정규칙에 관한 독일의 제 학설은, 독일법상 행정의 상대적으로 낮은 위상과 약한 독립성과, 독일법의 법원지향적 통제(심사)관점과 밀접한 상관관계가 있다. 독일법에선 통제(심사)사고가 작용사고보다 앞서고, 의회와 법원의 우월적 권한이 행정을 꽉 죈다. 행정의 작용여지에 관한 독일공법의 공포는, 행정규칙으로 하여금 고유한 힘을 가지지 않도록 함과 아울러, 그것을 법령과 법원판결 사이에 꽉 끼게 만들었다.[39] 그리하여 일찍이 Ossenbühl은 헌법이론상으로 독일 국법학은 (그것이 의회에 독점적으로 부여한) 민주적 정당성 원리의 비현실적 과도함과 결별하여야 한다고 지적한 바 있다.[40] 논의에서 유의해야 할 점이다.

1997년에 제정된 행정규제기본법 제4조 제2항 단서가 "법령이 전문적·기술적 사항이나 경미한 사항으로서 업무의 성질상 위임이 불가피한 사항에 관하여 구체적으로 범위를 정하여 위임한 경우에는 고시 등으로 정할 수 있다"고 규정함으로써, 고시를 비롯한 행정규칙에의 위임을 일반적으로 인정하였다. 즉, 이른바 법규성이 있는 위임고시(규칙)의 성립이 공인됨으로써, 행정규칙을 기본적으로 배제하면서, 법률과 법규명령을 근간으로 한 기왕의 법규범질서에 변화가 초래되었다: 법률⇒고차적 법규명령(대통령령 등)⇒저차적 법규명령(위임고시). 물론 이런 변화를 기왕의 법령체계의 외연확대로 볼 수 있긴 하나, 여하튼 기왕의 법규범질서에 관한 이해가 달라지지 않으면 아니 된다(후술).

한편 재위임의 경우에 우리 헌법재판소는 1차 위임상의 요구(포괄위임금지)가 그대로 견지되어야 한다고 판시하였다.[41] 그런데 위임독트린(포괄위임금지)은 의회입법의 원칙상 1차 위임(수권)에는 당연히 주효하지만, 이미 대통령령이든 총리령이든 부령이든 1차 위임이 행해진 다음에는 법정립은 이미 행정부 내부사일 따름이다. 당연히 그 후의 위임은 행정부의 고유한 행사의 범주에 속하기에, 그것에 위임독트린을

39) Vgl. R. Wahl, a.a.O., S.571(596).

40) ders., Die Not des Gesetzgebers im naturwissenschaftlich-technischen Zeitalter, 2000, S.34.

41) 헌법재판소 1996.2.29. 94헌마213결정: 「법률에서 위임받은 사항을 전혀 규정하지 않고 재위임하는 것은 복위임금지의 법리에 반할 뿐 아니라 수권법의 내용변경을 초래하는 것이 되고, 부령의 제정·개정절차가 대통령령에 비하여 보다 용이한 점을 고려할 때 재위임에 의한 부령의 경우에도 위임에 의한 대통령령에 가해지는 헌법상의 제한이 당연히 적용되어야 할 것이므로 법률에서 위임받은 사항을 전혀 규정(規定)하지 아니하고 그대로 재위임하는 것은 허용되지 않으며 위임받은 사항에 관하여 대강(大綱)을 정하고 그 중의 특정사항을 범위를 정하여 하위법령에 다시 위임(委任)하는 경우에만 재위임이 허용된다」.

대입시키는 것은 도그마틱의 과잉이다. 이런 관점은 특히 행정규제기본법 제4조 제2항 단서상의 위임고시(규칙)와 관련하여 매우 중요하다. 왜냐하면 기왕의 재위임법리를 여기에 그대로 도입하면, 사실상 위임고시의 기능영역이 매우 좁아지기 때문이다. 요컨대 법률이 직접 고시 등에 위임한 경우가 아니라면, 행정규제기본법 제4조 제2항 단서상의 한계(제한)가 그대로 적용되어선 아니 된다.

## Ⅳ. 行政立法으로서 行政規則의 直接的 外部效의 인정 문제

### 1. 전통적 입장에 터 잡은 自己拘束說의 問題點

행정규칙의 외부효 문제는, 오늘날 대국민관계에서 일반적으로 행정규칙에 부여되는, 실제적 중요성(의의)을 여하히 규범화하는 것에 다름 아니다. 그리하여 행정규칙이 실제로 지닌 현저한 외부효를 감안한 즉, 전통적 통설(비법규설)은 이른바 자기구속설(Selbstbindungslehre)을 통해 양보를 하였다; "외부효와 내부효 간의 구분의 유지에도 불구하고, 행정규칙에 대해 외부효가 다양하게 인정되었다. 행정규칙은 지속적인 적용을 통해서 동일한 행정실무를 성립시킬 것인데, 이를 통해서 행정은 스스로 구속된다. 왜냐하면 행정은 평등원칙에 따라 동일한 상황을 실체적(실질적) 이유 없이 달리 처리하여선 아니 될 것이기 때문이다."[42] 이형적인 개별사례를 위하여 행정규칙에는 항상 불문의 유보가 내재되어 있다고 거듭 주장된다.[43]

일찍이 행정규칙의 도그마틱의 이정표를 제시한 K. Vogel이, 통설의 자기구속설이 "엉터리"(Krücke)이고 "작위적 구성"이라고 맹공을 하였다.[44] 사실 그것의 우회적 구성 자체로 말미암아 자기구속설은 곤경에 처한다. 즉, 그런 종류의 지속적인 행정실무(행정관례)는 분쟁에서 경험적 조사를 통해서 확인될 필요도 없다. 왜냐하면 행정실무(관례)가 그것의 바탕이 되는, 당시의 행정실무를 시사하고 대변하는 행정규칙에 반영되어 있기 때문이다. 또한 공무원의 복종의무로 인해 행정규칙과 행정실무가 일치하리라는 사실상의 추정이 성립하기에, 처음의 사례에서조차 예측된 행정실무가 그대로 실현된다. 결국 행정실무가 행정의 자기구속의 근거로서 더욱더 배경이 되면 될수록, 통설 그 자체가 행정규칙의 내부영역과 외부영역 간의 垓字를 더욱더

42) 대표적으로 vgl. Maurer, a.a.O., §24 Rn.21.

43) 이런 주장을 직접적 외부효를 인정하는 입장에서도 하곤 하는데(가령 Ossenbühl 등), A. Leisner, a.a.O., S.219(230)는 행정규칙에 대해 아무런 규범효과를 인정하지 않았던 시대로 퇴보하는 것이라 공박을 하였다. 이에 특히 R. Wahl은 자신의 입장을 바꾸어, -예외상황이 특정되어 있으면 모르되 행정규칙에서의 일반적인 예외유보는 도그마틱적 모순이라 지적하였다. 이유인 즉, 그로 말미암아 규범범주로서의 행정규칙의 효력(통용)이 궁극적으로 실패로 돌아가기 때문이라고 한다. Vgl. R. Wahl, a.a.O., S.571(598).

44) ders., Gesetzgeber und Verwaltung, VVDStRL 24(1966), S.265.

메운다. 비록 대표적인 통설의 주창자인 Maurer가 통설이 직접적 구속효설에 비해 우수하다고 평하기 하였지만,[45] 이런 망외의 결과가 행정규칙의 규범효에 관한 -최소한 내부영역에서는- 새로운 이해를 촉진한다. 행정규칙은 아무튼 규범이며, 그것의 외부효의 배제가 (과거의) 그것의 소위 본질인 비규범(Nicht-Norm)으로부턴 더 이상 도출되지 않게 되었다. 나아가 행정규칙으로 명해진 직무의무위반이 직무책임을 발생시키듯이, 통설(자기구속설)은 내부영역과 외부영역을 법적으로 상호 연계시키는 셈이 되어, 자신의 중요한 토대(기반)인 법영역상의 이원주의를 약화시킨다.

## 2. 直接的 外部效를 인정하는 입장에 관한 槪觀

아래에선 독일에서의 견해를 지면관계상 개략적으로 소개하고자 한다. 행정규칙을 "단순한" 내부법으로 치부하는 식의 흡사 수사적인 귀납적 추론과, 자기구속을 통해 생겨난 사실적·법적 결과 사이엔 논증상의 모순이 존재한다. 이런 불편함이 직접적 외부효설의 기저에 있다. 다만 유의해야 할 점은, 이들 견해들이 기본적으로 행정규칙의 유형적 관점에서 이 문제를 바라보며, 조직규칙은 직접적 외부효의 논의 대상에서 제외하고 있다.

일찍이 독일 조세법문헌상으론 지침에 대해서 외부관계에서도 확실한 구속효가 인정되었다. 왜냐하면 특히 조세소송에서 조세지침에 대해 구속효를 부여하는 것이, 실무의 요청에 부합하였다고 한다.[46] 그리고 일찍이 E. Becker는 의문스런 법률규정이 조세의무자에게 유리하게 해석되는 경우엔 조세지침의 구속효를 인정하고자 하였고, O. Bühler는 조세행정규칙 전체의 구속효를 (재무행정과 조세의무자간의) 특별권력관계의 인정을 통해 성립시키고자 하였다고 한다. 그러나 조세법의 특별영역에 국한된 이런 시도는 도그마틱적으로 성숙하지 않은 것이었다. 그 뒤 1965년 독일 국법학자대회에서 K. Vogel은, 시민의 권리보호적 이익을 출발점으로 삼아, 행정규칙을 행정부(집행부)의 원래의 고유한 규율권(Regelungsgewalt)의 표현으로 처음 해석하면서 다음과 같이 주장하였다: "행정에 재량여지가 부여된 곳에선, 시민은 지침에 의해서 그에게 절차도 진행되리라는 권리를 갖는다", "입법자가 행정에 대해 판단여지를 부여한 경우에도 마찬가지이다".[47]

F. Ossenbühl은 행정규칙의 내용과 기능에 따른 외부효와 행정의 외부효적 자기구속에 따른 그것을 구분한다. 그리고 전자의 경우란 오로지 행정규칙에 대해 일반

45) ders., a.a.O., §24 Rn.26.
46) 개관은 vgl. K. Vogel, a.a.O., S.157.
47) ders., a.a.O., S.264f.

적인 법질서를 보충하는 기능이 부여될 때에만 생각할 수 있다고 한다(내용과 기능에 따른 외부효).[48] 법률이란 불완전하며 보충을 필요로 한다는 것이, 그의 사고의 출발점이다. 행정규칙에 이런 보충기능이 부여되는 즉, 실제 중요한 유형인 재량준칙과 판단지침을 직접적인 외부효도 인정되는 행정적 보충법이라 여겼다.

W. Krebs는, "본질성(본질사항유보)이론"의 裏面(Kehrseit)에 의거하여 외부효를 주장하였다.[49] 즉, 독일 연방헌법재판소가 전개한 본질성이론[50]에 따른 "이면"도 있다는 점을 출발점으로 하여, 비본질적 규율을 발하기 위한 행정의 고유한 기능영역을 인정하였다. 다시 말해, 입법자가 자신의 공취권(Zugriffrecht)을 전혀 행사하지 않으면, "그 자체로부터" 행정부는 작용의 권능을 갖는다고 한다. 이런 착안점은 특히 H.D. Horn에 의해서 계속 승계되었다.[51] 이를 통해서 적어도 의회와 행정의 효력범위의 구분을 위한 기준이 특히 헌법으로부터 얻어졌다는 점이 성과이다. 그러나 본질성이론의 근원적 물음 -무엇이 본질적인지- 에 대한 명쾌한 답이 아직 내려지지 않아 의견이 분분할 뿐더러, 그 반증의 방식인 논증방식 자체가 취약점을 지닌다. 왜냐하면 본질성이론의 반대결론이 결코 강제적이지 않을 뿐더러, 비본질적 사항이란 반드시 의회에 의해 결정되어야 할 필요는 없다는 언명에 불과하기 때문이다. 요컨대 입법자가 아무런 행동을 하지 않을 때, 행정부에게 어떤 권능이 인정되는지의 물음에 대한 답은, 본질성이론을 통해선 얻을 수 없다.

한편 입법과 행정입법(행정부에 의한 규범정립)을 협력관계로 보는 E. Schmidt-Aßmann은, 독일 기본법 제80조에 관해서 통설이 전개한 엄격한 위임독트린(Delagationsdoktrin)으로부터 명령권을 해방시키는 데 찬동한다.[52] 그는 행정규칙의 외부효를 위하여 법률부종성(Gesetzesakzessorität)의 원칙의 유지, 법률적 바탕에의 재귀적 구속을 요구하긴 하지만, 독일 기본법 제84조 제2항, 제85조 제2항, 제108조 제7항의 광범한 권한부여로 충분하다고 여기고, 이를 넘어선 수권이란 필요하지 않다고 한다(법률부종성(Gesetzesakzessorität)에서의 행정규칙의 외부효).[53]

---

48) ders., Verwaltungsvorschriften und Grundgesetz, 1968, S.484ff.

49) ders., Zur Rechtssetzung der Exekutive durch Verwaltungsvorschriften, VerwArch. 70(1979), S.259(268f.).

50) BVerfGE 34, 165(193); 40, 237(249ff.); 41, 257(259ff.); 47, 46(78f.); 58, 257(269ff.).

51) ders., Die grundrechtsunmittelbare Verwaltung, 1999, S.62ff. 그는 행정규칙의 외부효에 관한 논의에서 전적으로 본질성이론을 결정적인 연결점으로 삼는다. 그리하여 본질적인 결정이 처음부터 내려질 수 없는 곳에선, 행정으로선 법률무관한 법정립권을 갖는다고 한다.

52) ders., Die Rechtsverordnung in ihrem Verhältnis zu Gesetz und Verwaltungsvorschrift, in: FS für K. Vogel, 2001, S.477, 483; in: Th. Maunz/G.Dürig(Hrsg.), GG, Art.19 Rn.185ff.

53) ders., in: FS für K. Vogel, 2001, S.491. 그러나 이런 기본법상의 규정만으론 문제되는 법적 근거가 충분치 않는 곳에선, -E. Schmidt-Aßmann이 요구한- 법률부종성이 언제 받아들여야 할지, 어떤 방법으로 분명하게 될 것인지, 그리고 어떤 경우에 의회가 행정에 대해 규범정립을 위한 공간(여지)을 부여하였는지와 같은 물음은 여전하다.

그런데 특이하게도 직접적 외부효설이 숫자상으로 늘어가도 독일의 통설은 변함이 없다. 남다른 권위를 가진 주요 학자들이 통설을 맹렬히 공박하였음에도 불구하고, 그 비판이 아직 성과를 얻지 못하는 이런 현상은 주목할 만하다. 이와 관련해서, R. Wahl은 가장 중요한 이유로 행정법원으로선 기왕의 판례로부터 벗어날 아무런 동인이 없다는 점을 들었다.[54] 그렇다면 독일과 같은 법원지향적인 법시스템하에선 상황의 반전을 기대하기란 극히 어려울 것 같다.

### 3. 管　見

행정규칙의 성질(직접적 외부효)의 문제는, 다름 아닌 행정부에 의한 법정립의 문제이다. 당연히 행정법학과 헌법학의 기본문제이다.[55] 궁극적으로 헌법시스템의 일관성에 관한 통설의 우려가 그 핵심에 있다. 그리하여 찬반의 논거는 법률의 유보영역, 즉 독립된 행정의 법정립의 형상에 관한 헌법적 고찰로 전폭적으로 귀착될 수밖에 없다. 여기서 유의해야 할 점은, 현행의 법률과 법률제정절차는 19세기의 독일 법률학을 바탕을 하고, 그 목표점 역시 조종법률(Steuerungsgesetz)이 아니라, '권리를 바탕으로 한 법률'(Rechtsgesetz)[56]이다. 필연적으로 법체계상의 방향전환과 결부된 마찰이 생겨나며, 더군다나 자연과학기술시대에서 법으로선 상대가 되지 않는 기술과의 경주, 법의 조종능력에 관한 의심의 대두, 과학기술관의 근본적 이견상황 등으로 인해, 입법자는 곤혹스럽기 짝이 없다. 당연히 입법의 무게중심이 의회의결적 법률에서 법규명령과 그 하위에 놓인 규범정립(행정규칙)의 차원으로 이행하였다.[57] 이제 행정에 의한 법제정의 불가피성과 정당함을 정면으로 수용하여야 한다.

사실 행정이 일반적으로 입법자와 특히 법원사이에 꽉 끼인 곳에선, 행정규칙의 수단 역시 발휘될 수 없다. 독일의 경우 Ossenbühl이 지적한 '명령에 대한 공포'(Verordnungsphobie)[58]와 행정규칙의 체계상의 평가절하가 공존하여, 모든 형식의 행정부에 의한 즉, 비의회적 법제정에 대해선 일반적인 의혹이 상존하고 있다. 그 결

54) R. Wahl, a.a.O., S.571(584f.).

55) 위임(Delegation), 즉 법정립의 수권이란 어떤 규범제정자에게 닫혀져 있는 규율영역을 다른 규범제정자가 열어 주는 것이다. 이는 고유한 규율권한을 외부로 보낸 즉, 넘겨준 것이다. 적용·준용(지시)이 힘의 접합(Machtanknüpfung)이라면, 수권은 힘의 분배(Machtverteilung)이다. 이런 수권(위임)의 속성상, 행정의 법정립은 헌법적 문제제기로부터 늘 자유로울 수 없다. 행정규칙의 외부효를 주장하는 입장으로선, 행정의 고유한 법정립권를 논증하는 데 당연히 노력을 경주한다. 가령 A. Leisner는 독립된 행정권이 규범을 정립하는지 여부의 문제점을 해결하기 위한 착안점을, H. Kelsen의 광의의 수권개념-법규범을 적용하기 위한 어떤 식의 요건의 조성-(ders., a.a.O., S.55ff: 변종필/최희수(역), 앞의 책, 99면 이하)에서도 찾고자 하였다(ders., a.a.O., S.219(230f.)

56) 이는 실체적 권리본질이 내재되어 있는 법률을 뜻한다. H. Schneider, a.a.O., Rn.196ff.

57) Ossenbühl, Die Not des Gesetzgebers im naturwissenschaftlich-technischen Zeitalter, S.21, 31, 34.

58) ders., Gesetz und Verordnung im gegenwärtigen Staatsrecht, ZG 1997, S.305.

과 가정적(Als-Ob) 논증인 자기구속설이 여전히 통설로 자리 잡고 있다. 통상 행정규칙은 내용상 크게 조직규칙과 행위조종규칙(재량준칙, 규범해석규칙, 규범구체화규칙, 유형화규칙, 간소화규칙)으로 나뉘는데, 이 분류는 재량, (불확정법개념에서의) 판단여지와 (잠정적인) 해석권한이라는 행정권원에 의거한 도그마틱적 범주를 지향한다. 따라서 내부법으로서의 그것의 성격에 관한 상투적 표현에서 벗어나, 독립된 결정을 위한 개개의 행정권능의 의의에서 행정규칙의 의미를 추론하여야 하며, 법적 관심을 행위조종규칙에 기울려야 한다. 행정의 (재량·판단)여지가 인정되면, 행정으로선 그에 결부된 (한정적인) 최종결정권능을 개별사안은 물론, 일반적·추상적 규정(규칙)에서도 자명하게 갖는다.[59] 중요한 것은 행정의 개개의 최종결정권능을 가늠하는 것이다.

외부효는 원칙적으로 영역특수하게 법률적 주변을 고려하면서 정해져야 한다.[60] 우리의 경우 독일보다 광범한 범위에서 성립가능한 법령보충적 규칙이 제도화되었고,[61] 위임재량준칙 역시 법형식이 법규명령이어서 다수는 법규명령으로 보고 있으며, 최근엔 의미로운 변화까지 생겼다. 우리로선 조직규칙과 규범해석규칙을 제외하고선, 사실상 행정규칙의 직접적 외부효가 인정되고 있는 셈이라 해도 과언은 아닐 듯하다. 물론 행정규칙의 외부효의 인정이 결코 법원의 심사권의 제한을 초래하여선 아니 된다. 요컨대 외부효적 행정규칙은 법규명령과 병렬적으로 독립하게 존재하고, 따라서 행정부의 독립된 규범정립권의 표현이다. 국가법정립(광의의 입법)의 제3의 범주이다. 전통적인 법이 완전히 대비가 되어 있지 않은 새로운 요구와 임무에 직면했을 때, 헌법의 차원에서 취하곤 하는 방편-헌법적 용인(Tolerranzen)의 테두리안에서 행하는 해석 내지 묵시적인 헌법변천의 방법-을 독일에서와는 달리 하등 생각할 필요가 없다.

한편 R. Wahl은, 독일 도그마틱(통설)이 행정규칙에 대해 신랄한 태도로 접근하여, 그것을 카스트제하의 천민(Paria)으로 간주하고 있다고 혹평을 가하면서, 대안의

59) 사실 행정의 법정립책임을 의회에 재귀적으로 구속시킴은 순전히 이론일 뿐이다. 왜냐하면 어차피 실제적으론 의회로선, 조세법, 사회법, 기술법의 고도의 전문화된 세부적 물음에서, 전문지식의 결여로 개인과 관련한 규정(규칙)을 상세히 심사를 하지 않은 채 받아들일 수밖에 없기 때문이다.

60) 이점에서 대부분의 문헌이 특정 행정규칙을 한정하지 않고 그 일반에 대해 '법규명령의 하자론'을 대입하는 태도는 再考되어야 한다.

61) 한편 EuGH는 1991년 판결에서, "공동체법의 지침을 전환하기 위한 충분한 형식으로 파악하기 위해 꼭 필요하다고 할 수 있는, 규범적 외부효가 독일법에 따르면 여지껏 일반적으로 행정규칙에 대해선 인정되지 아니 한다"고 확인하였다(EuGH JZ 1991, 1081(1084ff.)). 이에 독일의 규범구체화 규칙이 위축되었다고 일부에서 평해지나, 많은 문헌은 동판결이 독일 규범체제에 대한 몰이해에서 비롯되었다고 공박하여, EuGH 판결의 구속력을 문제 삼아 지침전환에 규범구체화규칙을 이용하는 데 아무런 문제가 없다고 주장한다. 나아가 도리어 이를 계기로 독일 행정규칙의 직접적 구속효를 인정할 수 있는 개선(특히 공포의 문제)을 촉구한다. Vgl. R. Wahl, a.a.O., S.571(589ff.).

전제로 (비본질적인 실체영역상의) 행정(부)의 형성권능에 관한 개방된 인정을 들면서, 재량과 불확정법개념에서의 독일식의 특별방도를 끝내는 것이 불가결하다고 주장하였다. 또한 그는 민주주의나 법치국가원리의 근본문제점이 행정규칙이란 전선에서 결판이 날 때까지 싸우는 것은 아니고. 오히려 법창조(생산)의 과정에서 입법, 행정, 법원간의 분업이란 합리적 규율이 관건이라고 강조하였다.[62]

## V. 法令補充的 規則의 直接的 外部效(法規性)의 인정 問題

이 문제는 대부분의 문헌에서 행정규칙형식의 법규명령의 인정여부(법적 성격)로 다루어지고 있다. 결론이 모아지기 힘들 정도로, 관련한 학설의 스펙트럼이 엄청나다: 법규명령설, 행정규칙설, 규범구체화행정규칙설, 수권여부기준설, 위헌무효설 등.[63] 여기선 처음의 판례-대법원 1987.9.29. 선고 86누484판결[64]을 거슬러 올라가서 검토하고자 한다. 모법률인 소득세법은 양도소득세의 양도차익을 계산함에 있어 실지거래가액이 적용될 경우를 대통령령에 위임하였다. 이에 따라 동법시행령(1982.12.31. 대통령령 제10977호로 개정된 것) 제170조 제4항 제2호는 양도소득세의 실지거래가액이 적용될 경우의 하나로서 국세청장으로 하여금 지역에 따라 정하는 일정규모 이상의 거래 기타 부동산투기억제를 위하여 필요하다고 인정되는 거래를 지정할 수 있게 하였다. 생각건대 국세청장에게 대상 거래의 지정권을 부여하였기에,

62) ders., a.a.O., S.571(598).

63) 관련 학설상의 현황과 논의내용에 관해선, 정남철, 헌법소원대상으로서의 소위 법령보충적 행정규칙, 헌법논총, 제16집, 2005, 459면 이하 참조.

64) 요지: 「상급행정기관이 하급행정기관에 대하여 업무처리지침이나 법령의 해석적용에 관한 기준을 정하여서 발하는 이른바 행정규칙은 일반적으로 행정조직 내부에서만 효력을 가질 뿐 대외적인 구속력을 갖는 것은 아니지만, 법령의 규정이 특정행정기관에게 그 법령내용의 구체적 사항을 정할 수 있는 권한을 부여하면서 그 권한행사의 절차나 방법을 특정하고 있지 아니한 관계로 수임행정기관이 행정규칙의 형식으로 그 법령의 내용이 될 사항을 구체적으로 정하고 있다면 그와 같은 행정규칙, 규정은 행정규칙이 갖는 일반적 효력으로서가 아니라, 행정기관에 법령의 구체적 내용을 보충할 권한을 부여한 법령규정의 효력에 의하여 그 내용을 보충하는 기능을 갖게 된다 할 것이므로 이와 같은 행정규칙, 규정은 당해 법령의 위임한계를 벗어나지 아니하는 한 그것들과 결합하여 대외적인 구속력이 있는 법규명령으로서의 효력을 갖게 된다」.

「소득세법 (1982.12.21. 법률 제3576호로 개정된 것) 제23조 제4항, 제45조 제1항 제1호에서 양도소득세의 양도차익을 계산함에 있어 실지거래가액이 적용될 경우를 대통령령에 위임함으로써 동법시행령(1982.12.31. 대통령령 제10977호로 개정된 것) 제170조 제4항 제2호가 위 위임규정에 따라 양도소득세의 실지거래가액이 적용될 경우의 하나로서 국세청장으로 하여금 양도소득세의 실지거래가액이 적용될 부동산투기억제를 위하여 필요하다고 인정되는 거래를 지정하게 하면서 그 지정의 절차나 방법에 관하여 아무런 제한을 두고 있지 아니하고 있어 이에 따라 국세청장이 재산제세사무처리규정 제72조 제3항에서 양도소득세의 실지거래가액이 적용될 부동산투기억제를 위하여 필요하다고 인정되는 거래의 유형을 열거하고 있으므로, 이는 비록 위 재산제세사무처리규정이 국세청장의 훈령형식으로 되어 있다 하더라도 이에 의한 거래지정은 소득세법시행령의 위임에 따라 그 규정의 내용을 보충하는 기능을 가지면서 그와 결합하여 대외적 효력을 발생하게 된다 할 것이므로 그 보충규정의 내용이 위 법령의 위임한계를 벗어났다는 등 특별한 사정이 없는 한 양도소득세의 실지거래가액에 의한 과세의 법령상의 근거가 된다」.

국세청장은 관련 사항을 개별적 구체적으로 지정할 뿐만 아니라 전국적 통일을 기하기 위해 일반적 추상적으로 지정할 수도 있다. 후자의 모습이 바로 훈령으로서의 '재산제세사무처리규정'이다. '재산제세사무처리규정'의 제정에 관한 직접적인 수권이 소득세법과 동시행령에 존재하지 않는 점이 문제인데, 이는 문제가 되지 않는다. 왜냐하면 이미 법령에서 국세청장에게 지정권을 부여한 이상, 그것이 개별적, 구체적 모습이든 일반적, 추상적 모습이든 법적 평가를 달리 할 수 없기 때문이다. 만약 전자의 경우엔 그 지정의 법효과가 인정되지만, 후자의 경우엔 지정의 법효과가 부인되어야 한다면, 이런 식의 논증은 합성의 오류에 의거해서만 정당화될 수 있다. 요컨대 법령에서 국세청장에게 지정권을 부여한 이상, 이는 위임입법의 법리가 게재될 상황이 아니다. 문제가 있다면, 아무런 범위를 정함이 없이 대통령령에게 위임한 모법률에 있다. 그런데 법률보충적 행정규칙의 문제를 검토함에 있어서, 이 점이 결정적으로 간과되고 있다. 한편 모법률인 소득세법의 해당규정의 문제점을 지적한 헌법재판소의 결정이,[65] 바람직한 논증의 방향을 시사한다.

한편 문제의 근원이 모법률에 있음에도 불구하고, 기왕의 논의는 이를 간과하고, 오로지 그 (지정)행정권한의 구체적 발현형식인 행정규칙에 관심을 집중한다. 모법률이 구체적 권한행사를 행정청에게 수권(위임)한 이상, 그것의 구현메카니즘의 형식은 법적으로 아무런 문제가 되지 않는다. 모법률이 특히 부령으로 정하도록 규정하지 않는 한, 행정청으로선 나름의 선택에 따라 구현형식을 취할 수 있다. 수권받은 자신의 권한행사를 이른바 행정규칙으로 한다 하더라도, 이는 하등의 문제가 되지 않는다. 또한 그것은 대국민적이든 대사법적이든 당연히 직접적인 법적 효과를 발생시킨다. 왜냐하면 그것은 기본적으로 모법률이 수권한 행정권한을 행사한 것이기 때문이다. 따라서 그 같은 행정규칙은 모법률을 비롯한 상위법령의 수권의 결과일 따름이고, 당연히 상위법령과 결합하여 법규적 성질을 가진다. 그것의 顯現한 행정규칙으로서의 형상에 의거하여 논증하는 것은 사안의 본질과는 거리가 있다. 물론 행정규칙이긴 하나, 그에 따른 법효과가 발생하기 위해선 나름의 요건이 충족되어야

65) 헌법재판소 1995.11.30. 94헌바40,95헌바13전원재판부결정: 「이 사건 위임조항이 "대통령령이 정하는 경우에는 실지거래가액에 의한다"라고 규정하여 직접적, 명시적으로는 위임의 범위를 구체적으로 규정하고 있지는 않지만 소득세법의 전 체계, 양도소득세의 본질과 기준시가과세원칙에 내재하는 헌법적 한계 및 이 사건 위임조항의 본문과의 관계등을 종합적으로 고려하여 이 사건 위임조항의 의미를 합리적으로 해석할 때, 이 사건 위임조항은 납세의무자가 기준시가에 의한 양도차익의 산정으로 말미암아 실지거래가액에 의한 경우보다 불이익을 받지 않도록 보완하기 위한 규정으로서 결국 실지거래가액에 의한 세액이 기준시가에 의한 세액을 초과하지 않는 범위 내에서 실지거래가액에 의하여 양도차익을 산정할 경우를 대통령령으로 정하도록 위임한 취지로 보아야 하고, 따라서 위 위임의 범위를 벗어나 실지거래가액에 의하여 양도소득세의 과세표준을 산정할 경우를 그 실지거래가액에 의한 세액이 그 본문의 기준시가에 의한 세액을 초과하는 경우까지를 포함하여 대통령령에 위임한 것으로 해석한다면 그 한도 내에서는 헌법 제38조, 제59조가 규정한 조세법률주의와 헌법 제75조가 규정한 포괄위임금지의 원칙에 위반된다」.

하는데, 특히 법령의 공포에 갈음하는 공표(표명)가 있어야 한다.[66]

한편 법령보충적 행정규칙을 "행정규칙형식의 법규명령"의 법형상으로 파악할 때, 위임입법의 형식이란 헌법적 쟁점이 자연스럽게 당연히 제기된다.[67] 그러나 사안을 바람 봄에 있어, 이상과 같이 눈앞에 출현한 법형식이 아닌 원래의 출발점(수권된 행정권한행사)에 초점을 맞춘다면, 논의의 기본방향은 헌법상의 법규명령이 예시적인지 열거적인지 여부를 중심으로 한, 위임입법의 차원에서의 문제가 아니다. 이런 점에서, 대상사안의 본질에 관한 오해를 불식하기 위해서, 전술한 바와 같이, 논의의 기본바탕을 '법규성'(이나 '법규명령성') 여부가 아닌 직접적 외부효의 문제로 접근하는 것이 바람직하다. 그런데 수임권한행사의 형식(행정규칙)에 초점을 두더라도, 결과는 다르지 않다. 헌법 제75조 등 법규명령의 근거규정은, 행정규칙의 직접적 외부효를 인정하는 것을 처음부터 차단하지 않는다.[68] 본질성이론에 따른 법률유보상의 단계는, 다음과 같이 세 단계로 나뉠 수 있다. 전적으로 본질적인(중요한) 사항은 의회입법자의 전속적 규율을 필요로 하고, 덜 본질적인 사항은 법률상의 명령제정자에 의해서도 규율될 수 있으며, 비본질적인 사항은 전혀 법률유보원칙이 통용되지 않아서 (법령상의 위임 없이) 행정에 의해 규율될 수도 있다. 외부효적 행정규칙으로 비본질적인 사항을 규율하는 것이, 헌법 제75조 등에 의해서 거부되지 않는다.[69] 이는 궁극적으로 행정의 고유한 법정립권의 문제이다.

요컨대 법령보충적 행정규칙의 경우 직접적 외부효인 법효과(구속력)가 당연히 발생한다. 그리고 여기서의 논증방식은 기본적으로 독일에서의 규범구체화규칙에서의 논증방식과 흡사하다. 한편 조세법영역이 법령보충적 규칙의 출발점이 된 사실이 독일에서의 논의흐름과 비교하여 흥미롭다. 왜냐하면 그들의 경우에도 조세법에서 직접적 구속효의 착안점이 발견되었고, 대표적인 조세법학자이기도 한 K. Vogel이 지침의 구속성을 "외부관계"에서도 명백히 인정하는 견해를 주장함으로써, 행정규칙 도그마틱의 역사에서 새로운 이정표를 세웠기 때문이다.

66) 참조: 대법원 1990.2.9. 선고 89누3731판결: 재산제세조사사무처리규정(국세청훈령 제980호)이 과세의 법령상 근거가 됨은 물론이나 이는 어디까지나 행정규칙이고 그 자체 법령은 아니므로 이를 공포하지 아니하였다는 이유로 그 효력을 부인할 수 없다.

67) 특히 류지태, 행정법의 이해, 2006, 189면 이하; 정남철, '고시'형식의 법규명령의 내용 및 법적 문제점, 고시연구, 2006.7, 14면 이하; 고영훈, '법규명령형식의 행정규칙'과 '행정규칙형식의 법규명령'의 문제점과 개선방안, 공법학연구, 제5권 제3호, 472면 이하 참조.

68) A. Leisner, a.a.O., S.219(226f.).

69) B. Remmert, a.a.O., S.728(732f.).

## Ⅵ. 行政規制基本法 제4조 제2항 단서의 問題點

### 1. 行政規制基本法 제4조 제2항 단서의 相反된 意義(내지 기능)

1997년에 제정된 행정규제기본법 제4조 제2항은 「규제는 법률에 직접 규정하되, 규제의 세부적인 내용은 법률 또는 상위법령이 구체적으로 범위를 정하여 위임한 바에 따라 대통령령·총리령·부령 또는 조례·규칙으로 정할 수 있다. 다만, 법령이 전문적·기술적 사항이나 경미한 사항으로서 업무의 성질상 위임이 불가피한 사항에 관하여 구체적으로 범위를 정하여 위임한 경우에는 고시 등으로 정할 수 있다」고 규정하고 있다. 동항의 단서조항을 두고서 '행정규칙형식의 법규명령'을 명문으로 인정한 것으로 보는 다수 문헌의 입장이 있는 반면에, 위헌설이 강력히 제기되기도 한다. 여기선 주의해야 할 점이 있다. 판례상 법령보충적 행정규칙으로 문제되는 상황은 대개 상위법령이 행정기관에게 법령내용의 구체화에 관한 권한만을 부여하였을 뿐, 그 특정 권한행사의 방법인 "고시 등"을 적시하지 않았다. 통칭하여 "고시 등"은 비법규로서의 행정규칙에 해당한다고 한다(그러나 고시 일반을 행정규칙에 곧바로 등치시켜선 아니된다). 당연히 입법사항을 외부효가 없는 행정규칙에 위임하는 것은 헌법적 문제가 된다. 전술한 바와 같이 법령보충적 규칙의 직접적 외부효 인정은, 그것의 근거점(행정권한행사)을 상기하면 그 자체로선 하등의 법적 문제가 되지 않는다. 사실 행정규제기본법 제4조 제2항 단서조항이 도리어 문제를 촉발시킨 것이다.

그런데 동 단서조항의 원천적인 문제점은 다른 곳에 있다. 동 단서조항은 기왕의 위임독트린을 그대로 대입시켜 위임의 허용요건을 엄격히 요구함으로써(법령이 전문적·기술적 사항이나 경미한 사항으로서 업무의 성질상 위임이 불가피한 사항에 관하여 구체적으로 범위를 정하여 위임한 경우), 법령보충적 규칙의 직접적 외부효 인정의 범주를 축소시킬 우려가 있다. 이는 법령보충적 규칙의 근거점(나아가 본질)이 행정권한의 행사에 있음을 간과한 것이고, 그로 인해 자칫 행정권한의 행사 방식에 제약이 따를 수 있다. 즉, 동 단서조항이 도리어 법령보충적 규칙의 성립을 대폭 축소할 우려가 있다. 요컨대 동 (명문에서처럼) 법령이 고시 등에 직접 위임한 경우를 넘어서, 기왕의 법령보충적 규칙의 경우 전반에 단서조항을 통용시키는 것은 곤란하다.[70] 나아가 법률에서 직접 고시에 위임한 경우에 한하여 동 단서조항을 적용시켜야 한다. 왜냐하면 전술한 바와 같이 법률에서 대통령령에 위임한 이상, 그 이후의 위임(재위임)은

70) 따라서 헌법재판소는 '금융산업의구조개선에관한법률 제2조제3호가목 등 위헌소원 사건'처럼 법률이 명문으로 행정기관의 고시에 위임한 경우에 한하여, 동 단서조항을 관련시켜야 한다.

위임독트린의 적용을 받지 않기 때문이다.

물론 이런 중대한 문제점과는 별도로 동 단서조항의 순기능도 있다. 헌법재판소 2004.10.28. 99헌바91전원재판부결정에서 헌법재판소는 "입법자에게 상세한 규율이 불가능한 것으로 보이는 영역이라면 행정부에게 필요한 보충을 할 책임이 인정되고 극히 전문적인 식견에 좌우되는 영역에서는 행정기관에 의한 구체화의 우위가 불가피하게 있을 수 있다. 그러한 영역에서 행정규칙에 대한 위임입법이 제한적으로 인정될 수 있다"고 설시하였다. 따라서 법률이 직접 행정규칙에 위임한 경우는 독일의 규범구체화규칙의 경우와 동일하며, 우리의 법령보충적 규칙의 문제 역시 이것과 관련하여 논의해야 한다는 단초가 마련되었다. 나아가 이는 규범구체화규칙에 관한 독일의 논의상황을 참조하신 해도, 그에 얽매이지 않고 관련 문제를 바라보도록 한다. 오히려 독일보다 더 넓은 영역에서 그것의 성립가능성이 인정된다. 또한 동 단서조항으로 인해, (일반적·추상적 규범으로서의) 고시를 비롯한 행정규칙은 직접적 외부효를 갖지 않는다(법규가 아니라)는 기본인식에 제도적 변화가 왔다. 당연히 행정규칙에 관한 구각으로부터 벗어날 인식의 자유로움이 조성되었다.

### 2. 管 見

한편 '금융산업의 구조개선에 관한 법률' 제2조 제3호 가목 등 위헌소원 사건'(헌법재판소 2004.10.28. 99헌바91전원재판부결정)에서,[71] 헌법재판소는 법률이 입법사항을 대통령령이나 부령이 아닌 고시와 같은 행정규칙의 형식으로 위임하는 것과 관련하여, 행정규제기본법 제4조 제2항 단서조항 역시 근거점으로 삼아 논증을 전개하였다. 이하에선 이 단서조항은 물론 헌법재판소의 동 결정과 관련한 문제점을 살펴보고자 한다.

헌법재판소는 정당하게 헌법상의 행정입법의 형식은 예시적인 것이므로 고시 등

71) 요지: 헌법 제40조와 헌법 제75조, 제95조의 의미를 살펴보면, 국회입법에 의한 수권이 입법기관이 아닌 행정기관에게 법률 등으로 구체적인 범위를 정하여 위임한 사항에 관하여는 당해 행정기관에게 법정립의 권한을 갖게 되고, 입법자가 규율의 형식도 선택할 수도 있다 할 것이므로, 헌법이 인정하고 있는 위임입법의 형식은 예시적인 것으로 보아야 할 것이고, 그것은 법률이 행정규칙에 위임하더라도 그 행정규칙은 위임된 사항만을 규율할 수 있으므로, 국회입법의 원칙과 상치되지도 않는다. 다만, 형식의 선택에 있어서 규율의 밀도와 규율영역의 특성이 개별적으로 고찰되어야 할 것이고, 그에 따라 입법자에게 상세한 규율이 불가능한 것으로 보이는 영역이라면 행정부에게 필요한 보충을 할 책임이 인정되고 극히 전문적인 식견에 좌우되는 영역에서는 행정기관에 의한 구체화의 우위가 불가피하게 있을 수 있다. 그러한 영역에서 행정규칙에 대한 위임입법이 제한적으로 인정될 수 있다. 행정규칙은 법규명령과 같은 엄격한 제정 및 개정절차를 요하지 아니하므로, 재산권 등과 같은 기본권을 제한하는 작용을 하는 법률이 입법위임을 할 때에는 "대통령령", "총리령", "부령" 등 법규명령에 위임함이 바람직하고, 금융감독위원회의 고시와 같은 형식으로 입법위임을 할 때에는 적어도 행정규제기본법 제4조 제2항 단서에서 정한 바와 같이 법령이 전문적·기술적 사항이나 경미한 사항으로서 업무의 성질상 위임이 불가피한 사항에 한정된다 할 것이고, 그러한 사항이라 하더라도 포괄위임금지의 원칙상 법률의 위임은 반드시 구체적·개별적으로 한정된 사항에 대하여 행하여져야 한다.

에 위임하는 것이 가능하다고 설시하였다. 헌법재판소로선 헌법재판소 1990.9.3. 90헌마13전원재판부결정 이래로, 최근의 헌법재판소 2002.10.31. 2001헌라1전원재판부결정에 이르기까지 법령보충적 규칙의 대외적 구속력을 시인하였다.[72] 따라서 헌법상의 행정입법의 형식이 예시라고 설시한 것은 당연하다.[73] 이를 떠나서도, 행정입법의 존재이유와 그 연혁에 비추어 오로지 의회입법의 예외의 차원에서 보는 것은 지양되어야 한다는 점과, 우리 헌법 제75조와는 달리 독일 기본법 제80조의 표제가 "법규명령"(Rechtsverordnungen)을 언급하고 있는 점을 고려한 즉, 당연한 결론이다. 또한 이상에서 보았듯이, 대통령령 등의 근거규정이 직접적 외부효(법규적 효력)의 행정규칙의 성립을 저지할 수 없는 이상, 그런 규칙에 관해 법률적 근거를 마련하는 것이[74] 반입헌주의적(parakonstitutionell) 전개일 순 없다.

한편 동 사건에서 모법률이 바로 고시에 위임하였는데, 그런 위임방식이 과연 법규범의 위계에 따른 조화로운 규율이 될 수 있는지 입법정책적 차원에서(de lege ferenda) 검토가 필요하다. 층을 달리 한 규범체계(법률⇒법규명령⇒행정규칙)를 견지하는 것은, 대상을 효과적으로 종합적으로 규율하기 위함이다. 법률에서 바로 행정규칙으로 위임한다는 것은 자칫 그것의 허용요건이 비교적 엄격하다는 점에서 자칫 낭패를 볼 수 있을 뿐더러, 법률에서 충분히 규율하지 못한 것을 제대로 규율하지 못할 우려도 있다. 따라서 규율의 밀도를 담보하기 위해서도, 법률에서 곧바로 행정규칙에 위임하는 것은 지양할 필요가 있다.

## Ⅶ. 法令補充的 規則에 대한 법제처의 대응방안

### 1. 현황의 행정규칙의 통제(심사)와 문제점

대통령령은 법제처의 심사와 국무회의의 심의를 거쳐야 하며, 총리령과 부령은 법제처의 심사를 거쳐야 한다(정부조직법 제24조 제1항 참조). 그리고 「법령 등 공포에 관한 법률」에 따른 공포절차가 진행된다. 반면 행정규칙의 경우 별도의 공포절차를 두지 않으며, 사무관리규정에 따라 적당한 방법으로 통보되어 도달하면 성립과 효력

72) 다만 헌법재판소 2000.1.27. 99헌바23전원재판부결정이 "심판대상법조항이 요양급여의 방법·절차·범위·상한기준 등 요양급여의 기준을 '보건복지부장관이 정한다'고 한 뜻은 '보건복지부의 법규명령으로' 정한다는 의미로 해석하여야 한다"고 설시하였는데, 이는 사안의 본질을 오해하였다 하겠다.

73) 이런 입장에 서면, 공정거래위원회, 금융감독위원회, 금융통화위원회, 방송위원회, 중앙노동위원회의 규칙은 당연히 법규명령에 해당한다.

74) 독일의 입법례: 물관리법(WHG) 제7조 a, 제36조 b, 연방자연보호법(BNatSchG) 제26조 b, 방사선명령(StrVG) 제10조 제2항, 식물보호법(PflSchG) 제43조, 유전공학법(GenTG) 제30조 제5항.

이 발생한다. 물론 민원사무처리기준표의 고시에 관한 「민원사무처리에 관한 법률」의 규정(제9조)과 처분기준공표에 관한 행정절차법의 규정(제20조)이 적용되기도 한다. 대통령훈령 및 국무총리훈령에 대해선 법제처의 사전심사를 의무화하고 있지만, 중앙행정기관이 발령하는 훈령 등 행정규칙에 대해선 반기별 사후심사제를 채택하고 있다. 즉, 각 중앙행정기관의 장이 매년 2회에 걸쳐 매반기에 발령한 훈령·예규 등을 당해반기 종료 후 10일 이내에 법제처장에게 송부하여야 하고, 법제처장은 송부받은 훈령·예규 등을 검토하고 법령으로 정하여야 할 사항을 훈령·예규 등으로 정하고 있거나 법령에 저촉되는 사항 또는 불합리한 사항을 정한 훈령·예규 등이 있는 경우에는 개선의견을 작성하여 소관 중앙행정기관의 장에게 통보하여야 한다(법제업무운영규정 제25조 제2항, 제3항).

이상과 같은 반기별 사후심사제는 관련 문제점을 당연히 갖는다. 우선 사후심사제에 따른 심사일정이 최장 6개월에 달하기에, 현실적으로 법제처의 개선의견은 적시에 반영되지 못하여 심사 자체가 그다지 효과적이지 못하게 되었다, 그리하여 2006년부터 수시사후심사제를 시행하고 있으나, 그 효과 역시 그다지 크지 않다고 하겠다. 관계부처가 행정규칙의 DB화 등 정보의 제공에 그다지 열심히 하지 않을 뿐더러, 나날이 법령의 심사건이 증가하는 현실에서, 행정규칙의 경우 후 순위로 밀리는 것은 당연하기 때문이다. 이런 상황에선 자연 심사의 강도와 내용이 역시 극히 형식적 차원에 머물 수밖에 없다.

이미 행정규칙, 특히 법령보충적 규칙은 법령과 다를 바 없는 효력을 지닐 뿐더러, 법적 취급 역시 그렇다. 그럼에도 불구하고 그것의 출발점은 법령이 아닌 행정규칙이어서 당연히 법령에서의 심사강도가 구현되지 않는다. 특히 금융감독위원회 등과 같은 독립규제위원회가 발하는 법령보충적 고시의 경우, 그 법적 성격에도 불구하고 완전히 통제 밖에 놓여 있다. 최근 사회적 물의를 일으킨 바다이야기의 경우, 언필칭 민간전문가가 국가의사결정과정에 참여함에 따른 공법적 물음이 주된 쟁점이지만, 특히 문제가 된 것이 법령보충적 고시의 적법성 여부이다. 「게임산업진흥에 관한 법률」 제28조 제3호는 게임물 관련사업자의 준수사항으로 "경품 등을 제공하여 사행성을 조장하지 아니할 것"을 요구하면서, 다만, 문화관광부장관이 정하여 고시하는 경품의 종류·지급기준·제공방법 등에 의한 경우에는 그러하지 아니한다는 예외를 두었다. 이에 따른 「게임제공업소의 경품취급기준」(문화관광부고시 제2005-9호, 2005.7.6.)이, 게임의 결과로 제공할 수 있는 경품의 종류로 i) 완구류, 문구류, 캐릭터, 상품류, 문화상품류, 관광기념품류, 액세서리류, ii) 의류, 생활필수품 등 일상생활에서 일반적으로 유통되는 물품. 단 청소년유해 매체물 및 유해 약물, 물건은 제외, iii) 경품교환용티켓(전체이용가 게임물에 한함), iv) (재)한국게임산업개발원에서 지정하는 상품권(18세이용가 게임물에 한함)을 규정하였다. 모법률에서 언급하지 않은 상품권지정제를 두면서, 이와 함께 그 지정권한을 민간기관에게 위탁하였다. 이미 1999년에 상품권법이 폐지되어, 상품권지정제의 위법성 여부를 확인하기 위해선 세심한 고찰이 필요하다 하더라도, 그것이 미친 엄청난 파급효과를 감안한 즉, 고시 등 행정규칙에 관한 새로운 사전, 사후의 통제시스템의 필요성은 자명하다.[75]

## 2. 개선방안

일찍이 독일 연방헌법재판소는 Kalkar 결정[76]에서, “리스크평가임무는 권력분립에 있어 행정기관에 더 적합하고, 그 법형식의 선택도 행정기관에 있다”고 설시함으로써, 국가결정 메카니즘의 획기적인 진보를 인정하였다. Ossenbühl은 이에 빗대, (과학)기술로 인해 민주국가에서 규범정립은 의회와 행정부의 공관(Kondominium)으로 점차 발전되어 갔다고 지적하였다.[77] 이런 맥락에서, 법령보충규칙을 비롯한 행정규칙 전반에 관해 정당한 법적 평가를 내린 이상, 그것에 관한 통제는 법규명령에 비견될 수 있어야 한다. 법규명령에 비견한 통제방식의 개선은 크게 두 가지 방향으로 시도될 수 있다. 첫번째로 대상 행정규칙을 전면적으로 법규명령화하는 것이다. 이는 법령보충적 규칙의 존재에 헌법적 의문을 제기하는 쪽에서 주장하는 바이기도 하다. 그렇지만 이는 현대국가가 직면한 엄청난 규범수요를 충족하기엔 효과적이지 못하다. 규율의 대상은 법적 의의의 경중에 따라 나뉘는데, 이런 개선방안은 자칫 행정규칙의 나름의 고유한 영역을 소멸시킬 수 있다. 규범의 최하층을 없애고, 기왕의 2층(법규명령)을 옆으로 엄청나게 확장한 2층적 규범체계가, 기왕의 피라미드식 3층 규범체계보다 결코 낫다고 할 수 없다. 특히 본질성이론에 따른 입법사항의 분류의 메카니즘 -아주 본질적인 것, 덜 본질적인 것, 본질적이지 않은 것- 이 고려되어야 한다.

이런 점에서 행정규칙의 법령화는, 행정규칙의 절차나 형식 등의 성립요건을 법규명령의 그것에 근사하게 만드는 방식을 통해 이루어지는 것이 바람직하다. 가령 법령보충적 규칙의 경우에 그것의 법규적 효력의 인정은, 그것에 대한 가중된 요청

---

75) 한편 동 경품취급기준이 법령보충적 고시(행정규칙)에 해당함에도 불구하고, 창원지방법원 2006.7.20. 선고 2006구합253판결은 동 규정(제2조 제4호)을 무효로 판시함과 아울러 동 규정에 의거한 지정 자체를 무효화시켰다. 그리하여 동규정의 지정제에 따른 상품권유통에 관한 통제를 무색하게 만들었다. 이에 관한 상세는 졸고, 경품상품권지정의 민간위탁의 문제점에 관한 소고, 법률신문 제3517호, 2006.12.25.

76) BVerfGE 49, 89(137, 140).

77) ders., Die Not des Gesetzgebers im naturwissenschaftlich-technischen Zeitalter, S.35.

을 강제한다. 특히 행정규칙이 법규명령에 비해 취약한 부분이 공포 문제이다. 그것이 법외적 존재일 경우에는 표명 정도로 충분하지만, 법규적 효력을 지닐 때 그것의 직접적 외부효를 담보하는 첫 단추가 공포문제이다. 공포원칙(Publikationsprinzip)은 법치국가원리의 표현상의 요청을 구체화한 것이다. 규정에 맞는 공포는 당해 규범의 적법성요건일 뿐만 아니라, 성립·효력요건이다.[78] 국가의 여러 명령을 공포하는 것은 입법을 비롯한 법제정절차의 완결점이어서, 그 이후에 비로소 법규의 구속력과 효력이 국민에게 발생한다. 공포는 권위 있는 국법행위의 요식이다. 요컨대 법령보충적 규칙이 법령에서 수권된 점에서, 그것의 규범력을 제고하기 위해, 「법령 등 공포에 관한 법률」을 개정하여 그것도 공포의 대상이 되도록 하는 것이 바람직하다.[79]

그밖에 실질적 심사가 진행되도록 제도개선이 강구되어야 하는데, 우선 2006년부터 시행중인 수시사후심사제를 법제업무운영규정 등에 성문화하는 것이 필요하고, 이것의 활성화를 통해 심사역량과 제도운영상의 인프라(심사대상 규칙의 목록화, 행정규칙의 DB화, 위임기준의 마련, 행정규칙입안심사기준의 마련 등)가 강화된 다음에, 부분적 사전심사제를 도입하는 것이 요망된다.

* 행정판례연구 제12집, 2007.6., 59면 이하 소수.

* 참고문헌: 졸고, 명령(법률하위적 법규범)에 대한 사법적 통제에 관한 소고, 고시연구 2004년 6월호, 159면 이하 게재.

---

78) Vgl. BVerfGE 7, 330(337); Ossenbühl, Die verfassungsrechtliche Zulässigkeit der Verweisung als Mittel der Gesetzgebungstechnik, DVBl. 1967, S.401(408); Karpen, Die Verweisungstechnik im System horizontaler und vertikaler Gewaltenteilung, in: Rödig(Hrsg.), Studien zu einer Theorie der Gesetzgebung, 1976, S.221(235f.).

79) 이 점에서 법령의 게재지를 관보로 하는 우리의 상황이 문제가 없는지 검토할 필요가 있다. 과거와는 달리 무수한 법령이 제정·개정·폐지되는데 언제까지 행정의 일상사항과 더불어 동일 장소에서 게재되어야 하는가? 법령해석의 한 방법인 역사적 해석을 하자면, 먼저 입법이유를 제대로 충분히 알아야 한다. 의회에서의 토의나 그 경과가 제대로 남아 있지 않은 우리의 현실에서, 관보상의 매우 축약된 입법이유가 그나마 역사적 해석의 적인침이 된다. 따라서 그에 관한 충분한 지면이 제공되기 위해선, 관보가 아닌 이른바 '법령보' 또는 '법보'가 발간되어야 한다. '법령보'의 필요성은 이밖에도 법조인대량배출이란 이미 변화된 법조상황에서도 타당하다. 무릇 모든 학문이 그렇지만, 법학은 축적의 학문임이 두드러지고, 법령이란 그 시대의 대표적 산물이다. 후일에 되새겨 보기 위해서라도 그것의 체계화의 바탕인 '법령보'상의 게재가 하루바삐 이루어져야 한다. '법령보'의 필요성은 이상과 같은 정책적인 고려에서 뿐만 아니라, '접근가능성'을 바탕으로 한 공포원칙 및 그것의 근거인 법치국가원리에서도 제기할 수 있다. 그리고 '법령보'에 행정규칙까지 게재하면, 자주 거론되는 '행정규칙의 공포' 문제가 해소될 것이다. 게재장소의 문제는 전자시대라고 없어지지 않고, 오히려 빈번한 준용·적용지시로 말미암아 더욱 부각된다. 참조: 졸고, 다른 法規範의 適用·準用(指示)의 公法的 問題點에 관한 小考, 법제연구 제20호, 2001.6., 137면 이하. 追論: 본서 157면 이하 참조.

# 제 2 장

# 措置的 命令 내지 個別事件規律的 命令에 대한 權利保護에 관한 小考

－對象判決: 大法院 1996.9.20. 선고 95누7994 · 95누8003判決－



## Ⅰ. 처 음 에

초등학교 1학년생의 여름방학 숙제에 '부모님이 다니던 학교를 방문하기'가 있다. 유치원부터 대학에 이르기까지 제자리에 제대로 남아 있는 것이라곤 마지막의 것밖에 없는 필자로선 여러 가지 상념이 들었다. 장난치다가 머리를 부딪힌 철봉대, 일요일날 들어가서 놀기 위해 몰래 넘던 나지막한 학교 담, 해질 무렵까지 공놀이한 그 넓은(?) 운동장 등등. 마치 영화 "Big"에서 남자주인공이 어느 날 갑자기 불쑥 어른이 되어 버린 것처럼, 유년의 시절의 이 모든 것들은 가물거리는 기억의 한편에 자리잡을 뿐이다. 하나의 권력으로도 비춰지고 어린애들에겐 그저 심리적 압박도 될 수 있는 마지막의 것보다는, 유치원이나 초등학교의 존재가 어른들이 자신들과 다를 바 없음을 느끼게 하여 준다. 과거도 미래도 없이 그저 현재만이 존재하는 우리의 현주소를 단적으로 웅변한다. 마찬가지로 농촌지역의 많은 분교들은 '풍금이 있던 자리'의 무대로 우리 곁에 오거나, 한 여름의 대안교육시설 등으로 각광을 받는다는 그저 기능주의적 관점의 기사감이 되곤 한다.[1] 수년 전에 경기도의회는 경기도립학

1) 「경북 상주에 자전거 박물관이 전국 처음으로 건립된다. 7일 상주시에 따르면 9명의 실무위원회를 구성

교의 설치에 관한 조례의 일부를 개정하여 "상색초등학교 두밀분교장"란을 삭제하는 것으로서 공립초등학교의 폐지를 규정하고, 경기도 교육감은 이에 그 조례를 공포한 후에 분교장의 폐쇄, 직원에 대한 인사이동 및 급식학교의 변경지정 등 일련의 행위를 하였다. 이에 해당 주민은 폐교처분취소소송과 더불어 조례무효확인청구 등을 제기하고, 헌법재판소에까지 헌법소원심판을 청구하였으나, 소기의 목적을 이루지 못하였다.

보기에 따라선 경제논리에 의거한 참교육의 외면일 수 있는 '두밀분교폐지조례(엄밀히 말하자면 "상색초등학교 두밀분교장란"을 삭제하는 것으로 개정된 조례) 사건'은 우리 행정법에 덜컥 조치적 명령[2](Maßnahmeverordnungen)이란 화두를 던진 채 이미 기억의 저편으로 사라진 듯 싶다.[3] 관련 판례를 근거로 조치적 조례의 존재를 통해 조례에 대한 취소소송의 가능성이 제공되었다는 점을 거의 모든 문헌이 추호의 의문없이 시인하고 있다. 그러나 관련 판례는 소위 조치적 조례의 존재 및 그에 대한 취소소송의 제기가능성을 긍정하는데 그치지 않고, 행정의 작용형식의 체계 전반을 전도할 중대한 법문제를 내포하고 있다. 필자로선 판결당시에 대상판례에 대해 적잖이 의문을 가졌지만, 천학으로 애써 외면해 오던 차에 곽순근 교수의 글[4]을 계기로, 황혼녘을 넘어 다음 날의 여명에서나마 날아가는 미네르바의 부엉이의 날개짓으로 학문의 적시성의 결여를 대신하면서 공론의 계기를 마련하고자 이 글을 마련하였다.

---

하고 예산 4억5천만원을 들여 올해 자전거 박물관을 건립키로 했다. 건립 장소는 상주시 남장동 남장분교 폐교 부지로 건평 500㎡의 박물관을 건립하게 된다. 박물관에는 180년전 만든 세계 최초의 나무 자전거 등을 실물 크기로 제작해 전시하고, 자전거를 직접 타고 즐길 수 있는 체험실과 홍보관 등을 설치할 예정이다」(연합뉴스 2002.3.7.).

2) 대부분의 문헌이 독일 문헌상의 'Entscheidung', 'Verfügung' 그리고 'Maßnahme'를 각기 '결정', '처분' 그리고 '조치'라고 옮긴다. 그럼에도 불구하고 독일 문헌상의 'Maßnahmegesetze'를 이제까지 의례적으로 처분(적)법률로 옮겼고, 그 연장에서 독일의 'Maßnahmesatzungen'에 해당하는 여기서의 대상이 된 조례를 '처분적 조례'라고 부른다. 법학에서 개념과 용어가 지닌 무시할 수 없는 定義力를 고려 할 때, 이들에 관한 현재의 명칭은 적절하지 않다. 독일 행정절차법 제35조상의 '행정행위'의 정의에서 나타나듯이, 처분, 조치 그리고 결정은 상위개념인 '행정행위'의 하위개념이어서, 처분이든 조치이든 별반 다르지 않다고도 볼 수 있겠지만, 우리의 경우 강학상의 행정행위를 실무상으론 행정처분으로 통칭하여 부르기에 처분이란 개념은 조치에 비해 곧바로 행정행위성을 연상케 한다. 日人學者(山田 晟)의 "ドイツ法律用語辭典"(1984)에서도 'Maßnahmegesetz'를 措置法으로 바르게 옮겨 놓고 있다(p.251). 따라서 개념사용의 유래는 후일에 탐무하기로 하고, 이 글에선 애써 '처분적 명령' 대신에 '조치적 명령'이란 개념을 사용하고자 한다. 조치적 법률 및 집행적 법률 등에 관한 상세는 정하중, 법률의 개념-처분적 법률, 개별적 법률 그리고 집행적 법률에 대하여, 공법연구 제24집 제2호(1996.6), 179면 이하; H. Maurer, Vollzugs-und Ausführungsgesetze, in: FS für K. Obermayer z. 70. Geburtstag, 1986, 95ff. 참조.

3) 참조: 김남진, 초등학교의 폐지조례 및 폐지조치와 권리보호, 고시연구, 2002.10., 82면 이하; 김동희, 조례(법규명령)의 처분성, 판례월보 제322호(1997.7), 22면 이하; 홍준형, 판례행정법, 1999, 1213면 이하. 김동희 교수님은 대법원 1996.9.20. 선고 95누8003판결을, 홍준형 교수는 1996.9.20. 선고 95누7994판결을 논의 재료로 삼았다.

4) 동인, 처분적 법령에 대한 위헌심판권의 법리와 그 실제, 고시연구, 2002.6., 348면 이하.

## Ⅱ. 對象判決의 要旨

1. 대법원 1996.9.20. 선고 95누7994판결(원심: 서울고법 1995.5.16. 선고 94구11554판결)의 요지

(1) 구 지방자치법(1994.3.16. 법률 제4741호로 개정되기 전의 것) 제15조, 제19조, 제35조 제1항 제1호, 제135조 제1항, 제2항, 구 지방교육자치에관한법률(1995. 7. 26. 법률 제4951호로 개정되기 전의 것) 제2조, 제41조, 구 교육법(1995.12.29. 법률 제5069호로 개정되기 전의 것) 제8조 제4항 등의 규정들을 종합하면, 공립초등학교는 공공시설로서 그 설치·폐지에 관하여는 다른 법령에 규정이 없는 경우 지방자치단체인 시·도가 제정하는 조례의 형식으로 정하여야 하고, 그러한 학교의 설치·폐지는 지방의회에 의한 조례의 의결 및 그 공포로써 효력이 발생하여 완결되는 것이며, 구 지방교육자치에관한법률 제27조 제1호, 제5호에서 조례안의 작성 및 학교의 설치·폐지에 관한 사항을 교육감의 관장 사무로 규정하고 있더라도 그 규정을 시·도 교육감이 학교의 설치·폐지에 관한 결정 자체를 할 권한이 있는 것이라고 볼 수 없다.

(2) 공립초등학교 분교의 폐지는 지방의회가 이를 폐지하는 내용의 개정 조례를 의결하고 교육감이 이를 공포하여 그 효력이 발생함으로써 완결되고, 그 조례 공포 후 교육감이 하는 분교장의 폐쇄, 직원에 대한 인사이동 및 급식학교의 변경지정 등 일련의 행위는 분교의 폐지에 따르는 사후적인 사무처리에 불과할 뿐이므로, 이를 독립하여 항고소송의 대상이 되는 행정처분으로서의 폐교처분이라고 할 수 없다.

(3) 경기도 가평군 상색초등학교 두밀분교의 폐지로 인한 교육조건 및 통학 조건의 변화, 학교의 적정 규모, 폐교로 인하여 지역 사회에 미치는 영향 등의 제반 사정을 검토한 후, 두밀분교의 아동들이 상색초등학교에서 교육을 받음으로써 발생하는 긍정적인 교육효과를 고려한다면 분교의 폐지로 인한 통학조건이 다소 악화되는 등의 부정적인 효과는 그다지 크다고 할 수 없으므로, 경기도의회의 두밀분교 통폐합에 관한 조례는 재량권의 범위를 일탈한 것이라거나 분교 학생들의 교육을 받을 권리 또는 의무교육을 받을 권리를 침해한 것이라고 볼 수 없다고 한 원심판결을 수긍한 사례.

(4) 도서벽지의 의무교육을 진흥함을 목적으로 하는 도서·벽지교육진흥법의 취지는 도서벽지지역에 학교가 존속함을 전제로 그 학교에 교재, 교구, 통학, 교원의 우대 등 그 시설설비와 교원을 타에 우선하여 조치하고 그 경비를 지원한다는 것일 뿐이고, 그 법률에 의하여 도서벽지지역 학교로 지정된 학교를 폐지할 수 없다거나 또는 교육부가 그 지정학교에 대한 폐지권한을 부여받았다고 할 수 없다.

2. 대법원 1996.9.20. 선고 95누8003 판결(원심: 서울고법 1995.5.16. 선고 94구26631 판결)의 요지

(1) 조례가 집행행위의 개입 없이도 그 자체로서 직접 국민의 구체적인 권리의무나 법적 이익에 영향을 미치는 등의 법률상 효과를 발생하는 경우 그 조례는 항고소송의 대상이 되는 행정처분에 해당하고, 이러한 조례에 대한 무효확인소송을 제기함에 있어서 행정소송법 제38조 제1항, 제13조에 의하여 피고적격이 있는 처분 등을 행한 행정청은, 행정주체인 지방자치단체 또는 지방자치단체의 내부적 의결기관으로서 지방자치단체의 의사를 외부에 표시한 권한이 없는 지방의회가 아니라, 구 지방자치법(1994. 3. 16. 법률 제4741호로 개정되기 전의 것) 제19조 제2항, 제92조에 의하여 지방자치단체의 집행기관으로서 조례로서의 효력을 발생시키는 공포권이 있는 지방자치단체의 장이다.

(2) 구 지방교육자치에관한법률(1995. 7. 26. 법률 제4951호로 개정되기 전의 것) 제14조 제5항, 제25조에 의하면 시·도의 교육·학예에 관한 사무의 집행기관은 시·도 교육감이고 시·도 교육감에게 지방교육에 관한 조례안의 공포권이 있다고 규정되어 있으므로, 교육에 관한 조례의 무효확인소송을 제기함에 있어서는 그 집행기관인 시·도 교육감을 피고로 하여야 한다.

## Ⅲ. 對象事件의 經過

論材로 삼은 대법원 1996.9.20. 선고 95누7994·95누8003판결은 동일한 원고가 동일한 사안에 대해서 제기한 소에 대해 동일한 재판부(원심포함)가 내렸는데, 단지 피고를 달리하여 청구취지가 부분적으로 다를 뿐이다. 여기선 지면 관계상 개략적으로 보겠다.

경기도 교육감은 1993.12.11. 경기도교육위원회에 경기도립학교설치조례(1993.3.4. 경기도조례 제2367호) 제2조(도립학교의 명칭과 위치)의 [별표 1] 가평군란 중 "상색초등학교 두밀분교장"란을 삭제하며, 이를 공포한 날로부터 시행하고 1994학년도부터 적용한다는 내용의 개정조례안을 제출하였고, 동 개정조례안은 같은 달 23. 위 교육위원회에서 원안과 같이 의결되어 경기도 교육감에게 이송되었으며, 경기도 교육감은 1994.1.경 위 개정조례안을 경기도의회에 제출하여 같은 해 2.22. 위 개정조례안이 경기도의회에서 원안과 같이 의결되어 경기도 교육감에게 이송되었다. 경기도 교육감은 위 개정조례안이 경기도의회에서 의결된 날인 같은 해 2.22. 교육부에 위 개정

조례의 공포예정을 보고하고, 같은 달 28. 이를 공포하는 한편 같은 날 두밀분교의 폐교와 두밀분교에 재학하고 있던 원고들을 포함한 학생들의 상색초등학교에의 편입에 따라 같은 해 3.1.부터 급식학교를 두밀분교에서 상색초등학교로 변경하는 급식학교의 변경지정을 하였고, 경기도 가평교육청 교육장은 같은 달 24.과 25. 두밀분교의 교사들과 기능직 기사들을 같은 해 3.1.자로 다른 학교로 인사발령하였다. 이에 주민들은 두밀분교의 폐교조치에 반발하여 학생들을 상색초등학교에 등교시키지 않는 등 일종의 저항을 하였다.

그리고 원고(학생)들은 경기도 교육감을 상대로 하여, 이 사건 주위적 청구로서 경기도 교육감 산하의 하급교육행정기관인 경기도 가평교육청교육장이 1994.2.24.과 같은 달 25. 두밀분교의 교사들과 기능직 기사들을 같은 해 3.1.자로 다른 학교로 인사발령하고, 같은 달 28. 급식학교를 같은 해 3.1.부터 두밀분교에서 상색초등학교로 변경하는 급식학교의 변경지정을 하며, 같은 달 28. 두밀분교를 경기도립학교에서 삭제하는 내용의 개정조례안을 공포하는 등 경기도 교육감의 1994.2.28.자 폐교처분에 의하여 두밀분교가 폐교(두밀분교의 직원조직과 시설이 해소되는 것)되었음을 전제로 그 폐교처분의 취소를 구하고, 예비적 청구로서 경기도 교육감이 1994.2.28. 공포한 경기도립학교설치조례중개정조례(경기도 조례 제2445호) 중 제2조(도립학교의 명칭과 위치) 별표 (1) 가평군란 중 "상색초등학교 두밀분교장"란을 삭제하는 내용의 개정조례에 의하여 두밀분교가 폐교되었음을 이유로 그 개정조례의 무효확인을 구하였다(대상판례 1).

아울러 동일한 원고는 경기도의회를 상대로 하여, 이 사건 청구로서 경기도의회가 1994.2.22. 의결한 경기도립학교설치조례 중 개정조례(경기도 조례 제2445호) 중 제2조(도립학교의 명칭과 위치) 별표 (1) 가평군란 중 "상색초등학교 두밀분교장"란을 삭제하는 내용의 개정조례에 의하여 두밀분교가 폐교되었음을 이유로 그 개정조례의 무효확인은 구하였다(대상판례 2).

대상판례 1의 원심인 서울고등법원은 1995. 5.16. 선고 94구11554판결에서, 「학교의 설치 또는 폐지 결정 그 자체는 어디까지나 지방자치단체가 조례의 개폐라는 방식에 의하여야 할 것이다. 원고들은 피고 산하의 하급교육행정기관인 경기도 가평교육청 교육장이 1994.2.24. 및 같은 달 25. 두밀분교의 교사들과 기능직 기사들을 같은 해 3.1.자로 다른 학교로 인사발령하고 피고가 같은 달 28. 급식학교를 같은 해 3.1.부터 두밀분교에서 상색초등학교로 변경하는 급식학교의 변경지정을 하며 같은 달 28. 두밀분교를 경기도립학교에서 삭제하는 내용의 개정조례안을 공포하는 등 피고의 일련의 행위에 의하여 두밀분교가 폐교되었는 바, 위와 같은 피고의 일련의 행위가 행정소송의 대상인 행정처분으로서의 "폐교처분"에 해당한다는 취지로 주장하나, 위에서 본 바와 같이 두밀분교의 폐지 그 자체는 위 조례의 개정 및 공포만에 의하여 완결되는 것이고, 그 후에 피고가 한 두밀분교장의 폐쇄, 직원에 대한 인사이동 및 급식학교의 변경지정 등 일련의 행위는 두밀분교의 폐지가 조례의 개정, 공포에 의하여 이미 완결되어 효력이 발생한 것을 전제로 그 폐지에 따르는 사후적인 사무처리를 한 것에 불과할 뿐이므로 독립하여 항고소송의 대상이 되는 행정처분으로서의 폐교처분이라고는 볼 수 없다」고 하여 원고들의 이 사건 주위적 청구의 소는 항고소송의 대상인 행정처분이 아닌 것을 대상으로 하는 것으로서 부적법하다고 하여 이를 각하하였고, 반면 경기도 교육감을 상대로 한 행정처분무효확인소송으로서의 조례무효확인을 구하는 원고들의 이 사건 예비적 청구의 소는 적법하긴 하나, 헌법 제31조 제1항을 비롯한 관련 법률에 위배된다고 보기 어려워 그 이유가 없다고 하여 이를 기각하였다.

한편 대상판례 2의 원심인 서울고등법원은 1995.5.16. 선고 94구26631판결에서, 「항고소송의 일종인 행정처분무효확인소송에 있어서의 피고 적격은 원칙적으로 그 처분 등을 행한 행정청이고(행정소송법 제38조 제1항, 제13조), 이는 조례무효확인소송에 있어서도 마찬가지라 할 것인바, 지방의회는 지방자치단체의 내부적인 의결기관으로 지방자치단체의 장에게 집행권을 부여하기 위한 내부의사를 결정하는 기관에 불과하고 직접적으로 외부에 대한 처분적 효력 자체를 목적으로 하는 곳이 아니기 때문에 이 사건 조례에 관한 행정청이 될 수 없다 할 것이다. 그리고 비록 조례의 제정권이 지방자치단체에 있다 하더라도(지방자치법 제15조) 조례무효확인소송에 있어서의 피고 적격은 행정주체인 지방자치단체나 내부적인 의결기관이 아니라 그 집행기관에 있다고 할 것인데, 교육에 관한 조례는 지방의회의 의결을 거쳐서 시, 도의 교육감의 공포행위에 의하여 그 효력을 발생하고(지방자치법 제35조 제1항 제1호, 제19조, 지교법 제14조) 또 교육감은 시, 도의 교육에 관한 사무의 집행기관이므로, 이 사건과 같은 교육에 관한 조례무효확인소송의 정당한 피고는 당해 시, 도의 교육감이라고 할 것이다(원고들은 이 사건 조례에 관하여 당원에 별소(서울고등법원 94구11554)로 경기도 교육감을 상대로 조례무효확인을 구하면서 그 소송에서는 이 사건과 다르게 원고들 스스로 위해 기재한 것과 같은 이유로 경기도교육감이 피고가 되어야 한다고 주장하고 있다.)」라고 하여 경기도의회를 상대로 하는 원고들의 이 사건 소는 피고적격결여로 부적법하다고 하여 이를 각하하였다.

대법원은 원심과 동일한 이유로 상고를 모두 기각하였다.

## Ⅳ. 對象判決의 問題點과 論議의 範圍

대상판결 1과 2는 후자에서 피고를 달리 지적한 점을 제외하고선 쟁점이 동일하다. 두 판결을 통하여 그동안 존재의 가능성만이 엿보인 이른바 조치적 조례(나아가 조치적 법규명령)란 법형식이 공인되기에 이르렀다. 다시 말해, 두 판결은 "두밀분교폐지조례"를 -비록 표현은 하지 않았지만- 이른바 조치적 조례로 보는 기본입장에서 동조례의 위법성 여부를 검토하였다. 관련 법률은 공립국민학교의 설치・폐지에 관하여 다른 법령에 규정이 없으면 지방자치단체인 시・도가 제정하는 조례의 형식으로 정하도록 분명히 규정하고 있다. 그럼에도 불구하고, 과연 법원이 법형식으로서의 조례를 이른바 조치적 조례란 형태를 통해서 행정처분(행정행위)으로 갈음할 수 있는가? 아울러 이러한 조치적 조례가 법규범과 행정처분의 합성적 작용의 일종으로서 기존의 행정작용형식체계에서 새로운 작용형식의 하나로 자리를 잡았다고 할 수 있는가?

우선 논의의 출발점은 조치적 조례(명령)의 존부를 둘러싸고, 과연 현행의 행정의 작용형식의 체계에서 이런 명령형식에 의한 개별사건적 규율이 독립된 작용형식의 하나로서 인정받을 수 있는 독자성을 지녔는지 여부를 검토하여야 한다. 이런 독자성 인정여부의 논의와 병행적으로 또는 후행적으로 다루어야 할 점은 바로 행정작용에서 형식과 내용(실질)간에 괴리가 발생할 때 무엇을 잣대로 삼아 그 행정작용의 법적 성질을 가늠할 것인가 하는 점이다. 어떤 행정작용의 법적 성질의 가늠은 그것에 대한 권리보호의 길을 향도한다. 여기서의 '학교폐쇄조례'를 조치적 조례로서 바로 처분으로 同値하면 더 이상의 논의는 贅言이다. 하지만 그것을 여전히 명령으로 보아서 관련 논의를 전개할 때에는, 학교폐쇄 자체의 적법성 여부 말고도, 규범심사절차에서 요구되는 '재판의 전제성'으로 그 학교폐쇄의 법적 성질이 더불어 탐구되어야 하고, 나아가 그것의 바탕이 된 대상조례의 적법성 여부가 탐구되어야 한다. 그런데 학교폐쇄(의 결정)의 법적 성질이 무엇인지는, 조직행위(Organisationsakt)의 법적 성질을 둘러싼 논의를 바탕으로 전개하여야 한다. 그리고 이런 학교폐쇄가 학생의 학습권은 물론 그 학부모의 교육권에 대해서 심각한 영향을 미침을 고려할 때, 그것의 적법성 여부를 판례처럼 법률유보적 관점은 배제하고 오로지 법률우위적 관점에서 검토하는 것은 문제가 있다. 즉, 대상조례의 적법성 여부를 심사함에 있어서는, 조례제정권의 범위와 법률유보원칙과의 관계가 어떻게 설정되어야 하는지가 관건이다.

이 글에선 쟁점을 집약하기 위해서 일단 대법원의 입장을 중심으로 이상의 문제점에 관해 살펴보고, 대상사건과 연계한 헌법재판소결정[5]은 관련 사항에서만 논의하고자 한다. 나아가 하자효과론의 관점에서 하자있는 법규명령의 법효과가 어떠한지, 그리고 그것에 터 잡은 행정행위는 어떻게 되는지 등도 지면관계상 논의에서 제외한다.

## V. 行政의 作用形式 體系에서의 措置的 命令(條例)의 位相

### 1. 行政의 作用形式 體系에 관한 기본적 이해[6]

형식화사고(Formungsidee)와 체계사고(Systemidee)를 결합시킨 데 바탕을 두고 있는 행정작용형식론은 대륙법적 사고의 전형적인 특징이자,[7] 일반행정법의 핵심이다. 작용형식(론)의 과제이자 임무는, 행정활동을 합리화하는 것, 법에 알맞은 결정을 장려하는 것, 기본적인 사실・평가의 문제를 신뢰할 수 있는 도그마틱적 구조로 조정하는 것, 행정활동에 관한 법적 통제를 유도하여 개관가능하게 만드는 것이다.[8] 요컨대 작용형식(론)의 이 같은 정서작용은 행정법적으론 다음의 두 가지 측면에서 영향을 끼친다. 첫째로, 작용형식의 선택은 어떤 활동에 대해 특히 절차적 면에서 법이 요구하는 사항을 정하는 셈이다. 절차・형식・효력규정은 선택되거나 사후에 해석되어진 작용유형에 좌우된다. 즉, 작용형식은 그것의 체계화를 위한 결정적인 연결점으로서 간주된다. 둘째로, 작용형식은 권리구제와 법적 안정성을 위해서 규준이 되는 하자효과(Fehlerfolgen)에 대한 주의를 환기시킨다.

행정작용형식의 체계는 이론적으로 다양한 착안점에서 전개할 수 있다. 공통된 적법성요건, 공통된 법효과와 공통된 하자효과가 독립된 작용형식을 성립케 하는 유형화징표이다. 본시 연계된 효과(Wirkungen)와 법효과(Rechtsfolgen)에 의해서 주조된 작용형식이 문제되었기에, 작용형식은 본래 하자유형체계에서 비롯되었다.[9] 공법

5) 헌법재판소 1998.10.15. 96헌바77결정. 헌법재판소의 이 결정 뿐만 아니라, 명령・규칙과 관련한 결정에 대한 검토는 다른 기회에 하도록 하겠다.

6) 상세는 졸고, 행정의 작용형식의 체계에 관한 소고, 공법연구 제30집 제4호, 2002.6., 297면 이하 참조 追論: 본서 187면 이하 참조.

7) E. Schmidt-Aßmann, Die Lehre von den Rechtsformen des Verwaltungshandelns, DVBl.1989, S.533.

8) 작용형식론의 일반적 기능에 관해선 vgl. E. Schmidt-Aßmann, a.a.O. S.533f.; P. Krause, Rechtsformen des Verwaltungshandelns, 1974, S.14ff.; F. Ossenbühl, Die Handlungsformen der Verwaltung, JuS 1979, S.681.

9) 작용유형과 하자효과체계와의 상관관계에 관해선 vgl. H. Hill, Das fehlerhafte Verfahren und seine Folgen im Verwaltungsrecht, 1986, S.341. 한편 E. Schmidt-Aßmann은 행정작용형식론의 하자효과중심성을 견지하되, 추가적인 착안점으로 절차사고나 활동의 목적성이 더해질 것을 강조한다. Ders., a.a.O., S.533 (537f.).

에선 오래 전부터 현행 법질서와의 모든 相違를 '법하자'(Rechtsfehler) 즉, '위법'(Rechtswidrigkeit)으로 여겼다. 하자효과(Fehlerfolgen)의 개념이란, 절차법이나 실체법에 반하는 국가행위의 법적 운명에 관한 물음 즉, 법하자에 대한 제재수단에 관해서 추상적으로 만들어진 집합명사이다. 요컨대 현행의 권리보호체제하에서 하자효과에는 무효, 소효가능성(취소가능성, 폐지가능성), 무결과(Folgenlosigkeit, 대단치 않음, 유효) 뿐만 아니라, 원상회복청구권(부작위청구권도 포함하여)과 (원상회복불가능시엔) 손실보상청구권도 포함된다.[10] 그리하여 하자효과의 관점하에서 작용형식체계는 행정행위, 법률하위적 규범, 공법계약, 그리고 사실행위의 네 가지 유형으로 완성된다.

## 2. 독립된 작용형식으로서의 措置的 命令?

행정작용형식론의 구축과 전개는 법의 토대를 구축하여 이를 최적화하기 위함이다. 그것은 실용적으로 지향된 법발전과 법실무의 산물이지 사전 숙고된 체계의 파생은 아니다. 그러면 행정법에 어떠한 작용형식이 존재하는지 즉, 통용되는지를 누가 정하는가? 법에 맞고 실행가능한 행정법도그마틱은 궁극적으로 입법, 판례, 법학계, 행정실무에 의해서 먼저 형태가 만들어진다. 즉, 이들은 어느 누구도 행정법도그마틱의 조형에 관해서 독점을 누리지 못하고 나름대로 각기 분화되어 무엇이 행정법인지를 공동으로 결정한다.[11] 사실 행정법의 작용형식의 유지, 체계화, 적응화 그리고 창설은 전통적으로 판례와 행정법학이 담당한 소임이나, 이는 입법자가 아무런 언급을 하지 않은 경우에만 자명하게 통용된다.[12]

그런데 행정의 전통적인 모습인 작용형식의 네 가지 유형 -행정행위, 법률하위적 규범, 공법계약, 그리고 사실행위- 이 지닌 장점은 비교적 명료하고 개관가능하다는 것이다. 그럼에도 불구하고, 행정법개혁차원에서 발흥한 움직임은 기존 작용형식론의 개선을 요구하는 듯한 새로운 착안점을 제시한다. 그러나 그러한 개선시도는 조심스럽게 행해야 한다. 행정이 고려하는 어떤 행정활동의 법효과, 하자효과, 빈번한 하자유형 등이 선명하게 드러나야만, 그것이 새로운 작용형식으로서 행정(작용)법에서 통용되어 받아들여질 수 있다. 즉, 새로운 작용형식을 위한 제안의 논거가, 새로운 하자효과규율(규정)이 실정법적으로 성립하거나 도그마틱적으로 요구된다는 점과, 일정한 활동군을 위한 새로운 적법성요건이 일반화될 수 있다는 점에 의해서 논

10) M. Morlok, Die Folge von Verfahrensfehler am Beispiel von kommunalen Satzungen, 1988, S.140ff. 국가배상청구권은 국가의 모든 공행정작용에 대해서 성립할 수 있기에 작용형식을 가늠하는 데 큰 의미가 없다.

11) Bachof, VVDStRL 30(1972), S.224f.

12) F. Ossenbühl, Eine Fehlerlehre für untergesetzliche Normen, NJW 1986, S.2805(2806).

증적으로 뒷받침되어야 한다.[13]

이상의 논의를 바탕으로 보자면, 판례와 문헌은 명령(조례)형식의 개별사건적 규율을 조치적 명령(조례)이란 개념을 통해 기존의 대표적 작용형식인 행정행위의 범주에 귀속시켰을 뿐, 그것을 기존의 작용형식과 구별되는 독립된 작용형식의 하나로 자리매김하지는 않았다.[14] 결국 명령형식의 개별사건적 규율의 문제는 형식과 내용(실질, 실체)의 교착이다. 따라서 당연히 어떤 행정활동을 법적 작용형식으로 가늠할 때 무엇을 잣대로 삼아야 하는지가 논의의 출발점이 되어야 한다(후술). 한편 "조치적 명령"의 허용성에 관해서, 현행법의 공법적 작용형식의 완결적 체계의 이유에서 부정적인 입장[15]도 있지만, 이를 독립된 작용형식의 하나의 차원이 아니라 그것의 법적 성질의 차원에서 다루면 그 허용성이 문제가 되지 않는다.[16] 마치 조치적 법률에서의 사정과 비슷하다.

### 3. 措置的 命令의 擴大 問題

독일 건설법전 제10조 제1항에 의해 Gemeinde는 조례로써 건축상세계획(Bebauungs-pläne)을 정한다. 이 조례에 대해선 위법한 법규범의 무효 원칙[17]이 아주 제한적으로 통용된다. 즉, 독일 건설법전 제214조 이하 -이는 과거 연방건설법 제155조 a와 b를 확대한 것이다- 에 의하면, 건축상세계획과 기타 건설법상의 조례에 관한 일정한 -특히 형식적인 아울러 실질적인 것까지도- 하자는 처음부터 고려되지 않거나(절대적 불고려, 절대적 유효), 또는 조례시행후 일정기간 -형식과 절차하자의 경우에는 1년이고, 형량하자인 경우에는 7년- 안에 Gemeinde에 대해 이의가 제기되지 않으면 고려되지 않는다(상대적 불고려, 상대적 유효). 여기서의 "불고려"(Unbeachtlichkeit)란 주장된 권리침해에 더 이상 주의가 기울여져선 안되고, 그래서 그 어떤 위법성으로부터도 아무런 법적 결과가 도출될 수 없다는 것을 의미한다. 이 같은 불고려는 조례에 대해 행정행위에서의 공정력처럼 일종의 존속력을 부여하는 셈이 되어, 특히 불가쟁력과 관련하여 사법심사의 제한을 가져다 줄 수 있다. 이에 대해선 법치국가적 측면에

---

13) 따라서 행정규칙, 확약·확언, 행정계획, 자동적 행정행위 그리고 행정의 사법적 활동이 과연 독립된 작용형식으로 격상될 수 있을지 의문스럽다. 다만 여기서 우리가 유의해야 할 점은, 행정작용형식론은 주된 작용형식이 지닌 고도의 추상성 수준을 고수하는 것이 아니라, 체계효과에 관한 특유한 분류를 허용하는 하위 작용형식과 중간작용형식(독일에서의 일반처분이나 종속적 공법계약 등)을 인정하고 있다는 것이다. 이에 관한 상세는 졸고, 행정의 작용형식의 체계에 관한 소고, 314면 이하 참조.

14) 박윤흔, 행정법강의(상), 2001, 241면; 김동희, 행정법 I, 2002, 139면; 류지태, 행정법신론, 2002, 203면; 홍정선, 행정법원론(상), 2002, 233면; 박균성, 행정법론(상), 2002, 165면; 김성수, 개별행정법, 2001, 398면. 다만 김남진 교수님은 법원의 입장을 소개하는 데 그치는 것 같다. 동인, 행정법 I, 2002, 158면.

15) VG München DÖV 1973, 172.

16) Vgl. VGH München Bay. VBl. 1972, 41; DVBl. 1977, 823.

17) 이에 관해선 졸고, 행정의 작용형식의 체계에 관한 소고, 304면 이하 참조.

서나 법정책적 측면에서 적잖은 의문이 제기됨에도 불구하고, 독일의 대부분의 주는 절차간소화의 시대 경향을 좇아서 -형식과 절차의 하자에 국한하면서- 모든 Gemeinde조례와 기타의 자치법상의 법규범에 대해서 확대도입하였다. 더 나아가 1997년부터 시행된 독일의 제6차 개정 행정법원법 제47조 제2항은 규범심사신청적격을 취소소송에서의 원고적격에 근접시켰고, 무기한적 규범심사신청을 폐기하고 법규정의 공포이후 2년 이내로 한정하였다.[18)]

이런 법제도적 변화는 법률하위적 규범(명령)의 무효의 원칙에 중대한 영향을 미쳐, 특히 명령형식의 개별사건적 규율을 법규명령과 행정행위의 합성이자, 그들로부터는 독자적인 존재로 자리매김하는 데 보족근거가 될 수 있다. 즉, 무효도그마원칙을 이처럼 실정법상으로 붕괴시킴으로써, 여지껏 전혀 이질적이었던 새로운 하자효과체제(틀)가 도입되었다. 무효원칙으로부터의 이러한 일탈을 자치조례는 물론 명령 전반에 확대시킬 경우에는 당연히 문제가 된다. 행정행위의 경우 소효가능성(취소가능성)의 원칙은, 관련인의 적절한 쟁송취소제기가능성과 권리구제가능성이 성립한다는 이유에서 법치국가원리적으로나 기본권적으로나 받아들여질 수 있다.[19)] 하지만 이처럼 존속력과 쟁송취소부담(책임)을 융합한다는 것이, 법률하위적 규범에서는 규범의 속성(특히 일반성)상 거의 기능하지 못한다. 따라서 -법적 안정성의 관점에서 바람직스럽게 여겨지는- 행정행위의 존속력(의 규정)을 법률하위적 규범에 의한 개별사건적 규율에도 이식시킴은, 다시 말해 법률하위적 규범에서 무효도그마로부터 일탈함은 (기존의 작용형식과) 구별된 하자효과를 제공하지 못할 뿐더러, 도리어 권리보호상의 특별한 문제점을 야기한다고 Di Fabio는 주장하였다.[20)]

## Ⅵ. 行政作用形式의 가늠잣대 -形式인가 實質인가?

작용형식을 정한다 함은, 해당 행정작용을 지배하고 그에 대한 법적 판단을 내리는 법제도를 선택한다는 것을 의미한다. 따라서 이상에서 본 대로 다툼의 대상인 '두밀분교폐지조례'처럼 형식과 내용(실질, 실체)이 교착할 때 무엇이 가늠자가 되어야 하는가? 여기선 명령과 행정행위를 구분지우는 그것들의 개념적 징표가 무엇이며,

---

18) 본래 연방정부초안은 신청기한을 1년으로 규정하였으며, 연방참사원(Bundesrat)은 5년으로 하길 선호하였다. Vgl. Pielow, Neuere Entwicklungen beim prinzipalen Rechtsschutz gegen untergesetzliche Normen, DV 1999, S.445ff.

19) F. Ossenbühl, a.a.O., S.2805(2808).

20) ders., System der Handlungsformen und Fehlerfolgenlehre, in: Becker-Schwarze/Köck/Kupka/v. Schwanenflügel(Hrsg.), Wandel der Handlungsformen im Öffentlichen Recht, 1991, S.47(57ff.). Vgl. H. Maurer, Bestandskraft für Satzungen?, in: FS für Otto Bachof z. 65. Geburtstag, 1984, S.214.

그 징표가 작용형식의 설정에서 어떤 의미를 지니는지가 탐구되어야 한다.[21] 왜 행정행위 특히 일반처분과 법규범(법규정)과의 구분지움이 중요한가? 이유인 즉, 법규범은 수권, 권한, 절차, 형식, 공표상으로 행정행위에서와는 다른 요청을 충족하여야 하고, 또한 법규범의 위법성은 구체적인 규범심사절차에서 주장되어야 하는 반면에 행정행위의 위법성은 취소소송절차에서 주장되어야 하기 때문이다.[22]

### 1. 법원의 태도-내용(실질)의 절대적 중시

대상판결의 원심인 서울고등법원은 「… 공립초등학교의 폐지는 조례의 개정에 의하여 이루어지지만, 지방자치단체가 제정하는 조례는 일반, 추상적 규범으로서 통상 행정청의 구체적 행위가 개입되지 않으면 개인의 권리의무 내지 법적 지위에 직접적, 구체적으로 영향을 미치지 않으므로 원칙적으로는 항고소송의 대상인 행정처분에 해당하지 않으나, 이와 같이 입법행위의 형식을 취하였더라도 조례에 기초한 행정청의 구체적 처분을 기다리지 않고 조례 그 자체에 의하여 직접 개인의 권리의무에 직접 구체적인 효과를 발생하게 된다면 순수한 입법에 그치지 않는 행정소송법상의 행정처분으로서 이해관계인은 항고소송을 제기하여 그 효력을 다툴 수 있다고 보아야 할 것이다. 이 사건 조례는 경기도립학교의 설치에 관한 조례의 일부를 개정하여 "상색초등학교 두밀분교장"란을 삭제하는 것으로서 공립초등학교의 폐지를 규정한 것이고, 영조물은 공공성이 있어 주민이 이용하고 싶다는 일방적 의사표시만으로 이용할 수 있는 것이 아니라 행정청이 그 이용을 수락해야만 이용할 수 있는 것으로서 일반 주민의 영조물이용권은 추상적 권리에 그치므로 이 사건 조례는 일반주민과의 관계에서는 직접적으로 주민 개인의 권리의무에 변동을 생기게 하지 않는다고 할 것이나, 한편 모든 국민은 6년의 초등교육을 받을 권리가 있고(헌법 제31조 제1항, 교육법 제8조 제1항), 취학아동의 보호자는 그 보호하는 자녀를 초등학교에 취학시킬 일반적 의무를 지며(교육법 제8조 제2항, 제96조 제1항), 교육법시행령 제92조에 의한 취학학교의 지정, 통지는 보호자에 대하여 구체적으로 그 자녀를 특정 학교에 취학시킬 의무와 취학아동과 그 보호자에게 특정 학교에 취학할 권리, 즉 영조물인 특정의 초등학교에 대한 구체적 이용관계를 발생시키는 것이므로, 취학아동은 당해 학교에서 법정의 의무교육기간 동안 수업을 받을 권리 내지는 법적 이익을 가진

21) 참조: 정하중, 법규명령과 행정행위의 한계설정, 저스티스 제30권 제2호(1997.6), 35면 이하. 여기서 정하중 교수는 형식적인 한계설정보다는 실질적인 한계설정을 주된 기준으로 삼는다.

22) 이미 김동희 교수님은 조치적 명령의 하자효과 문제가 앞으로 연구·검토되어야 한다고 지적하면서, 형식의 측면이나 실질적 측면에 의거하느냐에 따른 견해대립의 가능성을 제시하였다. 동인, 앞의 글, 27면. 이러한 의문은 조치적 명령을 내용적 규준에 의거하여 행정처분으로 본 데 따른 필연적 결과이다. 이 점이 실질설의 또 다른 문제점이다(후술).

다고 할 것이고, 조례에 의하여 당해 초등학교가 폐지됨으로써 직접 이것을 이용할 이익을 상실하게 된 것이므로 이 사건 조례는 당해 취학아동과의 관계에서는 항고소송의 대상이 되는 행정처분이라고 할 것이다」고 판시하였다. 원심의 이런 입장은 상고심에서도 그대로 반영되었고, 문헌상의 일치된 입장 또한 그러하다.

비록 대상판례와 그 원심판례가 명시적으로 참조하진 않았지만, 일찍이 대법원은 대법원 1954.8.19. 4286행상37(53누37)판결에서 「… 원래 대통령령은 법령의 효력을 가진 것으로서 행정소송법상 행정처분이라 볼 수 없다고 해석함이 타당할 것임으로 그 내용의 적법여부를 논할 것 없이 행정소송의 목적물이 될 수 없을 것이다. 물론 법령의 효력을 가진 명령이라도 그 효력이 다른 행정행위를 기다릴 것 없이 직접적으로 또 현실이 그 자체로서 국민의 권리훼손 기타 이익침해의 효과를 발생케 하는 성질의 것이라면 행정소송법상 처분이라 보아야 할 것이오. 따라서 그에 관한 이해관계자는 그 구체적 관계사실과 이유를 주장하여 그 명령의 취소를 법원에 구할 수 있을 것이나 …」라고 판시함으로써, 법률하위적 규범이 예외적으로 행정처분으로서 취소소송의 대상이 될 수 있는 가능성을 열어 두었다.[23)]

존재의 가능성이 엿보인 건국 초엽이나 다를 바 없는 시기로부터 근 40년이 지나 세상에 모습을 드러낸 행정처분으로서의 조치적 명령의 인정을 과연 행정법학의 발전으로 평가내릴 수 있는가? 비록 행정법의 작용형식의 유지, 체계화, 적응화 그리고 창설을 전통적으로 판례와 행정법학이 담당한다 하더라도, 이는 입법자가 아무런 언급을 하지 않은 경우에만 그대로 통용된다. 입법자가 선정한 법형식을 법원이 나름 판단 즉, 그것의 실질을 착안하여 간과한다는 것은, 입법, 판례, 법학계, 행정실무 그 어느 누구도 행정법도그마틱의 조형에 관해서 독점을 누리지 못하고 각기 분화되어 무엇이 행정법인지를 공동으로 결정하여야 한다는 명제에 反한다.

### 2. 독일에서의 논의

독일에서도 우리와 마찬가지로 취소소송(독일 행정법원법 제42조)과 규범심사(통제)(동법 제47조)의 대상적격을 둘러싸고 다투어지고 있다. 판례와 문헌의 경향을 조심스럽게 아래와 같이 범주화하고자 한다.[24)]

---

23) 동 판례는 지방자치단체의 구역변경과 관련한 매우 드문 사례이어서 또 다른 흥미로운 論材를 제공한다.

24) 이 문제는 독일에서 형식적 행정행위냐 아니면 실질적 행정행위나를 둘러 싼 논의인데, 이와 관련해선 선정원교수가 이미 깊이 있는 고찰을 하였다. 동인, 독일 행정법상 행정행위 확장이론들의 등장과 발전, 공법연구 제27집 제2호, 1999.6., 519면 이하 참조. 그런데 독일에서의 형식적 행정행위(der formelle Verwaltungsakt)와 일본에서 유래한 그것과는 서로 거리가 있음을 유의해야 한다. 이 문제는 다른 기회에 다루기로 하고, 이 글에선 독일에서의 논의를 중심으로 살펴보겠다.

### (1) 형식을 규준으로 삼는 입장(오늘날의 지배적 입장)-이름을 붙이자면 형식설이다-[25]

먼저 Wolff/Bachof/Stober[26]는 형식적 법률과 실질적 법률, 형식적 법규명령과 실질적 법규명령 그리고 형식적 행정행위와 실질적 행정행위를 구분하여 상술하고 있다. 그리하여 "법해석, 법적용, 제소, 권리구제를 위해선 법적 형식에 좌우되기 때문에, 순전히 형식적인 법률은 규범심사절차에 놓이지 결코 쟁송취소소송에 놓이지 않는다"고 강조하는데, 이런 기조가 그대로 후속 논의에 흐른다. 즉, '법률상으로 요구된 형식만으로는 법규명령이나 내용상으로는 법규명령이 아닌 명령' 즉, '명령에 의해서 하나 또는 다수의 구체적 개별사건이 규율되어야 하는 경우'가 가능하다고 보되, 권리보호를 포함하여 절차법을 위해선 형식이 규준이 되어야 함을 근거로, 그것을 명령으로 다루는 데 찬동한다. 그리하여 법률에 따라 법률, 법규명령, 조례의 형식으로 발해져야 하는 개별사건적 규율이 내용적으론 행정행위일 수 있지만, 결코 형식적으로 행정행위가 아니고, 따라서 행정행위처럼 쟁송취소될 수가 없는데, 만약 잘못하여 법규명령 대신에 행정행위가 발하여 졌다면, (위법한 행정행위로서) 그것의 쟁송취소가 허용되고 이유 있다고 강변한다.

Mayer/Kopp[27]은 법규범과 구별되게 행정행위는 개별사건적 규율을 목표로 하여야 하나, -비록 독일 행정절차법 제35조 제1문상으로 행정행위의 개념적 징표로 규정되어 있다 하더라도- 개별사건적 규율이 항상 행정행위이어야 한다는 반대추론은 결코 통용되지 않는다고 지적한다. 그리하여 다수의 법률이 개별사건을 위한 규율을 법규명령이나 조례에 의하도록 규정하고 있어서, 외적으로 그런 형식으로 행해지고 공표된 규율은 오늘날 통설에 비추어 그것의 형식에 맞춰서 절차법적 측면과 그것에 대한 권리구제의 측면에서 공히 법규명령으로 다루어야지 행정행위로 다루어선 아니 된다고 강조한다.

Glaeser[28]는 권리보호 특히 취소소송의 허용성을 위해서 결정적인 것은 바로, 행정청의 규율이 어떻게 '나타나는지' 이지 어떻게 '나타나야 하는지'가 아니라고 하면서, 법적 당위의 물음은 적법성의 물음이어서 본안에서 이유유무를 심리하는 범주에서 비로소 제기된다고 지적한다. 그리하여 통상 국가적 조치의 외적 형식이 그 법적

---

25) 이런 입장의 문헌에 관해선 Schenke, Formeller oder materieller Verwaltungsaktsbegriff?, NVwZ 1990, S.1010 Fn.11) 참조. 동지 판례: BVerfGE 11, 16; 34, 307; BVerwGE 18, 1; 18, 251; 29, 207; 30, 287; 70, 77=NVwZ 1985, 39; 81, 131-이는 법규명령에 의한 구속성표시에 의해서 폐기물처리계획 역시 법규정의 성질을 갖는다고 한다-; BVerwG NVwZ 1985, 39; VGH München 25, 73;27, 108; 30, 28; Bay.VBl. 1969, 282; 1974, 500; 1978, 272; NJW 1978, 773; NVwZ 1985, 502; NVwZ-RP 1995, 115; OVG Luneburg NJW 1976, 2282; 1984, 627; VGH Kassel NJW 1983, 2896-여하튼 형식남용이 없는 한에 있어서-.

26) ders., VerwR I, 1994, §24 V, §45 Ⅷ. 4, §46 Ⅷ.

27) ders., Allg.VerwR, 5.Aufl., 1985, §11 Ⅲ. 2 d) S.182.

28) ders., VerwProzßR, 11. Aufl., 1992, Rn.141.

성질을 좌우하되, 그 외적 형식이 다의적으로 판명될 경우에만 조치의 내용을 목표로 삼아야 한다고 주장한다. 다만 특정한 종류의 권리보호를 부정하게 취하거나 권리보호를 대체적으로 배제하기 위하여 외적 형식을 활용해선 아니 된다고 지적한다(형식남용, Formenmißbrauch).[29)]

Kopp[30)]은 먼저, 형식적 의미에서뿐만 아니라 동시에 실체적 의미에서도 (법규로서의 요건을 충족하여) 법규에 해당하여야 한다는 것은 요구되지 않는다는 것을 전제로 하고서, 독일 행정법원법 제47조에 따른 취소가능한 법규범(정)과 동법 제42조상의 행정행위를 구분하기 위해선, -형식남용이 없는 한에 있어서- 오로지 외적 형식(조문 방식, 공포의 종류 등)이 규준이 되지, 내적으로 추상적 또는 구체적 규율인지 여부가 결코 규준이 되지 못한다고 주장한다. 다만 외적 형식이 다의적이어서 애매모호한 경우에는 내용 즉, 추상적·일반적 규율인지 아니면 구체적인 개별사건적 규율인지 여부와, 시민의 법관계가 규율되었는지 아니면 순전히 행정내부적 물음이 규율되었는지 여부에 좌우된다고 지적한다. 일반처분은 행정행위이지 결코 독일 행정법원법 제47조의 법규범(정)은 아니며, 여기서도 결국에는 형식이 규준이 된다고 하여, 법규정의 형식으로의 일반처분은 비록 내용상으론 독일 행정절차법 제35조 제2문의 기준에 합치한다 하더라도 행정행위로서가 아니라 법규정 자체로서 다루어져야 한다고 강조한다.

(2) 내용(실질)을 규준으로 삼는 입장(예전의 지배적 입장)-이름을 붙이자면 실질설이다[31)]

Ule, Schenke, Ronellenfitsch,[32)] Erfmeyer[33)] 등이 이 입장에 서는데, 여기선 Schenke의 대표논문(NVwZ1990, 1009ff.) 중심으로 살펴본다.[34)]

그는 행정활동의 형식과 내용상의 불일치가 행정행위와 관련하여 있을 경우에, 형식적 행정행위개념이 통용되는가 아니면 실질적 행정행위개념이 통용되는가의 관점에서 이 문제를 전개한다. 그는 우선 행정행위에 관한 실정법적 정의로부터 유리되어 오로지 법학적 용어사용으로부터 "행정행위란 작용형식은 전적으로 형식적 기준에 좌우된다"고 도출하는 것은 개념법학의 잘못된 도치적 방법론의 전형적인 예

29) Vgl. Pestalozza, Formenmißbrauch des Staates, 1973, S.136ff.

30) ders., VwGO, 10.Aufl., 1994, §47 Rn.13.

31) 이런 입장의 문헌에 관해선 Schenke, a.a.O., S.1010 Fn.12) 참조. 동지 판례: VGH München Bay. VBl. 1956, 121; 1071, 155; 1972, 359; 1978, 84-입법자가 내용과 무관하게 일정한 형식을 정할 수 있는지 여부와 이런 형식이 권리보호를 위해서도 규준이 되는지 여부가 의문스럽다-; VGH Mannheim NVwZ 1986, 855.

32) ders., Das besondere Gewaltverhältnis-ein zu früh totgesagtes Rechtsinstitut, DÖV 1981, 933ff.

33) ders., Der nichtmaterrielle Verwaltungsakt-rechtswidrige und überflüssige Fiktion, DÖV 1996, S.629ff.

34) Vgl. Ders., Rechtsschutz bei Divergenz von Form und Inhalt staatlichen Verwaltungshandelns, VerwArch. 1981, 185ff.

라고 지적하면서, 그 형식을 규준으로 삼아 형식적 행정행위개념에 찬동하는 다수 입장을 공박한다. 또한 쟁송법적 측면만을 국한하여 고려한 차원에서 형식요소를 규준으로 삼은 것은, 쟁송법적 행정행위개념과 실체법적 행정행위개념간의 -쟁송법과 실체법의 긴밀한 연계가 충분히 고려하지 않는- 이원성을 야기한다고 지적하면서, 행정행위의 존부를 내용적 기준에 좌우케 하는 견해가 독일의 법체계에 이음새없이 접합된다고 강조한다. 그리하여 행정의 다른 작용형식과 관련해서도 형식과 내용간에 불일치한 경우에는 그것의 법적 성질이 형식이 아니라 그 내용에 의하여 정해져야 하기에, 가령 NRW의 갈탄채광계획과 같은 지역계획은 비록 그것이 법규명령의 형식이 아닌 행정규칙으로 발해졌다 하더라도 법규범으로 보아야 한다고 주장한다. 요컨대 Schenke는 독일 행정절차법 제35조에 따라서 실체법에서든 쟁송법에서든 행정행위의 존부를 위해선 행정조치의 형식이 아니라 그 내용이 규준이 된다는 점과, 따라서 행정행위개념은 실체적으로 파악해야 한다는 점을 주장한다. 다만 행정작용의 형식이 동시에 그 내용에 영향을 미치고 그럼으로써 여기서도 내용상 기준에 연계된 독일 행정절차법 제35조를 바탕으로 행정행위가 존재하는 경우가, 가능한 예외일 뿐이라고 한다.

(3) 형식과 내용(실질), 양자를 규준으로 삼는 입장-이름을 붙이자면 양립설이다-[35]

대표적으로 Stelkens/Bonk/Sachs/Leonhardt[36]는 광범한 권리보호를 위하여 형식적 조치에 의해서 정해지는 소송뿐만 아니라, 실질적(실체적) 규율에 연계된 소송도 가능해야 하지만, 소송의 이유구비성(Begründetheit)은 오로지 규율의 실질적(실체적) 내용 및 그에 따른 행정절차의 준수에만 의거할 수 있다고 주장한다. 그리고 이런 권리구제의 양립화에 대한 Schenke의 의문제기[37]와 관련해선, 행정청이 기도한 법이관을 지닌 공시적인(formal) 행위의 존재를 거의 고려하지 않은 것이라 반박하였다. 특히 국가활동의 형식과 내용간의 相違가 시민과 행정간에 다투어지는 경우, 시민을 위해선 그 제소방법이 행정청의 조치의 외적 형식에 연계됨이 허용되어야 한다고 강조한다. 아울러 형식설에 대해선 지나치게 여지가 없음을 비판하면서, 가령

35) 이런 입장의 문헌에 관해선 Schenke, a.a.O., S.1011 Fn.13) 참조. 다만 Tschira/Schmidt Glaeser는 기본적으로 형식설의 입장이다. Ders., VerwProzßR, 7. Aufl., 1985, S.77f.

36) ders., VwVfG, 4. Aufl., 1993, §35 Rn. 29.

37) 그는 민사소송법에서 주창된 수익이론(Meistbegünstigungstheorie)에 의거하여 주장된 양립설은 실체법과 쟁송법의 상관관계 특히 쟁송법의 실체법적 하자효과론에의 연계가 충분히 고려되지 않았다는 점과, 설령 민사소송법에선 동 이론이 통용된다 하더라도, 형식과 내용과의 불일치가 상례적인 행정활동에선 구조적 이유에서 그것이 통용될 수 없다는 점을 지적한다. Ders., a.a.O., S.1016f. 요컨대 수익이론(원칙)은, 잘못된 결정으로 말미암아 불이익을 입어선 아니 된다는 점을 바탕으로 하여, 관련인이 현존의 결정과 당위적 결정에 대한 두 가지의 권리구제(방법)간에 선택할 수 있다는 것이다. 이에 관해선 vgl. Arens/Lüke, Zivilprozeßrecht, 6. Aufl., 1994, Rn. 392.

행정청이 법규명령을 공표된 일반처분으로 여겨서 시민에게 그에 따른 요구를 한 경우에는, 그 시민은 행정청의 의도에 따라서 존재하는 일반처분에 대해서 대응할 수 있어야 한다고 지적한다.

Eyermann/Fröhler[38]도 올바른 심사절차의 선택의 리스크를 관련인에게 맡기는 것은 법치국가적 권리보호의 사고와는 모순된다는 이유를 들어, 형식남용의 경우를 위해선 취소소송은 물론, 형식을 참작하여 규범심사의 신청도 허용된다고 주장하였다.

### 3. 소　결

우리네 행정실무나 실정법에선 행정행위란 명칭보다는 처분이나 결정 등이 애용되고 있고,[39] 조건이 부관의 통칭이 되고 있듯이, 강학상의 행정행위나 법률하위적 규범(행정규범, 행정입법)이 실제적으론 다양하게 불리어 지는 상황이다. 형식과 내용의 간극이 일상화된 행정현실에서 그런 무정형의 행정활동을 유형화된 작용형식의 체계로 인도하는 것이 바로 행정작용법론이다. 여기서 문제가 되는 것은 주로 형식인데, 법률하위적 규범(명령)이란 작용형식(법형식)은 실정법적 근거에서 그 존재형식이 대통령령, 총리령, 부령, 조례, 규칙에 한정된다.[40] 반면 행정행위란 작용형식은 허가나 특허 등과 같은 특정적인 개념뿐만 아니라, 처분, 결정, 조치 등처럼 그렇지 않은 개념형식으로도 존재한다. 그런데 형식과 내용의 불일치가 문제될 수 있는 상황이 구체적으로 어떤 경우인가?

우선 형식은 법규범인데, 내용은 개별사건적 규율 즉, 행정행위적 규율인 경우와, 형식은 행정행위인데, 내용은 일반추상적 규율 즉, 법규범적 규율인 경우로 크게 나뉜다. 후자의 경우에 ⅰ) 하명이나 특허처럼 특정화된 개념이 사용되었을 때는 일단 취소소송이 동원될 수 있으나, 원고적격과 대상적격의 결여로 무위로 돌아 갈 공산이 클 것이며, ⅱ) 만약 조치와 같이 특정성이 떨어지는 개념이 사용되었을 때는 원고적격과 대상적격의 결여에 더하여 애시당초 취소소송이 강구되지 않을 것이다. 문제는 전자의 경우인데, 여기서도 ⅲ) 대통령령 등과 같은 ('법령등 공포에 관한 법률' 등에서 제정절차가 규정되어 있다는 의미에서) 법정화된 즉, 공인된 법규범이 동원된 경

---

38) ders., VwGO, 9.Aufl., 1988, §47 Rn.11b, §42 Rn.13.

39) 독일의 경우에도 개별법에서 '행정행위'(Verwaltungsakt)란 용어가 드물게 규정되긴 하나, 우리와 마찬가지로 결정(Entscheidung), 처분(Verfügung), 조치(Maßnahme) 등이 사용되기에 형식과 내용의 불일치가 종종 문제된다. 일부에선 행정행위란 용어를 통일적으로 사용할 것을 주장하기도 한다.

40) 따라서 통칭하는 '명령'은 법률하위적 규범만을 의미하고, 재판규범성이 없는 행정규칙은 해당하지 않아야 한다. 의회입법에 대응한 행정입법에는 법규명령만이 해당한다. 이 점에서 행정입법이란 개념에 법규명령과 행정규칙을 포섭시키는 것은 지양되어야 한다. 차제에 '행정입법'이란 명칭을 새로이 가다듬는 것이 요망된다. 追論: 행정규칙의 비법규성에 대해선 종전과는 달리 전향적인 입장으로 수정하였다. 본서 409면 이하 참조.

우와, ⅳ) -법정화된 법규범의 형식을 띄지 않는 한에 있어서-지침이나 고시 등과 같은 법정화되지 않은 즉, 비정식적 법규범이 동원된 경우로 나뉜다. ⅳ)의 경우에 취한 형식이 그 내용에 그다지 영향을 미치지 않기에 당연히 내용이 해당 행정활동의 법적 성질을 가늠한다. 독일 문헌과 판례상에서 주된 논란거리이고, 대상판례에서도 문제가 되는 경우가 바로 ⅲ)의 경우이다. 그런데 행정이나 행정청(포괄하여 집행부)이 형식선택의 자유를 갖는 경우와 그렇지 않은 경우는 구분되어야 한다. 가령 일반적으로 '고시'를 행정규칙이자 훈령과 동일하게 이해하는데, 그런 통념으로부터 벗어나면 고시의 형식과 연관해서 해당 조치의 법적 성질에 관한 선택이 행정에게 인정될 수 있다. 하지만 법률이 일정한 공인된 법형식을 규정한 경우에는 사정이 다르다. 입법자의 의사를 법적용자인 행정은 따라야 한다. 규정된 법형식이 담을 내용에 부합할지 여부는 해당 법규정의 정당성 나아가 합헌성의 물음이지, 해당 행정활동의 법적 성질에 관한 논의와는 전혀 무관하다. 요컨대 집행부는 물론 사법부도, 형식남용 등의 이유로 관련 법규정이 합헌성이 다투어지지 않는 한, 입법자가 정한 법형식을 간과해선 아니 된다. 입법자는 그가 택한 법형식을 통해서 사법적 권리보호의 방법을 정한 셈이다.[41]

따라서 95누7994판결의 원심에서 서울고등법원이 「…지방자치단체가 제정하는 조례는 일반, 추상적 규범으로서 통상 행정청의 구체적 행위가 개입되지 않으면 개인의 권리의무 내지 법적 지위에 직접적, 구체적으로 영향을 미치지 않으므로 원칙적으로는 항고소송의 대상인 행정처분에 해당하지 않으나, 이와 같이 "입법행위의 형식을 취하였더라도"(!) 조례에 기초한 행정청의 구체적 처분을 기다리지 않고 조례 그 자체에 의하여 직접 개인의 권리의무에 직접 구체적인 효과를 발생하게 된다면 순수한 입법에 그치지 않는 행정소송법상의 행정처분으로서 …」라고 판시한 것은 자칫 법률구속의 원칙을 형해화하여 법치국가를 사법부국가로 전락시킬 우려가 있다.[42] 따라서 입법자가 공인된 명령의 일종인 조례에 의한 형식을 규정한 이상, 당해 조례의 적법성은 취소소송이 아닌 규범심사의 방법에 의하여 검토해야 한다(후술). 반대로 형식상 행정행위로 발해진 규율은, 비록 그것이 내용상으론 일반적 규율에 해당하고 이런 규율은 반드시 명령에 의해서만 발해졌어야 하더라도, 규범심사절차가 통용되지 않는다.[43] 법적 성질의 문제와, 그 형식에서 비롯된 법적 작용(형식)

---

41) v. Mutius, Rechtsnorm und Verwaltungsakt, in: FS für H.J. Wolff z.75. Geburtstag, 1973, S.181.

42) 한편 대상조례를 행정처분으로 보았다면, 행정처분에 대해서 요구되는 것, 가령 법률유보의 원칙이나 절차법적 요청 등이 더불어 논의되었어야 한다. 특히 후자와 관련해선 현행 행정절차법 제3조 제2항 제1호에 따른 적용배제 문제가 심도있게 논구되어야 한다.

43) BVerwGE 18, 1; 29, 207; DÖV 1974, 426. 의문을 표하는 것으로 VGH München Bay. VBl. 1978, 84.

의 정당성 및 적법성의 문제는 별개이다. 우리의 경우 형식설을 관철하기에는 특히 규범심사와 관련해선 결정적인 제도적 불비가 있다. 이런 제도상의 미흡을 항고소송의 확대로 메우는 것이 숙고 끝에 고려될 수 있는 하나의 방안이긴 하나, 행정법, 행정작용형식의 체계, 행정쟁송의 기본체제를 전복할 우려가 있다. 미흡한 제도를 올바르게 개혁하는 것이 정도인데, 그 일의 제1차적 주체는 입법자이지, 사법부가 아니다.

한편 외적 형식에 좌우된다는 주장은 내용을 도외시하고 법적 성질을 가늠케 한다는 오해를 낳을 수 있다. 하지만 결코 외적 형식이 규율부재를 대체할 순 없다. 즉, 선택된 외적 형식은 아마도 뜻한 바대로 연역적 추론하는 것만을 허용한다. 가령 문서상으로 아무런 규율이 발해지지 않고 단지 통지나 지적이나 알림이나 경고가 주어지면, 비록 행정행위의 대표적 이름인 "결정"이라고 적혀 있고 불복고지와 결부되어 있다 하더라도 그런 문서로부터는 결코 행정행위가 비롯되지 않는다.[44] 아울러 의문스러울 땐 관련인에게 유리하도록, 행정행위로 표시되지 않아서 관련인이 신의성실에 비추어도 곧바로 행정행위로 알 수가 없는 행위는 결코 행정행위가 아니어야 한다.

요컨대 행정행위와 명령의 구분을 위해선, 우선적으로 문제 규율의 외부적 형식에 좌우되어야 하되, 다만 그 형식이 다의적이거나 -형식선택의 자유를 전제로 하여- 권리보호를 제한하기 위한 명백한 형식남용이 있는 경우에만 규율의 내용을 목표로 삼아야 한다.[45]

## Ⅶ. 學校閉鎖措置의 法的 性質

### 1. 학교폐쇄조치의 독립성 여부

이상에서 본 대로 법원의 견해와는 달리 규범심사의 방법으로 대상사안을 접근할 때, 당장 봉착하는 것이 바로 구체적 규범심사제도하에서 요구되는 '재판의 전제성'과 관련한 물음이다. 즉, 그 근거법령에 터 잡은 행정활동이 행정행위(처분)이면 취소소송을, 행정행위가 아니면(가령 사실행위나 공법계약이면) 당사자소송을 제기하여야, 그 사건의 심판을 위한 선결문제로서 법률하위적 법규범은 물론, 나아가 법률의 위헌·위법성이 다루어질 수 있다.

---

44) Kopp/Ramsauer, VwVfG 7. Aufl., 2000, §35 Rn.14.

45) 법규범과는 달리 행정행위에 관해선 우리는 물론 독일도 실정법에서 개념정의를 두고 있다. 그것으로부터 비롯된 행정행위의 개념적 징표를 행정행위의 존재인정과 관련해서 어떻게 자리매김을 할 것인지에 대한 물음이 이 글의 화두이기도 하다.

사건의 경과로 보자면, 경기도 교육감이 두밀분교폐교를 내용으로 하는 개정조례안이 경기도의회에서 의결된 날인 1994.2.22. 교육부에 위 개정조례의 공포예정을 보고하고, 같은 달 28. 이를 공포하는 한편 "같은 날" 두밀분교의 "폐교"와 두밀분교에 재학하고 있던 원고들을 포함한 학생들의 상색초등학교에의 편입에 따라 같은 해 3.1.부터 급식학교를 두밀분교에서 상색초등학교로 변경하는 "급식학교의 변경지정"을 하였고, 경기도 가평교육청교육장은 같은 달 24.과 25. 두밀분교의 교사들과 기능직 기사들을 같은 해 3.1.자로 다른 학교로 "인사발령"을 하였다. 원심과 상고심은 일련의 후속조치에 대해서 독립적 의의를 부정하고, 조치적 조례(두밀분교의 폐지)에 따르는 사후적인 사무처리를 한 것에 불과하다고 판시하였다. 여기선 지방자치단체에 대한 교육감의 지위가 먼저 논의되어야 한다. 피고인 경기도교육감은 폐교의 효과가 전적으로 경기도의회의 개정조례안의 의결로 발생하고, 자신이 직접적인 폐교의 효과를 가져다 준 즉, 폐교처분의 실질을 가지는 행정처분을 하지 않았으며, 그리하여 처분청이 아닌 자신은 피고적격이 없음을 주장하였다. 그러나 원심(서울고법 94구11554판결)은 경기도 교육감의 항변 가운데 전단부 즉, 조례로 인해 직접적인 법효과(분교의 폐지 나아가 그로 인한 학생의 학습권 침해)의 발생은 긍정하되, 통상의 조례와는 달리 교육에 관한 조례는 종국적으로 교육감이 공포하게끔 되어 있음을 들어 경기도교육감을 (행정처분으로서의) 개정조례의 처분청으로 인정하였다.[46] 원심이 교육조례의 경우 그 의결은 지방의회가 행하나, 그것의 최종적인 공포는 교육감이 행함을 논거로 들었는데, -교육감 자신이 입안하고 제출하였기에 일어나기 힘들지만- 만약 교육감이 공포하지 않거나 재의요구한 경우에는 어떻게 되는가? 구지교법 제14조 제6항에 의하면, 조례안의 재의요구 및 공포에 관하여는 지방자치법 제19조 제3항 내지 제7항의 규정이 준용된다. 따라서 법원의 논리를 좇으면 지방자치법 제19조 제6항에 의하여 지방의회의 의장이 교육조례를 공포할 경우에는 지방의회의 의장이나 지방자치단체의 장이 처분청이 되어야 한다. 법원이 해당 조례가 지닌 개별・구체적 내용에 초점을 맞추다 보니, (시・도의) 교육・학예에 관한 사무의 집행기관으로 교육감의 지위(구지교법 제25조)를 간과하여 설득력 없는 미봉책을 제시한 셈이 되어 버렸다. 법률과 조례에서 의결기관과 공포기관을 달리 함을 여기에 대입하면, 법원의 논거가 부당함은 자명하다. 교육감을 교육・학예에 관한 사무와 관련해선 독립된 집행기관으로 바로 보아야(참조: 지방자치법 제112조 등), 비로소 그가 행한 조치의 독립성이 제고된다. 그렇다면 경기도 교육감이 조례공포일에 행한 두밀분교의 "폐교", "급식학교의 변경지정"을 독립된 행정작용의 인정여부에서 살펴보아야

46) 소송대상과 피고적격에 관한 원고측의 불확신의 발로가 바로 대상판결 1과 2의 중복이다.

하는데, 후자는 조직내부적 사항으로 대외적 법효과를 발생시킨다고 보기 어렵기에 전자에 초점을 맞추어야 한다. 그런데 "폐쇄"란 어의가 지닌 실력행사적 측면이나 법집행적 측면에서 이를 사실행위로 볼 수도 있으나, 여기서의 폐쇄는 집행기관으로서의 교육감의 지위에서 행하였다는 점을 염두에 둔다면 독립된 의미를 지닌 법적 행위로서의 "폐쇄조치(결정)"로 봄직 하다.[47] 우리는 행정행위의 존부의 판단에 있어서 '의심스러우면 관련인에게 유리하게'라는 법언을 고려해야 한다.

## 2. 학교폐쇄조치의 법적 성질

이상에서 본 바대로 학교폐쇄조치를 독립된 법적 행위로 여기면 당연히 그것의 법적 성질이 규명되어야 한다. 이와 관련해선 독일에서의 학교폐쇄를 둘러싼 논의에서 시사점을 찾고자 한다.

### (1) 독일에서의 학교폐쇄제도의 개관[48]

독일의 경우 Gemeinde 내지 Kreis가 "학교운영주체(Schulträger)"이어서 "외부적 학교업무(학교 특히 건물, 장비, 자료, 보조직원의 설립과 유지)"를 관할하고, 주는 "내부적 학교업무(교육목표, 수업계획, 수업내용, 교사의 채용)"를 위한 책임을 진다. 주학교법에 의거해서, 필요한 학교를 설치하고 유지하는 것 -이는 경우에 따라선 학교의 폐지(학교폐쇄)를 포함한다- 은 학교운영주체의 임무이다. 모자라지 않을 학교의 숫자와 종류에 관한 결정의 근거는, 인구통계학적 상황과 학부모의 바램에 바탕을 둔 "공적 필요성"이다(Vgl. §27ⅡBW SchG). 그런데 적합한 학교가 임시로 설치될 수 없으며, 학교수의 전개는 적어도 다년간에 걸쳐 가늠될 수 있기에, 장기간에 걸쳐 학교운영주체는 필요한 학교의 현존함을 주목하지 않으면 아니 된다. 이를 위한 절차가 바로 "학교발전기획(Schulentwicklungsplannung)"인데, 이는 주의 다소간 강력한 협력의 지배(동의유보)를 받는다(Vgl. §145 Hess SchG; §10b NW SchVG). 모든 개개의 학교의 설치와 폐지에 관한 결정 역시 통상적으로 주의 학교감독청의 동의를 필요로 한다. 학교운영주체가 필요한 학교의 설치필요성이 현존함에도 불구하고 해태하면, 주학교감독청은 설치의무를 지울 수 있다(Vgl. §30 BW SchG). 이런 방법을 통해서, 학교운영주체가 비용절감하려 학생을 이웃지역으로 내모는 것과, 학교운영주체가 소망스러운 학교와는 다르게 설치·예정함으로써 주의 학교정책을 저지하는 것 역시 제지될 것이다. 학교설치(폐지)에서의 주의 동의유보는 Gemeinde와 Kreis의 자치권

---

47) 충분한 자료 없이 판례공보상의 서술만으로 판단을 내렸기에, 그르칠 가능성이 배제되지 않는다.

48) Püttner/Rux, §14 Schulrecht, in: Achtberg/Püttner/Würtenberg(Hrsg.), Besonderes Verwaltungsrecht Ⅰ, 2. Aufl., 2000 Rn.20, 23, 24, 25, 26, 35, 36.

을 전제로 한 “공관(Kondominium)의 경우로 파악되어선 아니 되고, “예방적 적법성 감독”의 표현이라고 한다. 비록 특별한 신청절차가 존재하거나(Vgl. §§17, 18 NW SchOG), 학교조성에 관한 원칙적인 청구권이 달리 실현될 수 없는 경우를 제외하고선, 학교법률로부터 학부모를 위해서 특정한 학교의 설치에 관한 직접적인 청구권은 결코 도출될 수 없다.[49] 반면 학교폐쇄란 정반대인 경우에는 학생과 학부모의 신뢰이익이 함께 고려되고, 이런 의미에서 학교운영주체의 결정이 비례원칙의 준수와 적정한 이익형량의 측면에서 심사된다.[50]

학교운영주체(Gemeinde나 Kreis)가 학교의 설치, 변경, 폐지에 관한 결정을 내린다. 이는 중요한 업무로서 Gemeinde(또는 Kreis) 의회의 의결을 거쳐야 한다(Vgl. §30 BW SchG; §39 II Nr.11 BW GO). 해당 결정은 주법에 따라서 주의 학교감독청의 동의를 필요로 한다; 이외에도 그 결정은 일반적인 지방적(자치적) 감독의 지배를 받는다. 실제적인 설치, 변경, 폐지는 지방적 행정에 의한 집행조치(Vollzugsmaßnahmen)에 의해서 일어난다. 이는 원칙적으로 사실행위이다. 학부모와 학생은 일정한 상황하에선 학교의 설치나 유지에 관한 청구권을 갖고, 학교운영주체의 해당 결정은 학부모와 학생에 대해서 일반처분적 행정행위에 해당한다. 학교폐쇄에 대해선 학교운영주체를 상대로 한 취소소송으로써 대처할 수 있다

(2) 組織行爲로서의 학교폐쇄조치

행정담당자(행정주체)와 행정조직에 관한 설치, 변경, 폐지를 하는 권능을 의미하는 조직권(Organisationsgewalt)에 의거한 조직행위는 결코 통일된 법적 성질을 갖지 않는다. 그것은 행하는 형식과 그에 결부된 법효과의 발생에 따라서, 행정행위, 법률하위적 규범, 또는 -특정 구체적인 행정청의 설치・폐지・이전처럼- 전적으로 행정내부사항일 수 있다.[51] 사실 규율적 성격을 갖지 않은 조직상의 조치(처분)는 곧바로 내부행위이자 사실행위로 분류되어야 한다. 규율적 성격을 지닌 조직행위와 관련해서, 먼저 문제되는 것은 일정한 법형식이 법률적으로 규정되어 있는지 여부, 조직행위를 발하는 조직이 이들 규정을 준수하였는지 여부이다. 우리 지방자치법은 지방자치단체의 명칭・구역의 변경 및 그것의 폐치・분합은 법률로써, 시・군 및 자치구의 관할구역 경계변경은 대통령령으로써, 자치구가 아닌 구 등의 명칭・구역의 변경 및 그것의 폐치・분합은 행정자치부장관의 승인을 얻어 당해 지방자치단체의 조례로써

49) Vgl. BVerwG NJW 1979, 828/829.

50) Vgl. BVerwG NJW 1979, 176; OVG Hamburg NVwZ 1985, 51.

51) 조직행위의 법적 성질에 관한 일반적 논의로 vgl. Martens NVwZ 1982, S.481ff.; Rasch, Bemerkungen zur Rechtsnatur organisatorischer Maßnahmen, DVBl. 1983, S.617ff.

정하도록 규정하고 있다(동법 제4조).[52] 마찬가지로 독일의 경우에도 Gemeinde의 편입은 형식적 법률에 의해서, 관할구역변경은 법규명령에 의해서 행해져야 한다.

앞서의 형식설을 취하는 이상, 형식부여적인 법률적 규정이 없을 경우에 비로소 법형식이 개별사건에서 탐구되어야 한다. 우선 심사되어야 할 점은, 바로 조직행위가 순전히 행정내부적으로만 효력을 발생시키는지 아니면 "대외적으로도" 효력을 발생시키는지 여부이다. 외부효가 승인되면, 구체적 개별적 규율(그러면 행정행위이다)이나 일반적 추상적 규율(그러면 법규명령이다)이 존재하는지 여부가 탐구되어야 한다.[53] 조직행위를 분류함에 있어서 특별한 문제점은 그것이 1차적으로 행정조직을 목표로 삼는 점에 있다. 조직행위가 개별사건적 규율에 해당할 때, 그것이 시민에 대해 일종의 반사적으로 그의 권리에 관련될 뿐만 아니라, -적어도- "시민"을 위하여 가령 행정조직의 영역을 넘어서 법효과설정적으로 효력을 발생시킬 규율도 담고 있어야만, 그 시민과의 관계에서 외부효와 행정행위적 성격이 시인된다.[54] 요컨대 행정청의 모든 조직행위는, —행정행위의 여타의 개념적 징표가 충족된 한에 있어서— 행정내부영역에 영향을 미칠 뿐만 아니라 동시에 시민이나 기타의 권리주체의 권리에도 직접적으로 관련이 있는 경우에, 그 시민과의 관계에서 행정행위로 여겨져야 한다.[55] 독일의 예를 보자면, 부모의 교육권과 학생의 학습권과 관련하여 학교의 개설 및 폐쇄에 관한 결정,[56] 도축장의 개설이나 폐쇄결정,[57] 김나지움을 연차적으로 종합학교로 바꾸는 것,[58] 학교에 주5일제 도입,[59] -형식상 법규에 의해서 행해지지

---

52) 이에 관한 상세는 류지태, 앞의 책, 647면 이하 참조.

53) 한편 조직행위의 법적 성격에 관한 논란에서 독일 문헌상으론 일부에서 가령 법규범형식이 아닌 Gemeinde의 구역변경조치와 관련해서 Gemeinde에 대해선 행정행위이고, 시민에 대해선 법규범이라는 식으로, "이중성격의 법적 행위"(Rechtsakt mit Doppelnatur)가 주장되고, 종종 조직행위를 "특별한 고권적 행위"(Hoheitsakt sui generis)라고 표현되고 다루어진다. 다수는 전자의 주장이 실제적으로나 법논리적으로나 관철되기가 불가능하다고 인식하고, 후자의 주장은 실상 기존의 법형식의 틀로 再歸할 수밖에 없다고 평한다. 이런 사정에 관해선 vgl. Wolff/Bachof/Stober, a.a.O., §45 Rn.73f.; O. Bachof, Satzungsgenehmigung und Satzungsoktroi: Verwaltungsakte mit Doppelnatur?, in: FS für W.Weber z.70. Geburtstag, 1974, S.515ff.

54) Maurer, Allg. VerwR, 2000, §21 Rn. 61. 그런데 간과해선 안될 점은, 행정행위의 부인은 취소소송만을 배제하지 결코 司法的 권리보호 자체를 배제하지는 않는다는 것이다. 즉, 시민은 만약 내부조직상의 조치로 인해 자신의 권리가 관련될 경우에는 당사자소송의 형식으로 이행소송을 제기할 수 있다. 이 점에서 현재 당사자소송이 제대로 활용되지 못함은 법치국가원리의 구현에 배치된다.

55) 조직행위의 본래의 수범자는 행정기관과 같은 조직이다. 조직의 일종의 이용자라 할 수 있는 시민에 대한 그 조직행위의 영향미침을 법적 효과로 끌어들이는 데 가교 역할을 하는 것이 바로 (독일 행정절차법 제35조 제2문상의) 일반처분의 존재이다. 일반처분의 법도그마틱적 의의는 바로 행정행위와 법률하위적 규범간의 한계상황에서 가능한 전자로 포섭케 함으로써 이론적 논란을 불식시킨 데 있음을 상기해야 한다(후술).

56) BVerwGE 18, 40; OVG Koblenz NVwZ 1986, 1036; OVG Münster DVBl.1989, 1272; OVG Bremen NVwZ1986, 1038.

57) VGH Kassel 19, 17=DÖV 1989, 358. 다른 입장으로 BGH DVBl. 1970, 135-이용에 관한 청구권이 존재하지 않을 경우엔 행정행위가 아닌 것으로-.

58) OVG Hamburg DÖV 1980, 384; NJW 1980, 2146.

59) BVerwGE 47, 210.

않는 한- 학군변경[60]이 이에 해당한다. 아울러 정식으로 법률이나 법규명령의 발함에 의해서 행해지지 않는 한, Gemeinde의 설치 · 폐지 · (Kreis로부터의)독립화는 관련 Gemeinde와 그것이 속한 Landkreis에 대해선 행정행위이다. 반면 시민에 대해서는 그렇지 않다.[61] 그리고 Gemeinde의 구역변경과 존속변경은, 법규범에 의해서 일어나지 않는 한, 관련 Gemeinde에 대해서는 행정행위이나, 관련 Gemeinde의 주민에 대해서는 그렇지 않다.[62] Gemeinde를 위한 작명과 개명 역시 마찬가지이다.[63] 반면에 행정청의 관할영역의 변경은 시민이나 기타의 법주체의 일반적 권리가 존재하지 않기에, 통상 행정행위가 아니며,[64] 아울러 행정청내부적으로만 영향을 미치는 내부조직개편과 같은 조직조치 역시 행정행위가 아니다.[65]

### 3. 소 결

그런데 학교폐쇄조치는 조직행위로서의 특징 말고도, 그것의 직접적인 수범자가 학생이나 학부모와 같은 사람이 아니라, 학교라는 사물인 점이 또 다른 특징이다. 이런 대물적 행위의 처분성을 열어 준 것이 바로 독일에서의 일반처분에 관한 논의이다. 독일 연방행정절차법 제35조 제2문은 「일반처분(Allgemeinverfügung)이란, 일반적 징표에 의하여 특정되거나 특정될 수 있는 인적 범위를 대상으로 한 행정행위 및 물건의 공법상의 성질 또는 공중에 의한 그 이용에 관계되는 행정행위를 말한다」라고 정의하고 있다. 학교폐쇄조치는 여기서 말하는 물건의 공법상의 성질에 관계되기에, 이른바 '사물관련적 일반처분'과 관련하여 논의해야 한다. 본시 독일에서 일반처분은 수범자의 범위의 불특정성(즉, 수범자관련한 일반처분)과 결부되었는데, 입법을 통해서 사물관련한 것과, 일반공중에 의한 사물의 이용을 위한 것까지 확대되었다. 그리하여 독일의 경우 일반처분을 매개로 하면 학교폐쇄조치의 처분성이 별 어려움 없이 시인될 수 있지만, 우리는 행정절차법이나 행정소송법에서 일반처분을 명시적으로 규정하지 않고 있기에, 현재의 처분정의에 그런 법형상이 포섭될지 숙고하여야 한다.[66]

---

60) VGH München Bay.VBl. 1972, 580. 다른 입장으로 VGH Kassel NVwZ 1984, 116; Theuersbacher, Die Entwicklung des Schulrechts von 1984-1987, NVwZ 1988, 888.

61) VGH München Bay. VBl. 1965, 59.

62) BVerwGE 18, 154; OVG Koblenz NVwZ 1983, 304,

63) VGH München DVBl. 1981, 223.

64) VGH München Bay.VBl. 1971, 309; 1975, 115.

65) OVG Münster DVBl. 1968, 660.

66) 한편 현재 사용되고 있는 "대인적", "대물적"이라는 용어는 그 의미의 엄밀성이라는 측면에서 보면, 해당되는 행정행위의 특징을 정확히 반영하기보다는 오히려 혼란을 초래하였다고 할 수 있다. 이는 물적 행정행위의 개념을 받아들인 후에 더욱 그렇다. 그러므로 물적 행정행위에 해당하는 공용지정 등을 대물적 행정행위

행정소송법 제2조 제1항 제2호 등이 사람만을 수범자로 하는 처분에 국한함을 명시하지 않은 이상 반대해석을 통해서 일단 사물관련적인 것까지 포함한 일반처분이 가능하되, 그것의 존부는 동법상의 처분정의에 의거하여 판단이 내려져야 한다. 즉, 우리 실정법상의 처분정의 「'처분등'이라 함은 행정청이 행하는 구체적 사실에 관한 법집행으로서의 공권력의 행사 또는 그 거부와 그 밖에 이에 준하는 행정작용 및 행정심판에 대한 재결을 말한다」(행정소송법 제2조 제1항 1호)를 바탕으로 한 행정행위(처분)의 개념적 징표 – ⅰ) 행정청, ⅱ) "구체적 사실"에 관한, ⅲ) "법집행"으로서의, ⅳ) "공권력"의 행사 또는 그 거부, ⅴ) 공권력의 "행사 또는 그 거부", ⅵ) 그밖에 이에 준하는 행정작용(준처분)– 를 잣대로 삼아야 한다. 학교폐쇄조치의 처분성 물음과 관련하여, 의미로운 징표는 ⅰ), ⅱ), ⅲ), ⅴ)인데, 특히 ⅱ)와 ⅲ)이다. "구체적 사실에 관한" 징표는 행정행위와 법규범(정)과의 구분지움에 기여한다. 법규범(정)은 추상적·일반적 규율인 반면, 행정행위는 구체적·개별적 규율이다. "구체적 사실에 관한" 징표는 달리 말하자면 "개별사건적" 징표라 할 수 있다. 구체적 생활사안을 포착하는 모든 규율이 "개별사건"이란 기준을 충족한다. 본시 특정 인적 범주에 대해서 구체적인 것을 작위, 수인, 부작위를 요구하는 것이 개별사건적 규율인데, 우리의 경우 문언상 불특정다수를 상대로 한 일반적·구체적 규율까지 여기에 포함시킬 수 있다고 보아야 한다.[67)]

문제는 대외적으로 직접적인 법효과의 발생을 지향하는 것을 내용으로 하는 "법집행"으로서 징표이다. 학교폐쇄조치가 행정내부영역을 넘어서 학생과 학부모의 학교 내지 학교운영주체(지방자치단체)와의 법관계에 직접적으로 영향을 미치는 점은 자명하다. 학교폐쇄조치가 지닌 객관적 의미내용에 비추어 외부효과가 초래하도록 정해져 있다. 이 점에서 원심(서울고법 94구11554판결)이 비록 조례를 대상으로 삼았지만, 학교폐지로 인해 그 학교를 이용할 취학아동의 이익이 상실하게 된 점을 그것의 처분성의 인정논거로 정당하게 들었다. 다만 조례를 처분으로 본 기본적 의문점

---

에 포함시켜 논의하는 입장은 양자를 동일하게 본 점에서 문제가 있다. 따라서 "대인적", "대물적"이라는 용어에 갈음하여 "개성관련적"(personenbezogen), "사물관련적(구속적)" (sachbezogen, sachgebunden)이라는 용어를 사용함이 좋을 듯 싶다. 결국 개성관련적 행정행위는 물론 사물관련적 행정행위 역시 특정인에 대해서 발해지는 한, 대인적 행정행위이며, 반면에 사물관련적 행정행위 가운데 인적 범위가 전혀 특정되지 않은 것은 물적 행정행위로서 대물적 행정행위에 해당한다 할 것이다. 생각건대 철거명령은 사물이 아닌 사람에 대해서 말해지는 점에서는 대인적 행정행위이며, 설령 개성적 징표가 있다 하더라도 엄격히 말해 개성관련성보다는 사물관련성을 더 갖는다는 점에서는 사물관련적 행정행위에 해당한다고 할 수 있다. 상세는 졸고, 공의무, 특히 철거의무 및 이행강제금납부의무의 승계에 관한 고찰, 공법연구 제23집 제2호, 1995.6., 298면 이하 참조. 追論: 본서 45면 이하 참조.

67) 만약 여기서의 '구체적 사실'이란 항상 (특정인 또는 특정가능한 인적 범주를 지향한다는 의미에서의) 개별적이어야 한다고 하면 일반처분의 인정이 약간의 곤란을 겪을 수 있지만, 생각건대 일반처분은 준처분에 해당하는 '그밖에 이에 준하는 행정작용'에는 전혀 어렵지 않게 터 잡을 수 있다.

말고도, 일반처분 나아가 사물관련한 그것의 존재가 전혀 인식되지 않았다는 점이 아쉽다. 덧붙여서 학부모와의 관계에서도 처분이 인정되는지 궁금함이 남는다.

## Ⅷ. 當該 學校閉鎖措置의 違法性 檢討

학교폐쇄조치의 위법성과 그것의 법적 성질은 직접적 관련이 없다. 후자의 논의는 권리보호의 방법 문제에 관련하고, 설혹 학교폐쇄조치가 법적 행위가 아닌 사실행위에 그친다 하더라도 그 자체가 위법하거나 근거법령의 위법으로 인해 위법하게 될 수 있다.[68] 여기선 이상에서 본 바대로 학교폐쇄조치를 행정행위로 보고서 그것의 위법성을 살펴보고자 한다.

먼저 경기도 교육감이 내린 학교폐쇄조치의 위법성을 가늠하기 위한 잣대가 당시는 물론 현행의 지방자치법, '지교법', 구교육법, 초·중등교육법 등에 전혀 없다. 이 점에서 법원이 당해 조례의 위법성을 심도는 있지만 오로지 법률우위적 측면에서 검토하였음은 무리가 아니다. 그러나 판례도 확인한 바와 마찬가지로, 학교폐쇄조치는 국민인 학생과 학부모에게 심대한 침익적 효과를 가져다 준다. 그렇다면 그것의 위법성 검토의 첫 단추는 법률유보의 원칙에서 찾아야 한다. 법률유보의 원칙을 둘러싸고 여러 이론이 전개되나, 아직까지도 논란이 잔존하는 '본질사항유보이론'에 의하지 않더라도 가장 전통적인 '개입(이른바 침해)유보이론'에 의하더라도 학교폐쇄조치에 관한 법적 근거가 당연하게 필요하다. 이런 형식고수적 주장에 대해선, 「시·도의 교육·학예에 관한 사무의 집행기관으로 시·도에 교육감을 둔다」고 규정한 구지교법 제25조와, '학교 기타 교육기관의 설치·이전 및 폐지에 관한 사항'을 교육감의 사무관장에 포함시킨 구지교법 제27조 등을 들어 반론을 제기할 법하다. 그러나 이는 권한 내지 임무규정이기에, 침익적 조치에 관한 수권(권능)규정으로 삼을 순 없다.[69] 민주적 정당성을 보장하기 위한 법률유보의 본래의 뜻은 바로 입법자의 의사가 수권규정을 통해서 담겨져야 한다는 것이다.

한편 학교폐쇄조치의 바탕인 당해 조례의 위법성·위헌성은 규범심사절차에서 검토되어야 한다.[70] 조례제정은 그 자체가 이회 즉, 법률에 이해서 전래된 법제정권

68) 이 경우엔 당사자소송을 통해 결과제거청구권을 주장하여 권리구제를 도모할 수 있다.

69) 문헌상 권한과 권능의 용어사용이 다소 혼란스러운데, 필자는 독일의 'Kompetenz'를 '권한'으로, 'Befugnis'를 '권능'으로 옮기는데, 전자는 관할(Zuständigkeit) 내지 임무와 관련되고, 후자는 수권(Ermächtigung)과 관련된다.

70) 이제까지 "법규명령"의 주제로 다룬 문제는 특히 법규명령과 의회입법과의 관계를 바탕으로 한 것 즉, 수권범위를 둘러싼 명확성의 원칙 등과 더불어 명령의 하자의 효과 등이 논의되었다. 하지만 법규명령 그 자체, 분명히 말하자면 명령제정권의 행사에 관한 사법심사의 내용과 범위는 여지껏 그다지 주목을 받지 않았다. 이에 관한 법원의 태도는 대부분 의례적이고 무분별적인 데 지나지 않는다. 명령권능이란 입법적 형성자

능이 아니고, 오히려 자치단체는 자치권과 법률상의 규준의 테두리내에서 다른 법률하위적 규범(명령)의 제정자보다 더 자유로이 활동한다. 조례를 자치법규로 부르는 참뜻은, 통상의 명령에 통용되는 규준이 여기에는 그대로 통용되지 않는다는 데 있다. 조례제정을 수권한 지방자치법 제15조의 의의는 자치권으로부터 유래한 지방자치단체의 법제정력을 입증하고, 그 효력영역을 한정하는 데 있다. 다른 한편 조례제정은 법치국가적 원리에 입각한 의회유보와 법률유보의 요청으로부터 완전히 자유로울 수 없거니와, 자치 그 자체로서도 이들 요청의 제외를 충분하게 정당화시키지 못할 것이다.[71] 그리고 독일 연방헌법재판소가 "전문의결정"(Facharzt-Beschluß)[72]에서 명확히 하였듯이, 기본권을 개입하거나 기본권행사를 "본질적으로" 특징지우는 조례를 위해선, 입법자가 (조례제정권의 내용과 범위를 추론할 수 있게 하는) 특별한 수권요건을 사용하지 않으면 아니 된다. 이 점이 바로 지방자치법 제15조의 단서의 존재이유이다. 물론 자치단체의 자기책임적이고 지역여건에 맞춰진 법제정력을 고려해야 하기에, 조례조항의 상세화에 대해 지나치게 높은 요구를 설정해선 아니 된다.

---

유와 행정재량의 중간범주에서 고려될 수 있는데, 문제는 그 중간범주를 원칙적으로 입법자의 형성자유나 행정재량 그 어느 쪽에서 다루어야 할지가 분명치 않다. 양자간에는 본질적으로 큰 차이점이 있다. 전자가 입법자에 의한 정치적 형성을 담고 있는 반면, 후자는 개별사건에서의 정의실현을 지향한다. 나아가 입법자의 형성자유에 행정재량을 대비시킬 수 없다. 왜냐하면 전자에선 직접적으로 민주적 정당성을 지닌 국민대표의 정치적 의사와 (국민주권에서 기인한) 결정력이 담겨져 있기 때문이다. 요컨대 입법적 형성자유와 행정재량은 통일적으로 파악될 수 있는 재량의 극단에 해당하지 않는다. 명령권능에 행정재량의 엄격한 심사원칙을 적용하여야 하는지 아니면 입법적 형성자유의 심사에 통용되는 덜 엄격한 규준을 적용하여야 할는지 여부의 물음에 대해서, 확고한 답이 내려지지 않았다. 일찍이 Ossenbühl은 이 물음과 관련해서, 상이한 명령유형과 상이한 명령제정과정(재량여부)을 고려해서 해결책을 찾고자 시도하였다. 그리하여 일반적인 법규명령과, 조치적 명령(Massnahmeverordnungen)과 개별적 명령(Individualverordnungen)을 구분하여, 조치적 명령과 개별적 명령에 대해서, 법규명령이 행정행위의 기능과 규율내용을 떠맡을 때에는, 당연히 그것은 행정행위와 동일한 심사밀도에 처해져야 한다고 주장한다. 아울러 그는 여기서의 명령은 형식상으로만 법제정(Rechtsetzung)이지 내용상으론 법적용(Rechtsanwendng)이라고 강조한다. 한편 그는 자기가 제기한 심사밀도와 범위(Wieweit)의 문제는 (이 글에서 주로 다룬) 권리보호의 방법 즉, 그러한 법규명령이 어떠한 절차로 사법심사에 도달할 수 있는가와는 무관함을 지적하였다. Ders. Richterliches Prüfungsrecht und Rechtsverordnungen, in: FS für H. Huber, Berlin 1981, S.283ff. 이런 논의의 연장에서, 명령제정자의 형성자유를 독립적으로 정립하는 것을 내용으로 하는 박사학위논문(Die Gestaltungsfreiheit des Verordnungsgebers, 1989)이 Ossenbühl의 제자인 Danwitz에 의해서 출현하였다. 생각건대 Ossenbühl의 주장이 그들의 규범심사를 바탕으로 하기에 우리 법현실과 차이점은 있지만, 충분히 고려해 볼 만하다.

71) 조례제정에 있어서 법률유보가 법률우위와 동일하게 통용되는지 여부는 소위 "전문의결정"과 "본질성이론"의 영향하에서 논의되고 있다. Vgl. Schröder, §16 Kommunalverfassungsrecht, in: Achtberg/Püttner/Würtenbergen, Besonderes Verwaltungsrecht Ⅱ, 2000, Rn.100ff.; Bethge, Parlamentsvorbehalt und Rechtssatzvorbehalt für die Kommunalverwaltung, NVwZ 1983, 577ff.; Bleckmann, Inhalt und Umfang des Gesetzgebungsvorbehalts bei Gemeindesatzungen, DVBl. 1987, 1086ff.

72) BVerfGE 33, 125(158):「입법자는 자신의 입법권능을 완전히 포기해선 안되고 민간단체가 발한 규범의 내용에 대한 자신의 영향력을 전반적으로 넘겨주어서도 안된다는 원칙은, 그 자체 허용된 자율보장의 범주에서도 여전한다. 이것은 법치국가원리와 민주주의원리에서 도출된다. 전자는 권력남용을 막고 개인의 자유권을 보호하도록 공권력을 법적 구속시킬 것을 요구하고, 후자는 생활영역의 모든 질서(규율)가 객관적인 법규정에 의해서 국민이 임명한 입법기관의 의사결정에 귀착할 수 있어야 함을 요구한다」. 동지: BVerfGE 64, 208(214f.). 이와 관련해선, 대강의 내용마저 제시함이 없이 소속 지방변호사회나 대한변호사협회의 회칙위반을 징계사유의 하나로 규정한 우리의 변호사법 제91조 제2항이 문제될 수 있다.

다시 말해 그런 것을 통해서 지방자치를 동여매거나 포박해선 아니 된다. 우리 지방자치법 제15조의 단서의 합헌성을 둘러 싼 논의는 기본적으로 법률유보와 자치가 각기 지향하는 이익들의 조화를 이루려는 태도가 바탕이 되어야 한다.[73]

이상에서 본 바대로 그리고 원심이 처분성논증에서 확인한 것처럼, 학교폐쇄조치가 지닌 심각한 침익성은 그것이 지방자치법 제15조 단서상의 '주민의 권리제한에 관한 사항' 임을 분명히 한다. 따라서 입법자가 아무런 방향설정 없이 그러한 침익적 성격의 조례를 제정하는 것은, 조례제정권의 바탕인 전권한성의 원칙과 자기책임성의 원칙을 동원하더라도 정당화될 수 없다.[74]

## Ⅸ. 맺으면서

법원이 기본적으로 형식보다는 실질에 비중을 더 둔다는 점은, 위임명령으로서의 재량준칙을 문헌상의 다수 입장과는 배치되게 재판규범성없는 행정규칙으로 본 데서도 확인할 수 있다. 근년에 와서 대통령령으로 정한 재량준칙의 경우에는 법규명령으로 봄으로써,[75] 변화의 일단을 보인다. 물론 대통령령의 여타 명령에 대한 효력상의 우위를 갖고서 차별을 근거지울 수 있지만, 이미 그 자체로서 종전의 입장을 견지할 논리의 일관성은 소멸되기 시작하였다. 이 글에서 취한 형식중시의 입장에서 보면 법원의 이런 태도가 바람직스럽지 못함은 명백하다. 일찍이 Jhering이 형식을 恣意의 단호한 배격자이자 자유의 쌍둥이자매로 평하였듯이,[76] 형식은 그것이 행정활동의 수행을 조정하는 경우에만 그 자신의 힘을 발휘할 수 있다고 하겠다. 법원의 실질중시적 태도는 그 자신으로 하여금 현하의 문제에 매달리다 부지불식중에 자기모순에 빠뜨릴 수 있다. 오늘날 인프라행정의 핵심수단인 계획을 보자면, 만약 그것의 법형식이 법률에서 정해졌다면 법원으로선 얼마나 부담을 덜 수 있으며, 한층 정력적으로 그것의 실체적 정당성확보에 나설 수 있지 않을까? 자기 소임을 방기하는 입법자가 자기의 존재이유를 깨닫는 계기가 마련되도록, 법원이 도리어 형식중시적 태도로 전환하길 기대한다. 끝으로 형식은 공식이자 정식임을 다시 강조하고 싶다.

---

73) 동지: 류지태, 앞의 책, 700면 이하.

74) 한편 입법행위로서의 조례제정과 관련해선 국가배상책임이 문제될 수 있다. 독일 일반법원은 여지껏 정식적 법률과 일반적인 법규명령의 경우엔 배상책임의 성립을 부인하였지만, 건설법전 제10조에 따른 건축상세계획-개별사건규율적 조례(명령)-의 경우에는 배상책임의 성립가능성을 시인하고 나아가 위헌인 조치적 법률과 개별사건적 법률에 대해서도 그러한 입장을 취하였다. 시사하는 바가 크다. BGHZ 106, 323, 331ff.; 108, 224, 226ff.; 109, 380, 385ff.

75) 대법원 2001.3.9. 선고 99두5207판결; 1997.12.26. 선고 97누15418판결.

76) ders., Geist des römischen Rechts auf den verschiedenen Stufen seiner Entwicklung, 2.T1., 2.Abt. 1875, S.471: P. Krause, a.a.O., S.16 Fn.15)에서 재인용.

* 법조 제554호, 2002.11., 90면 이하 소수.

* 참고문헌: 김남진, '행정상 확인소송의 가능성과 활용범위', 고시연구, 2005.5.; 졸고, 행정작용의 가늠잣대에 관한 소고-형식인가 실질인가?, 고시연구 2002.12., 14면 이하; 이른바 처분적 시행규칙의 문제점에 관한 소고, 법률신문 3478호, 2006. 7. 27.; 조문형식을 띤 고시의 처분성 인정에 따른 문제점에 관한 소고, 저스티스 제98호, 2007.6., 272면 이하.

# 제 3 장

# '送油管移設協約'의 法的 性質에 관한 小考

－對象判決: 서울고법 2005.10.19. 선고 2003나26121判決－



## Ⅰ. 事案의 槪要

피고(주식회사 대한송유관공사)는 고속국도법과 도로법에서 정하고 있는 도로부지와 접도구역에 송유관을 매설하기 위하여 1991.10.8. 원고(한국도로공사)와 그 매설에 관한 협약(이하 '이 사건 협약'이라 한다)을 체결하였는데, 그 협약 중 송유관 시설의 이설 및 그 비용부담에 관한 내용은 "고속국도의 유지관리 및 도로확장 등의 사유로 도로부지 및 접도구역에 매설한 송유시설의 전부 또는 일부의 이설이 불가피할 경우에는 원고는 피고에게 송유관시설의 이전을 요구할 수 있고 그로 인하여 발생되는 이설비용은 피고가 부담한다"로 되어 있었다.

원고는 1992.5.18. 피고에게 "도로점용 및 접도구역 내 공작물 설치허가"를 하였는데(이하 위 허가를 '이 사건 허가'라 한다), 그 허가조건 중의 하나로 피고가 이 사건 협약을 위반하였을 때에는 원고가 임의로 허가를 취소할 수 있다는 조항을 부가하였다. 피고는 위 허가에 따라 송유관매설에 착수하여(경부고속도로 영남권 제3공구는 1992년 10월경 착공하였다), 1995.3.31. 매설을 완료하였는데(접도구역의 토지소유자들과는 따로 토지사용에 관한 계약을 체결하였음), 위 매설완료 전인 1994.2.1. 도로법시행규칙이 개정되어 접도구역에는 관리청의 허가없이 송유관을 매설할 수 있게 되었다.

1997. 초순경 경부고속도로 청원~증약 사이 구간의 도로확장공사계획에 따라 그 구간에 매설되어 있던 송유관의 이설이 불가피하게 되자, 원고는 1997.4.14. 피고에게 '송유시설 이설비용 부담주체 등에 관한 업무협의 요청'을 보내면서 위 구간의 도

로부지 및 접도구역 내에 매설되어 있는 송유관을 이 사건 협약에 따라 피고의 비용으로 이설해 줄 것을 요청하였다. 피고는 1997.4.29. 원고에게 '송유시설 이설비용 부담 주체 등에 관한 의견 회신'을 보내면서, "이 사건 협약에 따라 도로부지 및 접도구역 내의 송유관 이설 비용은 피고가 부담하고, 도시계획구간 등 기타지역 내의 송유관 이설비용은 원고가 부담하여야 할 것"이라고 답신하였다.

한편, 건설교통부는 고속국도 접도구역에 건축허가 또는 형질변경허가를 신청하기 위해서는 허가신청서에 '보상비청구포기서'를 첨부하도록 하는 '접도구역관리지침'을 시행하여 오다가 1998.8.1. 재산권침해의 우려가 있다는 이유로 위 지침에서 보상비청구포기서 징구에 관한 부분을 삭제하였는데, 피고는 이를 이유로 하여 종전의 입장을 바꾸어 1999.2.24. 원고에게 "위 지침이 개정되어 이 사건 협약 중 접도구역 내 송유관 이설비용을 피고가 부담키로 한 조항의 근거규정이 소멸되었으므로 이 사건 협약도 변경되어야 한다"는 뜻을 통보하였다.

## Ⅱ. 對象判決의 要旨

이 사건 협약은 그 성질상 허가에 붙일 부관안(부관안)에 대한 협약이라 보아야 할 것이고, 그렇다면 허가가 실효되면 그 부관이 실효되는 것과 같이 이 사건 협약 역시 허가가 실효되면 별도의 의사표시 없이 당연히 실효되는 관계에 있다고 보아야 할 것이다. 이 사건 허가는 도로부지에 관한 부분과 접도구역에 관한 부분으로 나뉘어서 효력을 달리 할 수 있는 허가가 아니라 그 전체가 효력을 같이 하는 일체불가분의 허가라고 봄이 타당하고, 따라서 이 사건 허가에 붙은 부관안에 관한 협약의 성격을 가지고 있는 이 사건 협약 역시 도로부지에 관한 부분과 접도구역에 관한 부분으로 나뉘어져 효력을 달리 할 수 없는 일체불가분의 것이라 할 것이다. 이 사건 송유관 매설사업의 특성상 그로 인하여 이 사건 허가 및 그에 부가된 이 사건 협약의 전부 또는 일부의 효력이 상실되었다고는 볼 수 없을 것이어서, 이 사건 협약은 위 시행규칙 개정 이후에도 그 효력을 유지하게 되었다 할 것이다. 이 사건 협약에서 이 사건 허가에 따라 매설된 송유관의 이설비용을 전부 피고가 부담하도록 정하고 있는 이상, 이 사건 공사구간에 관한 송유관 이설비용은 피고가 부담하여야 하는 것이다.

## Ⅲ. 對象判決의 問題點

송유관이설과 관련해선, 대상판결의 원심인 수원지방법원 성남지원 2003.3.21. 선고 2002가합2382판결이외에, 수원지방법원 성남지원 2006.1.11. 선고 2003가합6145판결이 있다. 지면관계상, 논의의 출발점인 1991.10.8.에 체결한 협약의 법적 성질만을 간략히 살펴보고자 한다.

### 1. 當該 協約의 法的 性質의 問題

당해 협약의 법적 성질에 관해 별다른 언급을 하지 않은 원심과는 달리, 대상판결은 그 협약을 '허가에 붙일 부관안에 대한 협약'으로 보되, 구체적인 부관의 종류는 언급하지 않는다. 하지만 2003가합6145판결은 그 협약을 대상판결과 동일하게 '허가에 붙일 부관안에 대한 협약'으로 보면서, 동시에 그 내용에 있어서는 피고에게 송유관 이설비용의무를 명하는 점에서 부담에 해당한다고 구체적인 부관의 종류를 적시한다.

허가 이전엔 당해 협약을 '부관안에 대한 협약'으로 보고, 허가 이후엔 부관 그 자체로 보는 것은 나름의 설득력을 갖는다(부관적 접근의 문제점은 후술함). 그러나 시간적 흐름과 사안의 경과에 비추어, 여기서의 협약이 부관 가운데 부담에 해당하는지는 의문스럽다. 왜냐하면 비록 허가에 협약위반에 따른 허가취소를 규정하고 있긴 하나, 이는 일종의 철회권유보 또는 철회사유의 확인일 뿐이고, 당해 협약은 실질적으로 당해 허가발급의 기초(전제조건)가 되었기 때문이다. 본체인 행정행위의 효과를 보충·보조하는 부담의 본래적 기능을 여기선 발견하기 어렵다.

### 2. 失效論證의 問題

2003가합6145판결처럼 당해 협약을 부관 특히 부담으로 볼 때, 그 자체를 직접적인 소송대상으로 삼아 행정소송을 제기하는 문제도 검토될 수 있지만, 당해 협약의 부관적 접근은, 결국 그것의 유효성여부를 본체인 행정행위의 존부에 의존시킨다(부관의 부종성에 따른 실효논증). 원심이, "송유관 이설공사의 비용부담에 관한 문제는 허가의 요부나 허가신청시 보상비청구포기서 제출의무의 유무와는 무관한 별개의 문제라 할 것이며, … 위 규칙 및 지침의 개정은 이 사건 협약의 효력에 아무런 영향을 주지 않는다"고 판시한 반면, 대상판결은 실효논증을 전개하였다. 즉, 대상판결은 당해 허가 및 협약의 가분성을 인정할 여지가 있다고 하면서도, 송유관매설사업의 특징을 들어, 당해 허가 및 협약의 가분성을 부정하고, 이를 근거로 법령개정에도 불구하고 당해 허가 및 협약의 효력을 인정한다. 반면 2003가합6145판결은 당해 허가를 도로구역상의 점용허가(송유관매설허가)와 접도구역상의 점용허가(송유관매설허가)로 나누어, 관련 법규정의 개정을 근거로 후자의 실효를 논증한 다음, 당해 협약의 접도구역과 관련된 부분이 실효됨을 논증하였다.

행정행위의 실효사유로, 대상의 소멸, 해제조건의 성취, 목적의 달성을 들지만, 이밖에 발해진 규율의 대상상실을 초래하는 중대한 사실·법상황의 변경에 의해서도 행정행위는 실효될 수 있다.[1] 이 점에서 대상판결이 취한 실효논증은 나름의 타당성을 지니는 반면, 행정행위의 기초가 되는 법률적 근거의 소멸을, 곧바로 그 행정행위의 실효로 연계시킨 2003가합6145판결의 논증은 오해를 낳을 수 있다. 실효적 접근의 경우, 당해 허가의 가분성 여부가 관건이다.

## Ⅳ. 管　　見

### 1. 當該 協約에 관한 行政契約的 接近

당해 협약에 대한 부담적 접근이 의문스러울 경우, 조건에 의한 부관적 접근도 고려될 수 있다. 그러나 조건적 부관은 본체인 행정행위의 성립여부의 차원에서만 의미를 가질 뿐이다. 부관의 본질적 징표인 부종성으로 말미암아, 부관론의 궁극적 지향점은 부관이 아니라, 본체인 행정행위의 성립과 존속 그 자체이다. 일종의 계약서와 같은 당해 협약서의 내용 및 새로운 변경합의의 성립 등의 일련의 사정을 고려할 때, 부관적 접근은 협상을 기조로 한, 사안의 실체에 어울리지 않는다. 부관적 기능의 수행을, 곧바로 부관으로서의 법적 성질로 환치시킬 순 없다. 기왕의 도로점용 등의 허가와의 관련성은 견지하되, 논증의 무게중심은 당해 협약 그 자체에 두어야 한다.

여기선 법적 규율의 합의적 생성의 측면을 앞세우면서, 아울러 허가에 대한 준비행위로서의 의미와 독립적인 존재의미를 동시에 충족할 수 있는 법제도가 관건이다. 행정행위의 발급과 관련이 있는, '종속적 행정계약'이 해결책이다.[2] 그런데 당해 협약의 주된 내용은 피고의 일방적인 급부의무에 초점이 모아져 있을 뿐, 원고의 급부는 명시적으로 나타나 있지 않다. 하지만 자세히 살펴보면, 궁극적으로 원고의 급부

---

1) Kopp/Ramsauer, VwVfG Kom. 2003, §43 Rn.41, 42.

2) 여기서의 행정계약은 공법적 계약으로서의 그것을 의미한다. 참고: 김남진, 행정계약·공법상계약·행정법상계약, 고시계 2007.7.

에 해당하는 이 사건 허가의 발급이, 묵시적으로 예정되어 있다 하겠다(급부의무와 행정활동의 기대간의 의존관계). 요컨대 일방의 주된 급부만을 규율하고 타방의 반대급부는 명시하지 않은, 독일에서의 행정계약의 일종인 '불완전 교환계약'(hinkende Austauschverträge)이 이에 해당한다. 결국 당해 협약은 '불완전 교환계약'이자, '종속적 계약'으로서의 행정계약에 해당한다. 체약강제의 경우가 아니라면, 자유와 재산권에 계약을 통해 영향을 미치는 것에 법률유보원칙은 원칙적으로 통용되지 않는다. 독일처럼 행정계약에 관한 명문의 규정이 없더라도, 이상의 계약을 인정하는 데 이론적 문제는 없다. 그저 낯설음과 외면이 문제이다.

## 2. 當該 協約에 대한 事情變更의 原則의 適用

행정계약적 접근에 따른 이점은, 협약의 수정(변경)가능성을 허가의 가분성 여부가 아닌 사정변경의 원칙에서 모색할 수 있다는 것이다. 독일 행정절차법 제60조 제1항은, "계약내용을 확정함에 있어 결정적이었던 관계가, 계약체결 이후 당사자 일방으로부터 그 계약의 원래 규율을 고수하는 것을 기대할 수 없을 정도로 본질적으로 바뀐 경우"에, 타방에게 계약내용변경요구권과 해지권을 부여하고 있다. 여기서 변경되는 '관계'에는 당연히 법적 변경 역시 고려되며, 이에는 법규정은 물론 판례의 변경까지도 포함된다고 한다. 반면 행정규칙상의 변경은 제외되고 있다.[3)]

우리의 경우 이상과 같은 명시적인 규정이 없어서, 사정변경의 원칙의 통용이 문제된다. 동원칙에 관한 일반규정이 없음에도 불구하고, (판례의 기조와는 달리) 국내 민법학계의 통설은 그것을 신의칙에 근거하여 계약법의 일반원칙으로 인정하고 있다. 프랑스의 경우 '불예견론'이 민법에선 부정되는 데 대해서, 행정계약사건에선 1916년의 'Bordeux 가스사건'이래로 인정되고 있다.[4)] 독일의 경우 1976년 행정절차법제정당시부터 동법 제60조 제1항을 통해 '행위기초론'(일종의 독일식 사정변경의 원칙)을 성문화한 반면, 민법에선 2001년의 채권법현대화법에 의한 민법개정에서 비로소 그것이 명문화되었다. 우리 역시 2004년 민법개정안 제544조의4를 통해서 동원칙에 관한 일반규정을 마련하였다. 그런데 행정법의 경우, 행정의 탄력성과 현실조응성을 기조로 한, 행정행위의 철회제도를 통해서, 사정변경의 원칙에 대해서 더 호의적이다. 따라서 사정변경의 원칙을 일반원칙으로 설정하면, (국회통과전이라도) 민법개정안의 내용을 당해 협약에 투영시켜 논증하는 데 어려움도 문제도 없다(교호적 포용질서로서의 공법과 사법). 이를 통해서 행정계약에 관한 행정절차법상의 입법공백

3) Kopp/Ramsauer, VwVfG, Kommentar, 8. Aufl., 2003, §60 Rn.9a.

4) 김대정, 계약법(상), 2007, 169면.

을 메울 수 있으며, 나아가 행정계약의 법리의 일단을 형성할 수 있다.[5] 요컨대 당해 사안에선 계약구속력의 원칙(pacta sunt servanda)과 사정변경의 원칙의 조화를 도모하기 위하여, 협약의 수정(변경)의 능부가 관건이 되어야 한다.

* 법률신문 제3613호, 2007.12.24. 소수.

5) 행정계약의 법리에 관한 성세는 김대인, 행정계약법의 이해, 2007 참조.

# 제 4 장

# 高權的 形成手段으로서의 情報[1)]



국가가 행하는 경고와 계몽(홍보)캠페인은 -종파에 관한 견해표명의 형식이든, 외국산 고기의 섭취에 관한 지적으로서 행하든- 항상 관심의 중심에 선다. 본 논문은, 그런 정보조치가 사법적 심사를 견뎌낼 수 있도록, 이들에 대해서 설정되어야 할 형식적·실질적(실체적) 요청을 기술한다.

## Ⅰ. 操縱手段으로서의 리스크정보

정보를 국가가 다룬 것은 국가만큼이나 오래되었다. 그런데 경고(Warnungen), 추천(Empfehlungen)이나 계몽(홍보)(Aufklärungen)과 같은 형태의, 행위유도를 위하여 정보를 의도적으로 동원하는 것은 지난 몇년 동안 행정법의 테마 즉, 유행테마(Modethema)가 되었다. 그것이 단지 유행테마에 그친다고 할 것 같으면, 그것은 어쩌면 이미 현하의 절정을 지나쳤다 할 것이다. 법학적 테마 역시 유행하기 시작하여, 판결·논문·박사학위논문·교수자격논문의 대상이 되었고, 그리하여 법학교육에서 다루고 시험에도 등장하곤 한다. 이윽고 관심은 수그러지고, 테마가 점차 진부하게 되고, 많은 것이 법학적인 종말빙퇴석(Endmoräne)으로서 교과서에 들어오게 된다. 국가의 경고·계몽·정보조치와 같은 주제 역시 이러한 관심고저의 순환을 겪었다.

1) 이 글은 현재 독일 본(Bonn)대학교 법과대학 교수이자 독일 연방헌법재판소 재판관인 Udo Di Fabio 교수의 논문(Information als hoheitliches Gestaltungsmittel, JuS 1997. S.1ff.)을 옮긴 것이다. 본문상의 법률이나 법원은 독일의 것이어서 특별한 附加語를 덧붙이지 않았음을 밝혀 둔다.

80년대는 리스크에 민감한 일반대중의 반향에 따른 떠들썩한 사건들로 점철되었다. 발암물질인 디에틸렌글리콜을 함유한 와인의 섭취에 대한 경고, 방사능을 쪼인 야생버섯에 대한 경고, 치명적인 프랑스 연화치즈에 대한 경고, 환경에 유해한 화장실돌의 사용에 대한 경고, 불결한 유동액을 사용했다고 하는 면류제조자의 폭로가 매스컴과 사람들을 휘저었다.[2] 한편으로는 폭로저널리즘(Enthüllungsjournalismus)이, 다른 한편으론 국가의 훈육적 보호의 제스처로써 피력된 계몽행위가, 서로 공을 주고 받으면서 교호적으로 자극을 주었다. 격앙의 파고는 가끔씩 연방행정법원의 판결에까지 미친다. 많은 사람이 글리콜판결(Glykolenentscheidung)[3]을 읽으면서 다음과 같은 물음을 제기한다. 즉, 헌법・행정법상의 도그마틱이 쾌청한 날씨에만 적용되는지 여부, 그래서 국가가 정보와 경고를 통해 자신이 국민을 잠시도 위험에 처하지 않게 한다는 것을 나타낼 때 법률적으로 확정된 관할(소관)이나 법률유보가 통용되지 않는지 여부가 그것이다. 그런 식의 기본자세를 일찍이 연방행정법원장인 Everhardt Franßen은, 비판적인 의도에서 "전체사회의 분위기"로 표현하였는데, 여기서 리스크를 과대평가한 사람들은 자신의 나름의 신빙성을 고조시킨다.[4]

그 동안에 판례와, 이미 "넘친다"고 표현된 학술문헌상[5]으로 어느 정도 안정을 되찾았다; 마치 면역을 통한 효과적인 방지(Immunabwehr)에 의해서 법학체계는 냉정을 되찾았다.[6] 판례의 가장 중요한 인식의 하나가 다음과 같은 언급에 반영되어 있다. 즉, 국가가 유도를 하기 위해서 (의도적으로 행하는) 정보를 도구로 하여 영향을 미치는 것, 다시 말해 소위 "목적적인(의도적인)" 정보조치(finale Informationsmaßnahmen)는 주관적 권리 즉, 기본권에 개입하는 셈이며, 법적으로 통상 아무런 효과가 없는 반사적 이익의 의미상으로만 영향을 미치는 데 그치진 않는다.[7] 그럼으로써 (고권적

2) 그 당시의 개개의 경보분위기의 자세한 이유에 관해선: Johnson/Covello(Hrsg.), The Social and Cultural Construction of Risk: Essays on Risk Selection and Perception, Dordrecht 1987; Ladeur, Das UmweltR der Wissensgesellschaft, 1995, S.107ff.; Di Fabio, Risikoentscheidungen im Rechtsstaat, 1994, S.63 und 419.

3) BVerwGE 87, 37ff.

4) Franßen, DVBl 1995, 337(339).

5) Ossenbühl, Umweltpflege durch hoheitliche Produktkennzeichnung, 1995, S.39. Fußn, 100. Aus der Lit. s. etwa Ossenbühl, UTR 3(1987), 27ff.; ders., ZHR 155(1991), 329ff.; Di Fabio, JZ 1993, 689ff.; Schoch, DVBl 1991, 667ff.; Leidinger, DÖV 1993, 925ff.; Philipp, Staatliche Verbraucherinformationen im Umwelt- und GesundheitsR, 1989; Robbers, AfP 1990, 84ff.; Schwerdtfeger, in: Festschr. zum 125jährigen Bestehen der Juristischen Gesellschaft zu Berlin, 1984, S.715ff.; Schulte, DVBl 1988, 512ff.; Heintzen, VerwArch 1990, 532ff.; ders., NuR 1991, 301ff.; Gramm, Der Staat 1991, 51ff.; ders., ZRP 1990, 183ff.; ders., NJW 1989, 2917ff.; Sodan, DÖV 1987, 858ff.; Zuck, MDR 1988, 1020ff,; Gröschner, DVBl 1990, 619ff,; ders., WuR 1991, 71ff,; Lübbe-Wolff, NJW 1987, 2705ff,; Berg, ZLR 1990, 565ff,; Stillner, NJW 1991, 1340ff,; Dolde, Behördilche Warnungen vor nicht verkehrsfähigen Lebensmitteln, 1987; Kloepfer, Information als Intervention in der Wettbewerbsaufsicht, 1973; Paschke, AfP 1990, 89ff,; Kästner, NVwZ 1992, 9ff.

6) 특히 연방행정법원의 두 판결-제3부의 소위 글리콜판결(BVerwGE 87, 37ff.)과 제7부의 소위 오소(Osho)판결(BVerwGE 90, 112ff.)-에서 명백하다.

형성수단을 통해서 계획대로 동원되는) 정보조치를 자세히 법적으로 심사하기 위한 문이 열려진 셈이다. 이러한 착안점은 다음의 이유에서 특히 중요하다. -영국산 소고기의 유통상의 리스크평가나 심령과학적 종파에 관한 장관의 견해표명만을 생각한다고 하면- 현재에 중요하고 가끔씩은 행동주의적인 고권적 정보를 넘어, 의도적이고 장기적 관점에서 행해진 국가적 정보정책이 유행하며, 이따끔 심대한 효과를 발생시키기 때문이다. 위험(Gefahren)에 대해서 임시로 행하는 경고란, 자세히 살펴본즉, 경찰상의 작용형식을 이미 오래전부터 인정되어온 대로 부가한 데 불과하다. 반면에 국가의 유도수단(Lenkungsinstrument)으로서의 정보조치는, 새로운 법적 성질과 새로운 중요성을 지닌다. 70년 초에 이미 연방카르텔청의 공표가 법적 연구의 대상이 되었고,[8] 연방정부의 대민홍보(Öffentlichkeitsarbeit)가 정치적・법석으로 논란이 되었으며,[9] 오늘날에는 특히 환경정책을 실현하기 위한 소위 "연성조종"(weiche Steuerung)이 눈에 띈다. 행정에 의하여 개시되고 조종되는 제품표시로서의 "푸른환경천사"(Der blaue Umweltengel)는, 소비자의 주목을 일정한 제품에 유도하고, 표시제품에 관한 분명한 시장우위를 매개한다.[10] 환경청은 일정한 재료나 제품에 관한 평가로써 당해 행정청과 일반공중에 알려주고・조언하며, 아울러 새롭게 생태적 비교분석(Ökobilanzen)을 공표하면서,[11] 사적・공적인 결정주체에 영향을 미치려 한다. 게마인데는 다용도병을 "아름다운 것"(die Schöne)으로, 일회용 포장상자를 "망할 것"(das Biest)으로 표현한 캠페인으로써 독자적으로 쓰레기 절감정책을 수행한다.[12]

하지만 비록 환경영역이 의도적인 국가의 정보행위를 위한 선도자임이 서서히 드러난다 하더라도, 행정은 다른 영역에서도 여기서 문제를 삼은 -그리고 오래되지 않은 시점에 "정보와 조언의 조종창고"[13]로 표현된- 새로운 작용형식을 활용한다. 여기서 사람들은 연방장관의 언론업무, 연방보건장관의 소비자보호보고서,[14] 민간의 계몽・조언단체에 대한 국가의 재정지원,[15] -서비스를 위한 탈규제적인 유럽의 역내시장의 여건하에 시장투명성을 배려하는- 보험감독의 업무만을 생각한다. 이에 더해서 주의 영조물이나 주의 행정청은 -식품의 영역에서든, 헌법적대적 운동의 영역

7) BVerwGE 90, 112(120f.); BVerwG, NVwZ 1994, 162(163); VGH Kassel, DÖV 1995, 77ff.

8) Zuck, NJW 1971, 1105ff.; Scholz, NJW 1973, 481ff.

9) Schürmann, Öffentlichkeitsarbeit der Bundesregierung, 1992.

10) Ossenbühl, Umweltpflege durch hoheitliche Produktkennzeichnung, 1995.

11) 가령 Schmitz/Oels/Tiedemann, Ökobilanz für Getränkeverpackungen, hrsg. vom Umweltbundesamt(FG III 3.3), März 1995; Corino, Ökobilanzen, 1995.

12) VGH Kassel, DÖV 1995, 77ff. Nordrhein-Westfalen주에선 주폐기물법 제3조가 Kreis 등에 대해 폐기물절감과 관련해서도 (장소근접한) 폐기물조언을 하도록 의무를 지운다.

13) Lübbe-Wolff, NJW 1987, 2705ff.

14) 연방장관의 정보업무와 언론업무에 관한 일반적 논의는 Schürmann, a.a.O., S.108f.

15) BVerwGE 90, 112ff.

에서든, 홍수대피의 영역에서든- 종종 법률이나 명령에 의해서 과학적인 결과와 정보를 공표할 의무를 진다.

이런 모든 경우들은 특수성을 제시한다; 그러나 상이하게 강조되는 문제점이, -초석과 비슷하게- 전체 주제를 구성하는 구조물이 된다. 나는 다음과 같이 문제제기를 선별하고 싶다. i) 정보조치를 공법으로 귀속시키는 데 있어서의 곤란함, ii) 관할문제, iii) 법률유보의 문제, iv) 고권적 정보행위에 대해 한계를 설정하는 것으로서의 기본권, v) 정보행위의 내용에 관한 실체적 요청.

## Ⅱ. 私法과 公法간에 위치한 情報措置

행정청이 -위험방지가 되든, 건강배려가 되든, 환경보호가 되든- 공적 임무를 수행하기 위하여 알려줄 경우, 이런 정보조치를 공법에 귀속시키는 데 전혀 문제가 되지 않는다.[16] 결정적인 것은, 정보가 기여하는 목적과 공적 임무간의 상관관계이다.[17] 반대로 -공무수탁사인처럼 공적 임무를 수행할 권한 없이- 민간인이 조언·교시·공표할 경우, 위반행위가 있을 시에는 -가령 (독일) 민법 제1004조에 의거한 준부정적인(quasinegatorisch) 부작위청구권(Unterlassungsanspruch)이나 불법에 의거한 철회청구권으로써, 혹은 민법 제1004조에 의거한 진정한 결과제거청구권으로 유추하여- 자명하게 사법이 해당된다.[18] 하지만 고권적 정보행위자와 사법적 정보행위자의 융합이 있을 때에는, 이상과 같은 경계선은 그 윤곽을 상실한다. 연방행정법원이 1992년에 판결한 사건에서 여실히 보여주듯이, 두 단계로 분명히 구분지울 수 있는 혼합형태는 비교적 쉽게 도그마틱적으로 나뉘어 진다. 그 경우 거의 10년 이상 민간단체에게 재정지원이 주어졌다. 이 민간단체는 정관에 따라 종교적·이데올로기적 오용·악용을, 특히 公衆에 대한 계몽조치로써 퇴치하려는 목표를 추구한다. 그런 계몽의 대상이 된 관련 (신흥)종파가 국가지원 그 자체를 법적으로 공박하는 것은 말할 나위 없이 행정법원법 제40조상의 공법적 대상인 반면에, 그 민간단체 자체에 대한 대처는 私法的 구제방도에 맡겨져야 할 것이다.[19] 그러나 그 단체가 기부와 자선형태의 자력으로선 매년 기껏 3000DM만을 조달하고, 국가의 보조금이 매년 평균

16) 바이에른에서의 개신교의 루터교회의 종파수임자의 견해표명이 공법적인 것으로 보아야 할지 여부의 물음에 관해선 VGH München NVwZ 1994, 598.

17) Stern, Verwaltungsprozessuale Probleme in der öffentlichrechtlichen Arbeit, 7. Aufl.(1995), Rdnr.25.

18) 신문과 방송의 분야의 중요한 사례에 관해선 Damm/Kuner, Widerruf, Unterlassung und Schadensersatz in Presse und Rundfunk, 1991, S.123ff.

19) 공무수탁사인(Beliehener)이 아니면서 국가의 위탁으로 공적 임무를 수행하는 사기업에 대한 소송에 일반적으로 찬동한다: Hufen, VerwProzR, 2. Aufl., 1996, S.188.

150,000DM에 달하며, 심지어 프로젝트(사업)와 관련해선 추가로 매년 262,000DM에 달하는 점을 생각하면, 이러한 분명한 한계설정은 적어도 논거제시를 필요로 한다.[20] 재정지원에 생존이 달려있는 이런 단체로선 그의 행위에 있어서 사법에 귀속되어야 하는가? 아니면 오히려 이런 단체는 외부지원을 받고서 정관에 따른 주된 활동의 범주 내에서 공권력의 확대된 기관, 가령 행정보조인(Verwaltungshelfer)이나 공무수탁사인으로서 간주될 필요는 없는가?[21] 의도한 경고와 행정행위의 개입효과를 비교하면, 다른 사주체에 대한 정보캠페인을 위하여 상당한 재원을 목적구속적으로 사인에게 교부하는 것(현실에서 행해지고 있다)은, 사인에게 다른 사람의 자유권에 개입하는 것을 규정상으로 수권하는 것과 흡사하다. 쉽게 답이 내려질 수 없는 그런 물음에 대한 대답은 확실히 단체의 사주체성을 고려하여야 한다. 하지만 예외적 경우에는 실질적으로도 다음과 같은 물음-국가적 금전제공자가 단체의 행위에 대해 얼마나 강력하게 직접적인 영향을 미치는지, 그리고 행정사법에 속하는 상황에 기본적으로 해당하는지 여부[22]-이 던져질 수 있을 것이다. 왜냐하면 국가기관이 민간단체를 사실상 지배하고, 이 민간단체는 "유명무실한 대리인"(Strohmann)과 흡사하기 때문이다. 쟁송방법(방식)의 물음 뒤에는 종종 기본권구속의 문제까지도 숨어 있다. 외관상으로는 민간단체가 기본권의 수범자로서 문제되지 않는다. 하지만 국가가 먹여 살리는 단체가 고권적인 행위위탁을 넘어 버림으로써 그 단체의 행위를 재정지원하는 국가에게 책임을 귀속시키는 것이 어렵게 되어 버릴 경우에는, 기본권적인 보호흠결이 생겨날 수 있다. 여하튼 연방행정법원은 이런 배경에서 'Osho 사건'에서 이런 불일치를 제거하기 위한 몇 가지 노력을 기울였다.[23] 공법과 사법간의 경계설정은, 공권력이 공적 임무의 수행을 위해서 사회의 여러 세력을 어느 정도로 활용하려고 하는지에 비례해서 여전히 논쟁이 되고 있다. 국가의 임무수행에 사적 자기형성력을 접목시키는 것이 도처에서 진행되는 과정에 있는 것 같은데, 이는 논구되는 "사법에로의 도피"(Flucht ins Privatrecht)에 대해서 추가적인 국면을 부여한다.

환경표시, 즉 소위 "푸른 천사"의 부여의 경우엔 다른 복잡한 상황이 존재한다. 환경청과 더불어, 제품보증과 표시를 위한 독일연구소(RAL, 등록된 단체)와 "환경표시배심위단"(Jury Umweltzeichen) -이는 관련 사회단체의 대표자로 구성되고, 환경심의회의장의 동의하에 연방환경장관이 임명을 하는 (지시로부터 자유로운) 독립위원회이다- 들이 환경표시부여에 협력을 한다.[24] 제도상의 모습과 절차진행을 자세히 분

20) BVerwGE 90, 112(113).
21) 이 경우 법률적 근거에 따른 공무수탁사인의 지위 문제가 중요하다.
22) Ehlers, Verwaltung in Privatrechtsform, 1984.
23) BVerwGE 90, 112(119f.).

석한 즉, 이러한 혼합관계에서 국가의 우위가 더욱 조장된다.[25] 그 결과 국가기관의 조종적인 절차지배를 출발점으로 삼아야 하고,[26] 고로 표시부여는 공법에 귀속되어야 한다.

## Ⅲ. 管 轄

두번째의 형식적인 문제영역은 관할(권한)의 물음이다. 원칙적으로 모든 공행정부서가 그 자신의 사물관할(권한)의 부속으로서 공고할 수 있어야 한다는 데 의견이 일치한다. 대중으로 하여금 용태(행위)를 바꾸도록 하기 위해서 지식·데이타·상관관계를 의도적으로 표명하는 것이, 단순한 공고(고시) 이상이라는 점은, 고권적 정보행위의 법적 합리화의 과정에 속한다.[27] 정보행위가 새로운 조종수단으로서 행정법의 작용형식에 포함된다고 하면, 그런 귀속은 특히 그런 새로운 수단을 법치국가원리에 따라 규율하는 것을 용이하게 하는 목적에 기여한다. 법치국가원리의 핵심은, 국가기관이란 법적으로 그에게 부여된 임무설정의 테두리 내에서만 활용될 수 있다는 것이다.[28] 점차 개입의 잠재성이 승인된 행정청의 정보조종이, 공권력행사에 있어 이러한 관할유보(Zuständigkeitsvorbehalt)하에 있음은 자명하다. 그러나 정보행위는 목표설정과 효력에 있어서 명료하지 않고, 나아가 대개는 절차나 사전형식 없이 비공식적으로 행해진다. 따라서 권한의 귀속과 관련해서 불확실성이 존재한다. 극히 빈약한 논거로써 연방행정법원은, Glykol에 오염된 와인사건처럼 언필칭 특별한 위험상황에 있어서는 식품법과 생필품법의 집행관할(권한)을 그리 엄격히 지키지 않아도 괜찮다고 판시하였다.[29] 이에 동법원은 현저한 비판을 받았다.[30] 그러나 글리콜에 오염된 와인의 목록을 작성할 연방정보의 관할(권한)을 긍정하기 위해서, 동법원이 제시한 논거는, 다소간 직접적인 헌법적 기원에서 비롯한 일종의 특별한 정보관할로서 인정되었다. AIDS에 대한 대처에서도 연방전염병법(Bundesseuchengesetz)을 위한 주의 집행권한이 무시되고, 계몽캠페인을 하는 것이 -주의 동의하에- 연방에게 맡겨졌다. 이유인 즉, 단순한 계몽활동은 연방전염병법의 집행과는 무관하다는 것이

---

24) 전반에 관해선 Ossenbühl(o. Fußn.10), S.5ff.

25) Ossenbühl(o. Fußn.10), S.19; UBA(Hrsg.), Das Umweltzeichen stellt sich vor, 1990, S.15.

26) Ossenbühl(o. Fußn.10), S.21.

27) Lübbe-Wolff, NJW 1987, 2705; Heintzen, NJW 1989, 1488.

28) 따라서 관할물음에 고권적 정보행위의 법적 통제에 있어서 기본적인 중요성이 부여된다. Ossenbühl, ZHR 155(1991), 329(333).

29) BVerwGE 87, 37; BVerwG NJW 1989, 2272.

30) Schoch, DVBl. 1991, 667ff.

다.[31] 그러나 VGH Kassel은 덜 관대한 태도를 취하였다. 즉, 폐기물예방조치를 위한 사물관할이 결여되어 있으며, 아울러 폐기물제거임무로부터도 도출될 수 없다는 점을 들어서, 동법원은 헤센주의 게마인데에 대해 음료수다용도포장을 위한 플랭카드식 캠페인을 할 수 없다고 판시하였다.[32] 게마인데법상의 규정에 따르면, 자치단체장은 적합한 방법으로 자치단체행정의 주요사항을 알려야 하고, 주민의 자치행정에 대한 관심사를 배려해야 한다. 이런 동규정에 대해서도 동 법원은 타당하게 단순한 통보임무(Unterrichtungsaufgabe)로 여겼는데, 이로부터 "행위유도적 영향"을 미칠 관할(권한)이 도출될 수 없다.[33] 지방적(지역적) 포장세(Verpackungsteuern)의 물음에서,[34] 연방행정법원이 해당 법률상의 관할규정에 대해 이상과 같이 고려를 했다면, 환경·조세정책상의 조각양탄자(Flickenteppich)의 확산은 저지되었을 것이다.

-모든 것이 본질에 이바지하도록 의도되어야 하기 때문에- 환경보호의 사건에서 직·간접적인 국가행정의 가능한 모든 차원이, 권한을 갖는 것으로 여겨지는 경향과는 별개로, 연방과 주의 관계에서도 관할충돌이 불거진다.[35] 초지역적 의미를 지닌 건강위험에 대한 적시의 경고에 있어서, 해명적 경고가 연방에 대해 요구된다. 체르노빌재난 이후에 벌어진 경고소동이 전혀 잊혀지지 않는다. 그 결과 방사능보호·배려법 제9조 제1항에 따른 연방의 관할(권한)이 만들어지게 되었다. 그럼에도 불구하고, 초지역적으로 중요한 경고를 위하여 주의 관할(권한)을 분쇄하는 연방의 정보관할(권한)은 존재하지 않는다. 단 위험이 박두해 있고 소관 주행정청의 적시적 활동이 불가능한 경우에는, 제한적으로 행사할 수 있는 긴급권한이 예외적으로 존재한다.[36] 행위에 영향을 미치기 위한 의도적인 정보조종은 원칙적으로 행정의 작용형식에 속하고, 따라서 행정권한의 행사를 의미한다는 점이 인정되어야 한다. 기본권보호의무에로의 참조[37]가 권한규정을 뒤집을 수도 없거니와, 뒤집어서도 아니 된다. 하지만 원칙적으로 (협의의) 법률집행도 행정도 존재하지 않고, 국가지도적 통치(Gubernative)의 호소적인, 진정시키는, 혹은 상징적인 제스처가 긴요할 경우에는, 예외가 고려될 수 있을 것이다.[38] 연방정부가 현하의 공론의 중심에서 입마개가 드리워져서

31) Gramm, NJW 1989, 2917(2920).

32) VGH Kassel DÖV 1995, 77(78).

33) VGH Kassel DÖV 1995, 77(78).

34) BVerwGE 96, 272ff.

35) Vgl. BVerwG NJW 1991, 1770.

36) Vgl. Ossenbühl, ZHR 155(1991), 329(333). 반대로 OVG Münster GewArch 1988, 12.

37) BVerwGE 82, 77(82f.); 87, 37(49).

38) 그러나 그런 통치행위적인 예외적 관할(권한)은 시간적으로나 조직적으로나 지속되어선 아니 되고, 의사소통적 기능의 범주에서 연방정부·의회와 같은 헌법기관에 대해서만 인정된다. Vgl. BVerwGE 82, 77(80f.); 87, 37(46f.).

의사표시의 자유를 헌법상으로 빼앗길 것 같으면, 그런 연방정부는 기본법이 "수상 민주주의"를 위하여 설정한 이상에 합치하지 않을 것이다.

## Ⅳ. 法律留保

최근에 제기된 공법적 테마 가운데 법치국가원리의 보편적 도그마틱인 법률유보가 문제되지 않은 것이 없다. 지난 수십 년의 논쟁 -학교・대학정책에 관한 논쟁,[39] 형벌집행에 관한 논쟁,[40] 원자력발전소의 건설,[41] 중거리미사일의 배치,[42] 유전공학의 허용,[43] 전자파의 리스크에 관한 최근의 논의[44]- 에 있어서, 여하튼 법학적 논의는 늘 최소한 법률유보원칙의 적용가능성과 그 범위를 맴돌았다.

법률유보에 관해선 이미 많이 서술되었다. 독일에선 19세기[45]에, 영국에선 그보다 2세기[46] 앞서 실현된 법률유보원칙은 법치국가원리에 따른 자유보장의 원칙이다. 동 원칙에 대한 요청은 항상 의회와 집행부간의 책임분배를 연상시킨다.[47] 법률유보가 제도적 유보나 본질성에 따른 의회유보(Parlamentsvorbehalt)[48]로 계속 발전한 점을 감안한 즉, 동 원칙의 언필칭 고전적인 내용이 무시되어선 아니 된다. 이에 따라 공권력이 개인적 권리 즉, 기본권에 개입할 경우에는 형식(공식)적인 법률상의 근거가 반드시 요구된다. 법률상의 권능규범(Befugnisnorm)에는 원칙적인 개입구상이 적어도 대략의 윤곽상으론, 국민이 어떤 부담이 그에게 닥칠지 알 수 있을 정도로 나타나 있어야 한다. 정책을 수립하는 자와 행정에서 그것을 집행하는 자로서 느끼는 고권적 정보활동의 매력은, 바로 통상 법률적으로 규율되어 있지 않은 수단의 비공식성(비정형성)에 있다. 그러나 법률의 부재시에, 일정한 정보행위가 법률유보의 지배

39) BVerfGE 33, 125(127).

40) BVerfGE 33, 1(10).

41) BVerfGE 49, 89(126f.).

42) BVerfGE 68, 1(209).

43) VGH Kassel, DVBl. 1990, 63f.

44) Ossenbühl/Di Fabio, Rechtliche Kontrolle ortsfester Mobilfunkanlagen, 1995, S.35ff.

45) 상세는 Böckenförde, Gesetz und gesetzgebende Gewalt, 2.Aufl.(1981); Sachs, in: Stern, Das StaatsR der BRep. Dtld. Ⅲ/2, 1994, §78. 독일에선 먼저 통제측면이 민주적 공동형성의사보다 더 중요하였다. Ossenbühl, in: ders., Freiheit-Verantwortung-Kompetenz, 1995, S.285(295).

46) 1628년의 "권리청원"(Petition of Rights)에서 분명히 확인되는 바가 바로, 조세가 의회의 동의하에 확정되지 않은 경우에는 아무도 납세의무를 지지 않으며, 법률적 근거의 영장 없인 어떤 자유인도 구금되어선 아니 된다는 것이다. 이와 결부된 헌법투쟁에 관해선 Berber, Das Staatsideal im Wandel der Weltgeschichte, 2. Aufl.(1978), S.221ff.

47) Ossenbühl, in: Erichsen(Hrsg.), Allg. VerwR, 10. Aufl.(1995), §9 Ⅱ Rdnrn.11ff.

48) 본질성이론(Wesentlichkeitstheorie)에 관해선 BVerfGE 33, 1(10); 125(157); 303(324); 34, 165(192); 40, 237(240ff., 248f.); 41, 251(259ff.); 45, 400(417); 47, 46(78f.); 48, 210(221); 49, 89(126f.); 57, 295(326f.); 58, 257(268ff.); 64, 261(268); 68, 1(109). 이 학설의 이론적 내용에 대한 비판으론 Ossenbühl(Fußn.45), S.285.

를 받는다는 주장은 이미 위법하다는 평결을 뜻한다. 그렇다면 입법자에 의해 권능규범을 부여받진 않았지만 기본구상에선 정보처리·조언을 목표로 삼는 연방환경청으로선, 이상과 같은 점에서 행정법상의 허깨비운전에 능숙하다고 여겨진다.[49] 이런 판단을 피할 두 가지 전술적 가능성만이 기본적으로 존재한다: 첫번째로, 정보행위가 개인적 권리에 대해 개입적 성격을 지니는 점을 피하거나 부인하는 식이고, 두번째로, 형식적 법률상의 근거를 만들거나 현행의 법규를 권능규범으로 해석하는 식이다. 정보행위의 개입적 성격은 다음의 경우에만 확실히 피할 수 있다. 즉, 행정청의 조언이 기본권 지위와 관련해서 비교적 관련이 없고, 따라서 AIDS의 계몽에서 보듯이, 개인의 부담이라는 의미에서 특별한 유도효과가 기대될 수 없는 경우가 그것이다. 그러나 가령 행정청이 언론을 통해 알리는 데 있어서, 특정한, 즉 언급된 제품의 구매가 반도덕적이고 사회적으로 유해하다고 낙인을 찍으면서, 더 이상 사지 않도록 촉구하는 경우에는 당연히 다르다.

연방행정법원은, 정보행위가 제품이나 개개의 물질(재료)과 관련이 있을 경우에는 개입효과(Eingriffwirkung) 즉, 법률유보의 통용을 배제하지 않았다. 그렇지만 공법에 정통한 법조인 모두는, 사실적이고 영향을 미치는 국가작용에 있어서 개입개념을 적용한다는 것이 얼마나 불완전한지를 잘 안다. 연방행정법원은 자신의 최근의 판결에서, 특히 민간계몽단체에 대한 국가재정지원에 관한 판결을 통해서, 개입문제를 둘러싼 도그마틱에 분명한 돌파구를 뚫었다.[50] 규율적 성격을 지닌 행정행위만이 공권력에 귀속될 수 있는 기본권개입을 야기하는 데 적합한 것이 아니라, 사실행위 또한 이러한 적합성을 제시한다는 생각은 이미 낡았다. 하지만 행정법상의 권리구제는 맨 먼저 행정행위에 국한하였다. 규제적 혹은 단순한 행정활동의 간접적 효과는 판단하기가 더 어려울 수 있었다. 그래서 지난 10년간의 논의의 대상이었다. 경제적 경쟁자에 대한 자금조성(Subventionierung) 및 그 밖의 授益이 아무 것도 갖지 못한 경쟁자의 경쟁자유에 관한 기본권에 대한 개입에 동시에 해당하는지 여부는, 판례와 문헌상으로 부담적 효과(Belastungswirkung) 즉, 영향미침의 강도의 물음으로 여겨졌다.[51] 국가가 기본권에 대한 영향미침을 의욕하였거나, -의욕하진 않았지만- 기본권개입을 부정하기가 도대체 곤란할 정도로 제3자에 대한 영향이 강할 경우에만, 국가는 기본권구속을 통해서 자신의 활동에 책임을 져야 할 것이다. 기업에 대한 국가의 우위적 지위가 경쟁자를 압살로 몰았을 경우엔, 설령 고권주체에겐 이런 부담효과가

49) Wolf, KritJ 1995, 340(344).
50) BVerwGE 90, 112ff.
51) 가령 OVG Münster NVwZ 1984, 522ff.

문제되지 않거나 심지어 이런 효과를 예상하지 못했다 하더라도, 기본법 제12조와 제14조의 보호영역에 대한 개입(Eingriff)이 주어진다 하겠다.

그러나 간접적인 영향미침의 문제영역이, 여기서 다룬 경우 즉, 의도적으로 기본권을 제한하면서 형성하기 위하여 국가가 통보하는 경우를 포함하진 않는다. 과거에는 그럼에도 불구하고 그러한 훈육적(präzeptoral) 활동을 간접적인 기본권개입이란 개념으로 이름을 붙이는 것이 행해졌고, 그리하여 혼란을 불러 일으켰다.[52] (개입요건을 정하는) 간접성의 특징에서 뒤죽박죽의 원인이 강구되어야 하는데, 아무튼 그 간접성의 특징은 기본적으로 -알려주는 자의 의도와 무관하게- 모든 고권적인 지식·견해의 전달에 전적으로 적합하다. 왜냐하면 정보의 효력은 항상 사람의 머리를 통한 방법으로만 발휘될 수 있으며, 종종 심지어 긴급한 공적 경고의 경우에도 기대효과가 (사람의 머리를 통한) 고유한 여과기에서 흔적도 없이 사라지기 때문이다. 연방행정법원은, 호소의 상대방의 一員에까지 인과관계사슬을 확장시키는 것이 기본권상의 개입확정을 위해서 결코 중요하지 않다는 점을 분명히 하였다. 동 법원의 견해에 따라서, 결정적인 것은 오히려 "행정작용의 목표방향"(Zielrichtung des Verwaltungshandelns)이다. 그것이 기본권개입을 인정하기 위한 핵심적 규준이다.[53] 국가기관이 公衆(Öffentlichkeit)의 행위에 대해 그들의 머리속에서 영향을 미치려 하고, 공중에게 실제로 발생한 소기의 행위변화가 기본권적으로 보호되는 지위에 직접적인 영향을 미치는 경우에는, 권리방해(제한)의 중대함과 같은 보조징표에 개입요건을 결부시킬 이유가 없다. 다른 말로 하면: 법원은 -우리가 유도적 정보행위에서 볼 수 있는 것과 같은- 사실적 성질의 의도적인 기본권개입을 규율적 성질의 명령적 개입과 분명히 동일하게 여겼다.[54] 그 결과, 형성의도에서 기본권상의 보호영역에 영향을 미치는 정보행위는, 이미 그것의 목적성으로 말미암아 개입으로서의 성질을 가지며, 따라서 법률유보의 지배를 받는다.[55]

그 사이 의도적인 정보행위, 특히 경고를 위한 법률적 수권이 증가하였다: 가령 장비안전법(GerätesicherheitsG) 제6조 제1항 제2문, 의약품법(AMG) 제69조 제4항, 연방오염방지령(BImSchVO) 제6조a. 그럼에도 불구하고, 행위유도적 정보행위에 관한 권능을 담을 규정을 입법자가 조밀하게 성안한다는 것은 극히 개연성이 낮을 뿐더러, 실질적으로도 결코 무한적인 찬동을 얻지 못한다. 여기서 딜레마가 생긴다. 법률적 수권이 존재하지 않는데, -예컨대 포기를 권유하는 식으로 특정 제품을 계몽하는

52) 최근에도 VGH Kassel, DÖV 1995, 77(78).
53) BVerwGE 90, 112(120).
54) BVerwGE 90, 112(121).
55) Roth, Verwaltungshandeln mit Drittbetroffenheit und Gesetzesvorbehalt, 1991.

경우와 같은- 기본권방해(제한)가 필연적으로 함께 의도되어 있는 경우에는, 종종 公衆이 강력히 요구하는 정보가, 바로 풀-베팅의 모험(Vabanquespiel)이 되어 버린다. 기본권보호의무나 기본법 제20조a와 같은 국가목표가 공권력에 대해 객관적인 행위(작위)의무를 과할 경우엔, 요구되는 법률적 근거가 없더라도 무방하다는 식으로도, 이러한 딜레마를 넘어갈 순 없다. 헌법상의 행위의무와 기본권적 혹은 법치국가원리상의 행위제한간의 긴장은, -법치국가원리에 따른 전체체계를 망가뜨리지 않고선- 법률유보원칙을 훼손하면서 해소될 순 없다.[56] 임무규정에서 개입권능을 이끌어 내려는 시도의 경우에도, 유사한 고찰이 원칙적으로 마찬가지로 통용된다.[57] 그러나 요건상으로 한정된, 일반적인 개입규범을 행정절차법에 담는다면, 해결방도가 생길 수 있을 것이다.

## V. 高權的 情報行爲의 限界로서의 基本權

정보행위의 개입효과를 시인하기 위한 요건을 논의하면서, 개개 기본권심사의 영역에서 필연적인 구체화와 발전·전개를 겪었다. 고권적 성격을 지닌 형성적 정보조치와 어떠한 기본권이 관련이 있는지는, 당연히 개개 경우의 상황에 비춰 판단이 내려진다. 유도적 교시(Belehrungen)와 조언이 종종 국민을 역할상으로 소비자로 생각하기 때문에, 맨 먼저 직업의 자유(기본법 제12조), 재산권보장(기본법 제14조), 경쟁자유(기본법 제12조, 제2조 제1항)와 같은 경제적 기본권이 논해진다. 험구가는 경제적 기본권이 종교로 은폐한 신흥종파에 대한 경고에도 적용된다고 주장한다. 이유인 즉, 그 신흥종파의 본래 목적이 그 구성원을 무분별하게 경제적으로 착취하는 것을 지향하기 때문이라고 한다. 하지만 그런 식의 사실적 지적으로써 기본법 제14조의 통용을 무시할 순 없고, 대신 개개의 경우에 다음과 같은 점 즉, 종교적·초월적 요구가 고도의 세속적 목표에 도달하기 위한 매체로서만 여겨질 정도로 경제적이거나 정치적인 활동이 극히 종파행위의 바탕이 된다는 점을 입증해야 한다.[58] 그렇지만 바이에른의 작은 게마인데의 시장으로선, 기본법 제4조에 의해 보호되는 "작은 종교

56) BVerwGE 90, 112(122)에서도 분명히 나타나 있다.

57) 그렇지만 -정보행위를 위한 개입수권이 법률의 전체적 상관관계로부터 도출될 수 있을 정도로- 한편으로는 (일반)공중이나 전문적 공중을 포함하면서 정보전달자에 의존하고, 다른 한편으로는 조밀한 규정집과 행정적 통제를 따르는 특별행정법의 법관계를 생각할 수 있다. 체계적으로 정비된 리스크행정의 법관계를 위해선, 법률유보이행의 요청을 그처럼 맥락화하는 것이 적어도 고려되어야 할 것이다. 상세는 vgl. Di Fabio, Risikoentscheidungen im Rechtsstaat, 1994, S.434f., 465f.

58) 이에 반해, 경제적 활동이 신흥종파의 매우 중요한 목적에 그치지 않고, (그것의) 전속적인 목적인 경우에만 기본법 제4조의 보호가 발휘된다는 견해는 의문스럽다. BVerwGE 90, 112(116ff.); OVG Hamburg, NVwZ 1995, 498(500).

단체"가 문제라는 점을 받아들이지 않고선 "종파"(Sekte)란 용어를 사용해선 아니 된다는 점을 -VGH München에 의해서- 알게 되었다.[59] 여기선 지나치게 강한 개별법지향성으로 인해 기본법상의 자유인정의 통일성이 상실되지 않도록, 여러 가지가 고려되어야 한다. 거대한 제도권(신·구교)교회의 응집력이 계속 사라지고, 심령종파(Psychosekten)가 그 상실된 영토를 인간의 존엄성과 개인적 자유를 위협하는 일부 수완가로써 채울 경우에는, 기본법 제4조의 보호영역의 관대한 해석은 가늠하기 힘든 후속적 원동력(Folgendynamik)을 갖는다.[60] 인권, 기본권 및 민주주의의 전체계를 무시한 그런 신앙단체가 가능하게 되면, 기초적인 국가목적으로서의 영토상의 평화는 확실히 지속적으로 유지될 수가 없다.[61]

하지만 영리적 활동이나 정치적인 것을 지향하는 신앙단체에 대해서 종교자유를 헌법적으로 판정하는 것 뿐만 아니라, 앞서 언급한 경제적 기본권을 다루는 것도 어려움을 야기한다. 벌써 그 개념은 몇몇에 의해서 수긍되지 않으며, 궁극적으로 기본법은 기본권적 보호법익으로서의 기업주자유나 경쟁에 대해 언급하지 않는다. 시장조종적 정보행위는 일반적으로 형성의도 때문에 개입에 적합할지 모르는데, 사실은 실제적으로 기본권에 개입하였는지 여부 및 경우에 따라선 어떠한 기본권에 개입하였는지가 문제이다. 고권적 조치에 기인해서 누군가가 자신의 직업수행의 범주에서 활동이나 행위를 변경하지 않으면 아니 될 경우에는, 직업자유의 보호를 내용으로 하는 기본법 제12조가 해당된다. 그러나 여기서 기본권상의 보호벽(담)은 일반적 활동(행동)자유(기본법 제12조 제1항)에 대한 개입의 경우보다 높지 않다. 하지만 -현존한 직업모습(형태)을 실체적으로 변모시키는 식으로- 직업활동에 대해 영향을 미치는 것은 단계이론(Stufentheorie)의 범주 안에서 특별한 주목을 받는다. 적어도 직업상의 현저한 변모 없인 직업의 계속수행이 더 이상 불가능할 정도로, 고권적 정보조치가 소비자·노동자·기타 국민의 행위에 대해 영향을 미치는 경우에는, 이미 직업선택을 규율하는 것과 흡사한 그러한 단계에 도달한 셈이다. 하지만 제품에 특유하거나 제품종류와 관련한 국가의 경고의 경우에는, 대개 다른 제품이나 물질로 바꿀 가능성이 있기에, 그러한 강제는 드물 것이라 추정된다. 논의가 분분한 플라스틱이나 지탄을 받고 있는 절연재와 관련해서 국가가 교시(알림)함으로 인해, 일반대중이 그것을 꺼리기 때문에 건축업체가 그것을 더 이상 건축에 사용할 수 없게 된 경우에는, 그로선 직업과 관련한 업무변경을 행할 필요가 거의 없다. 관련제품의 제조자, 가령

59) VGH München NVwZ 1995, 502(503f.).

60) BVerwG NVwZ 1994, 162ff.의 결정은 이런 방향으로 나간 것이긴 하나, 보호영역과 관련해서가 아니라, 개입의 정당화와 관련해서이다.

61) v. Campenhausen, in: Isensee/Kirchhof(Hrsg.), HdbStR Ⅳ, 1989, § 136 Rdnr.58.

거대 화학재벌 조차도 많은 경우에 미미한 투자비용을 들여서 대체품으로 바꿀 수 있다. 이런 경우에 해당하지 않을 때, 가령 전반적으로 볼 때 기업체가 관련제품만을 생산하고, 그 기업체의 시장위상이 이런 특정화에 기인한 경우에만, 직업선택단계에까지의 개입이 가능하다. 특별하지 않은 직업행사규율을 위한 요건으로서의, 직업규율적인 특별한 경향은 더 이상 필요하게 여겨지지 않는다. 직업자유에 대한 개입을 인정하기 위해서 충분한 것은, 바로 가령 매출감소를 야기할 목표이다.[62] 예컨대 연방행정법원은 의약품법과 관련이 있는 투명리스트판결(Transparenzlistenentscheidung)에서, 국가기관이 제품평가를 통해 소위 시장의 투명성을 조성하고, 이런 투명성을 통해 비싼 약품을 시장에서 쫓아내려고 한 경우에, 기본법 제12조에 대한 개입을 인정하였다.[63]

정보행위에 관해 규율이 결여되어 있다는 점을 고려하면, (정보행위에 의한) 재산권에 대한 개입은 기본법 제14조 제3항상의 공용제약(공용침해, Enteignung)이 결코 아니다. 기본법 제14조 제1항 제2문의 내용결정(확정) 또한 법률적 규정이 없고선 고려되지 않는다. 재산권적 지위(재산상황)에 대한 사실상의 영향미침은 국가책임법상으론 수용유사적(공용제약유사적) 개입의 구성요건에 해당한다. 수용유사적(공용제약유사적) 개입은 자갈채취판결(Naßauskiesungsentscheidung) 이후에는 판례법적으로 도출되어 기본법 제14조와는 동떨어지게 되었지만, 그것의 구성요건은 항상 기본법 제14조로부터 비롯된다.[64] 제품과 관련한 수많은 소비자계몽(홍보)은 기존의 행해지고 있는 영업(Gewerbebetrieb)에 대한 개입을 의미할 수 있다.[65] 경제적 단일체로서의 기업체와, 그것의 개개 요소는 공히 이러한 도그마적 형상(영업)에 의하여 보호를 받는다. 영업에 대해선, 불법행위법상으론 연방최고법원(BGH)이 민법(BGB) 제823조 제1항의 범주에서의 "그 밖의 권리"로 인정하였고,[66] 연방헌법재판소 역시 적어도 배척하진 않았다.[67] 그리고 이 경우에 특허권 · 상표권 · 저작권과 같은 재산권으로 독립된 보호를 받는 요소 말고도, 기술적 노하우(Know-how), 제품이미지, 확고한 시장점유율 또한 포함시켜야 한다.[68] 하지만 영업하는 자의 단순한 수익가능성, 수익전망, 기회나 희망은 보호를 받지 못한다. 다용도병을 사용하도록 하는 행정청의 계몽(홍보)캠페인은, 시장에서 막대한 비용을 들여서 구축된 음료수종이팩포장을 저지하려

62) BVerwG JZ 1991, 624(626).
63) BVerwGE 71, 183(193f.).
64) Ossenbühl, StaatshaftungsR, 4. Aufl.(1991), S.187.
65) Fikentscher, in: Festg. f. Kronstein, 1967, S.261ff.
66) BGHZ 67, 190(192); 81, 21(33); 87, 321(336).
67) BVerfGE 51, 193(222f.); 77, 84(118).
68) Ossenbühl, ZHR 155(1991), 329(346).

는 것이다. 기본법 제14조는 이미 취득한 것을 보호하지, 앞으로의 이득획득전망을 보호하진 않는다. 기본법 제14조와 관련한 어림법칙(Faustregel)에 따르면, 이상과 같은 계몽(홍보)캠페인은 이미 수행되고 있는 영업에 대한 개입으로 여겨진다. 왜냐하면 좋은 명성과 긍정적인 제품이미지를 갖는 기업이 시장에서 획득한 위상이 당연히 관련될 것이기 때문이다.

## Ⅵ. 高權的 情報行爲에 관한 內容的 要請

끝으로 판례와 문헌상으로 정보행위에 대해 어떠한 것이 내용상으로 요청되는지가 문제된다. 사실주장과 가치판단을 구분하는 것이 민법에선 빈번하고, 연방헌법재판소 역시 취하곤 하지만, 공법상으론 이런 식의 구분은 수정되어야 한다. 고권적 정보행위가 진실하여야 함은 자명하다. 즉, 허위의 사실에 의거한, (일반공중에 대한) 정보제공은 기본권에 대한 정당한 개입으로 여겨질 수가 없다. 일반공중에 대한 정보제공에 관한 공익이 존재하고, 해당 부서가 사안을 밝히기 위해서 필요하고 기대가능한 모든 노력을 경주하면, 객관적으로 허위인 고권적 사실주장이 적합할 수 있는지 여부는 여전히 불확실한 물음이다.[69] 사전적 관점(Ex-Ante-Sicht)을 지닌 경찰법에선, 그것의 적법성이 시인될 것이다. 이에 따른 후속적인 물음은, 불명예의 제거 및 훼손된 개인적 법적 지위의 회복에 관한 기본권적인 보호청구권(결과제거청구권)이 성립하지 않는지 여부이다. 개개의 경우에 어느 정도의 사안해명이 필요한지는, 정보행위와 더불어 추구되는 공공복리목표의 중요성, 리스크평가의 테두리내에서의 상황적 시급성, 관련된 기본권의 위계 그리고 기본권개입의 강도에 의해서 좌우된다. 달리 말해, 사안조사의무를 정하기 위해선 비례원칙이 적용되어야 한다. 하지만 목표를 두고서 행한, 의욕된 대중적 경고는 주관적 권리에 개입하는 셈이고, 이는 원칙적으로 행정행위를 발한 것과 다르게 취급되어선 아니 된다. 이는 어림법칙으로 여겨져야 할 것이다. 유도적 정보행위에 있어서 요구되는 사안해명과 근거제시의 정도가 규율(제)적인 개입의 경우보다 저하되어선 아니 된다. 왜냐하면 보호법익에서 보건대, 개입적 영향은 원칙적으로 나뉠 수가 없기 때문이다.

私人과는 달리, 가치판단에 있어서 공권력은 기본법 제5조 제1항상의 언론의 자유를 원용할 수 없다. 왜냐하면 국가는 기본권주체가 아니라, 기본권상대방이기 때문이다.[70] 그렇지만 국가적 상태의 통일성이 상실되고, "협력적인" 행위・행정구조

69) LG Göttingen NVwZ 1992, 98(99).
70) BVerwG DVBl 1995, 1248(1249).

가 싹터 나오는 와중에, 부인할 수 없는 사실은 분명한 경계설정을 견지하고 (그것을) 어디서나 명료하게 성립시키기란 점점 더 어렵게 되어 버렸다는 것이다. 이따금 국가적 행위자는 정보의 리바이던(Leviathan)의 使臣이 아니라, 다양하게 연계되고, 나름의 법률에 의해서 기능하는 대중매체의 비구동바퀴상의 기어처럼 영향을 미친다. 그것이 어떻든 간에: 국가는 기본권을 원용할 수 없다는 도그마틱적 언명은, 아무튼 당분간 통용된다.[71] 이로부터 비롯된 결과가 바로 다음과 같은 견해이다. 즉, 철회청구권이나 부작위청구권에서의 가치판단에 대해서, 연방헌법재판소가 민사법원에게 반복적으로 촉구하는 신중함이 공법상으론 통용될 수 없다. 이런 신중함은 실제론 가치판단에 관해 (법원쪽에서 유의해야 할) 손댈 수 없다는 점을 초래하였다. 사람·조직·행위방식·제품에 대해서 국가가 행한 가치판단의 경우에, (그것의) 진실입증이 곤란은 하겠지만, 사실적으로 근거는 있어야 한다. 이 경우 근거제시(Begründung)는 정보를 제공하는 국가부서의 공적 임무와 상관관계가 있어야 한다. 여기서 정보행위의 실체적 적법성통제에 관한 나름의 어려움이 시작된다. 가령 특정의 건축자재를 더 이상 사용하지 말 것을 권고하는 식으로, 연방환경청이 자신의 임무의 범주내에서 환경정책을 수행할 경우에, 지탄받는 건축자재의 환경유해성이 적어도 과학적으로 근거있는 혐의란 의미에서 연방환경청에 의해 입증될 수 있어야 한다. 이 경우 필연적으로 사용되는 대체재에 관한 동일한 분석에 대해서 특별한 가치가 부여되어야 한다. 이는 국가적 리스크결정에 대해 요구되는 기본원칙(Grundgebot)이다. 손해예측에 관한 저하된 개연성요청에 직면하여 최소한의 사실적 합리성(Sachrationalität)을 달성하기 위해서, 국가적 리스크결정은 위험방지의 전통적 조치의 엄밀성을 넘어 체계적 고려에 크게 의존한다.[72] 복잡한 비교와, 논란이 있는 생태비교분석(Ökobilanzen)이, 그러한 경우에 있어서 제품·재료에 관한 정보의 적법성에 관해 결정을 내린다. 가령 광범한 보고서가 첨부되고, 소위 신흥종파(Jugendsekten)에 대해 비판일변도인 공적 견해를 주장관이 표명한 때에는, 행정부에 과해진 형량의무를 이행하기란 법원이 보아도 어려울 수 있다 그렇지만 연방행정법원은, 종파가 교리상으로 기본권적 가치질서에 배치된다는 사정을, 그러한 정보행위에 관한 사실적(실질적) 동인으로 삼았다.[73] 견해를 표명함에 있어서, 장관은 비록 평가권능이 있을지라도 합사실의 원칙(Sachlichkeitsgebot)을 따라야 한다; 사실(실질)에 배치되고 과도하게 공격적인 평가는 피해야 한다.

71) 국가와 무관한 공법인을 위한 예외에 관해선, BVerfGE 15, 256(261f.); 19, 1(5); 21, 362(373); 30, 112(119f.); 31, 314(322); 34, 154(162); 39, 302(313); 59, 231(254f.); 70, 138(160f.).

72) Di Fabio(o. Fußn.57), S.453f.; Ladeuer(o. Fußn.2), S.107ff.

73) BVerwG, NVwZ 1994, 162(163).

결코 드물지 않는 특별경우에 해당하는 물음이 바로, 행정청의 내부사항이 어떤 상황에선 알려져선 아니 된다는 사실로부터, 정보행위에 관한 내용적 제한이 생겨나는지 여부의 물음이다. 특정교사를 "비방꾼이자 집안 헐뜯는 사람"으로 제외시켜서 보수적·권위적·우경화된 사고를 드러내었다고, 문화장관이 공적 견해표명을 통해 그의 지휘를 받는 교육장을 비난하였다. 확실하게 연방행정법원은 이 같은 문화장관의 공적 견해표명을 위법하다고 판시하였다. 기본법 제33조 제5항에 의해 헌법적으로 보장되고 도입된 직업공무원제의 원칙과, 개별법상의 직무담당자의 배려의무(§48 BRRG, §79 BBG)로, -법원의 적절한 견해에 의하면- 공무원을 자신의 직무활동에서 보호할 것과, 반대로 정당한 사실적 근거 없인 웃음거리로 만들지 않을 것이 요구된다.[74]

## Ⅶ. 要 約

공적 목적을 실현하기 위한 합당한 정책적·행정적 수단으로서 동원되는 국가의 정보조치가, 공법의 확고한 구성부분이 되어 버렸다. 그것을 법치국가원리에 맞춰서 제어하는 것은 지난 시절에 진전을 이루었다. 즉, 이런 작용형식을 위해 적용가능한 도그마틱상의 윤곽이 점차 분명해진다. 남아있는 불확실함은 특히 수단 그 자체와 상관관계가 있다. 공공정보는 여러 얼굴을 지닌다: 그것은 추구하는 목적을 목표로 삼을 뿐만 아니라, 고권주체의 자기과시에도 기여하고, 이따금 대민위안이나 정책적인 활동증거의 제시와 같은 다른 동기가 전면에 놓인다. 시장에 대한 정보, 실은 모든 행위상의 호소는 자기의사를 지닌 수범자와 복잡한 상관관계를 목표로 삼는다; 따라서 조종의 영향을 사전에 예측하기란 매우 어렵다. 이러한 이유에서 법치국가로선, 훈육적인 정보활동과 (여론과 목적적으로 상호작용하며, 매스미디어에 의해서도 요구되는) 유행처럼 치장하는 국가권력에 대해 삼가하는 태도를 취한다. 착수된 법률문제화(Juridifizierung)로 말미암아, (행정각부에 이르기까지) 행정청에 대해선 불확실성이 벌써 종종 빚어졌으며, 새로이 발견된 "조종수단"을 매우 손쉽게 행사하는 것이 저지되곤 한다. 이 모든 것에 비추어 보건대, "지식·커뮤니케이션사회"에선 국가에 대해서도 너무 고삐를 바짝 죄어선 아니 될 것이다. 그렇지 않다면, 더욱더 커지고 다채롭게 되는 미디어세상에서 그 어느 누구도 더 이상 국가에 귀를 기울이지 않을 것이다.

---

74) BVerwG DVBl 1995, 1248.

* 법학논문집(중대 법학연구소) 제29집 제1호, 2005.8., 269면 이하 소수.

* 참고문헌: 김남진, 행정상 사실행위와 행정쟁송, 고시연구 1994.10.; 오준근, 행정청의 경고와 권고, 성균관법학 제3호, 1990; 졸고, 공법의 작용형식으로서의 국가정보행위(역), Juris Forum(충북대 법학연구소) 제2호, 2002.; 국가적 정보행위의 법률유보적 문제점에 관한 소고, 법률신문 제3276호, 2004.6.21.

# 제 5 장

# 國土利用計劃變更申請權의 例外的 認定의 問題點에 관한 小考

－對象判決: 大法院 2003.9.23. 선고 2001두10936判決－



## Ⅰ. 事案의 概要[1)]

원고는 1997.8.28. 국토이용관리법(2002.2.4. 법률 제6655호 국토의 계획 및 이용에 관한 법률 부칙 제2조로 폐지되기 전의 것, 이하 '국토이용관리법'이라 한다)상 농림지역 또는 준농림지역에 위치한 이 사건 각 부동산 면적 합계 38,872㎡(0.039㎢: 준농림지역 0.025㎢, 농림지역 0.014㎢- 이하 '이 사건 부동산'이라 한다)에서 사업장 일반폐기물, 건설폐기물 최종처리업을 영위하기 위하여 피고에게 폐기물처리사업계획서를 제출하였다. 이에 피고는 1997.10.20. 원고에게 사업계획적정통보를 하면서, 여러 가지 이행조건을 붙였다.[2)]

1) 이하의 내용은 이선희 판사의 글(국토이용계획변경승인신청거부행위의 처분성 인정 여부, 대법원판례해설 제47호, 2004.7.)에서 발췌하였다.

2) 이행조건은 다음과 같다:

① 폐기물최종처리업허가신청전 폐기물관리법 제30조 규정에 의거, 매립시설에 대하여는 사용개시 신고 이전에 공인된 검사기관으로부터 시설검사를 받도록 하여야만 하며, 매립지 내, 외의 우수 및 침출수배제의 적정성, 제방의 안전성, 차수재품질 및 시공의 적정성 등에 대하여 건설기술연구원 등 관계기관의 시설검사를 받아야 한다.

② 농지법 제36조 제1항 및 동법 제36조 제2항에 의거 사업계획승인과 사업시에 농지전용허가 및 협의절차를 이행하여야만 한다.

③ 사업시행시 토지에 매장된 문화재 발견시는 7일 이내에 신고토록 해야 한다.

④ 건축법 제18조에 의거 사업개시 전 도시계획 외 지역에서는 연면적 200㎡ 이상이면 건축허가를 득한 후

원고가 1997.11.25.경 피고에게 이 사건 부동산에 대한 용도지역을 '농림지역 또는 준농림지역'에서 '준도시지역(시설용지지구)'으로 변경하여 달라는 국토이용계획변경승인요청을 하자, 피고는 1998.4.24. 관계 법령에 기하여 사업장 일반폐기물 최종처리시설 조성계획에 따라 이 사건 부동산 일대의 토지에 대한 용도지역을 준도시지역(시설용지지구)으로 변경함에 있어서 의견청취를 위한 공람공고를 하고 같은 해 4. 30. 관보에 게재하였다.

이후 원고는 농지전용을 위하여 전북지사와 협의를 거쳐 1998.8.3. 우선 농지조성비 76,629,600원과 전용부담금 6,148,020원을 납부하였으나 1998.7.경부터 이 사건 부동산 인근에 거주하는 주민들이 폐기물처리시설의 설치를 반대하는 집단민원을 계속적으로 제기하자, 피고는 1999.7.6. 원고들에게 주민들의 집단민원이 해소되기까지는 국토이용계획변경요청을 승인할 수 없다고 통보(이하 '이 사건 계획변경승인거부처분'이라 한다)하였다. 그리고 원고는 1심 소송 계속중 2005.5.18. 폐기물 최종처리업 사업계획 적정통보시 이행조건으로 제시한 사항을 이행하지 않았고 폐기물 처리시설이 완료되지 않았다는 이유로 그 신청을 반려(이하 '이 사건 허가 신청반려처분'이라 한다)하였다.

## Ⅱ. 對象判決의 內容[3)]

### 1. 이 사건 계획변경승인거부처분 취소청구에 대하여

(1) 국민의 적극적 신청행위에 대하여 행정청이 그 신청에 따른 행위를 하지 않겠다고 거부한 행위가 항고소송의 대상이 되는 행정처분에 해당하는 것이라고 하려

---

시공하여야만 한다.

⑤ 산림법 제18조 제1항에 의거 사업계획예정구역 중 보전임지 중 생산임지에 포함되는 임야에 대하여는 국토이용관리법에 따라 사업개시 전 준도시지역 시설용지지구로 입안하여야만 하며 준보전임지로 지정된 임야는 산림의 형질변경을 득한 후 사업시행하여야 한다.

⑥ 국토이용관리법 제15조 및 동법시행령 제14조에 의거 사업시행 전 사업계획대상지역을 준도시지역, 시설용지지구로 입안해야만 한다. 산림법 제18조 제1항의 보전임지 중 생산임지에서의 규제사항을 상기 국토이용관리법 관련 법률이 정하는 바에 따라 사업시행 전 완료하여야만 한다.

⑦ 수질환경보전법 제10조 제1항 및 대기환경보전법 제28조 제1항에 의거 설치 전 폐수배출시설설치허가 및 비산먼지발생사업신고를 해야만 한다.

⑧ 사업계획에 포함되는 구거는 농수산부소관 구거로써 사업개시 전 국유재산법 제24조, 제30조, 동법시행령 제24조, 제32조에 의거 용도폐지 및 사용수익허가를 득한 후 사업을 시행하여야만 한다.

⑨ 기타 사업개시 전 및 사업추진 중 주민의 반대 및 기타 이로 인하여 발생되는 문제에 대하여는 원만하게 사업시행주체에서 해결해야 한다.

3) 대상판결에 따른 파기환송된 부분에 대해서 광주고법은 원고의 항소를 기각하였다(광주고법 2004.7.16. 선고 2003누1584판결). 이에 원고측에서 다시 상고하였다. 한편 사건을 "국토이용계획변경승인거부처분취소"로 명명한 것은, 관련 법령상의 계획결정·변경의 메카니즘은 물론 소송의 대상에 관한 오해를 빚을 수 있다. "국토이용계획변경거부처분취소"로 명명하여야 한다.

면, 그 신청한 행위가 공권력의 행사 또는 이에 준하는 행정작용이어야 하고, 그 거부행위가 신청인의 법률관계에 어떤 변동을 일으키는 것이어야 하며, 그 국민에게 그 행위발동을 요구할 법규상 또는 조리상의 신청권이 있어야만 하는바(대법원 1998.7.10. 선고 96누14036 판결 참조), 국토이용관리법상 주민이 국토이용계획의 변경에 대하여 신청을 할 수 있다는 규정이 없을 뿐만 아니라, 국토건설종합계획의 효율적인 추진과 국토이용질서를 확립하기 위한 국토이용계획은 장기성, 종합성이 요구되는 행정계획이어서 원칙적으로는 그 계획이 일단 확정된 후에 어떤 사정의 변동이 있다고 하여 그러한 사유만으로는 지역주민이나 일반 이해관계인에게 일일이 그 계획의 변경을 신청할 권리를 인정하여 줄 수는 없을 것이지만(대법원 1995.4.28. 선고 95누627판결 참조), 장래 일정한 기간 내에 관계 법령이 규정하는 시설 등을 갖추어 일정한 행정처분을 구하는 신청을 할 수 있는 법률상 지위에 있는 자의 국토이용계획변경신청을 거부하는 것이 실질적으로 당해 행정처분 자체를 거부하는 결과가 되는 경우에는 예외적으로 그 신청인에게 국토이용계획변경을 신청할 권리가 인정된다고 봄이 상당하므로, 이러한 신청에 대한 거부행위는 항고소송의 대상이 되는 행정처분에 해당한다고 할 것이다.

(2) 이 사건에 있어서 원심이 확정한 사실관계를 관계 법령에 비추어 보건대, 구 폐기물관리법(1999.2.8. 법률 제5865호로 개정되기 전의 것, 이하 '폐기물관리법'이라 한다) 제26조, 같은법시행규칙(1999.1.5. 환경부령 제56호로 개정되기 전의 것) 제17조 등에 의하면 폐기물처리사업계획의 적정통보를 받은 자는 장래 일정한 기간 내에 관계 법령이 규정하는 시설 등을 갖추어 폐기물처리업허가신청을 할 수 있는 법률상 지위에 있다고 할 것인바, 피고로부터 폐기물처리사업계획의 적정통보를 받은 원고가 폐기물처리업허가를 받기 위하여는 이 사건 부동산에 대한 용도지역을 '농림지역 또는 준농림지역'에서 '준도시지역(시설용지지구)'으로 변경하는 국토이용계획변경이 선행되어야 하고, 원고의 위 계획변경신청을 피고가 거부한다면 이는 실질적으로 원고에 대한 폐기물처리업허가신청을 불허하는 결과가 되므로, 원고는 위 국토이용계획변경의 입안 및 결정권자인 피고에 대하여 그 계획변경을 신청할 법규상 또는 조리상 권리를 가진다고 할 것이다.

(3) 그럼에도 불구하고, 원심은 원고에게 국토이용계획변경을 신청할 법규상 또는 조리상의 권리가 인정되지 아니하므로 피고가 이 사건 계획변경신청을 거부한 행위가 항고소송의 대상이 되는 행정처분에 해당하지 않는다는 이유로 그 취소를 구하는 이 부분 소를 각하하였으니, 거기에는 폐기물사업계획의 적정통보 및 국토이용계획변경신청권에 관한 법리를 오해한 위법이 있다. 이 점을 지적하는 취지의 상

고이유의 주장은 이유 있다.

### 2. 폐기물처리업허가신청반려처분의 취소청구에 대하여

원심판결 이유에 의하면, 원심은 그 채택한 증거들을 종합하여, 피고가 1997.10.20. 원고에게 폐기물처리사업계획에 대한 적정통보를 한 다음, 원고의 국토이용계획변경승인요청에 기하여 1998.4.24. 관계 법령이 정하는 바에 따라 이 사건 부동산 일대의 토지에 대한 용도지역을 준도시지역(시설용지지구)으로 변경하기 위한 공람공고를 한 사실, 그런데 같은 해 7.경부터 이 사건 부동산 인근에 거주하는 주민들이 폐기물처리시설의 설치를 반대하는 집단민원을 계속적으로 제기하자 피고는 1999.7.6. 원고에게 주민들의 집난빈원이 해소되기까지는 국토이용계획변경을 승인할 수 없다는 이 사건 계획변경승인거부처분을 한 사실과 원고가 2000.5.12. 폐기물처리업에 필요한 제반 시설을 갖추지 못한 상태에서 폐기물처리업허가신청을 하자 피고는 같은 해 5.18. 폐기물처리사업계획의 적정통보시 이행조건으로 제시한 사항을 원고가 이행하지 않았고 폐기물처리시설이 완료되지 않았다는 이유로 그 신청을 반려한 사실을 인정한 다음, 폐기물처리사업계획 적정통보를 받은 자는 환경부령이 정하는 기준에 의한 시설·장비·기술능력을 갖추어 시·도지사의 허가를 받아야 하는데 원고가 위와 같은 시설 등을 갖추고 있지 않은 상태에서 위 허가신청을 한 사실을 스스로 인정하고 있으므로 피고의 이 사건 허가신청반려처분은 적법하다고 판시하면서, 피고가 원고에게 폐기물처리사업계획 적정통보를 하였다 하더라도 그것만으로는 장차 폐기물처리업허가를 할 것이라는 신뢰를 주었다고 볼 수 없다는 이유로, 신뢰보호원칙상 피고가 원고에게 폐기물처리업허가를 하여야 할 의무가 있다는 원고의 주장을 배척하였다.

기록에 비추어 살펴보면, 원심의 위와 같은 사실인정과 판단은 정당한 것으로 수긍할 수 있고, 거기에 심리미진이나 채증법칙 위배로 인한 사실오인, 폐기물처리업허가 및 신뢰보호의 원칙 등에 관한 법리오해의 위법이 없다. 이 점에 관한 상고이유의 주장은 이유 없다.

### 3. 결 론

그러므로 원심판결 중 이 사건 계획변경승인거부처분 취소청구 부분을 파기하고, 이 부분 사건을 다시 심리·판난하게 하기 위하여 원심법원에 환송하기로 하며, 나머지 상고를 기각하기로 하여, 관여 대법관의 일치된 의견으로 주문과 같이 판결한다.

## Ⅲ. 問題의 提起[4]

일정한 행위의 거부가 처분성을 갖는지 여부는 취소소송의 대상적격성 차원을 넘어서 중요하다. 처분성이 인정되면 그것에 대해선, -행정행위의 기능에서 간취할 수 있듯이- 행위당시는 물론 권리구제의 차원에서 여러 가지 법적 장치가 가동된다. 가령 의견청취의 기회가 제공되어야 하고, 거부처분의 법적 근거와 사실적 이유가 제시되어야 하며, 단순 위법에 머무는 통상의 하자의 경우에는 불가쟁력이 발생한다. 아울러 여러 단계로 진행되는 행정결정에선 필연적으로 하자의 승계가 문제된다. 이 점에서 김종보 교수의 지적[5]: "도시계획의 처분성을 넓게 인정하는 것이, 통제의 진입로를 열기 위한 시도로 높이 살 만한 것이지만, -마개를 따는 순간 다 마셔야 하는 탄산음료와 같은 속성마냥- 취소청구되지 않고 제소기간을 넘긴 수많은 도시계획에 대한 법적 공격을 사실상 모두 좌절시키는 효과를 수반한다"은 매우 시사적이다. 요컨대 처분성인정에 담겨진 이런 함의는 공법질서와의 일치성속에서 성찰되어야 한다.[6]

대상판결은 계획변경승인거부처분의 취소청구와, 폐기물처리업허가신청반려처분

4) 대상판결에 대해, 김남진 교수님은 「이 사건에서 피고(진안군수)는 원고의 국토이용계획변경신청을 받아드려. 1998. 4. 14. 이 사건 부동산 일대의 토지에 대한 용도지역을 준도시지역(시설용지지구)으로 변경한다는 내용의 공고(진안군 공고 1998-49호)를 한 후, 1999. 7. 6. 주민들의 집단민원이 해소되기까지는 원고의 신청을 승인할 수 없다고 "통보"하였다. 그렇다면 위 "통보"는 - 1998년 4월 14일에 - 이미 행해진 피고에 의한 "용도지역변경공고의 철회"를 뜻한다고 하겠으며, 그 "철회"가 이 사건 취소소송의 대상이 되었어야 할 것이다. 그럼에도 불구하고 원심과 대법원이 이 사건을 "거부처분(국토이용계획변경신청에 대한 거부처분)"에 대한 취소소송으로서 심리하였음은 이해할 수 없는 일이다」, 「이 사건에서 피고는 원고에 대하여 사업계획의 적합통보를 하면서 "주민의 반대 및 이로 인하여 발생하는 문제에 대하여는 사업시행주체가 해결하여야 한다"는 취지의 이행조건(부관)을 부가하였으며, 그와 같은 이행조건의 불이행이 이 사건에서의 또 하나의 처분(폐기물처리업 허가거부처분)의 이유가 되고 있다. 그러나 그와 같은 부관(이행조건)은 법령에 근거를 두고 있지 않을 뿐 아니라(법률유보원칙 위반), "부관의 한계에 관한 법리"에도 어긋나는 위법한 부관으로 보지 않을 수 없다. 그럼에도 불구하고, 법원이 그러한 점에 대한 판단을 하지 않았음은 심리미진인 것으로 생각된다」고 평하였다(동인, 「국토이용계획변경승인신청과 법적 문제」, 법률신문 제3237호, 2004.1.26.). 김종보 교수는 대상판결과 관련하여, 이를 도시계획이 처분성과 불가쟁력으로 무장한 채 부당하게 존속하는 것에 대한 통제필요성이 절박해지고 있다는 뜻이며, 현재의 문제 상황은 이런 통제의 필요성이 거부처분이론을 중심으로 구축된 사법소극주의에 도전하는 것이 그 핵심이라고 진단을 내렸다(동인, 「도시계획변경거부의 처분성」, 행정법연구 제11호, 2004. 상반기, 260면). 그리고 이선희 판사는, 종전의 판례에 비해 이 사건에서 예외적으로나마 원고에게 국토이용계획변경신청권을 인정한 것이 국민의 권익보호라는 점에서 진일보한 것으로 볼 수 있으며, 대상판결이 행정상 계획변경신청권을 확대하는 초석이 되길 기대한다고 글맺음을 하였다(동인, 앞의 글, 550면 이하).

5) 동인, 앞의 글, 247면, 257면.

6) 가령 개별공시지가결정의 처분성을 인정한 판례(대법원 1993.1.15. 선고 92누12407・92누12414판결)와 조치적 조례(이른바 두밀분교통폐합조례)의 처분성을 인정한 판례(대법원 1996.9.20. 95누7994・95누8003판결) 역시 성찰이 요구된다. 전자의 경우에는 법적 규율의 직접성을 최종결정에 연계시켜 인정한 점에서, 후자의 경우에는 권리보호의 방도가 원칙적으로 법형식에 의거하여 가늠되어야 하는 것을 간과하면서도 처분상의 요구사항에 관해선 전혀 고려하지 않은 점에서, 공법질서의 체계상의 문제점이 있다. 후자의 문제점에 관해선, 졸고, 措置的 命令 내지 個別事件規律的 命令에 대한 權利保護에 관한 小考, 법조 제554호, 2002.11., 90면 이하 참조. 追論: 본서 434면 이하 참조.

의 취소청구에 대하여 판단을 내렸다. 대상판결의 첫 번째 판단부분과 관련해선, 거부처분인정의 출발점으로서, 비록 예외적일망정 계획변경신청권이 인정되었다는 점이 고무적이다. 그런데 판례는 후속단계에서 관련 행정행위를 신청할 권리(법률상의 지위)의 존부를 연계시켜 계획변경신청권의 존재를 논증하였다. 과연 이런 결과도치적 논증의 방법은 정당하며, 모순없이 통용될 수 있는가? 다른 착안점에 의거하여 해결책을 도모할 순 없는가? 여기선 적정통보(지금의 적합통보)를 시발로 한 전체 폐기물처리업허가제도를 염두에 두고서 논의를 전개하되, 논증의 착안점을 행정계획의 법형식 즉, 법적 성질에서 구하고자 한다.[7]

한편 엄밀히 보아 사안의 대상은 폐기물처리업불허가처분이고, 다툼의 대상은 이전에 내려진 폐기물처리사업계획의 적정통보에 부가된 이행조건이다. 따라서 이들 개개의 이행조건에 대해 법적 평가가 내려져야 한다. 여기선 폐기물처리사업계획의 적정통보제도의 본질에 관한 논의가 수반되어야 하는데, 이 같은 논의는 대상판결의 두 번째 판단부분과 관련해서도 유용하다.

## Ⅳ. 廢棄物管理法上의 廢棄物處理事業計劃(書)의 適正(適合)通報制度에 관한 論議

### 1. 適正(適合)通報制度의 趣旨

일찍이 대법원 1998.4.28. 선고 97누21086판결은「폐기물관리법 제26조 제1항, 제2항 및 같은법시행규칙 제17조 제1항 내지 제5항의 규정에 비추어 보면 폐기물처리업의 허가에 앞서 사업계획서에 대한 적정·부적정 통보 제도를 두고 있는 것은 폐기물처리업을 하고자 하는 자가 스스로 시설 등을 설치하여 허가신청을 하였다가 허가단계에서 그 사업계획이 부적정하다고 판명되어 불허가되면 허가신청인이 막대한 경제적·시간적 손실을 입게 되므로, 이를 방지하는 동시에 허가관청으로 하여금 미리 사업계획서를 심사하여 그 적정·부적정통보 처분을 하도록 하고, 나중에 허가단계에서는 나머지 허가요건만을 심사하여 신속하게 허가업무를 처리하는 데 그 취지가 있다」고 판시하였다.

그리고 대법원 1998.9.4. 선고 97누19588판결 역시 원자력법 제11조 제3항 소정의 부지사전승인제도에 대해서「(이는) 원자로 및 관계 시설을 건설하고자 하는 자가

7) 그런데 과연 국토이용계획변경신청에 대한 거부를 통상적인 행정행위의 신청의 거부에 비견할 수 있는지 결정적인 의문이 제기된다. 사안의 근본적인 차이점이 간과된 채 법적 취급의 동일성만을 착안점으로 삼을 때 그에 수반된 부조화는 간단치가 않다. 이에 관한 상세는 김종보, 앞의 글, 266-269면 참조. 여기선 일단 이런 점을 지적하는 데 그치지만, 계획의 법형식의 설정에 관한 논의가 필요하다.

그 계획중인 건설부지가 원자력법에 의하여 원자로 및 관계 시설의 부지로 적법한지 여부 및 굴착공사 등 일정한 범위의 공사(이하 '사전공사'라 한다)를 할 수 있는지 여부에 대하여 건설허가 전에 미리 승인을 받는 제도로서, 원자로 및 관계 시설의 건설에는 장기간의 준비·공사가 필요하기 때문에 필요한 모든 준비를 갖추어 건설허가신청을 하였다가 부지의 부적법성을 이유로 불허가될 경우 그 불이익이 매우 크고 또한 원자로 및 관계 시설 건설의 이와 같은 특성상 미리 사전공사를 할 필요가 있을 수도 있어 건설허가 전에 미리 그 부지의 적법성 및 사전공사의 허용 여부에 대한 승인을 받을 수 있게 함으로써 그의 경제적·시간적 부담을 덜어 주고 유효·적절한 건설공사를 행할 수 있도록 배려하려는 데 그 취지가 있다」고 판시하였다.

### 2. 適正(適合)通報의 處分性 여부와 裁量行爲性 여부

#### (1) 適正(適合)通報의 處分性 여부

폐기물관리법은 종전에 동법시행규칙에서 규율된 폐기물처리사업계획(서)의 적정통보제도를 적합통보로 개칭하여 1999.2.8.에 명문화하였다(동법 제26조 제1항과 제2항). 대상사안은 이 같은 명문화이전에 문제가 되었기에 적정통보의 법적 성질에 관한 논의가 필요하다. 이미 대법원 1998.4.28. 선고 97누21086판결은 이 적정통보를 행정처분이자 재량행위로 보았으며, 동 판례를 대상으로 하여 이미 이원일 판사[8]와 권은민 변호사[9]가 깊이 있는 논의를 하였다.

이미 법률차원에서 근거규정이 마련되었기에 이젠 대상사안과 관련하여 전혀 문제가 되지 않지만, 대상행위의 법적 성질을 논함에 있어서 근거규정의 존부물음에 관해 검토하고자 한다. 행정소송법을 비롯한 관련법상의 처분개념에 표현된 "법집행으로서"와 관련하여, 여기서의 "법"이란 "법률의 법규창조력"에 바탕을 둔 "법규(범)"을 의미하고 따라서 행정행위의 법효과발생의 준거점이 된다고 한다. 예컨대 개별토지가격결정의 처분성을 논증하기 위하여 법원은 그것의 근거규정인 국무총리훈령으로서의 '개별토지가격합동조사지침'을 '지가공시 및 토지 등의 평가에 관한 법률' 제10조의 시행을 위한 집행명령으로서 법률보충적 구실을 하는 법규적 성질을 가지는 것으로 보았다.[10]

그런데 어떤 행위의 법적 성질을 행정행위로 여기느냐의 물음에서, 행정행위를 발하기 위한 법적 근거(수권), 다시 말해 행정청이 규율을 위하여 행정행위라는 법형식을 사용하는 것이 허용되기 위한 법적 근거가 존재하는지 여부는 전혀 관계가 없

8) 동인, 대법원판례해설 제30호, 1998.11., 500면 이하.
9) 동인, 폐기물처리업 허가권자가 한 '부적정통보'의 법적 성질, 행정판례연구 제6집, 2001, 127면 이하.
10) 대법원 1994.2.8. 선고 93누111판결.

다.[11] 행정행위를 비롯한 어떤 행정작용이 허용됨에 있어서 법률상의 근거를 필요로 하는지 여부는 법률유보의 물음이다. 요구되는 법적 근거의 부재는 행정행위의 하자원인(위법)이 될 뿐이지, 그것의 법적 성질을 가늠하진 않는다. 요컨대 법률상의 근거의 유무에 상관없이 어떤 행위가 행정행위의 개개의 개념적 징표를 충족하고 있는지가 요체이다. 즉, 직접적인 근거규정 뿐만 아니라 관련 규정에 의해서 권리의 설정 또는 의무를 명하거나 기타 법률상의 효과를 발생시키는지 여부가 관건이다.[12] 한편 여기서 적정통보의 처분성 인정과는 별개로, 본허가처분에 부수하여 그 같은 국가개입수단을 설정하는 것이 법적으로 정당한지 다시 말해, 법률유보가 적용되어야 하는지가 검토되어야 한다(후술).

(2) 適正(適合)通報의 裁量行爲性 여부

판례는 적정여부 및 그것의 통보가 재량행위임을 판시하였다.[13] 그러나 적정여부에 관한 판단의 부분과 판단에 따른 적정 또는 부적정의 통보(알림)의 부분은 구분되어야 한다. "시·도지사 또는 지방환경관서의 장은 제2항의 규정에 의하여 제출된 사업계획서에 대하여 이를 검토한 후 사업계획의 적정여부를 신청인에게 통보하여야 한다"는 처분당시 동법 시행규칙 제17조 제3항은 후자와 관련한 착안점을 제공한다. 즉, 적정여부의 통보 그 자체는 선택의 자유를 누리지 않는 기속행위이다. 문제는 그 사업계획(서)의 적정여부에 관한 판단의 부분이다. 요컨대 폐기물관리법의 사업계획적정통보가 폐기물처리업허가신청의 전단계에서 이루어지는 점에서, 사업계획서의 제출자가 허가를 받아 폐기물처리를 수행할 수 있는지 여부가 수행처리대상폐기물의 수집·운반 또는 처리계획서 등 관련 자료를 통해서 확인되어야 한다. 즉, 제출자의 폐기물처리수행적합성·가능성이 적정통보결정의 바로미터이다. 여기선 그 본질에서 수단선택의 자유적 측면이 주어지는 것이 아니라, 관련 자료를 바탕으로 행정청이 나름대로 행하는 판단이 존재한다. 즉, 재량을 행위효과에 관한 선택의 자유로 이해할 때, 적정여부의 물음은 재량차원이 아니라 판단여지차원에서 접근하여야 한다.

---

11) Kopp/Ramsauer, VwVfG Kommentar, 7.Aufl., 2002, §35 Rn.9; BVerwG NVwZ 1985, 264; NJW 1990, 2482; DVBl. 1987, 850.

12) 이에 관해선 졸고, 不問警告措置'의 法的 性質과 관련한 問題點에 관한 小考, 인권과 정의 제336호, 2004.8, 125면 이하 참조.

13) 대법원 1998.4.28. 선고 97누21086판결: 「당해 처분의 근거인 폐기물관리법 제26조 제1항, 제2항과 같은 법 시행규칙 제17조 제1항 내지 제4항의 체제 또는 문언을 살펴보면 이들 규정들은 폐기물처리업허가를 받기 위한 최소한도의 요건을 규정해 두고는 있으나 사업계획 적정 여부에 대하여는 일률적으로 확정하여 규정하는 형식을 취하지 아니하여 그 사업의 적정 여부에 대하여 재량의 여지를 남겨 두고 있다 할 것이고, 이러한 경우 사업계획 적정 여부 통보를 위하여 필요한 기준을 정하는 것도 역시 행정청의 재량에 속하는 것이므로, 그 설정된 기준이 객관적으로 합리적이 아니라거나 타당하지 않다고 볼 만한 다른 특별한 사정이 없는 이상 행정청의 의사는 가능한 한 존중되어야 한다」.

### 3. 適正(適合)通報制度의 법적 의의

적정통보제도의 법적 의의를 자리매김하기 위해선, 적정통보의 처분성여부의 물음보다 그것의 본질에 관해 논의되어야 한다. 논의의 바탕인 근거 법령이 먼저 검토되어야 한다.

판례가 적시한 것과 같은, 입법자가 의도한 제도적 취지가 현행 법규정에 의해서 분명히 확인되며, 이런 점은 과거 시행규칙에서 규율되었더라도 마찬가지이다. 따라서 적정통보의 처분성여부에 초점을 맞춘 나머지 이를 폐기물처리업허가와 분리하여 고찰하면 자칫 제도의 본질을 간과할 우려가 있다. 폐기물처리(업)허가절차가 단순히 허가신청과 그에 대한 허부결정이라는 일단계적 절차라면, 적정통보는 일종의 준비행위에 해당하고 구속력 등과 같은 법적 의의를 갖지 않는다. 그러나 이미 그것의 처분성은 인정되고 있으며, 제도적 취지가 허가신청상의 사전편의제공차원을 넘어섰다고 판단된다. 요컨대 적정통보와 폐기물처리업허가는 전체를 위하여 긴밀한 상관관계에 서면서도, 각기 나름의 의의를 가짐과 동시에 독립되게 처분성을 인정받고 있다. 이런 법형상에 해당하는 것이 바로 다단계적 행정절차(Das merhstufige Verfahren)이다.[14]

행정절차의 집합에 해당하는 다단계적 행정절차는 법률적으로 특별히 규율된 절차의 유형이 아니다.[15] 원전이나 산업설비와 같은 대규모프로젝트의 허가절차에선,

---

14) 사전결정과 부분허가와 같은 중간결정을 내용으로 하는 다단계적 행정절차와 구분되어야 할 것이 다단계적 행정행위(merhstufiger Verwaltungsakt)이다. 이는 다른 행정청이나 심지어 다른 행정주체의 동의가 내려진 다음에 비로소 발해질 수 있는 것이다. 여기선 다른 행정청이나 다른 행정주체의 동의 그 자체가 독립되어 처분성을 갖는지가 논란거리이다. 다른 행정청 등의 동의는 통상적으론 동의를 필요로 하는 행정행위를 발하는 행정청에 대한 행정내부적 표시행위에 그친다. 그래서 그런 동의가 시민에 대해서 고유한 직접적인 법효과를 발휘하는 경우에만 행정행위로서의 법적 성질이 부여되어야 한다(동지: 홍정선, 행정법원론(상), 2005, 259면). 여기선 일정한 임무의 전속적 수행과 특별한 관점의 단독적 관철이 동의권자인 행정청에게 맡겨져 있는지 여부가 관건이 된다(vgl. BVerwGE 26, 31, 39). 우리의 경우 군사시설보호법 제10조가 규정하고 있는 '행정청의 허가사항에 관한 협의절차'와 관련하여, 판례는 여기서의 '협의'를 어의와는 달리 바로 동의로 이해한다(대법원 1995.3.10. 선고 94누12739). 나아가 그 동의 및 동의거부에 대해선 처분성이 부인되곤 한다(박영만, 군사시설보호법상의 '협의'절차와 항고소송, 행정판례연구 제6집, 2001, 184면 이하). 협의를 특별한 논거없이 어의에 반하게 구속적 성격의 동의로 파악하는 판례의 태도는 일단 의문스럽다. 법개정으로 어의에 맞게 협의에 갈음하여 동의가 사용되기 전이라도, 일단 동의의 의미로 이해되는 협의( 및 그 거부)의 법적 성질이 문제되는데, 동법의 목적과 더불어 군당국의 고유한 관점이 존재함을 감안한 즉, 독립된 처분성을 부여하여야 한다. 이원우 교수는, 처분성을 인정하지 않는 입장에 따를 때 관할부대장은 그저 행정소송법 제17조에 의한 소송참가인의 지위에 설 수밖에 없으며, 자칫 군사시설보호법상의 정당한 공익목적이 대변되지 못할 상황이 초래될 수 있기에, 관련 국민의 기본권보장을 위해서는 물론, 군사시설보호의 공익관철을 위해서도 이 협의 및 협의거부에 처분성을 인정하여야 한다고 주장한다. 동인, 군사시설보호구역에 의한 재산권 제한과 피해구제방안, 법학논총 제19집, 한양대학교 법학연구소, 2002.12., 24-26면. 追論: 본서 192면의 주20의 추론 참조.

15) 물론 이를 사전결정과 부분허가를 중심으로 하는 것으로 파악하지 않고, 구간별 도로구축처럼 실체적인 것이 아니라 공간적인 조각(부분)형성과 같은 것을 다단계적 절차라 부를 수도 있긴 하나, 이는 용어의 물음이라고 한다. Vgl. Maurer, Allg.VerwR, 15. Aufl., 2004, §19 Rn.7c.

종종 복합적이고 광범한 물음에 관한 해명과 결정이 일회적으로 내려져선 아니 되고, 상이한 공익과 사익을 고려함과 아울러 여러 행정청과 다수 관련자를 참여시키면서 행해질 것이 요구된다. 따라서 여기선 일정한 선결물음(가령 입지선정물음, 일정한 기술의 허용성 등)이나, 전체설비의 일정한 부분(가령 개개의 건물군)에 관해서, 존속력있는 행정행위(가령 사전결정 내지 부분허가)를 통해서 사전에 또한 모든 관계자에 대해 구속적으로 결정을 내리는 것이 절차경제적으로 합목적적일 수 있다. 사전결정(예비결정)제와 부분허가제는, -법률이 정한 내용에 의하긴 해도- 존속력있게 결정내려진 부분에 대해 신청자와 관련 제3자가 나중에 이의제기하는 것을 배제시킨다(배제효). 그리고 이들 제도는 전체 설비의 허용성에 관해 행정청으로 하여금 잠정적, 긍정적인 전체판단을 내리도록 요구하며, 그리하여 후속 허가부분과 관련하여 행정청에 대해서 어느 정도의 사전효과와 구속을 발생시킨다. 다만 판단의 잠정성으로 인해 구속효상의 제한은 필연적이다. 그 결과 허가될 설비부분의 추후적 상세심사로부터 그것(기허가설비부분)이 애초 계획한 대로 시행될 수 없다는 것이 드러나거나, 미허가설비부분상의 사실·법상황의 변화로 말미암아 새로운 요구가 성립하는 경우에는 구속효가 소멸한다.[16] 다만 사전결정의 경우에는 본허가로부터 유리된 그것의 본질로 말미암아, 구속효의 제한과 같은 이상의 유보가 통용되지 않는다.[17]

적정통보제도를 다단계적 행정절차에서 포착한다고 할 때, 과연 그것이 사전결정인지 아니면 부분허가인지가 검토되어야 한다.[18] 전자가 생각으로 구분지울 수 있는 개개의 허가요건, 가령 전체구상(Gesamtkonzept)이나 부지선정에 관한 것이라면, 후자는 사실적(실체적)으로 구분지울 수 있는 설비부분의 설치와 운영에 관한 것이다.[19] 요컨대 폐기물관리법상의 관련규정에 의거하여 판단해 볼 때, 적정(적합)통보는 사전결정에 해당한다.[20]

부분허가는 완전허가(Vollgenehmigung)와는 내용상의 한정성의 측면에서 구분될 뿐, 그 자체로선 진정한 허가이다. 그리하여 사전결정에서와는 달리, 부분허가에선 전체 사업안 즉, 전체설비와 관련한 잠정적, 긍정적 전체판단이 요건일 뿐만 아니라,

16) Kloepfer, Umweltrecht, 3.Aufl. 2004, §5 Rn.115.

17) BVerwGE 70, 365(372).

18) 참조: 김남진, 행정법의 기본문제, 1994, 808면 이하; 김해룡, 다단계적 행정결정에 관한 법리, 고시계 1994.4, 93면 이하; 정하중, 다단계행정절차에 있어서 사전결과 부분허가의 의미, 저스티스 제32권 제1호, 1999.3, 131면 이하.

19) 한편 전체 허가부설비의 원칙적인 허가적격성을 구속적으로 확인하는 구상허가(Konzeptgenehmigung)는 설비 전체를 고려한다는 점에서 국소적 성격을 지닌 사전결정과는 구분된다. 하지만 사전허가가 구상허가로서 행해지는 경우에는 추단적 확약을 지니게 된다. 다만 구상허가란 개념은 사용되지 않고, 오히려 대개는 잠정적인, 긍정적인 전체평가를 지닌 부분허가로 불리운다. Vgl. BVerwGE 92, 185, 189; Roßnagel, Teilgenehmigung und vorläufiges positives Gesamturteil, DÖV 1995, 624(627).

20) 김동희, 행정법 I, 2005, 221면; 홍정선, 앞의 책, 262면.

부분허가에 의해서 조성된 규율의 실체적(사실적) 부분이기도 하다. 그 결과 -한정된 범위에선 최종결정(Endbescheid)인- 부분허가는 전체사업안을 위해 필수적인 차후의 부분허가와 관련해서도 행정청을 원칙적으로 구속한다. 하지만 사전결정의 경우에는, 설령 전체 사업안의 잠정적, 긍정적 전체판단이 그것의 발급요건이라 하더라도, 결코 본허가에 관한 추단적 확약이 수반되지 않는다.[21] 따라서 적정통보가 본허가인 폐기물처리업허가에 관한 신뢰를 제공하는 것은 아니라고 본 대상판결의 태도는 정당하다. 아울러 대법원 1998.9.25. 선고 98두6494판결이 폐기물사업적정통보에 사건토지에 대한 형질변경허가의 공적 견해표명이 포함되어 있지 않는다고 판시한 것 역시 정당하다. 나아가 대법원 1999.5.25. 선고 99두1052판결이 주택건설촉진법의 구 제32조의 4에 의거한 사업계획의 사전결정에 대하여 제한적인 구속효를 인정하는 식의 논증을 한 것 역시 정당하다.

사전결정과 부분허가에서의 이런 본질적 차이점은, 궁극적으로 형성효(Gestattungswirkung)의 인정여부로 귀결된다. 해당 설비허가의 신청자는 전적으로 부분허가에 의거해서만 그 일부를 설치나 운영할 수 있다. 사전결정에 의해서는 설비의 설치 등이 허용되지 않는다.[22] 그런데 사전결정의 효과를 논하기 위해선, 먼저 허가가 지닌 법적 의의 내지 기능이 검토되어야 한다. 허가는 해당 신청이 법률상의 요구에 부합하다는 점을 확인한 셈인 동시에 신청대상행위를 하는 것을 적법하게 만든다. 전자가 허가의 확인적 부분이고 후자가 허가의 합법화부분이다. 장차의 허가를 확약하는 것이 아닌 사전결정은, 허가에서 결정내려야 할 물음의 일부에 관해서 사전에, 그렇지만 구속적으로 결정을 내리는 것이다. 따라서 사전결정을 통해 허가의 확인적 부분의 단면이 사전에 확정되는 셈이다. 사전결정의 구속력은 이런 종국적인 확인에 국한되기에, 사전결정은 형성효가 아닌 확인효가 인정될 뿐인 확인적 행정행위의 일종에 해당한다.[23] 한편 이상에서 지적하였듯이, 처분성여부의 물음과 그것의 허용성 즉, 법률적 근거의 존재의 물음(법률유보의 원칙)은 별개이기에, 적정통보의 처분성 물음과는 별개로 사전결정으로서의 허용성이 문제될 법하다. 그런데 이런 결정타입을 특별히 법률이 규정하고 있지 않더라도, 그 허용성이 문제 되지 않는다. 왜냐하면 절차형성은 기본적으로 행정청의 재량이기 때문이다.[24] 그렇지만 적합통보에 관한

21) 일단 이 글에서의 사전결정과 부분허가에 관한 논의는 진정한 것들을 중심으로 하여 전개한다. 만약 실정법상으로 사전결정상의 요건사항이 상당부분 본처분과 공유한다면, 이에는 진정한 사전결정과는 다른, 관련 법령상의 효과가 부여될 수 있다.

22) 박윤흔, 행정법강의(상), 2004, 310면. 그러기에 Arndt는 사전결정과 관련해서 "확인효를 지닌 교시발급"(Auskunftserteilung)이라고 언급하였다. Ders., Umweltrecht, in: Steiner(Hrsg.), Bes.VerwR, 6.Aufl., 1999, Rn.160.

23) 동지: 정하중, 행정법총론, 2004, 206면.

현재의 법상황은 독일에서의 사전결정에 관한 법규정[25]과 비교한 즉, 바람직스럽지 않다. 입법적 정비가 필요하다.[26]

이미 사전결정의 예를 원자력법 제11조 제3항의 부지사전승인제도에서 찾을 수 있다. 대법원 1998.9.4. 선고 97누19588판결은 「원자로 및 관계시설의 부지사전승인처분은 그 자체로서 건설부지를 확정하고 사전공사를 허용하는 법률효과를 지닌 독립한 행정처분이기는 하지만, 건설허가 전에 신청자의 편의를 위하여 미리 그 건설허가의 일부 요건을 심사하여 행하는 사전적 부분 건설허가처분의 성격을 갖고 있는 것」으로 판시함으로써, 이 부지사전승인처분에는 진정한 사전결정과는 다소 다르게 부분허가적 측면까지도 있다고 보았다.[27] 이는 부지승인을 받은 자에게 일정 범위안에서 공사를 허용하는 원자력법 제11조 제4항에 따른 당연한 소산이다. 원자력법상의 원자로 등 관계시설에 대한 부지사전승인처분은 진정한 사전결정과는 완연한 차이가 있는, 이형적인 사전결정이다. 따라서 진정한 사전결정에서의 논의를 이 판결에 그대로 대입하기에는 간극이 분명히 존재한다. 물론 입법론적으로(de lege ferenda) 이 같은 입법태도가 바람직한지의 물음은 별개이다.

## V. 適正(適合)通報에 부가된 履行條件의 問題

### 1. 行政行爲의 附款論上의 附款의 可能性과 관련한 論議

피고행정청은 1997.10.20. 사업계획적정통보를 하면서, 매우 세세한 9개의 이행조건을 부가하였다. 보기 드물게 세세하여 지나친 감마저 드는 이행조건 하나하나의 성격은 행정법적 관점에서 규명되어야 하는데, 우선 행정행위의 부관론에 입각하여 그들의 가능성 및 한계에 관해 논의함으로써 그들의 적법성여부가 다루어져야 한다. 당시의 폐기물관리법은 제26조 등에서 '사업계획적정통보'를 특별히 언급하지 않고, 단지 동법시행규칙 제17조 제2항이 이를 규정하였다. 하지만 사업계획의 적정여부를 판단함에 있어서 잣대가 될 수 있는 구체적 기준은 제시되고 있지 않았으며, 이런 사정은 오늘날에도 마찬가지이다. 그럼에도 불구하고 본 사안에서 피고는 무려 9

24) Maurer, a.a.O., §9 Rn.63; Kloepfer, a.a.O., §5 Rn.112; Kopp/Ramsauer, VwVfG §9 Rn. 16; Stelkens/Bonk/Sachs, VwVfG Kommentar, 5.Aufl., 1998, §35 Rn.183.

25) 참조: 독일 연방오염방지법(BImSchG) 제9조(사전결정) 「(1) 계획된 설비의 영향미침이 충분히 판단내려질 수 있으며, 사전결정의 발급에 정당한 이익이 있는 한, 신청에 기하여 사전결정을 통해서 개개의 허가요건 및 설비의 입지에 관해서 결정이 내려질 수 있다. …」.

26) 박균성, 행정법론(상), 2005, 338면.

27) 이에 대한 평가로 김남진, 원자로부지사전승인과 법적 문제, 법제 1999.2., 20면 이하, 정하중, 앞의 글, 131면 이하; 조홍식, 환경소송에서의 소익과 헌법-사법권의 본질과 관련하여-, 헌법의 규범력과 법질서(허영교수 정년기념논문집), 2002, 590면 이하 참조.

개의 이행조건을 부가하였다. 1997. 당시는(제26조 제3항) 물론 지금의 폐기물관리법(제26조 제6항) 역시 폐기물처리업허가에 대해서만 조건(부관)의 부가가능성을 규율할 뿐이다.

명시적인 부관의 부가가능성이 없기에 행정행위의 부관론상의 부관의 가능성과 관련한 논의가 주효하다. 먼저 판례[28]는 개별법상의 명문의 근거가 없더라도, 허가 등의 수익적 행정행위(법률행위적 행정행위)에는 근거법령의 취지에 벗어나지 않는 범위 내에서, 또한 처분청에게 부여되어 있는 전체 권한의 테두리 내에서 부관을 붙일 수 있으되, 그것이 비례의 원칙, 부당결부금지의 원칙에 위반되지 않아야 한다고 본다.[29] 이와 같은 입장은 일반행정절차법을 통해 부관의 가능성이 명문화되지 않은 현실에 따른 불가피한 귀착이다. 그렇지만 부관의 한계의 물음보다 부관의 가능성의 물음을 선행시킴에 따른 법치국가적 문제점이 결코 가시지 않는다. 따라서 이 같은 입장을 수용할 수밖에 없다면, 당연히 부관의 한계에 관한 엄격한 태도를 견지하여야 한다.

이른바 준법률행위적(준권리설정행위) 행정행위(확인, 공증, 통지, 수리)에 부관을 붙일 수 있는지 여부를 두고서, 과거는 물론 현재까지도 논의가 분분하다. 만약 부정의 입장을 취한다면, 확인적 행정행위에 해당하는 적정통보에는 이행조건을 붙이는 것이 허용되지 않는다. 새삼 이른바 준법률행위적 행정행위에 대한 부관부가의 불가라는 종래의 입장이 유지되기 어려움이 확인된다.[30] 기속행위(또는 기속재량행위)에 대한 부관의 부가가능성을 두고서도 극심한 다툼이 있다. 기속행위의 경우 법령상 근거 없이 부관을 붙일 수 없으며, 설령 붙였다 하더라도 그 부관은 무효라는 판례[31]의 기술은, -물론 대법원 1997.3.11. 선고 96다49650판결이 당연 무효임을 판시하지 않아서 약간의 상위함을 보여주긴 해도- 논의의 극단의 일면을 여실히 보여준다. 적정통보가 재량행위에 해당한다면 크게 문제될 것이 없지만, 그렇지 않다면 사정은 다르다. 물론 판례와 같이 행위요건의 해당성의 물음도 재량차원에서 접근하는 입장에 서면 부관의 가능성이 문제되지 않지만, 재량과 판단여지를 구분하는 입장에 서면 기속행위의 부관부가가능성이란 달갑지 않은 문제를 검토하지 않으면 아니 된다. 이

---

28) 대법원 1997.3.11. 선고 96다49650판결.

29) 한편 김철용 교수님은 "행정법령의 취지가 행정청에 대해 부관을 붙일 권한을 수권한 것이라고 합리적으로 해석되는 경우에 한하여 부관을 붙일 수 있다고 해야 할 것이다"라고 지적한다. 동인, 행정법 I, 2005, 224면. 追論: 본서 397면 이하 참조.

30) 나아가 이젠 종래 문헌상의 통념화된 행정행위의 분류체계 즉, '권리설정행위(법률행위적) 행정행위'와 '준권리설정행위(준법률행위적) 행정행위'에 관한 근본적인 인식변화가 요구된다. 졸고, 이른바 준법률행위적(준권리설정행위적) 행정행위와의 결별에 관한 소고, 고시연구 2003.10., 14면 이하. 참조. 追論: 본서 318면 이하 참조.

31) 특히 대법원 1993.7.27. 선고 92누13998판결.

점에서 새삼 독일 연방오염방지법처럼 사전결정을 재량으로 규정하였으면 좋으련만 하는 느낌을 갖는다. 재차 기속행위에 대한 부관부가의 불가에 관한 스트레오타입적 사고에 변화가 있어야 한다.

요컨대 행정행위의 부관론상의 부관의 가능성과 관련한 통념화된 논의를 벗어나야 사안에서의 이행조건에 관한 바른 이해를 가질 수 있다. 비록 적정통보 자체와 관련해선 부관의 부가가 언급되고 있지 않지만, 그 후속행위인 폐기물처리업허가에 대해선 부관부가가 명시되고 있다. 사전결정인 적합통보는 이미 계획안(폐기물처리업) 전체에 관한 잠정적, 긍정적 판단을 요건으로 하기에, 적정통보와 폐기물처리업허가와의 사이에는 밀접한 상관관계가 존재하고 있다. 따라서 본허가시에 부가가능한 부관을 사전결정시에 앞당겨 부가하더라도, 그 이행시점의 기준을 사전결정당시로 고집하지 않는 한, 일단 부관가능성의 문제는 -적정통보의 성질과 무관하게- 발생하지 않는다고 보아야 한다.

### 2. 適正(適合)通報에 부가된 개개의 履行條件에 관한 檢討

일단 적정통보상의 이행조건의 부가 자체에 관한 의문이 가시면, 개개의 이행조건이 검토되어야 한다. 현행의 폐기물관리법은 폐기물처리업을 하고자 하는 자의 행위를, 적합통보, 폐기물처리업허가, 시설사용개시신고 등을 통해서 통제하고 있다. 폐기물처리업을 하고자 하는 자는 이와 더불어 농지법 등 다른 관련 법령상의 규제도 받고 있다. 입법목적을 달리하는 법률들이 일정한 행위에 관한 요건을 각각 규정하고 있는 경우에는, 어느 법률이 다른 법률에 우선하여 배타적으로 적용된다고 해석되지 않는 이상 그 행위에 관하여 각 법률의 규정에 따른 요건을 갖추어야 한다.[32] 따라서 적정통보에 부가된 개개의 이행조건은 일단 이 같은 통제메카니즘과 더불어 다른 법률(특히 견축법이나 농지법 등)상의 관련 규제 속에서 검토되어야 한다. 그리고 개개의 조건의 이행의 지향점이 항상 폐기물처리업을 하고자 하는 자에 맞춰지고 있지 않음을 유의하여야 한다. 이는 이행조건 그 전부를 행정법상의 부관에 바로 대입시키는 것이 곤란함을 의미한다.

가령 이행주건 ①을 보자면, 당시의 폐기물관리법 제30조와 동법시행규칙 제20조와 제23조의 요구사항을 일부 적시하여 알린데 불과하다. 대상부동산이 농지로서의 성질에 변함이 없는 한, 농지전용에 따른 농지전용허가(및 협의절차)가 필요하다(농지법 제36조). 따라서 이행조건 ② 그 사체는 농지전용허가를 받아야 한다는 부담에 해당한다. 그런데 구국토이용관리법에 의한 농림지역이나 준농림지역에 따른 행위제

32) 대법원 1995.1.12. 선고 94누3216판결.

한은 물론, 농지법상의 행위제한은 별개이다. 오히려 후자의 행위제한이 면제되지 않는 한, 부담여부를 떠나서 이행조건 ② 자체가 무의미하다. 그러기에 이행조건 ⑤, ⑥에 논의가 집중된다(후술). 이행조건 ③, ④, ⑦, ⑧ 역시 문화재보호법 제43조 및 동시행령 제29조에 따른, 건축법 제18조 등에 따른, 수질환경보전법 제10조 제1항 등에 따른, 국유재산법 제24조 등에 따른 행위통제의 내용을 적시하여 알린 데 불과하다.

결론적으로 문제가 되는 이행조건은 ⑤, ⑥, ⑨이다. 우선 이행조건 ⑨는 집단민원을 염두에 둔 것이다. 이를 부관으로 포착할 경우에는 그것의 불이행을 이유로 한 불이익조치의 존재까지 가지 않더라도, -김남진 교수님의 지적처럼- 법률유보의 원칙은 물론 부관의 한계에 따른 위법성은 자명하고, 이 조건의 불이행을 불이익조치의 근거사유로 삼는 것 역시 자명하게 위법하다. 그런데 만약 이 조건의 불이행을 불이익조치의 직접적인 표면상의 근거사유로 삼지 않는다면, 논의를 부관차원에서 전개하긴 어렵다. 엄밀히 말하자면 행정청은 이 경우에 민원유발사업과 관련하여 해당 사업시행자로 하여금 주민의 반발을 적극적으로 설명한다거나 합리적 요구를 수용하는 등 나름의 노력을 기울여 해소할 것을 주의적 의무의 방식으로 주문한 셈이다. 이 같은 사인주도적 갈등해결모델이 여러 정책적 고려와 검토를 거쳐 법제도적으로 성안되지 않은 이상, 이는 그저 비공식적 행정작용에 불과하다. 이행조건 ⑨에 대해선 이 같은 인식으로 접근하는 것이 좋을 듯하다.

이행조건 ⑤, ⑥과 관련해선 -특히 내용이 귀착된다는 점에서 이행조건 ⑥에- 세심한 고찰이 요구된다. 이들은 여타 이행조건과는 달리 궁극적으로 폐기물처리업허가여부와 밀접한 상관관계에 있다. 그리하여 이들이 부관차원에서 조건(Bedingung)인지 아니면 부담(Auflage)인지 검토되어야 한다. 조건은 행정행위의 효력발생(유효성)의 개시와 종료를 그 발생이 불확실한 일정한 사건에 의존케 하는 부관이다.[33] 여기선 사건의 발생시점뿐만 아니라 사건발생여부까지도 불확실할 수 있다. 나아가 사건이 수익자의 행위 그 자체인 경우 즉, 조건의 발생이 수익자의 의사와 행위에 의존하는 경우까지도 가능하고 실제로도 종종 일어난다. 특히 이 같은 조건이 정지조건부로 요구될 때 바로 정지조건과 부담과의 구분이 문제된다. 양자의 구분의 필요성은 주된 규율의 효력발생, 부관의 관철가능성, 권리보호와 관련하여 제기된다. 부담부 행정행위는 부담이행과 무관하게 즉시 유효하나, 정지조건부 행정행위는 조건발생으로 비로소 유효하게 된다. 부담이 독립하여 의무적 성격이고 관철가능한 반면

33) "철회권유보"는 해제조건의 특별한 경우에 해당한다. 행정청이 표한 철회가 행정행위의 유효성의 종료를 가져다 준 "사건"인 셈이다.

에, 정지조건은 의무지우지 않기에 관철될 수가 없다.[34] 통상 조건인지 부담인지 구분이 불분명하면 상대방의 이익과 법률생활의 안정을 위하여 부담으로 추정된다.[35] 이런 관점에서 이행조건 ⑥을 부담으로 볼 것이 주장되는데,[36] 그 논거를 「위 이행조건을 피고가 위 사업대상지역을 준도시지역, 시설용지지구로 변경하는 국토이용계획을 입안・결정할 수 있도록 폐기물사업계획을 갖추어 국토이용계획변경신청 등 필요한 절차를 원고가 이행하여야 할 의무를 부담시킨 의미」로 보는 데서 구한다. 그러나 부관의 지향점이 수범자의 특정 행위인지 아니면 -수범자가 되었든 행정청이 되었든 그 연계성보다는- 특정 사건(사실)의 발생인지 여부를 확인하는 것도 중요하다. 이행조건 ⑤의 전반부, ⑥에서 제시된 내용은-"… 입안하여야 한다"- 수범자의 시배영역에 속하지 않는다. 그것은 단지 해당절차의 진행을 개시하는 데만 영향을 미칠 뿐이다. 따라서 이들 이행조건을 독립된 의무의 일종인 부담으로 보는 것은 무리이다.

그런데 왜 이 같은 이행조건을 부가하였는지 검토되어야 한다. 대상부동산이 준농림지역과 농림지역에 속하는데, 이에 따라 구국토이용관리법 제15조와 동법시행령 제14조 등이 적용된다. 농림지역과 준농림지역에선 일정한 행위가 제한을 받는다. 특히 준농림지역에선 폐기물관리법 제2조 제7호의 규정에 의한 폐기물처리시설(일반)의 경우에 행위제한이 면제된다(구국토이용관리법 시행령 제14조 제1항 제1호 단서). 문제는 농림지역에서의 행위제한이다. 그런데 구국토이용관리법 제6조의 규정에 의한 농림지역과 준농림지역은 농업진흥지역의 지정대상이 되며, 농업진흥지역은 다시 용도구역(농업진흥구역과 농업보호구역)으로 구분하여 지정될 수 있다. 이 용도구역안에선 여러 행위제한이 과해지는데, 농업진흥구역안에서는 농업생산 또는 농지개량과 직접 관련되지 아니한 토지이용행위를 할 수 없으며, 농업진흥구역상의 농업환경의 보호에 이바지 하는 농업보호구역안에서는 '폐기물관리법 제2조 제7호의 규정에 의한 특정폐기물처리시설의 설치' 등이 금지되었다-이는 사안의 적적통보처분당시의 농지법 제34조 제2항 제3호가 규정한 것이다. 그리고 처분당시의 폐기물관리법 제2조 제7호는 "폐기물처리시설"이라 함은 폐기물의 중간처리시설과 최종처리시설로서 대통령령이 정하는 시설을 말한다고 규정하고 있다. 그런데 현행의 법규정에 의하면, 폐기물관리법 제2조 제4호의 규정에 의한 지정폐기물을 처리하기 위한 폐기물처리시설의 경우에 금지되고 있다-. 결국 구 국토이용관리법 제6조의 규정

34) 이는 일찍이 Savigny가 제시한 공식: "조건은 연기시키나 강제하진 않고, 부담은 강제하나 연기시키진 아니 한다"에서 유래한다. Ders., System des heutigen römischen Rechts, Bd. Ⅲ, 1840, S.231.

35) 양자의 구별에 관해선 특히 류지태, 행정법신론, 2003, 141면 이하 참조.

36) 이선희, 앞의 글, 566면.

에 의한 농림지역과 준농림지역에 해당하는 이상, 농지법상의 행위제한은 폐기물관리법이 규정하고 있지 않은, 폐기물처리업허가의 금지(제한)사유가 된다. 다시 말해, 준도시지역으로서 시설용지지구로의 전환은 이 같은 금지를 원천적으로 해제하기 위함이다.

요컨대 이행조건 ⑤의 전반부와 ⑥은 폐기물관리법이 아닌 다른 법률상의 행위금지사유를 이행조건의 차원으로 제시한 셈이다. 따라서 이들을 부담으로 포착하는 것은 타당하지 않다. 그렇다면 조건으로서의 이들과, 적정통보, 폐기물처리업허가를 어떻게 정렬하여야 하는가? 이들이 적정통보에 부가되었기에, 적정통보에 대해서 자리매김-구체적으론 정지조건이냐 해제조건이냐-을 하여야 한다. 폐기물처리업이 해당 법영역에 국한하지 않는 사안인 점, 적정통보가 본허가에 대한 사전결정적 성격을 지닌다는 점, 아울러 사전결정이란 본허가 전체에 관한 잠정적 긍정적 판단을 전제로 하고 있는 점들이 이들을 정지조건으로 파악하기 위한 착안점이 된다. 따라서 이행조건 ⑤의 전반부와 ⑥이 실현되어야 비로소 적정통보가 유효하게 효력을 발생한다고 보아야 한다. 그런데 본허가를 위한 사전결정으로서의 적정통보가 허가신청자에게 유리하게 기능하도록, 이들 이행조건을 해제조건으로 설정하는 것이 입법론적으로(de lege ferenda) 강구될 여지가 있다.

## Ⅵ. 國土利用計劃變更申請權의 認定의 問題點

### 1. 適正(適合)通報에 연계된 國土利用計劃變更申請權의 存否의 問題點

국토이용계획변경신청권의 존재를 논증함에 있어서, 대법원은 적정통보의 존재를 시발점으로 삼아 폐기물처리업허가요건으로서 국토이용계획변경을 상정하고서, 그 변경신청의 거부가 적정통보의 법효과(폐기물처리업허가를 신청할 수 있는 법적 지위)의 부인과 아울러 곧 폐기물처리업허가신청의 불허로 귀결됨을 착안점으로 삼았다. 즉, 대상판결은 수익적 행정행위인 종국적인 본허가의 거부 자체를 착안점으로 삼아 국토이용계획변경신청권을 인정한 것이 아니라, 그 전제로서 적정통보를 통해서 거부처분인정의 출발점인 신청권을 설정한 다음에, 이를 바탕으로 국토이용계획변경신청권과 그에 대한 거부처분을 인정하였다.

대법원이 원심과는 달리, 마치 목적론적 접근을 하여 국토이용계획변경신청권을 인정한 점은 일단 높이 평가할 만하다. 그러나 과연 대법원의 이런 논증이 다단계적 행정절차는 물론 부관에 관한 행정법도그마틱에 부합하는가? 분명 적정통보가 수범자에게 본허가를 신청할 수 있는 법적 지위를 주긴 하나, 이것이 다른 법률상의 행위금지를 해제케 하는 동인으로서도 기능한다고 보는 것은 무리이다. 사전결정으로서의 적정통보가 지닌 한정적인 확인적 성격 역시 대법원의 논증의 설득력을 약화시킨다. 더군다나 이상에서 본 것처럼, 이행조건 ⑤의 전반부와 ⑥을 적정통보의 정지조건으로 본다면 직정통보를 단초로 삼은 논증은 결정적으로 토대가 허물어진다. 그런데 이런 지적의 맥락은 설령 이들 이행조건을 해제조건의 차원에서 접근한다고 하더라도, 여전히 통용될 수 있다. 왜냐하면 이행조건의 물음을 본체인 주된 규율(적정통보)에 연계된 본처분에 터 잡아 해결하려는 것은, 다단계 행정절차의 법적 의의를 몰각시키기 때문이다. 만약 이들 이행조건을 조건이 아닌 부담으로 본다 하더라도, 사정은 마찬가지이다.[37)]

요컨대 국토이용계획변경신청권의 존부의 물음은, 대법원과는 달리 적정통보의 존재에서가 아니라, 이행조건 그 자체에서 해결의 착안점을 찾아야 한다. 사실 대법원이 적정통보의 존재를 매개로 하여 논증한 이면에는, 법원의 종래의 완고한 태도-계획변경신청권의 전면적 부정-가 있다고 여겨진다. 즉, 대법원은 종전의 태도를 원칙으로 삼고서, 적정통보의 존재를 매개로 이형적 경우이자 예외적 경우를 인정한 셈이다. 그런데 이상에서 보았듯이, 대법원이 제시한 예외인정의 논거가 매우 미약하다. 여기서 해결방안은 두 갈래로 모색할 수 있다. 하나는 더욱 설득력이 있는 예외인정의 논거를 발견하고자 시도하는 것이고,[38)] 다른 하나는 원칙시되는 기왕의 입장에 대한 근본적인 성찰을 도모하는 것이다. 후자의 모색은 전자의 그것을 무색하게 만들기에 여기선 후자의 물음에 논의를 집중하고자 한다.

## 2. 例外認定의 前提인 大法院의 原則(입장)의 問題點

계획변경신청권의 존부의 물음에 관한 리딩판례(대법원 1984.10.23. 선고 84누227판결)가 제시한 공식: 「국민의 신청에 대한 행정청의 거부처분이 항고소송의 대상이 되는 행정처분이 되기 위하여는, 국민이 행정청에 대하여 그 신청에 따른 행정행위를 해줄 것을 요구할 수 있는 법규상 또는 조리상의 권리가 있어야 하는 바, 도시계획법상 주민이 도시계획 및 그 변경에 대하여 어떤 신청을 할 수 있음에 관한 규정

---

37) 한편 이선희 판사는 이행조건을 피고가 국토이용계획을 입안·결정하도록 원고로 하여금 국토이용계획변경신청 등 필요한 절차이행의무를 부담시킨 것으로 볼 경우에는 그에겐 동계획변경신청권을 부여한 것으로 보아야 한다는 견해가 있을 수 있음을 지적한다. 동인, 앞의 글, 574면.

38) 가령 김종보 교수는, 매우 예외적으로 건축물의 허용요건 판단의 시점까지 소급하여 건축허가여부를 결정하는 영업법의 경우에 이에 의한 건축허가나 영업허가속에는 이미 건축가능성에 대한 사전적 허가가 녹아들게 된다고 하여, 이 경우에는 도시계획변경을 신청할 수 있는 법적 지위는 이미 영업법에 의해 확보되어 있는 셈이며, 영업법에 의해 확보된 법적 지위가 법의 일반원칙을 매개로 도시계획변경신청권의 기초를 이루는 것으로 보아야 할 것이라고 지적한다. 동인, 앞의 글, 265-266면.

이 없을 뿐만 아니라, 도시계획과 같이 장기성・종합성이 요구되는 행정계획에 있어서는 그 계획이 일단 확정된 후에 어떤 사정의 변동이 있다고 하여 지역주민에게 일일이 그 계획의 변경을 청구할 권리를 인정해 줄 수도 없는 이치이므로 도시계획시설변경신청을 불허한 행위는 항고소송의 대상이 되는 행정처분이라고 볼 수 없다」[39]는 후속 판결에서 기본 출발점이 되고 있다.[40]

신청을 필요로 하는 협력적 행정행위(이른바 쌍방적 행정행위)가 아닌 한, 행정법규상으로 국민에게 청구권이나 신청권을 구체적, 직접적으로 부여하는 경우란 거의 존재치 않기에. 신청권규정의 유무에 초점을 맞추는 것 자체가 설득력을 갖지 못한다.[41] 기실 광범한 계획재량이 공인된 계획법규상으로 그 같은 신청권인정규정을 요구한다는 것은 무리한 요구를 넘어서, 그 자체가 모순이라 하여도 과언이 아니다. 또한 이런 요구는 자칫 조리상의 권리라는 일종의 마술피리에 의탁할 우려가 있는데, 그 우려가 대상판결에서의 예외적 인정으로 가시화되었다. 물론 수익적 행정행위청구권을 바탕으로 한 계획변경신청권의 일반적 인정과는 분명한 거리가 있긴 하나, 엄밀히 보자면-토지소유자임에도 불구하고 사설묘지허가의 전제에 해당하는 국토이용계획법상의 용도지역변경신청권을 부인한 대법원 1995.4.28. 선고 95누627판결과 비교하면- 이런 예외인정논증은 Kasuistik에 빠질 수 있다.[42] 그리고 계획이 갖는 장기성과 종합성과 같은 특징은 계획에 대한 권리보호에서의 고려사항에 불과하지, 그 권리보호의 존부를 가늠하는 결정인자가 아니다.

요컨대 처분성인정의 물음에 원고적격의 물음을 혼입시키는 것이 문제의 시발임을 확인할 수 있다.[43] 대법원 1984.10.23. 선고 84누227판결의 의의는, 계획변경신청

39) 이에 대한 비판적 입장으로 이홍훈, 도시계획과 행정거부처분, 행정판례연구 제1집, 1992, 115면 이하 참조.

40) 한편 공원묘원 설치를 위한 재단법인의 설립허가를 받은 다음에 사설묘지허가신청의 일환으로 국토이용계획(용도지역)변경을 구한 행정심판사건(국행심 01-0903)에서, 행정심판위원회 역시 판례의 원칙적 입장을 그대로 채용하여 각하재결을 의결하였다. 이 사안과 관련해선 진광엽, 행정심판법 4조 의무이행심판에 있어서의 거부처분이나 부작위의 개념, 법률신문 제2976호, 2001.5.7., 14면 참조.

41) 일찍이 이런 맥락에서 대법원 1999.12.7. 선고 97누17568판결은 우리 행정법의 거의 모든 문헌에서 인정되고 있는 '행정개입청구권'의 성립의 토대를 부인하였다. 이로 말미암아 '행정개입청구권'이 건축법상으로 나아가 관련 전 행정영역에서 존재할 수 있는가 하는 심각한 의문이 야기된다. 이에 관해선 졸고, 건축법상의 진압적 개입수단을 통한 인인보호에 관한 소고, 공법연구 제29집 제3호, 2001.5., 347면 이하; Quo vadis-행정개입청구권(행정개입에 관한 인인의 보호청구권)?, 고시연구 2001년 7월호, 42면 이하 참조. 追論: 본서 69면 이하 참조.

42) 한편 김종보 교수는, 처분인 도시계획에 대한 통제가능성의 부재의 반사로서 도시계획변경의 신청이 강구되지만, 일반적인 거부처분의 처분성문제와 도시계획변경거부의 처분성문제는 그 논리구조가 다르기에, 기왕의 불이익처분(도시계획)이 존재하는 상황에서 이에 대한 일반적 신청권을 허용하는 것은 불가쟁적 행정처분에 대한 무제한적 취소소송을 허용하는 셈이라고 지적한다. 그리하여 도시계획변경거부에 대한 전면적 사법통제와 전면적 통제포기 사이에서 절충적 해결방안으로서, '도시계획 입안제안', '장기미집행 도시계획시설', '영업법에 의한 개발가능성의 선행'과 관련하여, 거부처분이론의 신청권인정범위를 수정하는 방안을 제시한다. 동인, 앞의 글, 256면 이하 참조.

43) 신청권의 존재를 거부처분의 개념요소로 인정하는 것과 관련해선, 많은 문헌에서 다투어지고 있다. 문

권의 존부의 물음을 넘어서 거부처분의 성립요건으로서 '국민이 행정청에 대하여 그 신청에 따른 행정행위를 해줄 것을 요구할 수 있는 법규상 또는 조리상의 권리' 즉, '신청권'의 존재를 요구한 점에 있다. 대법원 1984.10.23. 선고 84누227판결은 지금까지 그대로 이어져서, 거부처분과 관련한 판례의 공식이 되고 있다. 물론 대법원 1998.7.10. 선고 96누14036판결이 거부처분의 성립요건으로 신청권의 존재에 덧붙여 i) 그 신청한 행위가 공권력의 행사 또는 이에 준하는 행정작용이어야 할 것, ii) 그 거부행위가 신청인의 법률관계에 어떤 변동을 일으킬 것을 요구한 이래로, -대상판결에서처럼- 이런 양식이 포맷팅되고 있다. 일단 행정소송법상의 처분정의에 의거한 듯한 점은 호평되어지나, 문제점 또한 안고 있다. 우선 i)과 ii)가 독립되게 요구될 정도로 서로 본실석으로 나누어질 내상인지 의문스럽다. 신청대상행위가 i)의 요건을 충족하면, 그것의 거부는 당연히 ii)의 요건을 충족하게 된다. 따라서 i)과 ii)는 불필요하게 중복된 것이라 하겠다. 그런데 과연 이 판결이 현행법상의 처분정의에 부합하는지 여부도 의문스럽다. 현행 행정소송법 제2조 제1항 1호상의 처분정의-'행정청이 행하는 구체적 사실에 관한 법집행으로서의 공권력의 행사 또는 그 거부와 그밖에 이에 준하는 행정작용'-에 의하면, 거부행위가 처분성을 가지려면 신청대상행위가 '행정청이 행하는 구체적 사실에 관한 법집행으로서의 공권력의 행사'이어야 한다("그 거부"). 따라서 행정행위(처분)가 아닌 사실행위나 공법계약체결의 거부는 거부처분이 될 수 없다. 다만 이런 거부행위가 처분정의상의 준처분적 부분에 해당하여 처분성을 가질 수 있긴 하나, 자칫 본행위의 법적 성질에 관한 오해를 방지하기 위하여, 이 경우에도 전형적인 처분으로서의 거부처분으로 환치시켜선 아니 된다.[44] 이 점에서 대법원 1998.7.10. 선고 96누14036판결상의 i)의 요건은 처분정의와는 분명한 간극이 있으며, 또한 기본적으로 기왕의 판결과 궤를 같이 한다.[45]

한편 대법원 1996.6.11. 선고 95누12460판결은 신청권을 신정의 인용이라는 만족적 결과를 얻을 권리 즉, 실질적 권리(청구권)차원에서 이해하지 않기에, 기실 신청에 대한 단순한 응답요구권(이른바 형식적 신청권)만으로도 거부처분의 근거점인 신

헌상의 현재의 논의현황에 관해선 김종보, 앞의 글, 259면 주37) 참조.

44) 독일의 경우에도 과연 직무활동의 실행과 그 거부가 동일한 법적 성질을 갖는지가 다투어진다. 특히 사실행위의 거부와 관련하여, 다수는 사실행위실행에 관한 결정은 원하는 급부와의 관계에서 단지 비독립적인 부속물에 불과하고 법적 구속력있는 규율을 가지지 않음을 근거로, 처분성을 부인한다. 그러나 Kruse가 거부된 행위의 성질로부터 거부를 추론하는 것은 선험적으론 정당화되지 않으며, 단지 명문이나 관습법적 규율에 의해서만 허용된다고 강변하듯이, 반대의 입장도 상당하며, 판례 또한 그 경향을 판단하기가 쉽지 않다. 이에 관해선 vgl. Kopp/Schenke, VwGO Kommentar, 12. Aufl., 2000, §42 Rn.40; Stelkens/Bonk/Sachs, VwVfG, §35 Rn.56; Krause, Rechtsformen des Verwaltungshandelns, 1974, S.201f.; Lässig, DVBl.1979, S.561(562).

45) 동지: 홍준형, 평생교육시설 설치자 지위승계와 설치자변경 신청서 반려처분의 적법여부, 행정판례연구 제8집, 2003, 97면 주3).

청권의 존재가 인정된다.[46] 엄밀히 보면, 대법원 1996.6.11. 선고 95누12460판결은 대법원 1984.10.23. 선고 84누227판결을 그대로 전승한 판결들과는 상반된다고 판단될 정도로 기본태도에 차이가 있다. 신청권의 존부에 연계하여 거부처분여부를 판단하는 원칙적 태도상의 문제점은 대법원 1996.6.11. 선고 95누12460판결을 통해서 가실 수 있기에, 동판결의 취지가 설령 조리에 의탁하여 실현될지언정 적극적으로 구현되는 것이 요망된다.

그런데 이젠 거부처분성여부와 관련한 전범인 대법원 1984.10.23. 선고 84누227판결에 대해 재고가 필요하다. 거부처분성여부를 원고적격의 물음에 연계시킨 것의 이론적인 문제점 말고도, 동판결이 행정소송법전면개정(1984.12.15.) 이전에 내려졌다는 점은 매우 중요하다. 당시의 전면개정전의 행정소송법은 "처분"에 대한 개념정의 없이 그저 그에 대한 쟁송가능성만을 언급할 뿐이었기에(동법 제1조 참조), 대법원 1984.10.23. 선고 84누227판결은 당시의 법상황속에서 거부처분에 관해 나름의 개념정의를 내린 셈이었다. 그러나 "84년 체제"는 처분에 관해 명확히 정의를 내려놓았다. 따라서 행정소송법전면개정이후에는 분명 "84년 체제"에 의거하여 거부처분의 물음에 접근하여 신청권의 존부에 연계시킨 기왕의 태도를 벗어나 논의를 새롭게 가다듬었어야 함에도 불구하고, 기왕의 태도를 가감없이 그리고 지금까지도 묵수한 것이 관련 쟁점의 근원이라 하겠다. 여기서 김남진 교수님의 지적: 「법원은 행정소송법의 처분의 정의(동법 제2조 1항, 제1호)와는 무관하게 독자적인 처분개념을 내세워 처분성의 문제를 해결하려는 것으로 보이는 바, 성문법국가인 우리나라에서 그와 같은 태도(실정법경시의 태도)는 지양되어야 할 것이다」은 매우 시사적이다.[47] 요컨대 거부처분여부를 판단함에 있어서 원고적격차원의 물음인 신청권의 존부를 연계시킨 것은, 분명 "84년 체제"에선 명문에 반한다.

### 3. 問題解決의 方向-負擔的 行政行爲의 撤回式의 接近

참여정부를 운위하지 않더라도, 이즈음 국가의사결정과정에 대한 국민의 참여욕구는 지나치다고 우려될 정도로 고조되어 있다. 기본적으로 대법원 1984.10.23. 선고 84누227판결에서 벗어나지 않은 채,[48] 최종단계의 행정행위를 지향점으로 삼아 해결을 도모하는 논증방식이 그것의 법도그마틱의 취약점과는 별도로 과연 이런 상황에

46) 한편 나아가 신청대상행위의 처분성이 긍정되면, 이는 형식적 신청권 역시 긍정하는 셈이 되기에, 별도로 형식적 신청권을 요구할 필요가 없다고 한다. 김남진/김연태, 행정법 I, 2005, 682면.

47) 동인, 「대법원의 처분개념에 대한 의문」, 법률신문 제2844호, 1999.12.13.

48) 아울러 행정심판에서도 그 사정은 동일하다. 행정심판상의 관련 논의에 관해선 오용식, 행정계획과 관련한 신청권의 문제, 법제 제524호, 2001.8, 3면 이하 참조.

서 일관되게 행해질 수 있을지 의문스럽다. 이제 문제해결의 실마리를 계획결정, 계획법규 그 자체에서 모색하여야 한다. 그 착안점은 바로 구국토이용계획결정의 법적 성질이다. 국토이용계획이 도시계획과는 성격 등에서 차이가 있음에도 불구하고,[49] 대개는 그것의 법적 성질을 행정행위로 본다. 국토이용계획의 처분성을 인정하면, 그것은 행위제한을 수반하는 부담적 행정행위이다. 요컨대 계획결정 당시의 위법성이 존재하지 않는 한, 그 계획의 변경은 부담적 행정행위의 철회의 문제이다. 한편 이 같은 부담적 행정행위의 철회의 차원에서 문제를 해결하고자 한 시도가 새삼스러운 것은 결코 아니나,[50] 그런 방도가 과연 입법론적으로(de lege ferenda) 바람직한지는 별도의 물음이다.

부담적 행정행위의 철회는 상대방에게 이익을 가져다주는 것이어서 수익적 행정행위의 철회에서와 같은 제한을 받지 않는다. 어떤 경우에 부담적 행정행위의 철회가 가능한지는, 적극적인 규율의 방식이나 명문상 규율이 없는 이상, 철회의 존재이유-새로운 상황에의 적응-에서 답을 구해야 한다. 결국 수익적 행정행위에서와 같이, 계속효적 행정행위에서 근거가 된 법적, 사실적 상황이 변하였을 때, 부담적 행정행위의 철회가 고려된다. 수익적 행정행위의 경우엔 그것의 철회가 침익적이라서 그 사유가 구체적으로 거론되고, 명문화되기도 하며, 나아가 철회사유의 법적 근거가 요구되기도 한다. 하지만 부담적 행정행위의 경우엔 허용요건이 철회의 존재이유로 귀착되기에, 오히려 그 철회의 불허(제한)에 주된 관심이 모아진다. 참고로 독일 행정절차법 제49조 제1항에 의하면, i) 동일한 내용의 행정행위가 새로이 발해질 수밖에 없는 경우 가령 법적으로 구속적(기속) 행정행위가 존재하고, 그 발급의 요건이 존재하는 경우에, ii) 다른 이유 -이에는 평등한 행정실무로 인한 행정의 자기구속(여태 행정청이 동일한 사례에서 철회를 간과하였다는 식의), 근거가 된 법률상의 규정의 의미와 목적, 행정행위의 고유한 성질, 일반적인 법원칙 등이 해당한다- 가 저지하는 경우엔 철회가 허용되지 아니 한다. 반면 불가쟁력이 발생하여도 철회가 지장을 받지 않도록 규정하고 있다.

법적·사실적 상황의 변화란 새로운 상황이 부담적 행정행위의 철회요건인 이상, 합사실적 해결책을 강구하기 위해선 재량규정의 탄력성을 감안한 즉, 설령 관련규정이 없더라도 그 철회여부는 재량에 속하여야 한다.[51] 그리하여 행정청은 재량행사시에 수권목적을 목표로 삼아, 한편으론 해당 행정행위의 근거가 된 실체법을, 다른 한

49) 김종보, 건축행정법, 2002, 218면 이하.

50) 김해룡, 도시계획변경청구권의 성립요건, 행정판례연구 제4집, 1999, 105면 이하 참조. 관련문헌: 정준현, 도시계획결정에 대한 취소·변경권에 관한 연구, 법조 제47권 제7호, 1998.

51) BVerwGE 44, 335; BVerwG DVBl. 1984, 532.

편으론 부담적 행정행위의 철회로부터 비롯된, 행정행위의 존속에 관한 신뢰보호와 같은 목적을 서로 형량하여야 한다. 따라서 부담적 행정행위의 철회에 있어선 통상 수범자의 무하자재량결정청구권 정도만이 고려되고, 예외적으로 재량이 영으로 축소가 인정되는 경우에만 철회에 관한 엄격한 본격적인 청구권이 인정된다.[52] 즉, 사실적, 법적 관계가 변하여서 행정행위가 더 이상 발해져선 안 될 경우 가령, 기본권 제한적인 계속효 행정행위를 위한 법률상의 요건이나 그 사실상의 요건이 그 행정행위가 더 이상 행해져선 안 될 정도로 상실된 경우에는, 철회가 행해지지 않으면 아니 된다. 왜냐하면 그처럼 위법하게 되어 버린 행정행위의 폐지가, 적법성의 원칙 나아가 합헌성의 원칙에서 요구되기 때문이다.

이 같은 철회적 문제해결방안을 추구함에 있어서 관건은 법적·사실적 상황의 변화의 존재여부이다. 이런 변화의 인정에 수반된 어려움 말고도, 계획변경신청권을 인정하는 데 있어서 극복하기 힘든 장애물은 바로 계획재량의 존재이다. 계획형성의 자유에 해당하는 이 같은 광범한 재량 앞에선, 재량 영으로의 축소상황이란 인정되기 어렵고, (그저 원고적격을 인정하기 위해 소용될 뿐인) 형식상의 청구권인 무하자재량결정청구권이 운위될 뿐이다. 사안에서 피고가 대상부동산 일대의 토지에 대한 용도지역을 준도시지역(시설용지지구)으로 변경해 달라는 국토이용계획변경요청을 하였고, 이에 원고가 이 같은 변경을 함에 있어서 의견청취를 위한 공람공고를 하고 관보에 게재하였다. 이런 점을 기화로 재량 영으로의 축소를 근거로 원고의 계획변경의무에 터 잡아 그 거부의 위법성을 끌어내려는 것은 계획재량 때문에 곤란하다. 더군다나 이런 계획변경은 일종의 제3자효 행정행위에 해당할 수 있음을 유의하여야 한다.

한편 대법원 1997.9.12. 선고 96누6219판결은「도시계획법령이 토지형질변경행위허가의 변경신청 및 변경허가에 관하여 아무런 규정을 두지 않고 있을 뿐 아니라, 처분청이 처분 후에 원래의 처분을 그대로 존속시킬 필요가 없게 된 사정변경이 생겼거나 중대한 공익상의 필요가 발생한 경우에는 별도의 법적 근거가 없어도 별개의 행정행위로 이를 철회·변경할 수 있지만(대법원 1992.1.17. 선고 91누3130판결 참조), 이는 그러한 철회·변경의 권한을 처분청에게 부여하는 데 그치는 것일 뿐 상대방 등에게 그 철회·변경을 요구할 신청권까지 부여하는 것은 아니라 할 것이므로, 이와 같이 법규상 또는 조리상의 신청권이 없이 한 국민들의 토지형질변경행위 변경허가신청을 반려한 당해 반려처분은 항고소송의 대상이 되는 처분에 해당되지 않

52) 행정재량의 축소에 관한 전반적인 내용은 졸고, 행정재량의 축소에 관한 고찰,「현대공법학의 재조명」(김남진교수 정년기념논문집), 법학논집특별호(고려대학교 법학연구소), 1997, 57면 이하 참조.

는다」고 판시하였다. 이에 대해선 신청권을 실질적 권리(청구권)로 과잉의미를 부여한 점(후술)과 아울러 통상적인 철회논리(근거불요설)가 아무런 여과 없이 통용되는 점이 문제된다.

-다만 사안상의 토지형질변경행위허가의 변경이 수익적 행정행위의 철회인지 아니면 부담적 행정행위의 철회에 해당하는지의 물음은 차치하고서-, 수익적 행정행위의 철회는 수범자에겐 침익적이기에 출발점(법률적 근거)과 그 제한에 관심이 모아지나, 부담적 행정행위의 경우엔 그것의 철회여부 자체가 관심사이다. 요컨대 대법원 1997.9.12. 선고 96누6219판결의 경우 철회대상행위의 성질상의 차이에 따른 법적 지향점의 다름이 간과된 채, 기왕의 입장이 그대로 대입된 소산으로 여겨진다. 처음에 어떤 수익을 구하는 것과 당초의 부담의 제거·변경을 구하는 것은 전혀 다르다. 후자의 경우엔 원칙적으로 기본권제한의 철폐를 지향하기에, 창설적 의미에 따른 법률적 근거를 잣대로 삼을 순 없다. 오히려 그 같은 법률적 근거를 마련하는 것이 요구된다. 그러기에 그런 차원에서 일찍이 독일 연방행정법원이 재심규정없는 절차법은 위헌이라 판시함으로써,[53] 그들 행정절차법(동법 제51조)에 "불가쟁적 행정행위의 재심사(절차의 재개)"가 마련된 것이다. (당초에 위법한) 부담적 행정행위에 대한 취소쟁송의 보장과는 별도로,[54] (당초에 적법한) 부담적 행정행위로 인해 제한된 기본권을 사정변경시에 철회(제거·변경)를 통해서 회복할 수 있는 길이 없다면, 이는 법치국가원리의 중핵에 해당하는 재판청구권을 통한 국민의 권리보호의 보장에도 배치된다.[55]

따라서 대법원 1984.10.23. 선고 84누227판결에 의거한 거부처분공식을 버리고 국토이용계획변경거부의 처분성을 인정하는 것이 바람직하다. 그런데 이처럼 근본적인 문제해결의 방식을 취하지 않더라도, 대법원 1996.6.11. 선고 95누12460판결의 함의-기실 신청에 대한 단순한 응답요구권(형식적 신청권)만으로도 거부처분의 근거점인 신청권의 존재가 인정된다-에 비추어 국토이용계획변경(승인)거부 자체의 처분성을 인정하는 데는 어려움이 없다. 결론적으로 국토이용계획이 행정행위인 이상,

53) BVerwGE 39, 197ff.

54) 가령 용도지역을 일반주거지역에서 전용주거지역으로 변경한 도시계획변경결정에 대한 취소소송이 이에 해당한다. 참조: 대법원 1995.12.22. 선고 95누3831판결.

55) 이 점에서, 대법원 1995.4.28. 선고 95누627 판결: 「국토이용관리법은 국토건설종합계획의 효율적인 추진과 국토이용질서를 확립하기 위하여 제정된 것으로 국토이용계획의 결정과 그 변경은 건설부장관이 관계행정기관의 장으로부터 그 의견을 듣거나 그 지정 또는 변경요청을 받아 이를 입안 또는 변경하여 국토이용계획심의회의 심의를 거쳐 고시하도록 규정하고 있고 도지소유자에게 국토이용계획의 변경신청에 대하여 일정한 제한을 가하고 있다 하여도 이와 같은 제한은 공공복리에 적합한 합리적인 제한이라고 볼 것이고, 그 제한으로 인한 토지소유자의 불이익은 공공의 복리를 위하여 감수하지 아니하면 안 될 정도의 것이라고 인정되며 이러한 제한을 가지고 헌법상 보장되어 있는 국민의 재산권보장의 규정을 침해하는 것이라고 볼 수 없다」은 문제가 있다.

이로 인해 불이익을 입은 자는 부담적 행정행위의 철회의 차원에서 계획변경을 신청할 수 있으며, 이에 따라 당연히 그에 대한 응답을 받을 권리를 갖기에, 그에 대한 거부는 거부처분에 다름 아니다. 물론 재량 영으로의 축소에 의거한 거부처분의 위법성은 별개이다. 사실 형성의 자유를 감안한 즉, 계획결정의 위법성을 인정하기란 어렵다. 더군다나 계획변경거부의 경우에는 위법성의 인정이란 극히 어렵다 하겠다.

## Ⅶ. 맺으면서-대법원 1984.10.23. 선고 84누227판결에 의거한 拒否處分公式으로부터의 脫皮

대상판결이 그동안의 원천배제의 태도를 버리고, 예외적일 망정 국토이용계획변경신청권의 존재를 인정한 것은, 일종의 진보이고 호평을 받을 만하다. 그러나 위에서 살펴 본 것처럼, 사전결정으로서의 적정통보의 본질에 관한 이해의 결여와, 강한 설득력이 전제되지 않는 귀납적 논증에 따른 취약점 말고도, 당해계획의 처분성을 전제로 한 '철회적 접근'이 전혀 모색되고 있지 않은 점에서, 대상판결의 의의는 한정적일 수밖에 없다. 또한 궁극적으론 '조리상의 권리'에 의탁할 수밖에 없기에, 자칫 임기응변적 문제해결로 귀착될 우려도 있다. 신청권의 존부에 연계된 거부처분의 물음과 계획변경신청권의 존부의 물음에 있어서, 논의의 중심에 대법원 1984.10.23. 선고 84누227판결이 있다. 행정법문헌상 공인되다시피 한 "행정개입청구권"의 존재를 무로 돌린 셈인 대법원 1999.12.7. 선고 97누17568판결 역시 동 판결에서 비롯되었다. "84년 체제" 이전에 내려졌거니와 그것에 부합하지도 않는 대법원 1984.10.23. 선고 84누227판결은 여기서의 두 가지 물음을 넘어 행정법도그틱상의 핵심적 물음에 대한 근원이 되고 있다. 명문에 부합하지 않는 패러다임개념(거부처분)의 확대가 빚어 낸 일종의 나비효과(butterfly effect)인 셈이다. 지금 행정소송법상의 "84년 체제"가 지닌 태생적 한계를 극복하기 위한 노력이 경주되고 있다. 의무이행소송의 도입이 그 좋은 예이다. 그러나 대법원 1984.10.23. 선고 84누227판결과의 사슬에서 벗어나지 않고선, 행정소송법차원에서의 노력(가령 의무이행소송의 도입)은 결실을 맺기 어렵다. 새로운 체제의 등장만을 기다릴 것이 아니라, 그 이전이라도 아니 새로운 체제가 제대로 가동되기 위해서라도, 지금의 "84년 체제"하에서도 가능한 방도를 모색하여야 한다.

그렇지만 95누12460판결이후에도 동판결의 함의보다는 대법원 1984.10.23. 선고 84누227판결의 공식이 거부처분과 관련한 판례에서 그대로 온존하여 전승되고 있는 사실은, 일종의 경로의존성(path dependency)을 잘 보여 준다. 옛 것 모두를 무로 돌려서도 아니 되지만, 어제의 것이 오늘도 내일도 마땅히 그러해야 한다는 것 역시 곤란하다. 2004년에 대법원은 행정법학계에 신선한 충격을 주었다. 바로 지적공부상의 지목변경신청반려에 대한 종전의 입장을 완전히 버리고, 거부처분성을 인정한 대법원 2004.4.22. 선고 2003두9015판결이 그것이다. 올해에도 대법원 1984.10.23. 선고 84누227판결에 의거한 거부처분공식으로부터의 탈피와 같은 신선한 변화의 바람이 서래골에서 불길 고대하면서 글을 맺는다.

* 행정판례연구 제10집, 2005.6., 21면 이하 소수.

* 追論 : 한편 대법원 2004.4.28. 선고 2003두1806판결이 도시계획변경입안의 '제안'에 관해 신청권을 인정하여 거부처분의 존재를 긍정하였다. 동판결의 취지에 따라, 도시계획변경입안의 '제안'에 관해 신청권이 인정된다면, 도시(관리)계획변경에 관해선 당연히 신청권이 인정되어야 하지 않겠는가? 대법원 2003.9.23. 선고 2001두10936 판결이 폐기물처리사업계획의 적정통보를 착안점으로 삼아 국토이용계획변경신청권을 예외적으로 인정함으로써, 부분적으로 진일보하였지만, 전술한 것처럼 태생적 한계를 벗어나지 못하였다. 이런 한계가 계획변경신청권의 일반적 인정을 가져올 대상판결에 의해서 극복된 셈이긴 하나, 계획변경신청권의 인정문제는 부담적 행정행위의 철회의 차원에서 접근하여야 한다. 이에 반해 대상판결로 인해 지불해야 할 법리적 희생-가령 준비행위나 절차행위를 완료된 행정처분과 동일하게 취급함으로 인한 전면적 사법통제가능성-은 얻음보다 월등하다. 왜냐하면 2003두1806판결에서 소송대상은 '도시계획시설변경입안제안의 거부'이기 때문이다. 통상의 거부처분의 경우에 신청대상행위가 행정행위(행정처분)인 점에서 사안과는 거리가 있다. 그리하여 자칫 행정청에 대한 모든 신청에 대해 신청권이 인정될 우려가 있다. 사안의 차이점에 대한 인식을 전혀 하지 않은 채 논증함으로써, 거부처분 인정과 관련한 통상의 논의와의 간극이 존재한다.[56]

한편 거부처분 인정공식에서 명문에 반하여 신청권을 요구하는 것이 분명 문제이시난, 전체 소송요건의 차원에서 바라보면 약긴 다를 수 있다. 소송요건의 차원에서 合一的으로 접근하는 것이 다른 문제점(소송요건을 가능성 견지에서의 접근의 결여)보

56) 이런 문제점에 관한 상세는 졸고, 도시계획변경입안제안에 대한 거부의 처분성여부, 법률신문 3446호, 2006.3.27: 이미 비슷한 지적을 박성훈 교수가 하였다: 동인, 행정판례 반세기의 회고-행정소송·국가배상·손실보상을 중심으로-, 한국행정판례의 성과와 발전방향(한국행정판례연구회·한국법제연구원 공동심포지움), 2005.11, 발표문 74면. 반면 대상판결에 대한 긍정적 평가로 이선희, 도시계획입안 신청에 대한 도시계획 입안권자의 거부행위가 항고소송의 대상이 되는 행정처분에 해당하는지 여부(2004.4.28. 선고 2003두1806 판결: 공 2004상, 913), 대법원판례해설 제50호(2004년 상반기), 149면 이하 참조.

다 권리구제가능성의 측면에서 더 치명적이라고 할 순 없다. 왜냐하면 신청권의 존부에 연계시켜 대상적격을 논한 다음엔, 원고적격의 물음을 따로 논하지 않기 때문이다.

# 판례색인

[대법원]

[고등법원]



[서울행정법원]



[지방법원]



[헌법재판소]

# 사항색인

## ㄱ



## ㄷ



## ㄹ



## ㅁ



## ㅂ

[저자약력]

부산 출생
고려대학교 법과대학 졸업
고려대학교 대학원 수료(법학박사)
독일 München 대학교 법과대학 방문연구
충북대학교 법과대학 조교수, 부교수
현재: 중앙대학교 법과대학 교수

[저　　서]

주관식 행정법(공저), 경세원, 1994
세법(공저), 법문사, 1998
지방자치법주해(공저), 박영사, 2004
조선시대의 규범이론과 규범체계(공저), 한국학술정보, 2006


**行政法基本研究 I**

2008년 6월 20일　초판 인쇄
2008년 6월 25일　초판 1쇄 발행

저　자　金　重　權
발행인　裵　孝　善
발행처　도서출판　法　文　社
경기도 파주시 교하읍 문발리 526-3 ㉾ 413-756
등　록　1957년 12월 12일 / 제2-76호(윤)
전　화　031-955-6500~6, 팩　스 031-955-6525
e-mail(영업) : bms@bobmunsa.co.kr
(편집) : edit66@bobmunsa.co.kr
홈페이지 http://www.bobmunsa.co.kr
조　판　광　암　문　화　사

정가 30,000원　　ISBN 978-89-18-01378-7